WISSENSPORTAL ALLGEMEINBILDUNG

Das aktuelle Wissen unserer Zeit in Frage und Antwort

Matthias Edbauer

Trautwein Lexikon-Edition

2004 Trautwein Lexikon-Edition

Chefredaktion: Evelyn Boos
Redaktion: Dr. Matthias Feldbaum

Produktion: Wolfram Friedrich
Umschlaggestaltung: Inga Koch

Mehr Infos im Internet unter www.compactverlag.de

ISBN 3-8174-5567-4
5455672

Vorwort

Informationen zu den wichtigsten Sachgebieten unserer Zeit bringt dieses praktische Nachschlagewerk mit knappen, dabei präzisen und leicht verständlichen Erklärungen auf den Punkt.

Von Alter und Entstehung des Universums bis zu den Techniken der modernen Informationsgesellschaft; von der Einteilung des Tierreichs bis zu den Funktionen eines menschlichen Organismus; von der Geschichte der Weltreligionen bis zu den Titeln, Regisseuren und Darstellern unvergessener Filme, von Kunst, Musik und Literatur bis zum Freizeitsport führt das Buch den Leser durch das Vermächtnis, das sich in zehn Jahrtausenden Wissensgeschichte angesammelt hat.

In mehr als 4000 Fragen hilft das Wissensportal Allgemeinbildung, den eigenen Kenntnisstand zu überprüfen und zu erweitern. Für die spielerische Art der Wissensvermittlung sorgt die Aufeinanderfolge der Fragen, die nicht nach Sachgebieten geordnet, sondern bunt gemischt sind. Die durchnummerierten Doppelseiten laden außerdem zum spontanen Quiz ein. Farbig hervorgehobene Schlagwörter verhelfen zum leichteren Einstieg in die jeweilige Frage, wodurch der Leser sowohl nach Herzenslust schmökern als auch konzentriert pauken kann.

Ob es um die Maya-Kultur in Mexiko geht oder um das nicht unwichtige Wissen, was es mit der „Cheftaste“ auf sich hat – der Benutzer wird um keine Antwort mehr verlegen und für den modernen Alltag bestens gerüstet sein.

Wann wurde in den USA das allgemeine Frauenwahlrecht eingeführt?
❑ 1865 ❑ 1914
❑ 1906 ❑ 1920

1920. Andere Staaten waren der Entwicklung voraus: 1906 Finnland, nach der Oktoberrevolution 1917 die Sowjetunion und 1919 die Weimarer Republik.

Welche EU-Institution leitet Wim Duisenberg seit 1999?
❑ EU-Kommission ❑ Europäische Zentralbank
❑ Europäischer Gerichtshof ❑ Europäischer Rechnungshof

Die Europäische Zentralbank, die ihren Sitz in Frankfurt a. Main hat und vor allem für die Preisstabilität innerhalb der EU sorgen soll. Der Niederländer Duisenberg (*1935) ist ihr Präsident.

Aus welchem Drama entstammt der Monolog „Sein oder nicht sein ...“?
❑ *Faust I* ❑ *Die Weber*
❑ *Drei Schwestern* ❑ *Hamlet*

Aus William Shakespeares (1564–1616) Tragödie in fünf Akten *Die tragische Geschichte Hamlets, des Prinzen von Dänemark* (um 1600).

Was ist ein Backup?
❑ Rumpfbeuge ❑ Sicherungskopie
❑ Rückenwirbel ❑ PC-Warnhinweis

Die Sicherungskopie einer Computer-Datei, die der PC selbsttätig anlegt und in bestimmten Zeitintervallen aktualisiert.

Wer griff die US-Pazifikflotte in Pearl Harbor an?
❑ China ❑ Japan
❑ Vietnam ❑ Korea

Japan, das damit den in Europa tobenden Krieg zum Zweiten Weltkrieg ausweitete; als Bündnispartner des Deutschen Reiches operierte Japan im Pazifik und auf dem asiatischen Festland.

Wer berechnete zuerst die Lichtgeschwindigkeit?
❑ Ole Rømer (1675) ❑ Albert Einstein (1910)
❑ Max Planck (1936) ❑ Werner Heisenberg (1960)

Der dänische Astronom Ole Rømer (1644–1710). Die genaue Messung der Lichtgeschwindigkeit (c = 299.792.458 m/s) erfolgte im Labor durch den Franzosen Armand Hippolyte Fizeau um 1850.

Für welchen Kunststil prägte Winckelmann die Merkmale „edle Einfalt und stille Größe“?
❑ Renaissance ❑ klassische Antike
❑ Kubismus ❑ Naturalismus

Für die bildenden Künste der klassischen Antike. Winckelmanns (1717–68) Klassikbegriff, den er in seinem Hauptwerk *Die Geschichte der Kunst des Altertums* (1764) festhielt, prägte das Schönheitsideal der deutschen Klassik.

Wie heißt die berühmte Universität von Paris?
❑ Adelaide ❑ Sorbonne
❑ Oxford ❑ Université Laval

Sorbonne. Sie wurde 1527 von Robert de Sorbon als theologisches Kolleg für arme Studenten gegründet. 1626 wurde der Bau von Le Mercier fertig gestellt.

Welche Kunstrichtung bricht mit den traditionellen Vorstellungen der gegenständlichen Kunst?
❑ Nouvelle Vague ❑ Präraffaeliten
❑ abstrakte Kunst ❑ Ästhetik der Gewalt

Die abstrakte Kunst des 20. Jh., die sich von der dinglichen Darstellungsweise löste und völlig neue Wege in der Beziehung von Form und Farbe in Malerei, Skulptur und Plastik beschritt.

Wer galt in der griechischen Antike als die schönste Frau der Welt?
- ❑ Kleopatra
- ❑ Helena
- ❑ Aphrodite
- ❑ Pallas Athene

Helena. In der Mythologie löst ihr Raub den Trojanischen Krieg aus. Paris verschleppt sie vom Hof des Griechen Menelaos nach Troja, von wo sie später als Gefangene wieder zurückgebracht wird.

Was ist ein Fandango?
- ❑ spanischer Paartanz
- ❑ Flamencogitarre
- ❑ Cancan
- ❑ Suite

Ein spanischer Paartanz, in Rhythmus und Melodik dem Flamenco verwandt. Er wird i. d. R. mit Gitarre oder Kastagnetten begleitet und im Dreiviertel- oder Dreiachteltakt getanzt.

Was ist der kleinste Staat in Europa?
- ❑ Vatikanstadt
- ❑ Liechtenstein
- ❑ San Marino
- ❑ Andorra

Die Vatikanstadt, der Sitz des Papstes in Rom. Die Vatikanstadt umfasst eine Fläche von 0,44 km2 und ist damit auch der kleinste Staat der Erde.

Was soll Caesar beim Übergang über den Rubicon gesagt haben?
- ❑ Der Würfel ist gefallen
- ❑ Gott will es (Deus lo vult)
- ❑ Ich wünschte es wäre Nacht oder Blücher käme.
- ❑ Von hier und heute geht eine neue Epoche aus

„Alea iacta est", der Würfel ist gefallen. Mit der Überschreitung des Grenzflusses eröffnete C. Julius Caesar (100–44 v. Chr.) 49 v. Chr. den Bürgerkrieg gegen den vom Senat zu seiner Entwaffnung beauftragten Gnaeus Pompeius.

Welche nach 1945 entstandene neue Theaterform erhob das Sinnlose zum ästhetischen Prinzip?
- ❑ dokumentarisches Theater
- ❑ Neuer Subjektivismus
- ❑ Nouveau roman
- ❑ absurdes Theater

Das absurde Theater, das die Absurdität und das Widervernünftige des menschlichen Daseins herausstreichen wollte. Autoren sind z. B. Samuel Beckett (*Warten auf Godot*, 1952) und Eugène Ionesco (*Die Nashörner*, 1959).

Welche altamerikanische Hochkultur entwickelte sich auf der Halbinsel Yucatán?
- ❑ Inka
- ❑ Azteken
- ❑ Maya
- ❑ Mixteken

Die Maya, die hier um 600 ihre Blütezeit erlebten. Bedeutende Stadtstaaten wie Palenque, Tikal, Copán und Chichén Itzá entstanden. Schon um 987 drangen Tolteken ins Land und verdrängten die Maya.

Welcher Zweig der Mathematik befasst sich mit Grenzwertberechnungen?
- ❑ Arithmetik
- ❑ Algebra
- ❑ Geometrie
- ❑ Infinitesimalrechnung

Die Infinitesimalrechnung. Sie wurde von Isaac Newton (1643–1727) und Gottfried W. Leibniz (1646–1716) unabhängig voneinander durch die Entwicklung der Differenzial- und Integralrechnung begründet.

Welcher Held aus Troja war der Sage nach ein Vorfahre der Römer?
- ❑ Hektor
- ❑ Achill
- ❑ Aeneas
- ❑ Jason

Aeneas, dessen Sagenstoff der römische Dichter Vergil (70–19 v. Chr.) zu einem meisterhaften Nationalepos gestaltete. Er gründete Alba Longa, aus dem später Rom hervorging.

Wo entstand das Königreich der Marāthen?
- ❑ Indien
- ❑ Malaysia
- ❑ Siam
- ❑ Persien

In Indien. Der Hindurebell Shivaji richtete es 1674 ein. Das Marāthen-Reich konnte sich erfolgreich gegen die Herrschaft der muslimischen Mogulen behaupten.

Wie nennt man die Darstellung von nackten Körpern in den bildenden Künsten?
- ❑ Büste
- ❑ Porträt
- ❑ Akt
- ❑ Skulptur

Akt. In der Antike bereits durch Polyklet und Phidias zu einem Höhepunkt gebracht, entdeckte man erst seit der Renaissance die Wirkung des nackten menschlichen Körpers von neuem; z. B. bei Michelangelos *David*.

Linux ist in der Computerwelt auf dem Vormarsch. Worum handelt es sich?
- ❑ PC-Spiel
- ❑ Virenprogramm
- ❑ Betriebssystem
- ❑ Internet-Anbieter

Um ein Betriebssystem, das der Finne Linus Torvalds entwickelt hat. Es ist über das Internet frei erhältlich und ein ständig wachsender Konkurrent zu Windows des US-Konzerns Microsoft.

Wo liegt die Stadt Lahore?
- ❑ Indien
- ❑ Bangladesh
- ❑ Pakistan
- ❑ Nepal

In Pakistan (ca. 5,5 Mio. Einwohner). Sie ist Hauptstadt der Provinz Punjab. Ihre Blütezeit hatte die heutige Universitätsstadt zur Zeit der Moghul-Herrscher (um 1526 –1707).

Wann wurde das Tabakrauchen in Deutschland eingeführt?
- ❑ 1412
- ❑ 1622
- ❑ 1848
- ❑ 1918

1622. Englische und holländische Truppen frönten diesem Laster, das sie aus ihren Kolonien mitbrachten, schon früher. 1556 kam der Tabak nach Spanien und Frankreich. Üblich waren zunächst Pfeifen, Zigarren und Schnupftabak.

Wer gilt als Begründer des Taoismus?
- ❑ Kung-fu-tse
- ❑ Dalai Lama
- ❑ Lao-tse
- ❑ Buddha

Lao-tse (604–um 520 v. Chr.). Das Tao („Weg") ist die Weisheit, die jeder Einzelne gewinnen soll, indem er zu sich selbst findet; gesellschaftliche Werte oder akademisches Wissen sind nutzlos.

Welcher Südafrikaner erhielt 1984 den Friedensnobelpreis für seinen Kampf gegen die Apartheid?
- ❑ Nelson Mandela
- ❑ F. W. De Klerk
- ❑ Desmond Tutu
- ❑ P. W. Botha

Desmond Tutu (*1931). Der anglikanische Bischof wurde 1986 der erste schwarze Erzbischof Kapstadts. 1990 beendete der weiße Präsident F. W. De Klerk die Apartheid.

In welchem Märchen aus *Tausendundeiner Nacht* spricht der Held die Zauberworte „Sesam öffne dich!"?
- ❑ *Zwerg Nase*
- ❑ *Kalif Storch*
- ❑ *Alibaba und die vierzig Räuber*
- ❑ *Sindbad der Seefahrer*

In *Alibaba und die vierzig Räuber*; es ist die Zauberformel, die eine Felsentür öffnet, hinter der sich der Schatz der vierzig Räuber befindet. Alibaba kann ihn gewinnen und die Räuber nach einigen Abenteuern besiegen.

Wo wurde 1919 das Amritsar-Massaker verübt?
- ❑ Südafrika
- ❑ Kongo
- ❑ Indien
- ❑ China

In Indien, wo 400 Anhänger Gandhis von britischen Truppen erschossen wurden. Etwa 20.000 Demonstranten hatten unbewaffnet gegen die Verhaftung ihrer politischen Führer demonstriert.

Wer gilt nach Hippokrates als der bedeutendste Arzt der Antike?

❑ Al-Razi ❑ Avicenna
❑ Michel Servet ❑ Galenos von Pergamon

Galenos von Pergamon (um 129–199), der Leibarzt Kaiser Mark Aurels. Er bildete das medizinische Wissen der Zeit und seine Forschungen zu einem umfassenden Lehrsystem aus.

Was gründete John Davison Rockefeller 1870?

❑ Ford Motor ❑ General Electric
❑ Standard Oil ❑ Universal Pictures

Die Standard Oil Company. Sie ging 1870 aus einer Firma für Öl-Raffination hervor, die Rockefeller (1839–1937) zusammen mit Samuel Andrews gegründet hatte.

Welche märchenhafte Kindergeschichte schrieb Lewis Carroll (1832–98)?

❑ *Alice im Wunderland* ❑ *Harry Potter*
❑ *Das Dschungelbuch* ❑ *Der Herr der Ringe*

Alice im Wunderland (1865). Sie beschreibt die fantastischen Erlebnisse, die ein kleines Mädchen in einem Land erlebt, in dem alle Naturgesetze aufgehoben sind.

Wo befindet sich der Fluss Oranje?

❑ Mauretanien ❑ Südafrika
❑ Oman ❑ Holland

In Südafrika. Er entspringt in Lesotho und fließt nach 1860 km in den Atlantik. Der Oranje-Freistaat ist eine Provinz der heutigen Republik Südafrika.

Wann begann der Dreißigjährige Krieg?

❑ 1337 ❑ 1618
❑ 1701 ❑ 1848

1618. Der Prager Fenstersturz gab den Anlass für den Religionskrieg ab. In seinen Verlauf waren fast alle westeuropäischen Staaten involviert.

Wann wurden Messer und Gabel beim Essen üblich?

❑ um 1250 ❑ um 1450
❑ um 1650 ❑ um 1850

Um 1650. Nunmehr erhalten die Gäste auch Messer und Gabeln zum Essen. Letztere wurden vorher lediglich zum Vorlegen verwendet, der Gast nahm mit seinen bloßen Fingern vorlieb.

Wo halten sich in der griechischen Sage die Seligen auf?

❑ Elysium ❑ Hades
❑ Walhall ❑ Olymp

Im Elysium, das man sich als Insel vorstellte. Das Paradies der Griechen bevölkerten nur auserwählte Helden und Halbgötter. Der gemeine Sünder litt im Tartaros ewige Qualen, wie z. B. Tantalos.

Wer sagte, „Im Übrigen meine ich, dass Karthago zerstört werden müsse"?

❑ Cato der Ältere ❑ Alexander der Große
❑ Winston Churchill ❑ Tschingis Khan

Marcus Porcius Cato, der Ältere (234–149 v. Chr.), der mit seinem sprichwörtlich gewordenen „ceterum censeo" seine Senatsreden zu beenden pflegte.

Wie nennt man das Kunstmittel, mit dem man abstrakte Begriffe wie die „Gerechtigkeit" durch bildhafte Darstellungen, etwa der Justitia, veranschaulicht?

❑ Satire ❑ Travestie
❑ Parabel ❑ Allegorie

Die Allegorie (von griechisch „bildlicher Ausdruck"). Die Allegorie arbeitet zumeist mit Personifikationen: die Liebe wird von Amor oder Aphrodite dargestellt, Fortuna ist das Glück mit Füllhorn.

Was versteht man in der Telekommunikation unter einem Account?

- ❑ monatliche Telefonrechnung
- ❑ Homepage-Einrichung
- ❑ E-Mail-Adresse
- ❑ Internet-Zugang

Account ist die englische Bezeichnung für die Zugangsberechtigung ins Internet oder zu einem Computer. Damit wird z. B. der Zugang zu einem Online-Dienst möglich.

Wo wurde um 105 n. Chr. das Papier erfunden?

- ❑ Ägypten
- ❑ Pergamon
- ❑ China
- ❑ Persien

In China. Sie wird Tsai Lun, einem chinesischen Hofbeamten, zugeschrieben. Das Geheimnis wurde von den Chinesen gut 1000 Jahre gehütet, bevor es nach Europa gelangt.

Was bezeichnet man als Anthologie?

- ❑ Satire
- ❑ Sammlung
- ❑ Geschichtswerk
- ❑ rhetorische Figur

Eine Sammlung literarischer Texte wie Gedichte, Kurzprosa und Romanauszüge, die nach bestimmten Aspekten ausgewählt werden; deshalb gr. „Blütenlese".

Wo ist die Volksgruppe der Sorben beheimatet?

- ❑ Siebenbürgen
- ❑ Banat
- ❑ Lausitz
- ❑ Slowakei

In der Ober- und Niederlausitz; hier erhielt sich die ethnische Eigenart der westslawischen Volksgruppe. Selbst in der DDR genossen sie als nationale Minderheit Kulturautonomie.

Wer war Hildegard von Bingen?

- ❑ Tante Friedrich Barbarossas
- ❑ englische Königin
- ❑ Mystikerin und Naturheilkundlerin
- ❑ Markgräfin von Bingen

Eine der bedeutendsten Mystikerinnen und Kennerinnen der Naturheilkunde. Hildegard (1098–1179) gründete auf dem Rupertsberg bei Bingen ein Kloster. Berühmt ist sie wegen ihrer prophetischen Schriften und einer Naturbeschreibung.

Welcher Epoche gehörte Jane Austen an?

- ❑ Barock
- ❑ Romantik
- ❑ New Age
- ❑ Renaissance

Der englischen Romantik, die sie mit großen Romanen bereicherte. In *Stolz und Vorurteil* (1813) oder *Emma* (1815) nahm Austen (1775–1817) den ländlichen Alltag aufs Korn, den Landadel genauso wie den gehobenen Mittelstand.

Wer wurde als „Winterkönig" bezeichnet?

- ❑ Kara Mustafa
- ❑ Friedrich von der Pfalz
- ❑ Markus Antonius
- ❑ Boris Godunow

Friedrich V., Kurfürst von der Pfalz (1596–1632). Der Calvinist wurde von den aufständischen Böhmen zum König gewählt. Daraufhin stellte Ferdinand II. eine Armee auf und eröffnete den Dreißigjährigen Krieg.

Wann öffneten die ersten Cafés?

- ❑ 1215
- ❑ 1492
- ❑ 1686
- ❑ 1789

1686 in Ratibor, anschließend in Nürnberg. Die Türkenkriege brachten auch einen kulturellen Austausch mit sich. Frauen blieb der Zutritt verwehrt.

Wie nennt man ein literarisches Werk, in dem ein Schriftsteller sein eigenes Leben nachzeichnet?

- ❑ Anthologie
- ❑ Memoiren
- ❑ Autobiografie
- ❑ Briefroman

Autobiografie. Ansätze finden sich schon bei Augustinus in seinen *Bekenntnissen* und dann wieder bei Rousseau und Karl Philipp Moritz (*Anton Reiser*). Goethe (*Dichtung und Wahrheit*) u. v. a. liefern weitere Beispiele.

Nach welchem Geographen dreht sich die Sonne um die Erde?

- ❑ Ptolemäus
- ❑ Nikolaus Kopernikus
- ❑ Tycho Brahe
- ❑ Johannes Kepler

Gemäß Ptolemäus († nach 160), dem Verfasser des berühmten *Almagest*, in dem er seine Himmelsmechanik erläutert. Erst Kopernikus begründete das heliozentrische Weltbild.

Welches philosophische Werk verfasste Immanuel Kant?

- ❑ Ideen zur Philosophie der Geschichte der Menschheit
- ❑ Über den Gesellschaftsvertrag
- ❑ Kritik der reinen Vernunft
- ❑ Grundlage der gesamten Wissenschaftslehre

Die *Kritik der reinen Vernunft* (1781). Sie ist eine der bedeutendsten philosophischen Schriften der Neuzeit, mit der der Königsberger Immanuel Kant (1724–1804) der Erkenntnistheorie zum Durchbruch verhalf.

Welcher „See“ ist kein Süßwassersee?

- ❑ Victoriasee
- ❑ Ladogasee
- ❑ Baikalsee
- ❑ Barentssee

Die Barentssee, die ein Meeresarm des Nordpolarmeeres ist und die Küsten Norwegens und Russlands trennt. Sie wurde nach ihrem Entdecker, Willem Barents, benannt.

Wo findet die „Grüne Woche“ statt?

- ❑ München
- ❑ Kiel
- ❑ Berlin
- ❑ Hannover

In Berlin. Sie ist weltweit die bedeutendste Messe für Ernährungs- und Landwirtschaft sowie Gartenbau. In der Regel findet sie Ende Januar statt.

Welcher Österreicherin ist ein Literaturpreis gewidmet?

- ❑ Luise Rinser
- ❑ Elfriede Jelinek
- ❑ Ingeborg Bachmann
- ❑ Martina Ertl

Ingeborg Bachmann (1926–73), deren lyrisches wie episches Werk (*Malina*, 1971) die Unsicherheit der menschlichen Existenz thematisiert. Den Preis verleihen die Stadt Klagenfurt und der ORF.

Wo befindet sich der Sitz der Bundesanstalt für Arbeit?

- ❑ Kassel
- ❑ Frankfurt a. Main
- ❑ Nürnberg
- ❑ Berlin

In Nürnberg. Sie ist die zentrale Behörde für Arbeitsvermittlung, Abwicklung der Arbeitslosenversicherung, Berufsberatung und Fortbildung.

Welche Gedichtform hat erzählende und dramatische Elemente?

- ❑ Sonett
- ❑ Distichon
- ❑ Ballade
- ❑ Madrigal

Die Ballade. Große deutsche Balladendichter waren z. B. Goethe (*Der Erlkönig*) und Schiller (*Ring des Polykrates*); in nachklassischer Zeit ragt vor allem Theodor Fontane heraus (*Archibald Douglas*).

Was wird durch ADSL-Verfahren in der Datenfernübertragung beschleunigt?

- ❑ Taktfrequenz
- ❑ Datenübertragungsrate
- ❑ Wahlwiederholung
- ❑ Arbeitsspeicher

Die Datenübertragungsrate in den Kupferleitungen des herkömmlichen Telefonnetzes. ADSL steht für Asymmetric (oder: Asynchronous) Digital Subscriber Line.

Wer wurde 1620 in der Schlacht am Weißen Berg bei Prag geschlagen?

- ❑ Friedrich von der Pfalz
- ❑ Wallenstein
- ❑ Türken
- ❑ Maximilian von Bayern

Friedrich von der Pfalz (1596–1632), der Winterkönig, der von den aufständischen Böhmen zum König gewählt worden war. Das gegnerische Heer führte der kaiserliche Feldherr Tilly an.

Wer errechnete als Erster den Erdumfang und die Entfernung zwischen der Erde und der Sonne?

❑ Nikolaus Kopernikus ❑ Tycho Brahe
❑ Eratosthenes ❑ Hipparchos von Nikäa

Eratosthenes (276–196 v. Chr.). Er machte sich die Sonneneinstrahlung in den Städten Syene und Alexandria am Tag der Sommersonnenwende zunutze und errechnete trigonometrisch den Abstand.

Wenn bezeichnete das 18. Jahrhundert verächtlich mit „Blaustrumpf"?

❑ Pfeife rauchende Frauen ❑ gelehrte Frauen
❑ Prostituierte ❑ Nonnen

Eine gelehrte Frau, die nicht unbedingt Charme hat. Der Ausdruck wurde um 1750 in England für Frauen geprägt, die in literarischen Zirkeln verkehrten. In Deutschland war er seit 1830 populär.

Was bezeichnet das arabische Wort „Djebel"?

❑ Oase ❑ ausgetrocknetes Flusstal
❑ Berg ❑ Ebene

Einen Berg bzw. ein Gebirge. Berühmt ist etwa der Djebel Musa (2285 m) oder Mosesberg auf dem Sinai; an dessen Fuß befindet sich das berühmte Katharinen-Kloster.

Woher stammt der Baustil der christlichen Basilika?

❑ Konstantinopel ❑ römische Antike
❑ Persien ❑ Lalibela

Aus der römischen Antike. Es gibt ihn seit etwa 200 v. Chr. Die römische Basilika war als lang gestreckter Hallenbau weltlichen Zwecken vorbehalten, etwa als Markt- und Gerichtsgebäude.

Wer war der erfolgreichste Fahrer beim 24-Stunden-Rennen von Le Mans?

❑ Jackie Stewart ❑ Jochen Rindt
❑ Jackie Ickx ❑ Ron Flockhardt

Der Belgier Jackie Ickx (*1945), der zwischen 1969 und 1982 sechsmal siegte. Auf dem ältesten Langstreckenrennen werden auf einem 13,64 km langen Kurs in 24 Stunden rund 5000 km zurückgelegt.

Wer verfasste *Das Kapital*?

❑ André Kostolany ❑ Karl Marx
❑ Johannes Gros ❑ John M. Keynes

Karl Marx (1818–83). Band I kam 1867 heraus, die Bände II und III folgten 1885 und 1894 unter der Federführung des Marx-Freundes Friedrich Engels.

Für wen war die Hinrichtungsart der Kreuzigung im römischen Reich vorgesehen?

❑ Religionsstifter ❑ Sektierer
❑ Schwerverbrecher ❑ Sklaven

Die Kreuzigung war nach römischem Recht die übliche Hinrichtungsart für ehrlose Schwerverbrecher wie Tempelräuber und Aufrührer, die allerdings keine römischen Bürger sein durften.

Wo war die Münze Sesterz in Gebrauch?

❑ Ming-Reich ❑ Harappa-Kultur
❑ Römisches Reich ❑ Teotihuacán

Im Römischen Reich, gegen Ende des 3. Jh. v. Chr. neben dem As und dem Denar als Silber- und Messingmünze geprägt. In der Kaiserzeit kam noch der Aureus in Gold hinzu.

Welcher deutsche Schriftsteller schrieb den Roman *Ansichten eines Clowns* (1963)?

❑ Heinrich Böll ❑ Günter Grass
❑ Gottfried Keller ❑ Samuel Beckett

Heinrich Böll (1917–85), dessen erste Werke der Verarbeitung des Krieges und der Nazi-Diktatur galten, der sich dann aber zu einem Kritiker der Gesellschaft im Nachkriegsdeutschland entwickelte.

Wer trug den Beinamen „Eiserner Kanzler"?
- ❏ Fürst von Metternich
- ❏ Otto von Bismarck
- ❏ Konrad Adenauer
- ❏ Helmut Schmidt

Bismarck (1815–98). Der Beiname geht auf seine Rede vor der Budgetkommission des preußischen Landtags zurück, wo er 1862 äußerte, die großen Fragen der Zeit könnten nur durch „Eisen und Blut" gelöst werden.

Welcher Mathematiker führte die indisch-arabischen Ziffern ein?
- ❏ Euklid
- ❏ Thales von Milet
- ❏ al-Chwarizmi
- ❏ Archimedes

Der Astronom und Mathematiker Mohammed ibn Musa al-Chwarizmi (um 780–850). Er war auch ein Pionier der Algebra; der Begriff leitet sich von seinem Namen ab.

Auf welcher europäischen Insel entstand um 790 das *Book of Kells*, ein Meisterwerk der Buchmalerei?
- ❏ Irland
- ❏ Grönland
- ❏ Helgoland
- ❏ Mont St. Michel

Auf Irland, wo sich aufgrund einer bedeutenden Mönchskultur die Buchmalerei sehr früh entwickeln konnte. Mit dem sehr reich ornamentierten Evangeliar des *Book of Kells* wurde dem Festland ein Vorbild gegeben.

Was sind Stalaktiten und Stalagmiten?
- ❏ Bakterien
- ❏ Kristalle
- ❏ Tropfsteine
- ❏ Fadenwürmer

Tropfsteine, die durch Kalkablagerungen entstehen. Stalaktiten wachsen spitz zulaufend von der Decke; ihnen entgegen türmen sich Stalagmiten.

Nach wem benannte man den Sadismus?
- ❏ Leopold von Sacher-Masoch
- ❏ Sade
- ❏ Marquis de Sade
- ❏ Richard Krafft-Ebing

Nach dem Marquis de Sade (1740–1814), der viele Jahre wegen Sexualdelikten in Gefängnissen einsaß. Sadist ist, wer sexuelle Erregung empfindet, wenn er physische oder psychische Gewalt an anderen ausübt.

Welche Folge hatte 2001 die E-Mail-Botschaft „Ich liebe dich!"?
- ❏ Überlastung des Arbeitsspeichers
- ❏ Computervirus
- ❏ Erhöhung der Internet-Gebühr
- ❏ Senkung der Internet-Gebühr

Die Übertragung eines Computervirus nach dem Öffnen der E-Mail. Betroffen waren weltweit Millionen von Internet-Nutzern. Gegen manche Viren richten nicht einmal Anti-Viren-Programme etwas aus.

In welcher Stadt hatte das Reichskammergericht seinen Sitz?
- ❏ Wetzlar
- ❏ Frankfurt am Main
- ❏ Aachen
- ❏ Wien

In Wetzlar, wo es von 1693 bis zur Auflösung des Heiligen Römischen Reiches 1806 beheimatet war. Davor befand es sich in Speyer.

Wer war neben Achim von Arnim Herausgeber der Liedersammlung *Des Knaben Wunderhorn* (1806–08)?
- ❏ Gustav Mahler
- ❏ Friedrich Schlegel
- ❏ Clemens Brentano
- ❏ Ludwig Tieck

Clemens Brentano (1778–1842), ein Hauptvertreter der deutschen Romantik, die er mit seinen Gedichten, seinen Romanen (*Godwi*, 1818), Erzählungen und Märchen bereicherte.

Wie bezeichnet man die Auswanderung Mohammeds aus Mekka nach Medina 622?

❑ Kaaba ❑ Haddsch
❑ Hedschra ❑ Jihad

Hedschra. Sie ist der Beginn der islamischen Zeitrechnung. Mekka ist die Geburtsstadt Mohammeds, der 630 seine siegreichen Truppen dorthin zurückführte.

Wer führte in den 60er-Jahren die schwarze Bürgerrechtsbewegung Black Muslims an?

❑ William Lloyd Garrison ❑ Cassius Clay
❑ Martin Luther King ❑ Malcolm X

Malcolm X (1925–65), dessen Vater von Mitgliedern des Ku Klux Klans ermordet wurde. Sein Nachname steht als Symbol für die namenlosen versklavten Schwarzen in den USA.

Wer erfand das astronomische Fernrohr?

❑ Nikolaus Cusanus ❑ Galileo Galilei
❑ Antony van Leeuwenhoek ❑ Johannes Kepler

Der schwäbische Astronom Johannes Kepler (1571–1630). Dieses sog. Keplersche Fernrohr führte zu revolutionären Entdeckungen am gestirnten Himmel.

Welcher flämische Maler des 16. Jahrhunderts bevorzugte für seine Gemälde Motive aus dem bäuerlichen Leben?

❑ Frans Hals ❑ Piet Mondrian
❑ Pieter Bruegel d. Ä. ❑ Hieronymus Bosch

Pieter Bruegel d. Ä. (um 1528–69), dessen Söhne Pieter und Jan ebenfalls berühmt wurden. Unter dem Einfluss Boschs entstanden z. B. *Bauernhochzeit* (1568) und der Zyklus *Monatsbilder* (1565).

Was ist ein Ichthyosaurus?

❑ Flugsaurier ❑ Fischsaurier
❑ Landsaurier ❑ amphibischer Dinosaurier

Ein Fischsaurier, der besonders im Jura (205–140 Mio. Jahre) die Meere bewohnte. Er wurde bis zu 15 m lang und gebar lebende Junge.

Wer zerstörte 70 n. Chr. Jerusalem?

❑ Gaius Iulius Caesar ❑ Claudius Tiberius
❑ Titus ❑ Attila

Titus Flavius Vespasianus (39–81), der älteste Sohn Kaiser Vespasians. Er eroberte und zerstörte die Stadt, die Bewohner wurden versklavt. Titus raubte auch den Tempelschatz mit der Thora.

Wie heißt heute das „Theater nächst der Burg", das 1741 von Maria Theresia in Wien gegründet wurde?

❑ Thalia-Theater ❑ Kammerspiele
❑ Burgtheater ❑ Schaubühne

Burgtheater, das Mitte des 19. Jh. die führende deutschsprachige Bühne war und auch heutzutage zu den renommiertesten Häusern zählt. Seit 1926 wird der „Burgtheater-Ring" verliehen.

Was ist ein Menuett?

❑ Tanz ❑ Kavalarie-Attacke
❑ Versform ❑ Arie

Ein Tanz. Um 1663 kam er am französischen Hof in Mode. Es ist ein Paartanz im mäßig schnellen Dreiertakt. Als dritter Satz kommt es aber auch in Sinfonien Joseph Haydns und Mozarts vor.

Wo wurde die Stahl- und Waffenfabrik Alfred Krupp gegründet?

❑ Wuppertal ❑ Mühlheim a. d. Ruhr
❑ Essen ❑ Duisburg

In Essen. Alfred Krupp (1812–87) übernahm die hoch verschuldete väterliche Gussstahlfabrik, die nach 1852 zum größten Stahlkonzern des 19. Jh. wurde.

Wem diente Kardinal Mazarin als leitender Minister? ❑ Karl der Kühne ❑ Ludwig XIV. ❑ Ludwig XVI. ❑ Napoleon	Dem minderjährigen Ludwig XIV. (1638–1715), der erst 1660 die Macht übernahm. Mazarin förderte den Katholizismus in Frankreich. Auf ihn folgte Richelieu.
Welcher jüdisch-spanische Schriftsteller schrieb in deutscher Sprache den Roman *Die Blendung* (1935)? ❑ Elias Canetti ❑ Ortega y Gasset ❑ Camilo José Cela ❑ Franz Werfel	Elias Canetti (1905–94), dessen Roman die Odyssee eines aus seiner Bücherwelt entwurzelten, kalten Intellektuellen erzählt. Der Roman ist ein an Beckett und Kafka erinnernder Klassiker der Moderne.
Wo wurde zum ersten Mal ein U-Boot getestet? ❑ Themse ❑ Seine ❑ Donau ❑ Tiber	In der Themse. Cornelius van Drebbel soll nach Augenzeugenberichten 1620 ein lederüberzogenes Holzruderboot mit Luftröhren verwendet haben.
Welche Religion kennt ein Kastensystem? ❑ Kapitalismus ❑ Islam ❑ Hinduismus ❑ Christentum	Hinduismus (seit dem 8. Jh.). Er unterscheidet von oben nach unten zwischen Brahmanen, Ksatriyas, Vaishyas und Shudras. Die „Unberührbaren" stehen im Ansehen noch darunter.
Was ist die veraltete Alternative zur digitalen Technik? ❑ Dialog ❑ Synchron ❑ Analog ❑ Monochrom	Die analoge Technik, die auf physikalischen Größen (z. B. von elektrischen Spannungen) beruht. Bei der digitalen Technik werden Bild- und Tonsignale in Form von digitalen Sendeimpulsen ausgestrahlt.
Was ist ein Iguanodon? ❑ Elefant ❑ Dinosaurier ❑ Mammut ❑ Mastodon	Ein Pflanzen fressender Dinosaurier der Unteren Kreide, der bis zu 8 m lang und 5 m hoch war. Er bewegte sich auf seinen dreizehigen Hinterbeinen.
Welcher Organisation gehört die UNESCO an? ❑ UNO ❑ EU ❑ NATO ❑ OAU	Den Vereinten Nationen (UNO). Die UNESCO (United Nations Educational, Scientific and Cultural Organization) dient der Forschung u. a. für kulturelle Zwecke.
Welcher italienische Maler wirkte mit seinen realistisch-drastischen Darstellungen und lebendigen Lichtkontrasten auf die Barock-Malerei? ❑ Tizian ❑ Caravaggio ❑ Fra Angelico ❑ Massacio	Caravaggio (1573–1610), der eigentlich Michelangelo da Merisi hieß. Werke wie *Früchtekorb* (1596) und *Berufung und Martyrium des hl. Matthäus* (um 1600) beeinflussten u. a. Velazquez, Rubens und Rembrandt.
Für welchen Staat arbeitet der Geheimdienst Mossad? ❑ Russland ❑ Serbien ❑ Türkei ❑ Israel	Für Israel. Der Geheimdienst machte durch spektakuläre Aktionen wie die Aufspürung und Entführung des SS-Mannes Adolf Eichmann 1960 in Argentinien von sich Reden.

Wo stand einst der „Kristallpalast“ aus Eisen und Glas?

- ❑ Berlin
- ❑ Paris
- ❑ Petersburg
- ❑ London

In London, wo Sir Joseph Paxton die riesige Ausstellungshalle für die erste internationale Ausstellung 1851 konzipierte. Sie wurde anschließend demontiert und andernorts wieder aufgestellt.

Wer schuf die Romanfiguren des „Hercule Poirot“ und der „Miss Marple“?

- ❑ Dashiell Hammett
- ❑ Thornton Chandler
- ❑ Agatha Christie
- ❑ Arthur Conan Doyle

Agatha Christie (1890–1976), die über siebzig erfolgreiche Kriminalromane verfasste, in denen die beiden Helden in der Rolle eines überaus raffinierten Meister- bzw. Amateurdetektivs fungieren.

Wer erfand 1642 das Barometer?

- ❑ Blaise Pascal
- ❑ Evangelista Torricelli
- ❑ Charles A. de Coulomb
- ❑ Nikola Tesla

Der italienische Mathematiker und Physiker Evangelista Torricelli (1608–47). Der Luftdruck wird heute in Pascal gemessen, wobei 1 Pascal den Druck von 1 Newton pro Quadratmeter darstellt.

Wer gründete 1652 Kapstadt (Cape Town)?

- ❑ Portugiesen
- ❑ Engländer
- ❑ Spanier
- ❑ Niederländer

Die Niederländer, genauer die niederländische Ostindische Kompanie. 1795 wurde es von britischen Truppen erobert. Seit 1814 war es Hauptstadt der Kapkolonie.

Wo ist das Volk der Kalash beheimatet?

- ❑ Marokko
- ❑ Anatolien
- ❑ Pakistan
- ❑ Senegal

In Nordwestpakistan. Die ca. 4000 Kalash zählen zur indoarischen Sprachenfamilie. Sie glauben an Naturgottheiten und haben sich bislang dem Islam weitgehend versperrt.

Welches Gebäude „packte“ der Aktionskünstler Christo (Javacheff) 1995 in der BR Dtl. ein?

- ❑ Deutsche Bank, Frankfurt
- ❑ Brandenburger Tor
- ❑ Berliner Reichstagsgebäude
- ❑ Wieskirche

Das Berliner Reichstagsgebäude. Der Bulgare machte auch davor schon durch spektakuläre Verhüllungen von Objekten, Monumenten und Gebäuden von sich Reden.

Wer bereitete mit seinen *Essays* von 1597 dem Empirismus den Weg?

- ❑ Francis Bacon
- ❑ John Stuart Mill
- ❑ Jeremy Bentham
- ❑ Carl Popper

Sir Francis Bacon (1561–1626). Die *Essays* (Versuche) sind in dem ihm eigenen unemotionalen, nüchternen Stil verfasst. Politisches Handeln leitet er nicht von Idealen ab, sondern aus der politischen Praxis, wonach erlaubt ist, was dem Ziel dient.

Welchen Namen trug Konstantinopel in der Antike bis 330?

- ❑ Istanbul
- ❑ Troja
- ❑ Byzantion
- ❑ Smyrna

Byzantion (Byzanz); gegründet um 658 v. Chr. durch Kolonisten aus Megara. Byzantion wurde später nach dem oströmischen Kaiser Konstantin den Großen in Konstantinopel umbenannt.

Welcher Schriftsteller schrieb den *Lederstrumpf*?

- ❑ James Fenimore Cooper
- ❑ Karl May
- ❑ Jack London
- ❑ Mark Twain

Der Amerikaner James Fenimore Cooper (1789–1851), der für seine Lederstrumpfgeschichten eigene Erlebnisse mit dem Grenzer-Leben der Siedler und Trapper sowie der Kultur der Indianer verwob.

Was ist die Hauptstadt von Sachsen-Anhalt?
- ❑ Halle
- ❑ Leipzig
- ❑ Dresden
- ❑ Magdeburg

Magdeburg. Das Land ging 1947 aus dem Großteil der ehemaligen preußischen Provinz Sachsen und dem Land Anhalt hervor. 1990 wurde es kurz vor der Auflösung der DDR neu gebildet.

Von welchen Gelehrten entstammen 1654 Theorien der Wahrscheinlichkeitsrechnung?
- ❑ Fermat und Pascal
- ❑ Candela und Faraday
- ❑ Newton und Hertz
- ❑ Thomson und Joule

Von Pierre de Fermat (1601–65) und Blaise Pascal (1623–62). Wahrscheinlichkeitsberechnungen entstanden zu Anfang häufig im Zusammenhang mit Glücksspielen.

Wovon leitet sich der Name Silicon Valley ab?
- ❑ Big Valley
- ❑ Silicium-Halbleiterelement
- ❑ Silikose
- ❑ Silesia (engl. für Schlesien)

Von den Silicium-Halbleiterelementen, das sind millimetergroße Computerchips. Das Gebiet in Kalifornien, wo sich viele Computerhersteller angesiedelt haben, wurde danach benannt.

Wen heiratete der amerikanische Profi-Baseballspieler Joe DiMaggio?
- ❑ Joan Crawford
- ❑ Bette Davis
- ❑ Gina Lolobrigida
- ❑ Marilyn Monroe

Den Hollywood-Star Marilyn Monroe im Jahr 1954. Die Ehe hielt allerdings nur 274 Tage. DiMaggio gewann mit den New York-Yankees siebenmal den Meisterschaftstitel.

Wie heißen die Nachkommen französischer Siedler in den USA?
- ❑ Batavier
- ❑ Cajuns
- ❑ Armagnacs
- ❑ Gauloises

Cajuns, rund 250.000 Amerikaner, die heute hauptsächlich im Bundesstaat Louisiana leben. Der Name leitet sich von frz. „Acadien“ her, Einwohner der ehemaligen französischen Kolonie Akadien in Kanada.

Welcher Impressionist malte Balletteusen im Übungssaal?
- ❑ Edouard Manet
- ❑ Edgar Degas
- ❑ Auguste Renoir
- ❑ Alfred Sisley

Edgar Degas (1834–1917). Er führte seine Werke überwiegend in der Pastelltechnik aus. In seinen letzten Lebensjahren schuf er – fast erblindet – rund 70 Statuetten.

Wo fanden 1685 15.000 aus Frankreich vertriebene Hugenotten dauerhaftes Asyl?
- ❑ England
- ❑ Nordamerika
- ❑ Brandenburg
- ❑ Schweiz

In Brandenburg. Friedrich Wilhelm erließ hierzu das Edikt von Potsdam, durch das die protestantischen Kaufleute und Handwerker mit den nötigen Rechten ausgestattet wurden.

Was bezeichnet man als „Schwarzer Freitag“?
- ❑ Einführung der Rentenmark
- ❑ Niederlage im Ersten Weltkrieg
- ❑ Börsenkrach
- ❑ jüdischer Feiertag

Den Börsenkrach an der Wall Street in New York von 1929. Er leitete eine weltweite Wirtschaftskrise ein, die in Deutschland die „Goldenen Zwanzigerjahre“ beendete.

Welches Märchen machte den Dichter Antoine de Saint-Exupéry (1900–44) berühmt?
- ❑ *Zwerg Nase*
- ❑ *Der kleine Prinz*
- ❑ *Oberons Hochzeit*
- ❑ *Eulenspiegel*

Der kleine Prinz (1943), ein Märchen für Erwachsene, dessen Kernstück parabelhafte Erzählungen des kleinen Prinzen sind, die negative Verhaltensweisen von Menschen umreißen.

Wer entwickelte die Monadenlehre?

❑ G. W. Leibniz ❑ Baruch Spinoza
❑ Giordano Bruno ❑ Poseidonius

Gottfried Wilhelm Leibniz (1646–1716). Monaden sind kleinste Einheiten, die den gesamten Kosmos ausfüllen und jeweils die Gesetzlichkeit des von Gott geschaffenen Universums in sich tragen.

Welcher Plan sah vor, aus Deutschland nach 1945 ein Agrarland zu machen?

❑ Dawes-Plan ❑ NATO-Doppelbeschluss
❑ Morgenthau-Plan ❑ Stalin-Note

Der Morgenthau-Plan, benannt nach der Denkschrift des US-Finanzministers Morgenthau. Unter anderem sollten das Ruhrgebiet internationalisiert und die Industrieanlagen demontiert werden.

Wann wurden die roten Blutkörperchen entdeckt?

❑ im 17. Jahrhundert ❑ im 18. Jahrhundert
❑ im 19. Jahrhundert ❑ im 20. Jahrhundert

Im 17. Jh. 1665 entdeckte sie der italienische Arzt Marcello Malpighi (1628–94) und wies nach, dass darauf die rote Farbe des Blutes basiert. Schon 1661 erkannte er das Netz der Lungen-Kapillaren.

Wer schuf noch vor Michelangelo die erste umschreitbare Freifigur der Neuzeit?

❑ Donatello ❑ Iacopo della Quercia
❑ Lorenzo Ghiberti ❑ Michelozzo

Der italienische Bildhauer Donatello (um 1386–1466). Sein Werk, der *David* (1430) war bahnbrechend für die Skulptur des 15. Jh. in Italien. Er ist zugleich der erste Akt seit der Antike.

Wie hieß Tasmanien bis 1853?

❑ Melanesien ❑ Chatham-Inseln
❑ Van-Diemens-Land ❑ Georgina

Van-Diemens-Land, 1642 nach Anton van Diemen benannt, in dessen Auftrag der niederländische Seefahrer Abel Janszoon Tasman (1603–59) seine Entdeckungsreise unternahm.

Welches Billard-Spiel wird mit 22 Bällen gespielt?

❑ Pool-Billard ❑ Karambolage-Billard
❑ Snooker ❑ Englisches Billard

Snooker – 1875 von britischen Offizieren in Indien erfunden. Es wird mit 15 roten, 6 andersfarbigen und einer weißen Spielkugel von 2 bis 4 Spielern gespielt. Ziel ist es, mit dem weißen Spielball die anderen Kugeln einzulochen.

Welche Stilrichtung der amerikanischen Rock-Musik vertrat die Gruppe Nirvana?

❑ Rock 'n' Roll ❑ Punk
❑ Grunge ❑ Hip Hop

Grunge, der als Gegenpol zum britischen Punkrock besonders von 1988 bis 1993 die Rock-Szene beherrschte. Kennzeichen ist der aggressive Gitarrenstil.

Wo regierten seit 320 die Gupta-Herrscher?

❑ Goldküste ❑ China
❑ Peru ❑ Indien

In Indien, wo es in der Nachfolge des Maurya-Reiches entstanden war. Es wurde um 470 ein Opfer der sog. Weißen Hunnen. Indien zerfiel daraufhin in eine Vielzahl kleiner, rivalisierender Königreiche.

Welches Kunstwerk verherrlicht den Condottiere Gattamelata?

❑ Gemälde ❑ Reiterstandbild
❑ Büste ❑ Epos

Das Reiterstandbild Donatellos (um 1386–1466) in Padua. Es ist das erste Reiterstandbild der Renaissance, das wegweisend für die ganze Epoche war.

Auf welchem Zahlensystem beruht die binäre Darstellung?
- ❑ Dezimalsystem
- ❑ Hexadezimalsystem
- ❑ Dualsystem
- ❑ Duodezimalsystem

Auf dem Dualsystem, bei dem es nur zwei Zahlen, nämlich 0 und 1, gibt. Dies entspricht den Zuständen „Strom fließt" und „Strom fließt nicht". Binär erfolgt die Informationsverarbeitung in der EDV.

Welche Adelsfamilie betrieb in Deutschland das erste Postsystem?
- ❑ Fugger
- ❑ Habsburger
- ❑ Hohenzollern
- ❑ Thurn und Taxis

Das Regensburger Geschlecht der Thurn und Taxis, das seit den 50er-Jahren des 17. Jh. auch bereits Passagiere nach einem Fahrplan mit Postkutschen beförderte.

Welche literarische Grundform verwendet das Mittel der szenischen Darstellung?
- ❑ Epos
- ❑ Drama
- ❑ Lyrik
- ❑ Roman

Das Drama (griechisch „Handlung"). Im Gegensatz zum Epos wird eine knappe und in sich geschlossene Handlung unmittelbar vor den Zuschauer gebracht. Das Drama kennt die klassischen Formen Tragödie und Komödie.

Wer stellte 1683 das Gravitationsgesetz auf?
- ❑ Gottfried Wilhelm Leibniz
- ❑ Blaise Pascal
- ❑ Isaak Newton
- ❑ Christiaan Huygens

Isaac Newton (1643–1727). Er entdeckte die Grundlagen der Mechanik: das Trägheitsgesetz, das Beschleunigungsgesetz und das Wechselwirkungsgesetz. Letztere werden als die drei Newtonschen Axiome bezeichnet.

Welcher Philosoph gilt als ein Hauptvertreter des Deutschen Idealismus?
- ❑ Karl Marx
- ❑ Werner Sombart
- ❑ Ludwig Feuerbach
- ❑ Johann Gottlieb Fichte

Johann Gottlieb Fichte (1762–1814). Fichte und Hegel erkannten das „absolute Ich" und leiteten schier unbegrenzte Möglichkeiten daraus ab, die Welt zu gestalten.

An welchem Fluss liegen unter anderem die Schlösser Chambord, Blois und Amboise?
- ❑ Loire
- ❑ Garonne
- ❑ Seine
- ❑ Rhône

An der Loire, wo bereits im Mittelalter Burgen und Schlösser lagen. Aus manchen von ihnen entstanden vor allem im 16. Jh. die berühmten Renaissance-Schlösser.

Woher kommt der Begriff Blitzkrieg?
- ❑ Napoleon'sche Kriege
- ❑ Zweiter Weltkrieg
- ❑ Vietnamkrieg
- ❑ Kosovokrieg

Aus dem Zweiten Weltkrieg. Gemeint sind die siegreichen deutschen Feldzüge in den Jahren 1939 bis 1941, die binnen weniger Wochen entschieden wurden – etwa gegen Polen, Frankreich und Jugoslawien.

Welche berühmte Novelle schrieb Dichterin Annette von Droste-Hülshoff (1797–1848)?
- ❑ *Unterm Birnbaum*
- ❑ *Stopfkuchen*
- ❑ *Die Chronik der Sperlingsgasse*
- ❑ *Die Judenbuche*

Die Judenbuche, eine packende Geschichte um die Themen Schuld und Sühne. Die Dichterin gehört sowohl der Romantik, wie auch dem Realismus an. Bedeutung gewann sie auch als Balladendichterin.

Wer kreierte 1926 das „kleine Schwarze"?
- ❑ Vivienne Westwood
- ❑ Asta Nielsen
- ❑ Coco Chanel
- ❑ Christian Dior

Coco Chanel (1883–1971). Der Chanel-Look prägte die Damen-Mode der 20er- und 30er-Jahre. Weltberühmt wurde ihr Parfüm Chanel No. 5. 1954 feierte sie ein fulminantes Comeback.

Welcher angelsächsische König verhinderte, dass England an die Dänen fiel?

- ❑ Alfred der Große
- ❑ Aethelred II.
- ❑ Wilhelm der Eroberer
- ❑ Edward der Bekenner

Alfred der Große (849–899), König von Wessex, nach schweren Kämpfen gegen die dän. Wikinger, die sich seit Ende des 9. Jh. ausgehend von London und der Themsemündung ein Gebiet dän. Rechts (Danelag) eroberten. Alfreds Enkel vertrieben die Dänen bis 955.

Welches deutsche Wörterbuch war die Grundlage für die erste Rechtschreibreform?

- ❑ *Adelung*
- ❑ *Duden*
- ❑ *Grimm*
- ❑ *Campe*

Das *Vollständige Orthographische Wörterbuch der deutschen Sprache* (1880) des Gymnasiallehrers und Schuldirektors Konrad Duden (1829–1911); es war ab 1. Januar 1901 verbindlich.

Wer demonstrierte 1654 das aufregende Experiment mit den Magdeburger Halbkugeln?

- ❑ Antoni van Leeuwenhoek
- ❑ Otto von Guericke
- ❑ Christiaan Huygens
- ❑ Gottfried Wilhelm Leibniz

Otto von Guericke, der damit die Existenz und Kraft des Vakuums bewies. 16 Pferde waren nicht in der Lage, die zwei luftleer gepumpten Magdeburger Halbkugeln auseinander zu ziehen.

Was war Samuel von Pufendorf (1632–94)?

- ❑ Bankier
- ❑ Gelehrter des Natur- und Völkerrechts
- ❑ Erfinder
- ❑ Dichter

Ein Gelehrter des Natur- und Völkerrechts, der in Anlehnung an Thomas Hobbes die preußische Spielart des aufgeklärten Absolutismus beeinflusste.

Welchem Staat gehört Timor, die größte der kleinen Sundainseln, an?

- ❑ Malaysia
- ❑ Myanmar
- ❑ Neuguinea
- ❑ Indonesien

Indonesien, das 1975 auch den letzten Teil der ehemals portugiesischen Insel besetzte. Seitdem kämpft in Ost-Timor eine Befreiungsarmee für die Unabhängigkeit von Indonesien.

Welcher weltweit größte Chemie-Konzern wurde 1925 gegründet?

- ❑ VEBA
- ❑ DEGUSSA
- ❑ I.G. Farben AG
- ❑ Sandoz

Die I.G. Farben AG. An der Fusion der „Interessengemeinschaft" waren u. a. BASF, Bayer, Agfa und Hoechst beteiligt. Die I.G. Farben unterstützte die NSDAP und wurde 1945 aufgelöst.

Welcher Roman hat den Philologie-Professor Umberto Eco (*1932) berühmt gemacht?

- ❑ *Das offene Kunstwerk*
- ❑ *Der Name der Rose*
- ❑ *Das Kapital lesen*
- ❑ *Die Verliese des Vatican*

Der Name der Rose (1980), der eine spannende Detektivgeschichte in die Klosterwelt des 14. Jh. verlegt. 1988 veröffentlichte er eine labyrinthische Geschichte in *Das foucaultsche Pendel.*

Welche Funktion hat eine Grafikkarte?

- ❑ Bildschirmdarstellung
- ❑ Programmverwaltung
- ❑ Download aus dem Internet
- ❑ Upgrade-Installation

Die Bildschirmdarstellung. Sie bestimmt die Auflösung, die Anzahl der Farben, die Bildwiederholfrequenz und die Geschwindigkeit, mit der eine Grafik auf dem Bildschirm aufgebaut wird.

Wer war Ramakrishna?

- ❑ Heiliger
- ❑ Inkarnation Buddhas
- ❑ Staatsmann
- ❑ Kricketspieler

Ein hinduistischer Heiliger, den viele als eine Inkarnation Vishnus, des Beschützers der Welt ansehen. Ramakrishna (1834–86) gilt als einer der Träger der Hindu-Renaissance im 19. Jh.

Welches Parlament bezeichnet seine Volksvertretung als Unterhaus?

- ❑ Congress, Washington
- ❑ Houses of Parliaments, London
- ❑ Assemblée Nationale, Paris
- ❑ Nationalrat, Wien

Die Houses of Parliaments, das britische Parlament. Großbritannien ist eine konstitutionelle Monarchie, sodass es auch noch ein Oberhaus gibt, in dem der Adel vertreten ist.

Wie heißt die chinesische Lehre der harmonischen Lebens- und Wohnraumgestaltung?

- ❑ I Ging
- ❑ Feng Shui
- ❑ Tao
- ❑ Reiki

Feng Shui, was wörtlich „Wind und Wasser" heißt. Seine Grundlagen sind die fünf Elemente und das *I-Ging (Buch der Wandlungen)*. Betroffen sind Architektur und Innenarchitektur und auch bereits die Auswahl des Grundstücks.

Was ist das unterscheidende Merkmal der Epik gegenüber den literarischen Gattungen Lyrik und Dramatik?

- ❑ Pointierung
- ❑ erzählende Form
- ❑ Reim
- ❑ Strophenform

Es ist die erzählende Dichtung, je nach Kunstauffassung der Epoche in Vers- oder Prosaform. Man kennt epische Großformen wie das Epos und den Roman. Kleinformen sind z. B. die Novelle und die Erzählung.

Wer führte die moderne Klassifikation der Tier- und Pflanzenwelt ein?

- ❑ Gregor Mendel
- ❑ Jean Baptiste Lamarck
- ❑ Carl von Linné
- ❑ Plinius der Ältere

Carl von Linné (1707–1778). 1735 erschien seine *Systema naturae*, mit der er die Grundlagen für die moderne Klassifikation der Biologie legte.

Wann erfolgte die Teilung des Römischen Reiches in Ost- und Westrom?

- ❑ 800
- ❑ 44 v. Chr.
- ❑ 395
- ❑ 1453

395. Die Söhne des Kaisers Theodosius (347–395) unterzeichneten zwar beide Gesetze, die für das gesamte Reich galten, de facto begann jedoch die Teilung in das latein. West-Reich und das griech. Ost-Reich.

Wo befinden sich die Tempel von Abu Simbel?

- ❑ Sudan
- ❑ Mali
- ❑ Tunesien
- ❑ Ägypten

In Südägypten. Um 1250 v. Chr. wurden sie aus einem Sandsteinfelsen geschlagen. 1964 wurden sie abgetragen und 64 m höher wieder errichtet; sie entgingen so der Überflutung durch den Assuanstaudamm.

Wer gilt als Schöpfer des epischen Theaters?

- ❑ Peter Weiss
- ❑ Bert Brecht
- ❑ Heiner Müller
- ❑ Wolfgang Borchert

Bert Brecht (1898–1956), der die Illusionswelt des klassischen Theaters und deren Wirkungsästhetik ablehnte. Hierher gehören z. B. *Mutter Courage und ihre Kinder* (1941) und *Der gute Mensch von Sezuan* (1942).

Wer gründete 1691 Kalkutta in Indien?

- ❑ Marāthen
- ❑ Briten
- ❑ Niederländer
- ❑ Franzosen

Die Briten. Es entstand an einem Mündungsarm des Ganges und war von 1772 bis 1912 Hauptstadt von Britisch-Indien. Danach wurde es von Delhi abgelöst.

Wo befindet sich das bedeutende europäische Museum Eremitage?

- ❑ München
- ❑ Madrid
- ❑ London
- ❑ St. Petersburg

In St. Petersburg. Das Museum ist in einem während des 18. und 19. Jh. entstandenen Gebäudekomplex untergebracht, der vor allem eine der größten Gemäldegalerien beherbergt.

Welcher Philosoph verfasste *Die Welt als Wille und Vorstellung*?

- ❑ J. G. Fichte
- ❑ G. W. F. Hegel
- ❑ A. Schopenhauer
- ❑ F. Schleiermacher

Arthur Schopenhauer (1788–1860). Der Wille, so der pessimistische Denker (z. B. *Parerga und Paralipomena*, 1851), sei die kreative Primärkraft, während die Idee an zweiter Stelle stehe.

Was ist eine persona non grata?

- ❑ hoher Staatsbeamter
- ❑ Deserteur
- ❑ unerwünschte Person
- ❑ Bürge

Eine unerwünschte Person; i. d. R. ein Diplomat, der aus dem Gastland in sein Heimatland abgeschoben wird.

Was ist eine Mongolfiere?

- ❑ Kronleuchter
- ❑ venezianische Gondel
- ❑ Heißluftballon
- ❑ mongolische Pferderasse

Ein Heißluftballon, benannt nach den Brüdern Mongolfier, die 1783 erstmals einen Heißluftballon steigen ließen.

Wie heißt die chinesische Körperübung des „Schattenboxens"?

- ❑ Kung Fu
- ❑ Karate
- ❑ Tai Chi
- ❑ Jiu-Jitsu

Tai Chi. Es dient als taoistische Konzentrationsübung. Mehrere Figuren werden dabei in einen fließenden Bewegungsablauf integriert, was Ähnlichkeiten mit dem Kung Fu hat.

Welches Land schaffte 1967 alle religiösen Einrichtungen ab?

- ❑ Kasachstan
- ❑ Rumänien
- ❑ Bulgarien
- ❑ Albanien

Albanien. Erst 1990 wurde das Recht auf Religionsfreiheit wieder eingeführt. In Albanien sind etwa 70% der Bevölkerung Muslime, 20% griechisch-orthodoxe und 10% römisch-katholische Christen.

Wozu benötigt der PC einen Browser?

- ❑ Installation
- ❑ Blättern im Internet
- ❑ ISDN-Anschluss
- ❑ Vergabe der E-Mail-Adresse

Für das Blättern (englisch: to browse) im Internet. Man kann damit das Internet nach Informationen durchsuchen. Gebräuchlich sind der Netscape Communicator und der Internet Explorer (von Microsoft).

Wie ärgert und verspottet Till Eulenspiegel seine Zeitgenossen?

- ❑ Satiren
- ❑ Anekdoten
- ❑ Streiche
- ❑ Gedichte

Durch seine lustigen Streiche, die der Schalk des Volksbuches *Dyl Ulenspiegel* von 1515 auch noch mit Spott und Schadenfreude begleitet. Verfasser war Hermann Bote (um 1465– um 1520).

Wann war die russische Oktoberrevolution?

- ❑ 1848
- ❑ 1917
- ❑ 1923
- ❑ 1941

Am 24. und 25. Oktober 1917 nach russischem Kalender, nach dem westlichen am 6. und 7. November. Die Bolschewiki unter Lenin und Trotzki übernahmen die Macht.

In welchem Roman ist Felix Krull der Held der Handlung?

- ❑ *Felix Krull*
- ❑ *Der brave Soldat Schwejk*
- ❑ *Aus dem Leben eines Taugenichts*
- ❑ *Der Grüne Heinrich*

In *Bekenntnisse des Hochstaplers Felix Krull* (1922/54) von Thomas Mann (1875–1955), der unvollendet geblieben ist. Felix Krull ist der Icherzähler, der mit feiner Ironie seinen kuriosen Lebensweg nacherzählt.

Wer gründete 1703 St. Petersburg?

- ❑ Rurik
- ❑ Iwan der Schreckliche
- ❑ Peter der Große
- ❑ Rudolf Nurejew

Peter der Große (1672–1725). 1712 verlegte die Zarenfamilie ihre Residenz von Moskau nach St. Petersburg. Die Stadt hieß von 1924–91 Leningrad.

Wo befindet sich das Forum Romanum?

- ❑ Athen
- ❑ Venedig
- ❑ Trier
- ❑ Rom

In Rom; es war seit dem 6. Jh. v. Chr. das Zentrum des römischen Staates. Hier befinden sich die Heiligtümer und Tempel, Basiliken, der Versammlungsplatz und nicht zuletzt auch die Rednerbühne.

Wer erfand 1800 die erste Batterie?

- ❑ James Watt
- ❑ Alessandro Volta
- ❑ André Marie Ampère
- ❑ William Henry

Alessandro Volta (1745–1827). Die voltasche Säule war ein Vorläufer der heutigen Batterie. Sie konnte stationären Strom liefern. Dem Erfinder zu Ehren wird die Spannung in Volt gemessen.

Wer behauptete, Religion sei Opium für das Volk?

- ❑ Ludwig Feuerbach
- ❑ Friedrich Nietzsche
- ❑ Karl Marx
- ❑ Voltaire

Karl Marx (1818–83). Seine Religionskritik besagt, dass die Religion das Ziel erfüllt, die Menschen in Unwissenheit zu halten und ihr selbstständiges Denken zu verhindern.

Welche deutsche Fluggesellschaft wurde 1926 gegründet?

- ❑ Graf Zeppelin
- ❑ Deutsche Luft Hansa
- ❑ Deutsche Luftreederei
- ❑ Lauda Air

Die Deutsche Luft Hansa A. G. (DLG). 1951 wurde sie liquidiert. 1953 ging daraus die Lufthansa hervor, die 1955 mit ihren Transatlantikflügen nach New York begann.

Wann ist ungefähr das Weltall entstanden?

- ❑ 5 Mrd. Jahre
- ❑ 10 Mrd. Jahre
- ❑ 15 Mrd. Jahre
- ❑ 20 Mrd. Jahre

Vor ungefähr 15 Mrd. Jahren. Am Beginn stand mit großer Wahrscheinlichkeit der sog. Urknall, der die Materie in den Raum hinausschleuderte, wo sich später Galaxien, Sterne und Planeten bildeten.

Was ist eine Koryphäe?

- ❑ hervorragender Gelehrter bzw. Fachmann
- ❑ weibliche Säulenfigur
- ❑ Kybele-Priesterin
- ❑ Fabelwesen

Ein hervorragender Gelehrter bzw. Fachmann. In der Antike nannte man so den Chorführer im Drama.

Wer schlug die Römer im Teutoburger Wald?

- ❑ Vercingetorix
- ❑ Pyrrhus
- ❑ Arminius
- ❑ Hannibal

Arminius (Hermann), der Anführer der Cherusker (9 n. Chr.). Die Römer wurden in einer dreitägigen Schlacht vernichtet. Ihr Feldherr Varus (um 46 v. Chr.–9 n. Chr.) beging Selbstmord.

Wer ist der Titelheld in Mary Shelleys Roman *Frankenstein* (1818)?

❑ Monster ❑ Arzt
❑ Psychiater ❑ Zigeuner

Ein Arzt und Forscher, der zum Schöpfer eines Monsters wird, das er aus Leichenteilen zusammensetzt. Seine Hybris, wie Gott einen Menschen zu schaffen, muss er schließlich mit dem Leben bezahlen.

Seit wann gab es Ungarn als unabhängigen modernen Staat?

❑ 1848 ❑ 1919
❑ 1945 ❑ 1990

Seit 1919. Aus der ehemaligen Doppelmonarchie gingen neben Ungarn auch die Tschechoslowakei und Jugoslawien als Staaten hervor. Grundlage war der Friedensvertrag von St.-Germain.

Was ist ein Fresko?

❑ Mosaik ❑ Wandgemälde
❑ Ölgemälde ❑ Plastik

Ein auf den frischen Putz einer Wand aufgetragenes Gemälde (italienisch „frisch"). Diese Maltechnik kannte man bereits in der Antike, aber erst um 1300 wurde sie in Italien vor allem durch Giotto vervollkommnet.

Was hat Louis Braille 1834 erfunden?

❑ Barometer ❑ Daguerreotypie
❑ Blindenschrift ❑ Draisine

Die Blindenschrift. Braille (1809–52) war selbst seit seinem dritten Lebensjahr blind. Er machte sich die Erkenntnis zunutze, dass Blinde auf Papier geprägte Buchstaben ertasten können.

Welche Personen bezeichnet man als Hacker?

❑ Computerfreaks ❑ Internet-Schnüffler
❑ Surfer ❑ Software-Anbieter

Computerfreaks mit ausgezeichneten Fachkenntnissen. Mittlerweile bezeichnet er auch Personen, die oft illegal in fremde Computersysteme eindringen und erhebliche Schäden verursachen.

Wo regierte die Mogul-Dynastie?

❑ Indien ❑ Syrien
❑ Ägypten ❑ Mongolei

In Nordindien von 1526 bis 1707. Bedeutende Herrscher waren Akbar, Shāh Jahān, der das Tāj Mahal errichtete, und Aurangzeb. Mogul-Schattenkaiser gab es noch bis 1857.

Wie nennt man die Ureinwohner Australiens?

❑ Maori ❑ Polynesier
❑ Aborigines ❑ Jakuten

Aborigines. Nur noch wenige von ihnen leben in traditionellen Gruppen, sodass die überlieferte Kultur der Aborigines vom Aussterben bedroht ist.

Wer hielt 1937 zu Land und zu Wasser den Geschwindigkeitsweltrekord?

❑ Malcolm Campbell ❑ Rudolf Caracciola
❑ Alfred Harmsworth ❑ Giuseppe Farina

Der Brite Malcolm Campbell (1885–1948), der bereits 1930 als erster Mensch 301,13 Meilen pro Stunde (etwa 484 km/h) fuhr. Auf dem Lago Maggiore brach er 1937 den Geschwindigkeitsrekord zu Wasser.

In welchem Roman beschreibt Max Frisch einen zufälligen Inzest zwischen Vater und Tochter?

❑ *Stiller* ❑ *Andorra*
❑ *Homo Faber* ❑ *Mein Name sei Gantenbein*

In *Homo Faber* (1957); beschrieben wird das tragische Scheitern des Ingenieurs Walter Faber, eines Rationalisten, der sich deshalb vor dem Zufall und dem Schicksal sicher glaubt.

Was ist ein Mendikant?

- ❑ Drogensüchtiger
- ❑ Pharmaziestudent
- ❑ Bettelmönch
- ❑ Sozialhilfeempfänger

Ein Bettelmönch (lat. mendicare „betteln"). Den Orden liegt das Armutsideal zugrunde; Beispiele sind die Franziskaner („Minderbrüder"), Dominikaner, Karmeliten und Augustiner.

Was ist ein Troglodyt?

- ❑ Höhlenmensch
- ❑ Eskimo
- ❑ Dinosaurier
- ❑ Versteinerung

Der Höhlenmensch; ursprünglich bezeichnete man damit den Eiszeitmenschen, der angeblich in Höhlen gelebt hat.

Für welche Überzeugung trat Mahatma Gandhi seit 1920 in Indien ein?

- ❑ cholesterinarme Ernährung
- ❑ sozialistische Revolution
- ❑ indische Selbstverwaltung
- ❑ Aufnahme in den Commonwealth

Für die indische Selbstverwaltung. Mit der Devise Satyagraha („Ergreifen der Wahrheit"), d. h. passivem Widerstand, trat er der Kolonialmacht Großbritannien entgegen.

Welches Gemälde von Francisco de Goya dokumentiert die napoleonischen Kriegsgräuel?

- ❑ *Die Erschießung Kaisers Maximilians*
- ❑ *Die Erschießung der Aufständischen*
- ❑ *Die großen Badenden*
- ❑ *Tunesische Landschaft*

Die Erschießung der Aufständischen am 3. Mai 1808 in Madrid. Der spanische Maler und Graphiker Goya (1746–1828) nahm in seinen Werken romantische und impressionistische Elemente vorweg.

Was hat Charles Babbage 1834 erfunden?

- ❑ Backpulver
- ❑ Batterie
- ❑ Kompass
- ❑ Rechenmaschine

Die mechanische Rechenmaschine, die einfache Grundrechnungen mit hoher Genauigkeit ausführen konnte. Babbage (1792–1871) fehlte das Geld, um seine Entwürfe alle zu realisieren.

Wer war der erste römische Kaiser?

- ❑ Julius Caesar
- ❑ Augustus
- ❑ Marc Aurel
- ❑ Justinian

Augustus (63 v. Chr.–14 n. Chr.). Gajus Octavius war ein Großneffe Caesars. 27 v. Chr. wurde ihm vom Senat der Titel Augustus (der Erhabene) verliehen.

Wo liegen die Fidschi-Inseln?

- ❑ Indischer Ozean
- ❑ Chinesisches Meer
- ❑ Südatlantik
- ❑ Südpazifik

Im Südpazifik. Der Archipel liegt etwa 1800 km nördlich von Neuseeland und umfasst in etwa 300 Inseln, von denen ca. 100 bewohnt sind. Das Klima der Fidschi-Inseln ist tropisch.

In welcher Kunstgattung schuf Edvard Grieg Meisterwerke?

- ❑ Bildhauerei
- ❑ Musik
- ❑ Grafik
- ❑ Theaterdichtung

In der Komposition. Der Norweger Grieg (1843–1907) stand unter dem Einfluss der Romantik. Später fand er auch zu nordischen Motiven, etwa in der Musik zu Henrik Ibsens *Peer Gynt* (1876).

Wer eroberte 1717 Belgrad von den Türken zurück?

- ❑ Herzog von Marlborough
- ❑ Andrea Doria
- ❑ Johann III. Sobiezky
- ❑ Prinz Eugen

Prinz Eugen (1663–1736), der im österreichisch-türkischen Krieg (1716–18) wichtigste Feldherr des Kaisers, was ihm auch den Titel Reichsfeldmarschall einbrachte.

Was trug vor allem zur Berühmtheit der Brüder Jakob und Wilhelm Grimm bei?

- ❑ Deutsches Wörterbuch
- ❑ Kinder- und Hausmärchen
- ❑ Der Cid
- ❑ Die romantische Schule

Ihre Kinder- und Hausmärchen (1812–15), die sie auf ihren Reisen sammelten. Hinzu kam ihr *Deutsches Wörterbuch*, das erst 1960 abgeschlossen werden konnte.

Wer stellte 1898 erstmals Heroin her?

- ❑ Hoechst
- ❑ Bayer
- ❑ Robert Koch
- ❑ John Franklin-Enders

Bayer. Grundstoff bildet die weiße Milch der unreifen Schlafmohnkapsel. In Unkenntnis seiner suchterzeugenden Eigenschaft verwendete man es zunächst als Hustenmittel.

Was ist ein Laptop?

- ❑ Desktop
- ❑ tragbarer PC
- ❑ Notebook
- ❑ Flipchart

Der Laptop ist ein kleiner, tragbarer PC, der auf dem Schoß (englisch: lap) Platz findet. Mittlerweile erhielten sie durch die noch kleineren Notebooks Konkurrenz.

Wie nennt man ein unheildrohendes Zeichen?

- ❑ Omen
- ❑ Talisman
- ❑ Pentagramm
- ❑ Menetekel

Menetekel. Dieses Zeichen wurde dem letzten König des Neubabylonischen Reiches (bis 539 v. Chr.) zuteil. Der Prophet Daniel deutete die Worte als „gezählt, gewogen und zerteilt".

Was legte den Grundstein für die EWG?

- ❑ Vertrag von Locarno
- ❑ Élysée-Vertrag
- ❑ Oslo-Verträge
- ❑ Verträge von Rom

Die Verträge von Rom vom 25. März 1957 zwischen Frankreich, Italien, der Bundesrepublik Deutschland und den Benelux-Staaten.

Welches Lichtbildverfahren steht am Beginn der Fotografie?

- ❑ Daguerreotypie
- ❑ Kirlian-Verfahren
- ❑ Kinetoskop
- ❑ Laterna Magica

Die Daguerreotypie, die 1837 von Jacques Louis Daguerre (1789–1851) entwickelt wurde. Joseph Nicéphore Nièpce (1765–1833) leistete allerdings bedeutende Vorarbeiten.

Was war die Prohibition in den USA?

- ❑ Verbot der Pornographie
- ❑ Verbot der Prostitution
- ❑ Alkoholverbot
- ❑ Verbot der Kommunistischen Partei

Das gesetzliche Verbot der Herstellung und des Verkaufs von alkoholischen Getränken. Es führte zwischen 1920 und 1933 zu einem regen illegalen Handel und einer Zunahme der organisierten Kriminalität.

Wo liegt Makedonien?

- ❑ Osttürkei
- ❑ Balkan
- ❑ Turkestan
- ❑ Kaukasien

Auf der Balkanhalbinsel in Südosteuropa. Über die Hälfte des Gebiets gehört zur griechischen Provinz Makedonien, der restliche Teil zur Republik Makedonien und Bulgarien.

Welche lyrische Form bevorzugte der Barockdichter Andreas Gryphius (1616–46)?

- ❑ Stanze
- ❑ Sonett
- ❑ Terzine
- ❑ Knittelvers

Das Sonett, das aus zwei vierzeiligen Versen (Quartetten) und zwei dreizeiligen Versen (Terzetten) besteht. Seine Hauptthemen sind Vergänglichkeit und Eitelkeit (z. B. *Tränen des Vaterlands*, 1636).

Wer unternahm 1922 den „Marsch auf Rom"?
- ❑ König Victor Emanuel III
- ❑ Gabriele d'Annunzio
- ❑ Benito Mussolini
- ❑ Mafia

Benito Mussolini (1883–1945) und seine „Schwarzhemden". Mit dem Marsch erzwang der Gründer der italienischen Faschisten die Berufung zum Ministerpräsidenten.

Welche Art von Bücher verfasste Dashiell Hammett?
- ❑ Liebesromane
- ❑ Kriminalgeschichten
- ❑ Horrorerzählungen
- ❑ historische Romane

Kriminal- und Detektivgeschichten wie *Der Maltheser Falke* (1930) und *Der dünne Mann* (1934), die mit Humphrey Bogart als Sam Spade und William Powell als Nick Charles verfilmt wurden.

Wer gründete 1718 New Orleans?
- ❑ Franzosen
- ❑ Spanier
- ❑ Engländer
- ❑ Niederländer

Die Franzosen, die sie 1722 zur Hauptstadt ihrer Kolonie Louisiana machten. 1803 wurde das Gebiet an die USA verkauft.

Wer erfand den Privatdetektiv Philipp Marlowe?
- ❑ Georges Simenon
- ❑ Dashiell Hammett
- ❑ Raymond Chandler
- ❑ Agatha Christie

Raymond Chandler (1888–1959). Seine Erzählungen sind „hard boiled novels", also hart realistische Romane. Legendär ist etwa *The Big Sleep* (1939), der 1946 mit Humphrey Bogart verfilmt wurde.

Von wem stammt der erste Telegrafendienst?
- ❑ Philipp Reis
- ❑ Alexander G. Bell
- ❑ Samuel Morse
- ❑ Thomas A. Edison

Von Samuel Morse (1791–1872), der den 1. Telegrafendienst 1844 eingerichtet hatte. Der Amerikaner hatte hierzu ein Relais zur Verbesserung der Schreibtelegrafen entwickelt.

Welches deutsche Markenprodukt wird 1893 auf der Weltausstellung in Chicago vorgestellt?
- ❑ Sauerkraut
- ❑ Weißwurst
- ❑ Persil
- ❑ Leibniz-Keks

Der Leibniz-Keks, der bereits 1898 in eine luftdichte, staubgeschützte Verpackung gehüllt wurde.

Wie heißt das Gebirge entlang der südamerikanischen Westküste?
- ❑ Rocky Mountains
- ❑ Appalachen
- ❑ Sierra Nevada
- ❑ Anden

Anden. Die Gebirgskette erstreckt sich von Kap Hoorn bis beinahe nach Panama. Die Anden sind etwa 7500 km lang, 200 bis 700 km breit und haben eine durchschnittliche Höhe von etwa 3500 m.

Was symbolisiert die Menora, der siebenarmige Leuchter der Juden?
- ❑ Jahwe
- ❑ Kanaan
- ❑ Auserwähltheit
- ❑ Rechtgläubigkeit

Die Präsenz Gottes in der jüdischen Lithurgie. Das Entzünden der Kerzen ist Bestandteil des Chanukka- oder Lichterfests. Die Menora steht auch symbolisch für den Tempel.

Wer löste den Gordischen Knoten?
- ❑ Wilhelm der Eroberer
- ❑ Alexander der Große
- ❑ Herakles
- ❑ König Salomon

Alexander der Große (356–323 v. Chr.), König der Makedonen. Einem Orakel zufolge sollte der über Asien herrschen, dem es gelang, den sagenhaften Knoten in Kleinasien (Gordion) zu lösen.

Was ist ein Desktop?

❑ tragbarer PC
❑ Telefonanlage
❑ grafische Benutzeroberfläche
❑ PC-Monitor

Eine grafische Benutzeroberfläche. Er simuliert durch Symbole (Icons) einen Schreibtisch und dessen Ablagen. Dahinter verbergen sich Menüs und Dateiordner.

Welcher österreichische Autor verfasste die *Publikumsbeschimpfungen*?

❑ Thomas Bernhard
❑ Peter Handke
❑ Ödön von Horváth
❑ Karl Kraus

Peter Handke (*1942), dessen Themen immer wieder um die Darstellung der Entfremdung des Einzelnen und seiner Umwelt kreisen. Er verfasst auch Romane, Erzählungen und Essays.

Was bedeutet das japanische Wort Kamikaze?

❑ „Götterwind"
❑ „Taifun"
❑ „Springflut"
❑ „Komet"

„Götterwind". Mit Unterstützung eines schweren Seesturms im Jahre 1274 wurde die mongolische Invasionsarmee des Kublai Khan auf hoher See vernichtet. 1944/45 starben Tausende von japanischen Kamikaze-Piloten, indem sie ihr Flugzeug voll beladen mit Sprengstoff auf feindliche Kriegsschiffe lenkten.

Gegen wen führte Friedrich der Große die Schlesischen Kriege?

❑ Katharina die Große
❑ August der Starke
❑ Maria Theresia
❑ Joseph II.

Gegen Maria Theresia (1717–80). Sie erbte 1740 die habsburgischen Länder und erhob Anspruch auf die Kaiserkrone. Dies erkannte der Preußenkönig nicht an.

Wer baute 1817 das erste lenkbare Laufrad?

❑ Karl F. Drais
❑ Kirkpatrick Macmillan
❑ Dalzell
❑ James Starley

Karl Friedrich Drais von Sauerbronn (1785–1851). Zunächst entwickelte er die nach ihm benannten Schienenfahrzeuge, dann den Vorläufer unseres modernen Fahrrads.

Wer verfasste das Märchen Zwerg Nase?

❑ Hans Christian Andersen
❑ Ludwig Tieck
❑ Wilhelm Hauff
❑ Oscar Wilde

Wilhelm Hauff (1802–27), von dem auch noch die Märchen *Das kalte Herz* und *Das Wirtshaus im Spessart* sehr bekannt sind. Daneben schrieb er den historischen Roman *Lichtenstein* (1826).

Über welchem Erdteil wurde zuerst ein Ozonloch entdeckt?

❑ Nordpolarmeer
❑ Sibirien
❑ Antarktis
❑ Australien

Erstmals wurde Mitte der 80er-Jahre des 20. Jh. über der Antarktis ein drastischer Rückgang der Ozonschicht festgestellt.

Wer erfand 1908 den Kaffeefilter?

❑ Eduscho
❑ Tschibo
❑ Melitta Bentz
❑ Dallmayer

Melitta Bentz (1873–1950). Die Dresdnerin meldete 1908 ihr Patent an. Die ersten Filter stellte sie zusammen mit ihrem Mann Hugo und ihren beiden Söhnen per Hand her. Das Unternehmen expandierte schnell.

Wer entdeckte 1922 das Grabmal des Tutenchamun?
- ❑ Howard Carter
- ❑ Jean François Champollion
- ❑ Heinrich Schliemann
- ❑ William M. Petrie

Howard Carter (1873–1939). Tutenchamun wurde in Biban al-Muluk (Tal der Könige) bestattet. Es handelt sich um den kostbarsten und vollständigsten Grabfund Ägyptens.

Was bezeichnet man mit I-Ging (Yijing)?
- ❑ *„Das Buch der Wandlungen“*
- ❑ *„Das große Fahrzeug“*
- ❑ *„Lotos des guten Gesetzes Sutra“*
- ❑ *„Wissen“*

Das *Buch der Wandlungen* aus dem 12. Jh. v. Chr. Es ist das klassische Werk des Konfuzianismus und Taoismus. Als Orakelschrift und Weisheitsbuch hatte es über Jahrtausende hindurch eine große Bedeutung.

Wer verfasste die romantische Ballade *Loreley*?
- ❑ Heinrich Heine
- ❑ Hoffmann von Fallersleben
- ❑ Ludwig Uhland
- ❑ Eduard Mörike

Heinrich Heine (1797–1856). Seine Bedeutung liegt in der romantischen Lyrik und in den satirischen Versepen wie *Deutschland, ein Wintermärchen* (1844).

Wie heißt die Europäische Gemeinschaft für Kohle und Stahl?
- ❑ Europol
- ❑ Montanunion
- ❑ Europäische Umweltagentur
- ❑ EWG

Montanunion. Am 18. April 1951 von Frankreich, den Benelux-Staaten, der Bundesrepublik Deutschland und Italien gegründet.

Welcher Kaiser ging 1918 ins Exil nach Holland?
- ❑ Haile Selassie
- ❑ Kuang-hsü
- ❑ Wilhelm II.
- ❑ Hirohito

Wilhelm II. (1851–1941), Preußischer König und Deutscher Kaiser. Er dankte 1918, nach dem verlorenen Ersten Weltkrieg, ab und lebte bis zu seinem Tod in Holland.

Wer erfand um 1840 das Backpulver?
- ❑ August Oetker
- ❑ Justus von Liebig
- ❑ Eugène Soubeiran
- ❑ Adolf von Baeyer

Justus von Liebig (1803–73) entwickelte Verfahren zur Herstellung von Backpulver und auch von Fleischextrakt. Daneben revolutionierte er mit der Entwicklung des Phosphordüngers die Landwirtschaft.

Welches Werk von Hugo von Hofmannsthal wird bei den Salzburger Festspielen aufgeführt?
- ❑ *Die Frau ohne Schatten*
- ❑ *Ariadne auf Naxos*
- ❑ *Jedermann*
- ❑ *Der Brandner Kasper*

Das moderne Mysterienspiel *Jedermann* (1911), ein „Spiel vom Sterben des reichen Mannes“. Es ist neben dem *Rosenkavalier* (1911) Hofmannsthals (1874–1929) populärstes Werk.

An welcher Küste befindet sich das Weddellmeer?
- ❑ Ecuador
- ❑ Argentinien
- ❑ Thailand
- ❑ Antarktis

Es ist eine riesige, bis zu 2000 km breite Bucht zwischen der antarktischen Halbinsel, Palmerland und Coatsland.

Was ist eine E-Mail?
- ❑ Faksimile-Übertragung
- ❑ elektronische Post
- ❑ Chat-Room
- ❑ Bildschirmkonferenz

Ins Deutsche übersetzt „elektronische Post“. E-Mails, Nachrichten in Form von Daten, die von einem Computer zu einem anderen verschickt werden, ersetzen mehr und mehr die Versendungsarten Brief und FAX.

Wann wurde die letzte deutsche Frau als Hexe verbrannt?

- ❑ 1348
- ❑ 1492
- ❑ 1525
- ❑ 1749

1749 in Würzburg. Die Delinquentin hieß Maria Renata Singer. In Spanien fanden im Rahmen der Inquisition sogar noch 1781 Hinrichtungen statt.

Welche Kunstrichtung begründete Wassily Kandinsky (1866–1944)?

- ❑ Jugendstil
- ❑ Impressionismus
- ❑ Pointillismus
- ❑ abstrakte Malerei

Die abstrakte Malerei. Seine ersten gegenstandslosen Bilder entstanden 1910. Die Theorie der abstrakten Kunst legte er u. a. in seiner Abhandlung *Über das Geistige in der Kunst* (1912) dar.

Was war der „New Look“?

- ❑ Pop-Kultur
- ❑ Modestil
- ❑ Literaturströmung
- ❑ Filmkunst-Richtung

Ein Modestil der 40er-Jahre von Christian Dior (1905–57). Er stellte eine Rückkehr zur Weiblichkeit dar, nachdem in den 20er- und 30er-Jahren die schlichte Sachlichkeit regiert hatte.

Wie heißen die Steinfiguren auf der Osterinsel?

- ❑ Polynesier
- ❑ Moai
- ❑ Osterhasen
- ❑ Neolithen

Moai, riesige Steinstatuen aus Tuffstein, deren Geheimnis nicht gelüftet werden konnte. Die Insel im Südpazifik ist ca. 1500 v. Chr. durch Ostpolinesier besiedelt worden. Um 1750 ging die Kultur unter.

Mit wem war Sokrates verheiratet?

- ❑ Roxane
- ❑ Xanthippe
- ❑ Sappho
- ❑ Hera

Mit Xanthippe, der Überlieferung nach eine schwierige und zänkische Frau, deren Name heute noch sprichwörtlich für diese Eigenschaften steht.

Welches Betäubungsmittel entdeckte 1831 Justus von Liebig unter anderem?

- ❑ Morphium
- ❑ Chloroform
- ❑ Kokain
- ❑ Opium

Das Chloroform. Die Entdeckung gelang unabhängig voneinander drei verschiedenen Forschern: Eugène Soubeiran (1797–1858), Justus von Liebig (1803–73) und Samuel Guthrie (1782–1848).

Was ist eine Karikatur?

- ❑ Persiflage
- ❑ Farce
- ❑ satirische Darstellung
- ❑ Comic

Eine satirisch übertriebene Darstellung (ital. „caricare“) typischer Züge von Personen. Meister der Karikatur waren z. B. William Hogarth (1697–1764) und George Grosz (1893–1959).

Wo findet in den USA das 500-Meilen-Rennen statt?

- ❑ Los Angeles
- ❑ San Francisco
- ❑ Indianapolis
- ❑ Oklahoma City

In Indianapolis. Auf der 4,2 km langen Rennstrecke müssen mehr als 200 Runden gefahren werden. Bei dem Hochgeschwindigkeitsrennen werden bis zu 386 km/h erreicht.

Welcher Staat ist ein Maghreb-Staat?

- ❑ Mauretanien
- ❑ Marokko
- ❑ Ägypten
- ❑ Sudan

Marokko. Der Begriff stammt aus dem Arabischen und ist die Bezeichnung für den Westen der arabisch-muslimischen Welt. Heute bilden Marokko, Algerien und Tunesien die eigentlichen Maghrebstaaten.

Wer siegte in der Schlacht bei Tours und Poitiers 732 gegen die Mauren?

- ❑ Abd ar-Rahman ibn Abd Allah
- ❑ Pippin der Jüngere
- ❑ Karl Martell
- ❑ Karl der Große

Karl Martell (688/89–741). Der Eroberungszug der von Afrika nach Spanien eingedrungenen Araber kam dadurch zum Stehen. Unterstützt von langobardischen Soldaten brachte ihnen Karl Martell eine vernichtende Niederlage bei.

Wer verfasste die *Novelle Kleider machen Leute* (1873/74)?

- ❑ Gottfried Keller
- ❑ Jeremias Gotthelf
- ❑ Adalbert Stifer
- ❑ Theodor Storm

Gottfried Keller (1819–90). Die Novelle ist Teil der Sammlung *Die Leute von Seldwyla* (1856–74). In ihnen sind Humor, Dorfidylle und Realismus miteinander gepaart.

Wer wird als erster Sozialist bezeichnet?

- ❑ Karl Marx
- ❑ Georg Büchner
- ❑ François Babeuf
- ❑ Ferdinand Lasalle

François Babeuf (1760–97), in dessen *Manifest der Plebejer* er sich für die Abschaffung des privaten Grundbesitzes und seine Aufteilung unter das Volk aussprach.

Wie hieß die Jugendbewegung der no future-Generation?

- ❑ Hippie
- ❑ Flower-Power
- ❑ Punk
- ❑ Yuppie

Punk (von engl. miserabel, minderwertig). 1979 kam er aus England in die Bundesrepublik. Bald kommerzialisierte sich der Punk-Look, z. B. mit Lederjacken und Leggins und Modeschmuck.

Welches Buch machte Rudyard Kipling berühmt?

- ❑ *Alice im Wunderland*
- ❑ *Nils Holgersson*
- ❑ *Das Dschungelbuch*
- ❑ *Pan Tau*

Das Dschungelbuch (1894/95), eine Tiergeschichte für Kinder, über die im 20. Jh. ein sehr populärer Walt-Disney-Zeichentrickfilm gedreht wurde.

Welchen Farbstoff stellte 1880 erstmals Adolf von Baeyer synthetisch her?

- ❑ Indigo
- ❑ Purpur
- ❑ Safranin
- ❑ Malachit

Indigo. Davor konnte das Indigoblau nur aus bestimmten Arten der Indigopflanze hergestellt werden. BASF und Hoechst ermöglichten die technische Produktion.

Wo wurde eine Vorform des heutigen Internet erstmals eingesetzt?

- ❑ Meeresforschung
- ❑ Bergbau
- ❑ Landesverteidigung
- ❑ Flugaufklärung

Im amerikanischen Verteidigungsministerium, in den frühen 60er-Jahren. 1984 wurden die Technik und das bestehende Netzwerk privaten und wissenschaftlichen Zwecken zugänglich gemacht.

Wann war der Erste Weltkrieg?

- ❑ 1756–63
- ❑ 1870/71
- ❑ 1914–18
- ❑ 1939–45

1914–1918. Ausgehend von einem europäischen Krieg, an dem die damaligen fünf Großmächte beteiligt waren, weitete sich der Krieg auf die Kolonien und später auf mehr als 30 Nationen aus.

Was ist ein Schwarzes Loch?

- ❑ Himmelskörper
- ❑ Sonne
- ❑ Galaxie
- ❑ Vakuum

Himmelskörper, der so stark zusammengedrängt ist, dass er sogar sein eigenes Licht gefangen hält. Es entsteht durch ein starkes Gravitationsfeld, etwa nach dem Tod eines Sterns.

Was ist der Talmud?
- ❑ Bundeslade
- ❑ Lingam
- ❑ fünf Bücher Mose
- ❑ Evangelien

Der Talmud (hebr. „Lehre“) ist die Sammlung der Gesetze und religiösen Überlieferungen, die in nachbiblischer Zeit entstanden sind und Richtschnur des orthodoxen Judentums sind.

Welche journalistische Schreibform prägte Egon Erwin Kisch (1885–1948)?
- ❑ Essay
- ❑ Reportage
- ❑ Glosse
- ❑ Rezension

Die Reportage (*Der rasende Reporter*). Der tschechische Schriftsteller machte in den 20er-Jahren mit Berichten über die Lebens- und Arbeitsbedingungen von Industriearbeitern von sich Reden.

Wo wurde 1991 die Schaffung der Europäischen Union beschlossen?
- ❑ Straßburg
- ❑ Brüssel
- ❑ Luxemburg
- ❑ Maastricht

In Maastricht durch den europäischen Ministerrat. Die EU löste 1993 die seit 1957 bestehende Europäische Wirtschaftsgemeinschaft (EG) ab.

Wer war der erste Präsident der Weimarer Republik?
- ❑ Philipp Scheidemann
- ❑ Paul von Hindenburg
- ❑ Friedrich Ebert
- ❑ Gustav Stresemann

Friedrich Ebert (1871–1925), der Vorsitzende der SPD. Er wurde für zwei aufeinander folgende Amtsperioden gewählt. Sein Nachfolger wurde Paul von Hindenburg.

Auf welchen Gebieten betätigte sich Oskar Kokoschka (1886–1980)?
- ❑ Physik
- ❑ Bildhauerei
- ❑ Medizin
- ❑ Malerei

In der Malerei, der Grafik und Dichtung. Kokoschkas Bilder zeichnen sich durch Farbintensität aus; sie markieren den Übergang vom Jugendstil zum Expressionismus.

Wo fand jene Tea Party statt, die den amerikanischen Unabhängigkeitskrieg einleitete?
- ❑ London
- ❑ Plymouth
- ❑ Bombay
- ❑ Boston

In Boston (1773). Britische Kolonisten protestierten dabei gegen die Steuergesetzgebung des Mutterlandes. 1775 brach der Unabhängigkeitskrieg aus.

Welches Werk Charles Darwins kam auf den Index?
- ❑ *Schöpferische Entwicklung*
- ❑ *Über die Entstehung der Arten*
- ❑ *Naturgeschichte*
- ❑ *Über die Tendenz von Varietäten*

Über die Entstehung der Arten durch natürliche Auslese (1859). Darwin (1809–82) verbannte damit die biblische Schöpfungslehre ins Reich der Märchen. Prinzip der Evolution sei der Existenzkampf.

Welche Popmusik löste nach 1980 in Deutschland den Punk ab?
- ❑ House
- ❑ Techno
- ❑ Neue deutsche Welle
- ❑ Rap

Die „Neue Deutsche Welle“, die 1981–83 Höhepunkte mit Musikgruppen wie Ideal, Extrabreit, Nena und Trio feierte.

Was versteht man unter einer Nova?
- ❑ Sternentod
- ❑ Sternausbruch
- ❑ Polarlicht
- ❑ neuer Stern

Einen Sternausbruch, der heftig genug ist, die Helligkeit des Sterns für kurze Zeit dramatisch zu vergrößern, und doch so milde, dass ein funktionierender Stern zurückbleibt.

Wer war Käthe Kollwitz (1867–1945)?
❑ Regisseurin ❑ Designerin
❑ Grafikerin ❑ Dichterin

Eine Grafikerin und Bildhauerin, die hauptsächlich durch ihre sozialkritischen Radierungen, Lithografien und Holzschnitte Berühmtheit erlangte (*Ein Weberaufstand*, 1894–98).

Wofür ist Altamira in Nordspanien berühmt?
❑ Prähistorische Felsmalereien ❑ Goldvorkommen
❑ Maurische Architektur ❑ Gemäldesammlung

Prähistorische Felsmalereien. Mit der Radiokarbonmethode konnten die rund 930 Tierdarstellungen zwischen ca. 12.380–11.620 v. Chr. datiert werden. Neben Lascaux in Frankreich ist Altamira das bedeutendste Beispiel paläolithischer Kunst in Europa.

Was ist ein Tabu?
❑ Unantastbares ❑ Talisman
❑ Hindu-Symbol ❑ Totem

Das Gebot in alten Kulturen, besonders geheiligte Personen, Tiere, Pflanzen usw. zu meiden. Das Wort ist erst seit dem 19. Jh. bekannt und kommt aus dem Polynesischem, vermutlich „geheiligt, unberührbar" heißt.

Welchen Titel führte von 1192 bis 1867 in Japan der oberste Staatsmann?
❑ Tenno ❑ Shogun
❑ Samurai ❑ Daimyo

Shogun. Die Shogune, von denen es in der japanischen Geschichte insgesamt 15 gab. Der Tenno behielt in dieser Zeit zwar formal seinen Kaisertitel, hatte jedoch keine wirkliche Macht. Der erste Shogun war Yoritomo, der letzte Yoshinobu.

Welcher PC-Datenträger liefert eine Grundlage für Multimedia?
❑ Diskette ❑ CD-ROM
❑ Magnetband ❑ Floppy Disk

Die CD-ROM, die Informationen präsentiert, bei der Grafik, Text, Ton und Animationen miteinander eingesetzt werden. Immer wichtiger wird Multimedia im Online-Bereich (Internet).

Wer schrieb die *Wunderbare Reise des kleinen Nils Holgersson mit den Wildgänsen*?
❑ Ota Hofman ❑ Selma Lagerlöf
❑ Otfried Preußler ❑ Lewis Carroll

Selma Lagerlöf (1858–1940). Die Lehrerin schrieb nicht nur Kinderbücher, sondern auch Legenden, Märchen und Erzählungen, die in ihrer värmländischen Heimat spielen.

Wer erfand 1876 ein funktionstüchtiges Telefon?
❑ Alexander G. Bell ❑ Philipp Reis
❑ Samuel F. Morse ❑ W. Siemens

Alexander Graham Bell (1847–1922). Er stellte 1876 das erste praktikable Telefon vor. Das von Philipp Reis (1834–74) 1861 vorgestellte Telefon wies noch erhebliche Mängel auf.

Wo entstand 1787 ein erster Zufluchtsort für ehemalige Negersklaven?
❑ Libreville ❑ Freetown
❑ Sidney ❑ Freeport

In Freetown an der Küste Westafrikas, wo später die britische Kolonie Sierra Leone gegründet wurde. 1847 entstand mit Liberia die erste Republik für rückgeführte Sklaven.

Welche spiralförmige Galaxie kann mit bloßem Auge von der Erde aus beobachtet werden?
❑ M 100 ❑ Jungfrau
❑ Magellansche Wolken ❑ Andromedanebel

Der Andromedanebel; er gehört zu einem Sternbild auf der nördlichen Himmelshalbkugel. Er ist 2,2 Mio. Lichtjahre von der Erde entfernt.

Welcher deutsche Rocksänger landete die Hits *Willenlos* und *Freiheit*?

- ❑ Peter Maffay
- ❑ Marius Müller-Westernhagen
- ❑ Nina Hagen
- ❑ Guildo Horn

Marius Müller-Westernhagen (*1948). Er gilt als erfolgreichster deutscher Popstar der 90er-Jahre. Auch als Schauspieler konnte er sich in *Theo gegen den Rest der Welt* (1980) profilieren, was ihm den Ernst-Lubitsch-Preis einbrachte.

Welches Gesetzeswerk trat 1900 in Kraft?

- ❑ gesetzliche Rentenversicherung
- ❑ Handelsgesetzbuch
- ❑ Bürgerliches Gesetzbuch
- ❑ Grundgesetz

Das Bürgerliche Gesetzbuch (BGB), 1896 durch den Deutschen Reichstag erlassen. Es wurde Vorbild für das japanische, schweizerische und griechische Gesetzbuch.

In welcher Kunstgattung wurde Le Corbusier zu einer prägenden Gestalt des 20. Jhs.?

- ❑ Malerei
- ❑ Grafik
- ❑ Architektur
- ❑ Film

In der Architektur, wo er den funktionalen, vom Kubismus ausgehenden „International Style" prägte. Berühmt, aber nicht typisch, ist die Notre-Dame-du-Haut in Ronchamps (1950–54).

Wer entdeckte 1498 den Seeweg nach Indien?

- ❑ William Bligh
- ❑ Fernão de Magalhães
- ❑ Vasco da Gama
- ❑ James Cook

Vasco da Gama (1469–1524). Mit vier Schiffen segelte der erst 30-Jährige über die ostafrikanische Hafenstadt Malindi mit einem arabischen Lotsen an die indische Küste bei Calicut (heute: Kozhikode).

In welcher Philosophie spielen die Prinzipien Yin und Yang eine wichtige Rolle?

- ❑ Indien
- ❑ Japan
- ❑ China
- ❑ Persien

In der chinesischen Philosophie. Yin verkörpert das Weibliche, Passive, Dunkle, Yang das Männliche, Aktive, Helle. Es fand Eingang in den Taoismus.

Wer erfand 1888 den Luftreifen?

- ❑ William H. du Cros
- ❑ John Boyd Dunlop
- ❑ E. T. Hooley
- ❑ W. Thompson

John Boyd Dunlop (1840–1921), der zunächst pneumatische Reifen für Fahrräder baute. Er erfand den Luftreifen eigentlich zum zweiten Mal, denn es lag bereits ein Patent von W. Thompson (1846) vor.

Wo wurde der Limerick begründet?

- ❑ Norwegen
- ❑ Schweden
- ❑ England
- ❑ Irland

In England, wo die fünfzeilige Gedichtform seit 1820 nachweisbar ist. Benannt ist sie nach der irischen Stadt Limerick. Es handelt sich um sog. „Nonsens-Verse" humorvoll-ironischen Inhalts.

Was ist die deutsche Bezeichnung für Lithografie?

- ❑ Siebdruck
- ❑ Steindruck
- ❑ Monotypie
- ❑ Radierung

Steindruck (zu Griechisch lithos „Stein" und graphein „schreiben"). Das 1798 erfundene Verfahren arbeitet mit einer Druckform aus Kalkschiefer. Toulouse-Lautrec war ein Meister der Kunstlithografie.

Welches Sternbild ist etwa in Form eines W angeordnet?

- ❑ Andromeda
- ❑ Cassiopeia
- ❑ Perseus
- ❑ kleiner Bär

Cassiopeia, nahe dem nördlichen Himmelspol. Es wird aus 5 Sternen gebildet. 1572 beobachtete Tycho Brahe in dem Sternbild eine Supernova.

Wann begann die Französische Revolution?
❑ 1214 ❑ 1715
❑ 1789 ❑ 1830

1789 mit dem Sturm auf die Bastille. Vorausgegangen war die Konstituierung der Nationalversammlung aus dem Zusammentreten des Dritten Standes im sog. Ballhausschwur.

Welche Währung ersetzte 1999 der Euro?
❑ Ecu ❑ Alpendollar
❑ Internationaler Währungsfonds ❑ Gulden

Den Ecu. Die Umtauschkurse der EU-Währungen wurden gleichzeitig festgesetzt.

Welches schrullig-fantastische Mädchen erfand Astrid Lindgren?
❑ Mrs. Dalloway ❑ Mary Poppins
❑ Pippi Langstrumpf ❑ Alice

Pippi Langstrumpf (1907); ähnlich große Erfolge hatten auch *Meisterdetektiv Kalle Blomquist* (1946–53), *Karlsson vom Dach* (1955–68) und *Michel aus Lönneberga* (1963 ff.).

Wie heißt das in der EDV immer noch am weitesten verbreitete Speichermedium?
❑ Scanner ❑ Floppy Disk
❑ Diskette ❑ CD-ROM

Diskette. Die heute üblichen 3,5 Zoll HD-Disketten haben eine Speicherkapazität von 1,44 Megabyte (MB). HiFD-Laufwerke (ebenfalls 3,5 Zoll) kommen sogar auf 200 MB.

Wann fand die erste Berliner Love Parade statt?
❑ 1989 ❑ 1993
❑ 1996 ❑ 1999

1989. Tausende Raver feierten mit Techno-Rhythmen den Umzug, der in den folgenden Jahren Millionen Jugendliche aus der ganzen Welt anzog.

Wer hielt 1900 die berüchtigte „Hunnenrede“?
❑ Kaiser Wilhelm II. ❑ Otto von Bismarck
❑ Zar Nikolaus II. ❑ Sultan Abd ül-Hamid II.

Wilhelm II. (1851–1941), der mit martialischen Tönen das deutsche Expeditionskorps verabschiedete, das sich an der Niederschlagung des Boxeraufstandes in China beteiligte.

Wer steuerte 1897 das erste Flugzeug?
❑ Umberto Nobile ❑ Jakob Degen
❑ Clément Ader ❑ Otto Lilienthal

Der französische Flugpionier Clément Ader (1841–1925). Mit seinem Dampfflugzeug „Èole III“ gelang ihm ein 300-Meter-Flug.

Wo befinden sich prähistorische Felsmalereien?
❑ Lascaux ❑ Stonehenge
❑ Hallstatt ❑ Neanderthal

In der Höhle von Lascaux im französischen Departement Dordogne. Die etwa 1500 eingravierten und über 600 gemalten Darstellungen sind 15.000–17.000 Jahre alt.

Was ist der Monsun?
❑ Tiefdruckgebiet ❑ Hochdruckgebiet
❑ Wind ❑ Taifun

Ein Wind, der im Indischen Ozean im jahreszeitlichen Wechsel seine Richtung ändert. Der Sommermonsun von April bis Oktober wird von starken Regenfällen begleitet.

Wer begründete die für die Chinesen wichtigste Moralphilosophie?
❑ Ch'eng Hao ❑ Konfuzius
❑ Buddha ❑ Lao-tse

Konfuzius (551–479 v. Chr.), der eine Tugendlehre schuf. Idealtyp ist der „chün-tzu“, der sittlich Edle. Die Schriften des Konfuzianismus waren für jeden gebildeten Chinesen Pflichtlektüre.

Wer schrieb den Roman *Der Seewolf* (1904)?
- ❑ James F. Cooper
- ❑ Joseph Conrad
- ❑ Jack London
- ❑ Karl May

Jack London (1876–1916), dessen Leben als Abenteurer, Landstreicher, Seefahrer und Goldschürfer von einem ähnlichen Existenzkampf wie das seiner Romanhelden gezeichnet war.

Wo wurden die Menschenrechte für die Vereinigten Staaten festgeschrieben?
- ❑ Magna Charta
- ❑ Unabhängigkeitserklärung
- ❑ Bill of Rights
- ❑ Petition of Rights

In den *Bill of Rights* 1791, die bereits in den Verfassungen von Virginia und Massachusetts verankert waren. Die *Rights of Man* entstammen der Feder Thomas Paines (1737–1809).

Welcher Gangsterboss steckte hinter dem Massaker am Valentinstag?
- ❑ Al Capone
- ❑ Butch Cassidy
- ❑ John Dillinger
- ❑ „Baby Face“ Nelson

Al Capone (1899–1947), der 1929 in Chicago eine rivalisierende Gang ausschaltete und danach die Stadt allein beherrschte. Dabei starben 7 Menschen.

Was versteht man unter Lyrik?
- ❑ Erzählungen
- ❑ Gedichte
- ❑ Kammermusik
- ❑ Arien

Alle Formen der Gedichte, d. h. der gebundenen Rede (Vers, Reim, Metrum, Silbenzählung, Strophenform), aber auch der ungebundenen Rede (freie Rhythmen).

Welcher bedeutende Biologe erforschte den Blutkrebs?
- ❑ Rudolf von Virchow
- ❑ Robert Koch
- ❑ Charles S. Sherrington
- ❑ Karl E. von Baer

Rudolf von Virchow (1821–1902), der sich auch als Hygieniker, Sozialreformer und Politiker einen Namen machte. Seine Cellularpathologie wies nach, dass Krankheiten aus abnormen Zellveränderungen entstehen können.

Über welches Reich herrschte der Merowinger Chlodwig?
- ❑ Burgund
- ❑ Ostgoten
- ❑ Franken
- ❑ Bayern

Über das Frankenreich. 507 vereinte er alle Franken westlich des Rheins und begann mit der Expansion seines Königreichs. Nach seinem Tod begannen seine Söhne, die Herrschaft über das Land östlich des Rheins auszudehnen.

Wo wurde der erste bekannte Golfklub gegründet?
- ❑ Niederlande
- ❑ England
- ❑ USA
- ❑ Schottland

1744 in Schottland. 1764 wurde das Golfspiel einheitlich auf 14 Runden festgelegt. Eine Vorform des Golf gab es bereits im 15. Jh., 1457 jedoch hatte das schottische Parlament das Golfspiel verboten.

Wie heißt der Kontinent am Südpol?
- ❑ Nordpol
- ❑ Atlantis
- ❑ Antarktis
- ❑ Falkland

Antarktis. Im Gegensatz zum ozeanischen Nordpol wird der Südpol von einer wuchtigen und gebirgigen Landmasse bedeckt, die größtenteils unter kilometerdickem Eis begraben liegt.

Welches technische Prinzip erzeugt Bilder auf einem Fernsehbildschirm?
- ❑ Kondensator
- ❑ Transistor
- ❑ Hydraulik
- ❑ Bildröhre

Die Bildröhre. Sie beruht auf dem Prinzip einer Kathodenstrahlröhre (auch Braunsche Röhre). In ihr können elektrische Schwingungen auf einem Bildschirm sichtbar gemacht werden.

Welcher Stilrichtung gehörte der Maler René Magritte an?
- ❑ Expressionismus
- ❑ Jugendstil
- ❑ Surrealismus
- ❑ Neue Sachlichkeit

Dem Surrealismus. Magritte (1898–1967) zeigt Wirklichkeitsausschnitte, in der ungewöhnliche Gegenstände kombiniert oder die Größenverhältnisse verändert sind; z. B. *La clef de songes* (1927).

Wer schloss 1904 die Entente cordiale?
- ❑ Deutschland und Österreich-Ungarn
- ❑ Russland und Frankreich
- ❑ Großbritannien und Frankreich
- ❑ Deutschland und Frankreich

Großbritannien und Frankreich, die damit auf die Aufrüstung der deutschen Kriegsflotte und Deutschlands Engagement in den Kolonien antworteten.

Auf welcher Körperseite liegt der sterbende Buddha?
- ❑ Rücken
- ❑ Linken
- ❑ Rechten
- ❑ Brust

Auf seiner rechten Seite, in der sog. „Löwenlage", nach Norden gewandt. Der Kopf ist auf den rechten Arm gestützt. In Japan nennt man diese Buddha-Darstellungen *nehanzu* oder *parinirvana*.

Welcher Kunststil leitet von der Renaissance zum Barock hinüber?
- ❑ Kubismus
- ❑ Manierismus
- ❑ Romantik
- ❑ Klassizismus

Der Manierismus (etwa von 1520 bis 1600). Die Formen verlassen die Klarheit der Renaissance und wenden sich verspielterer Gestaltung zu. Vertreter waren u. a. Tizian, Tintoretto und El Greco.

Auf welchen Monarchen geht der sog. Josephinismus zurück?
- ❑ Kaiser Franz Joseph I.
- ❑ Kaiser Joseph II.
- ❑ Joséphine de Beauharnais
- ❑ Napoleon Bonaparte

Auf Kaiser Joseph II. (1741–90), Sohn und Nachfolger Maria Theresias, der im Gegensatz zu seiner Mutter ein Verfechter des aufgeklärten Absolutismus in Österreich war.

Was entwickelten die beiden Chemiker Bunsen und Kirchhoff 1854 gemeinsam?
- ❑ Gesetz der Elektrodynamik
- ❑ Elektrolyse
- ❑ Mittel gegen Arsenvergiftung
- ❑ Spektralanalyse

Die Spektralanalyse. Gustav Kirchhoff (1824–87) und Robert Bunsen (1811–99) leiteten damit eine neue Ära in der Astronomie ein, in der besonders Kirchhoff weitere Entdeckungen machte.

Was ist ein Fauxpas?
- ❑ Gardeoffizier
- ❑ Taktlosigkeit
- ❑ kluger Ausspruch
- ❑ Ballettschritt

Eine Taktlosigkeit, also ein Verhalten, womit man jemanden vor den Kopf stößt. Im Französischen heißt „faux pas" „Fehltritt" bzw. „falscher Schritt".

Wo befand sich von 1993–98 die größte Baustelle Europas?
- ❑ Madrid
- ❑ Berlin
- ❑ Moskau
- ❑ St. Petersburg

Auf dem Potsdamer Platz in Berlin, der seit 1945 ein verlassenes Areal im Zentrum der Stadt war. Großkonzerne wie Daimler-Benz und Sony errichteten hier ihre europäischen Hauptstandorte.

Wo gibt es keine Eisbären?
- ❑ Spitzbergen
- ❑ Grönland
- ❑ Nordpolarmeer
- ❑ Südpolargebiet

Im Südpolargebiet. Sie bewohnen das gesamte nördliche Eismeer bis zur Hudson-Bay auf dem nordamerikanischen Kontinent.

Was ist eine Metapher?

- ❑ Versmaß
- ❑ sprachliches Bild
- ❑ Beschönigung
- ❑ Übertreibung

Ein sprachliches Bild (Übertragung), bei dem ein Wort aus dem eigentlichen Bedeutungszusammenhang auf einen anderen übertragen wird; dann etwa, wenn man mit „Wüstenschiff“ ein Kamel bezeichnet.

Was war die Triple-Entente?

- ❑ Militärbündnis
- ❑ Freihandelsabkommen
- ❑ Wirtschaftsblockade
- ❑ Wirtschaftskrise

Ein Militärbündnis, das 1907 zwischen Frankreich und England einerseits und Russland andererseits gegen Deutschland zustande kam.

Wie heißt das Säugetier aus dem Roman von Herman Melville?

- ❑ Fury
- ❑ Moby Dick
- ❑ Hatatitla
- ❑ Rosinante

Moby Dick; der Titel des Romans ist *Moby Dick oder Der weiße Wal* (1851). Melville (1819–1891), der selbst zur See gefahren ist, schildert darin den vergeblichen Kampf des Kapitäns Ahab gegen den Wal.

Welcher Frühmensch gilt als erster Vertreter der Gattung „Homo“?

- ❑ Homo erectus
- ❑ Australopithecus
- ❑ Homo sapiens neandertalensis
- ❑ Cromagnon-Mensch

Der Homo erectus (lat. aufrecht gehender Mensch), der vor rund 2–1,5 Mio. Jahren erstmals auf Java, im heutigen Deutschland und Ungarn sowie in Afrika auftrat. Als jüngste Gattung dieser Art gilt der Peking-Mensch.

Welche Französin wurde 1920 heilig gesprochen?

- ❑ Simone de Beauvoir
- ❑ Jean d'Arc
- ❑ Bernadette
- ❑ Françoise Sagan

Johanna von Orleans (1412–31), die Schutzpatronin und Nationalheldin Frankreichs. Sie wurde als Ketzerin verbrannt. Ihr Tag ist der 30. Mai.

Wer führte 1861 die erste Übertragung der menschlichen Stimme durch?

- ❑ Alexander G. Bell
- ❑ Samuel Morse
- ❑ Guglielmo Marconi
- ❑ Johann Ph. Reis

Der deutsche Lehrer und Physiker Johann Philipp Reis (1834–74). Das erste elektromagnetische Telefon baute 1872 der Amerikaner Alexander Graham Bell.

Was bedeutet ISDN?

- ❑ Raketenabwehr im Weltraum
- ❑ Internet-Überwachungsbehörde
- ❑ digitales Nachrichtennetz
- ❑ Buchnummer

Digitales Nachrichtennetz (Integrated Services Digital Network). Es ist ein 1989 in Deutschland eingeführtes Universalnetz zur Übertragung von Daten, Sprache, Text oder Bildern.

In welcher Kunstgattung erlangte Henry Moore (1898–1986) Berühmtheit?

- ❑ Malerei
- ❑ Architektur
- ❑ Bildhauerei
- ❑ Literatur

In der Bildhauerei. Seine Skulpturen beziehen Anleihen von der Kunst der Naturvölker und zeichnen sich durch äußerste Formreduktion aus (z. B. „*Liegende*“, 1938, und „*Krieger und Schild*“, 1951).

Wann ist die Sommersonnenwende?

- ❑ 21. März
- ❑ 21. Juni
- ❑ 23. September
- ❑ 22. Dezember

Die astronomische Sommersonnenwende fällt ungefähr auf den 21. Juni. Auf der nördlichen Halbkugel finden an diesem Datum der längste Tag und die kürzeste Nacht statt.

Wie nennt die griechische Mythologie ein kriegerisches Frauenvolk?

- ❑ Grazien
- ❑ Graien
- ❑ Harpyien
- ❑ Amazonen

Amazonen (von griechisch „brustlos"). Die Sage berichtet, dass sie sich die rechte Brust herausgeschnitten haben, um besser mit Pfeil und Bogen umzugehen. Männer brauchten sie lediglich zur Zeugung der Kinder.

Gegen wen richteten sich die sog. Koalitionskriege seit 1792?

- ❑ Frankreich
- ❑ Großbritannien
- ❑ Preußen
- ❑ USA

Gegen das revolutionäre Frankreich. Die Erste Koalition, bestehend aus Österreich und Preußen, wurde 1793 durch die französische Revolutionsarmee geschlagen.

Welcher bekannte Dramaturg nach 1945 schrieb *Die Hamletmaschine* (1979)?

- ❑ Rolf Hochhuth
- ❑ Peter Zadek
- ❑ Heiner Müller
- ❑ Georg Tabori

Heiner Müller (1929–1995), der seit 1972 am Berliner Ensemble tätig war; er trat mit eigenwilligen Bearbeitungen etwa Kleists oder Shakespeares hervor („*Philoktet*", 1965; „*Ödipus, Tyrann*", 1967).

Wie heißen die islamischen Hochschulen?

- ❑ Zikkurats
- ❑ Moscheen
- ❑ Medresen
- ❑ Sufis

Medresen. Es gibt sie seit Ende des 11. Jh. entweder als Arkadenhof- oder Kuppelhofmedresen. Hier lehrt man islamische Theologie und Recht.

Welcher Expressionist schuf die Lithografie *„Der Schrei"* (1893)?

- ❑ Edvard Munch
- ❑ Heinrich Vogeler
- ❑ Ernst Barlach
- ❑ Hans Thoma

Edvard Munch (1863–1944), in dessen Werk auch Einflüsse von Symbolismus und Jugendstil zum Ausdruck kommen. Themen seiner Arbeiten sind z. B. die Lebensangst, seelische Not und Einsamkeit.

Welchen Begriff prägte 1869 der Naturforscher Ernst Haeckel?

- ❑ Klimakatastrophe
- ❑ Treibhauseffekt
- ❑ Ökologie
- ❑ saurer Regen

Ökologie. Haeckel (1834–1919) entwickelte das „biogenetische Grundgesetz", wonach die individuelle Entwicklung eines Lebewesens im Wesentlichen nur die kurze Wiederholung der Stammesgeschichte ist.

Wo bildeten sich im November 1918 Arbeiter- und Soldatenräte?

- ❑ China
- ❑ Russland
- ❑ Deutsches Reich
- ❑ Frankreich

Im Deutschen Reich, das eine Verfassungsreform durchführte. Die Matrosen der Hochseeflotte meuterten und Kaiser Wilhelm II. dankte am 9. November ab; die Revolution war in vollem Gang.

Von wem wurde Eritrea 1993 unabhängig?

- ❑ Djibouti
- ❑ Sudan
- ❑ Äthiopien
- ❑ Saudi-Arabien

Von Äthiopien. Als es 1962 zur Bildung eines äthiopischen Staates kam, wurde Eritrea eine Provinz. Dies führte bis 1993 zu einem lang andauernden Bürgerkrieg.

Wer verfasste *Die protestantische Ethik und der Geist des Kapitalismus* (1905)?

- ❑ Karl Liebknecht
- ❑ Friedrich Engels
- ❑ Max Weber
- ❑ Sigmund Freud

Der Soziologe und Ökonom Max Weber (1864–1920). In seinem berühmten Werk erklärt er den Einfluss von Religion und Ethik auf den Kapitalismus.

Welcher „Lügenbaron“ ist nicht nur eine literarische Gestalt?
- ❑ Freiherr von Münchhausen
- ❑ Hauptmann von Köpenick
- ❑ Till Eulenspiegel
- ❑ Jakob der Lügner

Der Offizier Freiherr von Münchhausen (1720–97), der aus seinem abenteuerlichen Leben fantastische Geschichten erzählte, die später u. a. von Gottfried August Bürger erweitert wurden.

Welche besondere Eigenschaft hatte Adonis, der Jüngling aus der Mythologie?
- ❑ Kraft
- ❑ Sehergabe
- ❑ Schönheit
- ❑ Klugheit

Schönheit, die sogar Aphrodite in ihren Bann zog. Seine Mutter war Myrrha, die von den Göttern in einen Myrrhenstrauch verwandelt wurde. Adonis starb auf der Jagd durch einen wilden Eber.

Wer verkaufte 1803 Louisiana an die USA?
- ❑ Ludwig XIV.
- ❑ Napoleon Bonaparte
- ❑ Simón Bolívar
- ❑ Benito Juárez

Frankreich unter Napoleon Bonaparte (1769–1821). Er erhielt dafür 15 Mio. US-Dollar. Mit der Erwerbung verdoppelte sich das Staatsgebiet der USA.

Welche Bilder stammen vor allem von Laien?
- ❑ Grafik
- ❑ naive Malerei
- ❑ Neoplastizismus
- ❑ Objektkunst

Die naive Malerei, die sich keiner Stilrichtung verpflichtet fühlt. Vertreter sind z. B. Grandma Moses und Henri Rousseau.

Wo wurde der Begriff „Handy“ erfunden?
- ❑ England
- ❑ Deutschland
- ❑ Japan
- ❑ Finnland

In Deutschland. In England heißt das Gerät „portable (telefone)“ oder „mobile (phone)“. In Deutschland wurde dagegen Mobilfunktelefon mit „Handy“ (englisch „handlich“) wiedergegeben.

Was erforschte der Botaniker und Genetiker Gregor Mendel?
- ❑ Photosynthese
- ❑ Fluoreszenz
- ❑ Vererbungsgesetze
- ❑ Klimaerwärmung

Die Vererbungsgesetze. Mendel (1822–84) untersuchte u. a. die Kreuzung von Erbsen und entdeckte dabei die „mendelschen Gesetze“. Seine Entdeckungen hatten großen Einfluss auf die Landwirtschaft.

Wo fand die EXPO 2000 statt?
- ❑ Berlin
- ❑ Weimar
- ❑ Hannover
- ❑ Kiel

In Hannover. Die erste Weltausstellung in Deutschland, die unter dem Titel Mensch-Natur-Techik stand, lockte nicht ganz so viel Menschen an wie erwartet.

Was war der Spartakusbund?
- ❑ Sportvereinigung
- ❑ Anti-Apartheid-Gesellschaft
- ❑ linksradikale Gruppierung
- ❑ Bewegung gegen Sklaverei

Eine linksradikale Gruppierung, die im Januar 1919 durch einen Aufstand die Macht übernehmen wollte. Er wurde durch ein Freikorps blutig niedergeschlagen.

Welche Meerenge trennt das Rote Meer vom Golf von Aden?
- ❑ Straße von Hormus
- ❑ Dardanellen
- ❑ Bab el Mandeb
- ❑ Gibraltar

Bab el-Mandeb (arabisch „Tor der Wehklage“), 26 km breit, zwischen der Südküste der arabischen Halbinsel und der Nordküste des Horns von Afrika.

Welche Literatur stellte die soziale Not der Unterschichten dar?
- ❑ Naturalismus
- ❑ Biedermeier
- ❑ New Age
- ❑ Nouveau roman

Der Naturalismus von 1870 bis 1900. In Frankreich entstanden (Émile Zola), hinterließ er besonders in der deutschen Literatur ein reiches Werk (Gerhart Hauptmann, Johannes Schlaaf u. a.).

Welches Schloss bei Füssen im Allgäu ließ sich König Ludwig II. erbauen?

- ❑ Neuschwanstein
- ❑ Nymphenburg
- ❑ Schleißheim
- ❑ Linderhof

Neuschwanstein, das zwischen 1868 und 1886 im neuromantischen Stil erbaut wurde. Die ersten Pläne stammten von dem Theatermaler Christian Jank.

Wer ist der Begründer der Anthroposophie, die Lehre der Waldorfpädagogik?

- ❑ Ita Wegmann
- ❑ Emil Molt
- ❑ Rudolf Steiner
- ❑ Helena Blavatsky

Rudolf Steiner (1861–1925), der eine ganzheitliche Erkenntnislehre entwickelte. In Stuttgart gründete er 1919 mit Unterstützung der Zigarettenfabrik Waldorf-Astoria die erste Waldorf-Schule.

Was aßen die griechischen Götter?

- ❑ Manna
- ❑ Kokos
- ❑ Ambrosia
- ❑ Nektar

Ambrosia, eine Art Brotspeise, die ihnen ewige Jugend und Unsterblichkeit verlieh. Dazu tranken sie Nektar.

Welche Skulptur gehört der Altsteinzeit an?

- ❑ Venus von Milo
- ❑ Venus von Willendorf
- ❑ Nike von Samothrake
- ❑ Venus von Canova

Venus von Willendorf, eine 11,5 cm große Frauenstatuette, die vor etwa 25.000 Jahren entstand. Sie wurde in Willendorf bei Krems gefunden. Ursprünglich war sie wohl ein Fruchtbarkeitssymbol der Cromagnon-Kultur.

Wer baute 1876 der ersten funktionstüchtigen Kühlschrank?

- ❑ Carl Linde
- ❑ Raymond F. Loewy
- ❑ Werner von Siemens
- ❑ Elisha G. Otis

Carl Linde (1842–1934). Der Kühlschrank funktioniert durch Gasverdichtung. Das verdichtete Gas wird gekühlt und dann wieder ausgedehnt. Durch die Wiederholung dieses Kreislaufs entsteht der gewünschte Kühleffekt.

Wer war der letzte Kaiser des Heiligen Römischen Reiches deutscher Nation?

- ❑ Franz II.
- ❑ Wilhelm II.
- ❑ Friedrich der Große
- ❑ Karl VI.

Franz II. (1768–1835), der 1806 die Kaiserkrone niederlegte. Er hatte 1804 bereits den Titel des Kaisers von Österreich angenommen und war damit Napoleons Kaiserkrönung zuvorgekommen.

Zu welchem Meer gehört der Golf von Aden?

- ❑ Mittelmeer
- ❑ Persischer Golf
- ❑ Arabisches Meer
- ❑ Rotes Meer

Zum Arabischen Meer. Der Golf von Aden ist der etwa 885 km lange westliche Arm des Arabischen Meeres. Er endet vor Djibouti am Horn von Afrika.

Was ist eine Novelle?

- ❑ Erzählung
- ❑ Gedicht
- ❑ Ballade
- ❑ Singspiel

Eine kürzere Erzählung in Prosa; weitere Merkmale sind: der geradlinige Erzählaufbau, mit einer „unerhörten Begebenheit“ (Goethe) im Kern. Deutsche Vertreter sind z. B. Kleist, Keller und Heyse.

Wohin reiste der Venezianer Marco Polo?

- ❑ Amerika
- ❑ Afrika
- ❑ Russland
- ❑ China

Nach China, wo er 1275 in Peking anlangte. Den Hof des Kublai Khan (1259–1294) hatten bereits sein Vater Niccoló, der Kaufmann war, und sein Onkel Mafio besucht. Marco Polo blieb zwei Jahrzehnte im Dienst des Mongolenherrschers.

Mit welcher Erzählung schildert George Orwell die Entstehung einer Diktatur?

- ❑ *1984*
- ❑ *Farm der Tiere*
- ❑ *Schöne neue Welt*
- ❑ *451 Fahrenheit*

Mit der Tierparabel *Farm der Tiere* (1945), wobei Orwell (1903–50) das diktatorische Herrschaftssystem Stalins vor Augen hatte. In *1984* (1949) entwarf er das Bild eines totalitären Überwachungsstaates.

Was ist eine Homepage?

- ❑ Startseite eines Internetanbieters
- ❑ Server
- ❑ E-Mail-Adresse
- ❑ Abwahl-String

Die erste Seite (Startseite) eines Internetanbieters. Die Homepage dient zur „Begrüßung" des Benutzers und informiert ihn über den Inhalt der gesamten Webseite.

Welche Politik vertrat Klemens Graf von Metternich in Wien?

- ❑ Open-door-Politik
- ❑ Liberalismus
- ❑ Restauration
- ❑ Absolutismus

Restaurationspolitik. Metternich (1773–1859) war bis zur Revolution von 1848 Staatskanzler in Österreich und vertrat das monarchische Prinzip.

Welches Werk verfasste der Philosoph Martin Heidegger?

- ❑ *Sein und Zeit*
- ❑ *Entweder – Oder*
- ❑ *Minima Moralia*
- ❑ *Die Zofen*

Sein und Zeit (1927). Heidegger begreift das menschliche Dasein als ein In-der-Welt-Sein, aus dem der Mensch seine Bestimmung finden oder auch verfehlen könne.

Wer baute 1876 den ersten Verbrennungsmotor?

- ❑ Carl Benz
- ❑ Nikolaus A. Otto
- ❑ Gottfried Daimler
- ❑ Henry Ford

Nikolaus August Otto (1832–92), der den nach ihm benannten Ottomotor erfand. Bei diesem Motor wird das Kraftstoff-Luft-Gemisch im Verbrennungsraum durch Zündkerzen von außen gezündet.

Welche Sportart spielte man schon zu Zeiten Goethes?

- ❑ Rugby
- ❑ Eiskunstlauf
- ❑ Eishockey
- ❑ Fußball

Fußball. 1801 wurden die Regeln einheitlich festgelegt. 1857 entstand in Sheffield der erste Fußballverein der Welt.

Welcher Gott wird meist als nackter Knabe mit Flügeln dargestellt?

- ❑ Hades
- ❑ Amor
- ❑ Narcissus
- ❑ Adonis

Amor, der Liebesgott, ein Sohn der Venus. Er ist die römische Entsprechung des griechischen Liebesgottes Eros. Amor verliebte sich in Psyche und entführte sie in einen Feenpalast.

Wo leben die Tuareg?

- ❑ Tarimbecken
- ❑ Wüste Gobi
- ❑ Sahara
- ❑ Nefud

In der westlichen und zentralen Sahara. Nach Schätzungen gibt es heute etwa drei Mio. Tuareg. Staatliche Grenzen erschweren immer mehr die traditionelle Nomadenwirtschaft.

Wo steht die größte Kirche der Christenheit?

- ❑ Jerusalem
- ❑ Mexiko-City
- ❑ Vatikanstadt
- ❑ London

In der Vatikanstadt in Rom; die Peterskirche (1506–1626) ist die Hauptkirche des Papstes. Die Ausstattung übernahmen u. a. Michelangelo, von dem die Kuppel stammt, und Bernini.

Wo wurde im April 1919 die Räterepublik ausgerufen?
- ❑ Hamburg
- ❑ Berlin
- ❑ München
- ❑ Wien

In München. Die radikale Linke versuchte damit nach der Ermordung Kurt Eisners (USPD), die Novemberrevolution von 1918 zu retten. München wurde daraufhin gewaltsam von Reichstruppen erobert.

Womit befasst sich die Philologie?
- ❑ Sprache und Literatur
- ❑ Briefmarken
- ❑ Mineralien
- ❑ Systemtheorie

Mit der wissenschaftlichen Erforschung der Sprachen und Literaturen. Der Name bedeutet im Griechischen soviel wie „liebende Zuwendung zum Wort“.

Wer musste den Friedensvertrag von Versailles 1919 unterzeichnen?
- ❑ Türkei
- ❑ Österreich
- ❑ Deutsches Reich
- ❑ Ungarn

Das Deutsche Reich, das damit den harten Bedingungen der Alliierten nach dem Ersten Weltkrieg zustimmen musste. Österreich schloss Frieden im Vertrag von St.-Germain.

Welches Organ der EU hat seinen Sitz in Straßburg?
- ❑ Europäische Zentralbank
- ❑ Europäisches Parlament
- ❑ Europäischer Gerichtshof
- ❑ Europäisches Patentamt

Das Europäische Parlament. Sitzungsort ist neben Straßburg auch Brüssel. Die Volksvertretung der EU-Mitgliedsstaaten kontrolliert u. a. die Europäische Kommission.

Was findet der Kunstfreund in einer Pinakothek?
- ❑ Skulpturen
- ❑ Bücher und Handschriften
- ❑ Archivalien
- ❑ Gemälde

Gemälde. Im antiken Griechenland diente die Pinakothek zur Aufbewahrung von Weihgeschenktafeln. In der Renaissance wurde der Begriff für Gemäldesammlungen verwendet.

Wer isolierte 1882 das Tuberkulose-Bakterium?
- ❑ Georg Gaffky
- ❑ Ignaz Ph. Semmelweiß
- ❑ Robert Koch
- ❑ Ferdinand J. Cohn

Robert Koch (1843–1910). Die Infektionskrankheit verursachte noch Mitte des 19. Jh. jeden vierten Todesfall. 1883 isolierte Koch den Cholera-Bazillus.

Woher stammen die Deutschen Farben Schwarz-Rot-Gold?
- ❑ Revolution 1848
- ❑ Lützowsches Freikorps
- ❑ Turnvater Jahn
- ❑ Pariser Kommune

Von der Uniform des Lützowschen Freikorps in den Befreiungskriegen, die 1818 die national-liberalen Deutschen Burschenschaften bei ihrer Gründung in Jena als Bundesfarben übernahmen.

Welches Land gehört nicht der OPEC an?
- ❑ Libyen
- ❑ Saudi-Arabien
- ❑ Indonesien
- ❑ Ecuador

Ecuador. Der südamerikanische Staat war aber bereits Mitglied von 1973 bis 1992. Heute gehören der Organisation Erdölexportierender Länder 12 Staaten an.

Was bezeichnet man in der EDV als Hyperlink oder WebLink?
- ❑ Querverweis
- ❑ Homepage
- ❑ Icon
- ❑ Maschinencode

Einen Querverweis zu einer anderen Seite einer Datei, zu einer anderen Seite der Homepage oder auch zu Websites anderer Anbieter im Internet. Auf ihnen beruhen die Online-Multimedia.

Wie nennt man eine kurze Erzählung mit pointenhafter Wendung?

❑ Short Story ❑ Novelle
❑ Anekdote ❑ Fabel

Anekdote. Sie stellt schlaglichtartig den Charakter der Person, einer historischen Persönlichkeit oder einer Begebenheit dar. Deutsche Anekdotendichter sind z. B. Johann Peter Hebel und Heinrich von Kleist.

Wer war ein führender Vertreter des Existenzialismus?

❑ Mahatma Ghandi ❑ Jules Favre
❑ Jean-Paul Sartre ❑ Max Horkheimer

Der Franzose Jean-Paul Sartre (1905–80). Zentraler Gedanke seiner Philosophie ist das Paradox „Der Mensch ist zur Freiheit verdammt." Bekannt wurde auch seine Lebensgefährtin Simone de Beauvoir.

Wie entsteht eine Skulptur im Unterschied zu einer Plastik?

❑ Behauen von Rohmaterial ❑ Gießen
❑ Drucken ❑ Anstückeln

Die Skulptur wird aus einem Rohmaterial wie z. B. Marmor durch Behauen von außen nach innen erarbeitet. Die Plastik entsteht aus formbaren Materialien wie Ton, Gips, Wachs oder Porzellan.

Wo befindet sich das bedeutendste Zeugnis der Megalithkultur in der Bretagne?

❑ Stonehenge ❑ Carnac
❑ Chauvet ❑ Lascaux

In Carnac. Hier türmen sich fast 3000 Menhire (Granitmonolithe), Dolmen (Grabekammern) und Grabhügel in elf parallelen Reihen angeordnet auf. Es ist eine ca. 2000 Jahre alte keltische Kultstätte.

Seit wann kennt man in der Malerei das Porträt?

❑ 12. Jahrhundert ❑ 14. Jahrhundert
❑ 16. Jahrhundert ❑ 18. Jahrhundert

Seit Ende des 14. Jh., als die ersten Brustbilder von Monarchen (etwa König Johann der Gute von Frankreich) entstanden. Wegweisend war u. a. Jan van Eyck (um 1390–1441).

Womit befasste sich die bahnbrechende Arbeit *Psychopathia Sexualis* (1886)?

❑ Psychoanalyse ❑ Psychotherapie
❑ sexuelle Perversionen ❑ Traumdeutung

Mit sexuellen Abnormitäten. Der Nervenarzt Richard von Krafft-Ebing (1840–1902) arbeitete auf dem Gebiet der Sexualpsychopathologie und Kriminalpsychologie.

Mit welchem Titel regierte Pippin II. (um 635–714) faktisch das fränkische Reich?

❑ Heerführer ❑ Hausmeier
❑ Vizekönig ❑ Dauphin

Mit dem Titel des Majordomus (Hausmeier). In dem höchsten Hofamt veineinigten sie immer mehr Kompetenzen. Die Merowinger führten bis zu ihrer Absetzung 751 nur noch ein Schattenkönig-Dasein.

Was ist der Jetstream?

❑ Kondensstreifen ❑ Zirruswolken
❑ Westwinde ❑ Flugzeuglärm

Westwinde, die in einer Höhe von etwa 10 bis 20 km vorwiegend über den Tropen und den Mittelbreiten auftreten. Sie erreichen Windgeschwindigkeiten von bis zu 550 km/h.

In welcher europäischen Hauptstadt steht der Prado?

❑ Athen ❑ Rom
❑ Lissabon ❑ Madrid

In Madrid, 1785 erbaut, seit 1819 Museum. Der Prado ist eine der ältesten Gemäldegalerien der Welt (u. a. El Greco, Velàzquez, Goya, Rubens, Tizian).

Was versteht man unter Märzrevolution?

- ❑ Deutsche Revolution von 1848
- ❑ Pariser Revolution von 1830
- ❑ Französische Revolution 1789
- ❑ Reichsgründung 1871

Dic 48er-Revolution, die ihr Vorbild in der Februarrevolution in Frankreich hatte. Die soziale und politische Unzufriedenheit entlud sich in zahlreichen Aufständen und Unruhen.

Was vermittelt die literarische Form des Aphorismus?

- ❑ den logischen Beweis
- ❑ Antithese
- ❑ Lebensweisheit
- ❑ Katharsis

Einen knappen, aber sehr treffenden Satz, der eine Lebensweisheit oder eine besondere Einsicht vermittelt („Gedankensplitter"). Beispiele etwa bei Lichtenberg, Goethe, Schopenhauer und Nietzsche.

Welcher altägyptische Gott gilt als Schöpfer der Hieroglyphen?

- ❑ Seth
- ❑ Thot
- ❑ Anubis
- ❑ Indra

Der ibisköpfige Thot. Er ist Mondgott und Schutzpatron der Wissenschaften sowie der göttliche Schreiber. Thot verkündet im Totenreich die Entscheidung des Seelengerichts. In der Gestalt des Pavians überwacht er die Seelenwaage.

Was bezeichnet man in der Literatur als Prosa?

- ❑ Replik im Drama
- ❑ Epilog
- ❑ dramatische Dichtung
- ❑ erzählende Dichtung

Erzählende Dichtung; im engeren Sinne alle nicht durch Metrum, Reim u. a. Mittel der gebundenen Sprache hervorgebrachte Literatur, also z. B. Romane und Kurzgeschichten.

Wer entdeckte 1886 den Elektromagnetismus?

- ❑ Michael Faraday
- ❑ Nikola Tesla
- ❑ Heinrich Hertz
- ❑ Lorenzo Avogadro

Heinrich Rudolph Hertz (1857–94). Die von ihm entdeckten elektrischen Wellen werden nach ihm „hertzsche Wellen" oder „Radiowellen" genannt. Deren Frequenzen werden in „Hertz" gemessen.

Mit welchem Vertrag verzichteten Deutschland und die UdSSR 1922 auf Reparationsforderungen?

- ❑ Brest-Litowsk
- ❑ Rapallo
- ❑ Locarno
- ❑ Fontainebleau

Mit dem Vertrag von Rapallo. Die Alliierten dagegen verlangten von Deutschland nach dem Ersten Weltkrieg 132 Milliarden Goldmark.

Was ermöglicht interaktives Fernsehen?

- ❑ Programmgestaltung durch Zuschauer
- ❑ Digitalisierung des TV
- ❑ Empfang von Satellitenprogrammen
- ❑ Senden von E-Mails

Die Programmgestaltung durch den Zuschauer. Über einen Rückkanal (z. B. eine Telefonleitung) kann er Fernsehprogramme, Videofilme, Computerspiele oder andere Serviceleistungen abrufen.

Was war 1997 der Grund für die UNO-Klima-Gipfelkonferenz in Kyoto?

- ❑ saurer Regen
- ❑ Waldsterben
- ❑ Erdölförderung
- ❑ Treibhauseffekt

Der Treibhauseffekt. Auf der Konferenz einigten sich 160 Staaten auf einen Kompromiss zur Verminderung der Treibhausgasemissionen.

Welcher Kunstepoche gehörte Raffael (1483–1520) an?

- ❑ Gotik
- ❑ Renaissance
- ❑ Manierismus
- ❑ Klassizismus

Der Hochrenaissance, zu deren Vollendung er neben Michelangelo u. a. entscheidend beitrug. Bedeutende Gemälde sind u. a. die „*Sixtinische Madonna*“ und die „*Verklärung Christi*“.

Wer führte 1923 die Ruhrbesetzung durch?

- ❑ Alliierten
- ❑ Großbritannien
- ❑ Frankreich
- ❑ Deutsches Reich

Frankreich, zusammen mit belgischen Truppen. Als Vorwand diente der Rückstand Deutschlands bei den Reparationszahlungen. Der passive Widerstand führte zur Inflation.

Welcher Literaturkritiker leitet das „Literarische Quartett“?

- ❑ Ulrich Greiner
- ❑ Jörg Drews
- ❑ Marcel Reich-Ranicki
- ❑ Hans Mayer

Marcel Reich-Ranicki (*1920), der die Literaturbeilagen der Wochenzeitung „Die Zeit“ und der „Frankfurter Allgemeinen Zeitung“ leitete.

Wer gilt als Vater der Volkswirtschaftslehre?

- ❑ Friedrich List
- ❑ Karl Marx
- ❑ Adam Smith
- ❑ Adam von Müller

Der Schotte Adam Smith (1723–90). Mit seinem Hauptwerk *Eine Untersuchung über das Wesen und die Ursachen des Reichtums der Nationen* (1776) schuf er die Grundlagen zu einer kapitalistischen Wirtschaftstheorie.

Welcher Gott verkörpert das Ideal der strahlenden Schönheit und des Lichts?

- ❑ Apoll(on)
- ❑ Dionysos
- ❑ Satyr
- ❑ Polyphem

Apoll(on), der Sohn des Zeus und der Titanin Leto, Zwillingsbruder der Artemis. Er ist der Gott der prophetischen Weissagung (dem das Orakel von Delphi gehörte), der Künste und besonders der Musik.

Was war das Hambacher Fest?

- ❑ politische Demonstration
- ❑ Vorgänger des Oktoberfestes
- ❑ Neujahrsfest
- ❑ Fronleichnams-Prozession

Eine patriotische Demonstration der liberalen Opposition. Etwa 30.000 Menschen demonstrierten 1832 für die Freiheit und Einheit Deutschlands.

Wer konstruierte 1889 das erste kommerziell erfolgreiche Auto in Deutschland?

- ❑ Daimler und Maybach
- ❑ Daimler und Benz
- ❑ Henry Ford
- ❑ Willy Messerschmidt

Gottlieb Daimler (1834–1900) und Wilhelm Maybach (1846–1929), die 1882 eine Motorenfabrik gründeten und 1886 den ersten motorengetriebenen vierrädrigen Wagen bauten.

Wer besiegelte gemäß Altem Testament den Bund zwischen Israeliten und Jahwe?

- ❑ Moses
- ❑ Salomon
- ❑ David
- ❑ Abraham

Abraham aus Ur, von wo er seinen Nomadenstamm um 1700 v. Chr. in den Süden des Westjordanlandes führte. Das Buch Genesis erzählt, wie Jahwe den Nachkommen Abrahams das Land Kanaan als gelobtes Land zuwies.

Wie heißt die warme Meeresströmung im nördlichen Teil des Atlantischen Ozeans?

- ❑ Humboldtstrom
- ❑ Kalifornischer Strom
- ❑ Oyashio
- ❑ Golfstrom

Golfstrom. Auf das Klima in Westeuropa z. B. hat er mäßigenden Einfluss. Er fließt von den Grand Banks bis zur westeuropäischen Küste, an Skandinavien vorbei und bis zu den Inseln im Osten des Nordpolarmeers.

Wo erzeugt die Bildhauerkunst Raumtiefe an Flächen?

- ❑ Deckengemälde
- ❑ Relief
- ❑ Fresko
- ❑ Plastik

Im Relief (franz. „das Hervorgehobene"). Die Figuren heben sich aus der Hintergrundfläche hervor. Reliefs befinden sich etwa auf Rundbögen, Kirchenportalen u. v. m.

Was ist ein Menhir?

- ❑ Granitsteinblock
- ❑ Hügelgrab
- ❑ Faustkeil
- ❑ Götzenfigur

Ein unbehauener Granitsteinblock, sog. Monolithe, wie sie typisch für die Kultstätten der Megalithkulturen waren. Beispiele hierfür sind: Stonehenge in Südwestengland (ca. 3200–1000 v. Chr.) und Carnac in der Bretagne (ca. 2000 v. Chr.)

Was ist eine Retrospektive in der Kunst?

- ❑ Zentralperspektive in Gemälden
- ❑ Trompe-l'œil-Effekt
- ❑ Zeigen des Gesamtwerks eines Künstlers
- ❑ Anspielung auf das Werk eines Künstlers

Eine Ausstellung, die das Gesamtwerk eines Künstlers oder die Gesamtproduktion einer bestimmten Schaffensperiode – z. B. das Alterswerk – präsentiert.

Welchen Volksstamm führte Widukind an?

- ❑ Franken
- ❑ Sachsen
- ❑ Hunnen
- ❑ Angelsachsen

Die Sachsen. 782 erhob er sich gegen Karl den Großen. In Verden a. d. Aller wurden rund 4.500 Sachsen hingerichtet und das Christentum mit Gewalt eingeführt. 785 endete der letzte Widerstand, als sich Widukind taufen ließ.

Für welche Arbeiten ist Tilman Riemenschneider (1468–1531) berühmt?

- ❑ Schnitz- und Bildhauerarbeiten
- ❑ Altarbilder
- ❑ Choräle
- ❑ Osterspiele

Für seine spätgotischen Schnitz- und Bildhauerarbeiten, mit denen er häufig in Mainfranken und in Würzburg Altarräume gestaltete (z. B. „*Heiligblutaltar*" in Rothenburg ob der Tauber).

Wozu dient in der EDV ein Byte?

- ❑ Programmierung
- ❑ Dokumentation
- ❑ Kodierung von Zeichen
- ❑ Formatierung

Der Kodierung von Zeichen. Ein Byte besteht aus 8 Bit und kann genau ein Zeichen (Buchstabe, Zahl oder sonstige Zeichen) darstellen. Der ASCII-Zeichensatz besteht aus 256 Zeichen.

Wer perfektionierte das Backpulver?

- ❑ Johann R. Glauber
- ❑ August Oetker
- ❑ Carl W. Scheele
- ❑ Hermann Staudinger

Dr. August Oetker (1862–1918). Er gründete 1891 in Bielefeld die Dr. Oetker Nährmittelfabrik GmbH, aus der nach dem Zweiten Weltkrieg die Oetker-Gruppe entstand.

Was war der Grund für die Fahrt der Argonauten?

- ❑ Äpfel der Hesperiden
- ❑ goldenes Vlies
- ❑ schöne Helena
- ❑ ewige Jugend

Das Goldene Vlies, das im Königreich Kolchis am Schwarzen Meer aufbewahrt wurde. Medea war ihnen behilflich, sodass sie mit ihrem Schiff „Argo" den Rückweg antreten konnten.

Was ist die Hauptstadt von Äthiopien?

❑ Daressalam ❑ Niamey
❑ Djibouti ❑ Addis Abeba

Addis Abeba. Äthiopien in Ostafrika ist eines der ärmsten Länder der Welt und bis heute ein Agrarstaat. Über 70% der Bevölkerung arbeiten in der Landwirtschaft.

Wovon leitet sich der Name des Ku Klux Klan ab?

❑ gr. „Kyklos" (der Kreis) ❑ franz. „der Clou" (der Nagel)
❑ franz. „der Coup" (der Schlag) ❑ franz. „die Clique" (Sippschaft, Klüngel)

Von griechisch „Kyklos". Die Geheimorganisation wurde 1865 von Südstaaten-Offizieren gegründet. Im 20. Jh. erfuhr sie eine vor allem rassistische Neubelebung.

Wie heißen die wichtigsten heiligen Schriften des Hinduismus?

❑ Veda ❑ Enūma Eliš
❑ Avesta ❑ Theogonie

Veden bzw. im Singular (als Sammelbegriff): der Veda (altindisch „Wissen"). Der Veda entstand etwa 1200 bis 600 v. Chr. und besteht aus vier Teilen: „Hymnen an die Götter", „Veda der Lieder", „Veda der Sprüche" und „Veda des Hauptpriesters".

Welcher mittelalterliche Baustil ging der Gotik voraus?

❑ Barock ❑ Romantik
❑ Renaissance ❑ Romanik

Die Romanik (etwa 950–1240), die sich an die römische Architektur anlehnte. Sie ist z. B. durch die gedrungene Wirkung und Rundbögen gekennzeichnet (Dome zu Worms und Speyer).

Welcher Staatsmann beendete mit der Währungsreform die Inflation von 1923?

❑ Gustav Stresemann ❑ Adolf Hitler
❑ Walther Rathenau ❑ Friedrich Ebert

Gustav Stresemann (1878–1929), Politiker der Deutschen Volkspartei und Reichskanzler. Mit der Einführung der Rentenmark trat die Wende ein. Es begannen die „Goldenen Zwanziger".

In welcher Literaturepoche erkor man sich die „blaue Blume" zum Symbol?

❑ Empfindsamkeit ❑ Klassik
❑ Romantik ❑ Realismus

In der Romantik (in Dtl. etwa 1798–1830). Man entdeckte das christliche Mittelalter neu, die Wirkung des Märchens und die Volkspoesie. Vertreter sind u. a. Tieck, Novalis, Brentano und Eichendorff.

Wo wurde der erste Mercedes der Daimler-Motoren-Gesellschaft gebaut?

❑ Augsburg ❑ Schorndorf
❑ Cannstatt ❑ Köln

In Cannstatt. Zwischen 1890 und 1900 wurden etwa 2000 Benz-Automobile verkauft. 1899 wurde der erste Luxus-Mercedes gebaut.

Welcher Verein wurde 1862 gegründet, um „die Kenntnis von den Alpen zu verbreiten, die Liebe zu ihnen zu fördern..."?

❑ ÖAMTC ❑ Alpenverein
❑ Pfadfinder ❑ Eisenbahnverein

Der Österreichische Alpenverein, der sich heute vor allem der Erhaltung der Bergwelt verschrieben hat. 1869 entstand in München der Deutsche Alpenverein.

Wer wurde 1498 in Florenz als Ketzer verbrannt?
❑ Jan Hus ❑ Giordano Bruno
❑ Girolamo Savonarola ❑ Francesca da Rimini

Der Bußprediger Girolamo Savonarola (1452–98), der in seinen Predigten die Habgier und Korruption des Adels und des Papstes kritisierte. Er spielte kurzzeitig eine politische Rolle in Florenz, wurde dann inhaftiert und als Ketzer auf der Piazza della Signoria gehängt und verbrannt.

Was bezeichnet man in der Geographie als Mäander?
❑ Delta ❑ Golf
❑ Flussschleife ❑ Faltengebirge

Eine Flussschleife, benannt nach dem antiken Mäander (heute Büjük Menderes in der Türkei). Sie entsteht, wenn sich der Lauf eines Flusses durch die Flussauen mit der Zeit verändert.

Wo lag der Sage nach Atlantis?
❑ Nordpolarmeer ❑ Pontus
❑ Atlantik ❑ Pazifik

Im Atlantischen Ozean; das berichtete jedenfalls der griechische Philosoph Platon. Es sei bei einem Erdbeben im Meer versunken. Ferner ist es ein Symbol für das verlorene Paradies und das goldene Zeitalter.

Welcher Fabrikant ließ sich 1811 in Essen nieder?
❑ Hugo Stinnes ❑ August Thyssen
❑ Friedrich Krupp ❑ Günther Quandt

Friedrich Krupp (1787–1826). Die Stahlfabrik bildete die Grundlage für das Imperium der Industriellenfamilie. Sein Sohn Alfred (1812–87) baute das Unternehmen aus.

Welche Schriftstellerin schrieb unter anderem die Romane *„Bonjour Tristesse“* und *„Lieben Sie Brahms“*?
❑ Françoise Sagan ❑ Simone de Beauvoir
❑ Alice Schwarzer ❑ George Sand

Françoise Sagan (*1935). Ihre melancholischen und erotischen Romane kreisen um die Motive Liebe und Einsamkeit. Das Leiden an der Welt äußert sich in Niedergeschlagenheit und Langeweile.

Wozu benötigt ein Computer einen Bus?
❑ Dekodierung ❑ Datenübertragung innerhalb eines Computersystems
❑ Programmierung ❑ Statusleiste

Zur Datenübertragung innerhalb eines Computersystems. Ein Bus bzw. Systembus überträgt binäre Impulse zwischen den verschiedenen Elementen in einem Computer (z. B. Prozessor, Arbeitsspeicher).

Was entdeckte Heinrich Schliemann 1870?
❑ Karthago ❑ Grab des Tut-ench-Amun
❑ antikes Troja ❑ Atlantis

Troja. Schliemann (1822–90), ein Kaufmann, finanzierte seine Ausgrabungen aus seinem Privatvermögen. Auf den Spuren der Dichtungen Homers fand er u. a. das antike Troja-Ilion und Mykene (1874–76).

Was ist das *„Debora-Lied“*?
❑ sapphische Ode ❑ Talmud-Dichtung
❑ Bibel-Verse ❑ Kabbala-Sprüche

Bibel-Verse im Buch Richter des Alten Testaments. Das *Debora-Lied* ist ein Preis- und Danklied auf die israelitische Prophetin und Richterin Debora, das um 1100 v. Chr. entstand und zum Kampf gegen die Kanaaniter aufrief.

Wer ließ das Schloss Sanssouci erbauen?

❑ Wilhelm II. ❑ Franz-Joseph I.
❑ Friedrich der Große ❑ August der Starke

Friedrich der Große (1712–86), der es teilweise mitentworfen hat. Es war das Sommerschloss des Königs, wo er sich erholte; deshalb auch der Name: „Sorgenfrei".

Welcher Wissenschaftler erforschte den bedingten Reflex bei Hunden?

❑ Burrhus F. Skinner ❑ Iwan Pawlow
❑ Konrad Lorenz ❑ Carl Gustav Jung

Der russische Mediziner Iwan Pawlow (1849–1936), der seit 1898 in Versuchen an Hunden die klassische Konditionierung, das Reiz-Reaktions-Lernen, erforschte.

Wo fand 1923 der Hitlerputsch statt?

❑ München ❑ Berlin
❑ Weimar ❑ Landsberg am Lech

In München am 8./9. November. Die Putschisten marschierten unter Führung Hitlers und General Ludendorffs zur Feldherrnhalle, wo sie gewaltsam aufgehalten und verhaftet wurden.

Wie nennt man die Längenkreise auf Weltkarten?

❑ Meridiane ❑ Azimute
❑ Parallellinien ❑ Aszendente

Meridiane. Das sind gedachte Linien, die von Pol zu Pol laufen. Der Null-Meridian, der Greenwich bei London durchquert, dient als Ausgangsgröße für die Messung aller anderen geographischen Längen.

Wer baute ein dreieckiges Rathaus ohne Dach?

❑ Abderiten ❑ Ostfriesen
❑ Schildbürger ❑ Phäaken

Die närrischen Bewohner der Stadt Schilda aus dem Volksbuch *Die Schildbürger* (1598). Ihr spießbürgerlich-törichtes Leben wird stets durch die Realität bestraft.

Woher bezog die Glockenbecherkultur ihren Namen?

❑ Werkzeug ❑ Goldschmuck
❑ Tongefäß ❑ Holzschnitzereien

Von den glockenförmigen Tongefäßen, die mit umlaufenden Ritz- oder Stempelverzierungen versehen sind. Die Kultur war in der Kupfer- und frühen Bronzezeit (3. und 2. Jt. v. Chr.) in Europa verbreitet.

Auf welchen griechischen Helden gründet sich das geflügelte Wort „Einen Augiasstall ausmisten"?

❑ Ikaros ❑ Theseus
❑ Herakles ❑ Agamemnon

Auf Herakles, der von Eurystheus 12 Arbeiten aufgetragen bekommen hatte. Die Ställe des Augias, der riesige Viehherden besaß, säuberte er, indem er den Fluss Alpheios hindurchleitete.

Wer gilt als Begründer des Science Fiction-Genres?

❑ Ray D. Bradbury ❑ Jules Verne
❑ H. G. Wells ❑ Stanislaw Lem

Jules Verne (1828–1905) mit Romanen wie *Reise zum Mittelpunkt der Erde* (1864). Georges Méliès drehte 1902 mit *Die Reise zum Mond* einen ersten Science Fiction-Film, angeregt durch Verne und H. G. Wells.

Was ist ein Samurai?

❑ Angehöriger des japanischen Kriegerstandes ❑ Page am japanischen Kaiserhof
❑ Shogun ❑ Tenno

Ein Angehöriger des japanischen Kriegerstandes; als Kriegsherren dominierten sie bis 1868 die alte Gesellschaft in Japan. Sie folgten einem militärischen Ideal, das durch ihre beiden Schwerter symbolisiert wurde.

Welcher deutsche Nobelpreisträger formulierte 1900 die Quantentheorie?

❑ Walther Bothe ❑ Max Planck
❑ Werner Heisenberg ❑ Wilhelm C. Röntgen

Max Planck (1858–1947). Quanten sind kleinste Energieeinheiten. Nach Plancks Strahlungsgesetz ist die Energie elektromagnetischer Strahlung gequantelt.

Welcher Menschenopfer fordernde Kult hielt um 878 v. Chr. auch in Israel Einzug?

❑ Mitras-Kult ❑ Baal-Kult
❑ Kybele-Kult ❑ Dionysos-Kult

Der Baal-Kult, der im gesamten vorderen Orient, vor allem aber in Syrien, Phönikien und Kanaan verbreitet war. Die Nachfolger König Omris von Samaria führten die fremden Kulte und Sitten ein, gegen die der Prophet Elias ankämpfte.

Wodurch entstehen die Jahreszeiten?

❑ Erdrotation ❑ Entfernung von der Sonne
❑ Sonnenumlauf der Erde ❑ Protuberanzen

Aufgrund des Umlaufs der Erde um die Sonne in Verbindung mit der Neigung der Erdachse. So treffen die Sonnenstrahlen wegen der Erdneigung um ca. 23,5° in unterschiedlichen Winkeln auf die Erdoberfläche.

Mit welchem Theaterstück wurde George Bernard Shaw berühmt?

❑ *Le bœf sur le toit* ❑ *Die Zofen*
❑ *Bunbury oder Ernst sein ist alles* ❑ *Pygmalion*

Mit *Pygmalion* (1913). Shaws (1856–1950) Komödie über das Blumenmädchen Eliza Doolittle und den Forscher Higgins wurde durch das Musical *My Fair Lady* (1956) von Frederik Loewe weltbekannt.

Was passiert beim Download?

❑ Datenübertragung ❑ Löschen von Dateien
❑ Drucken ❑ Seitenansicht

Beim Download (downloaden) werden Daten, meistens Software, von einem Server über ein Netzwerk (z. B. das Internet) auf den eigenen Rechner übertragen („heruntergeladen“).

Wann wurde Karl der Große zum Kaiser gekrönt?

❑ 800 ❑ 962
❑ 1002 ❑ 1155

Am Weihnachtsabend des Jahres 800. Gesalbt und gekrönt von Papst Leo III. erhielt er den Titel Römischer Kaiser und Schutzherr der Römer. Als solcher übernahm er auch den Schutz der westlichen Christenheit.

Welche populäre Romanfigur schuf der belgische Krimiautor Georges Simenon (1903–89)?

❑ Hercule Poirot ❑ Maigret
❑ Sherlock Holmes ❑ Sam Spade

Den kleinbürgerlich-sympathischen Kommissar Maigret. 1931 kam der Erste heraus; weitere 75 psychologisch ausgefeilte Kriminalromane folgten.

Wie heißt der römische Gott des Weines?

❑ Bacchus ❑ Silenos
❑ Faunus ❑ Satyr

Bacchus, der dem griechischen Gott Dionysos entspricht. Er ist aber auch der Gott der Ekstase und Fruchtbarkeit. In Begleitung von trunkenen Waldgeistern, den Silenen und Satyrn, veranstaltete er seine Umzüge (Bacchanalien).

Wer handelte 1925 den Vertrag von Locarno aus?

- ❑ Gustav Stresemann und Aristide Briand
- ❑ Matthias Erzberger
- ❑ Charles G. Dawes
- ❑ Heinrich Brüning

Gustav Stresemann (1878–1929) und Aristide Briand waren federführend. Der Vertrag beendete den Besatzungszustand in Deutschland nach dem Ersten Weltkrieg und sicherte die deutsch-französische Grenze.

Wer begründete die Immunologie?

- ❑ Susumu Tonegawa
- ❑ Edward Jenner
- ❑ Paul Ehrlich
- ❑ Alexander Fleming

Edward Jenner (1749–1823). Der britische Forscher entdeckte den Impfstoff gegen die Pocken. Er gebrauchte auch als Erster den Begriff „Virus".

Welcher Romanschriftsteller schrieb *Es muss nicht immer Kaviar sein* (1960)?

- ❑ Johannes Mario Simmel
- ❑ Heinz G. Konsalik
- ❑ Frank Wedekind
- ❑ Michael Ende

Der Österreicher Johannes Mario Simmel (*1924), dessen Bestseller in das Genre Unterhaltungs- und Trivialliteratur gehören. Dennoch stellen seine Romane auch historische und zeitkritische Bezüge her.

Wo entsteht El Niño?

- ❑ Atlantik
- ❑ Pazifik
- ❑ Südpol
- ❑ Nordpol

Im Pazifik, wo es alle drei bis sieben Jahre zu einer schweren atmosphärischen und ozeanischen Störung kommt. Warmes Oberflächenwasser strömt dabei vom mittleren in den östlichen Pazifik.

Wo wurde über die Gründung einer „Weltbank" verhandelt?

- ❑ Rom
- ❑ Bretton-Woods
- ❑ Quebec
- ❑ Brüssel

In Bretton-Woods, im US- Bundesstaat New Hampshire. Hier wurde 1944 über die Gründung des Internationalen Währungsfonds und der Weltbank verhandelt und entsprechende Verträge unterzeichnet.

Wie hieß die japanische Hauptstadt Tokyo noch bis 1868?

- ❑ Edo
- ❑ Kamakura
- ❑ Kyoto
- ❑ Nagasaki

Edo, das 1868 erobert und dann in Tokyo – „östliche Hauptstadt" – umbenannt wurde. Edo war die Hauptstadt der Tokugawa-Shogune.

Wen verehrten die alten Perser als den „weisen Gott"?

- ❑ Adad
- ❑ Ischum
- ❑ Ahuramazda
- ❑ Nergal

Ahuramazda. Er war in der Lehre des Zarathustra (Zoroaster) Schöpfergott. Der persische König galt als sein Vertreter auf Erden. Symbol hierfür war eine menschliche Figur in einem geflügelten Ring.

Wer verfasste den Roman *Jenseits von Eden* (1952)?

- ❑ John Steinbeck
- ❑ William Faulkner
- ❑ Ernest Hemingway
- ❑ François Mauriac

John Steinbeck (1902–68). In seiner Familiensaga greift der Dichter das biblische Kain-und-Abel-Motiv auf. Elia Kazan drehte 1955 einen gleichnamigen Streifen mit James Dean.

Welches Attentat löste den Ersten Weltkrieg aus?

- ❑ Kaiserin Elisabeth
- ❑ Erzherzog Franz Ferdinand
- ❑ Mahatma Gandhi
- ❑ Jean Jaurès

Das Attentat auf den österreichischen Thronfolger Erzherzog Franz Ferdinand am 28. Juni 1914. Einen Monat später erfolgte die Kriegserklärung an Serbien, was eine Kette von Mobilmachungen und Kriegserklärungen zur Folge hatte.

Welcher Autor verfasste meisterhafte Naturbeschreibungen, z. B. in *Der Hochwald* (1842)?

❏ Achim von Arnim ❏ Adalbert Stifter
❏ Anette von Droste-Hülshoff ❏ Eduard Mörike

Adalbert Stifter (1805–68). Er verfasste mit *Der Nachsommer* (1857) einen meisterhaften Bildungsroman. Die Werke des Privatlehrers und Volksschulinspektors wurzeln in der Romantik und Klassik.

Wer entwickelte die Impfstoffe gegen die Infektionskrankheiten Diphtherie und Tetanus?

❏ Fridtjof Nansen ❏ Emil von Behring
❏ Edward Jenner ❏ Louis Pasteur

Emil von Behring (1854–1917). Er entdeckte, dass der menschliche Körper Erreger von Infektionskrankheiten mit körpereigenen Wirkstoffen, den sog. Antikörpern, bekämpft.

Welcher Mythologie gehört Baldur, der Gott des Lichtes, an?

❏ Indische ❏ Persische
❏ Germanische ❏ Keltische

Der germanischen. Baldur (oder Balder), der Sohn Odins und der Frija, verkörpert das Gute und die Gerechtigkeit. Seine von Loki eingefädelte Ermordung ist, wie prophezeit, das Zeichen für die Götterdämmerung.

Wie heißen die Diskussionsforen im Internet?

❏ Chats ❏ Newsgroups
❏ WebLinks ❏ Symposien

Newsgroups. Die Gesamtheit dieser Informations- und Diskussionsforen zu beliebigen Themen wird auch „Usenet“ genannt. Auf Fragen geben User in kürzester Zeit ihre Antworten.

Was versteht man unter Kontinentaldrift?

❏ Passatwinde ❏ Meeresströmungen
❏ Verschiebung der Landmasse ❏ Steigen des Meeresspiegels

Die Theorie, nach der sich die Landmassen der Erde, die heutigen Kontinente, im Laufe der Erdgeschichte verschoben haben und weiter verschieben.

In welcher Epoche lagen das Abbevillien, Moustérien und Aurignacien?

❏ Megalithkultur ❏ Altsteinzeit
❏ Minoische Kultur ❏ Altes Ägypten

In der Altsteinzeit. Es handelt sich um unterschiedliche Kulturstufen der Werkzeug- und Waffenherstellung. Das Abbevillien dauerte von etwa 500.000–ca. 350.000 v. Chr., das Moustérien von ca. 100.000–ca. 35.000 v. Chr. und das Aurignacien von ca. 40.000–30.000 v. Chr.

Wie bezeichnet man die künstlerische Darstellung unbelebter Natur?

❏ Landschaftsmalerei ❏ Naturalismus
❏ Realismus ❏ Stillleben

Stillleben; das sind z. B. Früchte, Blumen oder tote Tiere. Je nach Inhalt spricht man von Blumen-, Küchen-, Frühstücks- oder Jagdstücken. Die Stillleben-Malerei begann im 16. Jh.

Welcher Reichsritter verlor 1504 im Bayerischen Erbfolgekrieg seine rechte Hand?

❏ Ottheinrich ❏ Franz von Sickingen
❏ Georg von Frundsberg ❏ Götz von Berlichingen

Götz von Berlichingen (1480–1562), von Goethe 1773 als „Selbsthelfer“-Typ verklärt. In der Schlacht bei Landshut verlor er seine rechte Hand. Stattdessen erhielt er eine Eisen-Prothese.

Wo wirkte der Prophet und Religionsstifter Zarathustra?
- ❑ Mesopotamien
- ❑ Iran
- ❑ Indien
- ❑ Nordafrika

Im Ostiran, wo er um 600 v. Chr. seine Lehre, den Parsismus, begründete. Im Mittelpunkt steht dabei der Gegensatz zwischen den Gottheiten Angramanju, die das Böse repräsentiert, und Ahuramazda, die das Gute darstellt.

Welche Novelle schrieb Theodor Storm?
- ❑ *Das Bettelweib von Locarno*
- ❑ *Schach von Wuthenow*
- ❑ *Schimmelreiter*
- ❑ *Kleider machen Leute*

Den *Schimmelreiter* (1888), der den tragischen Kampf eines dämonischen Menschen gegen die Naturgewalt des Meeres darstellt. Storms (1817–88) Werk gehört dem poetischen Realismus an.

Wer entwickelte die allgemeine Relativitätstheorie?
- ❑ James Clerk Maxwell
- ❑ Johann Ch. Doppler
- ❑ Albert Einstein
- ❑ Edwin P. Hubble

Albert Einstein (1879–1955). Mit ihr lässt sich die Raumkrümmung erklären, weil Sternenlicht in der Nachbarschaft von massereichen Körpern abgelenkt wird.

Welcher Missionar erhielt den Titel „Apostel der Deutschen"?
- ❑ hl. Ansgar
- ❑ hl. Ignatius von Loyola
- ❑ hl. Willibrord
- ❑ hl Bonifatius

Der aus Wessex stammende hl. Bonifatius (672/73–754), der eigtl. Wynfrith hieß. Er gründete u. a. das Kloster Fulda und richtete die Bistümer Passau, Freising, Regensburg sowie das Erzbistum Salzburg ein.

Welcher Himmelskörper verursacht eine Sonnenfinsternis?
- ❑ Erde
- ❑ Mond
- ❑ Sonne
- ❑ Venus

Der Mond, der sich dabei zwischen Sonne und Erde schiebt und so die Sonne teilweise oder ganz verdeckt. Dieses Phänomen ist einmalig in unserem Sonnensystem.

Wie nennt man im Volksmund den Brocken im Harz?
- ❑ Blocksberg
- ❑ Kyffhäuser
- ❑ Feldberg
- ❑ Hexenberg

Blocksberg. Hier findet nach alten Sagen vom 30. April auf den 1. Mai zu Ehren des Teufels die Walpurgisnacht statt, ein Fest der Dämonen, Hexen, Zauberer. Berühmt ist etwa Goethes Walpurgisnacht, eine Szene in seinem Faust I.

Wo errang Botho Strauß (*1944) seine größten Erfolge?
- ❑ Roman
- ❑ Lyrik
- ❑ Regie
- ❑ Drama

Durch seine Bühnenstücke, die zu den meistgespieltesten in Deutschland gehören (*Trilogie des Wiedersehens*, 1976; *Ithaka*, 1996). Daneben tritt er auch immer wieder mit Erzählungen und Romanen hervor.

Wer torpedierte 1915 die Lusitania?
- ❑ Großbritannien
- ❑ Deutsches Reich
- ❑ Russland
- ❑ USA

Ein deutsches U-Boot. Der Ozeandampfer der amerikanischen Handelsmarine führte fast zum Kriegseintritt der USA, da sich unter den Opfern zahlreiche Amerikaner befanden.

Welche Kunstrichtung hält das Visionäre, Irrationale und Unbewusste fest?
- ❑ Tragikomik
- ❑ Impressionismus
- ❑ Action painting
- ❑ Surrealismus

Der Surrealismus (franz. „die Wirklichkeit übersteigend"). Er bezog Anleihen aus Sigmund Freuds Tiefenpsychologie. Hauptvertreter in der Malerei sind u. a. Salvador Dalí und René Magritte.

Welche Stadt belagerte 1529 Sultan Sulaiman II.?

- ❑ Jerusalem
- ❑ Konstantinopel
- ❑ Paris
- ❑ Wien

Wien. 1529 belagerten die Türken zum ersten Mal unter Sultan Sulaiman II., den Prächtigen (ca. 1494–1566), die Stadt. Sie konnte sich zwar halten, musste aber die Friedensbedingungen des Sultans akzeptieren.

Welcher europäische Boxer gewann erstmals die Weltmeisterschaft im Schwergewicht?

- ❑ Adolf Heuser
- ❑ Max Schmeling
- ❑ Fernand Delarge
- ❑ Max Diener

Max Schmeling (*1905).1930 gewann er gegen den Amerikaner Jack Sharkey den Titel, den er 1931 gegen William Stribbling verteidigte. Den Revanchekampf gegen Sharkey verlor er nach Punkten.

Welche Gefahr stellen Handys in Flugzeugen dar?

- ❑ Verbreitung von Elektrosmog
- ❑ Störung des Magnetfeldes
- ❑ Störung der Elektronik
- ❑ Störung des TV-Kanals

Sie stören die empfindliche Elektronik der Navigationsgeräte. In Flugzeugen ist daher ihre Benutzung verboten. Dies gilt auch für Krankenhäuser mit ihren medizinischen Apparaten.

Wer gab 1917 den Anstoß zur Gründung der UFA-Filmstudios?

- ❑ Fritz Lang
- ❑ Erich Ludendorff
- ❑ Ernst Lubitsch
- ❑ Joseph Goebbels

Erich Ludendorff (1865–1937), Chef der Obersten Heeresleitung im Ersten Weltkrieg. Er gedachte die UFA zu Propagandazwecken zu nutzen. In den 20er- und 30er-Jahren war sie die größte Filmgesellschaft Europas.

Welche EU-Behörde stellt das ausführende Organ der Europäischen Union dar?

- ❑ Europäische Kommission
- ❑ Europaparlament
- ❑ Europäischer Rat
- ❑ Europol

Die Europäische Kommission. Sie besteht aus dem Präsidenten und 19 Kommissaren, die von den Mitgliedsstaaten bestimmt werden. Sie stellt die „Regierung" der EU dar.

Welchem orientalischen Herrscher wurde das Menetekel zuteil?

- ❑ Nebukadnezar II.
- ❑ Herodes Antipas
- ❑ Belsazar
- ❑ Polykrates

Belsazar, dem letzten König des Neubabylonischen Reiches (bis 539 v. Chr.). Der Prophet Daniel deutete die Worte als „gezählt, gewogen und zerteilt" und prophezeite damit Belsazars Untergang.

Was ist der tiefste See der Erde?

- ❑ Victoriasee
- ❑ Ladogasee
- ❑ Baikalsee
- ❑ Aralsee

Der Baikalsee in Russland, im südlichen Sibirien. Der Wasserspiegel liegt etwa 450 m über dem Meer, die maximale Tiefe bei 1620 m. Der See ist 621 km lang und zwischen 14 und 80 km breit.

Was ist im nordischen Volksglauben ein Troll?

- ❑ Gespenst
- ❑ Feenkönig
- ❑ Kobold
- ❑ Tollpatsch

Ein Dämon oder Kobold, der seine Gestalt verändern kann. Trolle haben die Fähigkeit, den Menschen Krankheiten anzuhexen; sie müssen sich im Dunklen aufhalten.

Nach welcher Schlacht des Ersten Weltkrieges begann der Stellungskrieg?

- ❑ Marne-Schlacht
- ❑ Tannenberg
- ❑ Isonzo
- ❑ Brussilow-Offensiven

Nach der Marne-Schlacht vom 5.–12. September 1914. Der sog. „Schlieffenplan" der deutschen Heeresleitung schlug fehl, beide Seiten zogen sich in Schützengräben zurück, die bis 1918 die Westfront bestimmten.

Wen bezeichnet man mit dem Namen Bohemien?

- ❑ Kardinal
- ❑ Soldat
- ❑ Teufel
- ❑ Künstler

Einen meist mittellosen Künstler, der auch einen anstößigen, unsittlichen Lebensstil führt. Das Wort kommt aus dem Französischen (der „Böhme"). Berühmt ist Puccinis Oper *La Bohème* (1896).

Welcher Maler errang vor allem durch seine Porträts von Mitgliedern des spanischen Königshofes Berühmtheit?

- ❑ Velázquez
- ❑ Goya
- ❑ El Greco
- ❑ Francisco Zurbarán

Diego Rodríguez de Silva y Velázquez (1599–1660), Hofmaler Philipps IV. von Spanien. Eines seiner Hauptwerke ist *Las Meninas* (1656), das die spanische Infantin Margarita mit ihrem Gefolge porträtiert.

In welches Gebiet führte die Dorische Wanderung?

- ❑ Britannien
- ❑ Germanien
- ❑ Gallien
- ❑ Griechenland und Mittelmeer

Nach Griechenland und ins Mittelmeergebiet. Die Dorer, ein griechischer Volksstamm, zerstörten um etwa 1100 v. Chr. die mykenische Kultur und gründeten außerhalb Griechenlands Kolonien.

Wer war ein bedeutender Flugzeugkonstrukteur?

- ❑ Graf Zeppelin
- ❑ Carl Benz
- ❑ Hugo Junkers
- ❑ Charles Babbage

Hugo Junkers (1859–1935). 1910 patentierte er die bewegliche Tragfläche und baute in Dessau seine erste Flugzeugfabrik. 1913 entstand mit der Junkers F-13 das erste Transportflugzeug der Welt aus Eisen.

Wer schrieb den Roman *Vom Winde verweht*?

- ❑ Margaret Mitchell
- ❑ Boris Pasternak
- ❑ Ray D. Bradbury
- ❑ Francis S. Fitzgerald

Margaret Mitchell (1900–49). Ihr Roman über eine Südstaaten-Familie im amerikanischen Bürgerkrieg wurde 1939 mit Clark Gable (1901–60) zu einem der größten Hollywood-Erfolge verfilmt.

Was ist der tiefste Meeresgraben der Erde?

- ❑ Puerto-Rico-Graben
- ❑ Atacamagraben
- ❑ Sundagraben
- ❑ Marianengraben

Der Marianengraben, der sich 2500 km entlang der Marianen-Inselkette im Pazifischen Ozean erstreckt. Die tiefste Stelle liegt in 11034 m Tiefe.

Wer ist der Verfasser der *Confessio Augustana*?

- ❑ Philipp Melanchthon
- ❑ Karl V.
- ❑ Martin Luther
- ❑ Johannes Calvin

Philipp Melanchthon (1497–1560). Die Bekenntnisschrift der Evangelisch-Lutherischen Kirche wurde 1530 auf dem Reichstag von Augsburg Kaiser Karl V. vorgelegt.

Welchem Philosophen wird der Satz „Alles fließt" zugeschrieben?

- ❑ Aristoteles
- ❑ Heraklit
- ❑ Hegel
- ❑ Heidegger

Heraklit (550–480 v. Chr.), der die Ansicht vertrat, dass Veränderlichkeit und Gegensätzlichkeit die Prinzipien der Weltvernunft (Logos) seien. „Niemand kann zweimal in denselben Fluss steigen".

Von welchem deutsche Schriftsteller ist der Roman *Ein fliehendes Pferd* (1978)?

- ❑ Günter Grass
- ❑ Martin Walser
- ❑ Wolfgang Koeppen
- ❑ Friedrich Dürrenmatt

Von Martin Walser (*1927), der mit meisterhafter Sprache den Zustand der Gesellschaft analysiert und sich zur Identität und Geschichte der Deutschen äußert.

Wie nennt man die Weiterentwicklung des Notebooks?

- ❑ Clipchart
- ❑ Notepad
- ❑ Handy
- ❑ Laptop

Notepad, einen Computer, den man bequem in der Hand halten kann. Man unterscheidet das Penbook (Eingabe mit einem Stift auf eine LCD-Anzeige) und den Handheld-Computer (Eingabe über eine Minitastatur).

Welche Jungfrau hatte Riesenkräfte und konnte nur von Siegfried bezwungen werden?

- ❑ Kriemhild
- ❑ Brünhild
- ❑ Kundry
- ❑ Blancheflor

Brünhild (oder Brunhild), von der das „Nibelungenlied" (um 1200) erzählt, dass Siegfried sie – verborgen unter einer Tarnkappe – erfolgreich für den Burgunderkönig Gunther freite.

Welcher Gelehrte leitete die Klosterschule von Fulda?

- ❑ Isidor von Sevilla
- ❑ Otto von Freising
- ❑ Augustinus
- ❑ Hrabanus Maurus

Hrabanus Maurus, ab 803. Später wurde er Erzbischof von Mainz. Maurus verfasste zahlreiche Lehr- und Schulbücher. U. a. schuf er eine 22-bändige Realenzyklopädie.

Wer baute in den 30er-Jahren die schnellsten Flugzeuge der Welt?

- ❑ Boeing
- ❑ Messerschmidt
- ❑ Heinkel
- ❑ Fokker

Ernst Heinrich Heinkel (1888–1958). Seine He 70 stellte acht Geschwindigkeitsrekorde auf. 1939 baute er das erste Düsenflugzeug der Welt (He 178). Es ging jedoch nicht in Serie.

Wer spielte die Hauptrollen in *Red River* (1948), *Rio Bravo* (1959) und *El Dorado* (1967)?

- ❑ Robert Mitchum
- ❑ Lee Marvin
- ❑ John Wayne
- ❑ Henry Fonda

John Wayne (1907–79). Er spielte in zahlreichen Western den draufgängerischen und edelmütigen Helden und Abenteurer.

Wo liegt der Ayers Rock?

- ❑ Antarktis
- ❑ USA
- ❑ Neuseeland
- ❑ Australien

In Zentralaustralien. Er ist 350 m hoch, 3,6 km lang und 2,4 km breit. Die Aborigines, die Ureinwohner Australiens, nennen den Ort „Uluru", „Schatten spendender Platz".

Welche Schlacht des Ersten Weltkrieges ging als die größte Materialschlacht in die Geschichte ein?

- ❑ Ypern
- ❑ Bukowina
- ❑ Verdun
- ❑ Cambrai

Die Schlacht um Verdun vom 21. Februar bis Dezember 1916. Der Versuch, Frankreich durch ein Dauerbombardement ausbluten zu lassen, misslang. Über 650.000 Soldaten starben.

Wer verfasste den Roman *Das Bildnis des Dorian Gray* (1891)?

- ❑ Marcel Proust
- ❑ Oscar Wilde
- ❑ James Joyce
- ❑ Thomas Mann

Der englische Schriftsteller Oscar Wilde (1854–1900), der in seinem einzigen Roman teilweise sein eigenes, genusssüchtiges und dandyhaftes Leben nachzeichnete.

Welcher Russe wurde 1533 Großfürst von Moskau?

- ❑ Wladimir der Heilige
- ❑ Alexander Newskij
- ❑ Iwan IV., der Schreckliche
- ❑ Batu Khan

Iwan der Schreckliche (1530–84), ab 1547 Zar von ganz Russland. Er war einerseits hoch gebildet, andererseits jähzornig und grausam. Beispielsweise erschlug er 1581 seinen ältesten Sohn.

Von wem stammt der Satz: „Der Krieg ist der Vater aller Dinge"?

❑ Heraklit ❑ Alexander der Große
❑ Napoleon Bonaparte ❑ Clausewitz

Von Heraklit, gr. Herakleitos (550–480 v. Chr.), dem griechischen Naturphilosophen aus Ephesos. Von ihm stammt auch der Satz „Alles fließt".

Wer schrieb die Komödie *Hauptmann von Köpenick* (1930)?

❑ Carl Zuckmayer ❑ Bert Brecht
❑ Heinrich Mann ❑ Erich Maria Remarque

Carl Zuckmayer (1896–1977). Er entlarvt den deutschen Untertanengeist (*Hauptmann von Köpenick*) und schildert in *Des Teufels General* (1946) den Widerstand eines Fliegeroffiziers im „Dritten Reich".

Welche Aufgabe hat der Europäische Rat innerhalb der EU?

❑ Richtlinien der EU-Politik ❑ Volksvertretung
❑ Währungssicherung ❑ Aufdeckung von Missständen

Er legt die Zielvorstellungen und Richtlinien der EU fest sowie die Leitlinien der gemeinsamen Sicherheits- und Außenpolitik. Halbjährlich treffen sich die EU-Außenminister.

Wie hieß die 1921 eröffnete Stadtautobahn in Berlin?

❑ Friedrichstraße ❑ Unter den Linden
❑ Avus ❑ Targa Florio

Die Avus zwischen Grunewald und Nikolassee. Sie hatte eine Länge von zehn Kilometern und wurde auch für Automobilrennen genutzt. 1921 gewann Fritz von Opel das erste Rennen.

Was bedeutet es im übertragenen Sinn, wenn man die „Büchse der Pandora öffnet"?

❑ Glück ❑ Unglück
❑ Reichtum ❑ Erinnerung

Alle Übel der Menschheit. Epimetheus, der Gemahl der Pandora und närrischer Bruder des Prometheus, öffnete die Büchse und die Übel breiteten sich aus; nur die „Hoffnung", die sich ebenfalls darin befand, behielt er zurück.

Wo befindet sich der Tempel von Borobudur?

❑ Thailand ❑ Indonesien
❑ Laos ❑ Sri Lanka

Das bedeutendste Heiligtum des Mahayana-Buddhismus steht auf der Insel Java in Indonesien. Im 9. Jh. errichtet, wurde der Tempel erst im 19. Jh. wieder entdeckt.

Welche erste spanische Stadt wurde 1496 in der Neuen Welt gegründet?

❑ Santo Domingo ❑ Mexiko City
❑ Port-au-Prince ❑ Havanna

Santo Domingo, die heutige Hauptstadt der Dominikanischen Republik. Sie war eine Gründung von Bartholomäus Kolumbus († 1514/15), dem Bruder des Entdeckers.

Wozu benötigt man einen Online-Dienst?

❑ Telefonieren ❑ Faxen
❑ Chatten ❑ Computerspiel

Zum Beispiel beim Chatten. Ein Online-Dienst ist eine Firma, die ein eigenes Netzwerk unterhält und Usern gegen eine monatliche Gebühr den Zugang zu ihrem Netzwerk und dessen Diensten ermöglicht.

Welche Pop-Gruppe gewann 1974 mit *Waterloo* den Grand Prix d'Eurovision?

❑ Village People ❑ Boney M
❑ Abba ❑ The Bee Gees

Abba. Die schwedische Pop-Gruppe startete in den 70er-Jahren eine Weltkarriere. Ende der 90er-Jahre erfreuen sich manche ihrer Titel einer Renaissance in Wiederaufnahmen.

Was war die größte Seeschlacht des Ersten Weltkrieges?

- ❑ Coronel
- ❑ Skagerrak
- ❑ Falkland-Inseln
- ❑ Trafalgar

Die Schlacht vor dem Skagerrak (Jütland) vom 31. Mai bis 1. Juni 1916 zwischen der deutschen und britischen Kriegsflotte. Keine Partei konnte eine Entscheidung herbeiführen.

Wodurch taten sich die Familien Amati, Stradivari und Guarneri hervor?

- ❑ Instrumentenbauer
- ❑ Architekten
- ❑ Bildhauer
- ❑ Stuckateure

Durch den Instrumentenbau. Die in Oberitalien ansässigen Familien des 17. und 18. Jh. waren vor allem Geigenbauer. Eine Guarneri-Geige erzielte bei Sotheby's 1,8 Mio. DM.

Wer begründete 1535 die Anglikanische Kirche von England

- ❑ Maria Stuart
- ❑ Heinrich VIII.
- ❑ Sir Francis Drake
- ❑ Richard III.

Heinrich VIII. (1491–1547) aus dem Haus Tudor. Durch die „Suprematsakte" (lat. „Suprematie": Oberherrschaft) wurde in Zukunft der König „Oberstes Haupt auf Erden der Kirche von England".

Wann ging der erste deutsche Radiosender auf Sendung?

- ❑ 1922
- ❑ 1940
- ❑ 1949
- ❑ 1955

1922 mit dem regelmäßigen „Wirtschaftsrundspruchdienst". Schon ein Jahr später gab es bereits eine Million angemeldete Rundfunkgeräte.

Wer stiftete im 5. und 4. Jahrhundert v. Chr. den Buddhismus?

- ❑ Konfuzius
- ❑ Siddhartha Gautama
- ❑ Krishna
- ❑ Kanishka I.

Siddhartha Gautama (um 560–um 480 v. Chr.), der den Ehrentitel Buddha (altind. „der Erleuchtete") erhielt. Ziel des Buddhisten ist es, der als leidvoll empfundenen Wiedergeburt durch die absolute Erleuchtung zu entkommen, an deren Ende das Nirwana steht.

Wo befindet sich der Tempel von Angkor Vat?

- ❑ Indien
- ❑ Vietnam
- ❑ Kambodscha
- ❑ Philippinen

In Kambodscha. Der gewaltigste Tempel- bzw. Klosterbau Südostasiens entstand im 12. Jh. im Khmer-Reich. Die Anlage befindet sich innerhalb einer Umfassung, die 1500 mal 1300 m misst.

An welchem sagenhaften Ort hielt König Artus Hof?

- ❑ Camelot
- ❑ Kolchis
- ❑ El Dorado
- ❑ Atlantis

In Camelot. Der König der keltischen Briten zog sich nach seiner Verwundung, die er im Kampf mit seinem Neffen Modred erlitt, auf die Feeninsel Avalon zurück, wo er Heilung suchte.

Welcher Kunst gingen Nijinskij und Nurejew nach?

- ❑ Dramaturgie
- ❑ Verfassen von Drehbüchern
- ❑ Choreographie
- ❑ Akrobatik

Sie zählen zu den bedeutendsten Choreographen. Waclav Nijinskijs (um 1888–1950) unkonventionelle Choreographie zu *Le sacre du printemps* provozierte einen der größten Theaterskandale.

Welcher Werkstoff verdrängte am Ende der Steinzeit den Stein?

- ❑ Kupfer
- ❑ Bronze
- ❑ Eisen
- ❑ Stahl

Kupfer, etwa ab 3000 v. Chr. Kupfer wurde vorerst nur gehämmert und war deswegen nicht so robust. Bald schon wurde eine Kupfer-Zinn-Legierung hergestellt, die Bronze. Auf ihr beruhten die Hochkulturen in Mesopotamien und Hellas.

Wie nennt man die Vortragsweise, die häufig mit Drehorgel begleitet wird?

❑ Rezitativ ❑ Bänkelsang
❑ Valentiniade ❑ Revue

Den Bänkelsang (17.–19. Jh.); ausgeführt wurde er von fahrenden Schaustellern, um etwa auf Jahrmärkten Sensationsmeldungen besonders Mordtaten („Moritaten") unters Volk zu streuen.

Welcher Mönchsorden entstand auf dem Monte Cassino?

❑ Kamaldulenser ❑ Franziskaner
❑ Zisterzienser ❑ Benediktiner

Der 529 von Benedikt von Nursia (um 480–um 547) gegründete Benediktinerorden, der in den folgenden Jh. das Vorbild zahlreicher Klostergründungen wurde. Seine Regel sah Armut, Enthaltsamkeit, Arbeit und Gebet vor.

Wer entdeckte 1928 das Penicillin?

❑ Robert Koch ❑ Alexander Fleming
❑ Albert Schweitzer ❑ Howard W. Florey

Alexander Fleming (1881–1955). Dabei brachte ihn die Beobachtung eines Pilzes, der Bakterien vernichtete, auf die richtige Spur.

Welcher Bau- und allgemeine Kunststil wurde im Klassizismus als „schwülstig" und „überladen" abgewertet?

❑ Romanik ❑ Renaissance
❑ Barock ❑ Kubismus

Der Barock (ca. 1600–1700), der den Manierismus ablöste. Bedeutende Vertreter waren z. B. Bernini, Rembrandt, Bach, Vivaldi und Händel und in der Literatur Lope de Vega, Calderón, Gryphius u. a.

Was ist die größte Insel der Welt?

❑ Madagaskar ❑ Borneo
❑ Grönland ❑ Neuguinea

Grönland. Sie liegt zwischen dem nördlichen Atlantik und dem Nordpolarmeer. Die Insel gehört zu Dänemark, ist aber autonom. Etwa 84% ihrer Gesamtfläche sind stets von Eis bedeckt.

Was ist der Grund, warum Daten gezippt (komprimiert) werden?

❑ Ästhetik ❑ Platzersparnis
❑ Datenschutz ❑ Kopieren

Mehr Daten können auf einen Datenträger untergebracht werden und die Übertragungszeit wird geringer. Das Verdichten einer Datei nennt man „Zippen".

Welcher englische Lordkanzler wurde 1535 auf Veranlassung Heinrichs VIII. enthauptet?

❑ Thomas More ❑ Maria Stuart
❑ Robert Devereux ❑ James Cook

Thomas More, lat. „Morus", (1477/78–1535). Er starb unter dem Beil des Henkers, weil er die Herrschaft König Heinrichs VIII. über die englische Kirche nicht anerkennen wollte. Berühmt ist sein Staatsroman *Utopia*.

Was war das bedeutendste Heiligtum der Antike?

❑ Athena-Parthenon-Tempel ❑ Apollontempel von Delphi
❑ Zeusstatue von Olympia ❑ Artemision von Ephesos

Der Apollontempel von Delphi, wo sich nach dem griechischen Weltbild der Mittelpunkt der Erde befand. Dank der Weissagungen der Pythia, der Priesterin des Heiligtums, wurde Delphi zu einem Kult-Zentrum der Antike.

Wie heißt der Höllenhund der griechischen Mythologie?

❑ Skylla ❑ Sphinx
❑ Chimäre ❑ Cerberus

Cerberus. Der dreiköpfige Höllenhund hatte die Aufgabe, jeden zu verschlingen, der aus dem Reich des Hades entkommen wollte, und auch zu verhindern, dass Sterbliche die Unterwelt betraten.

Welche Beat-Gruppe der 60er-Jahre machte Musikgeschichte?

❏ Led Zeppelin ❏ Beatles
❏ Animals ❏ Public Enemy

Die Beatles, eine britische Gruppe, die aus George Harrison, John Lennon, Paul McCartney und Ringo Starr bestand. 1963 erreichten sie mit *Please, please me* erstmals die Nummer 1 der Hitliste.

Was ist keine juristische Person?

❏ Verbraucher ❏ Verein
❏ Unternehmen ❏ Bundesanstalt für Arbeit

Ein Verbraucher. Juristische Personen sind keine menschlichen Individuen, sondern Unternehmen, Vereine, Stiftungen, Körperschaften oder eine Anstalt des öffentlichen Rechts.

Wo wurde 1917 die erste Friedensresolution des Ersten Weltkrieges verabschiedet?

❏ Berlin ❏ Washington
❏ Wien ❏ Moskau

Im Deutschen Reichstag. Eine Allianz aus SPD, Zentrum sowie linken und liberalen Parteien setzte sich über die OHL hinweg und forderte einen Frieden ohne Sieger und Besiegte.

Welcher Boxweltmeister im Schwergewicht trat den Black Muslim bei?

❏ Joe Louis ❏ Cassius Clay
❏ George Foreman ❏ Rocky Marciano

Cassius Clay (Muhammad Ali). 1964 besiegte er Sonny Listen und wurde Weltmeister aller Klassen. Muhammad Ali verweigerte als gläubiger Moslem 1967 den Kriegsdienst.

Wer erfand den Kugelschreiber?

❏ Henry Mill ❏ Lazlo Biro
❏ Karl F. Drais ❏ Giuseppe Ravizza

Der Ungar Lazlo Biro, der eine dickflüssige Tinte auf Ölbasis entwickelte. Er ließ sich seine Erfindung 1938 patentieren.

Wer drehte den Klassiker *Fanny und Alexander* (1981/82)?

❏ Ingmar Bergman ❏ Federico Fellini
❏ Claude Chabrol ❏ Michelangelo Antonioni

Ingmar Bergman (*1918), der sich mit den Themen Gott, Religion und dem Sinn des Lebens auseinander setzte. Es geht ihm darum, die Wahrheit über die menschliche Situation zu erzählen.

Wo siedeln Berber?

❏ Saudi-Arabien ❏ Jemen
❏ Nordafrika ❏ Afghanistan

In Nordafrika. Bis zur arabischen Eroberung besiedelten sie den gesamten nordafrikanischen Streifen. Heute finden sie sich überwiegend in Marokko, Algerien und Tunesien.

In welchem Staat kam es 1917 zur Februarrevolution?

❏ Japan ❏ Russland
❏ Italien ❏ Deutsches Reich

In Russland. Sie führte zum Sturz des Zaren. Die daraus entstandene provisorische Regierung wurde in der Oktoberrevolution von den Bolschewiki beseitigt.

In welchem Kultfilm spielte Ingrid Bergman Ilsa Lund?

❏ *Casablanca* (1942) ❏ *Notorious/Berüchtigt* (1946)
❏ *Stromboli* (1950) ❏ *Herbstsonate* (1982)

Im Film *Casablanca*. Einen Oskar erhielt sie für die Hauptrolle in George Cukors *Das Haus der Lady Alquist* (1944). Mehrfach arbeitete sie mit Alfred Hitchcock (z. B. *Berüchtigt*, 1946).

Wer wurde 1542 Königin von Schottland?

- ❑ Heidemarie Hatheyer
- ❑ Elisabeth I.
- ❑ Anne Boleyn
- ❑ Maria Stuart

Maria Stuart (1542–87), die Friedrich Schiller in seiner Tragödie (1800) idealisierte. Elisabeth I. hielt sie 20 Jahre lang gefangen und ließ sie schließlich enthaupten.

Wie heißt die Zauberin der griechischen Mythologie, die Odysseus von der Heimreise abhielt?

- ❑ Pythia
- ❑ Sibylle
- ❑ Hekate
- ❑ Circe

Circe. Als Odysseus mit seinen Gefährten auf der Rückreise von Troja nach Ithaka auf ihre Insel kam, verzauberte sie seine Freunde in Schweine, während er durch ein Kraut geschützt war.

Welcher Philosoph lebte in einer Tonne?

- ❑ Diogenes von Sinope
- ❑ Epikur
- ❑ Mark Aurel
- ❑ Al-Kindi

Der Kyniker Diogenes von Sinope (412–323 v. Chr.). Mit seinem einfachen Leben in einer Tonne provozierte Diogenes die wohlhabenden Griechen. Weil er lebte „wie ein Hund", brachte ihm das den Beinamen „kyon" (gr. Hund) ein.

Wofür steht der Begriff Camcorder?

- ❑ Kamera-Recorder
- ❑ Videogerät
- ❑ Spracherkennungs-Recorder
- ❑ Computer-Kamera

Camcorder ist die Kurzform für Kamera-Recorder. Es handelt sich hierbei um ein Videoaufzeichnungsgerät, das eine Videokamera und einen Videorekorder in einem Gehäuse beherbergt.

Was ist LSD?

- ❑ Barbiturat
- ❑ Halluzinogen
- ❑ Opiat
- ❑ Anästhetikum

Ein Halluzinogen, das 1943 von einem Schweizer Chemiker entdeckt wurde. Es verursacht u. a. traumähnliche Vorstellungen und Angstgefühle.

Auf welchen internationalen Filmfestspielen werden alljährlich Goldene und Silberne Bären verliehen?

- ❑ Filmfestspiele in Cannes
- ❑ Berlinale
- ❑ Oscar-Verleihung
- ❑ Hofer Filmtage

Auf der Berlinale in Berlin; sie besteht seit 1951 und gehört seit 1954 zur Kategorie der Erstaufführungsfestivals.

Zu welchem Land gehört die Baffin-Insel?

- ❑ Kanada
- ❑ Alaska
- ❑ Hawaii
- ❑ Australien

Zu Kanada. Sie liegt im Nordwesten und ist die größte Insel des Landes – und die fünftgrößte der Welt. Das Admiralty Inlet an der Ostküste ist der größte Fjord der Erde.

Wo regierte Gilgamesch?

- ❑ Kreta
- ❑ Kleinasien
- ❑ Sumer
- ❑ Persien

In Sumer, im Zweistromland. Hier war er nach 2750 v. Chr. der Stadtfürst von Uruk. Das berühmte Gilgameschepos aus Ninive berichtet von seinem legendenhaften Leben.

Wo entstand der Blues?

- ❑ Südstaaten der USA
- ❑ Kanada
- ❑ Frankreich
- ❑ Algerien

In der schwarzen Bevölkerung der Südstaaten um 1900. Im Gegensatz zum religiösen Spiritual der Schwarzen erzählt der Blues von ihrem Leben und ihren Problemen im Zeichen der Rassentrennung.

Welche Fürsten herrschten im Frühmittelalter als Herzöge in Bayern?

- ❑ Salier
- ❑ Arpaden
- ❑ Agilolfinger
- ❑ Wittelsbacher

Die bajuwarischen Agilolfinger. Die Herkunft der Baiuwaren ist dunkel. Um 533 sind sie jedoch an Lech, Isar, Inn und Salzach sowie entlang der Donau nachweisbar. Ihr Herzog Tassilo III. (748–788) hatte bis zu seinem Sturz eine königsgleiche Stellung inne.

In welchem Film spielte Humphrey Bogart die Rolle des Rick Blaine?

- ❑ *Entscheidung in der Sierra* (1941)
- ❑ *Casablanca* (1942)
- ❑ *Key Largo* (1948)
- ❑ *Sabrina* (1955)

In *Casablanca*. Regie führte Michael Curtiz. Bogart (1899–1957) spielte einen Barbesitzer; seine frühere Geliebte spielte Ingrid Bergman.

Wer erreichte das Verbot, in der Neuen Welt Indianer zu versklaven?

- ❑ Bartolomé de Las Casas
- ❑ Hernán Cortés
- ❑ Atahualpa
- ❑ David Livingstone

Der spanische Dominikanermönch und Missionar Bartolomé de Las Casas (1474–1566). Er hatte 1542 bei Kaiser Karl V. das Verbot für die spanischen Kolonien erreicht.

Wer konstruierte den ersten Volkswagen?

- ❑ Ferdinand Porsche
- ❑ Wilhelm Maybach
- ❑ Giovanni Agnelli
- ❑ Enzo Ferrari

Ferdinand Porsche (1875–1951) zusammen mit seinem Sohn im Jahre 1934. Initiator war Hitler, der ein für jedermann erschwingliches Auto bauen lassen wollte. 1937 ließ er die Volkswagen AG gründen.

Welche griechische Göttin war Demeter?

- ❑ Unterwelt
- ❑ Zwietracht
- ❑ Fruchtbarkeit
- ❑ Jagd

Die Göttin der Fruchtbarkeit und große Erdgöttin; ihr Name bedeutet „Mutter Erde“; bei den Römern hieß sie Ceres, Schutzgottheit des Getreides. Ihre Tochter Persephone herrscht neben Hades in der Unterwelt.

Wie heißt die Hauptstadt Brasiliens?

- ❑ São Paulo
- ❑ Brasilia
- ❑ Rio de Janeiro
- ❑ Porto Alegre

Brasilia. 1957 wurde mit dem Bau der neuen Stadt im Landesinneren begonnen. Ziel war es, die damalige, völlig übervölkerte Hauptstadt Rio de Janeiro abzulösen.

Welche Philosophie verkündete das „Carpe diem“?

- ❑ Stoa
- ❑ Epikureismus
- ❑ Idealismus
- ❑ Konfuzianismus

Der Epikureismus, benannt nach Epikur (341–271 v. Chr.). Glückselig sei, wer ein maßvolles, heiteres und sorgenfreies Leben führe. Der römische Dichter Horaz formte mit dem „Carpe diem“ (lat. „Pflücke den Tag“) den Wahlspruch.

Wer sang die Chansons *Les Bourgeois* und *Amsterdam*?

- ❑ Jacques Brel
- ❑ Gilbert Bécaut
- ❑ Georges Brassens
- ❑ Juliette Gréco

Jacques Brel (1929–78). Er akzentuierte mit einer aggressiven Stakkato-Stimme die Wirkung, um seine Kritik am Spießertum und an der Kirche zu äußern.

Wodurch werden Wertminderungen von abnutzbaren Wirtschaftsgütern buchhalterisch erfasst ?

❑ Verbindlichkeiten ❑ Abschreibung
❑ Inventur ❑ Spenden

Durch Abschreibungen (Absetzung für Abnutzung). Anlagegüter, die z. B. der technische Fortschritt in ihrem Wert mindert, müssen buchhalterisch erfasst werden.

Welche Familie regierte von 1434 bis 1737 Florenz?

❑ Sforza ❑ Medici
❑ Bergerac ❑ Luxemburger

Die Bankiersfamilie der Medici. Cosimo der Alte und Lorenzo der Prächtige förderten bedeutende Renaissance-Künstler wie Brunelleschi, Ghiberti, Masaccio, Leonardo da Vinci und Michelangelo.

Was versteht man unter Fuzzylogik?

❑ Wahr-falsch-Überprüfung ❑ künstliche Intelligenz
❑ logischer Fehler ❑ Binsenweisheit

Eine Wahr-falsch-Überprüfung bei Systemen der künstlichen Intelligenz, wo menschliches Denken simuliert wird. Auf der Basis der Fuzzylogik aufgebaute Chips stecken auch in Belichtungsmessern oder in Haushaltsgeräten.

In welcher Stimmlage singt Montserrat Caballé ihre Arien?

❑ Alt ❑ Mezzosopran
❑ Tenor ❑ Sopran

Im Sopran. Sie ist eine der bedeutendsten Operndiven der Welt. Vorzugsweise singt sie italienische Opern von Bellini, Donizetti und Verdi. Sie wird gern mit Maria Callas verglichen.

Welcher US-Präsident schlug 1918 einen Vierzehn-Punkte-Friedensplan vor?

❑ F. D. Roosevelt ❑ W. Wilson
❑ D. D. Eisenhower ❑ J. F. Kennedy

Woodrow Wilson (1856–1924), der dabei auch den Anstoß zu dem 1920 gegründeten Völkerbund gab. Sein Friedensvorschlag konnte sich nicht durchsetzen.

Was entdeckten 1937 Otto Hahn und Fritz Straßmann?

❑ Kernspaltung ❑ Atomenergie
❑ Radiologie ❑ Elektromagnetismus

Die Kernspaltung in Uran. Revolutionär war diese Entdeckung vor allem deshalb, weil mit dem Nachweis der Kerngammastrahlen durch W. Bothe die Atombombe in greifbare Nähe gerückt war.

Welche Operndiva galt nach 1945 als Primadonna assoluta?

❑ Leontyne Price ❑ Elisabeth Schwarzkopf
❑ Maria Callas ❑ Joan Sutherland

Maria Callas (1923–77). Ihren Erfolg verdankte sie ihrer brillanten Gesangstechnik und besonders ihrer dramatischen Ausdruckskraft. Ihr privates Liebesglück mit Aristoteles Onassis war nur von kurzer Dauer.

Wie heißt das größte Korallenriff der Welt?

❑ Rarotonga ❑ Basse Terre
❑ Great Barrier Riff ❑ Aldabra-Atoll

Das Great Barrier Riff vor der Küste von Queensland in Australien; es erstreckt sich über 2000 km und bietet eine faszinierende Unterwasserwelt.

Wer ist Donar (Thor) in der germanischen Mythologie?

❑ Wohlstand ❑ Göttervater
❑ Donner ❑ Wissen und List

Der Gott des Donners, der nach Odin bedeutendste Gott im Reich der Asen. Er galt den Germanen ferner als Schutzgott der Midgard (bewohnten Erde) und als Fruchtbarkeitsgott.

Wo wurden 1545 die Silberminen von Potosí entdeckt?
❑ Griechenland ❑ Südafrika
❑ Bolivien ❑ Australien

Im Süden des heutigen Bolivien. Das sagenhafte „El Dorado" schien gefunden zu sein. Potosí war bis 1611 das weltgrößte Silberabbau-Zentrum; erst 1825 versiegte die Quelle endgültig.

Welcher Philosoph starb durch den Schierlingsbecher?
❑ Seneca ❑ Giordano Bruno
❑ Sokrates ❑ Mani

Sokrates (470–399 v. Chr.) aus Athen. Er lehrte, dass die Sittlichkeit nicht auf staatlicher und religiöser Ordnung, sondern auf der Selbstgewissheit des Individuums beruhe. Sokrates wurde wegen Gottlosigkeit und Jugendverführung zum Tode verurteilt.

Welcher Film wurde zum erfolgreichsten Streifen aller Zeiten?
❑ *E. T.* ❑ *Titanic*
❑ *Gandhi* ❑ *Rocky Horror Picture Show*

Titanic (1998) von James Cameron. Ihm gelang durch die Einflechtung einer rührseligen Liebesgeschichte und mit einem gigantischen technischen Aufwand ein großer Wurf.

Welcher Staat zog sich mit dem Frieden von Brest-Litowsk 1918 vorzeitig aus dem Ersten Weltkrieg zurück?
❑ Polen ❑ Finnland
❑ Russland ❑ Österreich-Ungarn

Russland, dessen kommunistische Führung unter Lenin und Trotzki aufgrund der wirtschaftlichen Situation und angesichts des herrschenden Bürgerkrieges zur Einstellung der Kampfhandlungen gezwungen war.

Um welches Flugzeug handelte es sich bei der Me 262?
❑ Passagierflugzeug ❑ Hubschrauber
❑ Überschallflugzeug ❑ Düsenflugzeug

Um das erste Düsenflugzeug, das in Serie ging. Die Me 262 ist eine Konstruktion des Flugzeugbauers Willy Messerschmidt (1898–1978). Sie hat vermutlich bereits 1945 die Schallmauer durchbrochen.

Was ist die Carnegie Hall?
❑ Oper ❑ Konzerthaus
❑ Musical-Theater ❑ Spielkasino

Eine Konzerthalle, nicht nur für klassische, sondern auch für Jazz- und Pop-Konzerte. Sie wurde in New York durch eine Stiftung des amerikanischen Stahlindustriellen Andrew Carnegie erbaut.

Wie heißt die bedeutendste hinduistische Tempelanlage auf Bali?
❑ Mengwi ❑ Pura Besakih
❑ Borobudur ❑ Prambanan

Pura Besakih, an den Flanken des Gunung Agung, des heiligen Berges der Insel. Der Agung ist eine vielbesuchte Wallfahrtsstätte der Hindus.

Wo steht die älteste Steinpyramide der Welt?
❑ Giseh ❑ Sakkara
❑ Chichén Itzá ❑ Teotihuacán

In Sakkara in Ägypten, westlich von Memphis. Die Djoser-Stufenpyramide wurde um 2640 v. Chr. von Imhotep erbaut. Um 2613 war die Cheops-Pyramide von Giseh fertig gestellt.

Wer ist der Dritte der Drei Tenöre neben Placido Domingo und Luciano Pavarotti?
❑ Enrico Caruso ❑ Nicolai Gedda
❑ José Carreras ❑ Wolfgang Windgassen

José Carreras (*1946). Der Spanier feierte vor allem in italienischen Opern (wie z. B. *Don Carlos* und *Die Macht des Schicksals*" von Verdi) Erfolge.

Womit befasst sich ein Online-Redakteur?
❑ Computer-Zeitschriften ❑ TV-Hotline
❑ User-Manuals ❑ Internetseiten

Mit den Internetseiten von Medienkonzernen und Verlagshäusern, die eingerichtet und ständig aktualisiert werden müssen. Bei Fernsehsendern bereiten sie Nachrichten- und Magazinsendungen für das Internet auf.

Wofür ist das Einhorn ein Symbol?
❑ Sexualität ❑ Kunst
❑ Weisheit ❑ Natur

Das Horn kann als Phallussymbol gedeutet werden; weil es aber auf der Stirn sitzt, dem Sitz des Geistes, ist es auch ein Symbol für die geistige Umsetzung sexueller Energien und damit auch ein Sinnbild für die jungfräuliche Reinheit.

Wer gründete den Jesuitenorden?
❑ Bartolomé de Las Casas ❑ Ignatius von Loyola
❑ Matteo Ricci ❑ Abraham a Sancta Clara

Der Baske Ignatius von Loyola (1491–1556). Die Aufgabe der „Gesellschaft Jesu“, besser bekannt als Jesuitenorden, war klar umrissen: Predigt, Unterricht, Seelsorge und Exerzitien (geistliche Übungen).

Welches berühmte Gleichnis hat Platon in seiner Ideenlehre entworfen?
❑ Gleichnis vom Sämann ❑ Parabel "Vor dem Gesetz“
❑ Ringparabel ❑ Höhlengleichnis

Das Höhlengleichnis. Bei Platon (um 427–um 347 v. Chr.) sind es allein die ewigen und unwandelbaren Ideen, die das Ziel alles Seienden darstellen. Vorstellungen und sinnliche Wahrnehmungen sind dagegen nur Abbilder davon.

Welche Rakete ist der Vorläufer der Interkontinental- und Mondraketen?
❑ Ariane ❑ V 2
❑ Sojus ❑ Ikarus

Die V2-Rakete, die von Wernher von Braun (1912–1977) entworfen wurde. Sein Team führte in Peenemünde seit 1934 erfolgreiche Testflüge durch.

Welcher italienische Startenor wurde als einer der Ersten seines Faches durch Plattenaufnahmen berühmt?
❑ Enrico Caruso ❑ Beniamino Gigli
❑ Siegfried Jerusalem ❑ Fritz Wunderlich

Enrico Caruso (1873–1921). Seine Gesangstechnik und dramatische Ausdruckskraft machten ihn zum berühmtesten Operntenor. Der Neapolitaner besang 1902 die erste Edisonwalze.

Was ist die größte tropische Wüste der Welt?
❑ arabische Wüste ❑ Wüste Tharr
❑ Sahara ❑ Kalahari

Die Sahara ist mit 9 Mio. km^2 die größte tropische Wüste der Erde. Sie reicht vom Mittelmeer und vom Atlasgebirge bis etwa zum 16. Breitengrad und vom Atlantik bis zum Roten Meer.

Wo entstand 601 das erste Erzbistum in England?
❑ London ❑ Northumbrien
❑ Lindisfarne ❑ Canterbury

In Canterbury. Der hl. Augustinus von Canterbury (†604/605) erhielt von König Aethelberht (Ethelbert) I. von Kent († 616) die alte St.-Martins-Kirche als Schenkung. Canterbury wurde der Sitz des Primas von England.

Was bedeutet Abwertung ?

- ❑ Deflation
- ❑ Senkung des Wechselkurses
- ❑ Entschuldung
- ❑ Leitzinssenkung

Die Senkung des Wechselkurses, zu der eine Währung auf den Devisenmärkten gehandelt wird. Die Abwertung kommt bei freien Wechselkursen durch Angebot und Nachfrage zustande.

Welches Saiteninstrument gehört noch zur Familie der Viola, ähnelt aber durch Klang und Aussehen dem Bass?

- ❑ Violine
- ❑ Violoncello
- ❑ Bratsche
- ❑ Mandoline

Das Violoncello oder nur kurz Cello. Es ist ein Bassinstrument, das beim Spiel mit den Knien gehalten und durch einen Stachel auf dem Boden feststeht. Es entstand Mitte des 16. Jh.

Was beendete 1918 den Ersten Weltkrieg?

- ❑ Vertrag von Versailles
- ❑ Waffenstillstand
- ❑ Vertrag von Trianon
- ❑ Friede von Brest-Litowsk

Die Unterzeichnung des Waffenstillstands zwischen Deutschland und den Alliierten am 11. November. Sie war eine Folge des Erschöpfungszustandes der Mittelmächte.

Wem gehörte das sagenhafte Schwert Excalibur?

- ❑ Parzival
- ❑ Friedrich Barbarossa
- ❑ Siegfried
- ❑ Artus

König Artus, der es der Sage nach aus einem Felsen herauszog, was keiner vor ihm vermochte. So gelangte er auf den Thron Britanniens und ließ die Festung Camelot erbauen, wo er die edelsten Ritter an seiner Tafelrunde versammelte.

Welchen Partner auf dem Eis hatte Marika Kilius?

- ❑ Alexander Saizew
- ❑ Hans-Jürgen Bäumler
- ❑ Scott Hamilton
- ❑ Emmerich Danzer

Hans-Jürgen Bäumler (*1942). 1964 gewannen sie bei den Olympischen Spielen im Paarlauf die Goldmedaille. Sie holten zweimal den Weltmeister- und sechsmal den Europameistertitel.

Wer spielte die Hauptrolle in *Goldrausch* (1925) und *Lichter der Großstadt* (1931)?

- ❑ Charly Chaplin
- ❑ Buster Keaton
- ❑ Harry Langdon
- ❑ Harold Lloyd

Der Engländer Charly Chaplin (1889–1977). Unverwechselbar ist die Slapstick-Ikone durch schwarzen Anzug, Melone und Spazierstöckchen.

Wer startete 1957 den ersten Satelliten Sputnik?

- ❑ Indien
- ❑ USA
- ❑ Großbritannien
- ❑ UdSSR

Die UdSSR. Am 4. Oktober des Jahres starteten die Russen den ersten künstlichen Erdsatelliten „Sputnik 1“. „Sputnik 2“ hatte dann schon einen Passagier an Bord: die Hündin Lajka.

Welche Folge hatte 1562 das Blutbad von Vassy?

- ❑ Hugenottenkriege
- ❑ Erhebung der Jacquerie
- ❑ Mahdi-Aufstand
- ❑ Algerischer Unabhängigkeitskrieg

Die Hugenottenkriege. Der Herzog von Guise ließ an den Calvinisten (Hugenotten) ein Massaker verüben. Es bildete den Auftakt zu acht Hugenottenkriegen, die 1598 durch das Toleranz-Edikt von Nantes beendet wurden.

Wozu braucht man einen Datenhandschuh?

❑ Chatt-Room ❑ Cyberspace
❑ interaktives TV ❑ DFÜ

Für den Cyberspace (d. h. in der meist dreidimensionalen Kunstwelt des Computers), in dem sich der User aktiv bewegt. Daneben ist v. a. ein Datenhelm notwendig, der dem Nutzer die Scheinwelt vor Augen führt.

Welche Insel trägt den Namen „Insel der Bärtigen"?

❑ Saint-Barthélemy ❑ Bora Bora
❑ Borneo ❑ Barbados

Barbados. Die östlichste Karibikinsel ist 36 km lang und 24 km breit. Die spanischen Eroberer wurden durch die Bärten ähnelnden Luftwurzeln der hier heimischen Ficus-Bäume zu der Namensgebung inspiriert.

Welcher bedeutende Philosoph der Antike begründete die peripatetische Schule?

❑ Aristoteles ❑ Sokrates
❑ Platon ❑ Alhazen

Aristoteles (384/3–22 v. Chr.) aus Stageira, der im Peripatos, einem überdachten Wandelgang, seine Vorlesungen hielt. In den wissenschaftlichen Einzeldisziplinen setzte er die Maßstäbe von der Antike bis in die Neuzeit.

Wer führte Regie in dem Anti-Kriegs-Drama *Apocalypse now* (1976–79)?

❑ David Lean ❑ Francis Ford Coppola
❑ Akira Kurosawa ❑ Stanley Kubrick

Francis Ford Coppola (*1939). *Apocalypse now* mit Marlon Brando in einer Hauptrolle stellte die Pervertierung amerikanischer Offiziere im Vietnamkrieg dar.

Wer war der „Rote Baron"?

❑ Hermann Göring ❑ Manfred von Richthofen
❑ Graf Zeppelin ❑ Walter Ulbricht

Der Luftwaffenpilot Manfred von Richthofen (1892–1918). Mit 80 Abschüssen war er der erfolgreichste Jagdflieger des Ersten Weltkrieges.

Wer führte Regie in *Die große Illusion* (1937)?

❑ Federico Fellini ❑ Jean Renoir
❑ Robert Aldrich ❑ Vittorio de Sica

Jean Renoir (1894–1979), der Sohn des Malers Auguste Renoir. Nicht nur ein bedeutender Antikriegsfilm, sondern auch eine subtile Sozialstudie, in der Erich von Strohheim und Jean Gabin die Hauptrollen haben.

Wo fand Schliemann die „Totenmaske des Agamemnon"?

❑ Mykene ❑ Ithaka
❑ Troja ❑ Tiryns

In Mykene auf der Peloponnes. Sie war eine der wertvollen Grabbeigaben, die der Archäologe einem 13 m hohen Kuppelgrab entnahm, das er bezeichnenderweise „Schatzhaus des Atreus" nannte.

Wer war 1961 der erste Mensch im All?

❑ Juri Gagarin ❑ Allan B. Shepard
❑ John H. Glenn ❑ Neil Armstrong

Juri Gagarin (1934–68). Er reiste an Bord des Erdsatelliten „Wostock". Der Flug in bis zu 327 km Höhe dauerte 108 Minuten.

Wo findet alljährlich die weltweit größte Messe für Bücher und elektronische Medien statt?

❑ Hannover ❑ Frankfurt
❑ München ❑ Berlin

In Frankfurt auf der Frankfurter Buchmesse. Hier sind gewöhnlich über 100 Länder vertreten, die Anzahl der Titel geht in die Hunderttausende, wobei nur etwa ein Drittel der Druckerzeugnisse aus Deutschland stammt.

Welche Kykladeninsel ist aus einer gewaltigen Vulkaneruption entstanden?

❑ Delos ❑ Naxos
❑ Santorin ❑ Paros

Santorin, die südlichste Insel der Kykladen. 1628 v. Chr. zeriss eine gigantische Vulkanexplosion das Eiland und bedeckte es mit einer bis zu 60 m dicken, weißen Bimssteinschicht.

Zu welcher Musik-Gattung gehört *Così fan tutte* (1790)?

❑ Opera seria ❑ Operette
❑ soap-opera ❑ Opera buffa

Zur Opera buffa; genauer zur komischen Oper. Als solche komponierte Mozart (1756–91) sie (zu deutsch *So machen's alle*) nach einem Libretto von Lorenzo da Ponte (1749–1838).

Zu welchem Massaker gab Katharina de' Medici den Befehl?

❑ Sizilianische Vesper ❑ Blutsonntag von Ephesos
❑ Bartholomäusnacht ❑ Massaker von Glencoe

Zur sog. Bartholomäusnacht, in der 2000-3000 Hugenotten, Anhänger der calvinistischen Reformation, in Paris ermordet wurden. Katharina de' Medici war die Mutter des französischen Königs.

Welche philosophische Schule begründete Zenon von Kithion?

❑ Hedonismus ❑ Akademie
❑ Peripatetische Schule ❑ Sophismus

Die ältere Stoa in Athen. Zenon (um 355–263 v. Chr.) lehrte, dass die Tugend (Arete) das Ziel des Lebens sei. Die Stoa benennt sich nach der Stoa poikile, der „bunten Säulenhalle" in Athen.

Was bedeutet die Vortragsanweisung crescendo in der Musik?

❑ schnell ❑ langsam
❑ langsam anwachsend ❑ feurig

Das langsame Anwachsen (italienisch „anwachsend") der Tonstärke. Gegensatz ist das decrescendo.

Wer ließ 604–618 n. Chr. den „Kaiserkanal" auf 1500 km ausbauen?

❑ Merowinger ❑ Maya
❑ Kaiser von China ❑ Byzanz

Der letzte Kaiser der Sui-Dynastie, Yangdi. Die Baukosten wurden durch höhere Steuern finanziert, was zu Aufständen führte, die das Ende der Sui besiegelten. Der Kanal ist heute mit inzwischen über 17.000 km das längste Kanalsystem der Welt.

Wie hieß der erfolgreiche Rennwagen von Mercedes der Jahre 1954/55?

❑ Sprinter ❑ Ariadne
❑ Silberpfeil ❑ Alfa Romeo

Silberpfeil. Der Argentinier Juan Manuel Fangio (1911–95) wurde damit zweimal Weltmeister.

Was bietet ein Internet-Café neben Tee und Kaffee Besonderes an?

❑ Computer-Zeitschriften ❑ billige PCs
❑ Surf-Möglichkeit ❑ User-Manuals

Gegen Bezahlung werden Personalcomputer zur Verfügung gestellt, mit denen man im Internet surfen kann. Auch viele Kaufhäuser bieten mittlerweile diese Dienstleistungen an.

Wer ist mit *England's Rose* von Elton John gemeint?

❑ Robin Hood ❑ Lady Diana
❑ Florence Nightingale ❑ Mutter Teresa

Lady Diana, Prinzessin von Wales (1961–97), zu deren Beisetzungsfeier der Popsänger das Lied sang und zugunsten einer Lady-Di-Stiftung als CD millionenfach verkaufte.

Was ist Akkordlohn?
- ❑ leistungsabhängiger Lohn
- ❑ Naturallohn
- ❑ Gehalt
- ❑ Zeitlohn

Leistungsabhängiger Lohn. Grundlage ist dabei das mengenmäßige Ergebnis und nicht die geleisteten Arbeitsstunden wie beim Zeitlohn.

Welcher bekannte Bade- und Kurort liegt an der englischen Kanalküste?
- ❑ Bayonne
- ❑ Brighton
- ❑ Bath
- ❑ Weston-super-Mare

Brighton, in East Sussex in Südostengland. Der bekannte Bade- und Kurort besitzt viele Parks, Plätze und halbmondförmige Straßenzüge.

Welche Bedeutung haben die Furien in der römischen Mythologie?
- ❑ Morgenröte
- ❑ Rache
- ❑ Schicksal
- ❑ Entführung

Es sind die Rachegöttinnen, die nach der Vorstellung der alten Griechen – wo sie Erinnyen heißen – die Seelen der Ermordeten waren, die nach Rache verlangen und den Schuldigen bis zu seiner gerechten Strafe verfolgen.

Wer wurde 1929 aus der UdSSR verbannt?
- ❑ Josef Stalin
- ❑ Trotzki
- ❑ Nikolai Bucharin
- ❑ Alexander Solschenizyn

Trotzki (1879–1940), der zweite Mann hinter Lenin. Über Trotzki gewann Stalin die Oberhand. Jener ließ seinen Gegner durch den sowjetischen Geheimdienst in Mexiko ermorden.

Was ist *Die Unvollendete*?
- ❑ Sinfonie
- ❑ Streichquartett
- ❑ Requiem
- ❑ sinfonische Dichtung

Die 1822 entstandene *Sinfonie Nr. 8* h-Moll von Franz Schubert (1797–1828), die nur zwei Sätze hat. Warum das Werk unvollendet geblieben ist oder ob die Zwei-Satz-Form beabsichtigt war, ist ungeklärt.

Welcher spätere US-Bundesstaat erhielt seinen Namen nach Elisabeth I. von England?
- ❑ North Carolina
- ❑ Maryland
- ❑ Virginia
- ❑ New Jersey

Virginia, womit die „jungfräuliche Königin“ Elisabeth I. (1522–1603) gemeint war. Sir Walter Raleigh unternahm hier 1585 den ersten Versuch einer englischen Besiedlung in Nordamerika.

Wer wurde durch seine Missionsreisen zum „Apostel aller Völker“?
- ❑ Bonifatius
- ❑ Paulus
- ❑ Petrus
- ❑ Antonius von Padua

Paulus (um 10–64), der von 45–58 ausgedehnte Missionsreisen nach Syrien, Jerusalem, Südanatolien, Antiochien, Makedonien und Griechenland unternahm und damit zur Verbreitung der christlichen Heilsbotschaft beitrug.

Wer brachte 1981 den PC auf den Markt?
- ❑ Digital Equipment Corp.
- ❑ Hewlett Packard
- ❑ Data General
- ❑ IBM

IBM. Davor beherrschte IBM den Großrechnermarkt. Der leistungsfähige IBM-PC wurde zum Standard der Mikrocomputer.

Was war der erste große Erfolg von Walt Disney?
- ❑ *Steamboat Willie*
- ❑ *Schneewittchen und die sieben Zwerge*
- ❑ *Das Dschungelbuch*
- ❑ *Die Wüste lebt*

Schneewittchen und die sieben Zwerge (1937). Disney (1901–66) produzierte damit seinen ersten abendfüllenden Zeichentrickfilm und erhielt einen Oscar.

Zu welchem Staat gehört die Osterinsel im Südpazifik?

❑ Australien ❑ Neuseeland
❑ Ecuador ❑ Chile

Zu Chile. Bekannt ist die Insel durch ihre Tuffsteinmonolithe, die sog. Moai. Die Insel liegt fast 4000 km vom amerikanischen Festland und ebenso weit vom polynesischen Tahiti entfernt.

Wer wurde 1928 Präsident Chinas?

❑ Chiang Kai-shek ❑ Chou En-lai
❑ Mao Tse-tung ❑ Sun Yat-sen

Chiang Kai-shek (1887–1975), der Führer der chinesischen Nationalpartei Kuomintang. Er konnte sich im Kampf gegen die japanischen Invasoren behaupten, nicht jedoch gegen die Kommunisten.

Wie nennt man ein Musikstück für zwei Singstimmen?

❑ Rezitativ und Arie ❑ Kavatine
❑ Duett ❑ Terzett

Duett (von italienisch duo „zwei"); es wird meist instrumental begleitet. In derselben Bedeutung wird auch Duo gebraucht, entweder für zwei Instrumente oder zwei Instrumentalisten.

In welcher Mythologie kommt es zur Götterdämmerung?

❑ Griechische ❑ Nordische
❑ Indische ❑ Hinduistische

In der nordischen, die eigentlich von der „Ragnarök" („Geschick der Götter") spricht. Auf den Tod der Götter folgt der Untergang der Erde und des Kosmos; aber der Tod ist der Beginn eines Neuen.

Welchem ägyptischen Pharao wurde eine Pyramide errichtet?

❑ Khufu ❑ Ramses III.
❑ Tutanchamun ❑ Sethos I.

Khufu oder auch Cheops (um 2638–2613 v. Chr.). Die unter seiner Regierungszeit erbaute Pyramide ist die größte (137 m) und galt in der Antike als eines der Sieben Weltwunder.

Wozu dient in der EDV ein Mousepad?

❑ Unterlage für Computermaus ❑ Rechtschreibprüfung
❑ Markierung ❑ Wörtersuche in Texten

Als Unterlage für eine Computermaus. An der Unterseite der Maus befindet sich eine frei bewegliche Kugel, mit der die Position des Cursors auf dem Bildschirm verändert werden kann.

Mit welchem Stummfilm schrieb Sergej Eisenstein Filmgeschichte?

❑ *Alexandr Newski* ❑ *Panzerkreuzer Potemkin*
❑ *Iwan der Schreckliche* ❑ *Die Enttäuschten*

Mit *Panzerkreuzer Potemkin* (1925). Er schildert das Übergreifen des Aufstandes von Odessa im Jahr 1905 auf den russischen Panzerkreuzer. Die Techniken im Schnitt und in der Montage waren bahnbrechend.

Wann erfolgte der erste Bericht über das AIDS-Virus?

❑ 1968 ❑ 1973
❑ 1981 ❑ 1991

1981 vom United States Center of Disease Control. Erst 1983/84 konnte jedoch der Nachweis geliefert werden, dass der HI-Virus der verantwortliche Erreger ist.

Was war die spanische Armada?

❑ Inquisition ❑ Anhänger General Francos
❑ Kriegsflotte ❑ Hofstaat Philipps II.

Die größte Kriegsflotte in der spanischen Geschichte, die 1588 im Kanal von der englischen Flotte besiegt wurde. Philipp II. von Spanien wollte Englands Seehegemonie brechen und eine Landung auf der Insel vorbereiten.

Auf welcher Kanarischen Insel liegt der Pico de Teide mit 3718 m?

❑ Lanzarote ❑ Gran Canaria
❑ Teneriffa ❑ Fuerteventura

Auf Teneriffa. Der Berg ist ein Vulkan, wie die gesamte Inselgruppe vulkanischen Ursprungs ist. Der Pico ist der höchste zu Spanien gehörende Berg.

Welchem altpersischen Gott opferte man Stiere?

❑ Helios ❑ Dionysos
❑ Mithra ❑ Theseus

Mithra, dem „Gott des Vertrages", der auch in der indischen Mythologie erscheint. Er tötete der Sage nach den Stier Geush Urvan, aus dessen Leib alle Pflanzen und Tiere hervorgingen. Um 211 verbreitete sich der Mithras-Kult im Römischen Reich.

Welche Musikrichtung machte Duke Ellington (1899–1974) unter anderem populär?

❑ Blues ❑ Gospel
❑ Swing ❑ Rock

Swing und Jazz. 1933 machte er auf einer Tournee Europa mit dem Swing bekannt. Der Jazzpianist und -komponist schuf u. a. die Lieder *Mood Indigo*, *Satin Doll* und *Sophisticated Lady*.

Wer stellte das erste Porzellan her?

❑ T'ang-Dynastie ❑ Medici
❑ August der Starke ❑ Herzog von Villeroy

Die T'ang-Dynastie in China. Um 620 gelang es, bei 1200 bis 1400° C aus Kaolin, Quarz und Kalifeldspat Porzellan zu brennen. Erst 1000 Jahre später, in der Barock- und Rokoko-Kultur des 17. und 18. Jh., erlebte dieses Kunsthandwerk seine erste Blüte in Europa.

Welche Gottheit war Helios bei den alten Griechen?

❑ Meer ❑ Unterwelt
❑ Himmel ❑ Sonne

Der Sonnengott, der mit seinem von vier feuerschnaubenden Rossen gezogenen Sonnenwagen auf seinem Weg von Ost nach West das Firmament erleuchtete.

Was ist das größte Holzblasinstrument?

❑ Klarinette ❑ Oboe
❑ Blockflöte ❑ Fagott

Das Fagott, der „Bass" in der Familie der Oboen. Die etwa 2,45 m lange Schallröhre ist geteilt; beide Teile verlaufen eng nebeneinander und sind durch ein Übergangsstück, den „Stiefel" verbunden.

Wann war das Reaktorunglück in Tschernobyl?

❑ 1966 ❑ 1976
❑ 1986 ❑ 1996

1986. Eine Wasserstoffexplosion zerstörte den Reaktor und führte zu einem Fallout. Der größten nuklearen Katastrophe fielen rund 15.000 Menschen zum Opfer.

Was bedeutet der Begriff Akquisition ?

❑ Zahlungsunfähigkeit ❑ Firmenfusion
❑ Gewinnung neuer Kunden ❑ Joint Venture

Die Gewinnung, d. h. Akquirierung neuer Kunden bzw. auch neuer Aufträge. Daneben bezeichnet man damit auch den Erwerb eines Unternehmens aus strategischen Gründen.

Wer begründete 1923 die moderne Türkei?

❑ Ismet Inönu ❑ Mustafa Kemal Atatürk
❑ Kenan Evren ❑ Thomas Edward Lawrence

Mustafa Kemal Atatürk (1881–1938), der „Vater der Türken". Er konnte sich gegen das Sultanat und gegen die griechischen Invasoren durchsetzen.

Welche Stadt befindet sich im Werdenfelser Land?

- ❏ Garmisch-Partenkirchen
- ❏ Innsbruck
- ❏ Bad Gastein
- ❏ Füssen

Garmisch-Partenkirchen. Loisach-, Isar- und Ammertal, der Staffelsee, Wetterstein, Karwendel- und Ammergebirge bilden eine vielfältige Landschaft.

Welcher Popmusiker errang mit seinen Hits wie *Der Kommissar* (1982) internationale Erfolge?

- ❏ Coolio
- ❏ Falco
- ❏ Udo Jürgens
- ❏ Rex Gildo

Falco, mit bürgerlichem Namen Johann Hölzel (1957–98). Mit diesem Song wurde er 1982 schlagartig berühmt. Der größte Hit seiner Karriere gelang ihm jedoch mit *Rock Me Amadeus*.

Wie lautete der Kernsatz des „Augsburger Religionsfriedens" von 1555?

- ❏ Paris ist eine Messe wert
- ❏ Wessen das Land, dessen die Religion
- ❏ Jeder nach seinem Geschmack
- ❏ Krieg ist die Fortsetzung der Politik mit anderen Mitteln

„Wessen das Land, dessen die Religion". Unter diesem Motto wurde der Frieden zwischen katholischen und protestantischen Reichsständen geschlossen. Damit erhielten die Reichsfürsten das Recht, über die Konfession ihres Landes zu entscheiden.

Aus wie vielen Bit besteht 1 Byte?

- ❏ 4
- ❏ 8
- ❏ 16
- ❏ 32

Aus 8 Bit. Ein Bit ist die kleinste Informationseinheit der elektronischen Datenverarbeitung. Die Kapazität von Computerspeichern wird in Byte angegeben, z. B. sind 1 KByte (oder KB) 1024 Byte.

Wer stiftete um 276 den Manichäismus?

- ❏ Zoroaster
- ❏ Mani
- ❏ Moses
- ❏ Augustinus

Der Perser Mani (um 216–um 276), dessen Lehre indische, babylonische, iranische und christliche Elemente enthält. Der allweise Gott Ahuramazda thront über Licht und Finsternis; Jesus ist der den Menschen gesandte Erlöser.

Wer führte Regie in *Katzelmacher* (1969)?

- ❏ Alexander Kluge
- ❏ Rainer Werner Fassbinder
- ❏ Miklós Jancsó
- ❏ Wolfgang Staudte

Rainer Werner Fassbinder (1946–82), der entlarvende Studien aus dem kleinbürgerlichen Leben vorlegte. Filme wie *Bolwieser* (1976/77) und *Berlin Alexanderplatz* (1979/80) hatten größere Erfolge.

Welche viermalige Weltmeisterin im Eiskunstlauf gewann zweimal olympisches Gold?

- ❏ Marika Kilius
- ❏ Debi Thomas
- ❏ Michelle Kwan
- ❏ Katarina Witt

Katarina Witt. Die Goldmedaillen errang sie 1984 und 1988, eine Leistung, die vorher nur der Norwegerin Sonja Henie gelang.

Wer marschierte 1935 in Äthiopien ein?

- ❏ Großbritannien
- ❏ Deutsches Reich
- ❏ Italien
- ❏ Frankreich

Italien, das Äthiopien, damals Abessinien, 1936 annektierte. Mussolini (1883–1945) unternahm nach 1896 den zweiten Versuch Italiens, ein ostafrikanisches Reich zu bilden.

Bei welchem Säugetier gelang 1997 der erste Klonversuch?

- ❑ Maus
- ❑ Ratte
- ❑ Made
- ❑ Schaf

Beim Klonschaf Dolly. Klone sind Lebewesen, die durch ungeschlechtliche Vermehrung entstehen und genetisch völlig identisch sind. Seit etwa 1996 werden genetisch veränderte Pflanzen angebaut.

Welche Eigenschaft zeichnete den griechischen Heros Herakles aus?

- ❑ Weisheit
- ❑ Körperkraft
- ❑ Frömmigkeit
- ❑ Verschlagenheit

Seine Körperkraft, mit der der Sohn des Zeus so manche Abenteuer bestand. Berühmt sind seine zwölf Arbeiten wie etwa die Tötung der vielköpfigen Hydra.

Was ist der höchste Berg Deutschlands?

- ❑ Großer Arber
- ❑ Zugspitze
- ❑ Watzmann
- ❑ Nebelhorn

Die Zugspitze mit 2962 am Westrand des Wettersteingebirges. Am Fuß der Nordflanke liegt Garmisch-Partenkirchen.

In welchem Film spielte Anthony Quinn den Zampano?

- ❑ *Alexis Sorbas*
- ❑ *Viva Zapata*
- ❑ *La strada*
- ❑ *Eine gefährliche Affäre*

In *La strada* (1954) von Federico Fellini. Quinn (1915–2001) spielte neben Giulietta Masina einen heruntergekommenen Jahrmarkt-Artisten.

Wer wurde in Medinet Habu bestattet?

- ❑ Nofretete
- ❑ Ramses III.
- ❑ Echnaton
- ❑ Hatschepsut

Ramses III. (1182–1151 v. Chr.). Am Westufer des Nils, gegenüber von Luxor und Karnak gelegen, stellt die Tempelanlage eine der besterhaltenen des alten Ägypten dar.

Wieviele Opern hat Ludwig van Beethoven (1770–1827) komponiert?

- ❑ eine
- ❑ fünf
- ❑ neun
- ❑ zehn

Eine, nämlich die Oper *Fidelio*, die ursprünglich *Leonore* heißen sollte. Die Oper liegt in drei Fassungen vor (1804/05, 1806 und 1816).

Wer war Tokugawa Ieyasu?

- ❑ Sumo
- ❑ Bodhisattva
- ❑ Tenno
- ❑ Shogun

Ein Shogun, der 1603 das Tokugawa-Shogunat einrichtete. De facto wurde Japan seit der Kamakura-Zeit (1192–1338) nicht vom Tenno, sondern von einem Shogun regiert.

Welcher mit einem Schwein, einem T-Stab und einer Glocke dargestellte Einsiedler begründete das christliche Mönchstum?

- ❑ Śiva
- ❑ Paulus von Theben
- ❑ hl. Simeon
- ❑ hl. Antonius der Große

Antonius der Große (251/52–356), der in Ägypten lebte. Um 1095 bildete sich die Antoniter-Bruderschaft, der man Schweine spendete; diese waren mit einem T (Symbol für eine Krücke) gekennzeichnet.

Was heißt BSE?

- ❑ Biotoxische Salpeter-Enzyme
- ❑ Bovine Spongiforme Enzephalopathie
- ❑ Beten Schlafen Essen
- ❑ Bovist-Sekret-Empfängnis

Bovine Spongiforme Enzephalopathie, bekannt unter dem Namen „Rinderwahnsinn“. 1996 gelangte die Krankheit über infizierte Rinder aus England nach Deutschland. In Großbritannien war sie bereits 10 Jahre früher aufgrund ungeeigneter Futtermethoden ausgebrochen.

Wer spielt in dem Science-Fiction-Kultfilm *Blade Runner* (1982) den ehemaligen Polizisten Rick Deckard?

❑ Karl Malden ❑ Christopher Lambert
❑ Harrison Ford ❑ Keir Dullea

Harrison Ford (*1942), der durch George Lucas' *Star Wars* (1977) international bekannt wurde. Als Detektiv unter Amish-Leuten in Peter Weirs *Der einzige Zeuge* (1985) wurde er für den Oscar nominiert.

Wo liegt der Chimborazo?

❑ Italien ❑ Österreich
❑ Ecuador ❑ Schweiz

In Ecuador. Mit 6267 m ist er zugleich der höchste Berg des Landes. Der Vulkanberg ist immer mit Schnee bedeckt. In der Quechuasprache heißt er deshalb „Schneeberg".

Wie heißen die Computer, die in einem Netzwerk einen Server benutzen?

❑ Partner ❑ Clients
❑ Provider ❑ Newcomer

Clients. Sie sind mit dem Server, dem zentralen Rechner, verbunden. Dieser hält z. B. Daten und Informationen bereit (als Speicher) und führt Dienstleistungen aus (z. B. Druckaufträge).

Welches Ungeheuer ist die Hydra in der griechischen Mythologie?

❑ Seeungeheuer ❑ riesige Vögel
❑ Meeresstrudel ❑ riesige Schlange

Eine riesige Schlange mit mehreren Köpfen. Für jeden Kopf, der ihr abgeschlagen wurde, wuchsen zwei neue nach. Herakles besiegte sie mithilfe seines Freundes Iolaos.

Was ist der Beginn der islamischen Zeitrechnung?

❑ Geburt Mohammeds ❑ Hedschra
❑ Bau der Kaaba in Mekka ❑ Bau der Al-Aksa-Moschee

Die Auswanderung (Hedschra) Mohammeds (um 570–632) von Mekka nach Medina im Jahr 622. 630 kehrte er zurück und befreite die Kaaba – die mittlerweile zum zentralen Heiligtum des Islam geworden war.

Welcher Film ist von John Ford?

❑ *Zwölf Uhr mittags* ❑ *Rio Grande*
❑ *Red River* ❑ *Winchester '73*

Rio Grande (1950). John Ford (1895–1973) ist mit sechs Oscars der meistausgezeichnete Regisseur. Berühmt sind u. a. *Der letzte Befehl* (1959) und *Der Mann, der Liberty Valance erschoss* (1961).

Wer besetzte 1941 Indochina?

❑ Frankreich ❑ USA
❑ China ❑ Japan

Japan, das sich im Bündnis mit dem Deutschen Reich befand. Nach dem Ende des Zweiten Weltkrieges zog sich Japan wieder aus Kambodscha, Laos und Vietnam zurück.

Wie nennt man Anteilsrechte an Unternehmen, die an der Börse gehandelt werden?

❑ Wechsel ❑ Zessionen
❑ Assignaten ❑ Aktien

Aktien. Sie sind Urkunden, die das Anteilsrecht an einer Aktiengesellschaft (AG) verbriefen. Dividenden sind die Erträge aus den Aktien, die den Aktionären zufließen.

Wer spielte in *Dr. Mabuse* (1960/62) und in *Räuber Hotzenplotz* (1973/74)?

❑ Heinz Rühmann ❑ Gert Fröbe
❑ O. W. Fischer ❑ Maximilian Schell

Gert Fröbe (1913–88). Das Multitalent war Theaterschauspieler, Pantomime, Kabarettist und auch Jongleur und Parodist in Zirkus und Varieté.

Welcher Erfinder soll den berühmten Ruf „Heureka!" getan haben?
❑ Albert Einstein ❑ Antoine de Lavoisier
❑ Archimedes ❑ Galileo Galilei

Archimedes (um 285–212 v. Chr.). „Heureka!" (gr. „Ich hab's gefunden!") soll er ausgerufen haben, als er das physikalische Gesetz des spezifischen Gewichts gefunden hatte. Die Idee kam ihm beim Einsteigen in ein Bad.

Wer war Jacques Cartier (1491–1557)?
❑ Entdecker und Seefahrer ❑ Hugenottenführer
❑ Freibeuter ❑ Staatsminister

Ein französischer Entdecker und Seefahrer, der 1535 den Sankt-Lorenz-Strom erkundete und so mit der Inbesitznahme Kanadas durch Frankreich begann.

Wie heißt die Hauptstadt Irlands?
❑ Dublin ❑ Belfast
❑ Cork ❑ Galway

Dublin. Die Stadt liegt an der Flussmündung des Liffey in der Bucht von Dublin, einem Meeresarm der Irischen See. Seit 1922 ist Dublin Hauptstadt der Republik Irland.

Wo fand das erste ökumenische Konzil der Christenheit statt?
❑ Lateran ❑ Konstantinopel
❑ Nicäa ❑ Jerusalem

In Nicäa, dem heutigen türkischen Iznik, das Kaiser Konstantin 325 eröffnete. Das Konzil verdammte die Lehrsätze des Arius, wonach Jesus Christus Gott nur ähnlich, aber nicht von seinem Fleisch sei (Arianismus).

Welchen künstlerischen Beruf übte Wilhelm Furtwängler (1886–1954) aus?
❑ Bildhauer ❑ Geigen-Virtuose
❑ Dirigent ❑ Dichter

Er war einer der bedeutendsten Dirigenten des 20. Jh.; daneben komponierte er auch. Von 1922 bis 1945 dirigierte er die Berliner Philharmoniker.

Wer versuchte die Trojaner vor den Griechen zu warnen?
❑ Teiresias ❑ Odysseus
❑ Kassandra ❑ Ajax

Die Seherin Kassandra. Sie war durch Apollo mit einem Fluch beladen worden: Ihre Prophezeiungen sollten zwar immer richtig sein, aber niemand würde ihnen Glauben schenken.

Wer wurde 1946 Präsident Argentiniens?
❑ Jorge Rafael Videla ❑ Salvador Allende
❑ Augusto Pinochet ❑ Juan Perón

Juan Perón (1895–1974). Zusammen mit seiner Frau María Eva Duarte, genannt Evita, setzte er den „Peronismo", eine an der Arbeiterbewegung ausgerichtete Politik, durch.

Welche schwedische Film-Diva erhielt den Beinamen „Die Göttliche"?
❑ Ingrid Bergman ❑ Marlene Dietrich
❑ Greta Garbo ❑ Therese Giehse

Greta Garbo (1905–90), die mit leidenden, geheimnisvollen Frauenrollen ihre größten Erfolge erzielte: *Mata Hari* (1931), *Königin Christine* (1933), *Anna Karenina* (1935).

Wo wurde das Papier erfunden?
❑ Ägypten ❑ Babylonien
❑ China ❑ Indien

In China um 105 n. Chr. Mit den Papyrus-Rollen der Ägypter war zwar um 3500 v. Chr. erstmals ein beschreibbares Material entwickelt worden, dem chinesischen Hofbeamten Tsai Lun gelang jedoch die revolutionäre Erfindung des Papiers.

Wie lautet die populäre Bezeichnung für das At-Zeichen (@)?

- ❑ Smiley
- ❑ Alpha
- ❑ Smarty
- ❑ Klammeraffe

„Klammeraffe". Es wird bei E-Mail-Adressen und bestimmten Programmanweisungen verwendet. Im Englischen spricht man von „commercial at", „cat" oder einfach nur „at".

Von welchem Gott leiteten sich die Pharaonen ab?

- ❑ Osiris
- ❑ Re (Ra)
- ❑ Ahuramazda
- ❑ Anubis

Von dem Sonnengott Re. König Djoser († um 2600 v. Chr.) setzte sich als erster Pharao dem Sonnengott gleich und nannte sich „Goldener Re". Darstellung: Menschengestalt mit Falkenkopf und Sonnenscheibe.

Wo liegt Mombasa?

- ❑ Tansania
- ❑ Kenia
- ❑ Somalia
- ❑ Angola

In Kenia. Mombasa liegt in Äquatornähe am Indischen Ozean und ist einer der wichtigsten Seehäfen Afrikas. Araber und Perser gründeten im 12. Jh. eine Niederlassung; im 16. Jh. kamen dann die Portugiesen.

Welcher Architekt schrieb mit der *Sagrada Familia* Architekturgeschichte?

- ❑ Antonio Gaudí
- ❑ Juan de Herrera
- ❑ Gian Lorenzo Bernini
- ❑ Pier Luigi Nervi

Antonio Gaudí (1852–1926), der die im neugotischen Stil begonnene Votivkirche in Barcelona völlig umgestaltete. Die bizarre und wuchernde Formensprache erinnert an einen gigantischen Termitenhügel.

Welche britische Kolonie in Nordamerika wurde zu einem Tabak-Exporteur?

- ❑ New Hampshire
- ❑ Louisiana
- ❑ Virginia
- ❑ Georgia

Virginia. Mit Jamestown entstand 1607 die erste nordamerikanische Dauersiedlung der Engländer. Schon im nächsten Jh. entwickelte sich die englische Kolonie zu einem der bedeutendsten Tabak-Export-Länder der Welt.

Welcher Heiliger ging als „Apostel Galliens" in die Geschichte ein?

- ❑ Martin von Tours
- ❑ Vercingetorix
- ❑ Flavius Aetius
- ❑ Karl Martell

Der hl. Martin (316/17–397), seit 371 Bischof von Tours. Der Legende nach soll er seinen Mantel mit einem Schwerthieb in zwei Teile getrennt und die eine Hälfte einem Bettler überlassen haben.

Wo befindet sich der Loreley-Felsen?

- ❑ Schwarzwald
- ❑ Mosel
- ❑ Rhein
- ❑ Spessart

Am rechten Rheinufer bei Sankt Goarshausen. Beim Anblick des fast 132 m hohen Schieferfelsens bildete Clemens Brentano eine weibliche Fantasiefigur aus, die er in der Ballade *Die Lore Lay* (1801) besang.

Welches Musikinstrument rangiert als Sopran der Streichinstrumente?

- ❑ Bratsche
- ❑ Geige
- ❑ Cello
- ❑ Laute

Die Geige (Violine); sie ist gleichzeitig der wichtigste Klangträger im großen Orchester. Das viersaitige Instrument besteht aus einem hölzernen Schallkörper und dem Geigenhals.

Welcher Mathematiker verfasste den *Liber Abaci (Buch des Abakus)*?

❑ Leonhard Euler ❑ Gottfried Wilhelm Leibniz
❑ Pierre Laplace ❑ Leonardo Fibonacci

Leonardo Fibonacci (um 1170–nach 1240), der damit die Grundlage für das kaufmännische Rechnen schuf. Es ist ein Lehrbuch der Arithmetik. Neben den vier Grundrechenarten befasste sich Fibonacci auch mit arabischer Algebra.

Welcher Merowinger vereinigte 629 noch einmal das fränkische Reich?

❑ Alarich ❑ Geiserich
❑ Theoderich ❑ Dagobert

Dagobert I. (zwischen 605/610–639). Er war der letzte mächtige Merowinger, der 629 die Herrschaft im Gesamtreich antrat. Nach seinem Tod wurde das Frankenreich unter seinen Söhnen aufgeteilt, während die Macht der karolingischen Hausmeier zunahm.

Wie heißt Portugals Blumeninsel im Atlantik?

❑ Lanzarote ❑ Gomera
❑ Flores ❑ Madeira

Madeira. Die Insel liegt auf der Höhe des libyschen Tripolis etwa 600 km vor der afrikanischen Küste, fast 1000 km von der portugiesischen Hauptstadt Lissabon entfernt.

Wer spielte in *Der Totmacher* (1995) die Hauptrolle?

❑ Gene Hackman ❑ Tom Hanks
❑ Götz George ❑ Anthony Hopkins

Götz George (*1938). Die Rolle des Serienmörders Haarmann brachte ihm in Venedig den Preis für den besten Hauptdarsteller ein.

Wer wurde 1947 erster Prämierminister Indiens?

❑ Jawaharlal Nehru ❑ Mahatma Gandhi
❑ Indira Gandhi ❑ Rajendra Prasad

Jawaharlal Nehru (1889–1964), einer der maßgeblichen Führer der indischen Unabhängigkeitsbewegung, die Mahatma Gandhi anführte.

Wie viele Saiten hat eine Gitarre?

❑ fünf ❑ sechs
❑ sieben ❑ acht

Seit dem 18. Jh. sind sechs Draht- oder Darmsaiten üblich. Sie ist aus der Form der guitarra latina hervorgegangen und seit dem 15. Jh. nachweisbar.

Was ist eine Aktiengesellschaft ?

❑ Kapitalgesellschaft ❑ Kommanditgesellschaft
❑ GmbH ❑ Genossenschaft

Eine Kapitalgesellschaft. Sie besitzt ein in Aktien zerlegtes Grundkapital. Die ersten Aktiengesellschaften entstanden in Deutschland seit ca. 1843.

Welche Stadt gründete ein Amerikaner?

❑ New York ❑ Saint Louis
❑ Quebec ❑ Jamestown (Virginia)

Saint Louis, 1764 als Pelzhandelsstation entstanden, die der Händler und Pionier René Auguste Chouteau (1749–1829) gründete. Er war in New Orleans, der Hauptstadt der französischen Kolonie Louisiana, geboren.

Was versteht man unter Hardware?

❑ PC-Geräte ❑ PC-Programme
❑ Netzwerk-Administration ❑ Druckerpapier

Im weitesten Sinne PC-Geräte, also im Gegensatz zur Software alles, was man „anfassen“ kann. Zur Hardware gehören z. B. Prozessor, Arbeitsspeicher, Speichergeräte, Monitor und Drucker.

Wer fand der Legende nach um 327 in Jerusalem das heilige Kreuz?
❑ Galla Placidia ❑ Kaiserin Helena
❑ Gottfried von Bouillon ❑ Balduin I.

Die Kaiserin Helena (um 257–um 336), Mutter Konstantins des Großen, die eine Pilgerreise ins Heilige Land unternommen hatte. Die Kreuzauffindung gab den Anstoß zum Bau der Grabes- und Auferstehungskirche.

Was erfand Johannes Gutenberg?
❑ Tintenkiller ❑ Buchdruck
❑ Holzschnitt ❑ Papier

Den Buchdruck mit beweglichen Metall-Lettern. Als Erstes druckte er in Mainz einen Kalender für 1448; 1450 begann er mit dem Druck der Bibel. Gutenberg revolutionierte mit seiner Erfindung die schriftliche Kommunikation.

Welcher Zauberer wird der Sage nach in ewigen Schlaf versetzt?
❑ Dr. Faustus ❑ Harry Houdini
❑ Merlin ❑ Tezcatlipoca

Merlin. In der Sage um König Artus, dessen Ratgeber er war, ist er der Sohn eines Teufels und einer Jungfrau. Er wird schließlich von der Fee Viviane in einen Schlaf versetzt, aus dem er nicht mehr erwacht.

Wie heißt die Hauptstadt Venezuelas?
❑ Mindanao ❑ Manaus
❑ Caracas ❑ Maracaibo

Caracas. Die Stadt liegt im Norden des Landes, nahe dem karibischen Hafen La Guira. 1567 wurde Caracas von Spaniern gegründet. Venezuela ist seit 1821 unabhängig.

Welcher weiße Jazzmusiker gilt als „King of Swing“?
❑ Nat King Cole ❑ Benny Goodman
❑ Duke Ellington ❑ Artie Shaw

Der Klarinettist Benny Goodman (1909–86). Seine Bigband, in der große Musiker wie Count Basie, Lionel Hampton und Stan Getz spielten, war die erfolgreichste Band der USA.

Was ist die Abkürzung für die Weltgesundheitsorganisation?
❑ UNESCO ❑ WHO
❑ FAO ❑ UNICEF

WHO, World Health Organization, die 1948 gegründet wurde. Auf dem Gebiet der Krankheitsvorsorge und medizinischen Aufklärung ist sie in über 190 Ländern vertreten.

Wo ist der Gospel entstanden?
❑ Gottesdienst ❑ Free Jazz
❑ liberale Bewegung ❑ Black Muslims

In den Gottesdiensten der Schwarzen in den USA. Während der Auslegung des Evangeliums (englisch „gospel“) durch den Priester kommt es zu spontanen Zurufen der Gemeindemitglieder.

Wo kann man Grand-Slam-Titel erringen?
❑ Eishockey ❑ Golf
❑ Tennis ❑ Football

Im Profitennis. Das sind die Championate in Wimbledon, Paris, New York und Melbourne. 1988 gewann Steffi Graf alle vier Titel als erste deutsche Tennisspielerin.

Welcher uneheliche Sohn Papst Alexanders VI. wurde 1493 im Alter von 18 Jahren Kardinal?
❑ Cesare Borgia ❑ Gianciotto Malatesta
❑ Francesco Sforza ❑ Don Carlos

Cesare Borgia (1475–1507), ein skrupelloser Renaissancefürst; ihm war ein ausschweifender Lebenswandel und Jähzorn eigen. 1498 verzichtete er auf seine geistlichen Würden und eroberte fast die ganze Romagna.

Für welchen feierlichen Anlass war der gregorianische Gesang bestimmt?

- ❑ Krönung des Papstes
- ❑ Kaiserkrönung
- ❑ Gottesdienst
- ❑ Totenmesse

Für den altkatholischen Gottesdienst seit dem 7. Jh. Er ist einstimmig und wurde im Wechsel von Solostimme und Chor von Geistlichen oder Mönchen gesungen.

Welcher deutsche Arzt und Alchimist des 16. Jahrhunderts stellte sich gegen die Schulmedizin?

- ❑ Paracelsus
- ❑ Georgius Agricola
- ❑ Dr. Faustus
- ❑ Albert Schweitzer

Paracelsus (1493–1541). Die eigentliche ärztliche Kunst sah er in der richtigen Dosierung der Medikamente. In zwei Bänden legte er 1536/37 seine *Grosse Wundartzney* vor, die das therapeutische Wissen der Zeit zusammenfasste.

Wer entdeckte den Mississippi?

- ❑ Hernando de Soto (1486–1542)
- ❑ Jacques Cartier (1491–1557)
- ❑ Matteo Ricci (1552–1610)
- ❑ René Auguste Chouteau (1749–1829)

Hernando de Soto, der 1539 in der Nähe von Tampa im heutigen Florida an Land ging und in den nächsten Jahren Nordflorida und den heutigen Bundesstaat Alabama erforschte.

Wo liegt Hallstatt?

- ❑ Chiemgau
- ❑ Salzkammergut
- ❑ Ötztal
- ❑ Pongau

Im Salzkammergut in Oberösterreich. Hallstatt verdankt seine Berühmtheit den prähistorischen Gräberfunden und der daraus abgeleiteten Kulturepoche, der „Hallstattkultur".

Wie bezeichnete Ovid den Gott des Schlafes und der Träume?

- ❑ Thanatos
- ❑ Hades
- ❑ Morpheus
- ❑ Lethe

Morpheus. Nach ihm benennt sich übrigens auch das Rausch- und Betäubungsmittel Morphium.

Welcher Kirchenvater verfasste die *Vulgata*, die bis heute gültige lateinische Fassung der Bibel?

- ❑ Hieronymus
- ❑ Thomas von Aquin
- ❑ Erasmus von Rotterdam
- ❑ Martin Luther

Der hl. Hieronymus (um 345–420), der die *Vulgata editio* (lat. „allgemein gebräuchliche Ausgabe") von 383–406 im Auftrag des röm. Bischofs Damasus auf der Grundlage der griechischen und hebräischen Urtexte schuf.

Was erledigt das BIOS im Computer?

- ❑ Steuerung der Ein- und Ausgabe
- ❑ Belüftung
- ❑ Informationsübertragung
- ❑ Neustart

Die Steuerung der Ein- und Ausgabe. Es ist z. B. für die Zugriffe auf die Tastatur, die Festplatte oder das Diskettenlaufwerk verantwortlich. BIOS steht für „Basic Input Output System".

Wer komponierte die *Feuerwerksmusik* und die Wassermusik?

- ❑ Henry Purcell
- ❑ Georg Philipp Telemann
- ❑ Georg Friedrich Händel
- ❑ Jean-Baptist Lully

Georg Friedrich Händel (1685–1759), der 40 Jahre seines Lebens überwiegend als Hofkomponist in London lebte. Neben seinen berühmten Orchesterwerken war Händel vor allem als Opern- und Oratorienkomponist erfolgreich; z. B. mit *Acis und Galatea* (1720) und dem Oratorium *Der Messias* (1742).

Wo wurde 3000 v. Chr. Memphis gegründet?

- ❑ Ägypten
- ❑ Chaldäa
- ❑ Palästina
- ❑ Kaschmir

In Ägypten, genauer in Oberägypten. Memphis („Weiße Mauer“) – gegründet von König Menes – war während des Alten Reiches bevorzugte Residenz der Pharaonen. Der Name Ägypten geht übrigens auf Herodot (um 490–um 425/420 v. Chr.) zurück und bedeutet so viel wie „Geschenk des Nils“.

Welches Saiteninstrument blickt auf eine rund 4000jährige Geschichte zurück?

- ❑ Leier
- ❑ Mandoline
- ❑ Harfe
- ❑ Hackbrett

Die Harfe, die schon 2000 v. Chr. in Mesopotamien und Ägypten bekannt war. Ihre 47 Saiten werden mit den Fingerkuppen gezupft. Die heute übliche Form wurde erstmals 1811 in Paris gebaut.

Wer widersprach 1543 dem gültigen geozentrischen Weltbild?

- ❑ Galileo Galilei
- ❑ Nikolaus Kopernikus
- ❑ Tycho Brahe
- ❑ Edwin Powell Hubble

Der Ostpreuße Nikolaus Kopernikus (1473–1543). Er stellte die seit Claudius Ptolemäus (um 100–nach 160) gültige Auffassung infrage. Kopernikus begründete das heliozentrische Weltbild.

Wie heißen die Nachfolger Mohammeds?

- ❑ Sultan
- ❑ Kalif
- ❑ Sufi
- ❑ Mufti

Kalifen. Abu Bekr (um 573–634), dessen Tochter Aischa Mohammeds Lieblingsfrau war, war der Erste. Er nahm für sich den Titel „Nachfolger des Gesandten Gottes“ in Anspruch. Das Kalifat – das Amt des weltlichen und geistlichen Führers des Islam – wurde 1924 abgeschafft.

Durch welches Land fließt der Shannon?

- ❑ Irland
- ❑ Schottland
- ❑ Südafrika
- ❑ Neuseeland

Durch Irland. Er entspringt im Norden des Landes und mündet nach 370 km unterhalb von Limerick in den Atlantischen Ozean. Bei Dublin verbinden Kanäle den Fluss mit der Irischen See.

Welcher Regisseur inszenierte meisterhafte Thriller wie *Der unsichtbare Dritte* (1959)?

- ❑ Carol Reed
- ❑ Robert Siodmak
- ❑ Orson Welles
- ❑ Alfred Hitchcock

Alfred Hitchcock (1899–1980), der die Zuschauer mit einer wohldosierten Spannung („suspense“) fesselt. Weitere Filme sind z. B. *Psycho* (1960), *Die Vögel* (1963) und *Marnie* (1964).

Was geschieht mit den Aktien bei einer Fusion von zwei Gesellschaften ?

- ❑ Umtausch
- ❑ Abwertung
- ❑ Neu-Emission
- ❑ Splitting

Ein Umtausch der „alten Aktien“ der nicht mehr existierenden Gesellschaft in die Aktien der neuen Gesellschaft.

Welche Stadt in Nordamerika wurde von einem Franzosen gegründet?

- ❑ Newport
- ❑ Quebec
- ❑ Juneau
- ❑ New Haven

Quebec, 1608 als Handelsstation entstanden. Ihr Gründer, Samuel de Champlain (1567–1635), wurde 1633 auch der Gouverneur von Neufrankreich.

Wie heißt die griechische Göttin des Sieges?
❑ Galatea ❑ Leto
❑ Nike ❑ Eris

Nike. Deren Entsprechung in der römischen Mythologie ist Victoria. Abgebildet wird sie mit Flügeln und Siegeskranz, den sie dem Sieger über das Haupt hält.

Was ist das größte Heiligtum der Muslime?
❑ Sidi-Sahab-Moschee in Kairouan ❑ Blaue Moschee in Istanbul
❑ Koran ❑ Kaaba

Die Kaaba, ein würfelförmiges fensterloses Steingebäude inmitten der Großen Moschee von Mekka. Der heilige Stein – ein Meteorit – ist in etwa 1,5 m Höhe eingemauert.

Wer komponierte die Oper *Hoffmanns Erzählungen* (1881)?
❑ Sheldon Harnick ❑ Leonard Bernstein
❑ Jacques Offenbach ❑ Georges Bizet

Der Deutsch-Franzose Jacques Offenbach (1819–1880), der sich den Dichter E. T. A. Hoffmann zur Vorlage nahm, der als weinseliger „Erzähler“ fungiert und seinen Mitstudenten von seinen Liebesabenteuern erzählt.

Welcher Forscher der Renaissance begründete die neuzeitliche Anatomie?
❑ Andreas Vesal ❑ Leonardo da Vinci
❑ Dr. Mabuse ❑ Carl von Linné

Der Belgier Andreas Vesal (1514/15–64), der mit seinen Forschungen den Weg in die neuzeitliche Anatomie beschritt. 1543 erschien sein Werk *De humani corporis fabrica – Vom Bau des menschlichen Körpers*.

Wer wurde nach Hitlers Selbstmord Regierungschef im „Dritten Reich“?
❑ Franz von Papen ❑ Albert Speer
❑ Joseph Goebbels ❑ Karl Dönitz

Großadmiral Karl Dönitz (1891–1980). In seinem Auftrag wurde die Kapitulation in Reims und Berlin unterzeichnet. In den Nürnberger Prozessen wurde er zu zehn Jahren Haft verurteilt.

Was versteht man unter dem japanischen Wort Tsunami?
❑ Springflut ❑ Taifun
❑ Seebebenwelle ❑ Vulkanausbruch

Tsunami bedeutet „Hochwasser“ und bezeichnet eine große Ozeanwelle, ausgelöst von einem Erdbeben unter dem Meeresboden. Tsunamis breiten sich ringförmig mit ca. 700 km/h von ihrem Herd aus und werden bis zu 30 Meter hoch.

Wie heißt der größte Softwarehersteller der Welt?
❑ IBM ❑ Hewlett-Packard
❑ Microsoft ❑ Olivetti

Microsoft, ein von Bill Gates (*1955) u. a. gegründetes US-Unternehmen. Es nimmt bei der Herstellung von Software eine marktbeherrschende Stellung ein (90% der Betriebssysteme).

Mit welcher LP gelang Michael Jackson (*1958) 1982 der internationale Durchbruch?
❑ *Dangerous* ❑ *Thriller*
❑ *Blood on the dance floor* ❑ *Like a prayer*

Mit der 40 Mio. Mal verkauften LP *Thriller*. Der exzentrische Sänger gehört seitdem zu den erfolgreichsten und populärsten Popmusikern aller Zeiten.

Welcher genuesische Seefahrer landete 1492 in der Neuen Welt?
- ❑ Marco Polo
- ❑ Christoph Columbus
- ❑ Giovanni Caboto
- ❑ Antonio Malfante

Christoph Columbus (1451–1506), der unter der Flagge von Aragón-Kastilien segelte. Auf der Bahama-Insel Guanahani ging er an Land. Bis zu seinem Tod glaubte er, dass er vorgelagerte Inseln Japans und Chinas entdeckt habe.

Welche Rockgruppe gilt als die älteste der Welt?
- ❑ The Beatles
- ❑ The Kinks
- ❑ The Rolling Stones
- ❑ The Animals

The Rolling Stones. Die britische Rockgruppe wurde 1962 von Mick Jagger (*1943), Brian Jones (1942–69), Keith Richards (*1943), Bill Wyman (*1936) und Charlie Watts (*1941) gegründet.

Wer ist Odin oder auch Wotan?
- ❑ Herzog
- ❑ germanischer Gott
- ❑ Barde
- ❑ Langobardenkönig

Der oberste Gott der germanischen Mythologie; er hat Zauberwissen und Runenkunst. Er ist auch der Gott des Schlachtfeldes, den zwei Raben begleiten.

Wo entstand 1609 ein sog. „Jesuitenstaat"?
- ❑ Südaustralien
- ❑ Philippinen
- ❑ Peking
- ❑ Paraguay

In Paraguay. Die Jesuiten-Missionare christianisierten bis zu ihrer Ausweisung im Jahre 1767 rund 100.000 Indianer (Guarani). Diejenigen, die in Jesuiten-Siedlungen lebten, waren vor Sklaverei geschützt.

Welcher berühmte Astrologe verfasste die *Prophéties* (*Weissagungen*)?
- ❑ John Dee
- ❑ Giovanni Battista Seni
- ❑ Nostradamus
- ❑ Klingsor

Michel de Nostredame (1503–66) oder kurz Nostradamus. Schon zu Lebzeiten erlangte er als Arzt, Astrologe und Hellseher Berühmtheit. Der Hofrat mehrerer französischer Könige verfasste seine Orakelsprüche in gereimten Vierzeilern.

Wer erbaute der Legende nach die Kaaba in Mekka?
- ❑ Mohammed
- ❑ Fatima
- ❑ Ibrahim und Ismail
- ❑ Abu Bakr

Der Legende nach soll sie von den Propheten Ibrahim (Abraham) und Ismail (Ismael) erbaut worden sein, den Urvätern der Araber.

Wo liegt der Trasimenische See?
- ❑ Italien
- ❑ Usbekistan
- ❑ Schweiz
- ❑ Finnland

In Mittelitalien, in der Region Umbrien, zwischen den Städten Cortona und Perugia. In der Schlacht am Trasimenischen See 217 v. Chr. besiegte Hannibal ein römisches Heer.

Welcher Musikstil entstand in den Südstaaten der USA in der schwarzen Bevölkerung?
- ❑ Gospel
- ❑ Jazz
- ❑ Grunge
- ❑ Hip Hop

Der Jazz. Um 1900 entwickelte sich die Form des Blues; das Spiritual entstand aus kirchlichen Liedern. Zusammen mit dem Ragtime mündeten diese Strömungen in den schwarzen New-Orleans-Jazz.

In wie viele Besatzungszonen wurde Deutschland nach 1945 eingeteilt?
- ❑ drei
- ❑ vier
- ❑ fünf
- ❑ sechs

In vier. Westdeutschland wurde durch die USA, Großbritannien und Frankreich verwaltet, Ostdeutschland durch die UdSSR. Das Besatzungsstatut trat 1949 in Kraft.

Welcher Schauspieler brillierte als *Des Teufels General* (1958)?

- ❑ Curd Jürgens
- ❑ Claude Brasseur
- ❑ Johannes Heesters
- ❑ Klaus Kinski

Curd Jürgens (1915–82) unter der Regie von Helmut Käutner, mit dem er oft arbeitete. 1956 war er Filmpartner Brigitte Bardots in *Und immer lockt das Weib*.

Wo lag das Zentrum der minoischen Kultur?

- ❑ Peloponnes
- ❑ Yucatan
- ❑ Kreta
- ❑ Babylonien

Auf Kreta. Begründer der Kultur soll um 2500 v. Chr. der sagenhafte König Minos gewesen sein. Die Minoer beherrschten das ganze Mittelmeer. Wichtige Paläste entstanden seit 2000 v. Chr. in Knossos, Kato Zakros, Phaistos u. a.

Was ist das charakteristische Merkmal des Kanons?

- ❑ chromatische Modulation
- ❑ Solostimme mit Orchester
- ❑ Mehrstimmigkeit
- ❑ a cappella

Die Mehrstimmigkeit. Zwei, drei oder mehr Stimmen setzen in einem Lied oder auch in einem Instrumentalstück nacheinander in einer festgelegten Folge ein.

Von wem stammte die erste moderne Weltkarte von 1569?

- ❑ Gerhardus Mercator
- ❑ Matthäus Merian d. Ä.
- ❑ James Cook
- ❑ Martin Behaim

Von Gerhardus Mercator, eigtl. Gerhard Kremer (1512–94). Die See- und Weltkarten des niederländischen Kartographen versuchten erstmals, durch die nach ihm benannte Zylinder-Projektion die Rundung der Erdoberfläche nachzuempfinden.

Welche Gestalt der griechischen Mythologie tötet seinen Vater und heiratet seine Mutter?

- ❑ Hyazinth
- ❑ Kreon
- ❑ Ödipus
- ❑ Theseus

Ödipus. Nach der Offenlegung der Zusammenhänge blendet sich Ödipus und seine Mutter Iokaste erhängt sich. Sigmund Freud erkannte darin ein tiefenpsychologisches Phänomen.

Wie heißt der größte deutsche Sofwarehersteller?

- ❑ Siemens
- ❑ SUN
- ❑ SAP
- ❑ UNIX

Die 1972 gegründete SAP (Systeme, Anwendungen, Produkte), die v. a. betriebswirtschaftliche Programme anbietet. Hauptsitz ist Walldorf (Baden).

Wo liegen die Dolomiten?

- ❑ Schweiz
- ❑ Österreich
- ❑ Italien
- ❑ Deutschland

In Norditalien. Das Gebirge besteht hauptsächlich aus dem Gestein Dolomit. Der höchste Berg ist die Marmolada mit einer Höhe von 3342 m.

Warum splittet eine AG ihre Aktien in Kleinanteile auf?

- ❑ Konjunkturerwartung
- ❑ Anregung des Aktienkaufs
- ❑ Vermeidung eines Aktien-Crash
- ❑ Liquidation

Um den Aktienkauf anzuregen. Dabei rechnet der Vorstand auch mit der psychologischen Wirkung, dass die Aktie nun optisch billiger erscheint.

Wo erschien 1605 die erste Zeitung?

- ❑ Leipzig
- ❑ London
- ❑ Neu Amsterdam
- ❑ Straßburg

In Straßburg. Die vierseitige „Straßburger Relation" informierte wöchentlich über allerhand Neues aus dem In- und Ausland. Es folgten Zeitungen in Wolfenbüttel, Basel, Berlin, London und Paris.

Wie hieß die Lieblingsfrau des Propheten Mohammed?
- ❑ Chadidja
- ❑ Mumtaz Mahal
- ❑ Scheherazade
- ❑ Aischa

Aischa (um 613/14–678), die nach dem Tod des Propheten kräftig in der Politik mitmischte. Ihre Gegenspielerin war Fatima, eine Tochter Mohammeds aus anderer Ehe. Fatima hängen die Schiiten an, Aischa die Sunniten.

Welches Holzblasinstrument ist mit einem komplizierten Klappensystem versehen?
- ❑ Fagott
- ❑ Saxophon
- ❑ Klarinette
- ❑ Oboe

Die Klarinette, von dem sich auch das Saxophon ableitete. Mit ihr sind feinste Abwandlungen der Klangfarbe möglich. Sie entstand aus dem Chalumeau.

Welches für das Mittelalter bedeutende Werk schuf Isidor von Sevilla?
- ❑ *Das Gedicht vom Cid*
- ❑ *Don Quijote*
- ❑ *Divina Comedia*
- ❑ *Etymologiae*

Die *Etymologiae* (lat. *Ursprünge*), eine um 640 entstandene Enzyklopädie für die Gebildeten. Ihr Verfasser, der Erzbischof von Sevilla, schuf ein Nachschlagewerk, in dem die antike Gelehrsamkeit zusammengetragen war.

Welches Instrument geht auf das Klavichord zurück?
- ❑ Zimbel
- ❑ Klavier
- ❑ Orgel
- ❑ Cembalo

Das Klavier (seit 1710). Es ist eine Weiterentwicklung des mittelalterlichen Klavichord und der Cymbala (geschlagenes Hackbrett); die äußere Form erhielt es vom Cembalo.

Wer unternahm 1590 Experimente am Turm von Pisa?
- ❑ Jean B. Léon Foucault
- ❑ Robert Hooke
- ❑ Christiaan Huygens
- ❑ Galileo Galilei

Galileo Galilei (1564–1642). Am Schiefen Turm erforschte er die Fallgesetze und entdeckte, dass alle frei fallenden Körper unabhängig von ihrer Masse, ihrer Substanz, ihrem Volumen und ihrer Form die gleiche Fallbeschleunigung erfahren.

Wer war der erste Bundeskanzler der Bundesrepublik Deutschland?
- ❑ Theodor Heuss
- ❑ Konrad Adenauer
- ❑ Ludwig Erhardt
- ❑ Kurt Schumacher

Konrad Adenauer (1876–1967). Von 1917–33 Oberbürgermeister von Köln, 1948/49 Präsident des Parlamentarischen Rates. Als Bundeskanzler bestimmte er bis 1963 die deutsche Nachkriegspolitik.

Wo liegt das Death Valley?
- ❑ Queensland
- ❑ Kalifornien
- ❑ Arizona
- ❑ Wales

In Kalifornien, USA. Vor Millionen von Jahren war das „Todestal" ein Binnensee, heute ist es eine bizarre Landschaft aus Dünen, Vulkankratern und riesigen Salzflächen.

Welcher Held braucht 10 Jahre für die Rückkehr aus dem Trojanischen Krieg?
- ❑ Achill
- ❑ Menelaos
- ❑ Odysseus
- ❑ Prometheus

Odysseus. Homer schildert seine abenteuerliche Heimfahrt in der *Odyssee*; so nennt man auch heute eine mit vielen Hindernissen verbundene Reise.

Wie heißt das international gültige Verzeichnis der Musikwerke Mozarts?
- ❑ Deutschverzeichnis
- ❑ Hobokenverzeichnis
- ❑ BWV
- ❑ Köchelverzeichnis

Köchelverzeichnis (KV), benannt nach seinem Schöpfer, dem österreichischen Juristen und Musikgelehrten Ludwig Ritter von Köchel (1800–77).

Welche fernöstliche Kultur-Pflanze ist indirekt am Amerikanischen Unabhängigkeitskrieg schuld?

- ❑ Zimt
- ❑ Tee
- ❑ Kaffee
- ❑ Opium

Der Tee, den die holländischen Ost-Indien-Gesellschaft im 17. Jh. einführte. Die „Boston Tea-Party" von 1773, in der englische Siedler gegen die Einführung einer Teesteuer protestierten, bildete das Vorspiel zum amerikanischen Unabhängigkeitskrieg.

Wer wurde als erster Deutscher Formel-1-Weltmeister?

- ❑ Michael Schumacher
- ❑ Jochen Mass
- ❑ Hans-Joachim Stuck
- ❑ Hans Stuck

Michael Schumacher (*1969). 1994 gewann er auf Benetton-Ford mit 92 Punkten und acht Siegen vor Damon Hill und Gerhard Berger. 1995 und 2000 holte er erneut den Titel.

Was ist ein Minbar?

- ❑ Papstkrone im Mittelalter
- ❑ Lorbeerkranz
- ❑ Kanzel in einer Moschee
- ❑ islamischer Barkeeper

Die Kanzel in einer Moschee, auf die eine Treppe mit reich verzierter Seitenwand führt. Zur Zeit Mohammeds war der Minbar ein tragbarer Thronsitz. Er befindet sich rechts neben der nach Mekka gerichteten Mihrab.

Was sind „Trojanische Pferde" im PC-Bereich?

- ❑ Betriebssysteme
- ❑ Chips
- ❑ Computer-Programme
- ❑ Disketten

Computer-Programme, die den Anschein erwecken, ein ganz normales Programm – z. B. ein Spiel – zu sein. Sie können wie Computer-Viren unberechtigt Dateien verändern.

Wer drehte den Science-Fiction-Film *2001 Odyssee im Weltraum* (1968)?

- ❑ George Lucas
- ❑ Steven Spielberg
- ❑ Stanley Kubrick
- ❑ François Truffaut

Stanley Kubrick (1928–99), der das Publikum mit der künstlerischen Verbindung von klassischer Musik, brillanten Spezialeffekten und einer philosophischen Story beeindruckte.

Was ist die 1602 gegründete Charité in Paris heute?

- ❑ Universitätsklinik
- ❑ Freizeitpark
- ❑ Universität
- ❑ Akademie

Ein Spital, gegründet von der französischen Königin Maria de'Medici (1573–1642). Eine deutsche Charité – von lateinisch caritas „Nächstenliebe" – entstand 1710 in Berlin.

Wer war der erste Bundespräsident der Bundesrepublik Deutschland?

- ❑ Konrad Adenauer
- ❑ Heinrich Lübke
- ❑ Theodor Heuss
- ❑ Gustav Heinemann

Theodor Heuss (1884–1963), Redakteur und Kunsthistoriker. Vor 1933 war er Mitglied der Deutschen Demokratischen Partei; 1946 Mitbegründer der Demokratischen Volkspartei.

Welche Stadt der USA liegt am Michigansee?

- ❑ Detroit
- ❑ Chicago
- ❑ Boston
- ❑ Philadelphia

Chicago. Die Stadt erstreckt sich etwa 47 km entlang des Südwestufers. Im Zentrum von Chicago befinden sich einige der weltweit höchsten Gebäude, darunter der 442 m hohe Sears Tower.

Welcher bosnische Filmregisseur drehte *Underground* (1995)?

- ❑ Emir Kusturica
- ❑ Zivko Nikolić
- ❑ Goran Bregovic
- ❑ Krzysztof Kieslowski

Emir Kusturica (*1955), der bereits 1981 für *Erinnerst du dich an Dolly Bell* einen Goldenen Löwen erhielt. Mit *Underground* zeichnete er eindrucksvoll die serbische Geschichte seit 1945 nach.

Wer errichtete die Königsgräber von Ur?

❑ Phöniker ❑ Sumerer
❑ Minoer ❑ Ägypter

Die Sumerer (um 2500 v. Chr.). Die 1. Dynastie von Ur begründete König Mesannepada. Prunkvolle Grabbeigaben wie Geräte, Keramik, Waffen, Siegelrollen, Gold- und Edelstein-Schmuck belegen die Größe dieser Hochkultur.

Welcher Hirtengott versetzt Mensch und Tier in Schrecken?

❑ Arcis ❑ Silenus
❑ Prokrustes ❑ Pan

Pan oder Faunus. Der Lüsternheit des bocksbeinigen und behörnten Gottes entkam die Nymphe Syrinx nur, indem sie in ein Schilfrohr verwandelt wurde.

Was bedeutet in Notenheften u. Ä. das Wort largo?

❑ mäßig schnell ❑ breit, langsam
❑ majestätisch ❑ heiter, bewegt

Die musikalische Tempoanweisung „breit, langsam"; ein Largo ist im Allgemeinen langsamer als das Adagio. „Largo" kann ebenso eine Satzüberschrift in einem Musikstück sein.

Welche Stadt wurde 1611 die Residenz des Deutschen Reiches?

❑ Frankfurt am Main ❑ Dresden
❑ Prag ❑ Wien

Wien, wo die deutschen Kaiser – mit nur einer Unterbrechung – bis 1806 residierten. Den früheren Residenzort Prag hatte Kaiser Matthias (1557–1619) zugunsten Wiens aufgegeben.

Wer entwickelte die bahnbrechenden Gesetze über die Planetenbewegungen?

❑ Galileo Galilei ❑ Nikolaus Kopernikus
❑ Isaac Newton ❑ Johannes Kepler

Johannes Kepler (1571–1639). Die keplerschen Gesetze besagen, dass sich Planeten auf elliptischen Bahnen um die Sonne bewegen, wobei diese in einem der Brennpunkte ruht.

Was sind bei Unternehmen Aktiva?

❑ Vermögen des Unternehmens ❑ Kontenplan
❑ Sollseite ❑ Geldverkehr

Das Vermögen des Unternehmens. Es gliedert sich in Anlage- und Umlaufvermögen. Die einzelnen Posten werden auf der linken Seite der Bilanz aufgeführt.

Was gibt die Mihrab an?

❑ Ort der Himmelfahrt Mohammeds ❑ Beginn des Ramadan
❑ Richtung nach Mekka ❑ Fundort für Koransuren

Die Richtung nach Mekka. Es ist eine Gebetsnische in der Moschee, vor der der Prediger betet. In manchen Moscheen befindet sich davor die Maksura, eine Stellwand.

In welchem Land liegt der Titicacasee?

❑ Mexiko ❑ Peru
❑ El Salvador ❑ Kolumbien

Der Titicacasee erstreckt sich vom Südosten Perus bis in den Westen Boliviens. Er ist 190 km lang und durchschnittlich 56 km breit, seine tiefste Stelle beträgt 280 m. 95% seines aufgenommenen Wassers verliert der See durch Verdunstung.

Wer schuf beliebte Operetten-Dauerbrenner wie *Die lustige Witwe* (1905)?

❑ Franz Lehár ❑ Ralph Benatzky
❑ Johann Strauß ❑ Franz von Suppè

Franz Lehár (1870–1948). Bekannte Lieder sind z. B.: *Heut geh ich ins Maxim* (*Die lustige Witwe*) oder *Dein ist mein ganzes Herz* (*Das Land des Lächelns*, 1929).

Welche mittelamerikanische Hochkultur entstand um 673 in Oaxaca?

- ❑ Chavín
- ❑ Paracas
- ❑ Mixteken
- ❑ Teotihuacan

Die Mixteken-Kultur, neben den Tolteken und Zapoteken die höchsten Kulturträger vor der Herausbildung der Azteken. Sie waren bedeutende Kunsthandwerker. Reiche Grabfunde wurden in Monte Albán, einer früheren Zapoteken-Stadt, gemacht.

Wofür ist das World Wide Web (WWW) 1989 entwickelt worden?

- ❑ kostenloses Telefonieren
- ❑ Surfen im Internet
- ❑ Forschungsanlage CERN
- ❑ PENTAGON

Für die Kernforschungsanlage CERN bei Genf, entwickelt von dem Briten Timothy Berners-Lee. Heute ist das WWW zu einem weltweiten Informationssystem innerhalb des Internet geworden.

Wer führte Regie in *Spiel mir das Lied vom Tod* (1968)?

- ❑ Clint Eastwood
- ❑ Sergio Leone
- ❑ Damiano Damiani
- ❑ Fred Zinnemann

Sergio Leone (1929–89). Seine Wild-West-Saga gehört zu den Klassikern des Italo-Westerns. Die Filmmusik ist von Ennio Morricone (*1928).

Welcher Vogel steigt, nachdem er sich selbst verbrannt hat, von neuem aus der Asche?

- ❑ Archäopteryx
- ❑ Ikarus
- ❑ Phönix
- ❑ Sphinx

Phönix, ein Fabelwesen aus der Antike, das aber bereits bei den Ägyptern Verehrung fand. „Wie ein Phönix aus der Asche steigen“ heißt also Wiedererneuerung.

Welches Ministerium leitete Joseph Goebbels?

- ❑ Volksaufklärung und Propaganda
- ❑ Reichskulturkammer
- ❑ Reichssicherheitshauptamt
- ❑ Gestapo

Das Reichsministerium für Volksaufklärung und Propaganda, das im März 1933 neu geschaffen wurde. Damit begann die Kontrolle von Presse, Rundfunk und Kultur.

Welcher Astronom leistete wichtige Vorarbeit für Johannes Kepler?

- ❑ John Flamsteed
- ❑ Edmond Halley
- ❑ Joseph von Fraunhofer
- ❑ Tycho Brahe

Der Däne Tycho Brahe (1546–1601). Seine exakten Himmelsbeobachtungen nutzte dessen Nachfolger, der Schwabe Johannes Kepler (1571–1630), zur Beschreibung seiner Planetengesetze.

Welcher Komponist gilt als Schöpfer der Symphonischen Dichtung?

- ❑ Franz Liszt
- ❑ Claude Debussy
- ❑ Richard Strauss
- ❑ Darius Milhaud

Franz Liszt (1811–86). Er schrieb neben der Symphonischen Dichtung (u. a. *Les Préludes*) 19 *Ungarische Rhapsodien* (1847–53; 1882–86), Klavierwerke und Symphonien.

Wo liegen die Aleuten?

- ❑ Alaska
- ❑ Argentinien
- ❑ Chile
- ❑ Norwegen

In Alaska. Die Inselgruppe erstreckt sich über 1930 km von der Alaska-Halbinsel bis nach Kamtschatka. Sie trennt das Beringmeer im Norden vom Pazifischen Ozean.

Welche Dynastie gelangte 1613 auf den Zaren-Thron?

- ❑ Rurikiden
- ❑ Romanows
- ❑ Przemysliden
- ❑ Piasten

Die Romanows. Michail Romanow (1596–1645) war über seine Großtante mit Zar Iwan dem Schrecklichen verwandt. Unter den Romanows ragten später Zar Peter I., der Große (1672–1725), und die Zarin Katharina II., die Große (1729–1796), heraus.

Wie heißt die ursprüngliche Religion der Tibeter?

- ❑ Bon
- ❑ I Ging
- ❑ Buddhismus
- ❑ Brahmanismus

Die Bon-Religion, die lange vor dem Buddhismus aus schamanistischen Elementen hervorgegangen ist. Aus der Verschmelzung des Bon-Kultes mit dem Buddhismus entwickelte sich die buddhistische Sonderform des Lamaismus.

Wer komponierte die romantische Oper *Lohengrin* (1850)?

- ❑ Albert Lortzing
- ❑ Richard Wagner
- ❑ Carl Maria von Weber
- ❑ Giacomo Meyerbeer

Richard Wagner (1813–83). Im Mittelpunkt steht der Ritter des heiligen Grals aus der Artus-Sage, der am Schluss in einem von einem Schwan gezogenen Boot entschwindet.

Welches Gesetz ermöglichte die Errichtung der nationalsozialistischen Diktatur?

- ❑ Reichstagsbrand-verordnung
- ❑ Gleichschaltungsgesetz
- ❑ Nürnberger Gesetze
- ❑ Ermächtigungsgesetz

Das Ermächtigungsgesetz vom 23. März 1933. Die Hitler-Regierung erhielt dadurch das Recht zugestanden, wichtige Gesetze ohne Reichstag und Reichspräsident zu beschließen.

Welches Gut transportieren die vier Glücksritter in Clouzots Film *Lohn der Angst* (1952)?

- ❑ Alkohol
- ❑ Nitroglyzerin
- ❑ Rauschgift
- ❑ Gold

Nitroglyzerin, das der Korse Mario (Yves Montand), der Ex-Gangster Jo, der Italiener Luigi und der Deutsche Bimba (Peter van Eyck) für viel Geld zu einer 500 Kilometer entfernten Ölquelle bringen sollen.

Welcher Leibarzt König Jakobs I. von England entdeckte vor 1628 den Blutkreislauf?

- ❑ Marcello Malpighi
- ❑ William Harvey
- ❑ Avicenna
- ❑ Andreas Vesal

William Harvey (1578–1657). Er widerlegte Galenos, der davon ausging, dass die Leber den Körper mit Blut versorge, und ferner die Annahme Andreas Vesals, dass das Blut bei der Herzkontraktion angesogen werde.

Was ist ein Pseudonym?

- ❑ Künstlername
- ❑ Deckname
- ❑ Chiffre
- ❑ Symbol

Ein Deckname, den z. B. Schriftsteller für ihre Veröffentlichungen anstelle ihres wirklichen Namens verwenden (gr. „pseudos" = „falsch" und „onoma" = „Name").

Welches Bauwerk verbindet Dänemark mit Schweden?

- ❑ Eurokanal
- ❑ Kattegat
- ❑ Öresund-Brücke
- ❑ Großer Belt

Die Öresund-Brücke. Sie stellt die erste feste Verbindung zwischen Dänemark und Schweden dar. Von Kopenhagen nach Malmö braucht man nun 10 Autominuten.

Welche Hochkultur gründete Mohenjo-daro?

- ❑ Harappa
- ❑ Mykene
- ❑ Maya
- ❑ Assur

Die Indus- bzw. Harappa-Hochkultur in Nordwestindien (ab ca. 2500 v. Chr.). Mohenjo-daro war neben Harappa die zweite Hauptstadt. Die Kupfer- und Bronzestatuetten wie auch die Keramik aus Mohenjo-daro beweisen den hohen Stand der Induskultur.

Was ist Chatten im Internet?

- ❑ Bildschirmtelefon nutzen ❑ Suchmaschine nutzen
- ❑ Livegespräch führen ❑ Programm downloaden

Ein Chat (wörtlich übersetzt: plaudern) ist eine Sitzung im Internet, bei der man sich live mit anderen Leuten (auf der ganzen Welt) über Tastatur und Bildschirm unterhält.

Welche Schauspielerin spielte neben Marcello Mastroianni in *Scheidung auf Italienisch*?

- ❑ Gina Lollobrigida ❑ Sophia Loren
- ❑ Ornella Muti ❑ Anita Ekberg

Sophia Loren (*1934), die 1953 von dem Produzenten Carlo Ponti entdeckt wurde, der sie später heiratete. Mit *Und dennoch leben sie* (1960) erhielt sie einen Oscar und den Darstellerpreis von Cannes.

Welche Dynastie begründete 1616 der Mandschu-Fürst Nurhatschi?

- ❑ Ching ❑ Khalji
- ❑ Koryo ❑ Pala

Die Ching-Dynastie. Nurhatschi († 1626) nahm den Kaisertitel an und nannte sich Tai-tsu. Voran ging die Einigung der tugusischen Stämme nördlich der Chinesischen Mauer.

Wo fuhr Mohammed der Legende nach in den Himmel auf?

- ❑ Berg Ararat (Ost-Anatolien) ❑ Kaaba (Mekka)
- ❑ Felsendom (Jerusalem) ❑ Djebel Musa (Sinai)

Vom Platz des Felsendoms aus, der 687–691 auf dem Tempelberg errichtet wurde. Hier soll Abraham die Opferung Isaaks vorbereitet haben. Der oktogonale Kuppelbau ist nach der Kaaba das zweitwichtigste islamische Heiligtum.

Wer schrieb das Drehbuch und spielte den Titelhelden in *Ödipussi*?

- ❑ Heinz Erhardt ❑ Loriot
- ❑ Woody Allen ❑ Dieter Hallervorden

Loriot, bürgerlich Vicco von Bülow (*1923). Der populäre Cartoonist, Satiriker und Filmschauspieler wurde durch satirische Fernsehsendungen berühmt; nicht weniger gilt das für seine Filme *Ödipussi* (1988) und *Papa ante portas* (1991).

Welches Hauptziel verfolgt unter anderem der Vertrag von Amsterdam (1998)?

- ❑ Währungspolitik ❑ Beschäftigungspolitik
- ❑ Wirtschaftsunion ❑ Atompolitik

Eine gemeinsame Beschäftigungspolitik zur Bekämpfung der Arbeitslosigkeit. Ferner stehen erstmals auch die Bürgerrechte, zu denen der Verbraucherschutz gehört, im Mittelpunkt.

Welcher italienische Gelehrte musste 1633 vor der Inquisition widerrufen?

- ❑ Johannes Kepler ❑ Miguel Serveto
- ❑ Galileo Galilei ❑ Lorenzo Valla

Galileo Galilei (1564–1642), der in einem Inquisitionsverfahren dem kopernikanischen Weltbild abschwören musste, demzufolge die Erde sich um die Sonne dreht. 1992 erklärte Papst Johannes Paul II. (*1920) die Verurteilung Galileis für ungerechtfertigt.

Wer regierte im Mittelalter Venedig?

- ❑ Podestà ❑ Konsul
- ❑ Doge ❑ Graf

Der Doge, 697 durch das Stadtpatriziat erstmals gewählt, obwohl formell noch die Oberhoheit des Exarchats von Ravenna, d. h. des Kaisers von Byzanz, bestand. Der Name leitet sich von lat. „Dux" (Führer, Herzog) ab.

Wo verlief die Route 66?

- ❑ Paris – Dakkar
- ❑ Chicago – Los Angeles
- ❑ New York – Miami
- ❑ Perth – Sidney

Von Chicago nach Los Angeles. Der legendäre 4000-km-Highyway ist aber längst durch eine mehrspurige Interstate-Autobahn ersetzt worden, die schneller und direkter zum Ziel führt.

Wer haust im Wald des Riesengebirges?

- ❑ Rübezahl
- ❑ Oberon
- ❑ Pippa
- ❑ Harmonia

Rübezahl. Die Volkssagen wurden im 17. und 18. Jh. gesammelt. Die Sage kennt den Berggeist und Herrn des Riesengebirges nicht nur als Riesen, sondern auch als Bergmännlein, Geist, Mönch oder in Tiergestalt.

Wo spielt Giacomo Puccinis Oper *Madame Butterfly* (1904)?

- ❑ Neapel
- ❑ Japan
- ❑ Brasilien
- ❑ Paris

In Japan. Hier kommt es zur Heirat des amerikanischen Offiziers Linkerton und der Geisha Cho-Cho-San, genannt Butterfly. Sie wird verlassen und begeht am Schluss Selbstmord.

Gegen wen richteten sich die „Nürnberger Gesetze“?

- ❑ Kriegsverbrecher
- ❑ Juden
- ❑ Ausländer
- ❑ Kommunisten

Gegen die jüdische Bevölkerung, die durch die Nürnberger Gesetze vom 15. September 1935 entrechtet wurde. Sie sind nach dem Reichsparteitag benannt, der in Nürnberg stattfand.

Welche amerikanische Pop-Sängerin italienischer Herkunft wurde zum Superstar der Pop-Szene?

- ❑ Whitney Houston
- ❑ Tina Turner
- ❑ Madonna
- ❑ Cher

Madonna (*1958), eigentlich Madonna Louise Ciccone. 1983 stieg sie mit ihrem Hit *Holiday* zum ersten weiblichen Weltstar des Pop auf. Seitdem erklettern die Songs immer wieder die internationalen Charts.

Welches Ereignis löste 1618 den Dreißigjährigen Krieg aus?

- ❑ Jülich-Klevesche Erbfolgestreit
- ❑ Ermordung von Johannes Nepomuk
- ❑ Rekatholisierung von Donauwörth
- ❑ Prager Fenstersturzvon

Der Prager Fenstersturz. Der Hinauswurf zweier kaiserlicher Ratsherren bildete den Auftakt für den Aufstand des protestantisch gesinnten böhmischen Adels gegen die katholischen Habsburger.

Welche Gründung des Jahres 1636 geht auf den puritanischen Theologen John Harvard zurück?

- ❑ Quäker
- ❑ Universität
- ❑ Greenwich-Observatorium
- ❑ PEN-Club

Die Harvard University in Cambridge (Massachusetts). Sie gehört heute zu den bedeutendsten und ältesten Elite-Universitäten der USA. Die Bibliothek dieser Privat-Universität ist mit ihren rund 11 Mio. Bänden eine der größten der Welt.

Wie heißt der Kanon der buddhistischen Schriften?

- ❑ Herz-Sutra
- ❑ Tripitaka
- ❑ Kamasutra
- ❑ Lotos-Sutra

Tripitaka, die vollständige Sammlung der Lehren Buddhas (Sutras), so die Theravada- und Mahayana-Buddhisten. Anfangs mündlich überliefert, dann wurden sie seit dem 1. Jh. n. Chr. in der Pali-Sprache niedergeschrieben.

Was ermöglicht WAP dem Handy-Nutzer?

- ❑ Ausführung mathematischer Funktionen
- ❑ Zugriff auf das World Wide Web
- ❑ Download großer Datenmengen
- ❑ Erstellung einer Homepage

Den Zugriff der Mobilfunktelefone auf das World Wide Web (WWW). WAP heißt Wireless Application Protocol. Damit lässt sich mit dem Handy auch das Internet nutzen.

Wo liegt Patagonien?

- ❑ Australien
- ❑ Antarktis
- ❑ Südamerika
- ❑ Kanada

In Südamerika, südlich des Río Colorado bis nach Feuerland. Der größte, östliche Teil des Hochlandes liegt in Argentinien, der westliche in Chile.

Welcher Musiker machte in den 60er-Jahren mit seiner Reggae-Band „The Wailers“ Furore?

- ❑ Bob Marley
- ❑ Harry Belafonte
- ❑ Sly Dunbar
- ❑ Jimmy Cliff

Bob Marley (1945–81), der mit unsterblichen Songs wie *No woman no cry* in die Musikgeschichte einging. Marley, ein Rastafari, wandte sich immer wieder gegen soziale Ungerechtigkeit und Rassendiskriminierung.

Wer errichtete die sog. Achse Berlin-Rom?

- ❑ Stresemann und Briand
- ❑ Franco und Hitler
- ❑ Hitler und Mussolini
- ❑ Hitler und Stalin

Adolf Hitler (1889–1945) und Benito Mussolini (1883–1945), die damit ein Bündnis zwischen dem nationalsozialistischen Deutschland und dem faschistischen Italien schlossen.

Was bezeichnet beim Tennisspiel ein Ass?

- ❑ Verlust des Spiels
- ❑ Gewinn des Matches
- ❑ Verwarnung
- ❑ direkter Punkt durch Aufschlag

Der durch einen Aufschlag erzielte direkte Punkt. Reine Asse werden so platziert bzw. hart geschlagen, dass der Gegner den vom Boden wegspringenden Ball mit seinem Schläger nicht mehr berührt.

Womit wurde Sisyphos bestraft?

- ❑ an einen Felsen geschmiedet sein
- ❑ Steinblock einen Berg hinaufrollen
- ❑ Durst und Hunger
- ❑ Firmament tragen

Er musste zur Strafe für seine Frevel an den Göttern in der Unterwelt einen schweren Felsblock einen steilen Berg hinaufrollen; oben angelangt rollte der Stein wieder hinab und die Mühsal begann von neuem.

Welches berühmte Opernhaus wird kurz als die Met bezeichnet?

- ❑ Mailänder Skala
- ❑ Metropolitan Opera
- ❑ Covent Garden
- ❑ Volksoper Wien

Die Metropolitan Opera in New York, die 1883 eröffnet wurde. Hier treten die bedeutendsten Gesangssolisten der Welt auf.

Für welchen Gott wurde die Stadt Heliopolis errichtet?

- ❑ Zeus
- ❑ Baal
- ❑ Aton
- ❑ Huitzilopochtli

Für den Sonnengott Aton, den die Ägypter mit Re gleichsetzten. Die Priester von Heliopolis (von gr. Helios = Sonnengott; polis = Stadt) standen in der Hierarchie direkt hinter den Pharaonen.

Welcher niederländische Physiker des 17. Jahrhundert leistete bahnbrechende Entdeckungen in der Optik und Mechanik?

- ❑ Isaac Newton
- ❑ Christiaan Huygens
- ❑ Hermann von Helmholtz
- ❑ Frits Zernike

Christiaan Huygens (1629–95). Er war der erste Physiker, der die Theorie über den Wellen- und Partikel-Charakter des Lichts vertrat. Seine Experimente, nach denen er seine Pendelgesetze aufstellte, waren die Grundlage für die Erfindung der Pendeluhr.

Welche schwarze Mezzosopranistin trat 1961 als erste farbige Sängerin in Bayreuth auf?
- ❑ Leontyne Price
- ❑ Barbara Hendricks
- ❑ Grace Bumbry
- ❑ Jessey Norman

Grace Bumbry (*1937), Schülerin Lotte Lehmanns. In Bayreuth sang sie die Venus im *Tannhäuser*. Sie ist auch eine bedeutende Liedinterpretin.

Welche Stadt liegt am Tejo kurz vor seiner Mündung in den Atlantik?
- ❑ Porto
- ❑ Lissabon
- ❑ Sevilla
- ❑ Cádiz

Lissabon. Die Stadt ist neben Athen die südlichste und hügeligste Hauptstadt Europas und zugleich eine der ältesten Städte des Kontinents.

Wer gründete 1619 auf Indonesien Batavia?
- ❑ Japaner
- ❑ Engländer
- ❑ Spanier
- ❑ Niederländer

Der Niederländer Jan Pieterszoon Coen (1587–1629). Djakarta auf Java hieß bis 1950 Batavia. Batavia – der im Humanismus üblich gewordene Name für die Niederlande –wurde der Sitz des Generalgouverneurs von Niederländisch-Indien.

Wie bezeichnet man den Buddha des Mitleids?
- ❑ Maitreya
- ❑ Bodhisattva
- ❑ Vairocana
- ❑ Amitabha

Amitabha, der Buddha des grenzenlosen Lichts, der in den Sutras verehrt wird. Er verspricht die Wiedergeburt im Reinen Land, dem im Westen vermuteten Paradies.

Welche amerikanische Schauspielerin wurde in den 50er-Jahren zum Sexsymbol Hollywoods?
- ❑ Marilyn Monroe
- ❑ Brigitte Bardot
- ❑ Kim Novak
- ❑ Jane Mansfield

Marilyn Monroe (1926–62). Meist spielte sie das unbedarfte Mädchen mit übermäßigem Sexappeal in Komödien wie *Wie angelt man sich einen Millionär* (1952) und in *Manche mögen's heiß* (1959) von Billy Wilder.

Was bedeutet der Begriff Amortisation?
- ❑ Schuldentilgung
- ❑ Verkauf von Aktien
- ❑ Aufnahme eines Kredits
- ❑ Abschreibung

Die planmäßige Tilgung langfristiger Schulden. Andererseits spricht man auch von Amortisation, wenn die Erträge die Kosten einer Investition gedeckt haben.

Welches Aussehen hat die Sphinx?
- ❑ Frau mit Schlangenhaaren
- ❑ Frauenkopf mit geflügeltem Löwenrumpf
- ❑ Vogel mit Frauenkopf
- ❑ geflügeltes Pferd

Sie hat einen Mädchenkopf und einen geflügelten Löwenrumpf. Schon bei den alten Ägyptern war sie bekannt, wo sie an Tempeleingängen Wache hält (z. B. in Giseh).

Wie nennt man die Werbebotschaften auf einer Web-Seite im Internet?
- ❑ Icon
- ❑ Logo
- ❑ Banner
- ❑ Spot

Banner. Oft spricht man auch von „Bannerwerbung“. Meist sind die Werbeabbildungen als Links angelegt, die den Anwender beim Anklicken auf die Internet-Seite des werbenden Unternehmens führen.

Wer waren die Waräger?
- ❑ Russen
- ❑ Balten
- ❑ Mongolen
- ❑ Wikinger

Schwedische Wikinger, die um 700 auf die russische Küstenzone von Ostsee und Finnischem Meerbusen übergriffen. Rurik (†879), der Begründer der ersten russischen Dynastie, wurde Fürst von Nowgorod.

Welche berühmte Sternwarte entstand 1675 bei London?

❑ Mount Palomar ❑ Cambridge
❑ Greenwich ❑ Flagstaff

Greenwich. Ziel war es, die englische Seefahrt mit exakten Tabellen der Mond-Positionen auszustatten, um geographische Längenbestimmungen durchzuführen. 1884 wurde der durch Greenwich verlaufende Null-Meridian international anerkannt.

Welche Form des Musiktheaters ist eine amerikanische Erfindung?

❑ Ballett ❑ Operette
❑ Kabarett ❑ Musical

Das Musical, das um 1900 am New Yorker Broadway entstand. Berühmte Musical-Klassiker sind z. B. *Porgy and Bess* (1935) von George Gershwin, *My fair Lady* (1956) von Frederick Loewe, *West Side Story* (1957) von Leonard Bernstein.

Welche Stadt liegt am Guadalquivir?

❑ Jerez ❑ Granada
❑ Córdoba ❑ Valencia

Córdoba. Hier befindet sich der Alcázar und die 785 gegründete Omaijaden-Moschee, die 1236 durch die Kathedrale „La Mezquita“ ergänzt wurde. Die Anlage ist Weltkulturerbe.

Welcher Vertrag sprach dem „Dritten Reich“ das Sudetenland zu?

❑ Hitler-Stalin-Pakt ❑ Münchner Abkommen
❑ Anschluss Österreichs ❑ Reichskonkordat

Das Münchner Abkommen von 1938, das Großbritannien, Frankreich, Italien und das Deutsche Reich zur Beilegung der Sudetenkrise beschlossen.

Welche Symphonie Beethovens endet mit dem Schlusschor von Schillers *Ode an die Freude*?

❑ Eroica ❑ Symphonie Nr. 9
❑ Symphonie Nr. 5 ❑ Pastorale

Die *Symphonie Nr. 9 d-Moll*, Opus 125; verkürzt auch die *Neunte* genannt.

Wen brachte die „Mayflower“ 1620 nach Nordamerika?

❑ Negersklaven ❑ Puritaner
❑ Bojaren ❑ Jesuiten

41 Puritaner, die sog. „Pilgerväter“, die mit dem Calvinismus sympathisierten. Sie lehnten Theater, Tanz und höfische Kultur ab und hingen einer „reinen“ (lat. „purus“) Bibellehre an.

Wie nennt man die höchste Verkörperungsstufe des Buddha?

❑ Nirwana ❑ Vairocana
❑ Bodhisattva ❑ Amida

Vairocana (sanskrit: „strahlendes Licht“), der höchste der fünf kosmischen „selbstgeborenen“ Buddhas im Mahayana-Buddhismus.

Welche Oper ist aus *Der Ring des Nibelungen*?

❑ *Die Walküre* ❑ *Rienzi*
❑ *Tannhäuser* ❑ *Tristan*

Die Walküre; sie ist der zweite Abend. Der Ring beginnt mit dem *Rheingold*, als Drittes folgt *Siegfried* und zum Schluss die *Götterdämmerung*. Die Entstehungszeit des Gesamtwerks betrug insgesamt 26 Jahre und 2 Monate.

Wer führte 1700 in Russland den julianischen Kalender ein?

- ❑ Gottfried Wilhelm Leibniz
- ❑ Peter der Große
- ❑ Isaac Newton
- ❑ Robert Hook

Zar Peter der Große (1672–1725), der nach seinem Regierungsantritt bestrebt war, mit veralteten Traditionen zu brechen und das Land an das moderne Europa anzugleichen.

Welcher Titan der griechischen Mythologie stützt die Himmelssäulen?

- ❑ Prometheus
- ❑ Herakles
- ❑ Atlas
- ❑ Ganymed

Atlas, der nach dem Sieg der olympischen Götter über die Titanen von Zeus dazu verurteilt wurde. Später verwandelte ihn Perseus mit dem Haupt der Medusa in das Atlas-Gebirge.

Was versteht man unter Polarlichtern?

- ❑ Meteoritenschwärme
- ❑ Fluoreszenz
- ❑ Leuchterscheinung
- ❑ Kometenschweif

Leuchterscheinungen in großen Höhen der Atmosphäre (etwa 100 bis 1000 km) über den Polargebieten. In der Nähe des Nordpols werden sie Nordlichter, im Südpolargebiet Südlichter genannt.

Was war die sog. „Reichskristallnacht“?

- ❑ Reichstagsbrand
- ❑ Judenpogrom
- ❑ “Röhm-Putsch“
- ❑ Bücherverbrennung

Ein organisiertes Judenpogrom der NSDAP am 9. November 1938, bei dem Synagogen und jüdische Geschäfte zerstört, jüdische Bürger angegriffen, mindestens 90 getötet wurden.

Welcher Schauspieler trat mit dem Film *Taxi Driver* (1975) ins Rampenlicht der Kinowelt?

- ❑ Michael Douglas
- ❑ Harvey Keitel
- ❑ Robert De Niro
- ❑ James Woods

Robert De Niro (*1943), dessen Zusammenarbeit mit dem Regisseur Martin Scorsese sich als sehr erfolgreich erwies. Neben De Niro spielte die jugendliche Jodie Foster.

Wo lag Akkad, das erste Großreich der Geschichte?

- ❑ Mesopotamien
- ❑ Kanaan
- ❑ Iberien
- ❑ Etrurien

Im südlichen Mesopotamien. Sargon I. gründete es um 2330 v. Chr. nach seinem Sieg über König Lugalsaggesi von Umma. Hauptstadt des ersten von Semiten gegründeten Reiches wurde Akkad, dessen Niedergang bereits nach 2260 v. Chr. einsetzte.

Was versteht man unter Cyberspace?

- ❑ geometrische Darstellungen
- ❑ Schaffung künstlicher Sinneswahrnehmung
- ❑ Chaotische Systeme
- ❑ Zweig der Kybernetik

Die Schaffung künstlicher Sinneswahrnehmungen in einem vom Computer simulierten dreidimensionalen Raum. Das Kunstwort Cyberspace kommt von den Begriffen Kybernetik (Regeltechnik) und Weltraum.

Was ist eine Nocturne bzw. ein Notturno?

- ❑ Tanz
- ❑ Duett
- ❑ Madrigal
- ❑ Nachtstück

Ein sog. „Nachtstück“; entweder ein mehrsätziges Instrumentalstück, das der Serenade ähnlich ist; oder ein einsätziges Klavierstück mit träumerischem Ausdruck, wie es etwa von Chopin komponiert wurde.

Wer gründete 1624 Fort Nassau am Delaware gegenüber dem heutigen Philadelphia?

- ❑ Franzosen
- ❑ Niederländer
- ❑ Briten
- ❑ Deutsche

Niederländer. Die Neu-Niederlande mussten sich bald gegen Neu-Schweden behaupten, das 1655 vom niederländischen Gouverneur Petrus Stuyvesant (um 1610–72) erobert wurde.

Mit welcher Erfindung wurde nach 1730 die Navigation englischer Schiffe verbessert?

- ❑ Astrolabium
- ❑ Spiegel-Sextant
- ❑ Jakobsstab
- ❑ Kreiselkompass

Durch den Spiegel-Sextanten John Hadleys (1682–1744). Er bestand aus einem Fernrohr, einem festen und einem drehbaren Spiegel. Das Instrument ermöglichte die ziemlich genaue Messung der geografischen Breite.

Was ist der Bodhisattva Avalokitesvara?

- ❑ erleuchtetes Wesen
- ❑ Buddha
- ❑ Mönch
- ❑ Visnu

Ein erleuchtetes Wesen und künftiger Buddha, der auf die Menschen voller Mitgefühl herabsieht. Er ist somit auch ein helfender Gott, eine Emanation des Buddha Amitabha.

Wie heißt das Gebiet zwischen Ural und Beringmeer?

- ❑ Paphlagonien
- ❑ Dekkan
- ❑ Ozeanien
- ❑ Sibirien

Sibirien. Die Region ist im Westen durch den Ural, im Norden durch das Polarmeer, im Osten durch den Pazifik und im Süden durch China, die Mongolei und Kasachstan begrenzt.

Welche kriegerischen Jungfrauen bringen die Helden nach Walhall?

- ❑ Amazonen
- ❑ Walküren
- ❑ Nymphen
- ❑ Graien

Die Walküren. Sie sind Odins Botinnen, die auf der Walstatt (Schlachtfeld) mit ihren schnellen Rossen den Helden vorausjagen und die für den Heldentod bestimmten auswählen.

Unter welchem Namen ist der französische Arzt und Astrologe Michel de Notre-Dame bekannt?

- ❑ Nostradamus
- ❑ Paracelsus
- ❑ Cagliostro
- ❑ Agricola

Unter dem Namen Nostradamus (1503–66). Seine Berühmtheit ging schon zu Lebzeiten auf seine „Prophezeiungen" zurück; das sind knapp 1000 gereimte Vierzeiler rätselhaften Inhalts.

Was versteht man unter dem amtlichen Börsenkurs?

- ❑ Reuterindex
- ❑ Dow Jones Index
- ❑ Wert eines Wertpapiers
- ❑ Handelsbilanz

Den ermittelten Wert (Kurs) eines Wertpapiers an der Börse. Der Kurs wird bei Börsenschluss durch einen Staatskommissar amtlich festgestellt.

Welche sagenhafte Stadtgründung wird Libussa und Pšemysl zugeschrieben?

- ❑ Gnesen
- ❑ Krakau
- ❑ Prag
- ❑ Budapest

Die Gründung von Prag 725. Libussa (tschech. Libuše) wurde der Überlieferung nach vom Volk zur Regentin erwählt und zeichnete sich als weise Mitregentin des Pšemysl aus, für dessen Geschlecht, die Pšemysliden, sie Pate stand.

Zu welcher Instrumentenart gehört die Oboe?

- ❑ Holzblasinstrumente
- ❑ Blechbläser
- ❑ Streicher
- ❑ Schlaginstrumente

Zu den Holzblasinstrumenten. Ihr Name kommt von französisch „hautbois" („hohes, lautes Holz"). Ihre dreiteilige Schallröhre aus Ebenholz ist etwa 60 cm lang und hat bis zu 16 Klappen.

Welcher Völkerrechtsbruch Hitlers eröffnete den Zweiten Weltkrieg?

- ❑ Einmarsch in die Tschechoslowakei
- ❑ Angriff auf Polen
- ❑ Angriff auf Frankreich
- ❑ Anschluss Österreichs

Der deutsche Angriff auf Polen am 1. September 1939. Daraufhin erklärten Großbritannien und Frankreich Deutschland am 3. September den Krieg.

Mit welcher Erfindung eröffnete James Hargreaves 1764 das Zeitalter der Technisierung?

- ❑ Spinning Jenny
- ❑ Dampfturbine
- ❑ mechanischer Webstuhl
- ❑ Spinning Mule

Mit der Spinnmaschine „Spinning Jenny"; Hargreaves (um 1720–78) gelang damit die automatische Garnherstellung. 1779 erfand Samuel Crompton die „Spinning Mule", auf der alle Garnsorten produziert werden konnten.

Welches Instrument ist Blas- und Tasteninstrument zugleich?

- ❑ Klarinette
- ❑ Klavier
- ❑ Orgel
- ❑ Celesta

Die Orgel (griechisch „Mittel, Werkzeug"), die aus Metall- und Holzpfeifen, Tastatur und einer Gebläseanlage besteht. Es sind bis über 100 im Klang verschiedene Pfeifenreihen (sog. Register) möglich.

Wofür ist die britische Stadt Dover bekannt?

- ❑ Kreidefelsen
- ❑ Seebad
- ❑ Ginger ale
- ❑ Globe Theatre

Für die Kreidefelsen, die bei gutem Wetter von der 34 km entfernten französischen Küste erkennbar sind. Ferner auch für die Fährverbindung Dover-Calais und die von Wilhelm dem Eroberer erbaute Burg.

Welchen Heerführer des Dreißigjährigen Krieges nannte man den „Friedländer"?

- ❑ Gustav Adolf von Schweden
- ❑ Graf Tilly
- ❑ Albrecht von Wallenstein
- ❑ Friedrich von der Pfalz

Albrecht von Wallenstein (1583–1634). Den Beinamen trug er seit der Übertragung des Herzogtums Friedland. 1625 stellte er aus eigenen Mitteln ein Heer auf, mit dem er Kaiser Ferdinand II. (1578–1637) unterstützte.

Welchen Vorteil bietet eine DVD (Digital Versatile Disc) gegenüber einer normalen CD-ROM?

- ❑ robustes Material
- ❑ bessere Akustik
- ❑ höhere Speicherkapazität
- ❑ Wiederbespielbarkeit

Auf einer DVD können wesentlich mehr Daten untergebracht werden als auf einer CD-ROM. Es lassen sich auf einer solchen Scheibe also z. B. auch längere Spielfilme in digitaler Form speichern.

Welcher Heilige wurde durch die Legende von der Fischpredigt berühmt?

- ❑ Franz von Assisi
- ❑ Augustinus
- ❑ Antonius von Padua
- ❑ Johannes von Nepomuk

Antonius von Padua (1195–1231). In Rimini sollen die Fische seinen Predigten zugehört haben, worauf die Bevölkerung das Christentum angenommen hätte. Antonius wird u. a. als Wundertäter und Helfer bei verlorenen Sachen verehrt.

Was verkörpert die hinduistische Göttin Laksmī?

- ❑ Schönheit und Glück
- ❑ Weisheit
- ❑ Herrin der Zeit
- ❑ Weltmutter

Schönheit und Glück. Sie ist die Gattin Visnus. Einer ihrer Beinamen ist „die aus dem Ozean Geborene" – ganz ähnlich zur „schaumgeborenen" Aphrodite. Laksmī hat zwei oder vier Arme.

Wie heißt in der Musik der Begriff für „Instrumentalvorspiel“?

❑ Finale ❑ Prolog
❑ Ouvertüre ❑ Genesis

Ouvertüre (franz. „Eröffnung“). Vor allem musikalische Dramen wie Oper, Operette und Musical haben Ouvertüren; daneben existieren auch zu Schauspielen Ouvertüren, z. B. die *Egmont*-Ouvertüre von Beethoven.

Welcher Vertrag besiegelte die Auflösung Polens 1939?

❑ Hitler-Stalin-Pakt ❑ Stahlpakt
❑ Dreimächtepakt ❑ Antikominternpakt

Der deutsch-sowjetische Nichtangriffspakt vom 23. August 1939 zwischen Hitler und Stalin, der in einem geheimen Zusatzprotokoll die Aufteilung Polens vorsah.

Welche Technik verbesserte James Watt 1769 entscheidend?

❑ Spinnmaschine ❑ mechanischer Webstuhl
❑ Dampfmaschine ❑ Puddelverfahren

Die 1705 von Thomas Newcomen konstruierte Dampfmaschine. Zwar konnte sie schon Wasser aus Bergwerken pumpen, doch erst die Weiterentwicklung von Watt (1736–1819) erhöhte den Wirkungsgrad erheblich.

Welchen Violin-Virtuosen des 19. Jahrhunderts nannte man den „Teufelsgeiger“?

❑ Fritz Kreisler ❑ Dawid Oistrach
❑ Niccolò Paganini ❑ Carl Ph. Stamitz

Den Italiener Niccolò Paganini (1782–1840), der seine Virtuosität auf seinen Konzertreisen durch Europa einem staunenden Publikum darbot. Er komponierte auch eigene Stücke wie z. B. die 24 Capricen.

Wo erstreckt sich die Koromandelküste?

❑ Somalia ❑ Vietnam
❑ Indien ❑ Oman

Entlang der Südostküste Indiens, südlich der Krishna-Mündung in den Golf von Bengalen. Hauptort ist die 10-Mio.-Stadt Madras.

Welche Kultur stiftete den *„Kodex Urnammu“*?

❑ Ägypter ❑ Etrusker
❑ Minoer ❑ Sumerer

Die Sumerer, genauer die 3. Dynastie unter König Urnammu vor 2000 v. Chr. Es ist das älteste Gesetzeswerk der Welt und etwa 300 Jahre älter als der berühmte *Kodex Hammurapi*.

Wie heißt die Aufzeichnung der Noten, die alle Instrumental- und Singstimmen beinhaltet?

❑ Partitur ❑ Choreographie
❑ Regieanweisung ❑ Notenschrift

Partitur (von italienisch „Einteilung“). Dabei werden die einzelnen Stimmen derart in übereinander liegenden Notenlinien notiert, dass die gleichzeitig erklingenden Noten untereinander stehen.

Auf welchem Rasen spielte der deutsche Tennisstar Boris Becker (*1967) sein bestes Tennis?

❑ Melbourne ❑ Paris
❑ Wimbledon ❑ Queens

Auf dem Rasen des internationalen Tennisturniers von Wimbledon (London). Der Leimener gewann von 1985 bis 1999 dreimal Wimbledon. Insgesamt erzielte er sechs Grand-Slam-Triumphe.

Wer erwarb 1626 für 60 Gulden Manhattan?

❑ Henry Hudson ❑ Petrus Stuyvesant
❑ Peter Minnewit ❑ John Cabot

Der Niederländer Peter Minnewit (um 1580–1641), der auf der Insel Neu-Amsterdam gründete. Hier ließen sich niederländische, deutsche, skandinavische, jüdische und englische Siedler nieder. 1664 erhielt Neu-Amsterdam den Namen New York.

Wo steht der sagenhafte Baum Yggdrasil?
❑ Asgard ❑ Mittelpunkt der Welt
❑ Muspellsheim (Feuerwelt) ❑ Niflheim (nördl. Polarwelt)

Im Mittelpunkt der Welt. Yggdrasil ist die Weltesche, ein immergrüner Baum, der drei Wurzeln hat: Unter ihnen befinden sich die Unterwelt, das Reich der Riesen und die bewohnte Erde.

Wer war Albertus Magnus?
❑ belgischer König ❑ Gelehrter der Scholastik
❑ Minnesänger ❑ Astronom

Einer der bedeutendsten Gelehrten der Scholastik und des ganzen Mittelalters. Er führte die Philosophie des Aristoteles ins Abendland ein. Albert (um 1193–1280) war Lehrer des Thomas von Aquin.

Bei welchem Experiment wurden 1783 Ludwig XVI. und seine Gemahlin in Versailles Zeugen?
❑ Vorführung der Guillotine ❑ Flug einer Montgolfiere
❑ Foucault'scher Pendelversuch ❑ Raketenstart

Bei dem 8-minütigen Flug des Heißluftballons der Brüder Montgolfier. Einzige Passagiere waren ein Huhn, ein Schaf und eine Ente. Die Brüder Montgolfier wurden zu Pionieren der Luftfahrt.

Welches Paar vollführt den Pas de deux?
❑ Eiskunstläufer ❑ Balletttänzer
❑ Paartänzer ❑ Duellanten

Die Ballerina und ihr Partner im Ballett. Dies ist der Tanz zu zweit (von französisch „Schritt von Zweien“).

Welche Folge hat das Drücken der „Esc“-Taste bei einem Computer?
❑ Einfügen ❑ Entfernen
❑ Dialogfeld schließen ❑ Speichern

Ein geöffnetes Dialogfeld oder ein Menü wird geschlossen, ohne dass eine Einstellung, die vielleicht durchgeführt wurde, übernommen wird. Es handelt sich um die Escape-Taste (engl. escape „entfliehen“).

Welche ostafrikanischen Halbnomaden siedeln in Kenia und Tansania?
❑ Sha'amba ❑ Oromo
❑ Kikuyu ❑ Maasai

Die Maasai. Sie gelten als der Inbegriff des Naturvolkes und leben in den grasbewachsenen Savannen Kenias und Tansanias als Hirtennomaden.

Worum geht es beim amtlichem Fixing ?
❑ Wechselkurse ❑ Kapitalflucht
❑ Parität ❑ Protektionismus

Um das am Ende der Börse festgestellte Verhältnis der Wechselkurse zwischen den ausländischen Währungen und der Inlandswährung. Es wird amtlich überwacht.

In welcher Kirche brach der „Bilderstreit“ 730 aus?
❑ katholische Kirche ❑ Byzanz
❑ koptische Kirche ❑ russische Kirche

In Byzanz. Kaiser Leo III. (um 675–741) verbot die Heiligenverehrung durch Ikonen. Der sog. Ikonoklasmus entwickelte sich in zwei Phasen (730–775 und 814–843), bevor sich die Gemüter wieder beruhigten. Am Ende setzte sich die alte Ikonenfrömmigkeit wieder durch.

Welcher Italiener zählt zu den besten Tenören der Gegenwart?

- ❑ Plácido Domingo
- ❑ René Kollo
- ❑ Luciano Pavarotti
- ❑ José Carreras

Luciano Pavarotti (*1935) aus Modena. Ihm gelang 1963 der internationale Durchbruch als Edgardo in Donizettis *Lucia di Lammermoor* und als Rodolfo in Puccinis *La Bohème*.

Welche militärische Operation verbarg sich hinter dem Decknamen „Unternehmen Barbarossa"?

- ❑ Russlandfeldzug
- ❑ Krieg gegen Jugoslawien
- ❑ Frankreichfeldzug
- ❑ Krieg gegen Norwegen

Der Angriff auf die Sowjetunion, der am 22. Juni 1941 begann. Hitler wollte damit u. a. seine Lebensraumpolitik verwirklichen. Der deutsche Vormarsch wurde im Dezember vor Moskau gestoppt.

Wer spielte in Sieben Jahre in Tibet (1997) den Himalaya-Forscher Heinrich Harrer?

- ❑ Leonardo DiCaprio
- ❑ Brad Pitt
- ❑ Peter O'Toole
- ❑ Omar Sharif

Brad Pitt (*1963), unter der Regie von Jean-Jacques Annaud. Er machte erstmals 1991 in dem Roadmovie *Thelma & Louise* als Verführer der ehemüden Louise auf sich aufmerksam.

Welcher skandinavische König trat 1630 in den Dreißigjährigen Krieg ein?

- ❑ Prinz von Condé
- ❑ Herzog von Feria
- ❑ Gustav II. Adolf von Schweden
- ❑ Karl X. Gustav von Schweden

Gustav II. Adolf (1594–1632) von Schweden. Er wollte die Ostsee durch Annexion deutscher Gebiete ganz in seinen Einflussbereich bringen. 1632 fiel er in der Schlacht bei Lützen (Sachsen), obwohl sein Heer Wallenstein besiegte.

Wo verlief 1835 die erste deutsche Eisenbahnlinie?

- ❑ Augsburg – München
- ❑ Wien – Semmering
- ❑ Nürnberg – Fürth
- ❑ Berlin – Potsdam

Zwischen Nürnberg und Fürth. Eine Dampflokomotive zog neun Personenwagen und die Fahrt dauerte neun Minuten. In Deutschland begann damit das Eisenbahnzeitalter.

Welche portugiesischen Inseln sind hauptsächlich als Ursprungsgebiet maritimer Subtropikluft bekannt?

- ❑ Kapverden
- ❑ Kanaren
- ❑ Azoren
- ❑ Madeira

Die Azoren. Die Inselgruppe befindet sich etwa 1190 km westlich des Festlands von Portugal im Atlantik. Die Azoren sind vulkanischen Ursprungs.

Wer ist Huitzilopochtli?

- ❑ Sonnen- und Kriegsgott der Azteken
- ❑ Feen-König
- ❑ Rabe Wotans
- ❑ Inkarnation Visnus

Der Sonnen- und Kriegsgott der Azteken. Ihm war der um 1480 errichtete Tempel in Mexiko gewidmet, der den berühmten „Kalenderstein" beherbergte. Dem Gott wurden Menschenopfer dargebracht, denen man bei lebendigem Leib das Herz herausriss.

Wo wurde der Holocaust an den europäischen Juden beschlossen?

- ❑ Reichsparteitag in Nürnberg
- ❑ Konferenz von Algeciras
- ❑ Wannseekonferenz
- ❑ Berliner Konferenz

Auf der Wannseekonferenz am 20. Januar 1942. Der sog. „Endlösung" der Judenfrage fielen rund 6 Millionen Menschen zum Opfer.

Wer ist der größte Gott in der griechischen Mythologie?

❑ Poseidon ❑ Zeus
❑ Apollon ❑ Hermes

Zeus, der sich mit seinen Brüdern Hades (Unterwelt) und Poseidon (Meer und Ozean) die Herrschaft über die Welt aufteilt. Zeus heißt bei den Römern Jupiter.

Welcher amerikanische Rocksänger gilt als „King of Rock 'n' Roll"?

❑ Elvis Presley ❑ Bill Haley
❑ Michael Jackson ❑ Chuck Berry

Elvis Presley (1935–77). 1956 landete er den Nr.-1-Hit *Heartbreak Hotel*. Mit seinen über 500 Mio. verkauften LP's und Singles war er bislang der erfolgreichste Musiker.

Wer schrieb den Science-Fiction-Roman *Neuromancer* (1986)?

❑ William Gibson ❑ Kenzaburō Ōe
❑ Michael Crichton ❑ Lino Aldani

William Gibson. Der Roman wartet mit der Vision virtueller Welten auf, in die künftige Generationen mit den Mitteln moderner Computertechnik „abtauchen" könnten. Erstmals wird hier der Begriff „Cyberspace" verwendet.

Welche bedeutende Residenzstadt lag in Oberägypten?

❑ Theben ❑ Alexandria
❑ Karthago ❑ Knossos

Theben, das die Griechen Diospolis („Göttliche Stadt") nannten und Hauptstadt des Mittleren Reiches (ca. 2040–1650 v. Chr.) war. Hier befanden sich im Tal der Könige und im Tal der Königinnen zahlreiche Pharaonengräber.

Welche Forschung beschäftigt sich damit, menschliches Denken nachzuahmen?

❑ Chaosforschung ❑ künstliche Intelligenz
❑ Kybernetik ❑ Neurolinguistik

Künstliche Intelligenz (KI) bei Computern. Hierher gehören z. B. die Erkennung und Auswertung von Sprache, Bildern und Bewegungsabläufen. Der Rechner sollte logische Schlussfolgerungen ziehen können.

Welche bedeutende Epoche in der Nachrichtentechnik begann 1844?

❑ Telegrafie ❑ Telefon
❑ Dampfschifffahrt ❑ Eisenbahnbau

Das Telegrafen-Zeitalter. Der Amerikaner Samuel Morse (1791–1872) erprobte die Versuchsleitung von Washington nach Baltimore und sandte das erste Telegramm.

Für wie viele Instrumente bzw. Singstimmen ist ein Quartett komponiert?

❑ drei ❑ vier
❑ fünf ❑ sechs

Für vier; daneben bezeichnet man auch eine Gruppe von vier Instrumentalisten oder Sängern als Quartett. Berühmt sind etwa die 14 Streichquartette von Franz Schubert.

Wie heißt der größte afrikanische See?

❑ Tanganyikasee ❑ Tschadsee
❑ Nassersee ❑ Victoriasee

Victoriasee. Der in Ostafrika gelegene See ist mit einer Fläche von 70.000 km² der größte Süßwassersee Afrikas und der zweitgrößte der Erde. Er spielt wegen seines Fischreichtums eine bedeutende Rolle.

Welche mythischen Figuren haben nur ein Auge?

❑ Titanen ❑ Zyklopen
❑ Argos ❑ Giganten

Zyklopen. Ihr Vater Uranus verbannte sie in die Unterwelt. Sie haben ein Auge mitten auf der Stirn. Für Zeus schmiedeten sie die Donnerkeile. Odysseus blendet einen von ihnen: Polyphem.

Wer war der maßgebliche französische Staatsmann im Dreißigjährigen Krieg?

- ❑ Kardinal Richelieu
- ❑ Herzog von La Rochefoucault
- ❑ Vicomte de Turenne
- ❑ Jean Baptist Colbert

Kardinal Richelieu (1585–1642), von 1624 bis zu seinem Tod der Erste Minister Frankreichs unter einem schwachen König. Er unterstützte mit französischen Truppen die Protestanten im Dreißigjährigen Krieg.

Welche Reliquie gelangte 1578 in den Dom von Turin?

- ❑ Gral mit dem Blut Christi
- ❑ Grabtuch Christi
- ❑ Schädel des hl. Apostel Paulus
- ❑ Kreuz Christi

Das Turiner Grabtuch, das als Leichentuch Jesu angesehen wurde. Im französischen Lirey wird es Mitte des 14. Jh. erstmals fassbar. Es zeigt den Negativ-Abdruck eines Mannes in Vorder- und Rückenansicht.

Für wie viele Instrumente bzw. Singstimmen ist ein Quintett komponiert?

- ❑ drei
- ❑ vier
- ❑ fünf
- ❑ sechs

Für fünf (von lateinisch „der fünfte"); auch eine Gruppe von fünf Instrumentalisten oder Sängern wird als Quintett bezeichnet. Berühmt ist z. B. das *Forellen-Quintett* von Franz Schubert.

Wer veranlasste 750 das Massaker an den Omaijaden?

- ❑ Abu l'Abbas, der Blutvergießer
- ❑ Wilhelm der Bastard
- ❑ Gottfried der Bucklige
- ❑ Iwan der Schreckliche

Abu l'Abbas († 754), genannt As Saffah (arab. der Blutvergießer). Er begründete die Abbasiden-Dynastie. Von den Omaijaden überlebte als einziger Abd Ar Rahman I. Er gründete 756 das Emirat von Córdoba in Spanien.

Welcher Ingenieur baute den Suezkanal?

- ❑ Gustave Eiffel
- ❑ Guglielmo Marconi
- ❑ Johann August Röbling
- ❑ Ferdinand de Lesseps

Der Franzose Ferdinand de Lesseps (1805–94). Das Projekt wurde hauptsächlich mit französischem Geld finanziert. 1869 wurde der Kanal fertig gestellt. Die Nutzung regelte ein internationaler Vertrag von 1888.

Auf welchem Musikinstrument wurde der Ragtime populär?

- ❑ Saxophon
- ❑ Banjo
- ❑ Klavier
- ❑ Gitarre

Auf dem Klavier. Grundlage war vermutlich das Banjo-Spiel in der afroamerikanischen Folklore. Begründer des klassischen „Piano-Ragtime" ist Scott Joplin (1868–1917).

Welche marktwirtschaftlichen Kräfte bestimmen die Preise für Waren und Dienstleistungen?

- ❑ staatliche Investitionen
- ❑ Geldmenge
- ❑ Angebot und Nachfrage
- ❑ Kaufkraft

Das Verhältnis von Angebot und Nachfrage. Angebot ist die theoretisch ermittelte Menge an Gütern und Dienstleistungen, Nachfrage ist der angenommene Bedarf nach diesen Wirtschaftsgütern.

Welcher südamerikanische Staat hat sowohl eine pazifische als auch eine karibische Küste?

- ❑ Ecuador
- ❑ Kolumbien
- ❑ Venezuela
- ❑ Guyana

Kolumbien. Es grenzt im Norden an Panama und das Karibische Meer, im Osten an Venezuela und Brasilien, im Süden an Peru und Ecuador und im Westen an den Pazifik.

Wer verlor die Schlacht um Stalingrad?

❑ Russland
❑ Japan
❑ Deutsches Reich
❑ Rumänien

Das Deutsche Reich. Die Kämpfe von November 1942 bis Februar 1943 bildeten den Wendepunkt des Krieges im Osten. Daran konnte selbst Goebbels Proklamation des „totalen Krieges“ nichts ändern.

Was bezeichnet man als Rave?

❑ Jugendkultur
❑ Amoklauf
❑ Tanzschritt
❑ Meditation

Eine Jugendkultur und Musikrichtung der 90er-Jahre, die Elemente der Rockmusik und tanzbare Beats miteinander verbindet. Den Rave (von engl. to rave „fantasieren, toben, brausen“) übernahm die Techno-Szene.

Was ist der Anchorman?

❑ Spielführer im Football
❑ Offizier auf hoher See
❑ Moderator einer Nachrichtensendung
❑ Hauptredner bei Parlamentsdebatten

In den Abendmagazinen der Fernsesender hat er (engl. anchor „Anker“) die Aufgabe, den seriösen und kompetenten Fixpunkt der Sendung darzustellen.

Wie bezeichnet man die Software, die für den Betrieb des Computers Voraussetzung ist?

❑ Standard-Software
❑ Applikationen
❑ Batch-Programm
❑ Betriebssystem

Betriebssystem. In ihm finden sich alle Programme, die den grundsätzlichen Arbeitsablauf eines Computers festlegen und regeln bzw. die gesamte Verwaltung des Computers übernehmen.

Was war die Fronde?

❑ Feudalherrschaft
❑ Adelsaufstände in Frankreich
❑ Frondienste
❑ Ständeversammlung

Adelsaufstände gegen den Absolutismus in Frankreich, die auch Unterstützung im Pariser Parlament und Volk fanden. Sie richteten sich vor allem gegen den leitenden Minister Jules Mazarin. 1653 brach die Fronde zusammen.

Welcher Mönch wurde unter anderem wegen seiner Schrift *Von der Ursache, dem Anfang und dem Einen* als Ketzer verbrannt?

❑ Giordano Bruno
❑ Meister Eckhart
❑ Baruch Spinoza
❑ Nicolaus Cusanus

Der Dominikaner Giordano Bruno (um 1584–1600). Gott sitzt seiner Meinung nicht irgendwo im „Nichts“ und betrachtet sein Werk, sondern ist mit seiner Schöpfung identisch, ihr Spiegelbild.

Was war die erste Gebirgsbahn der Welt?

❑ Himalaya-Bahn von Darjeeling
❑ Darlington – Stockton-on-Tees
❑ Semmeringbahn
❑ Bolanpass-Bahn

Semmeringbahn in den Ostalpen, die in 985 m Höhe einen 1,5 km langen Tunnel durchfährt. Die Strecke wurde 1854 fertig gestellt.

Was ist ein Requiem?

❑ Hochzeitsmarsch
❑ Krönungsmesse
❑ Totenmesse
❑ Festouvertüre

Eine Totenmesse. Ihr Name leitet sich von dem Lateinischen her: „Requiem aeternam dona eis, Domine“ („Herr, gib ihnen die ewige Ruhe“). Bedeutende Requien schufen u. a. Wolfgang Amadeus Mozart und Giuseppe Verdi.

Welche beiden Meere verbindet der Panamakanal?

- ❑ Persischer Golf und Golf von Oman
- ❑ Indischer Ozean und Mittelmeer
- ❑ Golf von Mexiko und Karibik
- ❑ Atlantik und Pazifik

Atlantik und Pazifik. Er ist etwa 82 km lang, seine Mindesttiefe beträgt 12,5 m. Insgesamt drei Schleusenanlagen ermöglichen die Überwindung eines Höhenunterschiedes von 26 m.

Wo landeten die Alliierten am so genannten D-day (6. Juni 1944)?

- ❑ Sizilien
- ❑ Kreta
- ❑ Normandie
- ❑ Iwo Jima

In der Normandie. In nur zehn Wochen gelang es den westlichen Alliierten, Frankreich zu befreien und die deutschen Reichsgrenzen im Westen zu erreichen.

Welcher deutsche Volksschauspieler begann seine Filmkarriere mit der Tonfilm-Operette *Die Drei von der Tankstelle* (1930)?

- ❑ Conrad Veidt
- ❑ Theo Lingen
- ❑ Heinz Rühmann
- ❑ Paul Hörbiger

Heinz Rühmann (1902–94), der in zahlreichen Kino- und Fernsehproduktionen mitwirkte. Unvergessen sind seine Rollen in *Die Feuerzangenbowle* (1943), *Der Hauptmann von Köpenick* (1956) oder in *Der brave Soldat Schwejk* (1960).

Wo lag das alte Babylon?

- ❑ Bengalen
- ❑ Syrien
- ❑ Medien
- ❑ Mesopotamien

In Südmesopotamien, wo es um 1830 v. Chr. den Rang eines Kultur- und Machtzentrums erlangte. Seinen kulturellen Höhepunkt erreichte Babylon unter König Hammurapi (1728–1686 v. Chr.), der Sumer und Akkad besiegte.

Was ist Ayurveda (um 500 n. Chr.)?

- ❑ Inkarnation Visnus
- ❑ altindische Medizinlehre
- ❑ chiropraktische Technik
- ❑ Gesundbeten

Eine altindische Heilkunst; Ayurveda (sanskrit „Wissenschaft des Lebens“) versucht Wohlbefinden in der Einheit von Körper, Geist, Verhalten und Umwelt zu erzielen. Geraten die Kräfte Vata, Pitta und Kapha aus dem Gleichgewicht, droht Krankheit.

Welcher Komponist verwendete brasilianische Volksmusik-Elemente?

- ❑ Heitor Villa-Lobos
- ❑ Manuel de Falla
- ❑ Joaquino Rodrigo
- ❑ Camille Saint-Saëns

Heitor Villa-Lobos (1887–1959). Eine von ihm erfundene Musikgattung ist die Chôros (z. B. für Sologitarre), die auf brasilianischen Tänzen beruht. Berühmt sind seine *Bachianas Brasileiras*.

Warum finden Brieftauben zu ihrem Schlag zurück?

- ❑ akustische Signale
- ❑ Infrarotsicht
- ❑ Sonne und Magnetfeld
- ❑ Temperatur und Luftdruck

Weil sie exakt den heimatlichen Sonnenstand kennen und nach ihrem inneren „Magnetkompass“ fliegen können; denn auch die Stärke des Magnetfeldes ihres Heimatortes ist genau gespeichert.

Welches Heer plünderte 1631 Magdeburg?

- ❑ Graf von Tilly
- ❑ Gustav Adolf von Schweden
- ❑ Albrecht von Wallenstein
- ❑ Bauernheer

Das des katholischen Feldherrn Johann Tserclaes Graf von Tilly (1559–1632). Voraus ging eine monatelange Belagerung. Bei Brand und Plünderung der Stadt kamen rund 25.000 Einwohner ums Leben.

Welche südfranzösische Stadt ist durch ihre vielbesungene Brücke bekannt?

- ❑ Marseille
- ❑ Avignon
- ❑ Arles
- ❑ Nizza

Avignon. Das Wahrzeichen der Stadt, die Pont d'Avignon, ist nur zum Teil erhalten. Eine weitere Sehenswürdigkeit der Stadt ist der Papstpalast. Er diente einst den Päpsten als Residenz.

Welcher französische Philosoph prägte den Satz „Cogito ergo sum"?

- ❑ Voltaire
- ❑ Jean-Jacques Rousseau
- ❑ René Descartes
- ❑ Michel de Montaigne

René Descartes (1596–1650), der ein denkendes Ich konstatiert, das in der Lage ist, mit wissenschaftlichen Methoden die Wahrheit zu erkennen. Dies wurde zur Maxime eines ganzen Zeitalters – des Rationalismus.

Woraus besteht Biathlon, der „Doppelwettkampf"?

- ❑ Skispringen und Schießwettbewerb
- ❑ Schwimmen, Radfahren, Laufen
- ❑ Skilanglauf mit Schießwettbewerb
- ❑ Springreiten und Bogenschießen

Aus Skilanglauf mit Schießwettbewerb. Die Athleten in der olympischen Disziplin (seit 1960) müssen 20 km im Skilanglauf zurücklegen, der viermal durch Schießübungen unterbrochen ist.

Was bedeutet booten beim PC?

- ❑ Herunterfahren des Rechners
- ❑ Löschen von Dateien
- ❑ Neustart
- ❑ Stapelverarbeitung

Neustart des Rechners. Zuerst wird die Funktionsfähigkeit der Hardware-Teile geprüft, sodann beginnt das Boot-Programm mit dem Starten des Betriebssystems von Diskette, Festplatte oder Speicher.

Wer komponierte die Ballettmusik *Schwanensee* (1877)?

- ❑ Peter Iljitsch Tschaikowski
- ❑ Léo Delibes
- ❑ Arthur Honegger
- ❑ Igor Strawinsky

Peter Iljitsch Tschaikowski (1840–93). Berühmt sind daraus der Valse im 2. Satz, der Schwanentanz (ein Allegro moderato) im 3. und der ungarische Tanz nach Art des Csardas im 5. Satz.

Wer setzte 751 den letzten Merowinger-König ab?

- ❑ Pippin der Jüngere
- ❑ Karl der Große
- ❑ Harald Blauzahn
- ❑ Guillaume d'Orange

Der Karolinger Pippin III., d. J. (714–768). Pippin wurde 751 mit Zustimmung des Papstes in Soissons von „allen Franken" zum König erhoben, der letzte Merowinger Childerich III. († um 754) zur Verbannung ins Kloster geschickt.

Welcher finnische Komponist errang unter anderem mit *Finlandia* (1899) Weltgeltung?

- ❑ Jean Sibelius
- ❑ Carl August Nielsen
- ❑ Franz Arnold Berwald
- ❑ Josef Suk

Jean Sibelius (1865–1957), der insgesamt sieben Symphonien komponierte (1899–1924) und ein bedeutendes Violinkonzert in d-moll (1903); *Finlandia* ist eine sinfonische Dichtung.

Welches Datum in der deutschen Geschichte markiert der 20. Juli 1944?

- ❑ Bombardierung von Dresden
- ❑ Kapitulation von Stalingrad
- ❑ Landung der Alliierten
- ❑ Attentat auf Hitler

Das Attentat auf Hitler, verübt durch Claus Schenk von Stauffenberg (1907–44). Die Verschwörer versuchten damit, das NS-Regime zu beenden und eine vollständige Kapitulation Deutschlands zu vermeiden.

Was sind Anleihen?

- ❑ Pfandbrief
- ❑ Aktien
- ❑ festverzinsliche Wertpapiere
- ❑ Wechsel

Festverzinsliche Wertpapiere. Sie werden von öffentlichen Körperschaften – u. a. auch der Bundesregierung – oder privaten Unternehmen als verbriefte Kredite aufgenommen.

Wer baute die erste elektrische, digitale Rechenmaschine der Welt?

- ❑ Zuse
- ❑ Siemens
- ❑ IBM
- ❑ Novell

Konrad Zuse (1920–95). Seinen „Z 3“, der mit 2600 Relais ausgestattet war, stellte er 1941 vor. Zuse gilt damit als Urvater des Digitalrechners. Wenige Jahre später entwickelte er die erste Programmiersprache.

Was ist das backstage?

- ❑ Bereich hinter der Bühne
- ❑ Souffleur-Kasten
- ❑ Regie
- ❑ Requisitenkammer

Der Bereich hinter der Bühne von Theatern und vor allem hinter den Pop-Konzert-Bühnen. Der Anglizismus verdrängte dabei die Bezeichnung „hinter den Kulissen“.

In welchem Sternbild findet man den Polarstern?

- ❑ Cepheus
- ❑ Steinbock
- ❑ kleiner Wagen
- ❑ Orion

Im Kleinen Wagen (kleiner Bär). Es ist der Stern Ursae Minoris, der das Ende der Deichsel des wagenförmigen Sternbildes darstellt. Er steht fast genau über dem Nordpol.

Welcher amerikanische Sänger wurde unter anderem mit *New York, New York* zur Legende?

- ❑ Sammy Davis jr.
- ❑ Bing Crosby
- ❑ Hans Albers
- ❑ Frank Sinatra

Frank Sinatra (1915–98), den man respektvoll „The voice“ nannte. Zusammen mit Sammy Davis jr. und Dean Martin bildete er das sog. „Red Pack“. Das Gesangstrio trat auch in Leinwandproduktionen auf.

Welches fernöstliche Inselreich riegelte sich 1639 vor fremden Kultureinflüssen ab?

- ❑ Königreich von Malakka
- ❑ Siam
- ❑ Bantam
- ❑ Japan

Japan. 1638 verbot es das Christentum und damit sämtliche Einflussnahme durch die christliche Missionierung des Landes. Bestehen blieben nur Kontakte mit China und den Niederlanden.

Welcher Niederländer begründete das moderne Völkerrecht?

- ❑ Erasmus von Rotterdam
- ❑ Freiherr von Pufendorf
- ❑ Jean Bodin
- ❑ Hugo Grotius

Hugo Grotius (1583–1645). Seine Betrachtungen fußen auf den gesamten antiken und mittelalterlichen Theorien über das „Völkerrecht“, das er als Recht definierte, das „zwischen allen Staaten“ herrsche und auf dem Naturrecht beruhe.

Welches klassische Instrumentalstück ist nur für ein oder zwei Instrumente komponiert?

- ❑ Suite
- ❑ Sonate
- ❑ Capriccio
- ❑ Scherzo

Die Sonate (von italienisch „Klingstück“). Die klassische Sonate umfasst drei oder vier Sätze. Einen Höhepunkt der Sonaten-Komposition stellen Beethovens 32 Klaviersonaten dar; u. a. die *Appassionata*.

In welchem Krieg zeichnete sich der Schwarze Prinz aus?

- ❑ Hundertjähriger Krieg
- ❑ Siebenjähriger Krieg
- ❑ Devolutionskrieg
- ❑ Französische Revolutionskriege

Im Hunderjährigen Krieg. Es handelte sich um den englischen Prinzen Eduard (1330–1376), der vermutlich eine schwarze Rüstung trug. Er tat sich in der Schlacht bei Crécy 1346 hervor und gewann die Schlacht von Maupertuis, 1356.

Wem wird die Erfindung des Flaschenzuges zugeschrieben?
❑ Euklid ❑ Archimedes
❑ Imhotep ❑ Torricelli

Archimedes (287–212 v. Chr.) aus Syrakus. Von ihm stammt das archimedische Prinzip des Auftriebs und er entdeckte wichtige physikalische Gesetze wie das Hebelgesetz.

Was ist die höchste Tonlage, die eine menschliche Stimme erzeugen kann?
❑ Falsett ❑ Alt
❑ Sopran ❑ Tenor

Der Sopran; heute wird er entweder von Frauen oder Knaben gesungen. Zwischen Sopran und Alt liegt der Mezzosopran.

Worauf verweist die Endung „.de" bei einer Internetadresse?
❑ User-Name ❑ Länderkennung
❑ Provider ❑ Browser

Auf die Länderkennung für Deutschland bzw. den deutschen Teil des Internets. Die Gruppe von geografisch zusammengehörenden Teilen eines Netzes bezeichnet man als Domain.

Was ist der längste Strom der Erde?
❑ Amazonas ❑ Nil
❑ Jenissej ❑ Mekong

Der Nil mit 5584 km. Er fließt vom Victoriasee Richtung Norden durch Uganda, den Sudan und Ägypten zum Mittelmeer. Mit seinem entferntesten Quellfluss, dem Luvironza, hat er eine Länge von 6671 km.

Was ist ein Bariton?
❑ hohe Männerstimme ❑ Falsett-Stimme
❑ tiefe Männerstimme ❑ mittlere Männerstimme

In der Musik eine Stimmlage; und zwar die mittlere Männerstimme, die zwischen dem Tenor und dem Bass liegt.

Welcher große flugunfähige Vogel lebt in Australien?
❑ Strauß ❑ Emu
❑ Kagu ❑ Kiwi

Der Emu. Neben dem Strauß ist er der größte Vogel. Er kann bis zu 1,8 m groß und ca. 60 kg schwer werden.

Wer beschloss 1945 die Vertreibung von ca. 12 Mio. Deutschen aus den Ostgebieten?
❑ „Großen Drei" ❑ Josip Tito
❑ Henry Morgenthau ❑ Edvard Beneš

Die „Großen Drei": Stalin (UdSSR), Churchill (Großbritannien) und Truman (USA) im Potsdamer Abkommen vom 2. August 1945.

Wem gelang 1974 mit *Der weiße Hai* der erste internationale Erfolg?
❑ George Lucas ❑ James Cameron
❑ Steven Spielberg ❑ David Lynch

Steven Spielberg (*1947), der zum finanziell erfolgreichsten Regisseur aller Zeiten wurde. Spielberg wandte sich mit *Die Farbe Lila* (1986), dem KZ-Drama *Schindlers Liste* (1993; 2 Oscars) sowie dem Antikriegsfilm *Der Soldat James Ryan* (1998) überzeugend ernsten Themen zu.

Welcher Lordprotektor regierte England nach der Hinrichtung Karls I.?
❑ Thomas Fairfax ❑ Robert Blake
❑ Cecil Rhodes ❑ Oliver Cromwell

Der puritanische Adelige Oliver Cromwell (1599–1658). 1644 errang er in der Schlacht von Marston Moor den entscheidenden Sieg über den englischen König. Von 1653 bis zu seinem Tod regierte er das Königreich mit diktatorischer Vollmacht.

Welche Schrift ist von Thomas Hobbes?

- ❑ *Leviathan*
- ❑ *Paradise Lost*
- ❑ *Sechs Bücher über den Staat*
- ❑ *Der Fürst*

Der *Leviathan* (1651). Die erste moderne staatstheoretische Schrift stellte die These vom „Krieg aller gegen alle" auf, der allein durch die Staatsgewalt – den König, dessen Souveränität ein „Gesellschaftsvertrag" regelt – verhindert werden könne.

Welche Erfindung geht auf Thomas Alva Edison (1847–1931) zurück?

- ❑ Rotationswandler
- ❑ Kurbelwelle
- ❑ Fonograf
- ❑ Fernsehen

Der Fonograf, der Vorläufer des Grammophons. Edison war einer der erfolgreichsten Erfinder aller Zeiten. Er erfand u. a. das Schraubgewinde der Glühlampe, baute den ersten Generator und das erste öffentliche Elektrizitätswerk.

Wer wurde in Hitchcock-Filmen wie *Fenster zum Hof* (1954) unsterblich?

- ❑ Alec Baldwin
- ❑ Tom Cruise
- ❑ James Stewart
- ❑ Cary Grant

James Stewart (1908–97), der auch komische Rollen durch seine etwas linkische Art glänzend spielte (*Mr. Hobbs macht Ferien*, 1962). Mit Hitchcock drehte er u. a. *Der Mann, der zu viel wusste* (1956) und *Vertigo* (1956).

Was ist der westlichste Punkt Afrikas?

- ❑ Kap Guardafui
- ❑ Kap Verde
- ❑ Kap Ghir
- ❑ Kap Blanco

Kap Verde, eine Halbinsel an der Westküste Senegals. Die Kapverdischen Inseln befinden sich ca. 600 km vor der westafrikanischen Küste im Atlantik.

In welcher Stadt befindet sich das australische Opernhaus mit den berühmten Faltendächern?

- ❑ Melbourne
- ❑ Adelaide
- ❑ Brisbane
- ❑ Sidney

In Sidney. Der 1973 fertig gestellte Bau des dänischen Architekten Jørn Utzon verschlang 103 Mio. australische Dollars. Es ist neben der 1148 m langen Sidney Harbour Bridge ein Wahrzeichen der Stadt.

Was war die wichtigste Rechtssammlung des alten Orients?

- ❑ Veda
- ❑ Kodex Hammurapi
- ❑ Kodex Urnammu
- ❑ Avesta

Der Kodex des Hammurapi, der um 1686 v. Chr. entstand. Die Gesetze und Verwaltungsvorschriften des altbabylonischen Herrschers sind auf einer 2,2 m hohen Diorit-Stele erhalten. Er selbst ist auf einem Relief im oberen Teil der Stele abgebildet.

Wer ging als „Walzerkönig" in die Musikgeschichte ein?

- ❑ Franz Lehár
- ❑ Joseph Lanner
- ❑ Johann Strauß Sohn
- ❑ Johannes Brahms

Johann Strauß Sohn (1825–99), dessen Walzer *An der schönen blauen Donau* oder *G'schichten aus dem Wiener Wald* zur Zeit der k. u. k.-Monarchie in der ganzen Welt bekannt wurden.

Worüber gibt die Arbeitslosenquote Auskunft?

- ❑ Anteil der Arbeitslosen an den Beschäftigten
- ❑ offene Stellen
- ❑ Arbeitslosenzahl
- ❑ Zahl der Arbeitswilligen

Über den Anteil der Arbeitslosen an den Erwerbstätigen, die einer abhängigen Beschäftigung nachgehen. Sie ist ein Maßstab für die Beschäftigungslage auf dem Arbeitsmarkt.

Was ist ein Blockbuster?
- ❑ Science Fiction-Film
- ❑ Flugzeugträger
- ❑ Kinohit
- ❑ Sprengmeister

Ein Film, der zu einem Kassenschlager im Kino wird. Bestes Beispiel hierfür ist der Film-Hit *Titanic* (1998) von James Cameron.

Wozu benötigt man ein Modem?
- ❑ Verwandlung analoger Signale in digitale
- ❑ Offline-Bearbeitung
- ❑ Telefonieren
- ❑ Tabellenkalkulation

Für die Verwandlung digitaler Signale in analoge (Modulation) und umgekehrt (Demodulation). Dies ist nötig, wenn zur Datenübertragung nur die Telefonleitung zur Verfügung steht.

Wer erhielt 754 die „Pippinische Schenkung"?
- ❑ Kirchenstaat
- ❑ Pippin III.
- ❑ Herzog von Aquitanien
- ❑ Kloster St. Gallen

Der Kirchenstaat, das Patrimonium Petri, wie er im Wesentlichen bis zum Jahr 1870 in Italien bestand. Papst Stephan († 757) übertrug dabei dem König der Franken als Gegenleistung den Titel eines „patricius Romanorum" (Schutzherr der Römer).

Welche legendäre Rockgruppe der 60er-Jahre wurde von Jim Morrison (1943–1971) geleitet?
- ❑ Nirvana
- ❑ Joy Division
- ❑ The Doors
- ❑ The Cure

The Doors. Morrison, der Sänger der Gruppe, schrieb auch die Texte für die Songs, die zu den Klassikern des Rock gehören; u. a. *Light my fire* (1967) und *Hardrock Café* (1970).

Wer hat um 1826 den Rotationswandler entdeckt?
- ❑ Hans Ch. Ørsted
- ❑ James C. Maxwell
- ❑ Michael Faraday
- ❑ John Tyndall

Michael Faraday (1791–1867). Zwischen den Polen eines Hufeisenmagneten schwenkt eine Drahtspule hin und her, die elektrischen Strom erzeugt. Der Rotationswandler ist das Herzstück der meisten elektrischen Geräte.

Welcher Frieden beendete 1648 den Dreißigjährigen Krieg?
- ❑ Friede von Hubertusburg
- ❑ Haager Friedenskonferenz
- ❑ Westfälischer Friede
- ❑ Friede von Rijswijk

Der Westfälische Friede. Aus dem Deutschen Reich entstand ein riesiger Flickenteppich aus souveränen Fürstentümern. Die Niederlande und die Schweiz wurden unabhängig.

Wo schwelt der Konflikt zwischen Flamen und Wallonen?
- ❑ Niederlande
- ❑ Belgien
- ❑ Luxemburg
- ❑ Frankreich

In Belgien, das 1830 seine Unabhängigkeit erhielt. Nationalistische Flamen fordern die Unabhängigkeit, viele Wallonen sprechen sich dagegen für einen Anschluss an Frankreich aus.

Was ist der größte Alpensee?
- ❑ Genfer See
- ❑ Lago Maggiore
- ❑ Comer See
- ❑ Gardasee

Der Genfer See mit einer Fläche von etwa 583 km^2. Am Ostende fließt die Rhône in den See, im Westen tritt sie bei Genf wieder aus.

Welche religiöse Gemeinschaft gründete 1652 George Fox?
- ❑ Baptisten
- ❑ Quäker
- ❑ Amische
- ❑ Mormonen

Die Quäker. Der Schuster und Laienprediger soll bei Gericht jedes Mal, wenn das Wort „Gott" ausgesprochen wurde, am ganzen Leib gezittert haben. Das trug der Sekte den Spitznamen „Zitterer" ein (engl. „to quake": zittern).

In welcher ostdeutschen Stadt ist der Thomaner-Chor zu Hause?

❑ Dresden ❑ Wittenberg
❑ Erfurt ❑ Leipzig

In Leipzig, wo seit dem 13. Jh. die Thomasschule existiert, aus der sich der weltberühmte Chor seit der Reformation mit Männer- und Knabenstimmen bestückt. Thomas-Kantor war Johann Sebastian Bach.

Welches Land wurde 1945 in der amerikanischen Besatzungszone neu gebildet?

❑ Bayern ❑ Rheinland-Pfalz
❑ Niedersachsen ❑ Saarland

Bayern, neben Baden-Württemberg und Hessen. Der Freistaat Bayern beschloss 1946 eine eigene Verfassung und wurde 1949 Mitglied der Bundesrepublik Deutschland.

Wo begann der Siegeszug der Blue Jeans?

❑ amerikanische Goldgräberlager ❑ südamerikanische Silberminen
❑ Ölförderung in Sibirien ❑ Rote Armee

In den Goldgräberlagern des amerikanischen Westens. Hier nähte der aus Bayern eingewanderte Levi Strauss 1850 die Hosen der Goldgräber aus Segeltuch, die er dann noch entsprechend einfärbte.

Welcher Tanz faszinierte die junge Generation der 60er-Jahre?

❑ Twist ❑ Foxtrott
❑ Stepptanz ❑ Boogie-Woogie

Der Twist. Schuld daran war der amerikanische Hit *The Twist* des afroamerikanischen Rock-'n'-Roll-Musikers Chubby Checker. Er löste eine weltweite Twist-Euphorie aus.

Was sind die Elementarteilchen?

❑ Moleküle ❑ Atome
❑ Elektronen ❑ Gene

Elektronen, Protonen und Neutronen; sie sind die klassischen Elementarteilchen. Daneben existieren z. T. äußerst kurzlebige Teilchen wie etwa Leptonen, Mesonen, Baryonen, Photonen und Resonanzen.

Welches Kieferngewächs gehört zur Pinus?

❑ Lärche ❑ Pinie
❑ Fichte ❑ Zypresse

Die Pinie, ein bis zu 30 m hoher Baum mit schirmförmiger Krone, der in den Mittelmeerländern und Portugal verbreitet ist.

Welches Land wurde 1946 in der britischen Besatzungszone gebildet?

❑ Bayern ❑ Baden-Württemberg
❑ Hamburg ❑ Nordrhein-Westfalen

Nordrhein-Westfalen, neben Schleswig-Holstein und Hannover (später Niedersachsen). Es entstand aus der preußischen Provinz Westfalen und der Rheinprovinz sowie dem Land Lippe.

Wie heißt die größte der Gesellschaftsinseln?

❑ Tahiti ❑ Hawaii
❑ Tonga ❑ Samoa

Tahiti. Sie gehört zu Französisch-Polynesien, einem Überseeterritorium Frankreichs im südlichen Pazifischen Ozean. Tahiti ist vulkanischen Ursprungs und sehr gebirgig.

Welches Speichermedium ist eine CD-RW?

❑ Floppy Disk ❑ wieder beschreibbare Compact-Disc
❑ HiFD-Laufwerk ❑ Arbeitsspeicher

Eine wieder beschreibbare Compact-Disc. Die Abkürzung steht für „Compact-Disc Rewritable“. Die CD-RW ist eine CD-ROM, auf der gespeicherte Daten gelöscht und neu beschrieben werden können.

Welcher Münchner Volkskomiker begeisterte z. B. in *Der Firmling* oder *Im Photoatelier*?
- ❑ Michl Lang
- ❑ Ludwig Schmid-Wildy
- ❑ Weiß Ferdl
- ❑ Karl Valentin

Karl Valentin (1882–1948), bürgerlich eigentlich Valentin Ludwig Fey. Aus Alltagssituationen und sprachlichen Verrenkungen entwickelte er eine absurde Logik. Partnerin war meist Lisl Karlstadt.

Wer wurde 1649 hingerichtet?
- ❑ Karl I. von England
- ❑ Kara Mustafa
- ❑ Maria Stuart von Schottland
- ❑ Ludwig XVI. von Frankreich

Karl I. (1600–49), der Enkel Maria Stuarts. Nur wenige Wochen später wurde die englische Republik, das „Commonwealth“, ausgerufen. Das Parlament hatte sich gegen die Royalisten durchgesetzt.

Welcher Philosoph bereitete das Zeitalter der Aufklärung geistig vor?
- ❑ John Locke
- ❑ Charles de Montesquieu
- ❑ Denis Diderot
- ❑ Thomas Hobbes

John Locke (1632–1704). 1690 legte er mit seinen *Zwei Abhandlungen über die Regierung* die Theorie der Gewaltenteilung vor. Die Verfassung der USA und des revolutionären Frankreichs von 1787 lehnten sich daran an.

Wer schrieb *Die G'schicht vom Brandner-Kaspar* (1871)?
- ❑ Alois Johannes Lippl
- ❑ Michl Ehbauer
- ❑ Franz Ritter von Kobell
- ❑ Kiem Pauli

Der Mineraloge und Dichter Franz Ritter von Kobell (1803–82). In dem auch heute noch sehr oft gespielten Volksstück brillierte der fast schon legendäre Ludwig Schmid-Wildy.

In welches Reich fielen die Hyksos ein?
- ❑ Indus
- ❑ Ägypten
- ❑ Assur
- ❑ Azteken-Reich

In das alte Ägypten. Um 1650 v. Chr. übernahmen die Hyksos, ein asiatisches Kriegsvolk mit pferdebespannte Kampfwagen und Bögen aus Horn und Holz, die Macht in Unterägypten. Sie wurden 1552 v. Chr. vertrieben.

Welche Fußball-Trophäe erhält die siegreiche Mannschaft alljährlich beim DFB-Pokal?
- ❑ Vereinspokal
- ❑ UEFA-Pokal
- ❑ Europapokal der Pokalsieger
- ❑ Europameistertitel

Den Vereinspokal des Deutschen Fußball-Bundes (DFB). Teilnahmeberechtigt sind nicht nur die großen Bundesligavereine, sondern auch alle Vereine auf örtlicher und regionaler Ebene.

Welcher Baum ist auf der Flagge des Libanon abgebildet?
- ❑ Zeder
- ❑ Dattelpalme
- ❑ Gingko
- ❑ Ölbaum

Eine Zeder. Das dauerhafte und widerstandsfähige, rotfarbige Holz schätzte man schon im Altertum. In Ägypten verwendete man es bei der Mumifizierung.

Welche Vereinigung wurde 1967 von südostasiatischen Staaten gegründet?
- ❑ OPEC
- ❑ EFTA
- ❑ APEC
- ❑ ASEAN

Die ASEAN (Association of South East Asien Nations). Sie will den Frieden, wirtschaftlichen Aufschwung und sozialen Wohlstand in den Mitgliedsstaaten fördern.

Was formulierte Ernst Haeckel (1834–1919)?
- ❑ Klassen der Sporozoa
- ❑ Mendelsche Regeln
- ❑ biogenetische Grundregel
- ❑ Vitalismus

Der Zoologe und Naturphilosoph stellte die sog. biogenetische Grundregel auf, der zufolge ein Lebewesen bis zur Geburt sehr oft Merkmale besitzt, die auch seine Vorfahren hatten.

Was ist der Breitling Orbiter 3?
- ❑ Marssonde
- ❑ Space Shuttle
- ❑ Satellit
- ❑ Heißluftballon

Ein Heißluftballon, der 1999 in 19 Tagen, 21 Stunden und 25 Minuten einmal die Erde umrundete. Piloten waren der Schweizer Bertrand Piccard und der Brite Brian Jones.

Was ist der längste Fluss Asiens?
- ❑ Lena
- ❑ Ganges
- ❑ Jangtsekiang
- ❑ Hoangho

Jangtsekiang, „Blauer Fluss". Die Chinesen nennen ihn so, weil er relativ wenig Schlamm mit sich führt. Er entspringt im Hochland von Tibet und mündet nördlich von Shanghai ins Chinesische Meer.

Wer oder was ist *Waltzing Mathilda*?
- ❑ Walzer
- ❑ Beatles-Hit
- ❑ Volkslied
- ❑ Balztanz

Ein Volkslied von Andrew Patersons (1864–1941), das vielfach vertont wurde. Die Verse des australischen Lyrikers sind über die Grenzen Australiens hinaus populär geworden.

Welcher erste islamische Staat entstand in Europa?
- ❑ Emirat von Córdoba
- ❑ Kalifat von Bagdad
- ❑ Vereinigte Arabische Emirate
- ❑ Osmanisches Reich

Das Emirat von Córdoba, 756 von Abd Ar-Rahman I. gegründet, der als einziger Omaijade das Massaker der Abbasiden überlebte. Er ließ die Große Moschee von Córdoba errichten.

Wer führte in dem Film-Klassiker *Citizen Kane* (1940) Regie?
- ❑ Orson Welles
- ❑ Michelangelo Antonioni
- ❑ Jacques Rivette
- ❑ Laurence Olivier

Orson Welles (1915–85). Der Film beleuchtete kritisch die Karriere des Medienmoguls W. R. Hearst. Bekannt gemacht hatte Welles 1938 das realistische Hörspiel nach H. G. Wells' *Krieg der Welten*.

Welche Gründung geht auf William Penn zurück?
- ❑ Salt Lake City
- ❑ Princeton
- ❑ Cinncinati
- ❑ Pennsylvania

Pennsylvania. Penn (1644–1718), der wegen seiner religiösen Anschauungen in England mehrmals inhaftiert wurde, war ein Quäker. Für seine Glaubensgenossen, die jeden Kriegsdienst oder Eid ablehnten, schuf er hier eine Zufluchtstätte.

Wer soll laut Verordnung vom 1. August 2000 eine Green Card erhalten?
- ❑ Ausländer aus EU-Ländern
- ❑ Computerfachleute aus Nicht-EU-Ländern
- ❑ Deutsche
- ❑ Aussiedler

Computerfachleute aus Nicht-EU-Ländern. Die Verordnung verschafft hoch qualifizierten ausländischen Fachkräften der Informations- und Kommunikationstechnik (IT) eine Arbeitsgenehmigung.

Welches kleine Reich im Himalaya hatte ein geistliches Oberhaupt, das sich in einem Kind re-inkarnierte?
- ❑ Nepal
- ❑ Bhutan
- ❑ Tadschikistan
- ❑ Indien

Bhutan. Der letzte „Dharma Radscha" starb 1904, ohne dass ein geeignetes Kind gefunden wurde. Das „Drachenland" Bhutan ist heute, nachdem bis 1972 die Sklaverei und Frondienste abgeschafft wurden, Mitglied der UNO.

Wer sprach sich für die Gewaltenteilung im Zeitalter der Aufklärung aus?

- ❑ Charles de Montesquieu ❑ Jean-Jacques Rousseau
- ❑ Immanuel Kant ❑ Moses Mendelssohn

Charles de Montesquieu (1689–1755), dessen Werk *Vom Geist der Gesetze* (1748) die Teilung der Staatsgewalt in die Legislative, Judikative und Exekutive propagierte.

Wie definiert man die Dichte eines Körpers?

- ❑ Fläche/Volumen ❑ Fläche/Höhe
- ❑ Volumen/Druck ❑ Masse/Volumen

Die Dichte wird durch das Verhältnis der Masse eines Körpers zu seinem Rauminhalt bestimmt. Man gibt sie in kg pro m^3 an.

Welchen weltberühmten Knabenchor stiftete 1498 Kaiser Maximilian I. (1459–1519)?

- ❑ Regensburger Domspatzen ❑ Thomaner-Chor
- ❑ Dresdener Kreuz-Chor ❑ Wiener Sängerknaben

Die Wiener Sängerknaben. Der Chor ging aus der Hofmusikkappelle hevor. Bedeutende Komponisten waren auch darunter; z. B. der Flame Heinrich Issac, von dem das Volkslied *Innsbruck, ich muss dich lassen* stammt.

Wo entsteht der Dreischluchtenstaudamm?

- ❑ Nil ❑ Jangtsekiang
- ❑ Wolga ❑ Indus

Am Jangtsekiang. Das größte Wasserkraftprojekt der Welt staut den Fluss in der Provinz Sichuan (China) zu einem 600 km langen und 175 m tiefen See auf. Rund 1,4 Mio. Menschen müssen umgesiedelt werden.

Was bezeichnet neuerdings der englische Begriff carrier?

- ❑ Karriere ❑ große Touristikanbieter
- ❑ private Postunternehmen ❑ Botendienste per Rad

Die Giganten der Touristikbranche, insbesondere bei Flugreisen. Ursprünglich bedeutet carrier „Transportunternehmer” bzw. „Transportflugzeug”.

Welches Land wurde 1947 durch den Alliierten Kontrollrat aufgelöst?

- ❑ Deutsches Reich ❑ Reichsprotektorat Böhmen und Mähren
- ❑ Generalgouvernement ❑ Preußen

Preußen, das den Alliierten als Sinnbild des deutschen Militarismus galt. Die Auflösung erfolgte am 15. Februar 1947 durch das Gesetz Nr. 46.

Welcher Regisseur machte mit seinen Komödien Marylin Monroe und Jack Lemmon berühmt?

- ❑ Howard Hawks ❑ Pietro Germi
- ❑ Billy Wilder ❑ Woody Allen

Billy Wilder (*1906). Mit Filmen wie das *Verflixte siebente Jahr* (1955) und *Manche mögen's heiß* (1959) machte er Marylin Monroe zur Filmlegende; in *Das Appartement* (1959/60) und *Der Glückspilz* (1965/66) spielt Jack Lemmon die Hauptrollen.

Was ist der auf 3810 m Höhe gelegene höchste schiffbare See der Erde?

- ❑ Titicacasee ❑ Dong-ting-hu
- ❑ Nam Tsho ❑ Königssee

Der Titicacasee in Bolivien. Er ist mit seinen 83.000 km^2 gleichzeitig das größte Binnengewässer Lateinamerikas. Auf der Mond- und Sonneninsel befinden sich Inka-Ruinen.

Was leitete 1947 den „Kalten Krieg“ ein?

- ❑ Stalin-Note ❑ Truman-Doktrin
- ❑ Marshallplan ❑ Nordatlantikpakt

Die Truman-Doktrin, benannt nach dem amerikanischen Präsidenten Harry S. Truman. Sie erklärte den Kampf gegen den Kommunismus und führte zur Teilung Deutschlands.

Welcher Schriftsteller erfand Winnetou?

- ❑ Joseph Conrad
- ❑ Henry Morton Stanley
- ❑ Karl May
- ❑ Jules Vernes

Der Sachse Karl May (1842–1912), dessen authentisch wirkende Reiseerzählungen lediglich auf einer genauen geographischen wie kulturhistorischen Recherche beruhen.

Wann kann eine weibliche Eizelle befruchtet werden?

- ❑ Eisprung
- ❑ Menstruation
- ❑ Menopause
- ❑ Schwangerschaft

Beim monatlichen Eisprung, wenn ein Ei aus dem Eierstock in den Eileiter gelangt. Es kann nun von den männlichen Samenzellen befruchtet werden.

Was war die „Petition of Rights“ von 1628?

- ❑ Kriegserklärung
- ❑ Bittschrift an den König
- ❑ Gerichtsurteil
- ❑ Friedensvertrag

Eine Bittschrift, die das englische Parlament 1628 an König Karl I. richtete. In ihr forderte es das Steuerbewilligungsrecht und verschiedene Grundrechte ein.

Wie heißt der Vulkan am Golf von Neapel?

- ❑ Vesuv
- ❑ Äthna
- ❑ Ascension
- ❑ Popocatépetl

Vesuv. Er ist der einzige aktive Vulkan auf dem europäischen Festland. Der schwerste Ausbruch des Vesuv ereignete sich 79 n. Chr., wobei die Städte Herculaneum, Pompeji und Stabiae begraben wurden.

Welcher Philosoph war ein geistiger Wegbereiter der Französischen Revolution?

- ❑ Immanuel Kant
- ❑ Claude Adrien Helvétius
- ❑ Jean Paul
- ❑ Jean-Jacques Rousseau

Rousseau (1712–1778). 1762 erschienen zwei bahnbrechende Schriften: *Über den Gesellschaftsvertrag* und sein Roman *Emile oder Über die Erziehung*. Ein zentrales Motiv ist sein Appell „Zurück zur Natur“.

Wozu dient ein Cursor beim PC?

- ❑ Positionsanzeige
- ❑ Wechsel des Fensters
- ❑ neuen Ordner erstellen
- ❑ Layout

Der Positionsanzeige auf dem Bildschirm. Durch ein Blinkzeichen in Form eines senkrechten Strichs o. Ä. wird die derzeitige Eingabeposition angezeigt. Seine Bewegung erfolgt über die Tastatur oder die Maus.

In welcher Mozartoper sind Pamina, Tamino und Papageno die Hauptpersonen?

- ❑ *Hochzeit des Figaro*
- ❑ *Don Giovanni*
- ❑ *Così fan tutte*
- ❑ *Zauberflöte*

In der *Zauberflöte* (1791). Das Libretto ist von Emanuel Schickaneder (1751–1812). Tamino soll – begleitet von dem „gefiederten“ Papageno – die Tochter der Königin der Nacht, Pamina, befreien.

Was versteht man unter einem „Assessment-Center“?

- ❑ psychologischer Eignungstest
- ❑ Bewerbungstraining
- ❑ US-Finanzbehörde
- ❑ Börsenverein

Ein psychologischer Eignungstest, der sich über mehrere Stunden oder auch Tage hinzieht. Dabei sollen die fachliche und charakterliche Eignung im Hinblick auf eine Stelle herausgefunden werden.

Welches Land erzielt durch den Koka-Anbau bedeutende Einkünfte aus dem Drogenhandel?

❑ Brasilien ❑ Bolivien
❑ Dominikanische Republik ❑ Mexiko

Bolivien. Es gehört nach Peru zu den weltweit größten Herstellern von Koka-Blättern, dem Grundstoff für Kokain. Die Bauern erzielen für Koka höhere Erlöse als für andere landwirtschaftliche Produkte.

Wie nennt man die Regie bei der Gestaltung eines Balletts bzw. Tanzstücks?

❑ Interpretation ❑ Inszenierung
❑ Choreographie ❑ Partitur

Choreographie (von griechisch choros „Tanz"; graphein „schreiben"). Wegweisend für das 20. Jh. war George Balanchine (1904–83). Heute ist z. B. Pina Bausch eine Instanz.

Wo gründeten die Hethiter um 1600 v. Chr. ihr Reich?

❑ Anatolien (Ost-Türkei) ❑ Ägypten
❑ Makedonien ❑ Thessalien

In Anatolien, wo Hattusili I. die hethitischen Stämme vereinte. Sie drangen bis nach Nordsyrien und bis nach Südmesopotamien vor, wo sie 1531 v. Chr. Babylon einnahmen. Kurz danach wurde ihr Reich von den Churritern erobert.

Von wem stammt die Melodie für die Eurovisionssendungen der europäischen Fernsehanstalten?

❑ Johann Sebastian Bach ❑ Georg Friedrich Händel
❑ Benjamin Britten ❑ Marc-Antoine Charpentier

Von dem Franzosen Marc-Antoine Charpentier (1634/36–1704), der vor allem sakrale Musik für den französischen Hof komponierte. Die Melodie der Eurovisionssendungen ist aus dem Prélude zu seinem *Te Deum* für Soli, Chor und Orchester.

Was ist eine Lungenembolie?

❑ Verschluss einer Lungenarterie ❑ Schlaganfall
❑ Thrombose ❑ Bronchitis

Bei dieser häufigen Embolie-Form wird eine Lungenarterie durch einen verschleppten Blutpfropf (aus den Schenkel- oder Beckenvenen) verstopft. Eine Lungenembolie kann zum Tod führen.

Welche Stadt am Tigris wurde 763 zur Residenz der Kalifen?

❑ Seleukeia ❑ Bagdad
❑ Diyarbakır ❑ Mosul

Bagdad (iran. „Gottesgeschenk"). Der Abasside Al Mansur verlegte die Hautstadt von Damaskus ins Zweistromland. Im 11. Jh. wurde die Medrese (Hochschule) Nisamija ein Zentrum sunnitischer Gelehrsamkeit.

Welche Republik wurde 1974 von der Türkei zu einem Drittel besetzt?

❑ Kreta ❑ Malta
❑ Zypern ❑ Rhodos

Zypern. Die drittgrößte Insel im Mittelmeer liegt rund 100 km westlich von Syrien und etwa 70 km südlich der Türkei. Hauptstadt und zugleich größte Stadt Zyperns ist Nicosia.

In welchem literarischen Meisterwerk hinterfragte Kenzaburō Ōe die japanische Gesellschaft?

❑ *Mister Aufziehvogel* ❑ *Die Brüder Nedokoro*
❑ *Kitchen* ❑ *Der Fang*

Mit dem Roman *Die Brüder Nedokoro* (auch: *Der stumme Schrei*) aus dem Jahr 1967. Existenzialistische Bezüge zu Sartre werden deutlich; er skizziert die Situation Entwurzelter und Suchender.

Was ist die Hauptstadt der Republik Bosnien-Herzegowina?

❑ Sarajewo ❑ Banja Luka
❑ Dubrovnik ❑ Pale

Sarajewo. Die beinahe 100 Minarette und verwinkelten Gassen des türkischen Basars erinnern an die Zeit der Türkenherrschaft (bis 1878). Auch heute noch lebt hier eine relative Mehrheit von Muslimen.

Welcher Minister war ein bedeutender Vertreter des Merkantilismus?

❑ Kardinal Richelieu ❑ Jacques Necker
❑ Anne Robert Jacques Turgot ❑ Jean-Baptiste Colbert

Jean-Baptiste Colbert (1619–83), der Finanzminister des „Sonnenkönigs". Mit Maßnahmen wie dem Ausbau von Verkehrswegen und der Errichtung von Zollschranken sollte die eigene Wirtschaft gefördert werden.

Wer formulierte den Kategorischen Imperativ?

❑ Friedrich Nietzsche ❑ Platon
❑ Immanuel Kant ❑ Niccolò Machiavelli

Immanuel Kant (1724–1804): „Handle stets so, dass die Maxime deines Willens jederzeit zugleich als Prinzip einer allgemeinen Gesetzgebung gelten könne."

Wer thront angeblich auf dem Chrysanthementhron?

❑ König von Nepal ❑ Tenno
❑ König von Thailand ❑ König von Jordanien

Der japanische Kaiser (auch Tenno). Allerdings ist der Thron eine westliche Auffassung. Die sechzehnblättrige Chrysantheme ist lediglich das Wappen des Tenno.

Was bezeichnet man in der bildenden Kunst als Akanthus?

❑ Pfeilerform ❑ Pflanzenornament
❑ Chorgestühl ❑ dreiteiliges Altarbild

Eine Pflanze (Bärenklau) mit stark gezackten Blättern. Sie ist als Zierform etwa an korinthischen Kapitellen gebräuchlich. „Akanthus" kommt aus dem griechischen ákantha, „Dorn".

Welchem Zweck diente 1969 die Einrichtung des Computernetzes ARPANet, des ersten Internets?

❑ wissenschaftlich ❑ militärisch
❑ kommerziell ❑ politisch

Einem militärischen Zweck. Die USA richteten ARPANet ein, um für den Fall eines Atomkrieges die Kommunikation zwischen den Raketenstationen sicher zu stellen.

Wo spielt Sauerstoff in der Chemie eine wichtige Rolle?

❑ Oxidation ❑ Photosynthese
❑ biologische Assimilation ❑ Autotrophie

Bei der Oxidation und Reduktion. Bei der Reduktion wird Sauerstoff aus einer Verbindung entfernt, bei der Oxidation reagiert ein Element mit Sauerstoff.

Was war der Marshallplan?

❑ Wiederaufbauprogramm ❑ NATO-Gründungsplan
❑ Plan zur Gründung Israels ❑ Offensive im Zweiten Weltkrieg

Ein Wiederaufbauprogramm für Europa, das auf den US-Außenminister Marshall zurückging und am 5. Juni 1947 verkündet wurde.

Welche südamerikanische Republik zeigt durch ihren Namen ihre Lage am Äquator an?

❑ Bolivien ❑ Venezuela
❑ Brasilien ❑ Ecuador

Ecuador, im Nordwesten Südamerikas. Der kleinste Andenstaat ist nach seiner Lage am Äquator benannt. Die Hauptstadt ist Quito.

Wer ist der weltgrößte Kaffee-Erzeuger?

❑ Guatemala ❑ Indonesien
❑ Brasilien ❑ Kolumbien

Brasilien. Mit 20% der Welterzeugung ist Brasilien vor Kolumbien und Indonesien der größte Kaffe-Produzent.

Was bezeichnet man in Kirchen als Apsis?

❑ Haupt des Chores ❑ Langhaus
❑ Kapelle ❑ Taufbecken

Das Chorhaupt, d. h. den meist auf halbrundem Grundriss erbauten und mit einer Halbkuppel überwölbten Raum, der den Altarraum abschließt.

Welche Aufgabe hatte der Parlamentarische Rat von 1948/49?

❑ Ausarbeitung einer Verfassung ❑ Wahl des Bundeskanzlers
❑ Beschluss von Gesetzen ❑ Wahl des Bundespräsidenten

Eine demokratische Verfassung auszuarbeiten, nachdem die Westalliierten die Länderregierungen dazu aufgefordert hatten; die Ministerpräsidenten bestanden jedoch auf dem Begriff „Grundgesetz“ statt Verfassung.

Was ist in der antiken Architektur ein Atrium?

❑ Gesindehaus ❑ Orangerie
❑ Innenhof ❑ Bodenmosaik

Ein Innenhof in altrömischen Villen. Der Begriff findet im altchristlichen und romanischen Kirchenbau auf die Vorhalle bzw. den Vorhof Anwendung.

Wo tagte der „Immerwährende Reichstag“?

❑ Aachen ❑ Nürnberg
❑ Regensburg ❑ Wien

In Regensburg, wo ihn Kaiser Leopold I. 1663 einberief. Hierher entsandten bis 1806 rund 300 Reichsstände ihre Vertreter. Hierzu gehörten weltliche und geistliche Reichsfürsten, Ritter und Reichsstädte.

Was verfassten 1847 Karl Marx und Friedrich Engels?

❑ *Zur Lage der arbeitenden Klasse* ❑ *Das Kommunistische Manifest*
❑ *Das Kapital* ❑ *Die Entstehung der Arten*

Das Kommunistische Manifest. Karl Marx (1818–83) und Friedrich Engels (1820–95) lieferten damit die Programmschrift des Marxismus. Es endet mit dem Aufruf „Proletarier aller Länder, vereinigt euch!“

Was leistete Stephen W. Hawking?

❑ Urknall-Theorie ❑ Hilbert-Raum
❑ Grundlagen der Algebra ❑ Mengenlehre

Hawking (*1942) belegte durch seine Forschungen, dass die Relativitätstheorie die Urknall-Theorie über den Ursprung des Universums stützt. Ferner trug er zur Erforschung der Schwarzen Löcher bei.

Was versteht man volkswirtschaftlich unter Aufwertung?

❑ Gentrification ❑ Preiserhöhung
❑ Erhöhung des Wechselkurses ❑ Inflation

Die Erhöhung des Wechselkurses, meist zur Anpassung der inländischen Währung an die tatsächliche Kaufkraft im Verhältnis zum Ausland. Sie begünstigt den Import und verteuert den Exporte.

Welche olympische Disziplin gab es schon bei den alten Griechen?

❑ Reiten ❑ Schwimmen
❑ Diskuswurf ❑ Marathonlauf

Das Diskuswerfen. Die antiken Scheiben hatten ein Gewicht von bis zu 7 kg. Der seit 1912 gültige Diskus wiegt bei den Herren 2 kg, bei Frauen 1 kg.

Welche Mode-Droge wird vor allem in der Techno-Musik-Szene konsumiert?

- ❑ LSD
- ❑ Heroin
- ❑ Marihuana
- ❑ Ecstasy

Ecstasy (englisch „Exstase“) oder auch XTC. Diese ursprünglich von einem deutschen Chemiker erfundene synthetische Droge wirkt euphorisierend (deshalb auch „Glücklichmacher“).

Welche Stadt besitzt den größten schwimmenden Hafen der Welt?

- ❑ Rotterdam
- ❑ Manaus
- ❑ Singapur
- ❑ Mombasa

Manaus am Rio Negro, der in den Amazonas mündet. Wegen der großen Schwankungen der Wasserhöhe stehen die von britischen Ingenieuren konstruierten Kaianlagen nicht fest, sondern passen sich dem Wasserstand an.

Zu welchem Land gehören die Galápagos-Inseln?

- ❑ Kolumbien
- ❑ Nicaragua
- ❑ Ecuador
- ❑ Chile

Zu Ecuador. Das Paradies für Riesenschildkröten und Leguane befindet sich etwa 1050 km westlich des Mutterlandes im Pazifik.

Was besagt die Metapher Datenautobahn beim Stand der heutigen Computertechnik?

- ❑ Hochgeschwindigkeitsnetz
- ❑ gebührenfreie Datenübermittlung
- ❑ internationale Datensicherheit
- ❑ digitaler Datentransfer

Digitaler Datentransfer in Bild, Ton und Schrift über das Medium Internet. Er verdient allerdings bei den gegenwärtigen Datenübertragungsgeschwindigkeiten diese Bezeichnung noch nicht.

Was ist ein Baptisterium?

- ❑ Salböl
- ❑ Aussegnungshalle
- ❑ Basilika
- ❑ Taufkirche

Eine Taufkirche, in der das Sakrament der Taufe gespendet wird. Prächtige Taufkirchen, meist als eigenständiger Rund- oder Oktogonalbau, wurden seit dem 11. Jh. errichtet, etwa jene in Pisa.

Wie errang die Königinwitwe Hatschepsut die Macht in Ägypten?

- ❑ Heirat
- ❑ Staatsstreich
- ❑ Erbfolge
- ❑ Königsmord

Durch einen Staatsstreich um 1490 v. Chr. Nach dem Tod ihres Mannes und Halbbruders Thutmosis II. hatte sie die Regentschaft für ihren unmündigen Stiefsohn Thutmosis III. übernommen, den sie absetzte.

In welcher Oper Richard Strauss' kommt der Baron Ochs von Lerchenau vor?

- ❑ *Der Rosenkavalier*
- ❑ *Der Bürger als Edelmann*
- ❑ *Salome*
- ❑ *Die Frau ohne Schatten*

Im *Rosenkavalier* (1911). Der grobianische Zeitgenosse lässt den jungen Edelmann Octavian als Rosenkavalier um die Tochter eines Adligen werben. Prompt macht dieser das Rennen.

Welchen historische Anlass hat das um 1100 verfasste *Rolandslied*?

- ❑ Gefecht bei Roncesvalles
- ❑ Tag von Verden
- ❑ Schlacht auf den Katalaunischen Feldern
- ❑ Kampf Dietrich von Berns gegen Laurin

Das Gefecht in den Pyrenäen bei Roncevalles. Das kleine Heer Karls des Großen (747–814) befand sich 778 auf dem Rückzug aus dem maurischen Spanien, als die Nachhut von den Mauren oder Basken angegriffen wurde. Unter den Gefallenen befand sich der Markgraf Roland.

Welchen lateinamerikanischen Ursprung hat der Tango?

- ❑ Brasilien
- ❑ Kuba
- ❑ Argentinien
- ❑ Mexiko

Er kommt aus Argentinien. Zwischen 1850 und 1880 ist er abseits der „besseren Gesellschaft" in Buenos Aires entstanden. Er speist sich aus schwarzen, spanischen und kreolischen Elementen.

Was leisten Chromosomen?

- ❑ Befruchtung
- ❑ Stoffwechsel
- ❑ Erbinformationen
- ❑ Evolutionstheorie

Die Chromosomen sind die Träger der Erbinformationen bei Mensch, Tier und Pflanze und befinden sich im Inneren des Zellkerns. Sie bestehen aus die DNS (Desoxyribonukleinsäure).

Was ist die größte Stadt Chinas?

- ❑ Shanghai
- ❑ Hong Kong
- ❑ Peking
- ❑ Kanton

Shanghai im Osten mit 7,8 Mio. Einwohnern. Das moderne Shanghai ist Wirtschaftszentrum des Landes; das alte glänzt durch die prachtvollen Handelshäuser aus dem 19. Jh.

Was waren die Ostindischen Kompanien?

- ❑ Teefabrikanten
- ❑ Kolonialgesellschaften
- ❑ Porzellan-Manufakturen
- ❑ Gewürzhändler

Kolonialgesellschaften, die im 17. und 18. Jh. ein Monopol auf den Handel mit Indien und Südostasien hatten. Mit umfangreichen Privilegien ausgestattet bestimmten sie die Kolonialpolitik der Niederlande, Englands und Frankreichs.

Wie heißt die große Bergkette im Westen der USA?

- ❑ Kordilleren
- ❑ Rocky Mountains
- ❑ Sierra Nevada
- ❑ Sierra Madre

Rocky Mountains. Die Gebirgskette erstreckt sich von der Mitte des US-Bundesstaates New Mexico bis zum Nordosten der kanadischen Provinz British Columbia über eine Länge von etwa 3220 km.

Welches Werbemittel ist ein Flyer?

- ❑ Fernsehspot
- ❑ Kinospot
- ❑ Anzeige
- ❑ Handzettel

Ein Handzettel (englisch „Flugblatt"), der Passanten in die Hände gedrückt wird. Die Techno-Szene hat daraus mit aufwändigen Computergrafiken ein Kunstobjekt entwickelt.

Was strebten die Stoiker mit der Apathie an?

- ❑ sexuellen Genuss
- ❑ affektlose Ruhe
- ❑ Zuneigung
- ❑ Demut

Den Zustand der Freiheit von Leidenschaften und Affekten. Der Begriff kommt aus dem griechischen a-pátheia „Schmerzlosigkeit, Unempfindlichkeit". Er hat hier also keine medizinische Bedeutung.

Wer komponierte den berühmten Säbeltanz aus dem Ballett *Ganajeh*?

- ❑ P. I. Tschaikowsky
- ❑ Aram Chatschaturjan
- ❑ Igor Strawinsky
- ❑ Sergej Prokofjew

Aram Chatschaturjan (1903–78). Neben Balletten und sinfonischen Werken schuf der Armenier Film- und Bühnenmusiken sowie Kammermusik und Lieder.

Was gilt als Geburtsstunde der Bundesrepublik Deutschland?

- ❑ Kapitulation 1945
- ❑ Wahl Konrad Adenauers
- ❑ Konstituierung des Bundestages
- ❑ Grundgesetz

Die Verkündung des Grundgesetzes am 23. Mai 1949. Am 14. August fanden die ersten Bundestagswahlen statt. Am 7. September konstituierten sich Bundestag und Bundesrat.

Welcher französische Chansonsänger armenischer Abstammung wurde mit Titeln wie *Je hais les dimanches* berühmt?

- ❑ Maurice Chevalier
- ❑ Charles Aznavour
- ❑ Georges Brassens
- ❑ Gilbert Bécaud

Charles Aznavour (*1924), eigentlich Waginak Azwurjan. Edith Piaf förderte seine Karriere, die in den 50er-Jahren begann. Seitdem sang und textete er mehr als 1000 Chansons.

Wie heißt der westafrikanische Staat, der in Deutschland besser unter dem Namen Elfenbeinküste bekannt ist?

- ❑ Ghana
- ❑ Côte d'Ivoire
- ❑ Liberia
- ❑ Burkina Faso

Côte d'Ivoire, das 1960 von Frankreich unabhängig wurde. Hauptstadt ist Yamoussoukro. Mit jährlich 860.000 t ist Côte d'Ivoire der größte Kakaoexporteur der Erde.

Wie lautet der Fachbegriff für die Zentraleinheit eines Computers?

- ❑ CPU
- ❑ HDD
- ❑ BIOS
- ❑ OS

CPU (central processing unit). Sie stellt den zentralen Bereich eines Computers dar und umfasst den Hauptprozessor, den Arbeitsspeicher und den Ein- und Ausgabeprozessor.

Wozu dient eine Zentrifuge?

- ❑ Trennen von Substanzen
- ❑ Raketenstart
- ❑ Kernspaltung
- ❑ Frequenzmessung

In einer Zentrifuge kann man unterschiedlich schwere Bestandteile eines Gemisches trennen. Dazu wird in der Zentrifuge das physikalische Prinzip der Fliehkraft (Zentrifugalkraft) ausgenutzt.

Wo wurde 1950 eine nationalchinesische Republik errichtet?

- ❑ Mandschurei
- ❑ Peking
- ❑ Formosa
- ❑ Korea

Auf Formosa, dem heutigen Taiwan. Die Gründung kam durch den Rückzug der Truppen Chiang Kaisheks (1887–1975) vor den Verbänden Mao Tsetungs zustande.

Welcher Vulkan ist der heilige und zugleich höchste Berg Japans?

- ❑ Yariga
- ❑ Shirane
- ❑ Fudschiyama
- ❑ Ishizuchi

Der Fudschiyama oder auch Fudschi, mit 3776 m über dem Meeresspiegel. Für die Japaner gilt der Fudschi als heiliger Ort. An seinen Hängen befinden sich zahlreiche Schreine und Tempel.

Wer bläst in das Didgeridoo?

- ❑ Dayaks
- ❑ Buschmänner
- ❑ Maori
- ❑ Aborigines

Die australischen Ureinwohner, die Aborigines. Das röhrenförmige Blasinstrument aus Holz oder Bambusrohr hat eine Länge zwischen einem und zweieinhalb Metern. Es begleitet die Gesänge und Tänze.

Was beinhaltet der volkswirtschaftliche Begriff Autarkie?

- ❑ Importabhängigkeit
- ❑ Selbstversorgung
- ❑ Monopolstellung
- ❑ Selbstbestimmtheit

Die Selbstversorgung einer Volkswirtschaft. Ihren Bedarf mit Gütern deckt sie aus dem eigenen Land. Ziel ist die wirtschaftliche Unabhängigkeit von anderen Ländern.

Welchen Strom befuhr 1673 der Jesuiten-Missionar Jacques Marquette?

- ❑ Sambesi
- ❑ Mississippi
- ❑ Amazonas
- ❑ Jiangtsekiang

Den Mississippi. Marquette (1637–75), der seit 1666 bei den Huronen und Algonkin missionierte, stieß westlich des Michigan-Sees auf den Oberlauf des Flusses.

Welcher Staat schenkte 1886 den USA die Freiheitsstatue?

- ❑ Frankreich
- ❑ Italien
- ❑ Großbritannien
- ❑ Deutschland

Frankreich, das damit an die 100 Jahre zuvor erfolgte amerikanische Unabhängigkeitserklärung erinnerte, die nicht wenig auch den Weg der Französischen Revolution beeinflusste.

Wie heißt der psychologische Ansatz, der vom Verhalten auf Reize in der Umwelt schließt?

- ❑ Konditionierung
- ❑ Funktionalismus
- ❑ Behaviorismus
- ❑ Neurolinguistik

Behaviorismus. Diese aus Amerika stammende Schule nahm Anleihen aus der Assoziations- und Evolutionstheorie. Begründer war John B. Watson (1878–1958).

Welche Könige wurden im Dom von Roskilde bestattet?

- ❑ Schottland
- ❑ Dänemark
- ❑ Belgien
- ❑ Schweden

Dänische Könige. 38 an der Zahl ruhen hier in kunstvollen Marmor- und Alabastersarkophagen. Der Dom wurde 1170 im romanischen Stil begonnen und im gotischen Stil vollendet.

Aus welchem Land stammte der Chansonnier Jacques Brel?

- ❑ Frankreich
- ❑ Belgien
- ❑ Französisch-Polynesien
- ❑ Martinique

Aus Belgien. Brel (1929–78) wurde in Brüssel geboren, ging aber 1953 nach Paris. Mit Chansons wie *Ne me quitte pas*, aber auch mit sehr gesellschaftskritischen Liedern wurden er zur Legende.

Woraus besteht Eiweiß?

- ❑ Proteine
- ❑ Chromosomen
- ❑ Zellen
- ❑ Pigmente

Aus Proteinen; das sind Makromoleküle, die aus Aminosäuren bestehen. Sie sind, z. B. in Form von Muskeleiweiß, ein wichtiger Baustoff des Körpers. Sämtliche Enzyme und viele Hormone sind aus Eiweißstoffen aufgebaut.

Welcher Palast entstand in der minoischen Kultur?

- ❑ Babylon
- ❑ Knossos
- ❑ Persepolis
- ❑ Mykene

Knossos auf Kreta. Der Palast soll von dem sagenhaften König Minos bewohnt gewesen sein. Die Ruinen aus der Zeit um 1600 v. Chr. wurden von dem Engländer Arthur Evans in den 30er-Jahren des 20. Jh. ausgegraben.

Was ist der sonnennächste Planet unseres Sonnensystems?

- ❑ Venus
- ❑ Merkur
- ❑ Mars
- ❑ Erde

Merkur. Sein mittlerer Abstand von der Sonne beträgt etwa 58 Mio. km. Er umrundet die Sonne in 88 Tagen. Der Merkur verfügt nur über eine extrem dünne Atmosphäre.

Für welchen Altar schufen die Brüder van Eyck das berühmte Retabel-Gemälde?

- ❑ Isenheimer Altar
- ❑ Genter Altar
- ❑ Sterzinger Altar
- ❑ Frari-Kirche, Venedig

Für den Genter Altar in der St.-Baafs-Kathedrale in Gent, Belgien. Zentrales Motiv des aufklappbaren Flügelaltarbildes ist die Anbetung des Lammes. Das Werk wurde 1432 vollendet.

Wo befand sich seit 786 die Residenz Karls des Großen?

- ❑ Pavia
- ❑ Ingelheim
- ❑ Aachen
- ❑ Fulda

In Aachen. Das mittelalterliche Königtum war ein Reisekönigtum; der Herrscher zog mit seinem Hofstaat von Pfalz zu Pfalz. Karl der Große (747–814) richtete dennoch eine Art Lieblingspfalz ein.

Welches Telekommunikationsmittel ermöglicht künftig den Transfer von Bewegtbildern beim Gespräch?

- ❑ Modem
- ❑ E-Mail
- ❑ Bildtelefon
- ❑ Videokamera

Das Bildtelefon. Mit dem ISDN-Netz der Deutschen Telekom ist neben der Gesprächsübertragung u. a. auch der Transfer von Bewegtbildern geplant.

In welchem modernen Staat befanden sich Maya-Städte?

- ❑ Belize
- ❑ Peru
- ❑ Panama
- ❑ Bolivien

In dem kleinen mittelamerikanischen Staat Belize. Mayatempel befinden sich in der Mayastadt Altun Ha, nördlich der Hauptstadt Belmopan, und in Xunantunich, westlich davon.

In welcher am Neckar gelegenen „Perle der Romantik“ thront die Schlossruine der pfälzischen Wittelsbacher?

- ❑ Eisenach
- ❑ Heidelberg
- ❑ Bacherach
- ❑ Mannheim

In Heidelberg. Der Renaissance-Bau des 17. Jh. wurde im Pfälzischen Erbfolgekrieg und bei der Explosion des Pulverturmes 1764 schwer beschädigt.

Was ist ein Gigolo?

- ❑ Klaviervirtuose
- ❑ Geliebter um des Geldes willen
- ❑ Kellner
- ❑ Gentleman

Ein junger Mann, der häufig Tanzveranstaltungen besucht (französisch) und sich von Frauen aushalten lässt.

Welches Gesetz des Jahres 1679 garantierte in England den Schutz vor willkürlicher Verhaftung?

- ❑ Habeas-Corpus-Akte
- ❑ Bill of Rights
- ❑ Test-Akte
- ❑ Magna Charta

Die Habeas-Corpus-Akte (von lateinisch „du mögest einen Körper haben“). Unter dem Druck des Parlaments unterzeichnete Karl II. (1630–85), König von Großbritannien und Irland, das Gesetz.

Was besagt das Gesetz des freien Falls über die Geschwindigkeit des fallenden Objekts?

- ❑ gewichtsunabhängig
- ❑ volumenabhängig
- ❑ gewichtsabhängig
- ❑ dichteabhängig

Beim Fallen im luftleeren Raum ist die Geschwindigkeit eines Körpers nicht von dessen Gewicht abhängig. Das bedeutet, dass eine Bleikugel im Vakuum genauso schnell zu Boden fällt wie eine Feder.

Welche griechischen Buchstaben stehen als Symbole des Anfangs und Endes für Gott oder Jesus Christus?

- ❑ Chi und Pi
- ❑ Chi und Rho
- ❑ Sigma und Phi
- ❑ Alpha und Omega

Das Alpha und das Omega. Im griechischen Alphabet sind es der erste und letzte Buchstabe, wie auch in der Offenbarung zu lesen ist: „Ich bin das Alpha und das Omega“. Es erscheint auch im Christusmonogramm.

Welcher heilige Fluss Indiens mündet bei Kalkutta in den Golf von Bengalen?

- ❑ Indus
- ❑ Godavari
- ❑ Krishna
- ❑ Ganges

Der Ganges. Er entspringt in der Südkette des Himalaja und fließt mit Ausnahme einiger Mündungsarme in Bangladesh nur durch Indien. Die rituelle Waschung im Flusswasser gilt als reinigend.

Welche Stadt gilt als Zentrum des afrikanischen Films?

- ❑ Casablanca
- ❑ Kairo
- ❑ Ouagadougou
- ❑ Kapstadt

Ouagadougou, die Hauptstadt von Burkina Faso. Hier findet in jedem ungeraden Jahr das afrikanische Filmfestival FESPACO (Festival Panafricain du Cinéma) statt.

Welcher Staatenbund gewann 1954 seine Unabhängigkeit von Frankreich?

- ❑ Algerien
- ❑ Marokko
- ❑ Indochina
- ❑ Gabun

Indochina, bestehend aus Vietnam, Laos und Kambodscha. 1954 begann auch der Unabhängigkeitskrieg in Algerien, das 1962 seine Unabhängigkeit erlangte.

Was ist die Hauptstadt von Estland?

- ❑ Riga
- ❑ Tallinn
- ❑ Vilnius
- ❑ Pärnu

Tallinn (Reval) am Eingang zum Finnischen Meerbusen. Der mittelalterliche Stadtkern mit seinem gotischen Rathaus und den protestantischen und russisch-orthodoxen Kirchen ist zum Weltkulturerbe ernannt worden.

Was ist das populärste Musiktheater in China?

- ❑ Peking-Oper
- ❑ No-Theater
- ❑ Hat Boi
- ❑ Khon

Die im 18. Jh. entstandene Peking-Oper, bei der Tanz, Theater und Akrobatik zusammenspielen. Darsteller sind – auch bei Frauenrollen – ausschließlich Männer.

Wo liegt die Schweinebucht, wo eine Invasion scheiterte?

- ❑ England
- ❑ Kuba
- ❑ Türkei
- ❑ Taiwan

Auf Kuba. Exilkubaner unternahmen 1961 einen Versuch, Fidel Castro zu stürzen, der 1959 durch eine Revolution an die Macht gekommen war.

Welcher Kirchenbau bei Steingaden gilt als Inbegriff des bayerischen Barock?

- ❑ Klosterkirche Ettal
- ❑ Wieskirche
- ❑ Klosterkirche Ottobeuren
- ❑ Stiftskirche Dießen

Die Wieskirche, 1745–54 von den Zimmermann-Brüdern Dominikus (Baumeister, Stuckateur) und Johann Baptist (Fresken) geschaffen. Charakteristisch ist der ovale, lichte Zentralraum.

Wie bezeichnet man die New Yorker Börse in Kurzform ?

- ❑ WSE
- ❑ NYSE
- ❑ Nikkei
- ❑ NYON

NYSE (New York Stock Exchange). Sie wurde 1792 gegründet und ist heute die größte Wertpapierbörse der Welt. Synonym steht hierfür oft nur noch Wall Street.

Wo spielt der Rhesusfaktor eine Rolle?

- ❑ Blutdruckmessung
- ❑ Hypertonie
- ❑ Blutleere
- ❑ Blutgruppenspezifikation

Bei der Blutgruppenspezifikation. Neben den Blutgruppen A, B, 0 und AB gibt es eine weitere Eigenschaft der roten Blutkörperchen, ein Antigen, der sog. Rhesusfaktor.

Was ist ein Internet-Portal?

- ❑ Katalog von Web-Seiten
- ❑ ISDN-Karte
- ❑ Provider
- ❑ PC

Der übersichtlich gestaltete Katalog von Web-Seiten für jeden Bedarf (Kfz-Angebote, Buch-Tipps usw.). Die derzeit erfolgreichste Portalseite der Welt stellt www.yahoo.com bereit.

Bei welchen Gelegenheiten spielt man in der Bundeswehr den Großen Zapfenstreich?

❑ Vereidigung der Rekruten ❑ Manöverende
❑ Entlassung der Rekruten ❑ Verabschiedung von Generalen

Bei der Verabschiedung von Generalen, von Verteidigungsministern und bei anderen Anlässen. Ursprünglich war der Zapfenstreich ein Signal für die Soldaten, in ihre Unterkünfte zurückzukehren.

Was ist der kleinste Erdteil?

❑ Europa ❑ Asien
❑ Australien ❑ Afrika

Australien auf der südlichen Hemisphäre. Es umfasst den Inselkontinent Australien, die benachbarte Insel Tasmanien und einige vorgelagerte Inseln. Die Hauptstadt ist Canberra.

Wie oft gewann Steffi Graf (*1969) den Grand-Slam?

❑ einmal ❑ zweimal
❑ dreimal ❑ viermal

Einmal, und zwar 1988, als sie auch Olympiasiegerin wurde. Von 1987 bis 1991 stand sie auf Platz Eins der Weltrangliste. Ein bisher unerreichter Rekord.

In welchem Parlament sitzen seit etwa 1680 Tories und Whigs?

❑ England ❑ Generalstaaten (Niederlande)
❑ Frankreich ❑ Neu-England

Im englischen Parlament. Die Tories setzten sich beim Tode Karls II. (1630–85) für einen katholischen Nachfolger ein, während die Whigs einen protestantischen Bewerber vorzogen.

Welche Rentierhalter siedeln in Norwegen, Schweden, Russland und Finnland?

❑ Lappen ❑ Eskimos
❑ Letten ❑ Karelier

Die Lappen oder Samen, die sich selbst Samek (Sumpfleute) nennen. In dem 260.000 km^2 großen Gebiet leben heute noch etwa 40.000 Lappen; viele der Nomaden sind inzwischen sesshaft geworden.

Wie nennt man die liturgische Feier in der evangelischen Kirche, die an das letzte Zusammensein Jesu mit seinen Jüngern erinnert?

❑ Passah-Fest ❑ Abendmahl
❑ Osternacht ❑ Taufe

Abendmahl. Uneinigkeit besteht nur darüber, ob die Feier nur an das letzte Abendmahl erinnern soll oder ob sich das gereichte Brot und der Wein wie im katholischen Glauben in Leib und Blut Christi verwandeln.

Wie heißt in Hölderlins Roman *Hyperion* die Geliebte des Helden?

❑ Marianne ❑ Sappho
❑ Diotima ❑ Julie

Diotima. Vorlage zu dieser weiblichen Idealgestalt lieferte Susette Gontard, die Mutter seiner Zöglinge, zu der Hölderlin eine innige, aber unerfüllte Liebe entwickelte, sowie die Priesterin in Platons *Gastmahl*.

Welchem Kulturkreis gehört die Shang-Dynastie an?

❑ Japan ❑ China
❑ Tibet ❑ Indien

Dem chinesischen am unteren und mittleren Hoangho. Sie war seit ca. 1700 v. Chr. an der Macht und erlebte um 1400 v. Chr. eine Zeit des Wohlstandes und der kulturellen Blüte.

Was war der George-Kreis?

- ❑ rechtsextreme Gruppe
- ❑ Künstlergruppe
- ❑ Schwulenvereinigung
- ❑ Widerstandsgruppe im Dritten Reich

Eine elitäre Künstlergruppe, die sich um den deutschen Lyriker Stefan George (1868–1933) scharte. Ziel war es, der Kunst, insbesondere der Neo-Romantik, neue Impulse zu verleihen.

Was verursacht Gallensteine?

- ❑ Enzyme
- ❑ Cholesterin
- ❑ Alkohol
- ❑ Stress

Die vermehrte Ablagerung von Cholesterin. Dies ist vermeidbar, wenn man auf sein Gewicht achtet und weniger zucker- und fetthaltige Speisen zu sich nimmt.

Wer veranlasste 788 die Absetzung des Bayernherzogs Tassilo III.?

- ❑ Pippin der Jüngere
- ❑ Karl der Große
- ❑ Arbeo von Freising
- ❑ Papst Hadrian I.

Karl der Große (747–814). Tassilo III. (748–nach 794) zog sich schon 763 den Zorn des Frankenkönigs Pippin (714–768) zu, als er sich auf einem Feldzug des Königs mit seinem Heer einfach nach Hause begeben hatte. Karl schickte Tassilo ins Kloster.

Zu welcher südspanischen Landschaft gehören die Städte Sevilla, Granada und Córdoba?

- ❑ La Mancha
- ❑ Andalusien
- ❑ Kastilien
- ❑ Galicien

Zu Andalusien. Der größte Teil Andalusiens ist fruchtbares Gebiet. Im Hochland sind niedrigere Temperaturen vorherrschend, wodurch es durchaus zu Schneefällen kommen kann.

Welches Inselkloster befindet sich im Golf von Saint-Malo?

- ❑ Mont-Saint-Michel
- ❑ Le Puy
- ❑ Ré
- ❑ Belle-Ile

Der Mont-Saint-Michel mit der Benediktinerabtei und dem Turm der Michaelskirche, der auf einem 73 m hohen Hügel steht und nochmals 150 m in die Höhe ragt.

Wer verfasste die in Deutschland bekanntesten Benimm-Regeln?

- ❑ Freiherr von Knigge
- ❑ La Rochefoucauld
- ❑ Lord Chesterfield
- ❑ François Fénelon

Adolf Freiherr von Knigge (1751–96), dessen zweibändiges Werk *Über den Umgang mit Menschen* (1788) bündig mit „Knigge“ abgekürzt wird.

Wo steht der Parthenon?

- ❑ Olymp
- ❑ Isthmus von Korinth
- ❑ Theben
- ❑ Akropolis von Athen

Auf der Akropolis von Athen. Der dorische Tempel entstand zur Zeit des Perikles im 5. Jh. v. Chr. unter den Baumeistern Iktinos und Kallikrates.

Was ermöglicht unter anderem die Programmiersprache Java?

- ❑ Steuerung von Haushaltsgeräten
- ❑ Erstellung von Formatvorlagen
- ❑ Desktop-Publishing
- ❑ Textverarbeitung

Die Steuerung von Haushaltsgeräten. Mit der objektorientierten und plattformunabhängigen Programmiersprache ist es ferner möglich, zusätzliche Funktionen in HTML-Dokumente einzubetten, z. B. 3-D-Modelle.

Wer annektierte 1681 die freie Reichsstadt Straßburg und das Elsass?

- ❑ Napoleon III.
- ❑ Ludwig XIV.
- ❑ Ludwig von Orléans
- ❑ Franz Stephan von Lothringen

König Ludwig XIV. (1638–1715) von Frankreich. Als Réunion (Wiedervereinigung) propagierte er seine aggressive Expansionspolitik gegen das Deutsche Reich.

Was erteilt der katholische Priester dem bußwilligen Gläubigen nach der Beichte?

- ❑ Absolution
- ❑ Exerzitien
- ❑ Aschekreuz
- ❑ Yogaübung

Die Absolution, d. h. die Lossprechung von den Sünden. Der Beichtvater sagt darin die Vergebung der Sünden zu.

Welcher bedeutende Maler gehört dem Barock an?

- ❑ Eugène Delacroix
- ❑ Peter Paul Rubens
- ❑ Michelangelo Buonarroti
- ❑ Giotto di Bondone

Peter Paul Rubens (1577–1640), der wie etwa Frans Hals, Nicolas Poussin und van Dyck zu den herausragenden Vertretern der Epoche zählt. Rubens prägte entscheidend den flämischen Barock.

Welche Information liefert der genetische Fingerabdruck?

- ❑ Blutgruppe
- ❑ Rhesusfaktor
- ❑ Erbgut
- ❑ Neurosen

Informationen über das Erbgut eines Menschen (DNS). Es genügen kleinste Spuren von Blut, Speichel, Haaren oder Samen, um die DNS zu analysieren.

Was verursachte 1962 die Kubakrise?

- ❑ Sowjetische Raketen auf Kuba
- ❑ Exportverbot der Havanna-Zigarren
- ❑ Invasion in der Schweinebucht
- ❑ Ermordung John F. Kennedys

Sowjetische Raketen auf Kuba. Nikita Chruschtschow wollte damit das Castro-Regime stützen und die militärische Bedrohung auf die USA erhöhen.

Welche autonome Republik Georgiens mit der Hauptstadt Suchumi ist faktisch unabhängig?

- ❑ Dagestan
- ❑ Abchasien
- ❑ Aserbeidschan
- ❑ Tschetschenien

Abchasien. Seit 1993 besteht ein Waffenstillstand. Abchasien hat nur etwa 525.000 Einwohner. Auch die autonomen Republiken Adscharien und Südossetien stehen nicht mehr unter der Kontrolle Georgiens.

Welcher Planet ist zugleich Morgenstern und Abendstern?

- ❑ Jupiter
- ❑ Merkur
- ❑ Mars
- ❑ Venus

Die Venus. Morgenstern wird sie genannt, da sie vor Sonnenaufgang im Osten erscheint, und Abendstern, weil sie nach Sonnenuntergang im Westen zu sehen ist.

Mit welchem Begriff beschreibt man z. B. den Robotereinsatz in der Automobilfertigung?

- ❑ Industrialisierung
- ❑ Automatisierung
- ❑ Technisierung
- ❑ Digitalisierung

Mit Automatisierung. Maschinen übernehmen reproduzierbare und teilweise gefährliche Tätigkeiten am Fließband. Aber auch in der Regel- und Computertechnik finden sich zahlreiche Anwendungen.

Wo wurde John F. Kennedy ermordet?

- ❑ Moskau
- ❑ Washington
- ❑ Dallas
- ❑ Los Angeles

In Dallas. Kennedy (1917–63) wurde 1960 zum 35. Präsidenten der USA gewählt. Berühmt wurde er u. a. durch seine Berlin-Rede und durch seine Rolle in der Kuba-Krise.

Wie heißt die Hauptstadt von Nicaragua?

- ❑ San Salvador
- ❑ Managua
- ❑ Tegucigalpa
- ❑ San José

Managua. Die Stadt liegt an der Südküste des Managuasees. Bei zwei verheerenden Erbeben 1931 und 1972 wurden große Teile der Stadt zerstört.

Was versteht man unter Morphing?
- ❑ Behandlung mit Drogen
- ❑ Trancezustand
- ❑ Computeranimation
- ❑ Zeichentrick anfertigen

Die computergesteuerte übergangslose Verwandlung einer Gestalt in eine neue Figur; so können sich beispielsweise in Videoclips oder Werbespots Tiere in Autos und umgekehrt verwandeln.

Wo befand sich einst das sog. „Bernstein-Zimmer"?
- ❑ Berlin
- ❑ Königsberg
- ❑ St. Petersburg
- ❑ Oslo

In St. Petersburg, genauer in Zarskoje Selo, im Katharinen-Palast. 1716 ging der fast fünf Meter hohe barocke Prunksaal als Geschenk König Friedrich Wilhelms I. von Preußen an Zar Peter I. Seit 1945 ist das Zimmer verschollen.

Wer komponierte *Bilder einer Ausstellung*?
- ❑ Igor Strawinsky
- ❑ Arrigo Boito
- ❑ Modest Mussorgskij
- ❑ Krzysztof Penderecki

Modest Mussorgskij (1839–81), der das Klavierstück dem befreundeten Maler Viktor Hartmann 1874 widmete. 1922 erfuhr es von Maurice Ravel die heute überwiegend bekannte Orchesterbearbeitung.

Wer begründete 1682 die Anfänge der Kolonie Louisiana?
- ❑ René-Robert Cavalier
- ❑ Francis Drake
- ❑ Vitus Jonassen Bering
- ❑ Jacob Roggeveen

Der französische Entdecker René-Robert Cavalier (1643–87), der den Mississippi hinunterfuhr und das ganze Tal im Namen des französischen Königs Louis (Ludwig) XIV. in Besitz nahm.

Wodurch hält man sein Gleichgewicht?
- ❑ Gewöhnung an Erdanziehung
- ❑ Sehkraft
- ❑ Innenohr
- ❑ Gehirn

Durch das Innenohr. Beim Menschen ist dieses Organ in einer Knochenkapsel, dem „Felsenbein", verborgen. Verändert man die Lage seines Körpers, reagieren die Sinnesborsten darauf.

Wo befindet sich der T-förmige Ballspielplatz der Maya in Honduras?
- ❑ Copán
- ❑ Machu Picchu
- ❑ Teotihuacán
- ❑ Tenochtitlán

In Copán. Er ist der schönste seiner Art und wurde 775 n. Chr. fertig gestellt. Für die Mayas hatten Ballspiele eine mythische Bedeutung.

Was ist ein Vorteil von Fernsehgeräten mit Flachbildschirm?
- ❑ Design
- ❑ Preis
- ❑ Stereophonie
- ❑ Strahlungsfreiheit

Ihre Strahlungsfreiheit und hohe Bildqualität. Ferner beeinflussen sie keine anderen elektrischen Geräte, sind leicht und Platz sparend und haben einen geringen Energieverbrauch.

Wie heißt das Schöpfungspaar der japanischen Mythologie?
- ❑ Adam und Eva
- ❑ Yin und Yang
- ❑ Izanagi und Izanami
- ❑ Amaterasu und Susano-Wo

Izanagi und Izanami, das erhabene Männliche und das erhabene Weibliche; sie waren das achte Paar nach der Entstehung von Himmel und Erde. Beide erschufen die japanischen Götter und Japan selbst.

Welches Musikinstrument soll der griechische Gott Pan erfunden haben?
- ❑ Kithara
- ❑ Leier
- ❑ Syrinx
- ❑ Cister

Die Syrinx oder Panflöte. Der Sage nach wurde die Nymphe Syrinx in Schilfrohr verwandelt, um so den Nachstellungen des lüsternen Hirtengottes zu entgehen.

Welche Pharaonin ist durch ihre berühmte Büste weltbekannt?

- ❑ Isis
- ❑ Nut
- ❑ Nofretete
- ❑ Hatschepsut

Nofretete, die Gemahlin Amenophis' IV. oder Echnatons (1364–47 v. Chr.). Die bemalte Kalksteinbüste, 1912 in Amarna gefunden, steht heute im ägyptischen Museum in Berlin-Charlottenburg.

Wer übersetzte um 370 die Bibel ins Gotische?

- ❑ Roderich
- ❑ Jordanes
- ❑ Attila
- ❑ Wulfila

Wulfila (um 311–383), der 341 in Konstantinopel zum arianischen Gotenbischof geweiht wurde. Er übersetzte das Alte und Neue Testament ins Gotische.

Was wird als „Novel Food" bezeichnet?

- ❑ Computerprogramm
- ❑ Romankunst
- ❑ genmanipulierte Produkte
- ❑ ökologischer Anbau

Gentechnisch veränderte Nahrungsmittel und deren Folgeprodukte. Weltweit wurden in der so genannten Grünen Gentechnik die Eigenschaften von rund 40 Nutzpflanzen verändert.

Wo erreichte die Buchmalerei mit dem *Book of Kells* ihre erste Blütezeit?

- ❑ Schottland
- ❑ England
- ❑ Island
- ❑ Irland

In Irland um 790, viel früher als auf dem europäischen Kontinent. Das keltische Spiralmotiv ist aus der Tara-Fibel und im Evangeliar von Durrow bekannt. Das Evangeliar des *Book of Kells* wurde Vorbild für Europa.

Auf welcher Insel leben die größten Warane?

- ❑ Galápagos
- ❑ Timor
- ❑ Kalimantan
- ❑ Komodo

Auf der kleinen Insel Komodo, westlich von Flores in Indonesien. Die bis zu 3 m langen Riesenwarane können 150 Jahre alt werden. Wildschweine, Hirsche und auch Aas stehen auf ihrer Speiseliste.

Was ist in der Mathematik der gemeinsame Nenner?

- ❑ Multiplikation mit sich selbst
- ❑ Addition gleicher Zahlen
- ❑ Division durch dieselbe Zahl
- ❑ Integration

Zwei Brüche müssen den gleichen Nenner haben (das ist die Zahl unter dem Bruchstrich), um sie addieren oder subtrahieren zu können.

Was ist der *Abrogans*?

- ❑ Glossensammlung
- ❑ römischer Feldherr
- ❑ Rechengerät
- ❑ korinthische Säule

Eine Glossensammlung und gleichzeitig das älteste germanische Schriftwerk. Sie wurde um 770 fertiggestellt.

Wie heißt die wichtigste kanadische Hafenstadt am Pazifik?

- ❑ Vancouver
- ❑ Seattle
- ❑ Quebec
- ❑ Portland

Vancouver, eine Stadt im Südwesten der kanadischen Provinz British Columbia. Die Stadt ist ein führender Seehafen an der Pazifikküste.

Welches Heer wurde 1683 in der Schlacht am Kahlenberg besiegt?

- ❑ Böhmen
- ❑ Türken
- ❑ Ungarn
- ❑ Russen

Das türkische Heer unter seinem Großwesir Kara Mustafa Pascha (1634–83), das bis Wien vorgerückt war und im Juli einen Belagerungsring um die Stadt geschlossen hatte.

Welcher deutsche Philosoph und Musikästhetiker wird zur Frankfurter Schule gerechnet?

- ❑ Edmund Husserl
- ❑ Theodor W. Adorno
- ❑ Karl R. Popper
- ❑ Niklas Luhmann

Theodor W. (Wiesengrund) Adorno (1903–69). Sein Hauptwerk befasst sich mit den Funktions- und den Wirkungsweisen des Faschismus. Zusammen mit Max Horkheimer verfasste er die *Dialektik der Aufklärung*.

Was ist die älteste Heldendichtung des Althochdeutschen?

- ❑ *Nibelungenlied*
- ❑ *Hildebrandslied*
- ❑ *Erec*
- ❑ *Parzival*

Das *Hildebrandslied*, das vermutlich zwei Mönche aus Fulda verfasst haben. Es stammt als einziges Überbleibsel aus der Hofbibliothek Karls des Großen.

Welcher schwarze Bürgerrechtler erhielt den Friedensnobelpreis?

- ❑ Malcolm X
- ❑ Jesse Louis Jackson
- ❑ Stevie Wonder
- ❑ Martin Luther King

Martin Luther King (1929–68), der einem Attentat zum Opfer fiel. Er trat gewaltlos gegen die Rassendiskriminierung in den USA ein. Berühmt ist seine Rede „I have a dream".

Was bezeichnet man in der Computertechnologie als virtuelle Realität?

- ❑ Stereometrie
- ❑ Simulation realer bzw. fiktionaler Welten
- ❑ 3-D-Diagramme
- ❑ Konfiguration

Die Simulation realer bzw. fiktionaler Welten. Computersimulierte Welten können z. B. der virtuelle (scheinbare) Besuch in einem Museum oder die Begutachtung eines Viersterne-Hotels bei der Urlaubsplanung sein.

Wo liegen die Städte Schiras und Isfahan?

- ❑ Iran
- ❑ Irak
- ❑ Indien
- ❑ Pakistan

Im Iran. Isfahan im Mittel-Iran glänzt durch seine Sakralbauten: Königsmoschee und Medrese Madar e Schah. In Schiras befindet sich das Mausoleum des Dichters Hafis.

Wer gibt ab 2002 in Deutschland Banknoten aus?

- ❑ Deutsche Bank
- ❑ Deutsche Bundesbank
- ❑ EU-Kommission
- ❑ Europäische Zentralbank

Die Europäische Zentralbank (EZB) in Frankfurt am Main, auf die seit dem 1.1.1999 die Zuständigkeit aller 11 Zentralbanken der EU übergegangen ist. Die EZB gibt den Euro aus.

Wer verfasste den *Don Quixote*?

- ❑ Miguel de Cervantes
- ❑ Lope de Vega
- ❑ Pedro Calderón
- ❑ Iacopo Sannazaro

Miguel de Cervantes Saavedra (1547–1616), der mit seinem ebenso satirischen wie tragikomischen Roman die Zeit des Rittertums und die weit verbreitete Ritterromantik aufs Korn nahm.

Was verdanken wir Euklid (um 300 v. Chr.)?

- ❑ hydraulische Gesetze
- ❑ Atom-Theorie
- ❑ klassische Geometrie
- ❑ Bruchrechnung

Der griechische Mathematiker gilt als der Begründer der klassischen Geometrie. Deshalb wird diese auch heute noch als „euklidische Geometrie" bezeichnet.

Was ist eine Ratatouille?

- ❑ Fischsuppe
- ❑ Gemüsegericht
- ❑ gemischter Salat
- ❑ gefülltes Perlhuhn

Ein Gemüsegericht, das nicht nur als Beilage, sondern auch als Vorspeise oder, etwa unter frisch gekochte Nudeln gemixt, ein ganzes Gericht darstellt. Das Wort heißt im Französischen ursprünglich „Fraß"!

Welcher indische Höhenkurort im Himalaja ist für seinen Teeanbau berühmt?

- ❑ Lhasa
- ❑ Srinagar
- ❑ Darjeeling
- ❑ Patna

Darjeeling (2185 m ü. M.). Die Stadt liegt im Nordosten von Indien, nahe der Grenze zu Nepal. Neben Tee wird vor allem Reis und Chinarinde angebaut.

Wann ging der Prager Frühling zu Ende?

- ❑ 1939
- ❑ 1956
- ❑ 1968
- ❑ 1989

1968. Der Versuch, das kommunistische Regime in der Tschechoslowakei zu reformieren, wurde durch sowjetische Truppen unterdrückt.

Was ist in der Fußballsprache ein Hattrick?

- ❑ Foulspiel
- ❑ Tor aus Standardsituation
- ❑ drei Tore in Folge
- ❑ Platzverweis

Wenn ein Spieler in einem Fußballspiel drei Tore hintereinander schießt.

Welcher Maler gehört dem niederländischen Barock an?

- ❑ Tizian
- ❑ Rembrandt
- ❑ Nicolas Poussin
- ❑ Jacques Callot

Rembrandt (1606–69). Er wählte häufig biblische Motive aus; daneben entstanden viele Porträts, Selbstporträts und Gruppenbilder wie die berühmte *Nachtwache* (1642).

Wodurch wurde 1687 der antike Parthenon-Tempel auf der Akropolis in Athen vernichtet?

- ❑ Erdbeben
- ❑ Wirbelsturm
- ❑ Kanonenkugel
- ❑ Brand

Durch eine venezianische Kanonenkugel, die in dem von den Türken als Pulvermagazin genutzten Tempelbau einschlug. Die Restaurierungsarbeiten begannen 1862.

Wem gilt die besondere Verehrung im Ahnenkult asiatischer und afrikanischer Völker?

- ❑ Götter
- ❑ Kaiser
- ❑ Familienmitglieder
- ❑ Heilige

Den Vorfahren der eigenen Familie, von denen man glaubt, dass sie über ihren Tod hinaus in der Familie weiter wirken. Mit Opfergaben und Gastmählern oder beim Gebet vor Altären wird ihnen gedacht.

Mit welcher Art von Dramen hatte Molière (1622–73) die größten Erfolge?

- ❑ bürgerliches Trauerspiel
- ❑ Schwank
- ❑ Komödie
- ❑ Tragödie

Mit Komödien, in denen er die Schwächen und Laster der Menschen der Lächerlichkeit preisgibt. Von ihm sind *Der Menschenfeind* (1667) und *Der Geizhals* (1668).

Welcher Körperteil ist durch eine Dermatitis betroffen?

- ❑ Augen
- ❑ Haare
- ❑ Arterien
- ❑ Haut

Die Haut. Dermatitis ist eine Hautentzündung, die durch eine Infektion durch Waschmittel, Chemikalien, Schmuck oder Medikamente entsteht.

Wer residierte in der um 1377 fertig gestellten Alhambra in Granada?

- ❑ Ferdinand II., der Katholische
- ❑ Juan de Villanueva
- ❑ Mauren
- ❑ Don Juan de Austria

Die Mauren. Der letzte König der Nasriden-Dynastie musste seinen Palast in Granada 1492 verlassen. Die reich ausgestattete Bastion besitzt ungewöhnlich hohe Mauern und ist mit 23 Wehrtürmen bestückt.

Welche Stadt war Namensgeber für den Portwein?

- ❑ Porto
- ❑ Porto Alegre
- ❑ Porto Cervo
- ❑ Porto Novo

Porto. Die Trauben, aus denen der Portwein hergestellt wird, wachsen im Douro-Tal im Norden Portugals. Der Douro mündet bei Porto nach 895 km in den Atlantik.

Welche Funktion übernimmt in einem PC unter anderem der Arbeitsspeicher?

- ❑ Booten
- ❑ Betrieb von Anwenderprogrammen
- ❑ Datensicherung
- ❑ Programmierung

Den Betrieb von Anwenderprogrammen wie Word oder Access. Über ihn werden auch das Betriebssystem, der Bildschirmspeicher und die zu öffnenden Daten des Benutzers geladen.

Was nennt man ein Remix?

- ❑ Neudruck
- ❑ Neuverfilmung
- ❑ Sampling
- ❑ Auffrischung alter Songs

Die Auffrischung alter Songs am Mischpult, die auf diese Weise Ende der 90er-Jahre wieder ein Comeback in den Charts feierten.

Welcher Komponist ist ein Vertreter der Renaissance- und Barockmusik?

- ❑ W. A. Mozart
- ❑ Joseph Haydn
- ❑ Claudio Monteverdi
- ❑ Léo Delibes

Claudio Monteverdi (1567–1643). 1632 komponierte er seine *Große Messe* zur Feier der Überwindung der Pest, die in Venedig ca. 500.000 Opfer gefordert hatte.

Welchen Felsentempel ließ Ramses II. errichten?

- ❑ Abydos
- ❑ Amun-Tempel
- ❑ Abu Simbel
- ❑ Artemis-Tempel in Ephesos

Abu Simbel. Ramses II. (†1224 v. Chr.) war der Sohn Sethos' I. Die Fassade des Großen Tempels zieren vier Kolossalstatuen des Pharaos. Die Längsachse der Anlage richteten die Baumeister nach astronomischen Berechnungen aus.

Wer war Jan Vermeer?

- ❑ Astronom
- ❑ Entdecker
- ❑ Dichter
- ❑ Maler

Ein niederländischer Maler des 17. Jh. Vermeer (1632–75) schuf vor allem Genrebilder wie etwa die *Küchenmagd* (1658), in denen häufig Frauen in alltägliche Tätigkeiten vertieft sind.

Was war 1688 das Ergebnis der Glorious Revolution in England?

- ❑ Diktatur Oliver Cromwells
- ❑ konstitutionelle Monarchie
- ❑ Commonwealth
- ❑ Brand Londons

Die Errichtung der konstitutionellen Monarchie. Wilhelm III. von Oranien (1650–1702) verdrängte mithilfe der anglikanischen Opposition den seit 1685 regierenden katholischen König Jakob II.

Wann setzt man eine Chemotherapie ein?

- ❑ Atrophie
- ❑ Allergie
- ❑ Infektionskrankheiten
- ❑ Embolie

Bei Infektionskrankheiten; es ist eine chemische Behandlung. Die Krebs-Chemotherapie zielt besonders auf alle Zellen, die sich schnell vermehren. Allerdings werden dabei auch gesunde Zellen vernichtet.

Wie nennt man die Angehörigen der von Rom unabhängigen Kirche Englands?

- ❑ Baptisten
- ❑ Adventisten
- ❑ Täufer
- ❑ Anglikaner

Anglikaner. Ihr geistliches Oberhaupt ist der Erzbischof von Canterbury, das weltliche dagegen der König von England. Unter Heinrich VIII. löste sich die englische Kirche 1535 vom Papst.

Welcher Planet ist der äußerste bekannte Planet unseres Sonnensystems?
- ❑ Pluto
- ❑ Neptun
- ❑ Jupiter
- ❑ Uranus

Pluto. Er wurde erst 1930 entdeckt. Die Sonne wird von ihm in 247,7 Jahren einmal umkreist. Pluto hat eine mittlere Entfernung von 5,9 Mrd. km von der Sonne.

Welcher protestantische Kirchenmusiker des Barock wirkte vor allem in Dresden?
- ❑ Johann Sebastian Bach
- ❑ Georg Philipp Telemann
- ❑ Heinrich Schütz
- ❑ Georg Friedrich Händel

Heinrich Schütz (1585–1672). Berühmt sind seine *Geistlichen Konzerte* und seine *Sinfoniae sacrae*. Schütz komponierte 1627 auch die erste deutsche Oper – *Daphne*.

Welche Plünderung markierte 793 den Beginn der Wikingerzeit in Westeuropa?
- ❑ Lindisfarne
- ❑ Caen
- ❑ Paris
- ❑ London

Die Plünderung des 635 gegründeten Klosters Lindisfarne auf der Insel Holy Island vor der schottischen Ostküste. Mit ihren Langbooten suchten die Nordmänner (Normannen) aus Skandinavien die europäischen Küsten bis ins 10. Jh. heim.

Wozu dienen Bauherrenmodelle?
- ❑ Kapitalanlage
- ❑ Baugrunderschließung
- ❑ Eigenheimfinanzierung
- ❑ Bausparen

Zur Kapitalanlage. Verschiedene Bauherren schließen sich zu einer Gemeinschaft zusammen, um Immobilien zu schaffen und zu vermieten. Die Steuervergünstigungen sind erheblich.

Welchen Beruf hatte César Ritz (1850–1918)?
- ❑ Reeder
- ❑ Ölmagnat
- ❑ Hotelier
- ❑ Fabrikant für Hundefutter

Dem Schweizer César Ritz gelang es, sich in der Hotelbranche hochzuarbeiten. 1898 gründete er unter seinem Namen ein eigenes Hotel in Paris, dem weitere in anderen europäischen Ländern folgten.

Warum wurden 1634 die Oberammergauer Passionsspiele gestiftet?
- ❑ Osterfest
- ❑ Pestepidemie
- ❑ Krieg
- ❑ Brandkatastrophe

Zum Dank für das Ende der Pest. Es ist bis heute das bekannteste Passionsspiel und wird von Laienspielern aufgeführt. Seit 1930 finden die Vorführungen in einem Festspielhaus statt.

Was führte zur „Ölkrise“?
- ❑ Rohölpreisanstieg
- ❑ Zweiter Weltkrieg
- ❑ Kalter Krieg
- ❑ Expansion der Auto-Industrie

Der massive Anstieg der Rohölpreise 1973 als Folge des Jom-Kippur-Krieges zwischen Israel und den arabischen Staaten. Er leitete eine weltweite Rezession ein.

Was ist ein Teilgebiete der Mathematik?
- ❑ Syntax
- ❑ Morphologie
- ❑ Quantenmechanik
- ❑ Topologie

Die Topologie, d. h. die Beschreibung bestimmter Eigenschaften geometrischer Figuren, die unabhängig sind von der Raumstruktur (Krümmung, Drehung etc.).

Was versteht man physikalisch unter einem Halbleiter?
- ❑ integrierte Schaltkreise
- ❑ Widerstand
- ❑ weder Metalle noch Isolatoren
- ❑ Bildröhre

Stoffe, deren elektrische Leitfähigkeit zwischen der von Metallen und der von Isolatoren liegt. Sie sind das Grundmaterial für alle Schaltungen der Computertechnik. Wichtigstes Material ist Silizium.

Was steht auf dem Marienplatz in München?
- ❑ Schrannenmarkt
- ❑ Karl-Valentin-Denkmal
- ❑ Mariensäule
- ❑ St. Peter

Die Mariensäule, die 1638 von Kurfürst Maximilian I. (1573–1651) aufgestellt wurde zum Dank dafür, dass München im Dreißigjährigen Krieg nicht geplündert wurde.

Wie nennt man die Wasserdampf und heißes Wasser ausstoßenden Fontänen?
- ❑ Geysire
- ❑ Vulkane
- ❑ Quelle
- ❑ Fumarole

Geysire. Sie brechen in Intervallen von wenigen Sekunden bis Stunden aus. Einer der bekanntesten ist Old Faithful im Yellowstone Nationalpark (USA).

Welches deutsche Grenzgebiet wurde 1689 von Ludwig XIV. schwer verwüstet?
- ❑ Lothringen
- ❑ Niederlande
- ❑ Pfalz
- ❑ Baden

Die Pfalz. Aus einem für seine Schwägerin Elisabeth Charlotte von der Pfalz (1652–1722) erhobenen Erbanspruch hatte der Sonnenkönig 1688 den Pfälzischen Erbfolgekrieg ausgelöst.

Welche philosophische Lehre erklärt die Seele als Bildnerin des Leibes?
- ❑ Animismus
- ❑ Pantheismus
- ❑ Pneumatismus
- ❑ Christentum

Der Animismus. Mit ihm deutete G. E. Stahl 1737 in Anlehnung an den Pneumatismus der griechischen Philosophie die Seele (lat. anima) als Prinzip des Lebens.

Was war Jean-Baptiste Lully?
- ❑ Arzt
- ❑ Komponist
- ❑ Maler
- ❑ Astronom

Ein Komponist. Lully (1632–87) komponierte für den Hof Ludwigs XIV. In seinen Ballettstücken trat er häufig zusammen mit dem König auf. Von ihm stammt z. B. die Oper *Cadmus et Hermione* (1673).

Bei welchem Glücksspiel ertönt das „Rien ne va plus“ (französisch „Nichts geht mehr“)?
- ❑ Bakkarat
- ❑ Poker
- ❑ Roulett
- ❑ Craps

Beim Roulett. Einsätze können gemacht werden, solange die Kugel rollt. Bevor sie in eines der 37 roten und schwarzen Fächer fällt, unterbindet der Croupier weitere Einsätze.

Welcher US-Präsident beendete den Vietnamkrieg?
- ❑ John F. Kennedy
- ❑ Richard Nixon
- ❑ Lyndon B. Johnson
- ❑ Ronald Reagan

Richard Nixon (1913–94), 37. Präsident der USA von 1969–74. 1973 verließen die letzten US-Truppen Vietnam. 1965 hatte die erste US-Offensive stattgefunden.

Womit beschäftigt sich die Algebra?
- ❑ Grenzwertberechnung
- ❑ Integration
- ❑ Differenzialrechnung
- ❑ Gleichungssysteme

Mit dem Lösen von algebraischen Gleichungen und von Gleichungssystemen. Anstelle von Zahlen rechnet man hier mit Symbolen und Buchstaben: $7x + 3{,}25 = 0$.

Wer komponierte die *Vier Jahreszeiten*?
- ❑ Arcangelo Corelli
- ❑ Thomaso Albinoni
- ❑ Antonio Vivaldi
- ❑ Henry Purcell

Antonio Vivaldi (1678–1741). Zu seinen Werken zählen Solokonzerte, Sonaten, Opern und Messen. Vivaldi war der bedeutendste Violinist seiner Zeit.

In welcher Stadt steht die Porta Nigra?

- ❑ Carcassonne
- ❑ Nîmes
- ❑ Köln
- ❑ Trier

In Trier, im Südwesten Deutschlands, in einer Talweitung der Mosel gelegen. Das Wahrzeichen der Stadt ist die Porta Nigra, eines der römischen Stadttore aus dem 2. Jh. n. Chr.

Welches Volk zog nach 1250 v. Chr. aus Ägypten aus?

- ❑ Phönizier
- ❑ Vandalen
- ❑ Israeliten
- ❑ Aschanti

Die Israeliten unter Führung von Moses, dem Stifter des mosaischen Glaubens. Am Berg Sinai erneuerte er den Bund mit dem Gott Jahwe, wo er auch die 10 Gebote erhielt.

Wann dichtete Angelus Silesius?

- ❑ Hochmittelalter
- ❑ Barock
- ❑ Klassik
- ❑ Vormärz

Im Barock. Angelus Silesius (1624–77) war einer der begabtesten religiösen Barockdichter. Sein Hauptwerk sind die *Geistreichen Sinn- und Schlussreime* (1657).

Wo entstand 1696 das Aschanti-Reich?

- ❑ Westafrika
- ❑ China
- ❑ Indien
- ❑ Thailand

An der Goldküste Afrikas. Ihr König Osei Tutu ließ die eroberten Territorien durch seine Beamte verwalten. Symbol des Aschanti-Staatenbundes war der „Goldene Schemel".

Welchen Namen hat Gott im islamischen Glauben?

- ❑ Marduk
- ❑ Tangaroa
- ❑ Kamapua'a
- ❑ Allah

Allah. Ähnlich wie im christlichen Glauben ist Allah Schöpfer und Erhalter der Welt und am Jüngsten Tag der Richter über die Menschen.

Wo befindet sich der Herrenhauser Barockgarten?

- ❑ Dresden
- ❑ Wolfenbüttel
- ❑ Hannover
- ❑ Schleißheim

In Hannover, wo er 1699 fertig gestellt wurde. Er ist einer der eindrucksvollsten in Europa. Das Schloss wurde 1943 zerstört. Erhalten blieben das Gartentheater, Wasserkünste und die Lindenallee.

Was ist in der EDV eine Datenbank?

- ❑ Speicherplatz
- ❑ Sammlung von Daten
- ❑ Betriebssystem
- ❑ Pfad

Eine Sammlung von Daten innerhalb eines Gebietes auf Speichergeräten mit großer Kapazität. Die Daten können vom Benutzer nach bestimmten Merkmalen aufgebaut und abgefragt werden.

Welches Symptom hat Scharlach neben dem Hautausschlag?

- ❑ Gedächtnisverlust
- ❑ Fieber
- ❑ Sprachstörungen
- ❑ Tonsillitis

Fieber, begleitet von Kopfschmerzen. Der Ausschlag mit roten Punkten zeigt sich auf Hals und Oberkörper. Die Zunge hat zunächst einen weißen Belag mit roten Punkten, dann wird sie scharlachrot.

Was bezeichnet der Name Salsa?

- ❑ Chilisoße
- ❑ Bailando
- ❑ Musik- und Tanzstil
- ❑ Serenade

Einen lateinamerikanischen Tanz, dessen Musik Elemente der Rockmusik aufgreift. Die Tanzschritte (von span. salsa picante: „scharfe, würzige Soße") gehen aus dem Mambo hervor. Die Musik ähnelt dem Samba.

Welche Stadt hat als Wahrzeichen eine kleine Meerjungfrau?

❑ Malmö ❑ Amsterdam
❑ Brüssel ❑ Kopenhagen

Kopenhagen, die Hauptstadt Dänemarks. Die zierliche Bronzeskulptur steht seit 1913 auf dem Gelände des Kopenhagener Kastells. Sie wurde zu Ehren des dänischen Dichters Hans Christian Andersen errichtet.

Wo dehnte sich das Huari-Reich um 800 aus?

❑ Peru ❑ Arabien
❑ Polynesien ❑ Indien

In Peru. Die Ruinenstätte Huari bei Ayacucho war einst eine etwa 9 km^2 große proto-urbane Kultur. Ihr Einfluss (600–1000) weitete sich auf fast ganz Peru aus. Typisch für den Huari-Stil sind stilisierte Dämonen mit Tierköpfen.

Was ist eine Bausparkasse?

❑ Rentenanstalt ❑ Sozialversicherung
❑ Kreditinstitut ❑ Genossenschaft

Ein Kreditinstitut zur Förderung von Bau- und Renovierungsmaßnahmen. Es gewährt i. d. R. einen günstigeren und festen Zinssatz für die gesamte Darlehenslaufzeit.

Wer war der bedeutendste Cembalo-Virtuose?

❑ François de Couperin ❑ Jean-Philipp Rameau
❑ Domenico Scarlatti ❑ Johann Sebastian Bach

Domenico Scarlatti (1685–1757) aus Neapel. 550 Cembalo-Sonaten sind von ihm erhalten, die höchste Anforderungen an den Solisten stellen.

Welcher US-Präsident stürzte durch die Watergate-Affäre?

❑ John F. Kennedy ❑ Lyndon B. Johnson
❑ Richard Nixon ❑ Ronald Reagan

Richard Nixon (1913–94), von 1969–74 37. Präsident der USA. Mitarbeiter des Präsidenten hatten 1972 den Einbruch ins Watergate-Haus, der Zentrale der Demokraten, veranlasst.

Wer schrieb den Robinson Crusoe (1719/20)?

❑ Jonathan Swift ❑ Jack London
❑ Daniel Defoe ❑ Robert Louis Stevenson

Daniel Defoe (1660–1731). Danach folgten weitere Abenteuerromane. Bekannt ist auch sein Schelmenroman *Glück und Unglück der berühmten Moll Flanders* (1722).

Welcher Monarch reiste 1697 inkognito nach Westeuropa?

❑ Kang-tsi (Ch'ing-Kaiser) ❑ Peter der Große (Zar)
❑ Osei Tutu (Aschanti-König) ❑ Sultan Ahmed III.

Zar Peter der Große, den die Kultur und Technologie des Westens interessierte. In der sog. „Großen Gesandtschaft" reiste er als Sergeant Pyotr Michailov in die Niederlande und nach England.

Was waren Sauropoden?

❑ Amöben ❑ Lungenfische
❑ Reptilien ❑ Vögel

Dinosaurier der sog. Elefantenfuß-Art. Sie waren die größten Reptilien mit einer Länge von bis zu 30 m und einem Gewicht von bis zu 75 t. Hierzu gehören z. B. der Brachiosaurus und Plateosaurus.

Wie heißt der im dialektischen Verfahren der These entgegengestellte Satz?

❑ Synthese ❑ Antipode
❑ Antithese ❑ Aporie

Antithese oder Gegenbehauptung. Aus Satz und Gegensatz folgt eine Lösung, die Synthese. Die Methode geht auf die von Abälard entwickelte scholastische Methode des „sic et non" (Ja und Nein) zurück.

Was ist die Hauptstadt des westafrikanischen Ghana?

- ❑ Abidjan
- ❑ Accra
- ❑ Libreville
- ❑ Abuja

Accra. Das Staatsgebiet grenzt im Norden und Nordwesten an Burkina Faso, im Osten an Togo, im Süden an den Golf von Guinea und im Westen an die Elfenbeinküste.

Welcher Philanthrop baute in Lambaréné (Gabun) ein Krankenhaus?

- ❑ David Livingston
- ❑ Henri Dunant
- ❑ Mutter Teresa
- ❑ Albert Schweitzer

Albert Schweitzer (1875–1965). Das Tropen-Hospital, wo er selbst als Missionsarzt tätig war, finanzierte er u. a. auch durch seine Orgelkonzerte, Vortragsreisen und schriftstellerische Arbeiten.

Welcher Basketballstar erhielt den Beinamen „Magic"?

- ❑ Lary Bird
- ❑ Earvin Johnson
- ❑ Karl Malone
- ❑ Dennis Rodman

Earvin Johnson (*1959). Er spielte bei den Los Angeles Lakers. 1991 verabschiedete er sich aus dem aktiven Sport wegen seiner Infektion mit dem Aids-Virus.

Wer schrieb *Gullivers Reisen* (1726)?

- ❑ Daniel Defoe
- ❑ Alexander Pope
- ❑ Jonathan Swift
- ❑ Laurence Sterne

Jonathan Swift (1667–1745), einer der bedeutendsten Satiriker der englischen Literatur. Der Roman beschreibt die fantastisch-abenteuerliche Reise des leichtgläubigen Gulliver.

Was soll in der Zukunft das UMTS (Universal Mobile Telecommunication System) bei Handys erzielen?

- ❑ Sprachprogramm für Übersetzungen
- ❑ integrierte Kommunikationsformen
- ❑ Abschirmung von Elektrosmog
- ❑ Benutzerfreundlichkeit

Diese Übertragungstechnik soll etwa 2005 den Satelliten- und Mobilfunk vereinheitlichen und damit mehrere Kommunikationsformen mit einem Gerät ermöglichen.

Wer war am Jom-Kippur-Krieg beteiligt?

- ❑ Afghanistan
- ❑ Irak
- ❑ Iran
- ❑ Israel

Israel, das sich gegen eine Allianz verschiedener arabischer Staaten durchsetzte. Der Krieg führte 1973 zur Ölkrise.

Wo steht der Fontana di Trevi?

- ❑ Neapel
- ❑ Florenz
- ❑ Rom
- ❑ Venedig

In Rom. Dieser berühmte Barock-Brunnen, der 1732 von Salvi erbaut wurde, ist einer der Hauptattraktionen der Ewigen Stadt. Touristen werfen Münzen hinein und haben einen Wunsch frei!

Wo fand der erste historisch belegte Streik statt?

- ❑ Deir el-Medine (Ägypten)
- ❑ Weber-Aufstand (Schlesien)
- ❑ Streik von Homestead (USA)
- ❑ Generalstreik von 1926 (GB)

In Deir el-Medine zurzeit Ramses III. (12. Jh. v. Chr.), dessen Feldzüge zu einer Wirtschaftskrise mit Teuerung, Korruption und schließlich sogar Streiks führten. Die Arbeiter der Nekropole hatten zwei Monate vergeblich auf ihre Entlohnung gewartet.

Was versteht man in der Mathematik unter einer Wurzel?

- ❑ Fakultät
- ❑ Zerlegung in Faktoren
- ❑ Verteilungsrechnung
- ❑ Division

Die Zerlegung in Faktoren. Erhebt man eine Zahl a in eine n-te Potenz und zieht daraus dann die n-te Wurzel, erhält man wieder die Zahl a. So ist die Quadratwurzel (2. Wurzel) von 9 die Zahl 3, da die zweite Potenz von 3 (3^2) 9 ergibt.

Wer komponierte das Oratorium *Der Messias*?

- ❑ Johann Sebastian Bach
- ❑ Heinrich Schütz
- ❑ Georg Friedrich Händel
- ❑ Antonio Vivaldi

Georg Friedrich Händel (1685–1759), der 1730 englischer Bürger wurde. Die Uraufführung in Dublin von 1742 verschaffte ihm als erstem deutschen Komponisten internationalen Ruhm.

Auf welcher Halbinsel liegt der Kurort Jalta?

- ❑ Sinai
- ❑ Krim
- ❑ Malaccahalbinsel
- ❑ Kamtschatka

Auf der Krim, einer Halbinsel im Schwarzen Meer. Die Küstenregion der Krim ist als Erholungsgebiet sehr beliebt. Jalta war der Schauplatz der Konferenz von Jalta im Jahre 1945.

Welcher deutsche Kurfürst wurde 1697 König von Polen?

- ❑ August der Starke von Sachsen
- ❑ Friedrich Wilhelm I. von Preußen
- ❑ Georg Ludwig von Hannover
- ❑ Max Emanuel von Bayern

August der Starke (1670–1733), Kurfürst von Sachsen. 1700 eröffnete er den Großen Nordischen Krieg im Bündnis mit Dänemark und Russland. Seine Politik und Hofhaltung eiferte dem Absolutismus Ludwigs XIV. nach.

Wie nennt man den ständigen Vertreter des Papstes bei einem Staatsoberhaupt?

- ❑ Nuntius
- ❑ Advokat
- ❑ Dekan
- ❑ Administrator

Apostolischer Nuntius (lat. „Bote"). Er hat den Rang eines Titularerzbischofs und den diplomatischen Rang eines Botschafters. Er ist auch bei nationalen Bischofskonferenzen anwesend.

Was bezeichnet die japanische Küche mit Sushi?

- ❑ Hühnersuppe
- ❑ Nudelsuppe
- ❑ roher Fisch mit Reis
- ❑ Frühlingsrolle

Ein Gericht aus rohem Fisch und gekochtem Reis. Man verwendet u. a. Filets von Thunfisch, Makrelen und Lachs. Er wird mit gekochtem Reis in Rotalgenblätter (Noriblätter) eingerollt.

Wer wurde für seine Kupferstiche von Stadtansichten weltberühmt?

- ❑ Albrecht Dürer
- ❑ William Hogarth
- ❑ Matthäus Merian d. Ä.
- ❑ Michael Wening

Der in Frankfurt wirkende Matthäus Merian d. Ä. (1593–1650), der zu Martin Zeillers 30-bändiger Reisebeschreibung *Topographia Germaniae* mehr als 2.000 exakte Ansichten und Pläne deutscher Städte schuf.

Unter welchem Kalifen wurde Bagdad zu einem Schmelztiegel des kulturellen Austausches?

- ❑ Al Mansur
- ❑ Harun Ar Raschid
- ❑ Abd Ar Rahman
- ❑ Abd el-Kader

Unter Harun Ar Raschid (766–809). In der Stadt am Tigris liefen die Stränge arabischer, christlicher, persischer und indischer Kultur zusammen. Künstler und Gelehrte erfuhren hier einen regen Gedankenaustausch.

Welche Folge kann Jodmangel haben?

❑ Stimmbruch ❑ Vitaminmangel
❑ Wachstumsstörung ❑ Alterung

Wachstumsstörung. Er kann aber auch zur Vergrößerung der Schilddrüse führen (Kropfbildung). Jod ist zur Bildung des Hormons Thyroxin in der Schilddrüse notwendig.

Wer schuf die *Brandenburgischen Konzerte*?

❑ Georg Friedrich Händel ❑ Jean-Philipp Rameau
❑ Johann Sebastian Bach ❑ Johann Pachelbel

Johann Sebastian Bach (1685–1750), der große Meister des Kontrapunktes und der Orgelmusik. Die 6 Concerti mit verschiedenen Soloinstrumenten widmete er 1721 dem Markgrafen von Brandenburg.

Wer schloss sich in der BDA zusammen?

❑ Beamte ❑ Arbeitnehmerverbände
❑ Arbeitgeberverbände ❑ Steuerzahler

Die deutschen Arbeitgeberverbände. Ihr Dachverband ist die Bundesvereinigung der Deutschen Arbeitgeberverbände.

Was ist die Hauptstadt der Country-Musik und des Staates Tennessee?

❑ Baton Rouge ❑ Kansas City
❑ Jackson ❑ Nashville

Nashville. Die Stadt ist der wirtschaftliche und kulturelle Mittelpunkt der umliegenden Region. Seit den 20er-Jahren entwickelte es sich zu einem Mittelpunkt der Country- und Western-Musik.

Was bietet ein Provider an?

❑ Versicherungen ❑ Internet-Zugang
❑ Blumengrüße ❑ Modems

Den Zugang zu einem Netzwerk, z. B. dem Internet. Der Provider ist ein Dienstleistungsunternehmen und verlangt als solcher Gebühren von seinen Kunden. Diese erhalten u. a. auch eine E-Mail-Adresse.

Welches Amt hatte Willy Brandt unter anderem inne?

❑ Bundespräsident ❑ Bürgermeister von Berlin
❑ Ministerpräsident ❑ Verteidigungsminister

Regierender Bürgermeister von Berlin (1957–66). Als Bundeskanzler (1969–73) begann er mit der sog. Entspannungspolitik die Beziehungen zum Osten zu verbessern.

Wo entstand aus der Hand Tiepolos das größte Deckenfresko der Welt?

❑ Münchner Residenz ❑ Wiener Hofburg
❑ Würzburger Residenz ❑ Mannheimer Residenz

In der Würzburger Residenz, die als eines der am deutlichsten im italienischen Stil errichteten Bauwerke Frankens 1712–16 entstand.

Welcher Herrscher erhielt den Beinamen „Soldatenkönig"?

❑ August der Starke ❑ Friedrich Wilhelm von Preußen
❑ Herzog von Marlborough ❑ Peter der Große

Friedrich Wilhelm I. (1688–1740), der 1713 seinem Vater Friedrich I. (1657–1713) auf den Thron des preußischen Königs nachfolgte. Sein Sohn war Friedrich der Große (1712–86).

Warum ist der Schiefe Turm von Pisa schief?

❑ Fehler des Architekten ❑ Erdbeben
❑ Bodensenkung ❑ Laune des Bauherrn

Infolge einer Bodensenkung, die sich schon während des 1173 begonnenen Baues abzeichnete. Der Campanile, ein Glockenturm mit sechs Säulengalerien, neigte sich nach Südosten.

Wer soll den Satz geäußert haben „Störe meine Kreise nicht“?

❑ Platon ❑ Aristoteles
❑ Archimedes ❑ Augustinus

Archimedes (287–212 v. Chr.) aus Syrakus, der bei der Eroberung der Stadt von einem römischen Soldaten erschlagen wurde. Er entdeckte wichtige physikalische Gesetze wie z. B. das Hebelgesetz.

Wer unternahm den ersten belegbaren Motorflug?

❑ Messerschmidt ❑ Lilienthal
❑ Gebrüder Wright ❑ Heinkel

Orville (1871–1948) und Wilbur Wright (1867–1912). 1903 flogen sie mit dem von ihnen gebauten „Flyer“ bis 235 m weit.

Wann entstanden die Stuckatur- und Bildhauerarbeiten der Familie Feuchtmayer?

❑ Spätmittelalter ❑ Barock
❑ Rokoko ❑ Klassizismus

Im Rokoko. Berühmt wurden Joseph Anton (1696–1770) und Johann Michael Feuchtmayer (1709/10–72). Sie schufen Arbeiten u. a. in Ottobeuren, Zwiefalten und Vierzehnheiligen.

Was ist der größte Planet unseres Sonnensystems?

❑ Neptun ❑ Jupiter
❑ Saturn ❑ Mars

Jupiter. Er wurde nach Jupiter, dem Göttervater der römischen Mythologie, benannt. Er setzt sich eher aus dichten Gasen als aus Gesteinen und Metallen wie die Erde zusammen.

Welches Ereignis der deutsch-deutschen Geschichte fand am 13. August 1961 statt?

❑ Berlin-Aufstand ❑ Berliner Mauerbau
❑ Grundlagenvertrag ❑ Berlin-Blockade

Der Berliner Mauerbau. Damit schloss die DDR-Führung den letzten Fluchtweg für Ostdeutsche in den Westen.

Wer schuf die Kirche St. Johannes Nepomuk in München?

❑ Balthasar Neumann ❑ Johann Dientzenhofer
❑ Brüder Asam ❑ François Cuvilliés

Die bayerischen Rokokokünstler und Architekten Cosmas Damian und Egid Quirin Asam. Die von 1733–46 erbaute Kirche gilt als Meisterstück der Brüder.

Welche Großmacht begründete Tiglatpileser I. im Vorderen Orient?

❑ Sumer ❑ Babylon
❑ Phönikien ❑ Assur

Assur. Um 1100 v. Chr. beherrschten die Assyrer ein Gebiet, das sich vom Mittelmeer bis zum Vansee in der heutigen Osttürkei erstreckte. Ihre Könige verstanden sich als Stadthalter ihres Gottes Assur, für den sie ein Weltreich begründen wollten.

Welche Rokoko-Oper Christoph Willibald Glucks gehört heute noch zu den meistgespielten?

❑ *La clemenza di Tito* ❑ *Orpheo ed Euridice*
❑ *Antigono* ❑ *Dido und Aeneas*

Orpheo ed Euridice (1762). Der aus der Oberpfalz stammende Gluck (1714–87) brachte es unter Maria Theresia bis zum Direktor des Hoftheaters. Er gilt als großer Erneuerer der ernsten Oper.

Welcher deutsche Kurfürst wurde 1714 König von England?

❑ Georg Ludwig von Hannover ❑ Herzog Heinrich der Löwe
❑ Kaiser Otto IV. ❑ Georg V.

Georg Ludwig (1660–1727), der Kurfürst von Hannover. Seine Mutter, Sophie von der Pfalz, war eine Enkelin König Jakobs I. Die Grundlage dazu schuf das britische Thronfolgegesetz von 1702.

Wer unternahm vermutlich den ersten Motorflug der Welt?
- ❑ Gebrüder Wright
- ❑ Alberto Santos Dumont
- ❑ Gustav Weißkopf
- ❑ Louis Blériot

Gustav Weißkopf (1873–1927). Bereits zwei Jahre vor den Gebrüdern Wright soll der deutschstämmige Flugpionier bis zu 2400 m mit einem Motorflugzeug geflogen sein. 1902 soll er bereits 11 km zurückgelegt haben.

Wo ist Yakuza eine vergleichbare Organisation wie die Mafia in Italien?
- ❑ Kolumbien
- ❑ Frankreich
- ❑ Japan
- ❑ China

In Japan. Hier gehören rund 90.000 Personen dem organisierten Verbrechen an, das sich in Japan nach der Zahlenkombination 8-9-3 („Ya-ku-za") benennt; ursprünglich eine nutzlose Zahlenreihe beim Kartenspiel bzw. ein Taugenichts.

Was wird mit dem Begriff IT umschrieben?
- ❑ Intelligenztest
- ❑ tiefenpsychologische Größe
- ❑ Informationstechnologie
- ❑ Interferenz-Technik

Informationstechnologie. Hiermit werden alle mit EDV und DFÜ (Datenfernübertragung) zusammenhängenden Technologien bezeichnet.

In welcher Stadt befindet sich das Museum of Modern Art?
- ❑ London
- ❑ Washington
- ❑ New York
- ❑ Los Angeles

In New York. Es ist eines der bedeutendsten Museen für moderne Kunst seit dem Spätimpressionismus. Rund 100.000 Exponate befinden sich im Besitz des 1929 gegründeten Museums.

Welcher Philosoph war Erzieher Alexanders des Großen?
- ❑ Aristoteles
- ❑ Epikur
- ❑ Zenon von Elea
- ❑ Seneca

Aristoteles (384/3–322 v. Chr.) aus Stageira (Chalkidike), weshalb man ihn auch Stagirit nannte. Er hatte Platon als Lehrer und war noch mehr als dieser der wohl wirkungsmächtigste Philosoph aller Zeiten.

Welcher große englische Lyriker verfasste die *Songs of Innocence*?
- ❑ Laurence Sterne
- ❑ William Yeats
- ❑ William Blake
- ❑ Geoffrey Chaucer

William Blake (1757–1827). Die Gedichtsammlung *Lieder der Unschuld* erschien 1789. Blakes manieristischer Stil beeinflusste die Präraffaeliten und die Lyrik von Yeats, Dickinson und Swinburne.

Wer schloss 842 die „Straßburger Eide"?
- ❑ Harun Ar Raschid und Karl der Große
- ❑ Otto der Große und Johannes von Byzanz
- ❑ Karl der Kahle und Ludwig der Deutsche
- ❑ Theophanu und Otto II.

Karl der Kahle (823–877) und Ludwig der Deutsche (um 806–876), die Enkel Karls des Großen (747–814), die damit ein Bündnis gegen ihren Bruder Lothar I. (795–855) eingingen. Die Ostfranken wurden hier als „Teutonici" (Deutsche) bezeichnet.

Welcher Dichter schuf mit *Miss Sara Sampson* das bürgerliche Trauerspiel?
- ❑ Johann Christoph Gottsched
- ❑ August von Kotzebue
- ❑ Gotthold Ephraim Lessing
- ❑ Friedrich Hebbel

Gotthold Ephraim Lessing (1729–81), der dadurch mit dem Klassizismus des französischen Dramas brach. Lessing übte als Theater- und Literaturkritiker großen Einfluss aus.

Wer war der Anführer der „Vitalienbrüder"?

- ❑ Al Capone
- ❑ Klaus Störtebeker
- ❑ Michael Kohlhaas
- ❑ Schinderhannes

Klaus Störtebeker (†1401). Die Enthauptung der 150 Seeräuber vor Hamburg war der letzte Akt bei der Bekämpfung der Seeräuberplage in der Nordsee, die seit 1398 die Hansestädte in Atem gehalten hatte.

Was ist bei der Hepatitis (Gelbsucht) erkrankt?

- ❑ Magen
- ❑ Milz
- ❑ Leber
- ❑ Niere

Die Leber. Es handelt sich um eine Entzündung, hervorgerufen durch Viren, Bakterien, Parasiten, Lebergifte und auch Alkohol. Gegen Hepatitis A und B kann man sich durch eine Impfung schützen.

Wo hat der Betriebsrat ein Mitspracherecht?

- ❑ Joint venture
- ❑ Investitionen
- ❑ Entlassung leitender Angestellter
- ❑ Personalplanung

Bei der Personalplanung, was die Auswahlkriterien angeht. Traditionell vertritt er Arbeitnehmerinteressen und wird auch von den Arbeitnehmern des Betriebes gewählt.

Wer komponierte 104 Sinfonien?

- ❑ Joseph Haydn
- ❑ Wolfgang Amadeus Mozart
- ❑ Anton Bruckner
- ❑ Jean Sibelius

Joseph Haydn (1732–1809), ein bedeutender Komponist der Klassik. Zu den bekanntesten Sinfonien gehört die Sinfonie *Mit dem Paukenschlag* (Nr. 94).

Welche deutsche Stadt wird auch „Mainhattan" genannt?

- ❑ Frankfurt am Main
- ❑ Wiesbaden
- ❑ Hamburg
- ❑ Düsseldorf

Frankfurt am Main. Die Hochhaussilhouette der großen Banken prägt das Bild der Stadt. Superlativ ist das Commerzbank-Center, das mit 258,70 m das höchste Bürogebäude Europas ist.

Wie heißt der horizontale Achsenabschnitt im Koordinatensystem?

- ❑ Abszisse
- ❑ Ordinate
- ❑ Sekante
- ❑ Tangente

Abszisse oder x-Achse, als mathematischer Terminus seit Anfang des 18. Jh. bekannt. Er geht auf das neulateinische Wort abscissa, „die Abgeschnittene" zurück.

Welche Revolution verlief unblutig?

- ❑ Glorreiche Revolution von 1688
- ❑ Französische Revolution von 1789
- ❑ Oktoberrevolution 1917
- ❑ Iranische Revolution 1979

Die Glorreiche Revolution von 1688 in England, die Wilhelm von Oranien (1650–1702) auf den englischen Thron brachte.

Wann erhält der katholische Gläubige ein Aschekreuz auf die Stirn gezeichnet?

- ❑ Pfingsten
- ❑ Christi Himmelfahrt
- ❑ Aschermittwoch
- ❑ Karfreitag

Am Aschermittwoch, dem ersten Tag der siebenwöchigen Fastenzeit. Der Priester spricht dabei die Worte: „Gedenke, Mensch, dass du Staub warst und wieder zu Staub wirst".

Wer wurde mit dem epochalen Werk *Geschichte der Kunst des Altertums* zum Begründer der modernen Kunstgeschichte?

- ❑ Leon Battista Alberti
- ❑ Jacob Burckhardt
- ❑ Johann Joachim Winckelmann
- ❑ Giorgio Vasari

Johann Joachim Winckelmann (1717–68). Seine Interpretation der antiken Künste prägte das Schönheitsideal der deutschen Klassik: „Edle Einfalt und stille Größe".

Welcher deutsche Bundeskanzler erhielt den Friedensnobelpreis?

❏ Konrad Adenauer ❏ Kurt Georg Kiesinger
❏ Willy Brandt ❏ Helmut Schmidt

Willy Brandt (1913–92), der damit 1971 für seine Arbeit an der deutsch-polnischen Versöhnung im Rahmen seiner Ostpolitik geehrt wurde.

Für welche Funktion braucht der PC eine Soundkarte?

❏ Internet-Zugang ❏ Bildschirmauflösung
❏ Tonwiedergabe ❏ arithmetische Funktionen

Zur Tonwiedergabe, aber auch zur Tonaufzeichnung. Auf diese Weise können z. B. Musik-CDs und Computerspiele effektvoll über den Computer abgespielt werden.

Was verursacht die Tsetse-Fliege?

❏ Schlafkrankheit ❏ Malaria
❏ Filariose ❏ Gelbfieber

Sie überträgt den Erreger der Schlafkrankheit (einen tierischen Einzeller) auf Mensch und Tier. Folgen sind Fieberschübe, Ausschläge, Lähmungen, Kräfteabbau und ein erhöhtes Schlafbedürfnis.

Welcher Dichter wurde mit *Die Leiden des jungen Werther* weltberühmt?

❏ Lord Byron ❏ Friedrich Hölderlin
❏ Heinrich Heine ❏ Johann Wolfgang Goethe

Johann Wolfgang Goethe (1749–1832), der 1774 ein wahres Kultbuch der empfindsamen Literatur in Deutschland schuf. Napoleon will es allein siebenmal gelesen haben.

Wie wird die Südspitze Afrikas genannt?

❏ Kap der Guten Hoffnung ❏ Kap Verde
❏ Kap Horn ❏ Nordkap

Kap der Guten Hoffnung. Die Landspitze im Südwesten Südafrikas erhebt sich 256 m über dem Meeresspiegel und markiert den Übergang vom Südatlantik in den Indischen Ozean.

In welcher sportlichen Disziplin war Carl Lewis (*1961) einer der erfolgreichsten Sportler?

❏ Schwimmen ❏ Basketball
❏ Baseball ❏ Leichtathletik

In der Leichtathletik. Hier gewann er 1984 vier Mal olympisches Gold (100 m; 200 m; 4 x 100 m; Weitsprung). Weitere Erfolge 1988, 1992 und 1996.

Welcher Partei gehörte Kurt Georg Kiesinger an?

❏ FDP ❏ SPD
❏ CDU ❏ CSU

Der CDU. Kiesinger (1904–88) folgte 1966 Ludwig Erhard als Bundeskanzler. Als solcher führte er bis 1969 eine große Koalition aus CDU und SPD.

Was ist das Gegenteil von Download?

❏ Upload ❏ Debuggen
❏ Booten ❏ Spoolen

Upload, was soviel heißt wie Raufladen. Hierbei werden Daten an einen anderen Computer innerhalb eines Netzwerks geschickt.

Was ist die *Minna von Barnhelm* von Lessing?

❏ Streitschrift ❏ Theatertheorie
❏ Tragödie ❏ Komödie

Eine Komödie. Sie gilt als erstes Meisterwerk der deutschen Komödie und steht bis heute auf dem Spielplan deutschsprachiger Bühnen.

Wo war der Held Achill verwundbar?

❏ Achsel ❏ zwischen den Schulterblättern
❏ Hals ❏ Ferse

An der Ferse. Seine Mutter, die Meernymphe Thetis, tauchte ihn als Säugling in den Fluss Styx; an der Stelle, wo sie ihn festhielt, war er verwundbar.

Von welchem russischen Zaren wird berichtet, dass er Bärte besteuerte?
- ❑ Iwan der Schreckliche
- ❑ Peter der Große
- ❑ Katharina die Große
- ❑ Alexander II.

Peter der Große (1672–1725), der damit überkommene russische Traditionen bekämpfen wollte, zumal er mit allen Mitteln die Anpassung Russlands an das moderne Europa betrieb.

Wie bezeichnet man eine streng enthaltsame und entsagende Lebensweise?
- ❑ Abstinenz
- ❑ Misogynie
- ❑ Askese
- ❑ Hedonismus

Askese; sie dient der Erlangung einer spirituellen Erkenntnisebene. Übungen wie Beten, Fasten, Meditation und Kontemplation sind im christlichen, hinduistischen und buddhistischen Mönchtum üblich.

Was verursacht die Schwerkraft?
- ❑ Masse
- ❑ Relativitätstheorie
- ❑ Gravitation
- ❑ Erdrotation

Die Gravitation. Durch sie haben Gegenstände ein Gewicht und fallen auf den Boden, wenn man sie loslässt. Die Anziehungskraft des Mondes verursacht beispielsweise Ebbe und Flut.

Wer begann 1775 mit dem *Urfaust* seine Faust-Dichtung?
- ❑ Leo N. Tolstoi
- ❑ Christopher Marlow
- ❑ Jean Paul
- ❑ Johann Wolfgang Goethe

Johann Wolfgang Goethe (1732–1832). Sein Summum Opus hat zwei Teile. *Faust, der Tragödie erster Teil* von 1808; und den zweiten Teil, den er kurz vor seinem Tode fertigstellte.

Wo befindet sich die Golden Gate Bridge?
- ❑ New York
- ❑ San Francisco
- ❑ Los Angeles
- ❑ New Orleans

In San Francisco. Die Brücke wurde nach nur fünfjähriger Bauzeit 1937 fertig gestellt. Jährlich passieren etwa 43 Mio. Autos auf sechs Fahrbahnen die 2,7 km lange Brücke, deren Pfeiler 227 m hoch sind.

Welche Dynastie wurde 1027 v. Chr. von den Chou abgelöst?
- ❑ Ming
- ❑ Shang
- ❑ Tschola
- ❑ Srivijaya

Die Shang. Der letzte Herrscher dieses Geschlechts wurde von Wu besiegt. China hatte zu jener Zeit bereits die Seidenraupenzucht, Schnitzarbeiten aus Jade und eine Bilderschrift entwickelt. Um 771 v. Chr. ging Chou unter.

Wer dichtete die Ballade *Erlkönig*?
- ❑ Friedrich Schiller
- ❑ Waldemar Bonsels
- ❑ Alexander Puschkin
- ❑ Johann Wolfgang Goethe

Johann Wolfgang Goethe (1732–1832). Sie gehört zu seinem naturlyrischen Werk und ist eines der bekanntesten Gedichte Goethes. Verfasst wurde es 1782 in Weimar.

Welche Nationalgeschichte setzte mit der Gründung des Königreichs Alban 844 ein?
- ❑ Mexiko
- ❑ Schottland
- ❑ Baskenland
- ❑ Island

Der Beginn der Geschichte Schottlands. Als 844 dem Skotenkönig Kenneth I. Macalpin († um 858) die Unterwerfung der Pikten gelang, errichtete er das Königreich Alban. In ihm verschmolzen Pikten und Skoten zum schottischen Volk.

Was ist ein Chip?
- ❑ Siliziumplättchen
- ❑ dünne frittierte Scheiben
- ❑ Bildröhre
- ❑ hörnchenähnliche Nager

Ein Siliziumplättchen, das durch photochemische Behandlungen, durch Ätzvorgänge u. a. elektronisch funktionsfähig gemacht wurde, d. h. bestimmte Aufgaben in einem Gerät erfüllen kann.

Zu welcher Wortart gehört das Wort „nachts"?

❑ Verb ❑ Substantiv
❑ Adjektiv ❑ Adverb

Es ist ein Adverb, d. h. nicht steigerbar und somit nicht deklinierbar. Adverbien modifizieren als Umstandsbestimmung der Zeit, des Ortes, des Grundes etc. die Aussage.

Was fehlt bei einem Blankoscheck ?

❑ Datum ❑ Name des Empfängers
❑ Betrag ❑ Unterschrift

Der Betrag, den der Scheckempfänger später selbst einträgt. Mit Blankoscheck bezeichnet man auch eine politische Zusage, die an keine Bedingungen geknüpft ist.

Wer dichtete die *Räuber*?

❑ Gotthold Ephraim Lessing ❑ Friedrich Maximilian Klinger
❑ Friedrich Schiller ❑ Karl Gutzkow

Friedrich Schiller (1759–1805). Das 1781 in Mannheim uraufgeführte Stück gehört zu den bedeutendsten Dramen des Sturm und Drang.

Wie nennt man den Bewusstseinszustand zwischen Wachsein und Schlafen?

❑ Delirium ❑ Halluzination
❑ Hypnose ❑ Koma

Hypnose, die durch völlige Entspannung gekennzeichnet ist, bei der man sehr empfänglich für Suggestionen ist. Eine Hypnose ist nur erfolgreich, wenn der Betreffende sich hypnotisieren lassen will.

Für welches Zeitalter steht der „Sonnenkönig" Ludwig XIV.?

❑ Aufklärung ❑ Reformation
❑ Revolutionen ❑ Absolutismus

Für den Absolutismus, den er mit seiner absoluten Herrschaftsform und seiner Hofhaltung in Versailles prägte. Ludwig XIV. (1638–1715) sagte von sich: „Der Staat bin ich".

Welche Meeresstraße verbindet die Ägäis mit dem Marmarameer?

❑ Gibraltar ❑ Hormus
❑ Messina ❑ Dardanellen

Die Dardanellen, in der Antike Hellespont genannt. Sie sind 65 km lang und 6,4 km breit; der Weg ins Schwarze Meer führt dann durch den Bosporus.

Welche europäische Geistesbewegung des 18. Jahrhunderts forderte den Einzelnen auf, sein Handeln auf die Vernunft zu gründen?

❑ Aufklärung ❑ Pietismus
❑ Skeptizismus ❑ Realismus

Die Aufklärung (Rationalismus). Immanuel Kant forderte: „Habe Mut, dich deines Verstandes zu bedienen!" Aufklärung definierte er als den „Ausgang des Menschen aus seiner selbstverschuldeten Unmündigkeit".

Von wem stammt das klassische Schauspiel *Iphigenie auf Tauris*?

❑ Jean Racine ❑ Johann Wolfgang Goethe
❑ Heinrich von Kleist ❑ Christoph Martin Wieland

Von Johann Wolfgang Goethe (1732–1832). Die Tragödie in 5 Aufzügen vollendete er auf seiner ersten Italienreise (1786–88). Sie steht damit am Anfang seiner klassischen Periode.

Welcher Bundesminister löste die Spiegel-Affäre aus?

❑ Georg Leber ❑ Hans Apel
❑ Franz-Josef Strauß ❑ Joseph Ertl

Franz-Josef Strauß (1915–88). Er ließ 1962 nach einem Artikel des Nachrichtenmagazins über die Verteidigungskapazitäten der Bundeswehr den Herausgeber verhaften.

Nach welchem bedeutenden Gelehrten nennt sich die Universität in Berlin?

- ❑ Johann Gottlieb Fichte
- ❑ Friedrich von Schiller
- ❑ Georg Wilhelm Friedrich Hegel
- ❑ Wilhelm von Humboldt

Nach Wilhelm von Humboldt (1767–1835), dem preußischen Juristen, Philosophen, Schulreformer und Sprachwissenschaftler. Seine Gründung von 1810 bildete den Anfang.

Wer war 1967/68 ein Anführer der Studentenrevolte?

- ❑ Benno Ohnesorg
- ❑ Günter Wallraff
- ❑ Heiner Geißler
- ❑ Rudi Dutschke

Rudi Dutschke (1940–79). Im April 1968 wurde er angeschossen; elf Jahre später starb er an den Folgen seiner Verletzungen.

Welche Wirkung haben Endorphine im Körper?

- ❑ sexuelle Erregung
- ❑ Trance
- ❑ Schmerzstillung
- ❑ Gleichgewichtsstörung

Sie wirken schmerzstillend. Endorphine sind körpereigene, hormonartige Substanzen, vergleichbar mit Rauschgiften wie Opium und Morphium. Das Gehirn setzt diese Stoffe v. a. in Ausnahmesituationen frei.

Wie ist eine Person, die man als „affektiert“ bezeichnet?

- ❑ intelligent
- ❑ gefühlvoll
- ❑ natürlich
- ❑ geziert

Geziert und unnatürlich. Ein Mensch, der sich affektiert verhält, täuscht nur Gefühl und Gemütsbewegung vor. Das Wort kommt von lateinisch afficere „etwas hinzutun“.

In welchem Land liegt die Pampa?

- ❑ Kanada
- ❑ Sibirien
- ❑ Australien
- ❑ Argentinien

In Zentralargentinien. Der Name „pampas“ ist vom Quechuawort für „flache Oberfläche“ bzw. „Ebene“ abgeleitet. Die Pampa erstreckt sich als baumlose Ebene von der Atlantikküste bis zu den Anden.

Wer dichtete das *Käthchen von Heilbronn*?

- ❑ Joseph von Eichendorff
- ❑ Heinrich Heine
- ❑ Heinrich von Kleist
- ❑ Friedrich Hölderlin

Heinrich von Kleist (1777–1811). In seinem romantischen „Ritterschauspiel“ zeichnet er eine ideale Frauengestalt, die unbeirrt ihrem Traum nachgeht und sich schließlich als Prinzessin entpuppt.

Wofür steht die Bezeichnung flat rate oder flat fee?

- ❑ Pay-TV-Gebühr
- ❑ monatlicher Festpreis
- ❑ monatlicher Grundpreis
- ❑ Indianerstamm

Für den monatlichen Festpreis (Einheitsgebühr) für beliebig viele Ortsgespräche von beliebiger Dauer, den private Telefongesellschaften oder Internet-Provider anbieten.

Wer gewann die Schlacht bei Fehrbellin?

- ❑ Schweden
- ❑ England
- ❑ Brandenburg-Preußen
- ❑ Russland

Brandenburg-Preußen. Friedrich Wilhelm, der Große Kurfürst, errang damit 1675 einen glänzenden Sieg über die Schweden. Im Ersten Nordischen Krieg (1655–60) erlangte er die volle Souveränität.

Wie nannte man das Friedenswerk von 1555, mit dem die Religionskämpfe der Reformationszeit beigelegt wurden?

- ❑ Augsburger Religionsfriede
- ❑ Confessio Augustana
- ❑ Westfälischer Friede
- ❑ Revision

Augsburger Religionsfriede. Er erkannte die Augsburger Konfession der protestantischen Landesfürsten an. Sie konnten nach dem Grundsatz „wessen die Regierung, dessen die Religion“ ihre Konfession frei bestimmen.

Durch welches Drama wird das Hexentreiben in der Walpurgisnacht berühmt?

- ❑ *Faust, der Tragödie erster Teil*
- ❑ *Fausts Leben, Taten und Höllenfahrt*
- ❑ *Macbeth*
- ❑ *Die Elixiere des Teufels*

Durch Goethes *Faust I*, der 1808 erschien. Die Walpurgisnacht wird als dämonische und an sexuellen Szenen reiche Episode in Fausts Leben beschrieben.

Wo begründete König Saul sein Königtum?

- ❑ Kolchis
- ❑ Kilikien
- ❑ Ur
- ❑ Kanaan

In Kanaan (Palästina), wo er um 1012 v. Chr. die zwölf Stämme Israels vereinigte. Während eines Feldzuges gegen die Philister beging Saul Selbstmord. Ihm folgte David um 1004 v. Chr.

Was machen Infrarot-Kameras sichtbar?

- ❑ Dunkelheit
- ❑ Wärmestrahlung
- ❑ Gammastrahlen
- ❑ Ultraschallwellen

Die Wärmestrahlung (Infrarotstrahlung), die menschliche oder tierische Körper aussenden. Mit Nachtsichtgeräten lassen sich z. B. Menschen und Tiere aufspüren.

Welcher deutsche Dichter verfasste *Hyperion oder der Eremit in Griechenland*?

- ❑ Friedrich Hölderlin
- ❑ Jean Paul
- ❑ Ludwig Tieck
- ❑ Lord Byron

Friedrich Hölderlin. Der Briefroman (1797–99) ist von der Geniezeit, dem Pietismus und dem ästhetischen Bildungsideal der Klassik geprägt. In ihm teilen sich Ideale wie Freiheit und Selbstbestimmung des Menschen mit.

Welcher Gletscher ist der größte der Alpen?

- ❑ Tschierva
- ❑ Ötztal
- ❑ Aletsch
- ❑ Mer de Glace

Der Große Aletschgletscher in der Schweiz mit einer Länge von rund 25 km. Der an der Südseite der Berner Alpen gelegene Gletscher besitzt eine bis zu 800 m dicke Eisdecke.

Was ist eine Ägide?

- ❑ Schutzschild
- ❑ griechische Ode
- ❑ Vase
- ❑ Ackergerät

Der Schirm, der Schutz, unter dem jemand oder etwas steht. Das Wort stammt von dem griechischen Wort aigís „Schild des Zeus und der Athene".

Welches Herzogtum begründeten 850 die Przemysliden?

- ❑ Litauen
- ❑ Leitomischl
- ❑ Böhmen
- ❑ Kärnten

Böhmen. Die Przemysliden erhoben nun Anspruch auf den von Slawen besiedelten Raum, der von Böhmerwald, Erzgebirge und Sudeten umgeben ist. Als erster Herrscher ist Herzog Bošiwoj durch seine Taufe 874 fassbar.

Wer baute das Brandenburger Tor?

- ❑ Karl Friedrich Schinkel
- ❑ Carl Gotthard Langhans
- ❑ Georg W. von Knobelsdorff
- ❑ Andreas Schlüter

Carl Gotthard Langhans (1732–1808). Das 1788–91 entstandene Bauwerk ist ein wichtiges Beispiel des romantischen Klassizismus.

Was ist die Bedeutung des Wortes Börse?

- ❑ Markt für Güter und Werte
- ❑ Sparstrumpf
- ❑ Kontor
- ❑ Hanse

Organisierter Markt für Güter und Werte, der an bestimmte Zeiten und Orte gebunden ist. Dort treffen Angebot und Nachfrage von Devisen, Waren, Effekten oder Frachten zusammen.

Welcher Krieg gilt bereits als „Erster" Weltkrieg?

❑ Erster Nordischer Krieg ❑ Spanischer Erbfolgekrieg
❑ Österreichischer Erbfolgekrieg ❑ Siebenjähriger Krieg

Der Siebenjährige Krieg (1756–63) zwischen Preußen und Österreich. Damit verbunden war der Britisch-Französische Kolonialkrieg, der in Nordamerika und Indien geführt wurde.

Welcher Bischof von Hippo Regius war der größte lateinische Kirchenlehrer?

❑ Hieronymus ❑ Augustinus
❑ Ambrosius ❑ Thomas von Aquin

Augustinus (354–430). Er entwarf die Systematik des Denkens der abendländischen Kirche. *Über den Gottesstaat* ist die letzte bedeutende Verteidigungsschrift des Christentums gegen das Heidentum.

Auf welchem Gebiet arbeitete C. G. Jung (1875–1961)?

❑ Quantenmechanik ❑ Biochemie
❑ Andrologie ❑ Tiefenpsychologie

Auf dem Gebiet der Tiefenpsychologie. Im Mittelpunkt seiner Lehre steht die Theorie, dass das Unbewusste auch durch kollektiv vorhandene Archetypen geprägt wird.

Was ist ein Nerd?

❑ Internet-Neuling ❑ Internet-Süchtiger
❑ Computerspielversessener ❑ Verlierer

Ein Internet-Süchtiger, der jeden Kontakt zur Außenwelt verloren hat. Der Begriff kommt von englisch nerd „Trottel, Vertrottelter".

Welcher Dichter gehörte der englischen Romantik an?

❑ Geoffrey Chaucer ❑ Alexander Pope
❑ Lord Byron ❑ Oscar Wilde

Lord Byron (1788–1824). Er gehörte neben Wordsworth, Coleridge, Shelley und Keats zu den herausragenden Vertretern der Epoche. Berühmt ist u. a. sein Epos *Don Juan*.

Wie lang ist der Grand Canyon?

❑ 2500 km ❑ 1800 km
❑ 350 km ❑ 210 km

Der Grand Canyon ist 350 km lang, sechs bis 30 km breit, bis zu 1700 m tief. Alle 1000 Jahre werden durch den Colorado River etwa 15 cm Fels abgetragen.

Wo war die Heimat des Fürsten „Dracula"?

❑ England ❑ Bulgarien
❑ Rumänien ❑ Griechenland

In Rumänien, genauer in Transsylvanien. Historische Vorlage für den Vampir Bram Stokers war Vlad IV. Ţepeš („der Pfähler", †1476/77).

Wer komponierte das *Forellenquintett*?

❑ Joseph Haydn ❑ Ludwig van Beethoven
❑ Michail Glinka ❑ Franz Schubert

Franz Schubert (1797–1828), der neben Liedern, Orchester- und Chormusik vor allem Kammer- und Klaviermusik schuf.

Was ist ein Akkusativ?

❑ Kasus ❑ adverbiale Bestimmung
❑ Modus ❑ Passiv

Einer der vier Kasus im Deutschen. Nomen bzw. Nomengruppen werden danach dekliniert: Nominativ, Genitiv, Dativ, Akkusativ.

Wer wurde 1969 Bundeskanzler?

❑ Kurt Georg Kiesinger ❑ Willy Brandt
❑ Helmut Schmidt ❑ Ludwig Erhardt

Willy Brandt (1913–92). Er bildete eine SPD-FDP-Koalition unter Führung der SPD. Die sog. sozialliberale Koalition blieb nach Brandts Rücktritt unter Schmidt noch bis 1982 an der Macht.

Wer malte das Bild *Die Freiheit führt das Volk an* (1830)?
- ❑ Jacques-Louis David
- ❑ Jean A. D. Ingres
- ❑ Eugène Delacroix
- ❑ Francisco Goya

Eugène Delacroix (1798–1863), dessen Historien- und Tiergemälde sowie Reiseskizzen aus dem Orient die französische romantische Malerei begründeten.

Welche Disziplin beschäftigt sich mit den chemischen Bestandteilen und Reaktionen von Lebewesen?
- ❑ Anthropologie
- ❑ Genetik
- ❑ Biochemie
- ❑ Entomologie

Die Biochemie. Die deskriptive Biochemie untersucht Struktur und Aufbau der Stoffe, die dynamische beschäftigt sich mit den chemischen Reaktionen.

Welcher Nachfolger der Safawiden in Persien eroberte 1739 Delhi?
- ❑ Nadir Schah
- ❑ Resa Khan Pahlewi
- ❑ Akbar
- ❑ Shivaji

Nadir Schah (1688–1747), dessen Eroberung den Zerfall des indischen Mogulreiches einleitete. 1747 fiel der despotisch regierende Schah schließlich einer Revolte zum Opfer.

Was sind Protuberanzen?
- ❑ Meteoritenniedergang
- ❑ Sonnenwind
- ❑ leuchtende Gasmassen auf der Sonne
- ❑ Super Novae

Flammenartig aus der Sonne schießende Gasmassen. Bei einer totalen Sonnenfinsternis sind sie mit bloßem Auge zu erkennen.

Welche eigentliche Aufgabe hat der Libero im Fußball?
- ❑ Verteidigung
- ❑ Spielführer
- ❑ Linksaußen
- ❑ Sturm

Er ist in erster Linie Abwehrspieler, dann aber auch ein beweglicher Feldspieler (von italienisch „freier Mann"), der auch im Mittelfeld zum Einsatz kommt.

Wer bezeichnet sich in einem metaphysisch-religiösen Sinn als „auserwähltes Volk"?
- ❑ Schiiten
- ❑ Baptisten
- ❑ Israeliten
- ❑ Konfuzianer

Das Volk Israel nach alttestamentarischer Auffassung im *2. Buch Mose*. Das Neue Testament wertete im *Römerbrief* diese Auserwähltheit um und bezog sie auf die christliche Kirche.

Welcher polnische Komponist schuf im 19. Jahrhundert bedeutende Klaviermusik?
- ❑ Krzysztof Penderecki
- ❑ Frédéric Chopin
- ❑ Franz Liszt
- ❑ Robert Schumann

Frédéric Chopin (1810–49), einer der größten Klavierkomponisten. Zwei Klavierkonzerte, zahlreiche Mazurken, Preluden, Polonaisen und Nocturnes zählen u. a. zu seinem Werk.

Was sicherte das Viermächteabkommen 1971?
- ❑ Bundesrepublik Deutschland
- ❑ Freiheit West-Berlins
- ❑ Warschauer Pakt
- ❑ Oder-Neiße-Linie

Die Freiheit West-Berlins und den Zugang über die Transitwege zu Wasser, Land und Luft. Unterzeichner waren die Siegermächte des II. Weltkrieges.

Was sind Allüren?
- ❑ Heilkräuter
- ❑ aus dem Rahmen fallendes Benehmen
- ❑ Wundmale
- ❑ Wurzel

Das unangemessene, oft arrogante Auftreten. Es ist dem Französischen aller „gehen" bzw. allure „Gang; Benehmen" entlehnt.

Welches mehrteilige Werk stammt von Honoré de Balzac?

- ❑ *Die Leute von Seldwyla*
- ❑ *Comédie humaine*
- ❑ *Les Rougon-Macquart*
- ❑ *Mein Vaterland*

Die *Comédie humaine (Menschliche Komödie)*, eine über 80-bändige Romanfolge, die den gesellschaftskritischen Roman des französischen Realismus begründete. U. a.: *Eugenie Grandet* (1833).

Wo allein lässt sich Online-Shopping betreiben?

- ❑ Vergnügungsviertel
- ❑ Internet
- ❑ Bahnhofskiosk
- ❑ Duty-Free-Shop

Im Internet. Im weltweiten Netz gibt es unzählige Anbieter, bei denen man via Internet Ware bestellen kann. Den traditionellen Katalog eines Versandhauses ersetzt die Webseite.

Was sind die Gene?

- ❑ Bakterien
- ❑ Wassermoleküle
- ❑ Wärmespeicher
- ❑ Erbanlagen

Erbanlagen, die von einer Generation an die nächste weitergegeben werden. Sie liegen auf bestimmten Abschnitten der DNS-Moleküle der Chromosomen. Die Gesamtheit aller Gene nennt man Genom.

Wer siedelte sich um 1000 v. Chr. im Tiefland von Mexiko an?

- ❑ Olmeken
- ❑ Inka
- ❑ Mescalero-Apachen
- ❑ Zapoteken

Die Hochkultur der Olmeken, die erstmals in Amerika zentrale Kultplätze zur Verehrung der Götter errichteten. Sie beherrschten u. a. die Kunst, aus Jade und Ton Gefäße und Plastiken herzustellen.

Wie heißt der Vulkan im US-Staat Washington, dessen Gipfel 1980 durch ein Explosionsbeben weggesprengt wurde?

- ❑ Mount Rushmore
- ❑ Mount Saint Helens
- ❑ Mount McKinley
- ❑ Mount Rainier

Mount Saint Helens. Am 18.5.1980 kam es zu einer starken Eruption, wodurch die Höhe des Berges von 2950 m auf 2549 m abnahm.

Wer verfasste den Versroman *Eugen Onegin*?

- ❑ Leo N. Tolstoi
- ❑ Anton Tschechow
- ❑ Aleksandr Puschkin
- ❑ Boris Pasternak

Aleksandr Puschkin (1799–1837), der mit der Geschichte eines jungen Petersburger Dandys den ersten bedeutenden realistisch-poetischen Roman Russlands schrieb.

Mit welcher Methode werden assoziativ Gedanken zusammengetragen?

- ❑ Deduktion
- ❑ Brainstorming
- ❑ Anamnese
- ❑ Brainwash

Mit dem Brainstorming. Diese Technik kann kreativ eine Gruppendiskussion anregen. Die Diskussionsteilnehmer äußern spontan ihre Ideen, die zunächst nicht hinterfragt werden.

Wo erlangte der britische General Wolfe 1759 den entscheidenden Sieg im Britisch-Französischen Kolonialkrieg?

- ❑ Pondicherry (Indien)
- ❑ Quebec (Kanada)
- ❑ Chandernagore (Indien)
- ❑ Lake Georgia (Neu-England)

Vor Quebec. Wolfe (1727–59), der vorher schon die Festung Louisbourg am Sankt-Lorenz-Strom erobert hatte, fiel zwar in der Schlacht, aber schon 1760 kapitulierte die letzte französische Bastion in Montreal.

Wo steht der wichtigste Konfuziustempel?

- ❑ Qufu
- ❑ Peking
- ❑ Shanghai
- ❑ Nanking

In Qufu in der Provinz Shantung. Er ist an der Stelle errichtet, wo Konfuzius (551–479 v. Chr.) gewohnt und gelehrt haben soll.

Welches Werk verfasste Stendhal?

- ❏ *Der Glöckner von Notre Dame*
- ❏ *Die Kameliendame*
- ❏ *Rot und Schwarz*
- ❏ *Der Graf von Monte Cristo*

Le rouge et le noire (1830) (dt. *Rot und Schwarz*) mit dem Untertitel *Geschichte des 19. Jh.* Dabei handelt es sich um eine psychologisch-subtile Gesellschaftsanalyse.

Welcher Ostgotenkönig verbirgt sich hinter Dietrich von Bern aus dem *Hildebrandslied*?

- ❏ Ermanarich
- ❏ Theoderich der Große
- ❏ Wulfila
- ❏ Jordanes

Theoderich der Große (453–526). In dem um 850 in Fulda entstandenen einzig erhaltenen Heldenlied in deutscher (ahd.) Sprache wird der Konflikt zwischen Gefolgschaftstreue und Vaterliebe thematisiert.

Wie bezeichnet man das ungeborene Lebewesen vor der Fetalzeit?

- ❏ Keim
- ❏ Zelle
- ❏ Embryo
- ❏ Fötus

Embryo. Die Embryonalzeit erstreckt sich von der Befruchtung bis zum Ende des 3. Schwangerschaftsmonats. Danach beginnt die Fetalzeit, gekennzeichnet durch starkes Körperwachstum und Organtätigkeit.

Was sind Allotria?

- ❏ Raritäten
- ❏ Antiquitäten
- ❏ Unfug
- ❏ chemische Substanzen

Unfug, Narreteien. Das Wort (heute meist im Plural: das Allotria) geht zurück auf griechisch allótria „sachfremde, abwegige Dinge“.

Wie heißt der südwestlich von Rimini gelegene Zwergstaat?

- ❏ Vatikanstaat
- ❏ Liechtenstein
- ❏ San Marino
- ❏ Andorra

San Marino. Mit seinen etwa 62 km^2 ist das ringsum von italienischem Staatsgebiet umgebene Land die kleinste Republik der Welt. Die Hauptstadt heißt ebenfalls San Marino.

Welches Werk ist von Hans Christian Andersen?

- ❏ *Die Prinzessin auf der Erbse*
- ❏ *Franz Sternbalds Wanderungen*
- ❏ *Hänsel und Gretel*
- ❏ *Der Goldene Topf*

Die Prinzessin auf der Erbse aus seiner Märchensammlung, die zwischen 1835 und 1848 erschien. Zum Werk Andersens (1805–75) zählen auch Gedichte, Erzählungen und Theaterstücke.

Was bereitete der Grundlagenvertrag zwischen der Bundesrepublik und der DDR vor?

- ❏ dipl. Beziehungen
- ❏ Wiedervereinigung
- ❏ Freiheit West-Berlins
- ❏ Mauerbau

Die Einrichtung diplomatischer Beziehungen zwischen beiden deutschen Staaten. Sie waren ein Ergebnis der Ostpolitik der Regierung Brandt und ihres Unterhändlers Egon Bahr.

Welcher Franzose schuf mit der *Symphonie fantastique* Programm-Musik?

- ❏ Manuel de Falla
- ❏ Edvard Grieg
- ❏ Georges Bizet
- ❏ Hector Berlioz

Hector Berlioz (1803–69), neben Franz Liszt einer der führenden Pioniere der Programmmusik. Ihre Motive entnahmen sie der Literatur, Kunst, Geschichte und Mythologie.

Was ist in der EDV ein Netzwerk?

- ❏ Datenbank
- ❏ Zeichensatz
- ❏ Online-Verbindung
- ❏ Zusammenschaltung mehrerer PCs

Die Zusammenschaltung mehrerer Computer bzw. die Zusammenschaltung von einem Zentralcomputer und mehreren Datenterminals.

Wer nahm 1770 Australien für Großbritannien in Besitz?

❑ Abel Janszoon Tasman ❑ Jacob Roggeveen
❑ James Cook ❑ Henry Hudson

James Cook (1728–79) auf seiner ersten Forschungsreise in den Pazifik (1769–71). Australien wurde zuerst „terra australis incognita“ (lat. „unbekannter Südkontinent“) benannt.

Wie heißt die lateinische Kurz-Formel für die Übersetzung „Gegrüßet seist du, Maria!“?

❑ Te Deum ❑ Ave Maria
❑ Requiem ❑ Kyrie eleison

Ave Maria. Mit diesem Gruß trat der Engel Gabriel an Maria heran, um ihr die unbefleckte Empfängnis Jesu Christi mitzuteilen. Es ist zugleich ein Hauptbestandteil des Rosenkranzgebetes.

Welche Energie erzeugt ein Generator?

❑ elektrische ❑ geothermische
❑ potenzielle ❑ kinetische

Elektrische Energie. Generatoren sind Maschinen, die mechanische in elektrische Energie umwandeln. Beispielsweise werden Wasserkraft-Generatoren von Wasserturbinen angetrieben.

Wer schuf den *Glöckner von Notre Dame*?

❑ Alexandre Dumas d. Ä. ❑ Victor Hugo
❑ Stendhal ❑ Edmond de Rostand

Victor Hugo (1802–85), der wichtigste französische Schriftsteller im Übergang von der Romantik zum Realismus. Mit dem Roman *Die Elenden* (1862) machte er die untersten Volksschichten literaturfähig.

Wie nennt man mit Wasser versorgte, häufig besiedelte Stellen in der Wüste?

❑ Oasen ❑ Djebel
❑ Wadi ❑ Humus

Oasen; Landstriche in Wüstengebieten, die infolge natürlichen Wasservorkommens oder künstlicher Bewässerung reichen Pflanzenwuchs aufweisen.

Welcher Wurzel wurde seit alters Zauberkraft angedichtet?

❑ Tollkirsche ❑ Bilsenkraut
❑ Alraune ❑ Petunie

Der Alraune, einem Nachtschattengewächs, von dem ein unangenehmer Geruch ausgeht. Der Name lässt sich auf das mittelhochdeutsche alb, also „Kobold, Geist, Mahr“ zurückführen.

Welche Spionageaffäre führte zum Rücktritt Willy Brandts?

❑ „Sorge“ ❑ „Guillaume“
❑ „Mata Hari“ ❑ „Blunt“

Günter Guillaume (1927–95), der als ostdeutscher Spion enttarnt wurde. Als Referent war er ein enger Vertrauter des Kanzlers. Brandt trat am 6. Mai 1974 zurück.

Wer verfasste *Oliver Twist*?

❑ Mary Shelley ❑ William Thackeray
❑ Herriet Beecher Stowe ❑ Charles Dickens

Charles Dickens (1812–70), der Begründer des sozialen Romans. *Oliver Twist* erschien 1837–39 als Fortsetzungsroman und spielt im Unterwelt- und Armenmilieu.

Welches Seefahrervolk gründete Tyros?

❑ Pelasger ❑ Minoer
❑ Römer ❑ Phöniker

Die Phöniker. Sie schufen eine lose Verbindung von Stadtstaaten mit Handelsverbindungen im Mittelmeerraum. Unter König Hiram I. (969–36 v. Chr.) stieg Tyros zur bedeutendsten Metropole auf. Bedeutend sind die Erzeugnisse der Handwerker und Schiffsbauer.

Welcher Roman ist von Nikolaj Gogol?

- ❑ *Die Möwe*
- ❑ *Die Kosaken*
- ❑ *Die toten Seelen*
- ❑ *Der Idiot*

Die toten Seelen (1842), Gogols (1809–52) einziger Roman, in dem sich sein Hang zum Dämonischen voll durchsetzt. Berühmt sind auch seine Erzählungen (*Der Mantel*) und Dramen wie z. B. *Der Revisor*.

Wo finden Uran-235-Isotope Anwendung?

- ❑ Generatoren
- ❑ Atomkraftwerke
- ❑ Radiologie
- ❑ Elektrolyse

In Atomkraftwerken. Um aus Uran Kernbrennstoff herzustellen, muss es angereichert werden. Natürliches Uran ist ein Gemisch aus 0,7% Uran-235 und 99,3% Uran-238.

Wer erhielt 1773 das Monopol für den Opiumhandel mit China?

- ❑ englische Ostindische Kompanie
- ❑ Ch'ing-Dynastie
- ❑ Amsterdam
- ❑ Venedig

Die Ostindische Kompanie. Für das aus Bengalen eingeführte Opium erhielt Großbritannien die in Europa heiß begehrten chinesischen Luxusgüter wie Porzellan, Seide und Tee.

Was ist mit dem klimatologischen Begriff „arid" gemeint?

- ❑ trocken
- ❑ feucht
- ❑ warm
- ❑ kalt

Eine Klimaregion, in der der jährliche Niederschlag geringer ist als die Verdunstung. Damit sind alle Wüstengebiete „arid". Der Gegensatz hierzu sind humide Gebiete.

Was ist ein Call-Center?

- ❑ Dienstleistungsbetrieb
- ❑ Vermittlung
- ❑ Callgirl/-boy-Agentur
- ❑ Model-Agentur

Ein moderner Dienstleistungsbetrieb des Telemarketings. Am Telefon sitzen sog. Agenten oder Teletutors, die für eine Computerhotline, für ein Versandhaus oder eine Versicherung arbeiten.

Welche priesterliche Handlung ist kein Sakrament?

- ❑ Eheschließung
- ❑ Firmung
- ❑ Begräbnis
- ❑ Priesterweihe

Das Begräbnis. Dagegen ist die Krankensalbung, die sog. „letzte Ölung" ein Sakrament.

Was versteht man unter Global Village?

- ❑ User eines Providers
- ❑ Metapher für Internet
- ❑ Marktgemeinde in den USA
- ❑ gleich gesinnte Net-Surfer

Eine fantasievolle Metapher für das Internet; mit ihr soll die Idee ausgedrückt werden, dass die ganze Welt – zumindest für den Net-Surfer – nur ein Dorf ist.

Wer schrieb den revolutionären Frauenroman *Jane Eyre* (1847)?

- ❑ Virginia Woolf
- ❑ Hedwig Courths-Mahler
- ❑ Charlotte Brontë
- ❑ Marie-Madeleine Marquise de La Fayette

Charlotte Brontë (1816–55), die erfolgreichste der Brontë-Schwestern. Die Heldin ist eine Gouvernante, die ihre Sexualität auslebt und dadurch zu persönlicher Autonomie gelangt.

Welcher Schmuckstein ist veilchenblau?

- ❑ Achat
- ❑ Amethyst
- ❑ Opal
- ❑ Onyx

Der Amethyst, was im Griechischen eigentlich „nicht trunken" heißt. Tatsächlich glaubte man im Altertum, der Stein könne vor Trunkenheit schützen.

Über welches Reich herrschte Rajaraja I. der Große?

- ❑ Khmer (Kambodscha)
- ❑ Reich von Gana (Westafrika)
- ❑ Tschola (Indien)
- ❑ Srivijaya (Sumatra)

Über das Tschola-Reich in Südindien, mit der Hauptstadt Tanjore. Rajaraja I. († 1018) eroberte das Madras-Gebiet, Sri Lanka, die Malediven sowie Sumatra u. a. malayische Inseln. Unter ihm setzte eine rege Bautätigkeit ein (Rajarajeschwar-Tempel in Tanjore).

Wer schrieb den Roman *Wuthering Heights*?

- ❑ Samuel Beckett
- ❑ Emily Jane Brontë
- ❑ Virginia Woolf
- ❑ Mary Shelley

Emily Jane Brontë (1818–48), die begabteste der Brontë-Schwestern. Die *Sturmhöhen* (dt. Titel) führten zu einem Skandal, weil sie in einer prüden Gesellschaft das erotische Empfinden von Frauen schilderte.

Was verursacht den Wundstarrkrampf?

- ❑ Hepatitis A
- ❑ Virus
- ❑ Tetanus-Erreger
- ❑ Diabetes insipidus

Der Tetanus-Erreger, ein Bakterium, das hauptsächlich im Boden oder im Dung lebt. Verletzt man sich z. B. bei der Gartenarbeit, kann es mit Schmutz in die Wunde gelangen.

Wer war Rosemarie Nitribitt?

- ❑ Frauenrechtlerin
- ❑ Spionin
- ❑ Olympiasiegerin
- ❑ Prostituierte

Eine Frankfurter Prostituierte, deren Ermordung 1957 einen nationalen Skandal hervorrief, als sich herausstellte, dass sie mit hochrangigen Politikern in Verbindung stand.

Wie heißt die Hauptstadt Kubas?

- ❑ Kingston
- ❑ Santo Domingo
- ❑ Havanna
- ❑ Port-Au-Prince

Havanna. Sie ist eine der ältesten und malerischsten Städte der Neuen Welt und Weltkulturerbe der UNESCO. Im 16. Jh. war sie ein wichtiger spanischer Flottenstützpunkt.

Welchen Roman schrieb Edgar Allen Poe?

- ❑ *Das Gespenst von Canterville*
- ❑ *Der goldene Topf*
- ❑ *In der Strafkolonie*
- ❑ *Der Fall des Hauses Usher*

Der Fall des Hauses Usher (1839). Poes (1809–49) Schauergeschichte beschreibt, wie die letzten Mitglieder einer Familie auf geheimnisvolle und schreckliche Weise umkommen.

Wer unterzeichnete 1776 die Unabhängigkeitserklärung der Vereinigten Staaten?

- ❑ Delegierte der 13 britischen Kolonien
- ❑ George Washington
- ❑ Thomas Jefferson
- ❑ Abraham Lincoln

Die Delegierten der 13 britischen Kolonien, die auf dem Zweiten Kontinentalkongress in Philadelphia (bis 1788) versammelt waren. Der Entwurf stammt von Thomas Jefferson (1743–1826).

Auf welchen Ordensgründer gehen die Benediktiner zurück?

- ❑ Benedikt von Nursia
- ❑ Benedikt von Aniane
- ❑ Franz von Assisi
- ❑ Bonaventura

Auf Benedikt von Nursia (um 480–um 547), der 529 mit einer großen Anzahl von Mönchen auf den Monte Cassino zog, wo er das Stammkloster des Benediktinerordens gründete.

Was bezeichnet man als Amnesie?

- ❑ Gedächtnisschwund
- ❑ Übelkeit
- ❑ Totenstarre
- ❑ Jungfräulichkeit

Den Gedächtnisschwund, etwa durch Unfälle oder psychischen Schock hervorgerufen. Auch die zerebrale Arteriosklerose (sog. Verkalkung) kann dieselbe Folge haben.

Welchen Roman schrieb Michail Lermontow?

- ❑ *Ein Held unserer Zeit*
- ❑ *Oblomow*
- ❑ *Die Dame mit dem Hündchen*
- ❑ *Schuld und Sühne*

Ein Held unserer Zeit (1840). Lermontow (1814–41) bildet in seinem Romanhelden Pečorin den Typus des „überflüssigen Menschen“ aus, der schließlich in Gleichgültigkeit verfällt.

Was ist das Besondere an kaltblütigen Tieren?

- ❑ Körpertemperatur
- ❑ Aggressivität
- ❑ Lebensraum
- ❑ Verdauung

Ihre Körpertemperatur, die Schlangen, Frösche und andere Tierarten nicht selbst regulieren können. Das übernehmen äußere Wärmequellen, in der Regel die Sonne.

Welche Terror-Gruppe verübte den Anschlag bei der Olympiade 1972?

- ❑ Baader-Meinhof-Bande
- ❑ „Schwarzer September“
- ❑ „Roter Oktober“
- ❑ „Rote Brigaden“

Die Terroristengruppe „Schwarzer September“, die das israelische Team als Geiseln nahm. Alle elf Geiseln starben bei der Befreiungsaktion in Fürstenfeldbruck.

Welcher Superstar des Fußballs ist deutscher Rekordnationalspieler?

- ❑ Franz Beckenbauer
- ❑ Fritz Walter
- ❑ Lothar Matthäus
- ❑ Rudi Völler

Lothar Matthäus (*1961), dessen größter Erfolg der Weltmeistertitel von 1990 war. Mit 143 Länderspieleinsätzen ist er (neben dem Schweden Ravelli) der Rekordhalter.

Was ermöglichen 3-D-Brillen?

- ❑ Suggestion von Nacktheit
- ❑ Farbensehen
- ❑ dreidimensionaler Effekt
- ❑ Vergrößerung von Objekten

Einen dreidimensionalen Effekt. Voraussetzung ist, dass in einem Film bestimmte Szenen von zwei Kameras aus unterschiedlichen Perspektiven aufgenommen worden sind.

Wie heißt die Hauptstadt Indonesiens?

- ❑ Kuala Lumpur
- ❑ Rangun
- ❑ Manila
- ❑ Jakarta

Jakarta. Die an der Nordwestküste der Insel Java gelegene Stadt hieß bis 1945 Batavia. Die Bevölkerung Jakartas ist von rund 600.000 im Jahr 1945 auf fast 7 Mio. 1989 angewachsen.

Welche französische Schriftstellerin ging mit Frédéric Chopin ein Verhältnis ein?

- ❑ George Sand
- ❑ Madame de Staël
- ❑ Marquise de Sévigné
- ❑ Simone de Beauvoir

George Sand (1804–76), die sich immer wieder für die Emanzipation der Frau einsetzte. Ihr Verhältnis beschreibt sie u. a. in *Ein Winter auf Mallorca* (1838).

Welchem berühmten Nachfolger König Davids in Israel sagt man große Weisheit nach?

- ❑ Saul
- ❑ Salomo
- ❑ Goliath
- ❑ Kaiphas

König Salomo (964–926 v. Chr.), der Sohn Davids und der Batseba. Durch den hinzugewonnenen Arabienhandel und ein neues Abgabensystem finanzierte er u. a. den Tempelbau von Jerusalem.

Wer verfasste *Die drei Musketiere* (1844)?

- ❑ Victor Hugo
- ❑ Alexandre Dumas d. Ä.
- ❑ Honoré de Balzac
- ❑ Émile Zola

Alexandre Dumas d. Ä. (1802–70), ein erfolgreicher Unterhaltungsschriftsteller, der auch den *Graf von Monte Cristo* (1845) schrieb. Seine historischen Romane stehen in der Tradition Walter Scotts.

Wer war 1785 in Frankreich in die Halsbandaffäre verwickelt?

- ❑ Marquis de Sade
- ❑ Marie Antoinette
- ❑ Marquise de Pompadour
- ❑ Madeleine de Scudéry

Marie Antoinette (1755–1793). Der von dem Abenteurer Graf Cagliostro mitverursachte Skandal brachte die Monarchie in Verruf, da mit dem Halsband die Königin bestochen werden sollte.

Auf welchem „Heiligen Berg" befindet sich eine griechisch-orthodoxe „Mönchsrepublik"?

- ❑ Berg Zion
- ❑ Berg Athos
- ❑ Mosesberg
- ❑ Mont-Saint-Michel

Auf dem Berg Athos an der Südspitze der östlichsten Chalkidike-Halbinsel. Hier thront seit etwa 963 wie eine Trutzburg das Kloster Dionysiou.

Wer war der erste fliegende Mensch?

- ❑ Ikarus
- ❑ Gustaf Weißhaupt
- ❑ Juan de la Cierva
- ❑ Otto Lilienthal

Der deutsche Ingenieur Otto Lilienthal (1848–96). Er flog mit seinen Hängegleitern bis zu 300 m weit. 1896 kam er bei einem seiner Flugversuche ums Leben.

Auf welche Vereinigung geht der Buchtitel *Die Grenzen des Wachstums* (1972) zurück?

- ❑ PEN-Club
- ❑ Club of Rome
- ❑ Naturschutz
- ❑ Greenpeace

Auf den Club of Rome, der 1968 von unabhängigen Wissenschaftlern in Rom gegründet wurde. Ziel war es, die ökonomischen, sozialen und ökologischen Bedingungen der Menschheit zu analysieren.

Was ist ein Ammonit?

- ❑ Kopffüßer der Kreidezeit
- ❑ Hebräer
- ❑ ägyptische Statue
- ❑ Halbedelstein

Ein Kopffüßer der Kreidezeit, der ausgestorben ist, aber in zahlreichen spiralförmigen Versteinerungen erhalten ist.

Welche Metropole führt den Ehrennamen „Ewige Stadt"?

- ❑ Kairo
- ❑ Rom
- ❑ Venedig
- ❑ Jerusalem

Rom, die Hauptstadt Italiens. Die Stadt am unteren Tiber ist eine der ältesten und bedeutendsten Kulturstädte der Welt. Als Sitz des Papstes ist Rom der Mittelpunkt der katholischen Christenheit.

Wer schrieb die Verskomödie *Cyrano de Bergerac*?

- ❑ Alexandre Dumas d. Ä.
- ❑ Edmond de Rostand
- ❑ Alain René Lesage
- ❑ Tobias George Smollett

Edmond de Rostand (1868–1918). Er verfasste klassizistische Versdramen. Unsterblich ist sein *Cyrano de Bergerac*, dessen Held dem gleichnamigen Schriftsteller nachempfunden ist.

Welche „Apostel der Slawen" missionierten das Großmährische Reich?

- ❑ Columban und Bonifatius
- ❑ Kyrill und Method
- ❑ Photios und Ignaz
- ❑ Petrus und Paulus

Kyrill (826/27–869) und Method (vor 820–885). Kaiser Michael III. († 867) entsandte sie 863 in die heutige Slowakei. Zum Latein und Griechisch der beiden Kirchen kam nun in Osteuropa das Kyrillische hinzu, die Schrift der russisch-orthodoxen Kirche.

Wer waren die Präraffaeliten?

- ❑ Sektierer
- ❑ jüdischer Geheimbund
- ❑ Künstlervereinigung
- ❑ Ritterorden

Eine Künstlergruppe, die 1848 in London gegründet wurde. Sie strebte unter dem Einfluss der Nazarener eine Erneuerung der religiösen Malerei an. Vorbild war Raffael. Ein Vertreter war z. B. Dante Gabriel Rossetti.

Wer eroberte 1975 die Hauptstadt von Kambodscha?

- ❑ USA
- ❑ China
- ❑ Rote Khmer
- ❑ Vietcong

Die Roten Khmer, eine maoistisch geprägte Guerillabewegung, die von Pol Pot gegen Norodom Sihanouk gegründet wurde. Sie besiegten 1975 das Lon-Nol-Regime.

Wer komponierte die Oper *Der Freischütz* (1821)?

- ❑ Ralph Vaughn Williams
- ❑ Carl Maria von Weber
- ❑ Felix Mendelssohn-Bartholdy
- ❑ Albert Lortzing

Carl Maria von Weber (1786–1826), dessen Nichte Mozarts Frau Konstanze war. Weber begründete die romantische Oper, zu der u. a. auch *Oberon* (1826) mit einem englischen Libretto zählt.

Wofür steht PDA (Personal Digital Assistent)?

- ❑ PC
- ❑ elektronisches Adress- und Notizbuch
- ❑ Avantgardist
- ❑ Ordnerablage

Für elektronisches Adress- und Notizbuch („Persönlicher digitaler Assistent"). Hierbei handelt es sich um einen Kleinrechner, einen sog. Organizer bzw. Palmtop, der in die Handfläche passt.

Welche Erfindung war das Autogiro?

- ❑ Traghubschrauber
- ❑ Autorennen
- ❑ Propeller
- ❑ Bremsflüssigkeit

Ein Traghubschrauber, der Vorläufer des Hubschraubers. Er verfügte über Rotoren wie bei Hubschraubern und über einen Propeller. Erfinder war Juan de la Cierva (1895–1936).

Welcher aufgeklärte Absolutist bezeichnete sich als „ersten Diener des Staates"?

- ❑ Joseph II.
- ❑ Friedrich der Große
- ❑ Haroun ar-Raschid
- ❑ Großmogul Akbar

Friedrich II., der Große (1712–86), König von Preußen. Um Preußen zur Großmacht zu machen, führte er zahlreiche Kriege, widmete sich aber auch der Literatur und Philosophie und führte Reformen durch.

Wie heißt die über dem Urubamba-Tal in Peru liegende Ruinenstadt der Inkas?

- ❑ Chichén Itzá
- ❑ Machu Picchu
- ❑ Cuzco
- ❑ Tiahuanaco

Machu Picchu. Die 1450 erbaute Stadt wurde auf Terrassen um einen zentralen Platz angelegt. Die Gebäude weisen auf hohes technisches und handwerkliches Können ihrer Erbauer hin.

Welche Blume ist keine Wasserpflanze?

- ❑ Anemone
- ❑ Lotosblume
- ❑ Wasserlobelie
- ❑ Sumpfdotterblume

Die Anemone bzw. das Windröschen, das zur Gattung der Hahnenfußgewächse gehört. Sie blüht im Frühjahr auf Bergwiesen und in Wäldern.

Welche Heilige Schrift gliedert sich in das Alte und das Neue Testament?

- ❑ Bibel
- ❑ Koran
- ❑ Veda
- ❑ Sutra

Die Bibel. Das Alte Testament enthält die heiligen Bücher der Juden. Das Neue Testament berichtet in den vier Evangelien und in Apostelbriefen vom Leben und Wirken Jesu und der Apostel.

Wer komponierte die Mondschein-Sonate?
❑ Franz Schubert ❑ Ludwig van Beethoven
❑ Frédéric Chopin ❑ Robert Schumann

Ludwig van Beethoven (1784–1827). Seine Klaviersonate in cis-Moll op. 27,2 von 1801 gehört zu den bekanntesten seiner 32 Klaviersonaten.

Von wem erlangte Angola 1975 die Unabhängigkeit?
❑ Großbritannien ❑ Frankreich
❑ Spanien ❑ Portugal

Von Portugal. Allerdings dauerte der Bürgerkrieg zwischen den Guerilla-Gruppen MPLA und UNITA noch bis 1997 an. Und auch danach kam das Land nicht zur Ruhe.

Wen tötet Wilhelm Tell in Friedrich Schillers gleichnamigem Drama?
❑ Rudolf von Habsburg ❑ Wallenstein
❑ Franz Moor ❑ Gessler

Den Landvogt Gessler, der Tell befahl, einen Apfel vom Kopf seines Sohnes zu schießen, nachdem jener ihm nicht die nötige Ehrerbietung erwiesen hatte.

Womit beschäftigt sich ein Toxikologe?
❑ Insekten ❑ Fische
❑ Bakterien ❑ Gifte

Mit Giften. Er untersucht sie auf ihre chemische Zusammensetzung und ihre Wirkung auf den Organismus. Auch die Herstellung von Gegenmitteln gehört dazu.

Welches Reich regierte König Assurnasirpal II.?
❑ Reich Assur ❑ Parther-Reich
❑ Mösien ❑ Lydien

Das Assyrer-Reich, seit 884 v. Chr. Die Assyrer waren wegen ihrer rücksichtslosen Kriegsführung, Gräuel und Deportationen berüchtigt. In Kalach entstand der gewaltige Palast mit den bedeutenden Kalksteinreliefs.

In welchem schottischem See treibt sich „Nessie" herum?
❑ Loch Lomond ❑ Loch Ness
❑ Loch Tay ❑ Loch Katrine

Im Loch Ness. Aber selbst mithilfe von Unterwasserkameras und Sonargeräten konnte die Existenz des Seeungeheuers nicht nachgewiesen werden.

Welches Gemälde stammt von Caspar David Friedrich?
❑ Der Mönch am Meer (1809–10) ❑ Hafen bei Sonnenaufgang (1834)
❑ Der Morgen (1807/9) ❑ Sonnenaufgang im Dunst (1807)

Der Mönch am Meer. Der Greifswalder Caspar David Friedrich (1774–1840) gehört zu den herausragenden Malern der Romantik. Weitere Werke sind u. a.: *Kreidefelsen auf Rügen* (1818) und *Kreuz im Gebirge* (1809).

Was betrieb der Abolitionismus (seit 1787)?
❑ Kampagne gegen Alkohol ❑ Anti-Apartheidsbewegung
❑ Verbot der Sklaverei ❑ Verbot der Vielehe

Ein Verbot der Sklaverei. Ehemalige Sklaven sollten in einer westafrikanischen Kolonie (heute Sierra Leone) angesiedelt werden. 1792 wurde Freetown gegründet.

Welche Pflanze reagiert auf Berührungen mit Zusammenklappen der Blätter?
❑ Mimose ❑ Osmose
❑ Weißdorn ❑ Lilie

Die Mimose, deren federartige immergrüne Blätter über einen Klappmechanismus (Seismonastie) verfügen. Hierzu gehört auch die Venusfliegenfalle.

Wer regiert in einer katholischen Diözese?

- ❑ Dompropst
- ❑ Abt
- ❑ Bischof
- ❑ Erzbischof

Der Bischof. Ihm ist dann ein Erzbischof übergeordnet, wenn seine Diözese zusammen mit anderen eine Erzdiözese bildet. Die Ernennung des Bischofs erfolgt durch den Papst.

Was bezeichnet DPI (Dots per Inch)?

- ❑ Schrifttyp
- ❑ Maß für die grafische Auflösung
- ❑ Buchstabenabstand
- ❑ Maß für den Seitenrand

Das Auflösungsvermögen eines grafikfähigen Druckers bzw. eines Scanners. Dots per Inch heißt „Punkte pro Inch".

Wer verfasste die Erzählung *Michael Kohlhaas*?

- ❑ Friedrich Maximilian Klinger
- ❑ Adolf Muschg
- ❑ Heinrich von Kleist
- ❑ Martin Walser

Heinrich von Kleist (1777–1811), der darin sein großes Thema, der Mensch im moralischen Widerstreit zwischen Ich und Welt, zum Ausdruck bringt. Kohlhaas, dem die Gesellschaft Unrecht tut, greift zur Selbsthilfe.

Wie nennt man die modernen Tankstellenverkaufsläden?

- ❑ Outlet-Center
- ❑ Park and Ride
- ❑ Convenience-Märkte
- ❑ Car-Shops

Convenience-Märkte. Die Tankstellen bieten ein erweitertes Sortiment von Waren an, z. B. Backwaren, Getränke, Zeitschriften, Schnellimbissartikel.

Wodurch wird das Gewicht eines Körpers relativ zur Erde bestimmt?

- ❑ Dichte
- ❑ Abstand zum Erdmittelpunkt
- ❑ Luftdruck
- ❑ Masse

Durch seinen Abstand zum Erdmittelpunkt. Da die Erde an den Polen abgeplattet ist, ist hier der Abstand geringer und damit die Erdanziehung größer.

Wo befand sich im Mittelalter das Danelag?

- ❑ Dänemark
- ❑ England
- ❑ Friesland
- ❑ Irland

In England, genauer von Northumbrien im Norden bis Ost-Anglien und zur Themse. Es war das von dänischen Wikingern Ende des 9. Jh. besiedelte Gebiet dänischen Rechts (engl. „Danes' law"). Bis 955 eroberten die Enkel Alfreds des Großen (849–899) das Danelag zurück.

Wo liegt die Stadt Ghom?

- ❑ Bangladesh
- ❑ Indien
- ❑ Iran
- ❑ Irak

Im Iran. Ghom ist ein bedeutender schiitischer Wallfahrtsort mit der Grabmoschee der Fatima, der Tochter Mohammeds, in seinem Zentrum.

Welche Erzählung ist von E.T.A Hoffmann?

- ❑ *Tristram Shandy*
- ❑ *Der Geisterseher*
- ❑ *Der Sandmann*
- ❑ *Die Akten des Vogelsangs*

Der Sandmann (1816). Hoffmann (1776–1822) ist ein wichtiger Vertreter der deutschen Romantik, der vor allem im Ausland Verehrer fand, wie z. B. Jacques Offenbach (*Hoffmanns Erzählungen*).

Wer war vor König Juan Carlos in Spanien Staatsoberhaupt?

- ❑ Francisco Franco
- ❑ Miguel Primo de Rivera
- ❑ Alfons XIII.
- ❑ Manuel Azaña

Francisco Franco (1892–1975). Er kam nach seinem Militärputsch in Spanisch-Marokko 1936 an die Macht, unterstützt von Hitler und Mussolini.

Welches Werk Goethes beginnt mit dem Vers „Ihr naht euch wieder, schwankende Gestalten …“
- ❑ *Wilhelm Meister*
- ❑ *Torquato Tasso*
- ❑ *Götz von Berlichingen*
- ❑ *Faust I*

Faust I, der 1808 erschien. Goethes (1749–1832) Faustdichtungen bildeten sein Lebenswerk, das ihn rund 60 Jahre lang begleitete (1774–1832).

Was ist ein Antiquar?
- ❑ Händler mit Altertümern
- ❑ Aquarienfreund
- ❑ Lateinschrift-Buchstabe
- ❑ Fischverächter

Ein Antiquitätenhändler oder Altbuchhändler. Der antiquarius (lateinisch) ist ein „Kenner und Anhänger der alten Sprachen und Literatur“.

Wo entstand 1788 die erste europäische Siedlung in Australien?
- ❑ Sydney
- ❑ Heidelberg
- ❑ Perth
- ❑ Melbourne

In New South Wales an der Südostküste Australiens, wo der englische Kapitän Arthur Philip (1738–1814) Sydney – eine Sträflingskolonie – gründete.

Welches Metall ist bei Zimmertemperatur flüssig?
- ❑ Mangan
- ❑ Quecksilber
- ❑ Tantal
- ❑ Rhodium

Das silbrig glänzende Quecksilber (Hg). Geht die Temperatur zurück, zieht es sich stark zusammen, wird es wärmer, dehnt es sich aus. Deshalb verwendet man es in Thermometern.

Wo liegt das buddhistische Wallfahrtsheiligtum Borobudur?
- ❑ Kambodscha
- ❑ Thailand
- ❑ Indonesien
- ❑ Vietnam

Auf der indonesischen Insel Java. Die um 800 erbaute, 40 m hohe, in terrassenförmige Stufen aufsteigende Pyramide gipfelt in drei kreisförmige Terrassen, auf deren oberster eine mächtige Halbkugel steht.

Welche Meerenge trennt Sizilien und Kalabrien?
- ❑ Straße von Messina
- ❑ Straße von Otranto
- ❑ Bosporus
- ❑ Straße von Sizilien

Die Straße von Messina. Sie verbindet das Tyrrhenische mit dem Ionischen Meer und ist 32 km lang und zwischen 3 und 8 km breit. Der wichtigste Hafen ist Messina im Nordosten Siziliens.

Welches Meisterwerk schuf Schinkel?
- ❑ Dresdner Zwinger
- ❑ Schloss Sanssouci
- ❑ Altes Museum in Berlin
- ❑ Schloss Charlottenburg

Das Alte Museum in Berlin, das 1824–28 im klassizistischen Stil entstand. Es ist einer der frühesten deutschen Museumsbauten. Imposant ist die Vorhalle mit 18 ionischen Säulen.

Wer wurde 1976 in Argentinien gestürzt?
- ❑ Salvador Allende
- ❑ Evita Perón
- ❑ Isabel Perón
- ❑ Jorge Rafael Videla

Isabel Perón (*1931), die dritte Frau des Staatspräsidenten Juan Perón. Nach dessen Tod übernahm sie 1974 als erstes weibliches Regierungsoberhaupt Lateinamerikas das Präsidentenamt.

Worum handelt es sich bei einem Schaltkreis?
- ❑ Mehrfachsteckdose
- ❑ elektronische Schaltung
- ❑ Stromkreis mit Schalter
- ❑ kreisförmiger Schalter

Um eine elektronische Schaltung. Ein Schaltkreis besteht aus Transistoren, Dioden, Widerständen und Kondensatoren, die miteinander für eine bestimmte Funktion verbunden sind.

Von wem ist die Ouvertüre zu *Ein Sommernachtstraum* (1826)?

- ❑ Carl Maria von Weber
- ❑ Ludwig van Beethoven
- ❑ Claude Debussy
- ❑ Henry Purcell

Von Felix Mendelssohn-Bartholdy (1809–47). Der 17-jährige Komponist schuf damit eine meisterhafte Ouvertüre zu Shakespears Komödie.

Wer gründete 814 v. Chr. Karthago?

- ❑ Phöniker
- ❑ Aeneas
- ❑ Römer
- ❑ Korinther

Die Phöniker, die von der phönikischen Handelsstadt Tyros aus eine Niederlassung auf dem Weg nach Südspanien errichteten. Karthago („Neustadt") entstand auf einer Halbinsel nordöstlich des heutigen Tunis.

Woher kam die Klavierbauerfamilie Steinway?

- ❑ Polen
- ❑ Deutschland
- ❑ USA
- ❑ Irland

Aus Deutschland. 1835 gründete Heinrich Engelhard Steinweg (1797–1871) in Braunschweig seine Klavierfabrik. Der berühmte Steinway-Flügel nahm hier seinen Anfang.

Womit werden chemische Reaktionen angeregt?

- ❑ Filtration
- ❑ Perkussion
- ❑ Hormone
- ❑ Katalysatoren

Katalysatoren, da bei vielen Reaktionen noch Energie (Wärme) zugeführt werden muss. Sie reduzieren den Energieaufwand, sodass die Reaktionen schneller ablaufen.

Was ist die Bedeutung von Äon?

- ❑ Lichtquant
- ❑ Wellenlänge
- ❑ Staatsschatz
- ❑ unendlich langer Zeitraum

Äonen (Mehrzahl) sind unermessliche Zeiträume oder schlicht eine Ewigkeit. Das Wort geht auf das griechische aiōn „Leben(szeit), Zeit(dauer), Ewigkeit" zurück.

Wie hieß der finnische Wunderläufer, der Leichtathletikgeschichte schrieb?

- ❑ Paavo Nurmi
- ❑ Sebastian Coe
- ❑ Henry Rono
- ❑ Abebe Bikila

Paavo Nurmi (1897–1973), der auf den Strecken von 1500 m bis 20 km 22 Weltrekorde lief. Bei den olympischen Spielen von 1920, 1924, und 1928 gewann er neun Gold- und drei Silbermedaillen.

An welcher Meerenge liegt Istanbul?

- ❑ Bosporus
- ❑ Dardanellen
- ❑ Messina
- ❑ Straße von Bonifacio

Am Bosporus. Istanbul liegt zu beiden Seiten des Bosporus. Sie ist die größte Stadt der Türkei und war in der Antike die Hauptstadt Ostroms, Byzantium; später Konstantinopel genannt.

Wo spielte der Abbé Sieyès eine historische Rolle?

- ❑ Inquisition
- ❑ Missionierung Indochinas
- ❑ Französische Revolution
- ❑ Ermordung Heinrichs III.

Er forcierte mit seiner Schrift *Was ist der dritte Stand?* (1789) die Französische Revolution. Emmanuel Joseph Sieyès verlangte darin die Einbeziehung des Volkes in die Regierungsgeschäfte.

Welcher Religion gehören die Brahmanen an?

- ❑ Buddhismus
- ❑ Hinduismus
- ❑ Jainismus
- ❑ Shintoismus

Dem Hinduismus. Sie bilden die oberste Kaste der Hindus, die Priester, Dichter, Politiker und als angesehenster Rang die Gelehrten (Pandits) Indiens sind.

Welcher Komponist bildete die Leitmotivtechnik meisterhaft aus?
- ❑ Arnold Schönberg
- ❑ Hector Berlioz
- ❑ Richard Wagner
- ❑ Aleksandr Skrjabin

Richard Wagner (1813–83). Beispiele hierfür sind *Tannhäuser*, *Lohengrin* und der *Ring des Nibelungen*. Ein musikalisches Thema erfüllt dabei eine dramatische Funktion.

Was versteht man unter Copyright?
- ❑ beglaubigte Kopien
- ❑ Urkundenschutz
- ❑ Urheberrecht
- ❑ Patentrecht

Urheberrecht an Werken der Literatur, der Tonkunst und der Fotografie. Mit der Expansion des World Wide Web wird das Copyright zusehends ausgehöhlt.

Wer gründete 872 das Königreich Norwegen?
- ❑ Harald Harfagri („Schönhaar")
- ❑ Gustaf Adolf
- ❑ Erich Blutaxt
- ❑ Sven Gabelbart

Harald Harfagri (um 860–940/45). Ihm gelang es, die norwegischen Kleinkönige zu unterwerfen. Viele Normannen suchten daraufhin neue Siedlungsgebiete an den Küsten Europas.

Wer schuf den *Struwwelpeter*?
- ❑ E.T.A. Hoffmann
- ❑ Wilhelm Busch
- ❑ Gebrüder Grimm
- ❑ Heinrich Hoffmann

Der Arzt Heinrich Hoffmann (1809–94). Der *Struwwelpeter* (1845) ist eine Folge von zehn Bildergeschichten, die Hoffmann für seinen Sohn verfasste und illustrierte.

Wie kann Vitamin D erzeugt werden?
- ❑ Karotten
- ❑ Fleisch
- ❑ Wärme
- ❑ Sonnenlicht

Wenn der Körper Sonnenlicht ausgesetzt ist. Enthält die Nahrung Karotin, kann daraus auch Vitamin A hergestellt werden. Auch das zu den B-Vitaminen gehörende Niacin kann im Körper erzeugt werden.

Woher kamen die sog. „Boat-People"?
- ❑ Kambodscha
- ❑ Philippinen
- ❑ Papua-Neuguinea
- ❑ Vietnam

Aus Vietnam. Es waren Flüchtlinge, die vor dem kommunistischen Regime flohen. Die Ersten kamen 1977 in Hongkong an.

Was ist eine WebCam?
- ❑ Videorekorder
- ❑ ans Internet angeschlossene Videokamera
- ❑ fliegende Kamera
- ❑ Breitwandfernsehen

Eine ans Internet angeschlossene Videokamera (auch LiveCam). Sie zeigt im World Wide Web aktuelle Videobilder oder – ständig erneuerte – Standbilder, z. B. Online-Strip-Shows.

Wie heißt die Insel im nördlichen Atlantik, die einen starken Vulkanismus aufweist?
- ❑ Grönland
- ❑ Island
- ❑ Spitzbergen
- ❑ Franz-Josef-Land

Island. Erst vor 15 Mio. Jahren entstand die Insel aus dem Riss zwischen zwei Kontinentalplatten. Auch heute ist die Insel noch immer von Vulkanen, öden Geröllwüsten und Geysiren geprägt.

Was bezeichnet man mit Aperçu?
- ❑ Magenbitter
- ❑ geistreicher Einfall
- ❑ Überempfindlichkeit
- ❑ Sprichwort

Einen geistreichen Einfall und dann auch die geistreiche Bemerkung, vergleichbar mit dem Bonmot, einer „treffenden Wendung". Herkunft: französisch apercevoir „wahrnehmen, bemerken".

Wer baute die Propyläen in München?
- ❑ Karl Friedrich Schinkel
- ❑ Friedrich von Gärtner
- ❑ Leo von Klenze
- ❑ Carl Gotthard Langhans

Leo von Klenze (1784–1864). Er schuf in Anlehnung an das antike Vorbild auf der Akropolis von Athen ein Hallentor, das Zugang zum Königsplatz erlaubt. Die Propyläen entstanden 1846–64.

Wer unternahm 1791 die Flucht nach Varennes?
- ❑ Giacomo Casanova
- ❑ Marquis de Sade
- ❑ Ludwig XVI.
- ❑ Friedrich Schiller

Ludwig XVI. von Frankreich (1754–93) mit seiner Familie. Die königliche Familie kam bis Varennes, wo sie erkannt und von der Nationalgarde verhaftet wurde.

In welchem Buch der Bibel wird das Weltende visionär beschrieben?
- ❑ *Exodus*
- ❑ *Offenbarung*
- ❑ *Apostelgeschichte*
- ❑ *Judith*

Im *Buch der Offenbarung*. Diese wichtigste aller Apokalyptiken erzählt die Visionen, die angeblich der Apostel Johannes von Gott erhalten hatte. Sie berichtet auch vom Weltgericht und dem Beginn des neuen Gottesreiches.

Welcher Maler schuf das *Frühstück im Feien*?
- ❑ Paul Cezanne
- ❑ Édouard Manet
- ❑ Claude Monet
- ❑ Jacques Louis David

Édouard Manet (1832–83), der mit der freizügigen Darstellung der Frauen 1863 einen Skandal hervorrief. *Le Déjeuner sur l'herbe* befindet sich im Musée d'Orsay, Paris.

Wo liegt der absolute Nullpunkt?
- ❑ 0 °C
- ❑ –195,4 °C
- ❑ –215,10 °C
- ❑ –273,15 °C

Bei –273,15 °C. Die Messung der Temperatur erfolgt dann in Kelvin, nach dem britischen Physiker Lord Kelvin (1824–1907).

Welches Reich ging 1572 mit Tupac Amaru I. unter?
- ❑ Inka-Reich
- ❑ Reich von Vijayanagar
- ❑ Reich von Annam
- ❑ Byzantinisches Reich

Das Inka-Reich. Die Landnahme von Cuzco und Umgebung durch die Inka erfolgte um 1200. Am Ende des Reiches hatten sich die Inka 42 Jahre lang gegen die spanischen Eroberer gewehrt.

Welcher US-Staat ist von den Verwerfungen des San-Andreas-Grabens bedroht?
- ❑ Neu Mexiko
- ❑ Kalifornien
- ❑ Arizona
- ❑ Nevada

Kalifornien, wo er in nordwestlicher Richtung verläuft. Entlang dieser Spalte kommt es häufig zu Erdbeben, da hier die nordamerikanische und die pazifische Platte aufeinander treffen.

Aus welcher Oper Giuseppe Verdis ist der Gefangenenchor?
- ❑ *Falstaff*
- ❑ *Othello*
- ❑ *Die Macht des Schicksals*
- ❑ *Nabucco*

Aus *Nabucco* (1842), zu Deutsch „Nebukadnezar". Verdis (1813–1901) Oper handelt von der babylonischen Gefangenschaft der Juden. In Italien wurde sie mit Begeisterung aufgenommen.

Welcher italienische Christdemokrat wurde 1978 von den „Roten Brigaden" ermordet?
- ❑ Pietro Nenni
- ❑ Francesco Cossiga
- ❑ Giulio Andreotti
- ❑ Giovanni Falcone

Aldo Moro (1916–78), der Präsident der Democratia Christiana. Bis heute sind die Umstände seiner Ermordung und die Rolle der Regierung Andreotti nicht völlig geklärt.

Was heißt Aphasie?
- ❑ Schlafkrankheit
- ❑ Teilnahmslosigkeit
- ❑ Sprachverlust
- ❑ Erblindung

Der Verlust des Sprechvermögens oder des Sprachverständnisses. Sie entsteht, wenn die dominante Gehirnhälfte beschädigt ist. Bei Rechtshändern ist die linke Hemisphäre dominant.

Wer dichtete den Gedichtzyklus *Die Blumen des Bösen*?
- ❑ Charles Baudelaire
- ❑ François Villon
- ❑ Théophile Gautier
- ❑ Charles Swinburne

Charles Baudelaire (1821–67), der deshalb eine Anklage wegen Erregung öffentlichen Ärgernisses erhielt. *Les fleurs du mal* erschienen 1857; einige der Gedichte unterlagen bis 1949 der Zensur.

Wer verursachte 1791 das Blutbad auf dem Marsfeld in Paris?
- ❑ Robespierre
- ❑ Lafayette
- ❑ Danton
- ❑ Marat

Der Marquis de Lafayette (1757–1835), Befehlshaber der Nationalgarde, der auf Befehl des Bürgermeisters auf rund 5000 unbewaffnete Anhänger der Jakobiner schießen ließ.

Welche Bezeichnung steht für die Tierwelt?
- ❑ Fauna
- ❑ Physiologie
- ❑ Flora
- ❑ Anthropologie

Fauna, benannt nach einer altrömischen Waldgöttin. Heute bezeichnet man damit die Tierwelt einer bestimmten Region oder einer bestimmten Periode.

Wo findet das http (engl.: Hypertext Transfer Protocol) Verwendung?
- ❑ interaktives Fernsehen
- ❑ Internetsprache
- ❑ Datenübertragung im Internet
- ❑ Programmierung

Als Übertragungsprotokoll, das die Datenübertragung zwischen unterschiedlichen Computern und Programmen regelt, insbesondere im World Wide Web (http: „Hypertextübertragungsprotokoll“).

Welche Weltreligion breitete sich über den größten Teil des asiatischen Raumes aus?
- ❑ Buddhismus
- ❑ Hinduismus
- ❑ Christentum
- ❑ Shintoismus

Der Buddhismus, den Siddhartha Gautama (um 560–um 480 v. Chr.) stiftete. Er erhielt den Ehrentitel Buddha („der Erleuchtete“). Seine Lehre zielt auf die Vervollkommnung des Menschen ab.

Was ist der Hauptexportartikel Kubas?
- ❑ Zucker
- ❑ Rum
- ❑ Bauwolle
- ❑ Tabak

Zucker. Kuba gehört zu den führenden Zuckerproduzenten der Welt. Etwa 80% des Exports werden durch den Zuckeranbau erwirtschaftet. Erst an zweiter Stelle folgt der Tabak.

Welches sozialkritische Drama stammt von Henrik Ibsen?
- ❑ *Fräulein Julie*
- ❑ *Die Gespenstersonate*
- ❑ *Nora oder Ein Puppenheim*
- ❑ *Onkel Wanja*

Nora oder Ein Puppenheim (1879). Der Norweger Ibsen (1828–1906) deckte mit psychologischer Schärfe die Missstände in der Männerwelt des Fin de Siecle auf.

Wie wird die Kultur der Kelten bezeichnet?
- ❑ Thule-Kultur
- ❑ La Tène-Zeit
- ❑ Hallstatt-Kultur
- ❑ Etrusker

La Tène-Zeit (seit etwa 450 v. Chr.), benannt nach einer Fundstelle am Ostufer des Neuenburger Sees (Schweiz). Sie stellt die zweite Periode der Eisenzeit dar; ihr ging die eisenzeitliche Hallstadt-Zeit (Oberösterreich) voraus.

Was versteht man unter Deflation?
- ❑ Devisenkauf
- ❑ Verminderung des Geldumlaufs
- ❑ Steuerstundung
- ❑ Geldwäsche

Die Verminderung des Geldumlaufs. In der Folge sinkt das Preisniveau und die wirtschaftliche Tätigkeit erlahmt. Die Deflation in den 30er-Jahren vertiefte die Große Depression.

Wer verfasste *Onkel Toms Hütte*?
❑ Charles Dickens ❑ Harriet Beecher-Stowe
❑ James F. Cooper ❑ Thornton Wilder

Harriet Beecher-Stowe (1811–96). In ihrem 1850–52 veröffentlichten Roman übte sie scharfe Kritik an der Sklaverei in den USA.

Was bezeichnet man mit Arabeske?
❑ Musikstück ❑ Haremsgemächer
❑ Ornament in arabischer Art ❑ Islamschule

Ein Ornament in arabischer Art. Der Begriff ist in der bildenden Kunst seit dem 18. Jh. gebräuchlich. Er nimmt Bezug auf die Kunst der Pflanzenornamentik der Araber, die in der Renaissance wieder auflebte.

Welches Reich gründete 862 der Waräger-Fürst Rurik?
❑ Preußen ❑ Reich von Nowgorod
❑ Kiewer Rus ❑ Norwegen

Das Reich von Nowgorod, die erste russische Dynastie. Die Waräger – meist Wikinger aus Schweden – bildeten 882 mit Kiew die sog. Kiewer Rus (Reich von Kiew) und legten damit den Grundstein für die Entstehung Russlands.

Was schirmt der faradaysche Käfig ab?
❑ Röntgenstrahlen ❑ Radiowellen
❑ Elektrische Felder ❑ Raubtiere

Elektrische Felder. Der Käfig, der den Namen des englischen Physikers und Chemikers Michael Faraday (1791–1867) trägt, ist eine von allen Seiten geschlossene (netzförmige) Metallhülle.

Welcher Architekt baute das Paris der Belle Époque?
❑ Baron Haussmann ❑ Jean François Chalgrin
❑ Gustave Eiffel ❑ Jules Hardouin-Mansart

Georges Eugène Baron Haussmann (1809–91). Er plante das mit großzügig angelegten Boulevards gekennzeichnete Stadtbild. Allerdings fiel seinem Genie weitgehend das mittelalterliche Paris zum Opfer.

Wo befindet sich der Potala-Palast, die ehemalige Residenz des Dalai Lama?
❑ Lhasa ❑ Katmandu
❑ Bhaktapur ❑ Patna

In Lhasa, auf dem „Dach der Welt“. Die Stadt liegt in einer fruchtbaren Hochebene in etwa 3600 m Höhe, umgeben von den hohen Gipfeln des Himalaja.

Wo trug sich 1792 – außerhalb der Verdi-Oper – der „Mord beim Maskenball“ zu?
❑ Stockholm ❑ London
❑ Neapel ❑ Wien

In der Oper von Stockholm, wo der schwedische König Gustav III. (1746–92) durch den Pistolenschuss eines ehemaligen Leibwächters niedergestreckt wurde.

Wer ist das geistliche und weltliche Oberhaupt Tibets?
❑ Tsong-kha-pa ❑ Panchen-Lama
❑ Dalai-Lama ❑ Mengzi

Der Dalai-Lama, dessen Mönchsname Tenzin Gyatzu (*1935) lautet. Er gilt als Reinkarnation des Bodhisattva Avalokitesvara, der die Barmherzigkeit und die allumfassende Liebe symbolisiert.

Wer schrieb *Krieg und Frieden*?
❑ Fjodor Dostojewskij ❑ Iwan Gontscharow
❑ Leo N. Tolstoi ❑ Iwan Turgenjew

Leo N. Tolstoi (1828–1910), der damit die groß angelegte Chronik einer russischen Adelsfamilie schuf, die zwischen 1805 und 1812 den politischen und gesellschaftlichen Wandel erlebt.

Welches Bauernmädchen führte die Wende im Hundertjährigen Krieg herbei?
- ❑ Mata Hari
- ❑ hl. Bernadette
- ❑ hl. Jeanne d'Arc
- ❑ Charlotte Corday

Jeanne d'Arc (um 1412–31). Das englische Heer musste 1429 unter dem Druck der von Jeanne d'Arc geführten Armee die Belagerung von Orléans aufgeben. Sie starb, an die Engländer ausgeliefert, als Ketzerin auf dem Scheiterhaufen.

Was versteht man unter CBT?
- ❑ computergestützte Lernprogramme
- ❑ PC-Messe
- ❑ Computerkurse
- ❑ Speicherkapazität

Computergestützte Lernprogramme. Der englische Terminus „Computer Based Training" bedeutet „computerbasiertes Training" und wird für Seminare u. Ä. verwendet, die mithilfe von modernen Medien, Grafiken u. a. arbeiten.

Welcher Roman ist von Fjodor Dostojewskij?
- ❑ *Anna Karenina*
- ❑ *Väter und Söhne*
- ❑ *Der Kirschgarten*
- ❑ *Schuld und Sühne*

Schuld und Sühne (1866). Held in Dostojewskijs (1821–81) psychologischem Roman ist der mittellose Student Rodion Raskolnikoff, der eine Wucherin ermordet.

Was trägt zur Erwärmung der Erdatmosphäre (dem sog. Treibhauseffekt) bei?
- ❑ Kohlendioxid
- ❑ Butan
- ❑ Wasserstoff
- ❑ Neon

Kohlendioxid (CO_2). Es ist eines der wichtigsten Spurengase (auch Treibhausgase genannt) auf der Erde und fördert neben Methan und FCKW wesentlich die Erderwärmung.

Woher kommt der Begriff „Argusaugen"?
- ❑ Meerestier
- ❑ Pflanze
- ❑ Fabelwesen
- ❑ hundertäugiger Riese

Von dem hundertäugigen Riesen Argos (lat. Argus) der griechischen Mythologie, der im Auftrag der Zeus-Gemahlin Hera die in eine Kuh verwandelte Io bewachen musste. Diese war eine Geliebte des Zeus.

Wie heißt der bedeutendste Fluss Vietnams?
- ❑ Roter Fluss
- ❑ Mekong
- ❑ Brahmaputra
- ❑ Menam

Mekong. Er ist einer der längsten Flüsse Asiens, entspringt im Hochland von Tibet und fließt auf einer Länge von 4500 km zum Südchinesischen Meer.

Wer war für die „Golfkriege" verantwortlich?
- ❑ Schah Resa Pahlewi
- ❑ Ayatollah Ruhollah Khomeini
- ❑ Saddam Hussein
- ❑ Emir von Kuwait

Saddam Hussein, der Staatspräsident des Irak. 1980 kam es zum ersten Golfkrieg gegen den Iran. 1991 zum zweiten, dem der Irak gegen eine alliierte Koalition unter Führung der USA unterlag.

Welcher Maler gehört dem Impressionismus an?
- ❑ Georges Braque
- ❑ Joan Miró
- ❑ Jean A. D. Ingres
- ❑ Auguste Renoir

Auguste Renoir (1841–1919). Charakeristisch ist seine Freilichtmalerei; neben Porträts entstanden Landschaftsbilder und vor allem auch weibliche Akte, z. B. *Der Badeplatz, La Grenouillière* (1876).

Wer entschied mit der Kanonade von Valmy den Ersten Koalitionskrieg?
- ❑ USA
- ❑ Großbritannien
- ❑ Frankreich
- ❑ Österreich

Die französischen Revolutionsarmee, die in dem Artilleriegefecht gegen ein preußisch-österreichisches Heer einen leichten Vorteil errang. Letzteres trat den Rückzug an.

Welche Lehre erklärt menschliches Handeln als nicht frei, sondern bedingt?

- ❑ Konditionierung
- ❑ Behaviourismus
- ❑ Determinismus
- ❑ Idealismus

Der Determinismus, von dem es verschiedene Arten gibt: den göttlichen (Prädestination), den kosmologischen (Natur), den historischen (Geschichte) und den anthropologisch-ethischen (Wille).

Welche Oper komponierte Georges Bizet?

- ❑ *Die Trojaner*
- ❑ *Orpheus in der Unterwelt*
- ❑ *Manon*
- ❑ *Carmen*

Carmen (1875), die auf einer Novelle von Prosper Mérimée beruht. Bizet (1838–75) gehört auch mit der Oper *Die Perlenfischer* und der *L'Arlésienne-Suite* zu den meistgespielten französischen Komponisten.

In welchem Zustand befindet sich ein Stoff nach der Kondensation?

- ❑ fest
- ❑ gasförmig
- ❑ flüssig
- ❑ ionisiert

Ein vorher gasförmiger Stoff wird in den flüssigen Zustand überführt. Beispielsweise beschlagen kalte Brillengläser, wenn man einen beheizten Raum betritt.

Welche Bedeutung hat die Farbe Blau in der Olympischen Flagge?

- ❑ Europa
- ❑ Asien
- ❑ Amerika
- ❑ Ozeanien und Australien

Blau steht für Ozeanien und Australien, Gelb für Asien, Schwarz für Afrika, Grün für Europa und Rot für Amerika.

Wo wurde die Gewerkschaft Solidarność verboten?

- ❑ Tschechoslowakei
- ❑ Sowjetunion
- ❑ Polen
- ❑ DDR

1981 im kommunistischen Polen, womit die unabhängige Gewerkschaft mundtot gemacht werden sollte. Ihre Führer wie Lech Walesa wurden inhaftiert.

Welche Insel vor der Westküste Kleinasiens gehört zu den südlichen Sporaden?

- ❑ Lesbos
- ❑ Samos
- ❑ Naxos
- ❑ Santorin

Samos. Die gebirgige Insel ist rund 43 km lang, 19 km breit und hat eine Fläche von 505 km^2. Neben Wein werden auf Samos vor allem Tabak und Oliven angebaut.

Was versteht man unter einer Inflation?

- ❑ Währungsreform
- ❑ Börsenkrach
- ❑ Staatsbankrott
- ❑ Geldentwertung

Geldentwertung. Die gesamtwirtschaftliche Nachfrage nach Gütern übersteigt das gesamtwirtschaftliche Angebot. Überhöhte private, staatliche oder ausländische Nachfrage kann eine Inflation auslösen.

Was ist ein Arrak?

- ❑ asiatisches Rind
- ❑ Wasserpfeife
- ❑ Branntwein
- ❑ Schafskäse

Arrak, ein starker Branntwein mit etwa 60 Volumenprozent Alkohol. Er wird vorwiegend in Indien, Sri Lanka und Thailand aus gegorenem Reis, Zucker und Kokosnüssen hergestellt.

Was ist ein Warmstart?

- ❑ Start eines Programms
- ❑ Neustart des PCs
- ❑ Neuladen des Betriebssystems
- ❑ Start bei warmem Motor

Das Neuladen des Betriebssystems durch das gleichzeitige Drücken der Tasten Strg Alt Entf (auch: Reset). Beim Kaltstart wird dagegen ein kompletter Neustart durchgeführt.

Welcher Roman wurde von Émile Zola verfasst?

- ❑ *Ulysses*
- ❑ *Fräulein Fifi*
- ❑ *Nana*
- ❑ *Madame Bovary*

Nana (1880); ebenso wie *Germinal* gehört er zu seinem 20-bändigen Romanzyklus *Les Rougon-Macquart* (1871–93). Émile Zola (1840–1902) begründete den Naturalismus in Frankreich.

Wer gründete um 750 v. Chr. nördl. von Neapel die Kolonie Cumae (Kyme)?

- ❑ Karthager
- ❑ Griechen
- ❑ Ägypter
- ❑ Normannen

Die Griechen. Cumae, die älteste griechische Kolonie in Italien, stand am Anfang der großen griechische Kolonisationszeit (750–550 v. Chr.). Von ihr gingen wichtige kulturelle Impulse auf Etrusker und Römer aus.

Welcher Roman ist von Mark Twain?

- ❑ *Onkel Toms Hütte*
- ❑ *Der Seewolf*
- ❑ *Der Kurier des Zaren*
- ❑ *Der Lederstrumpf*

Die Abenteuer von Huckleberry Finn (1884). Der Roman ist die Fortsetzung der *Abenteuer des Tom Sawyer* (1876), beeinflusste aber noch mehr als dieser die amerikanische Literatur.

Wann fanden die Septembermorde statt?

- ❑ Oktoberrevolution
- ❑ chinesische Kulturrevolution
- ❑ Hugenottenkriege
- ❑ Französische Revolution

1792, während der Französischen Revolution. Im Vorfeld der Wahlen zum Nationalkonvent zettelten Jean-Paul Marat (1744–93) und Georges Jacques Danton (1759–94) Massenmorde unter ihren Gegnern an.

Wie heißt das entzündungshemmende Hormon der Nebennierenrinde?

- ❑ Adrenalin
- ❑ Aphrodisiakum
- ❑ Thyreoglobulin
- ❑ Kortison

Kortison. Dank seiner Wirkung wird es bei Entzündungen durch schwere Allergien, bei rheumatischen Beschwerden, Arthritis und anderen entzündlichen Krankheiten angewendet.

Welches methodische Verfahren der Rede und Gegenrede dient der Wahrheitsfindung?

- ❑ Dialektik
- ❑ Syllogismus
- ❑ Deduktion
- ❑ Disput

Die Dialektik, deren Verfahren auf Platon zurückgeht und seit Hegel Gültigkeit hat. Aus dem Widerspruch zwischen These und Antithese gelangt man zur Synthese.

In welcher Kulturhauptstadt befindet sich die Karlsbrücke?

- ❑ Budapest
- ❑ Prag
- ❑ Krakau
- ❑ Wien

In Prag. Der Beiname „Goldene Stadt" umschreibt die außergewöhnliche Schönheit der Stadt mit ihren prächtigen Bauten und ihrer einzigartigen Lage an der Moldau.

Welches Werk komponierte Antonín Dvořák?

- ❑ *Taras Bulba*
- ❑ *Mikrokosmos*
- ❑ *Metamorphosen*
- ❑ *Aus der Neuen Welt*

Die 9. Sinfonie, *Aus der Neuen Welt*, die 1893 bei der Uraufführung in New York ein großer Erfolg wurde. Dvořák (1841–1904) war neben Smetana der Hauptvertreter der national-tschechischen Musik.

Welche mittelamerikanische Kultur gründete 879 den Stadtstaat Kabah?

- ❑ Zapoteken
- ❑ Maya
- ❑ Paracaskultur
- ❑ Thule-Kultur

Die Maya in Yucatán. Auf der Fundstätte Kabah im Norden der Halbinsel ragt der Maskenpalast heraus, dessen 45 m lange und 6 m hohe Fassade mit mehr als 240 steinernen Masken besetzt ist.

Was ist der Äther, wenn man nicht gerade das gleichnamige Narkosemittel meint?

- ❑ bakterielle Infektion
- ❑ strahlender Himmel
- ❑ Antiseptikum
- ❑ Morgenröte

Der strahlend-blaue Himmel, den sich die alten Griechen als Wohnsitz der Götter dachten. Demgemäß leitet sich das Wort auch aus dem griechischen aithēr ab, was eigentlich „das Brennende, Glühende, Leuchtende“ bedeutet.

Welches Orchesterwerk stammt von Nikolaj Rimskij-Korsakow?

- ❑ *Die Moldau*
- ❑ *Der Feuervogel*
- ❑ *Der wunderbare Mandarin*
- ❑ *Scheherazade*

Scheherazade (1888). Rimskij-Korsakow (1844–1908) gehörte der „Gruppe 5“ an, einer Gruppe national gesinnter russischer Musiker. Zu seinen Schülern zählten u. a. Strawinsky und Prokofjew.

Wer überfiel 1983 Grenada?

- ❑ Kuba
- ❑ El Salvador
- ❑ USA
- ❑ Mexiko

Die USA und 6 Karibikstaaten. Auf der Insel war es kurz zuvor zu einem Putsch gekommen. Die Gefahr sollte verhindern, dass Kuba und die UdSSR einen Militärstützpunkt errichteten.

Was passiert, wenn beide Pole eines Stromkreises unmittelbar verbunden werden?

- ❑ Spannungsabfall
- ❑ Wechselstrom
- ❑ Kurzschluss
- ❑ Widerstand

Ein Kurzschluss. Es entsteht ein verkürzter Stromkreis, bei dem der Widerstand nur gering ist, die Stromstärke dagegen sehr hoch. Die Folge ist eine starke Erwärmung, die zu Bränden führen kann.

Was war Aleksandr Borodin?

- ❑ Theater-Autor
- ❑ Maler
- ❑ Komponist
- ❑ Philosoph

Arzt und Komponist. Als Arzt hatte er in St. Petersburg den Lehrstuhl für Chemie inne. Als Komponist machte er mit der unvollendeten Oper *Fürst Igor* (1869) Musikgeschichte.

Wie heißen die Wasserfälle an der Grenze zwischen Argentinien und Paraguay?

- ❑ Iguaçu
- ❑ Paulo-Alfonso
- ❑ Madeira
- ❑ Essequibo

Iguaçu-Fälle. 250 kleinere und 20 größere Fälle ergießen sich über die etwa 3 km breite Sturzkante. Rund 1,8 Mio. Liter Wasser pro Sekunde stürzen in eine 80 m tiefe Schlucht.

Wofür steht die Abkürzung Strg auf einer Computertaste?

- ❑ Kontextmenü
- ❑ RETURN-Taste
- ❑ Start-Menü-Taste
- ❑ Steuerungstaste

Für Steuerungstaste. Sie ermöglicht in Kombination mit anderen Tasten die Auslösung einer bestimmten Aktion, die sonst nur über Menüeinträge etc. möglich ist.

Welcher Franzose war führend an der Schreckensherrschaft der Jakobiner beteiligt?

- ❑ Jacques Pierre Brissot
- ❑ Maximilien de Robespierre
- ❑ Marquis de Condorcet
- ❑ Marquis de Lafayette

Maximilien de Robespierre (1758–94). Der sog. „Wohlfahrtsausschuss“ unter seinem Vorsitz regierte mit diktatorischen Vollmachten. Schätzungen gehen von bis zu 40.000 Toten aus.

Was verbirgt sich hinter der Trinitätslehre?

- ❑ Dreifaltigkeit
- ❑ Abendmahlstreit
- ❑ Leib Christi
- ❑ Mission

Die Dreifaltigkeit, die göttliche Dreiheit (Trinität): Gottvater, Gottsohn und Heiliger Geist. Ähnlichkeit besteht zum hinduistischen Trimurti.

Wer schuf die Plastik *Die Bürger von Calais*?

- ❑ Camille Claudel
- ❑ Auguste Rodin
- ❑ Hans Arp
- ❑ Alberto Giacometto

Auguste Rodin (1840–1917). Die Gruppenplastik ist zwischen 1884 und 1894 entstanden. Sie erinnert an die Übergabe von Calais im Hundertjährigen Krieg.

Wie bezeichnet man jemand, der (wirtschaftlich) unabhängig ist?

- ❑ authentisch
- ❑ autark
- ❑ autochthon
- ❑ autogen

Autark oder auch autonom. Das Substantiv heißt Autarkie. Entlehnt wurde das Wort aus griechisch autárkēs „sich selbst genügend; unabhängig".

Wer besitzt die Falkland-Inseln?

- ❑ Argentinien
- ❑ Uruguay
- ❑ Chile
- ❑ Großbritannien

Großbritannien. 1982 war um die Inseln zwischen Argentinien und Großbritannien der Falkland-Krieg ausgebrochen.

Wer erfand 1895 den Filmprojektor?

- ❑ Thomas A. Edison
- ❑ Brüder Lumière
- ❑ Georges Méliès
- ❑ Oskar Messters

Die Brüder Lumière – Auguste Marie Luis Nicolas (1862–1954) und Luis Jean Lumière (1864–1948). Kurz vorher präsentierten die Gebrüder Skladanowsky in Berlin das erste Bioskop.

Wer schuf das Gemälde *Die Brücke von Arles*?

- ❑ Georges Seurat
- ❑ Henri Matisse
- ❑ Jan Sluyters
- ❑ Vincent van Gogh

Vincent van Gogh (1853–1890). Es befindet sich im Wallraf-Richartz-Museum, Köln. Van Gogh lebte seit 1888 in Arles, wo er mit Paul Gauguin zusammenarbeitete.

Was ist ein typisches Zeichen einer volkswirtschaftlichen Depression?

- ❑ hohes Wachstum
- ❑ galoppierende Inflation
- ❑ hohe Arbeitslosigkeit
- ❑ positive Außenhandelsbilanz

Eine hohe Arbeitslosigkeit. Weitere Kennzeichen sind Konkurse, geringe Investitionsbereitschaft der Wirtschaft und ein niedriges Lohn und Preisniveau.

Was ist der höchste Wasserfall der Welt?

- ❑ Angel
- ❑ Victoria
- ❑ Niagara
- ❑ Yosemite

Der Angelfall im Lauf des Rio Churún in Venezuela mit einer Fallhöhe von 979 Meter Höhe.

Wer hat in zwei Messenischen Kriegen die Herrschaft über die Peloponnes errungen?

- ❑ Athen
- ❑ Persien
- ❑ Sparta
- ❑ Korinth

Sparta. Die Kriege fanden 740–720 und 660–640 v. Chr statt. Die Spartiaten waren mit ihren in Phalangen kämpfenden gepanzerten Fußsoldaten (Hopliten) siegreich. 550 v. Chr. besiegelte Sparta seine Hegemonie mit dem Peloponnesischen Bund.

Wer schrieb die Erzählung *Die Drehung der Schraube*?

- ❑ Raymond Chandler
- ❑ John Steinbeck
- ❑ Henry James
- ❑ Malcolm Stanley Bradbury

Der Amerikaner Henry James (1843–1916), ein Meister der perspektivischen Erzählkunst und psychologischer Ausgestaltung. Berühmt ist die Novelle wegen der authentischen Geistererscheinungen.

Was war 1794 das Ziel des Aufstandes unter Kościuszko?

❑ Unabhängigkeit Ungarns ❑ Unabhängigkeit Polens
❑ Dritte Teilung Polens ❑ Beendigung der Terreurs

Die Unabhängigkeit Polens gegen Preußen und Russland zu verteidigen. Kościuszko (1746–1817), der Held des amerikanischen Unabhängigkeitskrieges, konnte die dritte Teilung Polens nicht verhindern.

Wie heißt im Hinduismus und Buddhismus der Weltenberg?

❑ Himalaya ❑ Kailash
❑ Meru ❑ Mandara

Meru, der auf den Köpfen des zusammengerollten Schlangenwesens Vasuki ruht. Er ist das Zentrum des Kosmos, aus dem Brahma, der heilige Fluss und die sieben niederen Welten entspringen.

Wer verfasste den Roman *Doktor Jekyll und Mr. Hyde*?

❑ Edgar Allan Poe ❑ Robert Louis Stevenson
❑ E.T.A. Hoffmann ❑ Dashiell Hammett

Robert Louis Stevenson (1850–94). Der schottische Schriftsteller beschreibt darin einen Helden, der sich durch ein Elixier in einen grausamen Bösewicht verwandelt.

Wo entstand 1895 das erste Filmstudio der Welt?

❑ Montreuil ❑ Los Angeles
❑ London ❑ Bombay

In Montreuil bei Paris. Die Produktionsfirma „Star Film“ wurde von Georges Méliès (1861–1938) gegründet. Bis 1914 dreht er über 500 Filme. Er ist damit neben den Brüdern Lumière und Skladanowsky der größte Filmpionier.

Was ist die HTML?

❑ Programmiersprache für Homepages ❑ Internet-Server
❑ Virus ❑ Blutprobe

Die Programmiersprache für die Homepage-Gestaltung; die Abkürzung steht für „Hypertext Markup Language“ und ist die Seitenbeschreibungssprache im World Wide Web.

Wie nennt man jemanden, der sich durch Selbstunterricht bildet?

❑ Autonomer ❑ Autograph
❑ Autodidakt ❑ Autobiograf

Autodidakt. Hierin beruht auch der moderne Erziehungsansatz das „Lernen zu lernen“. Den Versuch ein perfektes Lexikon zu schreiben unternahm Gottfried Wilhelm Leibniz (1646–1716).

Wie heißt das steppenartige Grasland in der ungarischen Tiefebene?

❑ Pannonien ❑ Puszta
❑ Batschka ❑ Balaton

Puszta. Die durch extensive Weidewirtschaft entstandene baumlose Grassteppenlandschaft erstreckte sich einst über große Teile des ungarischen Tieflands.

Welches Volk führte Arpád um 895 nach Ungarn?

❑ Awaren ❑ Sorben
❑ Magyaren ❑ Bulgaren

Die Magyaren aus dem Uralgebiet. Ungarische Reiterheere drangen bis ins Weser-Elb-Gebiet vor. Erst als sie 955 von König Otto I. (912–973) vor Augsburg geschlagen wurden, zogen sie sich in die ungarische Tiefebene zurück.

Wer verfasste den Roman *Bel Ami*?

❑ Émile Zola ❑ Guy de Maupassant
❑ Gustave Flaubert ❑ Alexandre Dumas

Der französische Schriftsteller Guy de Maupassant (1850–93), der darin den Karriereweg des skrupellosen Journalisten Duroy, eines „Don Juan“ der Moderne, beschreibt.

Wer marschierte 1989 in Panama ein?

- ❑ Kolumbien
- ❑ Nicaragua
- ❑ Venezuela
- ❑ USA

Die USA. Sie drängte General Manuel Noriega aus dem Amt, der die Macht in Händen hielt und zudem in den internationalen Drogenhandel verwickelt war.

Wen bezeichnet man scherzhaft als Cicerone?

- ❑ Egozentriker
- ❑ lasterhafter Mensch
- ❑ Figur der Commedia dell'arte
- ❑ wortreicher Fremdenführer

Einen sehr viel redenden Fremdenführer. Der Begriff beruht auf einem Vergleich mit dem römischen Redner Marcus Tullius Cicero (106–43 v. Chr.).

Welcher Feldherr unternahm 1798 einen Feldzug in Ägypten?

- ❑ Admiral Nelson
- ❑ Napoleon Bonaparte
- ❑ Charles F. Dumouriez
- ❑ Jean-Baptiste Bernadotte

Napoleon (1769–1821), der den Auftrag hatte, die Position Großbritanniens zu schwächen. Der britische Admiral Horatio Nelson (1758–1805) besiegte die Franzosen in der Seeschlacht von Abukir.

Wer erfand vor den Brüdern Lumière einen Filmprojektor?

- ❑ Brüder Skladanowsky
- ❑ D. W. Griffith
- ❑ Eadweard Muybridge
- ❑ W. K. L. Dickson

Die Berliner Brüder Max (1863–1939) und Emil (1859–1945) Skladanowsky. Ihnen gelang 1895 zwei Monate vor den Brüdern Lumière die öffentliche Vorführung ihrer lebenden Bilder.

Welche Philosophie geht davon aus, dass Erkenntnis nur durch die Erfahrung möglich ist?

- ❑ Materialismus
- ❑ Empirismus
- ❑ Rationalismus
- ❑ Utilitarismus

Der Empirismus (gr. „Erfahrung"). Er erhebt das Experiment zur wichtigsten Methode der exakten Erkenntnisgewinnung. Hierbei spielt die sinnliche Wahrnehmung die zentrale Rolle.

Welches Gewässer liegt mit seinem Oberflächenspiegel 395 m unter dem Meeresspiegel?

- ❑ Schwarzes Meer
- ❑ Totes Meer
- ❑ Ochotskisches Meer
- ❑ Kaspisches Meer

Das Tote Meer. Es ist die tiefstgelegene Wasserfläche der Welt, mit dem Jordan als Hauptzufluss. Das Tote Meer hat keinen Abfluss. Sein Salzgehalt ist sechsmal so groß wie derjenige der Ozeane.

Was bezeichnet man mit Axiom?

- ❑ absoluter Grundsatz
- ❑ Forderung
- ❑ Befehl
- ❑ Schlussfolgerung

Ein in der Logik und Mathematik absolut gültiger Grundsatz, der keines Beweises Bedarf. Aus diesen unbewiesenen Annahmen werden weitere Aussagen (Theoreme) gewonnen.

Welches Streichinstrument des 11.–18. Jahrhundert war in ganz Europa verbreitet?

- ❑ Klarinette
- ❑ Rebec
- ❑ Stradivari
- ❑ Harfe

Das Rebec oder auch Rubebe, ein maurisches Instrument mit bauchigem Korpus. Über der mit einer Haut bezogenen Oberseite verliefen 1–3 Saiten. Das Rebec beeinflusste den Geigenbau.

Wer unterzeichnete den Vertrag über den Abbau aller atomarer Mittelstreckenraketen?

- ❑ Indien und Pakistan
- ❑ Israel und USA
- ❑ China und UdSSR
- ❑ USA und UdSSR

Die USA und die Sowjetunion 1987. Die Vertragsunterzeichnung nahmen US-Präsident Ronald Reagan (*1911) und der sowjetische Parteichef Michail Gorbatschow (1931) vor.

Welches Werk verfasste der Philosoph, Arzt und Rabbiner Moses Maimonides (1135–1204)?

- ❑ *Tausendundeine Nacht*
- ❑ *Mischne Thora*
- ❑ *Talmud*
- ❑ *Sefer Chassidim*

Die *Mischna Thora* (hebr. *Wiederholung der Lehre*). Sie ist neben der Bibel und dem Talmud das bedeutendste Werk des Judentums. Es liefert eine vollständige Kodifizierung der jüdischen Gesetze.

Wo entstand 733 v. Chr. die griechische Kolonie Syrakus?

- ❑ Gallien
- ❑ Iberien
- ❑ Sizilien
- ❑ Campanien

Auf Sizilien. Mutterstadt der Kolonie war Korinth. Syrakus stieg zur bedeutendsten griechischen Kolonie in Unteritalien auf, besiegte 480 v. Chr. die Karthager und wurde schließlich 212 v. Chr. von Rom erobert.

Was ist in der EDV ein typisches Peripheriegerät?

- ❑ Betriebssystem
- ❑ Netzwerk
- ❑ Videorekorder
- ❑ Monitor

Der Bildschirm (Monitor) des PCs. Peripheriegeräte sind u. a. auch die Tastatur, der Drucker, die Maus, externe Laufwerke, Lautsprecher, Modems und Scanner.

Wie lautet die Formel für die physikalische Leistung?

- ❑ Arbeit/Lohn
- ❑ Arbeit/Zeit
- ❑ Arbeit/Masse
- ❑ Geschwindigkeit/Zeit

Leistung ist das Verhältnis der Arbeit zur Arbeitszeit (der Quotient aus der Arbeit und der dazu benötigten Zeit). Einheiten der Leistung sind u. a.: Watt (W) und Joule/Sekunde (J/s).

Was versteht man unter einer Rezession?

- ❑ Stagnation
- ❑ wirtschaftlicher Abschwung
- ❑ Hausse
- ❑ Hochkonjunktur

Den wirtschaftlichen Abschwung. Kennzeichen sind z. B. pessimistische Beurteilung der Konjunktur, Rückgang der Nachfrage, überfüllte Lager, beginnende Kurzarbeit.

Welcher schwarze Leichtathlet stellte 1935 innerhalb von 45 Minuten sechs Weltrekorde auf?

- ❑ Jesse Owens
- ❑ Donovan Bailey
- ❑ Calvin Smith
- ❑ Bob Beamon

Der Amerikaner Jesse Owens (1913–80), der seine Erfolge schon 1936 bei den olympischen Spielen von Berlin durch vier Goldmedaillen bestätigen konnte (100 m, 200 m, 4 x 100 m, Weitsprung).

Was ist eine Lobrede?

- ❑ Eloge
- ❑ Invektive
- ❑ Ekloge
- ❑ Oratio

Die Eloge bzw. ursprünglich das Elogium (lat.), das sich auf Grabsteinen, Statuen u. a. befand oder als Rede gehalten wurde.

Welche deutsche Stadt liegt im Zentrum des Einschlags eines riesigen Meteors?

- ❑ Wunsiedel
- ❑ Freiburg
- ❑ Nördlingen
- ❑ Schwerin

Nördlingen im Nördlinger Ries zwischen der Schwäbischen und der Fränkischen Alb. Das Ries ist ein kreisrunder Meteoritenkrater, der vor 14,8 Mio. Jahren entstanden ist.

Welche Folge hatte 1803 der Reichsdeputationshauptschluss?

- ❑ Kaiserkrönung Napoleons
- ❑ Säkularisation
- ❑ Rheinbund
- ❑ Völkerschlacht bei Leipzig

Die Säkularisation, d. h. die Auflösung der geistlichen Fürstentümer, die den deutschen Fürsten zufielen. Die Aufhebung der weltlichen Reichsstände wurde als Mediatisierung bezeichnet.

Wer war neben Karl Marx der Mitbegründer des wissenschaftlichen Sozialismus?
- ❑ August Bebel
- ❑ Wladimir I. Lenin
- ❑ Friedrich Engels
- ❑ Georg W. F. Hegel

Friedrich Engels (1820–95), der 1848 mit Karl Marx das *Kommunistische Manifest* verfasste. Engels war wie Marx von der dialektischen Entwicklung der Geschichte überzeugt.

Wen bezeichnete man im Mittelalter als Bastard?
- ❑ Vagant
- ❑ ungebildeter Mensch
- ❑ Mensch anderer Hautfarbe
- ❑ uneheliches Kind

Ein uneheliches Kind. Im Lehnswesen war der Begriff eingebürgert für den von einem Adligen außerehelich gezeugten Nachkommen, der aber rechtlich anerkannt wurde.

Welches Epos erzählt vom Trojanischen Krieg?
- ❑ *Odyssee*
- ❑ *Ilias*
- ❑ *Theogonie*
- ❑ *Nibelungenlied*

Die *Ilias*. Mit den Homer (8. Jh. v. Chr.) zugeschriebenen Epen *Ilias* und *Odyssee* entstanden die ersten Dichtungen des Abendlandes.

Welches Seefahrervolk ließ sich 896 an der Seine-Mündung nieder?
- ❑ Mauren
- ❑ Portugiesen
- ❑ Engländer
- ❑ Dänen

Dänische Wikinger oder „Nordmannen“, die der heutigen Normandie den Namen gaben. 911 wurde ihr Führer Rollo († um 932) von Karl dem Einfältigen († 929) mit dem Herzogtum belehnt.

Was ist eine In-vitro-Fertilisation?
- ❑ Injektion
- ❑ Blutwäsche
- ❑ Düngung
- ❑ künstliche Befruchtung

Künstliche Befruchtung. Dabei wird eine Eizelle im Reagenzglas mit Samenzellen zusammengebracht und erst nach erfolgter Befruchtung und Zellteilung in die Gebärmutter eingesetzt.

Wer schrieb den *Untergang des Abendlandes*?
- ❑ Jean-Jacques Rousseau
- ❑ Friedrich Nietzsche
- ❑ Oswald Spengler
- ❑ Châteaubriand

Der Philosoph Oswald Spengler (1880–1932). Seiner Theorie nach verläuft jede Kultur ähnlich einem Organismus in drei Zyklen: von der Jugend über die Reife zum Verfall.

Wo wird eine Sprache gesprochen, die nicht zum Indogermanischen gehört?
- ❑ Baskenland
- ❑ Irland
- ❑ Wales
- ❑ Lettland

Im Baskenland. Das Baskische ist die einzige in Europa gesprochene vorindogermanische Sprache. Wörter für Abstrakta und moderne Gegenstände gibt es im Baskischen nicht.

Was heißt Glasnost?
- ❑ Prosit
- ❑ Offenheit
- ❑ Gute Nacht
- ❑ Nein, danke

Offenheit; ein Konzept des sowjetischen Parteichefs Michail Gorbatschow, mit dem die UdSSR eine offene politische Kultur anstrebte. Glasnost und Perestroika (Umbau) führten 1991 zur Auflösung der Sowjetunion.

Was ist ein Hermaphrodit?
- ❑ Asket
- ❑ Zwitter
- ❑ Tierbändiger
- ❑ Athlet

Ein Zwitter mit weiblichen Brüsten und männlichen Genitalien. Benannt wurde das Phänomen nach einer mythologischen Figur, dem Sohn des Hermes und der Aphrodite.

Worum handelt es sich bei einem File Transfer Protocol, kurz FTP genannt?
- ❑ Thesaurus
- ❑ Dateiübertragungsprotokoll
- ❑ Datenbank
- ❑ Silbentrennprogramm

Um ein Internet-Protokoll, mit dessen Hilfe Dateien innerhalb eines Netzwerks von einem Rechner zum anderen übertragen werden können.

Wer führte den *Code Civil* 1804 ein?
- ❑ Friedrich Karl von Savigny
- ❑ Herzog von Sachsen-Weimar
- ❑ Napoleon Bonaparte
- ❑ Anton Thibaut

Napoleon Bonaparte. Das Zivilgesetzbuch galt in Frankreich und in allen französisch beherrschten Gebieten. Der *Code civil* war Vorbild für viele Rechtssammlungen des 19. Jh.

Wie nennt man einen kleinlichen Nörgler und Kritiker?
- ❑ Egomane
- ❑ Autist
- ❑ Exzentriker
- ❑ Beckmesser

Beckmesser. Der Name geht auf den historisch belegten Nürnberger Meistersinger Sixtus Beckmesser zurück, den Richard Wagners Oper *Die Meistersinger* als kleinlichen Kunstrichter charakterisiert.

Was ist eine Enzyklika?
- ❑ kirchliches Rundschreiben
- ❑ Abhandlung
- ❑ mathematische Funktion
- ❑ elliptische Bahn

Ein Rundschreiben. Der Papst nimmt in ihr zu aktuellen Fragen Stellung. Sie gilt als offizielle Lehrmeinung, wie z. B. in *Humanae vitae* von 1968 zur Empfängnisverhütung.

In welcher Einheit wird elektrische Spannung angegeben?
- ❑ Joule
- ❑ Ohm
- ❑ Watt
- ❑ Volt

Sie wird in Volt (V) gemessen (nach dem italienischen Physiker A. Graf Volta). Die Spannung des Netzstromes in Deutschland beträgt 220 V, in den USA nur 110 V.

Was ist ein Phallus?
- ❑ Flies
- ❑ epileptischer Anfall
- ❑ männliches Glied
- ❑ Lorbeerkranz

Das männliche Glied, das häufig in den alten Hochkulturen als Fruchtbarkeitssymbol Verehrung fand. In der griechischen Antike kannte man Phalli etwa bei Hermen (Kultsäulen).

Zu welcher Sprachfamilie gehört das Ungarische?
- ❑ Rätoromanisch
- ❑ Romanisch
- ❑ Slawisch
- ❑ Finnougrisch

Zum Finnougrischen. Diese uralische Sprache hat einen finnischen und ugrischen Zweig. Zum ersteren gehören etwa das Finnische und Estnische, zum zweiten das Ungarische.

Auf welchem Platz wurde in China 1989 ein Massaker verübt?
- ❑ Tian-an-men
- ❑ Mao Tse-tung
- ❑ Kung-fu-tse
- ❑ Chiang Kai-shek

Auf dem Platz des Himmlischen Friedens (Tian-anmen) in Peking. Nach wochenlangen Demonstrationen gegen die Parteispitze starben zwischen 3000 und 4000 Demonstranten.

Wer war eine berühmte Barock-Malerin?
- ❑ Emily Carr
- ❑ Paula Modersohn-Becker
- ❑ Artemisia Gentileschi
- ❑ Gabriele Münter

Artemisia Gentileschi (um 1593–um 1651). Als Schülerin ihres Vaters Orazio wurde sie in England sehr geschätzt. Von ihr stammt u. a. *Judith und Holofernes* (1620).

Welche Heere zerstörten 722 v. Chr. das Königreich Israel?

❑ Assyrer ❑ Perser
❑ Babylonier ❑ Phöniker

Die assyrischen Heere Sargons II. Er ließ viele Bewohner deportieren. In der assyr. Provinz Israel siedelten sich anschließend Assyrer an, die sich mit den im Land verbliebenen Israeliten vermischten. So entstand das Volk der Samariter.

Welches Werk stammt von J. S. Bach?

❑ *Italienische Sinfonie* ❑ *Kunst der Fuge*
❑ *Aus Holbergs Zeit* ❑ *Six pièces pour grand orgue*

Die *Kunst der Fuge*. Bach (1685–1750) führte in dem Werk die kontrapunktischen Bearbeitungsvarianten in 16 Fugen und 4 Kanons vor.

Was versteht man unter der Abkürzung DAX?

❑ Deutsche XETRA-Aktien ❑ Devisenbörse
❑ Staatsanleihe ❑ Deutscher Aktienindex

Deutscher Aktienindex. Er wird an der Börse in Frankfurt a. M. berechnet. Der DAX basiert auf der Kursentwicklung von 30 hoch dotierten Wertpapieren.

Wer war 1805 der Sieger in der Schlacht von Trafalgar?

❑ Pierre Charles de Villeneuve ❑ Lord Horatio Nelson
❑ John Franklin ❑ William Pitt

Nelson (1758–1805), der bei der Schlacht sein Leben verlor. Die verbündeten Franzosen und Spanier erlitten eine vernichtende Niederlage. Trafalgar war die letzte große Seeschlacht mit Segelschiffen.

Was ist eine Amnionpunktion?

❑ Aderlass ❑ Fruchtwasserentnahme
❑ Akupunktur ❑ Wundheilung

Eine Fruchtwasserentnahme (Amniozentese). Damit können Stoffwechselkrankheiten und Chromosomenstörung beim Fetus wie z. B. das Down-Syndrom erkannt werden.

Welches Kleidungsstück gehört zur geistlichen Amtstracht?

❑ Halskrause ❑ Perücke
❑ Beffchen ❑ Toga

Das Beffchen, eine Halsbinde mit zwei steifen Leinenstreifen, die vorn am Halsausschnitt angebracht wird.

Wie heißt die bedeutendste Stadt des südlichen Schwarzwalds?

❑ Offenburg ❑ Freiburg
❑ Lörrach ❑ St. Blasien

Freiburg im Breisgau, in Baden-Württemberg. Freiburg hat eines der schönsten gotischen Kirchengebäude Deutschlands, das Münster Unserer Lieben Frau (13.–16. Jh.).

Wozu dient ein Office-Paket?

❑ EDV-gestützte Büroverwaltung ❑ paketweise Abspeicherung
❑ Postversand ❑ Botendienst

Der EDV-gestützten Büroverwaltung. Diese Programmpakete enthalten Standardprogramme, die bei Büroarbeit helfen, z. B. bei der Textverarbeitung.

Welcher niederländische Theologe war der Hauptvertreter des Humanismus?

❑ Jean Bodin ❑ Baruch Spinoza
❑ Erasmus von Rotterdam ❑ Jan van Goyen

Erasmus von Rotterdam (1466 oder 1469–1536), der in der Reformation über den Parteien stand. Er war auch ein berühmter Satiren-Dichter (*Lob der Torheit*) und Herausgeber.

Welches Werk stammt von Johannes Brahms?

- ❑ *Lukaspassion*
- ❑ *Pastorale*
- ❑ *Deutsches Requiem*
- ❑ *Auferstehungs-symphonie*

Ein *Deutsches Requiem*, das ihn 1863 in ganz Europa berühmt machte. Erstmals vertonte Brahms anstatt des üblichen lateinischen Requiemtextes den deutschen Bibeltext nach Luther.

Welches präkolumbische Volk gründete um 900 die Stadt Tollan (Tula)?

- ❑ Azteken
- ❑ Inka
- ❑ Tolteken
- ❑ Chavín

Die Tolteken, „das Volk von Tollan". Die Ruinenstätte liegt nahe der mexikanischen Stadt Tula. Sie war um 800 ihre Hauptstadt. Grabungen haben bislang zwei Ballspielplätze und den Tempel des Morgensterns ans Tageslicht gebracht.

Welches berühmte Ballett Igor Strawinskys führte zu einem Theaterskandal?

- ❑ *Walpurgisnacht*
- ❑ *Symphonie fantastique*
- ❑ *Le sacre du printemps*
- ❑ *Ein Sommernachtstraum*

Le sacre du printemps (Die Frühlingsweihe) von 1913. Die aggressiven Rhythmen gepaart mit der unkonventionellen Choreographie Nijinskijs schockierten das Publikum und wurden abgelehnt.

Wann fand der letzte Balkankrieg des 20. Jahrhunderts statt?

- ❑ 1913
- ❑ 1941
- ❑ 1994
- ❑ 1999

1999. Anlass war der Versuch des von Slobodan Milosevic geführten Jugoslawien, die Provinz Kosovo zu unterwerfen. Über 850.000 moslemische Albaner waren geflohen. Nach mehrwöchigen NATO-Luftangriffen wurde Serbien zum Einlenken bewogen.

Welche Krankheit bezeichnete man früher als Aussatz?

- ❑ Blattern
- ❑ Pocken
- ❑ Krätze
- ❑ Lepra

Die Lepra, die älteste Infektionskrankheit der Welt. 1874 wurde der verantwortliche Bazillus durch den Norweger Hansen entdeckt. Lepra ist weniger ansteckend als gemeinhin vermutet.

Welcher Komponist vertonte den Verlauf der Moldau in einer sinfonischen Dichtung?

- ❑ Bedřich Smetana
- ❑ Leoš Janáček
- ❑ Josef Haydn
- ❑ Franz Liszt

Bedřich Smetana (1824–84). Die sinfonische Dichtung *Die Moldau* gehört seinem sechsteiligen Zyklus *Mein Vaterland* an, mit dem er eine eigenständige nationaltschechische Musik schuf.

Wie heißt die Hauptstadt Jordaniens?

- ❑ Amman
- ❑ Damaskus
- ❑ Beirut
- ❑ Tel Aviv

Amman. Die Stadt verzeichnete als Folge des Flüchtlingsstroms aus dem Westjordanland (West Bank) in den letzten Jahrzehnten einen starken Bevölkerungszuwachs (auf ca. 1,2 Mio.).

Wie bezeichnet man die Sumpfschnepfe?

- ❑ Berserker
- ❑ Steinwälzer
- ❑ Esmeralda
- ❑ Bekassine

Bekassine. Der Name rührt von ihrem langen Schnabel her (französisch bec „Schnabel"). Der Balzflug der Männchen erzeugt ein meckerndes Geräusch, was ihr den Beinamen Himmelsziege einbrachte.

In welcher Schlacht schlug Napoleon die Preußen?

- ❑ Hohenlinden
- ❑ Jena und Auerstedt
- ❑ Austerlitz
- ❑ Wagram

In der Doppelschlacht bei Jena und Auerstedt. Napoleon besetzte daraufhin Berlin. Diese Katastrophe führte in Preußen zu tief greifenden Reformen.

Von wem wurde nach christlicher Deutung die Erbsünde in die Welt gebracht?
- ❑ Schlange
- ❑ Gog und Magog
- ❑ Luzifer
- ❑ Adam und Eva

Von Adam und Eva, den ersten Menschen, deren Vergehen, vom „Baum der Erkenntnis von Gut und Böse" gegessen zu haben, Gott mit der Verbannung aus dem Paradies bestrafte.

Wer gilt als Schöpfer des Deutschen Schelmenromans?
- ❑ von Grimmelshausen
- ❑ Günther
- ❑ Andreas Gryphius
- ❑ Martin Opitz

Hans Jakob Christoffel von Grimmelshausen (1621–76) mit seinem *Simplicissimus*. Der Dichter schuf damit eine Verbindung zwischen dem *Parzival* des Wolfram von Eschenbach und dem modernen Roman.

Wo wurde Nelson Mandela 1994 Staatspräsident?
- ❑ Republik Kongo
- ❑ Namibia
- ❑ Australien
- ❑ Südafrika

In Südafrika. Mandela (*1918) wurde nach der Abschaffung der Apartheid 1994 erster schwarzer Präsident Südafrikas. Mandela befand sich 23 Jahre in Haft.

Was ist der Hauptbestandteil von Luft?
- ❑ Sauerstoff
- ❑ Stickstoff
- ❑ Kohlendioxid
- ❑ Ozon

Die Hauptbestandteile unserer Atemluft sind Stickstoff (78%) und Sauerstoff (21%). Außerdem enthält sie verschiedene andere Gase in geringster Konzentration, z. B. Kohlendioxid (0,03%).

Welches bebilderte Lehrbuch für den Latein-Unterricht gilt als erstes Kinderbuch?
- ❑ *Till Eulenspiegel*
- ❑ *Orbis pictus*
- ❑ *Grimms Märchen*
- ❑ *Der Struwwelpeter*

Der *Orbis Sensualium Pictus* des Böhmen Johann Comenius, der 1654 in Nürnberg lateinisch/deutsch veröffentlicht wurde. Es ist bis ins 19. Jh. hinein eines der meistaufgelegten Lehrbücher überhaupt.

Was knackt ein Cracker?
- ❑ Charaden
- ❑ Safes
- ❑ Kreuzworträtsel
- ❑ Datennetze

Datennetze. Ein Cracker versucht die Systeme, in die er illegal eindringt, entweder zu zerstören oder sich durch sein Tun zu bereichern.

Vor welchem Golf liegt das mondäne Seebad Biarritz?
- ❑ Biscaya
- ❑ Genua
- ❑ Lion
- ❑ Saint Malo

Vor dem Golf von Biscaya. In der großen Bucht des Atlantischen Ozeans ist die Schifffahrt wegen der Nordwestwinde und einer starken Strömung nur bedingt möglich.

Wie heißt der Staatsmann, der als Stifter der Gesetze und Verfassung Spartas gilt?
- ❑ Lykurg
- ❑ Drakon
- ❑ Leonidas
- ❑ Antalkidas

Lykurg, eine mehr mythische als historische Gestalt. Er soll um 700 v. Chr. durch das Orakel von Delphi die politischen und sozialen Richtlinien erhalten haben, nach denen er den Stadtstaat der Spartaner reformierte.

Wer gilt als Hauptvertreter der surrealistischen Malerei?
- ❑ Pablo Picasso
- ❑ Kurt Schwitters
- ❑ Salvador Dalí
- ❑ Max Slevogt

Salvador Dalí (1904–1989). Berühmt sind etwa seine zerrinnenden Uhren in *Beständigkeit der Erinnerung* (1931). Von dem Bild geht eine starke irrational-assoziative Wirkung aus.

Was ist eine Biennale?

❏ Laufstegpräsentation ❏ Filmfestival
❏ Gelage ❏ zweijährl. Veranstaltung

Eine Veranstaltung, die alle zwei Jahre stattfindet. Beispielsweise finden die Filmfestspiele von Venedig im zweijährigen Turnus statt.

Was ist die größte Einzelgewerkschaft der Welt?

❏ ver.di ❏ CGT
❏ CFDT ❏ IGB

ver.di, die Vereinte Dienstleistungsgewerkschaft im Deutschen Gewerkschaftsbund. Hier sind die Gewerkschaften DPG, DAG, IG-Medien, HBV und ÖTV zusammengeschlossen.

In welcher Schlacht standen sich 1805 die Heere dreier Kaiser gegenüber?

❏ Austerlitz ❏ Völkerschlacht bei Leipzig
❏ Waterloo ❏ Marengo

In der Dreikaiserschlacht bei Austerlitz in Böhmen. Napoleon (1769–1821) und sein 68.000-Mann-Heer besiegten das verbündete österreichisch-russische Heer (ca. 90.000 Mann).

Um welche philosophische Disziplin bemühte sich Immanuel Kant vorwiegend?

❏ Skeptizismus ❏ Erkenntnistheorie
❏ Gottesbeweise ❏ Mathematik

Um die Erkenntnistheorie, die der Frage nachgeht, was der Mensch überhaupt erfahren kann. Sie versucht auch zu erklären, welche Mittel anzuwenden sind, um Erkenntnis möglich zu machen.

In welcher Sportart droht der Sudden Death (englisch „plötzlicher Tod“)?

❏ Tennis ❏ Basketball
❏ Handball ❏ Fußball

Im Fußball. Ein Match, das in der regulären Spielzeit nicht abgeschlossen werden konnte, wird in der Verlängerung durch das erste erzielte Tor entschieden.

Wozu dient bei Frauen die Mammographie?

❏ Ultraschallaufnahme ❏ Hirnstrombild
❏ Schilddrüsenuntersuchung ❏ Brustuntersuchung

Der Brustuntersuchung durch Röntgenstrahlen zur Vorbeugung von Brustkrebs. Für Frauen unter 50 Jahren ist sie nicht effizient. Hier hat sich die Mamma-Sonographie als nützlicher erwiesen.

Wo bestatteten wohlhabende Etrusker und Ägypter ihre Toten?

❏ Hügelgräber ❏ Sarkophage
❏ Urnen ❏ Stelen

In Sarkophagen. „Sarkophagus“ heißt eigentlich „Fleischfresser“, weil in der Antike die Särge mit Schiefer ausgelegt wurden – zur rascheren Verwesung der Leichen.

Welche Stadt ist als Lagunenstadt bekannt?

❏ Genua ❏ Pisa
❏ Venedig ❏ Shanghai

Venedig. Lagune ist die italienische Bezeichnung für ein dem Meer vorgelagertes, seichtes Wasserbecken. Venedig war im Mittelalter und in der frühen Neuzeit eine mächtige Handelsstadt.

Wen besiegte König Otto der Große 955 auf dem Lechfeld?

❏ Böhmen ❏ Ungarn
❏ Hunnen ❏ Araber

Die Ungarn. Als sie vor Augsburg erschienen, verteidigte Bischof Ulrich so lange die Stadt, bis das Heeresaufgebot bestehend aus allen deutschen Stämmen und aus böhmischen Hilfstruppen zum Entsatz anrückte.

Von wem stammt der Roman *Jurassic Park*?

- ❑ John Grisham
- ❑ Steven Spielberg
- ❑ Michael Crichton
- ❑ John Irving

Von Michael Crichton (*1942). Seine Romane beziehen die unterschiedlichsten wissenschaftlichen Fachrichtungen mit ein: u.a. Neurobiologie, Biophysik, Ökonomie, Nordische Geschichte und Genetik.

Welcher Pachtvertrag lief 1997 zwischen Großbritannien und China aus?

- ❑ Macao
- ❑ Shanghai
- ❑ Hongkong
- ❑ Tsingtau

Der über die ehemalige britische Kronkolonie Hongkong. Die Stadt wurde an China zurückgegeben und hat seitdem die offizielle Bezeichnung „Besonderes Chinesisches Verwaltungsgebiet Hongkong".

Von welchem Wort leitet sich vermutlich die Brezel her?

- ❑ brenzlig
- ❑ brechen
- ❑ Bratsche
- ❑ bracchium (lat. Arm)

Aus dem Lateinischen bracchium, das wiederum aus dem Griechischen brachīōn (Ober)arm entlehnt wurde. Die Form der Brezel erinnert an verschlungene Arme!

Für welche Abkürzung steht die Bezeichnung Internet-Telefon?

- ❑ WebCall
- ❑ WebCam
- ❑ Camcorder
- ❑ LiveCam

Für den WebCall, also für alle Verfahren, die ein Ferngespräch über das Internet erlauben. Hierbei werden Audio-Daten digitalisiert und zwischen den Teilnehmern meist günstig übertragen.

Wer verfasste *Die Brüder Karamasow*?

- ❑ F. M. Dostojewskij
- ❑ L. N. Tolstoi
- ❑ A. S. Puschkin
- ❑ I. S. Turgenjew

F. M. Dostojewskij (1821–81), einer der bedeutendsten russischen Romanciers. Charakteristisch ist die psychologische Typisierung seiner Romanfiguren wie in *Die Brüder Karamasow* (dt. 1884).

Was ist ein menschlicher Albino?

- ❑ Zwergwüchsiger
- ❑ „Weißling"
- ❑ Farbiger
- ❑ Mischling

Ein „Weißling" (spanisch albo „weiß"); ein Mensch mit heller Haut, weißen Haaren und rötlichen Augen. Grund ist die fehlende Farbstoffbildung (Melanin), eine erblich bedingte Stoffwechselkrankheit.

Welcher Freiheitskämpfer wurde 1810 in Mantua standrechtlich erschossen?

- ❑ Robert Blum
- ❑ Andreas Hofer
- ❑ Emiliano Zapata
- ❑ José Maria Teclo Morelos

Andreas Hofer (1767–1810). 1809 hatte Hofer zweimal ein bayerisches bzw. ein bayerisch-französisches Heer am Berg Isel besiegt. Tirol wurde 1809 im Vertrag von Schönbrunn erneut Bayern zugesprochen.

Wo liegt Singapur?

- ❑ Malaiische Halbinsel
- ❑ Sumatra
- ❑ Borneo
- ❑ Celebes

Vor der Südspitze der Malaiischen Halbinsel. Die Republik Singapur ist aber ein unabhängiger Stadtstaat in Südostasien. Das Staatsgebiet umfasst die Hauptinsel und 59 kleinere Inseln.

Welches katholische Sakrament erfolgt in der Eucharistie?

- ❑ Taufe
- ❑ Firmung
- ❑ Wandlung
- ❑ letzte Ölung

Die Verwandlung von Brot und Wein in den Leib und das Blut Christi. So wird auch das gemeinsame Mahl der Kommunion bezeichnet.

Aus welchem Drama stammt der Vers „Der Mohr hat seine Arbeit getan, der Mohr kann gehen“?

- ❑ *Othello*
- ❑ *Die Verschwörung des Viesco zu Genua*
- ❑ *Nathan der Weise*
- ❑ *Onkel Toms Hütte*

Aus Schillers (1759–1805) „republikanischem Trauerspiel“ (1783) *Die Verschwörung des Viesco zu Genua*, 3. Aufzug. Der Mohr ist Muley Hassan, ein skrupelloser Diener, der schließlich am Galgen endet.

Was war der NATO-Doppelbeschluss?

- ❑ Rüstungsplan
- ❑ Abrüstungsplan
- ❑ Aufnahme der Türkei
- ❑ Osterweiterung

Ein 1979 gefasster Rüstungsplan der NATO-Mitgliedstaaten über atomare Mittelstreckenraketen.

Was ist der Fauvismus?

- ❑ Literaturbewegung
- ❑ Richtung der Malerei
- ❑ politische Strömung
- ❑ philosophische Schule

Eine Richtung der französischen Malerei, die sich gegen die zarten Farbtöne der Impressionisten wandte. Führend war Henri Matisse (1869–1954), dessen Werk kräftige Farben dominieren.

Wer herrschte in Griechenland über Periöken und Heloten?

- ❑ Makedonen
- ❑ Sparta
- ❑ Athen
- ❑ Epirus

Sparta, dessen Bürger nur eine kleine Oberschicht wehrfähiger Männer bildete. Sie herrschten über ca. 40.000 Periöken, Umwohnern minderen Rechts, die aber zur Heerfolge verpflichtet waren, und den 100.000 bis 200.000 Heloten, den Leibeigenen.

Was ist ein Mestize?

- ❑ Priester
- ❑ Pharmazeut
- ❑ Nachkomme von Weißen und Indianern
- ❑ Indianer

Ein Mischling zwischen Weißen und Indianern. Die Bezeichnung ist vor allem in Lateinamerika üblich, wird aber auch in Indonesien bei Mischungen zwischen Malaien und Europäern gebraucht.

Mit welchem Fremdwort wird die Bäder- und Heilquellenkunde bezeichnet?

- ❑ Baltologie
- ❑ Ballistik
- ❑ Bakkalaureat
- ❑ Balneologie

Balneologie. Das Wort wurde aus dem Lateinischen balneum „Badezimmer“ gebildet. Balneae waren im alten Rom die begehrten öffentlichen Thermen.

Wie heißt die Hauptstadt von Ägypten?

- ❑ Alexandria
- ❑ Kairo
- ❑ Assuan
- ❑ Port Said

Kairo (arab. al-Qahira, die Siegreiche). Sie ist die größte Stadt Afrikas und der arabischen Welt. Die Einwohnerzahl beträgt etwa 6,8 Mio., in der gesamten Umgebung leben rund 15 Mio. Menschen.

Wie bezeichnet man die Malerei mit Wasserfarben?

- ❑ Gouache
- ❑ Tempera
- ❑ Lavierung
- ❑ Fayence

Gouache (franz. Deckfarbenmalerei). Die wasserlöslichen Farben werden im Gegensatz zum Aquarell auch mit Weiß verarbeitet. Sie hellen nach dem Trocknen auf.

Wer gründete 1819 den Deutschen Handels- und Gewerbeverein?

- ❑ Karl Marx
- ❑ Friedrich List
- ❑ Ferdinand Lassalle
- ❑ Adolf Kolping

Friedrich List (1789–1846). Er sprach sich damals bereits für die Aufhebung der Zollschranken im Deutschen Bund aus. 1834 wurde dieses Ziel im Deutschen Zollverein erreicht.

Wo steht das Völkerschlachtdenkmal?

- ❑ Austerlitz
- ❑ Königgrätz
- ❑ Waterloo
- ❑ Verdun

In Leipzig, wo es 1913 zur Feier des 100. Jahrestages der Völkerschlacht bei Leipzig, des ersten bedeutenden Sieges gegen Napoleon, eingeweiht wurde.

Was versteht man in der EDV unter Absturz?

- ❑ Programmierfehler
- ❑ Virenbefall
- ❑ Preisverfall bei EDV-Geräten
- ❑ Rechnerausfall

Einen Rechnerausfall. Genau genommen bezeichnet man damit den Vorgang, wenn ein Rechner vom Anwender keine Kommandos mehr annimmt, er also neu gestartet werden muss.

Was betont der Begriff evangelisch im Unterschied zu protestantisch?

- ❑ Wort Gottes
- ❑ Kirchenverwaltung
- ❑ Mission
- ❑ Sakramente

Evangelisch betont mehr den Religionsinhalt, der die Heilige Schrift, vor allem die Evangelien, zur Grundlage hat. Protestantisch erinnert an die Entstehung dieser christlichen Kirchen zur Zeit der Reformation.

Wie bezeichnet man eine Maltechnik, bei der Farbe auf die am Boden liegende Leinwand geträufelt wird?

- ❑ Dripping
- ❑ Frottage
- ❑ Aquarell
- ❑ Aquatinta

Dripping (engl. tropfend), ein Verfahren, das bereits Anfang der 20er-Jahre von Max Ernst angewandt und seit 1947 von Jackson Pollock u. a. im Action Painting weiterentwickelt wurde.

Welcher Herrscher erneuerte 962 das römisch-deutsche Kaisertum?

- ❑ Konrad I.
- ❑ Heinrich I.
- ❑ Otto der Große
- ❑ Heinrich der Zänker

Otto I. der Große (912–973). Als erster König seit Arnulf von Kärnten (um 850–99) wurde Otto, zusammen mit seiner Gemahlin, zum Kaiser gekrönt. Man beurkundete im sog. Ottonianum, dass der Papst die Rechte und den kaiserlichen Schutz im Kirchenstaat erhielt.

Was ist ein Mulatte?

- ❑ Afrikaner
- ❑ Nachkomme von Weißen und Schwarzen
- ❑ Malaie
- ❑ Türke

Ein Mischling zwischen Weißen und Schwarzen. Der Begriff kommt aus Lateinamerika, wo er eine ursprünglich abwertende Bedeutung hat: von spanisch mulo „Maultier".

Wie bezeichnet man ein Tiefdruckverfahren, das meist mit der Radierung angewandt wird?

- ❑ Grattage
- ❑ Aquatinta
- ❑ Aquarell
- ❑ Enkaustik

Aquatinta, von lat. *acqua fortis*, Säure, und *tinta*, Farbton; auch Tuschmanier genannt. Die Aquatintatechnik ermöglicht je nach Anzahl der Ätzvorgänge beliebig viele, flächige Zwischentöne.

Was ist nach Englisch die zweite Amtssprache in Kanada?

- ❑ Yupik
- ❑ Niederländisch
- ❑ Französisch
- ❑ Spanisch

Französisch. Landesweit sprechen lediglich 24% der Kanadier französisch, in der Provinz Quebec jedoch sind 80% französischsprachig.

Was ist eine Barkarole?

- ❑ größtes Beiboot auf Kriegsschiffen
- ❑ Nachen
- ❑ Gondellied
- ❑ Segelschiff

Ein Schiffer- und Gondellied der venezianischen Gondelführer. F. Chopin, F. Mendelssohn-Bartholdy u. a. haben es im 6/8- oder 12/8-Takt in die Kunstmusik übernommen.

Wer wurde 1982 Bundeskanzler?

❑ Helmut Kohl ❑ Helmut Schmidt
❑ Oskar Lafontaine ❑ Gregor Gysi

Helmut Kohl (*1930), der Parteivorsitzende der CDU. Hintergrund war, dass die FDP die sozialliberale Koalition mit der SPD verließ und eine Regierung mit Kohl bildete.

Wer schuf das Gemälde *Die Alexanderschlacht* (1529)?

❑ Karl von Piloty ❑ Albrecht Altdorfer
❑ Franz von Lenbach ❑ Diego Velázquez

Albrecht Altdorfer (um 1480–1538), der bedeutendste Vertreter der Donauschule. Er stellte den entscheidenden Moment in der Schlacht bei Issos dar, in der Alexander der Große den Perserkönig Dareios schlug.

Welche internationale Versammlung leitete 1814/15 Metternich?

❑ Berliner Kongress ❑ Wiener Kongress
❑ Haager Friedenskonferenz ❑ Algeciras-Konferenz

Den Wiener Kongress. Die in Wien versammelten Staatsmänner und Monarchen verhandelten die territoriale Neuordnung Europas nach dem Machtverlust Napoleons I. (1769–1821).

Welche Philosophie erklärt „Angst", „Sorge" und „Tod" als wesensbestimmend?

❑ Hedonismus ❑ Existenzialismus
❑ Stoizismus ❑ Buddhismus

Der Existenzialismus, der starke Anleihen aus der Existenzphilosophie Martin Heideggers bezieht. Er erlangt vor allem bei Sartre eine atheistische, nihilistische und zuletzt auch marxistische Orientierung.

Was gelang Christiaan Neethling Barnard?

❑ Retortenbaby ❑ Klonen
❑ künstliche Befruchtung ❑ Herzverpflanzung

Der südafrikanische Chirurg führte 1967 in Kapstadt die erste Herzverpflanzung bei einem Menschen durch. Der Patient verstarb nach 18 Tagen. Dennoch eine bahnbrechende Leistung.

Was ist ein Beispiel für Ottonische Kunst?

❑ Aachener Pfalzkapelle ❑ Wallfahrtskirche Vierzehnheiligen
❑ Gerokreuz ❑ Dom von Mailand

Das Gerokreuz, der erste erhaltene (lebensgroße) Monumentalkruzifixus, den Erzbischof Gero um 975 für den Kölner Dom stiftete. Die Ottonen regierten von 936–1024.

Welche Stadt ist die Hauptstadt von Kambodscha?

❑ Hanoi ❑ Saigon
❑ Phnom Penh ❑ Rangun

Phnom Penh. Mitte der 70er-Jahre war die Stadt Schauplatz zahlreicher Kämpfe im Bürgerkrieg. Sehenswert sind die Paläste der Khmer-Könige und die buddhistischen Tempel.

Wogegen veranstaltete die Friedensbewegung in den 80er-Jahren Massendemonstrationen?

❑ Vietnamkrieg ❑ Ölmultis
❑ NATO-Doppelbeschluss ❑ Ausländerhass

Gegen den NATO-Doppelbeschluss über die Stationierung von atomaren Mittelstreckenraketen. Der Gipfel der Demos wurde im Herbst 1983 erreicht.

Worum handelt es sich bei Call by Call?

❑ Fernamtverbindung ❑ Telefonsex
❑ Auswahl preiswerter Telefonanbieter ❑ Call-Girl-Adresse

Um die Auswahl preiswerter Telefonanbieter durch Vorwahl der Erkennungsnummer der Fernsprechfirma. Call by Call (engl. Anruf für Anruf) ist seit der Abschaffung des Telekom-Monopols 1997 möglich.

Um welche Kunst handelt es sich bei der Radierung, der Schabkunst und der Aquatinta?
- ❑ Kupferstich
- ❑ Holzschnitt
- ❑ Aquarellmalerei
- ❑ Dripping

Um den Kupferstich, der urspr. das Gravieren oder Stechen einer Kupferplatte, dann auch den Abdruck selbst meint. Eine berühmte Radierung ist etwa Käthe Kollwitz' *Der Weberzug*.

Was ist ein Frauenliebling?
- ❑ Don Juan
- ❑ Casanova
- ❑ Belami
- ❑ Chamäleon

Ein Belami, wörtlich „schöner Freund" (französisch). So heißt die Titelgestalt des gleichnamigen Romans von Guy de Maupassant (1850–93).

Welches Reich regierten die Achämeniden?
- ❑ Makedonien
- ❑ Rom
- ❑ Indien
- ❑ Persien

Persien. Der Sage nach gründete Achämenes um 700 v. Chr. die Dynastie, zu dem u. a. auch Kyros II., der Große, zählte, der im 6. Jh. v. Chr. das persische Weltreich begründete.

Welches Gemälde ist von Paul Klee?
- ❑ *Rushing Sea of Undergrowth*
- ❑ *Die Bleiche*
- ❑ *Fischzauber*
- ❑ *Walchensee-Panorama*

Fischzauber (1925), eine Komposition aus bildformaler Logik und surrealer Traumwelt. Klee (1879–1940) stand dem Blauen Reiter nahe und war als Dozent am Bauhaus in Dessau tätig.

Wie nennt man die weißen Blutkörperchen?
- ❑ Erythrozyten
- ❑ Thrombozyten
- ❑ Leukozyten
- ❑ Streptokokken

Leukozyten. Sie können durch die Wände der Blutgefäße auch in das umgebende Gewebe eindringen. Rote Blutkörperchen (Erythrozyten) und Blutplättchen (Thrombozyten) hingegen kommen nur im Blut vor.

Wer besiegte Napoleon 1815 endgültig in der Schlacht bei Waterloo?
- ❑ Erzherzog Karl von Österreich
- ❑ Scharnhorst und Gneisenau
- ❑ Horatio Nelson
- ❑ Wellington und Blücher

Die verbündeten Briten (Wellington) und Preußen (Blücher). Zunächst brachte Napoleon (1769–1821) das britische Heer in schwere Bedrängnis. Schließlich entschieden die Preußen die Schlacht.

Von welchem Land ist Hanoi die Hauptstadt?
- ❑ Laos
- ❑ Thailand
- ❑ Myanmar
- ❑ Bangladesh

Von Vietnam, einer Republik in Südostasien, die im Norden an China, im Osten und Süden an das Südchinesische Meer und im Westen an Kambodscha und Laos angrenzt.

Wer ist im DIHT vereinigt?
- ❑ Industrie- und Handelskammern
- ❑ Kommunen
- ❑ Arbeitgeber
- ❑ Gewerkschaften

Die Industrie- und Handelskammern. Ihr Dachverband ist der Deutsche Industrie- und Handelstag mit Sitz in Bonn. Er vertritt die Interessen der gewerblichen Wirtschaft.

Wo werden nach altkatholischer Vorstellung die Seelen der Verstorbenen von den Sünden gereinigt?
- ❑ Hades
- ❑ Fegefeuer
- ❑ Tartaros
- ❑ Hölle

Im Fegefeuer (von mittelhochdeutsch „fegen" = „reinigen"). Es ist also nicht zu verwechseln mit der Hölle, wo die ewigen Sündenstrafen verbüßt werden.

Was ist ein Exlibris?

- ❑ Holzschnitt
- ❑ kunstvolles Zeichen in Büchern
- ❑ Wiegendruck
- ❑ Atlas

Ein Zeichen, das den Besitzer eines Buches anzeigt. Als Kunstform vermutlich Ende des 15. Jh. als Holzschnitt in Deutschland entwickelt. Häufig ist das Zeichen eine symbolhafte oder allegorische Darstellung.

Was entstand um 963 auf dem Berg Athos?

- ❑ Moschee
- ❑ Kathedrale
- ❑ Mönchsrepublik
- ❑ Amphitheater

Eine griechisch-orthodoxe Mönchsrepublik. Der „Heilige Berg" befindet sich auf der Südspitze der östlichsten Chalkidike-Halbinsel; hier thront heute noch wie eine Trutzburg das Kloster Dionysiou. Andere wie die „Große Lawra" entstanden in der Umgebung.

Was heißt Belcanto?

- ❑ schöner Gesang
- ❑ männlicher Begleiter
- ❑ schöner Ausblick
- ❑ Balletttänzer

Der schöne Gesang, ein Gesangsstil in der italienischen Oper des 17. Jh., der das Hauptaugenmerk auf tragende Arienpartien lenkte. Vertreter waren u. a. Rossini und Donizetti.

Wer vermittelte als einer der Ersten dem Abendland die griechischer Philosophie?

- ❑ Al-Kindi
- ❑ Thomas von Aquin
- ❑ Averroes
- ❑ Roger Bacon

Jakub ibn Ishak Al-Kindi (um 801–ca. 873). Er übersetzte als einer der ersten Aristoteles ins Arabische. Seine Schriften fanden Eingang in die lateinische Kultur.

In welcher Sportart heißt das Finale Super Bowl?

- ❑ Fußball
- ❑ Rugby
- ❑ Eishockey
- ❑ Football

Beim Endspiel im American Football. Die Amerikaner nennen ihre riesigen Footballstadien „bowls" (englisch „Schalen"). Es ist das größte Einzelsportereignis in den USA.

Welche physikalische Größe wurde nach Georg Simon Ohm (1787–1854) benannt?

- ❑ Strom
- ❑ Widerstand
- ❑ Spannung
- ❑ Leistung

Der Widerstand. Das ohmsche Gesetz erklärt die Beziehung zwischen Stromstärke, Spannung und Widerstand. Dabei gilt: Spannung dividiert durch Widerstand ist gleich Stromstärke I = U/R.

Worüber gibt in der EDV die Dateiendung zum Beispiel .DOC, Auskunft?

- ❑ Dateityp
- ❑ Dateigröße
- ❑ Dateiname
- ❑ Schreibschutz

Über den Dateityp. Die Dateiendung, auch Extension oder Suffix genannt, macht bestimmte Dateitypen bzw. –formate kenntlich (z. B. „HTM" „EXE" oder „BAT").

Wo war Uwe Barschel Ministerpräsident?

- ❑ Niedersachsen
- ❑ Sachsen-Anhalt
- ❑ Schleswig-Holstein
- ❑ Berlin

In Schleswig-Holstein. Der CDU-Politiker beging 1987 vermutlich Selbstmord, nachdem ihm unsaubere Methoden beim Wahlkampf nachgewiesen wurden.

Zu welchem Land gehört Tasmanien?

- ❑ Indonesien
- ❑ Polynesien
- ❑ Australien
- ❑ Madagaskar

Zu Australien. Bis vor etwa 11.000 Jahren war Tasmanien ein Teil des australischen Kontinents, bis es durch den Anstieg des Meeresspiegels davon abgetrennt wurde.

Welcher Meister der grafischen Kunst erkor sich seine Motive unter anderem aus dem Moulin Rouge?
❑ Henri de Toulouse-Lautrec ❑ Paul Gauguin
❑ Paul Cézanne ❑ Auguste Renoir

Henri de Toulouse-Lautrec (1864–1901), der von der Pariser Vergnügungswelt in Montmartre magisch angezogen wurde. Berühmt ist u. a. die Farblithographie *La Goulue betritt das Moulin Rouge* (1892).

Wie hieß Deutschland zwischen 1815 und 1866/71?
❑ Heiliges Römisches Reich deutscher Nation ❑ Zweites Reich
❑ Deutsches Reich ❑ Deutscher Bund

Deutscher Bund. Er umfasste bis 1866 39 souveräne Staaten, 35 Königreiche bzw. Fürstentümer und vier Freie Städte. 1871 trat unter Führung Preußens das Deutsche Reich an seine Stelle.

Wie nennen sich die Mitglieder, die in Logen zusammentreten?
❑ Illuminaten ❑ Freimaurer
❑ Rosenkreuzer ❑ Templer

Freimaurer. Ihr Ziel ist die Vervollkommnung des Menschen. Die Logenbrüder können in Erkenntnisstufen vom Lehrling zum Gesellen und dann zum Meister und den weiteren Hochgraden aufsteigen.

Wer komponierte das Orchesterwerk *Prélude à l'après-midi d'un faune* (1894)?
❑ Jules Massenet ❑ Claude Debussy
❑ Pierre Boulez ❑ Paul Dukas

Der Franzose Claude Debussy (1862–1918), ein Vertreter des Impressionismus. Sein *Vorspiel eines Fauns am Nachmittag* ist die Vertonung eines Gedichts des Symbolisten Stéphane Mallarmé.

Welche Ursache hatten die Proteste von DDR-Bürgern vor dem Mauerfall?
❑ Preiserhöhungen ❑ Sperre der Transitwege
❑ Wahlmanipulation ❑ Glasnostpolitik

Manipulierte Kommunalwahlen in der DDR 1989, die den Anschein erweckten, dass die SED-Regierung keine Glasnost zulassen wollte.

Welche Forschungen betreibt CERN?
❑ Neurologie ❑ Physiologie
❑ Astronomie ❑ Kernforschung

Es dient der Suche und Erforschung von Elementarteilchen. CERN (Europäische Organisation für Kernforschung) hat bei Genf einen Teilchenbeschleuniger mit 27 km Länge und 8,5 km Durchmesser errichtet.

Was bezeichnet man mit Belle Époque?
❑ Zeitgeist um 1900 ❑ Kunststil
❑ Musikrichtung ❑ belgische Tapisserie

Ein Zeitgeist in Frankreich etwa von 1890 bis 1914, der durch ein gesteigertes Lebensgefühl im mittleren und gehobenen Bürgertum Ausdruck fand; besonders in Bällen, Redouten, Theatern und Pferderennen.

Von welchem Land ist Bagdad die Hauptstadt?
❑ Irak ❑ Syrien
❑ Jordanien ❑ Pakistan

Irak. Auf dem Gebiet des heutigen Staates entwickelten sich einige der bedeutendsten Zivilisationen der Erde, wie Assyrien, Babylonien und Sumer.

Welcher Künstler gehörte dem Jugendstil an?
❑ Robert Delaunay ❑ Gustav Klimt
❑ Franz von Stuck ❑ Arnold Böcklin

Der Österreicher Gustav Klimt (1862–1918). Berühmt ist u. a. *Der Kuss* (1907/08). Der Jugendstil wurde in Österreich als Secessionsstil, in England als Art Nouveau bekannt.

Wo befinden sich die Ruinen der indianischen Kultstätte Chavín de Huántar?

❑ Neu-Mexiko ❑ Arizona
❑ Brasilien ❑ Peru

In den nördlichen Anden Perus. Chavín, das von etwa 300 bis um 900 v. Chr. eine Blütezeit erlebte, war ein aus mehreren rechteckigen Steinbauten bestehender Tempelkomplex. Auf den Keramiken sind göttliche Mischwesen und Jaguarmotive abgebildet.

Wer verfasste den Roman *Dracula*?

❑ Mary Shelley ❑ Edgar Allan Poe
❑ Bram Stoker ❑ Horace Walpole

Der Ire Bram Stoker (1847–1912). In Transsylvanien (Siebenbürgen) lässt er den Vampir sein Unwesen treiben. Vorlage ist der Fürst der Walachei, Vlad Tepeç („der Pfähler", † 1476/77).

Wer demonstrierte auf dem patriotisch-liberalen Wartburgfest 1817?

❑ Frühsozialisten ❑ Burschenschaftler
❑ Napoleongegner ❑ Leinenweber

Burschenschaftler und Professoren, die zum Gedenken an die Reformation vor 300 Jahren und an die Völkerschlacht bei Leipzig für ein liberales und geeintes Deutschland demonstrierten.

An welchem katholischen Feiertag wird der Leib Christi in Form des Hostienbrotes in Prozessionen durch die Straßen getragen?

❑ Ostern ❑ Christi Himmelfahrt
❑ Fronleichnam ❑ Pfingsten

An Fronleichnam („Leib des Herrn"). Es ist das Fest des katholischen Sakraments der Eucharistie, das am zweiten Donnerstag nach Pfingsten begangen wird.

Was ist das Gegenteil zur Echtzeit-Datenverarbeitung?

❑ phasenverschobene DV ❑ Stapelverarbeitung
❑ Greenwich-Zeit ❑ serielle DV

Die Stapelverarbeitung, bei der dem Computer Programme und Daten übergeben werden und er sie später verarbeitet. In Echtzeit (engl. real time) werden sie genau dann verarbeitet, wenn sie anfallen.

Was benötigen Viren?

❑ lebende Zellen ❑ Krankheitserreger
❑ kranke Zellen ❑ Bakterien

Lebende Zellen. Viren haben keinen eigenen Stoffwechsel und brauchen daher andere Organismen, um sich zu vermehren. Sie sind keine Lebewesen.

Wie bezeichnet man die Gewinnausschüttung einer AG?

❑ Blue Chip ❑ Devisen
❑ Noten ❑ Dividende

Dividende. Sie wird entsprechend den Aktienanteilen verteilt und ist abhängig vom Reingewinn des Unternehmens.

Welcher Schriftsteller ist ein Vertreter des poetischen Realismus?

❑ Gerhart Hauptmann ❑ Joseph von Eichendorff
❑ Theodor Fontane ❑ Novalis

Theodor Fontane (1819–98), der in Gesellschaftsromanen wie *Frau Jenny Treibel* (1892) oder *Effi Briest* (1895) einen distanziert-ironischen Standpunkt zu den Figuren einnimmt.

Was versteht man unter einem Passat?

❑ Monsun ❑ El Niño
❑ Fahrzeug ❑ Tropenwind

Der Passat ist ein Wind in den Tropen. Der Nordost- und der Südostpassat gehören zu den großen Windsystemen der Atmosphäre. Im Allgemeinen sind die Passate trockene und niederschlagsarme Winde.

Was ist ein Belemnit?

- ❑ Tintenfisch
- ❑ Kopffüßer
- ❑ Wüstenbewohner
- ❑ türkischer Fußsoldat

Ein ausgestorbener Kopffüßer, der vor allem in den Meeren der Jura- und Kreidezeit vorkam. Ihre Gehäuse haben sich oft als Fossilien erhalten.

Welche Kalifen machten 969 Kairo zu ihrer Residenzstadt?

- ❑ Omaijaden
- ❑ Fatimiden
- ❑ Mameluken
- ❑ Seldschuken

Die Fatimiden. Al Mu'izz († 975) ließ den ältesten Kern des heutigen Kairo erbauen und zugleich die Al-Azhar-Moschee, mit der bedeutendsten Hochschule der Sunniten.

Wo wurde *Tristan und Isolde* von Richard Wagner uraufgeführt?

- ❑ Karlsruhe
- ❑ Paris
- ❑ München
- ❑ Bayreuth

Im Nationaltheater in München am 10. Juni 1865. Ludwig II. wohnte der Aufführung bei; seine Wagner-Förderung hatte Früchte getragen. Am Pult stand Hans von Bülow.

In welcher Stadt setzte 1989 eine Massenflucht von Ostdeutschen ein?

- ❑ Berlin
- ❑ Bukarest
- ❑ Prag
- ❑ Belgrad

In Prag, Budapest und Warschau, wo Tausende sich in die westdeutschen Botschaften flüchteten, um so ihre Ausreise zu erzwingen. Ungarn erlaubte als Erstes die Ausreise in die Bundesrepublik.

Wo werden seit 1876 die Festspiele zu Ehren des Werks von Richard Wagner aufgeführt?

- ❑ München
- ❑ Regensburg
- ❑ Bayreuth
- ❑ Ansbach

In Bayreuth in Oberfranken. Das Festspielhaus wurde 1876 mit der vollständigen Aufführung von Wagners *Der Ring des Nibelungen* eröffnet.

Was ist ein für die Ernährung wichtiger Mineralstoff?

- ❑ Protein
- ❑ Kohlenhydrate
- ❑ Kalzium
- ❑ Vitamin A

Kalzium, das vor allem in Milch, Eidotter und grünem Gemüse enthalten ist. Auch die Zufuhr von Kalium (Getreide u. a.), Eisen (z. B. Leber), Zink (Rindfleisch) und weiteren Mineralstoffen ist lebenswichtig.

Welches schwarzafrikanische Reich entstand 1818 in Südafrika?

- ❑ Aschanti
- ❑ Zulu
- ❑ Xhosa
- ❑ Swasi

Das Zulureich. Nach der Ermordung seines Vorgängers wurde Shaka (1787–1828) Häuptling der Zulus. Mit seinen ca. 100.000 ausgebildeten Kriegern unterwarf er die umliegenden Stämme.

Welcher afrikanische Fluss stürzt vor der Mündung in den Atlantik über die Livingstonefälle?

- ❑ Niger
- ❑ Kongo
- ❑ Sambesi
- ❑ Oranje

Der Kongo. Der zweitlängste Fluss Afrikas ist etwa 4370 km lang. Kurz vor seiner Mündung ergießen sich seine Wassermassen über die 32 Katarakte der Livingstonefälle.

Welcher zylinderförmige Gegenstand findet im Lamaismus an der Stelle von Gebeten Verwendung?

- ❑ Gebetsmühle
- ❑ Lingam
- ❑ Meru
- ❑ Menora

Die Gebetsmühle. Im Inneren befinden sich auf Papierstreifen geschriebene Gebete. Das kreisende Drehen der Gebetsmühle ersetzt das Aufsagen der Gebete.

Wer verfasste *Also sprach Zarathustra*?

- ❑ Richard Wagner
- ❑ Friedrich Nietzsche
- ❑ Zarathustra
- ❑ Frank Wedekind

Friedrich Nietzsche (1844–1900), bedeutender Philosoph des Nihilismus, Bewunderer und später Feind Richard Wagners. Seine Lehre vom Übermenschen wurde im Nationalsozialismus missbraucht.

Wie nennt man nach der Lehre von den Temperamenten einen Menschen, dessen Stimmung wechselhaft ist?

- ❑ Choleriker
- ❑ Sanguiniker
- ❑ Melancholiker
- ❑ Phlegmatiker

Einen Sanguiniker. Der Begriff leitet sich von lateinisch sanguis „Blut“ her, bezeichnet also einen leidenschaftlichen, bisweilen heißblütigen Menschen.

Woher kommt ursprünglich das Wort Computer?

- ❑ Englisch
- ❑ Spanisch
- ❑ Gotisch
- ❑ Lateinisch

Aus dem Lateinischen; hier heißt computare „berechnen“. Später ging es dann mit derselben Bedeutung ins Englische ein. Der Computer war ursprünglich eine Maschine, die anhand eines vorgegebenen Programms rechnete.

Wer folgte 1989 Erich Honecker im Politbüro nach?

- ❑ Lothar de Mezière
- ❑ Hans Modrow
- ❑ Egon Krenz
- ❑ Günther Schabowski

Egon Krenz (*1937), am 18. Oktober 1989. Der Protest der DDR-Bürger nahm aber noch weiter zu; die Öffnung der Grenzen am 9. November stand kurz bevor.

Welcher Komponist wurde mit Tondichtungen wie *Till Eulenspiegels lustige Streiche* berühmt?

- ❑ Richard Strauss
- ❑ Franz Liszt
- ❑ Camille Saint-Saëns
- ❑ Hugo Wolf

Richard Strauss (1864–1949), der die Leitmotivtechnik Wagners perfektionierte. Weitere sinfonische Dichtungen sind *Also sprach Zarathustra* (1896) und *Tod und Verklärung* (1890).

Was versteht man unter Hämophilie?

- ❑ Milzbrand
- ❑ Nierenstein
- ❑ Bluterkrankheit
- ❑ Bluthochdruck

Die Bluterkrankheit. Dabei ist die Gerinnung des Blutes gestört, sodass bereits kleinste Verletzungen für den Bluter tödlich sein können. Bei der Hämophilie handelt es sich um eine Erbkrankheit.

Welche Silbermünze war im antiken Griechenland im Umlauf?

- ❑ Taler
- ❑ Denar
- ❑ Sesterz
- ❑ Obolus

Der Obolus, den König Pheidon von Argos (7. Jh. v. Chr.) in der nordöstlichen Peloponnes eingeführt haben soll. Ihm werden auch genormte Maße und Gewichte wie der pheidonische Fuß zugeschrieben.

Welche europäische Kulturstadt an der Donau bestand vor 1872 aus zwei getrennten Städten?

- ❑ Wien
- ❑ Budapest
- ❑ Novi Sad
- ❑ Belgrad

Budpest. Es war in die Städte Buda (Ofen) und Pest getrennt. Heute ist es die Hauptstadt Ungarns. Verbunden sind die beiden Stadtteile durch sechs Brücken.

Wer schuf das Reichstagsgebäude in Berlin?
- ❑ Paul Wallot
- ❑ Theodor Fischer
- ❑ Gabriel von Seidl
- ❑ Friedrich Thiersch

Paul Wallot (1841–1912), der 1882 den Ausschreibungswettbewerb für den monumentalen Neo-Renaissance-Bau gewann. Fortschrittlich war die Glas-Eisen-Konstruktion der Mittelkuppel.

Welchen hinduistischen Staat bekämpften die Briten in Indien?
- ❑ Kaschmir
- ❑ Pagan
- ❑ Marāthen
- ❑ Birma

Das Marāthen-Reich in Zentralindien. Im dritten Marāthenkrieg von 1817–19 eroberte die britische Ostindische Kompanie 1818 Poona, die Hauptstadt der Peschwa-Dynastie.

Mit welcher Erneuerungsbewegung begegnete die katholische Welt der Reformation?
- ❑ Chiliasmus
- ❑ Pietismus
- ❑ Gegenreformation
- ❑ Quietismus

Mit der Gegenreformation. Sie hatte eine geistlich-ideelle Seite, die Reformen beinhaltete, und eine machtpolitische, wobei es um die gewaltsame Rückgewinnung protestantischer Gebiete ging.

Welche Blume benennt sich nach einem Schüler Carl von Linnés?
- ❑ Azalee
- ❑ Dahlie
- ❑ Akazie
- ❑ Chrysantheme

Die Dahlie, ein Korbblütler, der vermutlich aus mindestens zwei zentralamerikanischen und mexikanischen Pflanzen abstammt. Benannt wurde sie nach dem schwedischen Botaniker Anders Dahl.

Wer komponierte *Hänsel und Gretel*?
- ❑ Carl Maria von Weber
- ❑ Engelbert Humperdinck
- ❑ Kurt Weill
- ❑ Max Reger

Engelbert Humperdinck (1854–1921), dessen Schaffen eng mit Richard Wagner verbunden war. Seine Märchenoper wurde 1893 in Weimar uraufgeführt.

Wie nennt man den Grundbesitz der öffentlichen Hand?
- ❑ Domänen
- ❑ Säkularbesitz
- ❑ Fiskalgut
- ❑ Lehen

Domänen. Sie spielen heute fast nur noch in der Forstwirtschaft eine Rolle. Rund dreißig Prozent der Waldfläche Deutschlands befinden sich im Besitz der Bundesrepublik.

In welcher Einheit wird elektrischer Strom gemessen?
- ❑ Volt
- ❑ Ohm
- ❑ Ampere
- ❑ Newton

Die Einheit der Stromstärke ist das Ampere (mit dem Zeichen A), benannt nach dem französischen Physiker und Mathematiker André Marie Ampère (1775–1836).

Welche Monumentalskulptur aus dem 10. Jahrhundert befindet sich im Kölner Dom?
- ❑ Dreikönigsschrein
- ❑ Gero-Kreuz
- ❑ Büste des Brutus
- ❑ Das letzte Abendmahl

Das Gero-Kreuz. Es ist die älteste erhaltene Skulptur des Gekreuzigten. Die 1,87 m hohe, um 970 entstandene Holzfigur besticht durch ihre naturalistische Wirkung.

Was ist die Hauptstadt Madagaskars?
- ❑ Antananarivo
- ❑ Tegucigalpa
- ❑ Dalap-Uliga-Darrit
- ❑ Port Louis

Antananarivo. Madagaskar liegt im Indischen Ozean vor der Südostküste Afrikas. Die Stadt wird von dem Palast der Merina-Dynastie überragt. Madagaskar ist die viertgrößte Insel der Welt.

Wer schuf mit *Die Weber* ein Meisterwerk des naturalistischen Dramas?

❑ Käthe Kollwitz ❑ Johannes Schlaf
❑ Gerhart Hauptmann ❑ Henrik Ibsen

Gerhart Hauptmann (1862–1946). Als historische Vorlage diente der Weberaufstand von 1844 in Schlesien, der blutig niedergeschlagen wurde.

Wo spricht man in der EDV von Navigation?

❑ Textverarbeitung ❑ Multimedia-Anwendung
❑ Datenbankverwaltung ❑ Serienbrief

Bei Multimedia-Anwendungen, in der die Fortbewegung gesteuert wird, oder in einem Hypertext, bei dem die Texte durch Querverweise oder -sprünge verbunden sind.

Für welchen Zeitraum erwog die Bundesregierung die Wiedervereinigung nach dem Fall der Mauer?

❑ 2 Jahre ❑ 5 Jahre
❑ 8 Jahre ❑ 10 Jahre

Nach 10 Jahren. Noch am 28. November 1989 stellte Kohl im Bundestag ein Zehn-Punkte-Programm hierzu vor. Die Ereignisse drängten jedoch schneller voran.

Wer hat den Roman *Quo vadis* verfasst?

❑ Thomas Mann ❑ Maurice Maeterlinck
❑ Henryk Sienkiewicz ❑ Annette von Droste-Hülshoff

Der polnische Schriftsteller Henryk Sienkiewicz (1846–1916), der hierfür 1905 den Literaturnobelpreis erhielt. *Quo vadis?* (lat. Wohin gehst du?) handelt von der Christenverfolgung zur Zeit Neros.

Wer war August von Kotzebue (1761–1819)?

❑ Dichter ❑ Feldherr
❑ Burschenschafter ❑ Staatsmann

Ein vielgeachteter Theaterdichter. Seine Ermordung durch den Burschenschaftler Karl Ludwig Sand, der hinter ihm einen russischen Spion vermutete, löste 1819 die Karlsbader Beschlüsse aus.

In welcher Sportart bewährte sich die Viererabwehrkette?

❑ Football ❑ Basketball
❑ Hockey ❑ Fußball

Im Fußball. Bei dieser komplizierten Abwehrstrategie geht es darum, dass die zwei Verteidiger und der Libero (der Torwart ist der vierte Mann) nicht jeweils nur einen bestimmten Gegner decken, sondern die zu deckenden Spieler – abhängig von der Spielsituation – untereinander austauschen.

Welcher Philosoph des 18. Jahrhunderts schrieb über den „Gesellschaftsvertrag"?

❑ Thomas Hobbes ❑ Jeremy Bentham
❑ Hugo Grotius ❑ Jean-Jacques Rousseau

Jean-Jacques Rousseau (1712–78). Es ist die Theorie, wonach freie und gesellschaftlich gleichgestellte Bürger durch gemeinsamen Willen dem Staat die Herrschaft übertragen.

Was ist der Big Bang?

❑ Glockenschlag des Big Ben ❑ Komet
❑ Atomexplosion ❑ Urknall

Der Urknall, eine plötzliche Explosion, durch die unser Kosmos entstanden sein soll. Seitdem dehnt sich das Universum mit zunehmender Geschwindigkeit aus. Unterstützt wird die Theorie z. B. von S. Hawking.

Wie bezeichnet man im Islam Geister und Dämonen?
- ❑ Jinn
- ❑ Daimon
- ❑ Baba Jaga
- ❑ Diabolus

Jinn (Einzahl: Jinni). Die Jinn entspringen der Luft oder dem Feuer, können entweder gut oder böse sein und Menschen- oder Tiergestalt annehmen. Jedenfalls sind sie spitzbübisch und sterblich wie Menschen.

Was ist die Hauptstadt von Kasachstan?
- ❑ Almaty
- ❑ Astana
- ❑ Duschanbe
- ❑ Taschkent

Astana, das frühere Akmola. Sie löste 1997 Almaty, früher Alma-Ata ab. Zunehmend zeichnet sich eine wachsende Abhängigkeit von China ab, das an der Erdölförderung wirtschaftlich beteiligt ist.

Welcher abstrakte Maler entwickelte den Neoplastizismus?
- ❑ Piet Mondrian
- ❑ André Kertész
- ❑ Georges Vantongerloo
- ❑ Gustav Klimt

Piet Mondrian (1872–1944), der seine Theorie in der Schrift *Le Néo-plasticisme* (1920) veröffentlichte. Der Neoplastizismus wird als Erweiterung des Kubismus verstanden. Kennzeichen: vertikale und horizontale schwarze Balken.

Wer nahm während des Bosnien-Krieges die meisten Flüchtlinge auf?
- ❑ Frankreich
- ❑ Italien
- ❑ Deutschland
- ❑ Griechenland

Die Bundesrepublik Deutschland nahm 1992–95 als einzige Nation in Europa außerhalb Jugoslawiens 350.000 Flüchtlinge auf.

Welcher Komponist vertonte Lieder aus *Des Knaben Wunderhorn*?
- ❑ Juliette-Marie Boulanger
- ❑ Gustav Mahler
- ❑ Richard Wagner
- ❑ Gabriel Fauré

Gustav Mahler (1860–1911). Es handelt sich um Orchesterlieder nach Achim von Arnims und Clemens Brentanos Sammlung. Mahler steht in der Nachfolge Anton Bruckners; er schuf 9 Sinfonien.

Wer gründete die japanische Kaiserdynastie?
- ❑ Kammu
- ❑ Yoritomo
- ❑ Jimmu Tenno
- ❑ Tokugawa Ieyasu

Jimmu Tenno der nach der Eroberung des Reiches Yamato um 660 (bzw. 120) v. Chr. den Thron bestieg. Der sagenhafte Ahnherr der heute noch lebenden Tennos in Japan leitete sich von der Sonnengöttin Amaterasu ab.

Wer verfasste den siebenteiligen Roman *À la recherche du temps perdu*?
- ❑ Comte de Lautréamont
- ❑ Edmond und Jules Goncourt
- ❑ Marcel Proust
- ❑ André Malraux

Marcel Proust (1871–1922). *Auf der Suche nach der verlorenen Zeit* gehört zu den bedeutendsten Romanen des 20. Jh. Das Hauptwerk des Dichters trägt autobiografische Züge und entstand zwischen 1913 und 1927.

Welche Aufgabe haben die Nieren?
- ❑ Filtrierung des Blutes
- ❑ Filtrierung des Harns
- ❑ Ausscheidung von Giften
- ❑ Antikörperbildung

Die Filtrierung des Blutes. Darüber hinaus regeln sie den Salz- und Wasserhaushalt des Körpers und sorgen für ein ausgeglichenes Säure-Basen-Verhältnis im Körper.

Gegen wen richtete sich der Freiheitskampf der Griechen seit 1821?

- ❑ Russland
- ❑ Bulgarien
- ❑ Serbien
- ❑ Osmanen

Gegen das Osmanische Reich. Ihr Anführer Alexandros Ypsilanti (1792–1828) hoffte sich vergeblich auf russische Hilfe. 1821 brach der Aufstand zusammen.

Was wird mit dem Kürzel OEM (Original Equipment Manufacturer) umschrieben?

- ❑ Produktlizenz
- ❑ Herstellernummer
- ❑ Hersteller von Originalsystemen
- ❑ Betriebssystem

Ein Hersteller von Originalsystemen. Er lässt seine Geräte häufig in die Systeme anderer Hersteller einbauen; oft sind sie nicht mehr identifizierbar, aber das Geschäft ist lukrativ.

In welchem Gebirge ist der Elbrus mit 5642 m die höchste Erhebung?

- ❑ Ural
- ❑ Karpaten
- ❑ Taurus
- ❑ Kaukasus

Im Kaukasus, ein Gebirge in Georgien, Armenien, Aserbaidschan und dem südwestlichen Russland. Das gesamte Gebirge erstreckt sich von der Schwarzmeerküste bis zum Kaspischen Meer.

Wie lautet der medizinische Fachbegriff für Durchfall?

- ❑ Gonorrhö
- ❑ Diarrhö(e)
- ❑ Ruhr
- ❑ Hämophilie

Diarrhö(e). Sie wird verursacht durch Bakterien, giftige oder unverdauliche Stoffe oder einfach durch nervöse Spannungszustände.

Auf welchem Hügel vor Jerusalem fand die Kreuzigung Jesu statt?

- ❑ Golgatha
- ❑ Athos
- ❑ Golan
- ❑ Ölberg

Auf dem Begräbnishügel Golgatha (aramäisch „Schädel“) oder auch Kalvarienberg (lateinisch „Hirnschale“). Sie ist nach dem Markus-Evangelium die Kreuzigungsstätte.

Welcher Maler des 20. Jahrhunderts schuf *Der grüne Violinspieler* (1918)?

- ❑ Guillaume Apollinaire
- ❑ Pablo Picasso
- ❑ William Blake
- ❑ Marc Chagall

Marc Chagall (1887–1985), der seit 1923 in Frankreich seinen Wohnsitz hatte. Chagalls Werk ist vom Expressionismus geprägt; Hauptmotive sind russisch-jüdische Dorfszenen.

Wie heißt der international am meisten beachtete Aktienindex?

- ❑ DAX
- ❑ Nikkei-Index
- ❑ Dow-Jones-Index
- ❑ Financial-Times-Index

Dow-Jones-Index. Er wird seit 1887 an der New Yorker Börse täglich ermittelt. Benannt ist er nach den Mitarbeitern des *Wall Street Journal*, Charles Dow und Edward Jones.

Welche Griechin übernahm 984 die Regentschaft im Deutschen Reich?

- ❑ Theodora
- ❑ Helena
- ❑ Theophanu
- ❑ Sophia

Theophanu (um 950/59–991), die Mutter des noch unmündigen Otto III. (980–1002) und Nichte des byzantinischen Kaisers Johannes Tzimiskes. Sie konnte ihre Regentschaft gegen Heinrich den Zänker (951–95) durchsetzen.

Welcher Tag im Festtagskalender der Katholiken erinnert an das letzte Abendmahl?

- ❑ Aschermittwoch
- ❑ Karfreitag
- ❑ Gründonnerstag
- ❑ Pfingstmontag

Der Gründonnerstag, auf den der Karfreitag, der Kreuzigungstag Christi, folgt.

Welches Konzert Sergej Rachmaninows ist eine besondere Herausforderung für Pianisten?
❑ *Rhapsodie über ein Thema von Paganini*
❑ *Sinfonie Nr. 3 a-Moll*
❑ *Moments musicaux op. 16*
❑ *Klavierkonzert Nr. 2 c-Moll*

Klavierkonzert Nr. 2 c-Moll op. 18 (1900). Rachmaninows (1873–1943) oft überladener Stil ist von Liszt, Chopin und Tschaikowsky geprägt.

Wie drückt die Psychoanalyse die Vater-Sohn-Rivalität aus?
❑ Elektrakomplex
❑ Cinderellakomplex
❑ Ödipuskomplex
❑ Odysseuskomplex

Mit dem Ödipuskomplex. Demnach fühlen Kinder ein sexuelles Verlangen nach dem andersgeschlechtlichen Elternteil und sehen daher Vater bzw. Mutter (Elektrakomplex) als Rivalen an.

Wer fällte 1990 in der DDR die Entscheidung zum Beitritt zur Bundesrepublik?
❑ Politbüro
❑ Ministerrat
❑ Volkskammer
❑ Lothar de Mezière

Die Volkskammer, das ostdeutsche Parlament am 23. August. Bereits am 1. Juli war die Einführung der DM beschlossen worden.

Welches Wahrzeichen hat Rio de Janeiro neben dem Zuckerhut?
❑ Cerro
❑ Torbogen
❑ Elefantenzähne
❑ Christusfigur

Christus der Erlöser auf dem 704 m hohen Corcovado. Die Statue selbst ist 38 m hoch. Der Name der Stadt stammt aus dem Portugiesischen („Fluss des Januar“).

Wer komponierte das Ballett *Boléro*?
❑ Manuel de Falla
❑ Jacques Ibert
❑ Maurice Ravel
❑ Claude Debussy

Der französische Komponist Maurice Ravel (1875–1937). Er schrieb auch bekannte Klavier- und Orchesterwerke wie *Le tombeau de Couperin* (1917) und *La valse* (1920). Der Boléro ist ein spanischer Tanz.

Wer erkämpfte die Unabhängigkeit Venezuelas von Spanien?
❑ Simon Bolívar
❑ Antonio López de Santa Ana
❑ Benito Juárez
❑ Hernan Cortez

Simon Bolívar (1783–1830). 1817 konnte er die Spanier aus Venezuela vertreiben und sich selbst als Präsident ausrufen.

Was ist ein Dilemma?
❑ Widerspruch
❑ Zwangslage
❑ Bedeutungsvielfalt
❑ Scheitern

Eine Zwangslage, wenn nur eine Entscheidung zwischen zwei in gleicher Weise unangenehmen Alternativen möglich ist.

Wer schrieb den Roman *Ulysses*?
❑ Samuel Beckett
❑ Ezra Pound
❑ James Joyce
❑ François Rabelais

Der Ire James Joyce (1882–1941). Sein bahnbrechender Roman beschreibt 24 Stunden im Leben des Dubliners Leopold Bloom. Zentrale Erzähltechnik ist der Stream of consciousness.

Wo ist im PC ein Lese- und Schreibkopf vonnöten?
❑ Drucker
❑ Festplatte
❑ Scanner
❑ CD-ROM-Laufwerk

Auf der Festplatte. Der Lese-/Schreibkopf bewegt sich über die mit einer Magnetschicht versehene Oberfläche; er liest von der Festplatte oder beschreibt sie.

Welche Funktion hat das Über-Ich bei Sigmund Freud?

- ❑ Libido
- ❑ moralisches Gewissen
- ❑ das Unbewusste
- ❑ destruktive Wünsche

Das moralische Gewissen, mit dem asoziale Triebe und Es-Impulse gehemmt werden. Das Kind übernimmt in seiner Entwicklung Normen und Werte der Eltern und seines sozialen Umfelds.

Um was ging es bei den Zwei-plus-Vier-Verhandlungen?

- ❑ Berlin-Status
- ❑ Grenzöffnung
- ❑ Abrüstung
- ❑ deutsche Wiedervereinigung

Um die Wiedervereinigung der beiden deutschen Staaten, die zusammen mit den vier Siegermächten des Zweiten Weltkrieges vom Mai bis September 1990 die Modalitäten festlegten.

Welche ehemalige Elfenbein- und Sklaveninsel liegt vor der Ostküste Afrikas im Indischen Ozean?

- ❑ Madagaskar
- ❑ Sansibar
- ❑ Mauritius
- ❑ Komoren

Sansibar. Als der portugiesische Entdecker Vasco da Gama 1499 hier landete, war die Insel bereits ein wichtiges Handelszentrum, um das sich Portugiesen und Araber stritten. Sansibar gehört heute zu Tansania.

Wer schrieb den Roman *Der Prozess*?

- ❑ Albert Camus
- ❑ Franz Kafka
- ❑ Franz Werfel
- ❑ Peter Weiss

Franz Kafka (1883–1924), dessen unglückliche Lebensumstände sich in seinem Werk widerspiegeln. Es ist u. a. durch bedrückend-surreale Situationen, in denen der Held unterliegt, geprägt.

Wie nannte man in der griechischen Antike einen Alleinherrscher?

- ❑ Diktator
- ❑ Satrap
- ❑ Rex
- ❑ Tyrann

Tyrann; die Staatsform hieß Tyrannis. Tyrannen wie Kypselos und Periandros von Korinth oder Peisistratos in Athen führten Reformen durch, die sich sehr positiv auf die wirtschaftlich und kulturelle Entwicklung auswirkten.

Welchen weltberühmten Roman schrieb Nikos Kazantzakis?

- ❑ *Phaedra*
- ❑ *Der zweite Tod des Ramón Mercader*
- ❑ *Wem die Stunde schlägt*
- ❑ *Alexis Sorbas*

Alexis Sorbas (1946). Der Roman und vor allem dessen Verfilmung 1964 mit der Musik von Mikis Theodorakis machte Kazantzakis (1883–1957) weltberühmt.

Wie nennt man die wissenschaftliche Doktorarbeit?

- ❑ Promotion
- ❑ Rigorosum
- ❑ Dissertation
- ❑ Magisterarbeit

Die Dissertation, ein seit dem 17. Jh. übliches Fremdwort, zunächst für „wissenschaftliche Abhandlung". Das Promotionsverfahren zur Erlangung des Doktorgrades enthält auch eine mündliche Prüfung, das Rigorosum.

Wer spielt den jungen Rechtsanwalt in *Die Firma*?

- ❑ Tom Cruise
- ❑ Antonio Banderas
- ❑ James Belushi
- ❑ Tom Berenger

Tom Cruise (*1962). Für den an den Rollstuhl gefesselten Vietnam-Veteranen in *Geboren am 4. Juli* erhielt er den Oscar, für die Titelrolle in *Jerry Maguire – Spiel des Lebens* den Golden Globe sowie eine weitere Oscar-Nominierung

Was besagte die 1823 verkündete sog. Monroe-Doktrin?
- ❑ *Aufhebung der Sklaverei*
- ❑ *Einführung des Frauenwahlrechts*
- ❑ *keine europäische Intervention in Amerika*
- ❑ *kein Import ausländischer Baumwolle*

Keine Einmischung europäischer Mächte auf dem amerikanischen Kontinent. Dies verkündete der fünfte Präsident der USA, James Monroe (1758–1831).

Was sind Pantoffel- und Geißeltierchen?
- ❑ Einzeller
- ❑ Mehrzeller
- ❑ Metazoen
- ❑ Viren

Einzellige Lebewesen. Die bekanntesten sind die Amöbe, das Pantoffeltierchen mit länglicher Form und das Geißeltierchen mit einem oder mehreren fadenförmigen Fortsätzen.

Welcher deutsche Sozialphilosoph gehört der Frankfurter Schule an?
- ❑ Hans-Georg Gadamer
- ❑ Jacques Derrida
- ❑ Karl Jaspers
- ❑ Jürgen Habermas

Jürgen Habermas (*1929). Er entwarf eine marxistische Sozialtheorie und entwickelte den Begriff des erkenntnisleitenden Interesses in den Wissenschaften.

Wie heißt die Hauptstadt der Ukraine?
- ❑ Minsk
- ❑ Kiew
- ❑ Wilna
- ❑ Sewastopol

Kiew. Die im Norden des Landes gelegene Stadt war eines der bedeutendsten religiösen Zentren Russlands. Noch heute stehen hier einige wichtige alte Kirchen.

Wer war Rabindranath Tagore?
- ❑ Religionsstifter
- ❑ Nobelpreisträger
- ❑ hinduistischer Heiliger
- ❑ indischer Staatsmann

Literaturnobelpreisträger von 1913. Der bengalische Dichter und Philosoph Tagore (1861–1941) verfasste lyrische, erzählerische und dramatische Werke. Daneben komponierte und malte er.

Welche Insel erreichte der Wikinger Erik der Rote 984?
- ❑ Rügen
- ❑ Spitzbergen
- ❑ Neufundland
- ❑ Grönland

Grönland, das er von Island aus erreichte. Damit rückte der amerikanische Kontinent schon beträchtlich näher, den schon wenige Jahre später Eriks Sohn Leif (um 970–1020) betrat.

Wie nennt man die 1960 mit Sitz in Genf gegründete Freihandelszone?
- ❑ NAFTA
- ❑ APEC
- ❑ EFTA
- ❑ COMECON

EFTA (European Free Trade Association). Sie war eine Gegengründung zur EWG, der u. a. Großbritannien, Dänemark und Schweden nicht beitreten wollten.

Wem wird seit 1917 der Pulitzerpreis verliehen?
- ❑ Philanthropen
- ❑ Weltraumforschern
- ❑ Politikern
- ❑ Journalisten

Journalisten, daneben aber auch Schriftstellern und Musikern. Gestiftet wurde der Preis von dem amerikanischen Verleger Joseph Pulitzer; er wird jährlich von der Columbia University verliehen.

Was ist in der EDV eine Schnittstelle?
- ❑ unterbrochene Leitung
- ❑ Schreibfehler
- ❑ Verbindungsstelle
- ❑ Sicherungskopie

Die Verbindungsstelle eines Geräts zu einem Computer oder eines Programms zu einem anderen Programm. Man unterscheidet also zwischen Hardware- und Software-Schnittstellen.

Wann wurde der Einigungsvertrag zwischen West- und Ostdeutschland unterzeichnet?

- ❑ 1989 ❑ 1990
- ❑ 1992 ❑ 1995

Am 31. August 1990. Gemäß dieses Vertrages erfolgte der Beitritt der DDR zur Bundesrepublik Deutschland am 3. Oktober 1990 nach Artikel 23 des Grundgesetzes.

Welcher spanische Künstler schuf die stark symbolhaften Gemälde wie *Gepflügte Erde* und *Frauen und Vögel in der Nacht*?

- ❑ Max Ernst ❑ Joan Miró
- ❑ Salvador Dalí ❑ Pablo Picasso

Joan Miró (1893–1983). Sein Schaffen – Bilder, Grafiken und Plastiken – stand unter verschiedenen Einflüssen wie dem Fauvismus, Kubismus und Surrealismus.

Welche Infektionskrankheit tauchte erstmals im Kongo-Becken und im Südsudan auf?

- ❑ Marburg ❑ Ebola
- ❑ Malaria ❑ Gelbfieber

Das Ebola-Virus, benannt nach dem Fluss in der Republik Kongo. Die Krankheit endet meist tödlich, eine spezifische Behandlungsmöglichkeit gibt es nicht.

Wie heißt der Hammer des germanischen Gottes Thor (Donar)?

- ❑ Fenris ❑ Fafnir
- ❑ Mjöllnir ❑ Budai

Mjöllnir („Zermalmer"). Thor, der stärkste von allen Göttern, verfehlt damit nie sein Ziel und nach dem Wurf kehrt er von selbst in seine Hand zurück.

Welches Wasserlabyrinth liegt südlich von Berlin?

- ❑ Mecklenburgische Seenplatte ❑ Spreewald
- ❑ Oderbruch ❑ Mulde

Der Spreewald in der Niederlausitz in Brandenburg. Er ist vor rund 20.000 Jahren entstanden, als das Schmelzwasser der letzten Eiszeit Sand in das Urstromtal schwemmte.

Wer annektierte 1830 Algerien?

- ❑ Großbritannien ❑ Frankreich
- ❑ Deutschland ❑ Italien

Frankreich. Vorwand für die militärische Intervention Frankreichs und die Besetzung Algeriens war ein Handelsstreit zwischen Frankreich und dem Bey von Algier.

In welcher Weltreligion spielt die Pilgerfahrt Haddsch eine wichtige Rolle?

- ❑ Buddhismus ❑ Christentum
- ❑ Islam ❑ Shintoismus

Im Islam. Die Pilgerfahrt nach Mekka muss jeder Moslem mindestens einmal in seinem Leben vollendet haben. Nach dem Besuch der Kaaba darf sich der Pilger „Hadschi" nennen.

Was sind Assemblage-Skulpturen?

- ❑ Skulpturen aus verschiedenen Materialien ❑ Collage
- ❑ Objet trouvé ❑ Gesamtkunstwerk

Objektkunst, die verschiedene Materialien verwendet. Ein Beispiel ist Joan Mirós (1893–1983) *Person* (1956) aus Holz, Keramik, Knochen, Eisen. Auch Kurt Schwitters oder Robert Rauschenberg sind bekannte Vertreter.

Wer gewann die ersten Bundestagswahlen im vereinigten Deutschland?

- ❑ SPD ❑ CDU
- ❑ CSU ❑ Bündnis 90/Die Grünen

Die CDU unter Helmut Kohl am 2. Dezember 1990. Mit in den Bundestag zog die PDS, die Partei der früheren ostdeutschen Kommunisten.

Wer war der „Bomber der Nation"?

- ❑ Freiherr von Richthofen
- ❑ Max Schmeling
- ❑ Boris Becker
- ❑ Gerd Müller

Gerd Müller (*1945), der von 1966 bis 1974 in der deutschen Nationalmannschaft spielte und dabei in 62 Länderspielen 68 Tore erzielte; damit führt er bis heute die Bestenliste an.

Für welches Werk bekam Theodor Mommsen 1902 den ersten Literaturnobelpreis?

- ❑ *Römische Geschichte*
- ❑ *Römisches Staatsrecht*
- ❑ *Römische Forschungen*
- ❑ *Geschichte der Kunst des Altertums*

Für seine *Römische Geschichte* (1854/55). Mommsen (1817–1903) schuf während seines Italien-Aufenthalts auch die Grundlage für die moderne systematische Epigraphik.

Wo forschte Konrad Lorenz (1903–89)?

- ❑ Pädagogik
- ❑ Verhaltensbiologie
- ❑ Atomphysik
- ❑ Zoologie

Der österreichische Forscher gilt als der Begründer der Verhaltensbiologie und lieferte, z. B. durch sein enges Zusammenleben mit Gänsen, wertvolle Erkenntnisse auf diesem Gebiet.

Wo verhängte man „drakonische Strafen"?

- ❑ Athen
- ❑ Transsylvanien
- ❑ Moskau
- ❑ Karthago

In Athen. Hier kodifizierte Drakon um 624 v. Chr. bereits geltendes Gewohnheitsrecht, womit er mehr Schutz gegen die Macht des athenischen Adels schuf. Er verhängte „drakonische" Strafen bei Gesetzesbrüchen.

Welcher Astronaut war als erster Mensch auf dem Mond?

- ❑ Edwin Aldrin
- ❑ Neil Armstrong
- ❑ Michael Collins
- ❑ Charles Conrad

Neil Armstrong. Mit dem Satz „Es ist ein kleiner Schritt für einen Menschen, aber ein großer Sprung für die Menschheit" kommentierte er am 20.7.1969 die ersten Schritte eines Menschen auf dem Mond.

Womit wird Balder (Baldur), der Sohn Wotans, tödlich verwundet?

- ❑ Mjöllnir
- ❑ Mistelzweig
- ❑ Hrotti
- ❑ Fjalar

Mit einem Mistelzweig, den sein blinder Bruder Höd auf den tückischen Rat Lokis auf Balder abfeuert. Anschließend bricht die Ragnarök, der Weltuntergang, an.

Welcher Drucker zeichnet sich im Vergleich durch hohe Leistungsfähigkeit aus?

- ❑ Tintenstrahldrucker
- ❑ Laserdrucker
- ❑ Nadeldrucker
- ❑ Thermodrucker

Der Laserdrucker. Er bereitet das Druckbild als komplette Seite in seinem internen Speicher und eigenen Prozessor auf. Vorteile sind: hohe Druckqualität und Ausgabegeschwindigkeiten.

An welchem Fluss liegt Breslau?

- ❑ Weichsel
- ❑ Elbe
- ❑ Oder
- ❑ Schelde

An der Oder. Breslau in Niederschlesien liegt zu beiden Seiten des Flusses. Die bedeutende Industriestadt Polens ist durch ihren Hafen mit der Ostsee und weiteren Binnenhäfen verbunden.

Welcher Outlaw war im Alter von 21 Jahren bereits 21facher Mörder?

- ❑ Michael Kohlhaas
- ❑ Billy the Kid
- ❑ Schinderhannes
- ❑ Robin Hood

Billy the Kid (1859–81). Er geriet früh wegen Diebstahls ins Gefängnis, aus dem er entfloh, und beging bald seinen ersten Mord. 1881 wurde er von dem Sheriff Pat Garret erschossen.

Wen brachte 1830 die Julirevolution in Frankreich an die Macht?

- ❑ Charles Maurice de Talleyrand
- ❑ Louis Philippe, den „Bürgerkönig"
- ❑ Napoleon III.
- ❑ Léon Gambetta

Louis Philippe (1773–1850), Herzog von Orléans, der auf den gestürzten französischen König Karl X. (1757–1836) folgte und eine Regierung des Großbürgertums bestellte.

Welcher Philosoph stellte sein Lehrsystem in der *Phänomenologie des Geistes* dar?

- ❑ F. W. J. Schelling
- ❑ G. W. F. Hegel
- ❑ J. G. Fichte
- ❑ S. A. Kierkegaard

Georg Wilhelm Friedrich Hegel (1770–1831), der Vollender des deutschen Idealismus. Nach Hegel besteht eine Einheit von Sein und Denken, die sich dialektisch zu einem „Absoluten" hin vollzieht.

Wer verfasste den Zeitroman *Der Zauberberg*?

- ❑ Alfred Döblin
- ❑ Thomas Mann
- ❑ Iwan Turgenjew
- ❑ Wolfgang Koeppen

Thomas Mann (1875–1955). Seine Figuren und Stoffe entnahm er oft dem Kaufmannsadel wie in *Buddenbrooks*. Seine bürgerlichen Helden zeichnet er ironisch-distanziert.

Welches Hormon enthält die Antibabypille?

- ❑ Progesteron
- ❑ Melanotropin
- ❑ Glucagon
- ❑ Insulin

Das Progesteron. In Kombination mit dem Östrogen unterdrückt die Antibabypille den Eisprung und verhindert dadurch eine Befruchtung.

Wer begründete in Frankreich nach den Karolingern eine neue Dynastie?

- ❑ Karl der Kühne
- ❑ Béatrix de Bourbon
- ❑ Hugo Capet
- ❑ Gottfried von Anjou

Hugo Capet (um 940–96). Durch einen Jagdunfall war der letzte karolingische König im Westfranken-Reich, Ludwig V., der Faule († 987), verstorben. Die von Hugo begründete Dynastie hatte in direkter Linie bis 1328 die Krone Frankreichs inne.

Wo liegt Costa Rica?

- ❑ Bahamas
- ❑ Große Antillen
- ❑ Mittelamerika
- ❑ Südamerika

In Mittelamerika. Das kleine mittelamerikanische Land ist mit 51.000 km^2 etwas größer als die Schweiz. Hauptstadt ist San José. Ein Drittel des Landes steht unter Naturschutz.

Welche Europäische Gemeinschaft entstand 1967?

- ❑ Euratom
- ❑ Montanunion
- ❑ EWG
- ❑ EG

Die Europäische Gemeinschaft (EG) die durch Fusionsvertrag der Europäischen Wirtschaftsgemeinschaft (EWG), der Europäischen Gemeinschaft für Kohle und Stahl (Montanunion) und der Europäischen Atomgemeinschaft (Euratom) entstand.

Was war das 1919 gegründete Bauhaus in Weimar?

- ❑ Arbeiter- und Soldatenrat
- ❑ Baubehörde der Weimarer Republik
- ❑ Vereinigung für Kunst und demokratischen Aufbau
- ❑ Architekten- und Künstlervereinigung

Eine Architekten- und Künstlervereinigung, die unter der Leitung von Walter Gropius einen dem industriellen Zeitalter entsprechenden Stil entwickelte. Dazu wurden Kunst und Handwerk gleichermaßen gefördert.

Wer wurde 1832 König im unabhängigen Griechenland?
- ❑ Prinz Otto von Bayern
- ❑ Zar Nikolaus I.
- ❑ Alexandros Ypsilanti
- ❑ Sultan Mahmud II.

Otto (1815–67), Sohn König Ludwigs I. von Bayern. Auf Vorschlag der europäischen Großmächte wurde er von der griechischen Nationalversammlung gewählt.

Wie heißt das Land der Flammen in der nordischen Götterlehre?
- ❑ Niflheim
- ❑ Muspellsheim
- ❑ Ginnungagap
- ❑ Walaskjalf

Muspellsheim. Es ist der Gegenpol zum nördlichen Niflheim und begrenzt den leeren Raum Ginnungagap. Hier wohnen die Feuerriesen.

Welcher im Zweiten Weltkrieg zerstörte Kuppelbau soll wieder errichtet werden?
- ❑ Kathedrale von Angoulême
- ❑ Felsendom in Jerusalem
- ❑ Pantheon in Rom
- ❑ Frauenkirche von Dresden

Die Frauenkirche in Dresden, 1726–38 von George Bähr (1666–1738) als annähernd kubischer Kernbau errichtet. Sie wurde bei dem britisch-amerikanischen Luftangriff 1945 völlig zerstört.

Wo fand die größte friedliche Demonstration in Deutschland statt?
- ❑ Berlin
- ❑ Hamburg
- ❑ Leipzig
- ❑ München

In München, wo 1992 rund 400.000 Menschen mit Lichterketten gegen Ausländerfeindlichkeit, Rassismus und Gewalt demonstrierten.

Welches Hormon produziert die Bauchspeicheldrüse?
- ❑ Hydrocortison
- ❑ Insulin
- ❑ Östrogen
- ❑ Somatotropin

Insulin und Glucagon. Ersteres reguliert den Kohlenhydratstoffwechsel, das zweite reguliert den Wasserstoffhaushalt im Körper. Insulinmangel führt zu Diabetes mellitus.

Welche geistige Bewegung vom 14. bis 16. Jahrhunderts besann sich auf das Ideal der Humanität?
- ❑ Barock
- ❑ Reformation
- ❑ Absolutismus
- ❑ Humanismus

Der Humanismus. Bedeutende Vertreter sind Conrad Celtis, Ulrich von Hutten, Erasmus von Rotterdam und Thomas Morus. Sie entdeckten die römische und griechische Antike von neuem.

Was ist in der EDV der Vorteil von IrDa?
- ❑ drahtlose Datenübertragung
- ❑ hohe Taktfrequenz
- ❑ hohe Druckqualität
- ❑ strahlungsarm

Die drahtlose Datenübertragung. Abk. „Infrared Data Transmission" - Datenübertragung auf der Basis von Infrarotlicht. Dieser Standard wird z. B. bei Druckern, Tastaturen und Mäusen eingesetzt.

Wie heißt der höchste Berg Afrikas?
- ❑ Mount Kenya
- ❑ Mount Elgon
- ❑ Kilimandscharo
- ❑ Margherita Peak

Kilimandscharo. Er befindet sich im Nordosten Tansanias unweit der Grenze zu Kenia und besteht aus drei Vulkanen, von denen der stets schneebedeckte Kibo mit 5354 m der höchste ist.

Welches Weltkulturerbe wurde 2001 durch religiöse Fanatiker zerstört?
- ❑ Ruinen von Aksum
- ❑ Kasbah von Algier
- ❑ Tempel von Borobudur
- ❑ Buddhastatue von Bamiyan

Die Buddhastatue von Bamiyan in Afghanistan, die im 5.–7. Jh. in eine Sandstein-Felsnische gemeißelt wurde. Die 53 m hohe Statue wurde auf Befehl der muslimischen Taliban zerstört.

Welche Eisenbahnlinie sorgte für Streit zwischen Deutschland und England?

- ❑ Stockton-Darlington
- ❑ Orient-Express
- ❑ Bagdadbahn
- ❑ Basel-Elsass

Die Bagdadbahn, die Istanbul direkt mit dem Persischen Golf verbinden sollte. Unter maßgeblicher deutscher Beteiligung wurde 1903 mit dem Bau dieser ca. 2500 km langen Bahnlinie begonnen.

Welches Werk ist von Rainer Maria Rilke?

- ❑ *Das Jahr der Seele*
- ❑ *Saturnische Gedichte*
- ❑ *Eine Zeit in der Hölle*
- ❑ *Duineser Elegien*

Die *Duineser Elegien* (1923). Rilke (1875–1926), der am Kreis von Stefan George teilnahm, wurde wegen des Symbolismus in seiner Lyrik berühmt: z. B. *Der Panther*.

Wo leben in der germanischen Mythologie die Menschen?

- ❑ Midgard
- ❑ Utgard
- ❑ Walhall
- ❑ Wanenheim

In Midgard. Sie liegt zwischen der Feuerwelt im Süden (Muspellsheim) und der Eiswelt im Norden (Niflheim).

Welche Union gingen 1834 18 deutsche Staaten ein?

- ❑ Deutscher Zollverein
- ❑ Deutscher Bund
- ❑ Heilige Allianz
- ❑ Rheinbund

Den Deutschen Zollverein. Während die politische Landkarte zersplittert blieb, wurde ein einheitlicher Wirtschaftsraum ohne Binnenzölle geschaffen.

Welche Bereiche werden von der Ökologie erfasst?

- ❑ Makro- und Mikroökonomie
- ❑ Organische und anorganische Chemie
- ❑ Organismen und Umwelt
- ❑ Flora und Fauna

Die Wechselbeziehungen zwischen den Lebewesen und ihrer Umwelt. Zur unbelebten Umwelt eines Organismus gehören z. B. das Klima und der Boden, zur belebten Umwelt alle anderen Organismen.

Welcher Maler gehört dem Blauen Reiter an?

- ❑ George Grosz
- ❑ Max Liebermann
- ❑ Franz Marc
- ❑ Max Beckmann

Franz Marc (1880–1916). In München begründete er die Künstlergruppe mit Wassily Kandinsky und Alfred Kubin. *Die großen blauen Pferde* (1911) ist aus einer Reihe von Tiergemälden.

Von welchem Land ist Monrovia die Hauptstadt?

- ❑ Liberia
- ❑ Kamerun
- ❑ Sierra Leone
- ❑ Burkina Faso

Liberia. Die Republik in Westafrika grenzt im Norden an Sierra Leone und Guinea, im Osten an die Elfenbeinküste und im Süden und Westen an den Atlantischen Ozean.

Wer umfuhr als Erster das Kap der Guten Hoffnung?

- ❑ Vasco da Gama
- ❑ Phöniker
- ❑ Phäaken
- ❑ Bartolomeu Diaz

Phönikische Seeleute im Auftrag des ägyptischen Pharao Necho II. (um 600 v. Chr.). Die nächste Umrundung der Südspitze Afrikas schaffte über 2000 Jahre später (1488) der Portugiese Bartolomeu Diaz.

Welche Philosophie begründet das Sein aus den Ideen heraus?

- ❑ Idealismus
- ❑ Materialismus
- ❑ Atomismus
- ❑ Empirismus

Der Idealismus; er steht damit im Gegensatz zum Materialismus. Alles Gegenständliche und in der Welt Entstandene lässt sich danach auf ideelle Größen wie das „absolute Ich“ oder eine Weltseele zurückführen.

Wer war Max Reinhardt?
- ❑ Regisseur ❑ Schauspieler
- ❑ Komponist ❑ Politiker

Einer der bedeutendsten deutschen Theaterregisseure des 20. Jh. Berühmt machte ihn die Aufführung von Maksim Gorkijs *Nachtasyl* 1903.

Wer betrat um 1000 als erster Europäer den amerikanischen Kontinent?
- ❑ Christoph Kolumbus ❑ Leif Eriksson
- ❑ Amerigo Vespucci ❑ Sindbad der Seefahrer

Der Wikinger Leif Eriksson (um 970–um 1020), der Sohn Eriks des Roten. Er segelte von Süd-Grönland aus nach Süden, wo er Labrador betrat und damit nordamerikanischen Boden. Die Gegend des heutigen Boston nannte er „Vinland“ (Weinland).

Welcher Stilrichtung gehörte Die Brücke mit Ernst Ludwig Kirchner an?
- ❑ Impressionismus ❑ Fauvismus
- ❑ Surrealismus ❑ Expressionismus

Dem Expressionismus. Kirchner (1880–1938) gründete sie zusammen mit Erich Heckel und Karl Schmidt-Rottluff 1905 in Dresden. Von Kirchner ist z. B. *Fünf Frauen auf der Straße* (1913).

Was ist die Aorta?
- ❑ Nebenschilddrüse ❑ Brustkorb
- ❑ Herzkranzgefäß ❑ Hauptschlagader

Die Hauptschlagader des menschlichen Körpers. Ihre Aufgabe ist es, sauerstoffreiches Blut von der linken Herzkammer zu allen anderen Schlagadern – außer der Lungenarterie – im Körper zu leiten.

In welchen Anwenderbereichen erfreut sich der Mac besonderer Beliebtheit?
- ❑ Grafik- und Bildbearbeitung ❑ Drucken
- ❑ Tabellenkalkulation ❑ Fotobearbeitung

In der Grafik- und Bildbearbeitung. Mac ist die Abkürzung für Macintosh (Apple). Grafiker und Layouter profitieren von ihm.

Wo leben in der germanischen Mythologie die Götter?
- ❑ Ginnungagap ❑ Utgard
- ❑ Asgard ❑ Andlang

In Asgard. Sie ist eine Burg der Asen und Asinnen, erbaut von den Riesenbaumeistern. Besondere Stätten sind Walhall, Breidablik, Gladsheim u. a.

Was bezeichnet man als Embargo?
- ❑ Waffenlieferung ❑ Militär-Intervention
- ❑ Ausfuhrverbot ❑ Abbruch diplomatischer Beziehungen

Ein staatliches Ausfuhrverbot für Waren und Kapital an ausländische Abnehmer. Es dient häufig als politisches Druckmittel. Berühmt ist u. a. das Ölembargo gegen pro-israelische Staaten von 1973.

Wo findet das mittelalterliche Pferderennen Palio statt?
- ❑ Sevilla ❑ Besançon
- ❑ Pisa ❑ Siena

In Siena in der Toskana. Jeweils am 2.7. und am 16.8. findet auf der muschelförmigen Piazza del Campo das seit 1954 ausgetragene Pferderennen Palio delle Contrade statt.

Wer machte sich 1835–43 auf den Großen Treck in den Norden Südafrikas?
- ❑ Zulus ❑ Buren
- ❑ Briten ❑ Xhosa

Tausende von Buren, deren Farmwirtschaft von der Sklavenarbeit abhing. Sie gründeten 1838 infolge des Sklavereiverbots in der britischen Kapkolonie einen eigenen Burenstaat im Norden.

Wer komponierte die Oper *Der Rosenkavalier*?

- ❑ Jacques Offenbach
- ❑ Richard Strauss
- ❑ Franz von Suppè
- ❑ Fritz Kreisler

Richard Strauss (1864–1949), dem mit dem *Rosenkavalier* (1911) nach der *Salome* (1905) ein zweiter großer Erfolg gelang. Den Text lieferte Hugo von Hofmannsthal (1874–1929).

Zwischen welchen Staaten hat ca. 100 Jahre eine „Erbfeindschaft" bestanden?

- ❑ Russland-Polen
- ❑ England-Deutschland
- ❑ Deutschland-Frankreich
- ❑ Türkei-Griechenland

Hiermit spielte man auf beiden Seiten des Rheins auf die vielen Kriege zwischen Deutschland und Frankreich an. Erst nach 1945 wurde bedächtig die deutsch-französische Freundschaft aufgebaut.

Was bedeutet Inkarnation?

- ❑ Metamorphose
- ❑ Fleischwerdung
- ❑ Himmelfahrt
- ❑ Epiphanie

Die Fleischwerdung, bei der ein Gott eine irdische Gestalt annimmt. Sie ist in vielen Religionen vorhanden: z. B. im Christentum, Buddhismus und im Hinduismus (Avatare Visnus).

Wer verfasste die Novelle *Tod in Venedig*?

- ❑ Cesare Pavese
- ❑ Italo Calvino
- ❑ Thomas Mann
- ❑ Paul Heyse

Thomas Mann (1875–1955). Seine meisterhafte Novelle kreist um die letzten Lebenstage des Künstlers Gustav von Aschenbach, der seine Homoerotik entdeckt.

Wer war der erste Mensch auf dem Mond?

- ❑ Jules Verne
- ❑ Neil Armstrong
- ❑ Juri Gagarin
- ❑ Michael Collins

Neil Armstrong (*1930) betrat 1969 als erster Mensch den Mond. Nach ihm verließ Edwin Aldrin (*1930) die Mondlandefähre. Michael Collins (*1930) blieb in der Kommandokapsel von Apollo 11 zurück.

Welches Bündnis vor 1914 war ein militärisches Bündnis von drei Ländern?

- ❑ Entente cordiale
- ❑ Heilige Allianz
- ❑ Dreibund
- ❑ Achse Berlin-Rom

Der Dreibund zwischen dem Deutschen Reich, Österreich-Ungarn und Italien, erstmals 1882 abgeschlossen. Vor dem Ende des Ersten Weltkrieges wurde ein „Zweibund" daraus, ohne Italien.

Welcher Staat hat Ulan-Bator als Hauptstadt?

- ❑ Usbekistan
- ❑ Bhutan
- ❑ Mongolei
- ❑ Tatschikistan

Die Mongolei. Sie grenzt im Norden an Russland und im Süden an China. Ein beträchtlicher Teil des Landes wird von der Wüste Gobi eingenommen.

Wie heißt der schrecklichste Dämon der nordischen Mythologie?

- ❑ Hel
- ❑ Midgardschlange
- ❑ Fenrir
- ❑ Ymir

Fenrir, „der Wolf Fenrir", ein Sohn Lokis. In der Ragnarök (Weltuntergang) greift er die Asen an und verschlingt deren Hauptgott Odin (Wotan). Dann wird er selbst von Odins Sohn Widar getötet.

Welcher Künstler des Dadaismus nannte seine Arbeiten „Merz"?

- ❑ Max Ernst
- ❑ Hans Arp
- ❑ Kurt Schwitters
- ❑ Tristan Tzara

Kurt Schwitters (1887–1948), u. a. Maler, Grafiker, Bildhauer und Dichter. „Merz" leitete er aus dem Wort „Commerz" ab. Seine Merz-Bilder sind häufig Collagen und Assemblagen.

Welcher sozialistische Geheimbund wurde 1836 in Paris gegründet?
- ❑ Bund der Gerechten
- ❑ Bund der Kommunisten
- ❑ Internationale
- ❑ Pariser Kommune

Der Bund der Gerechten von Arbeitern und Intellektuellen. Aus dem Geheimbund deutscher Emigranten entstand 1847 der Bund der Kommunisten.

Wie nennt man im Golf zwei Schläge unter Par?
- ❑ Birdie
- ❑ Eagle
- ❑ Albatros
- ❑ Bogey

Ein Eagle. Bei einem Loch mit Par fünf würde der Spieler also drei Schläge brauchen. Ein Schlag unter Par heißt Birdie; drei Schläge unter Par Albatros und ein Schlag über Par Bogey.

Was versteht man unter einem Shortcut?
- ❑ Zwischenspeicherung
- ❑ Computerabsturz
- ❑ Tastenkombination
- ❑ Schnittstelle

Das ist eine Tastenkombination, mit deren Hilfe man dem Computer schnell und einfach einen Befehl erteilen kann. Beispiel: Bei Betätigung von Strg und P öffnet sich das Druckermenü.

Von welchem surrealistischen Maler ist *Der Elefant Celebes* (1921)?
- ❑ Salvador Dalí
- ❑ Max Ernst
- ❑ Giorgio Morandi
- ❑ Yves Tanguy

Von Max Ernst (1891–1976), der vom Dadaismus wie auch von der „metaphysischen Malerei“ Giorgio de Chiricos beeinflusst wurde.

Welcher römisch-deutsche König wurde 1400 von einer Kurfürstenmehrheit abgesetzt?
- ❑ Wenzel der Faule
- ❑ Rupprecht von der Pfalz
- ❑ Sigismund
- ❑ Jobst von Mähren

Wenzel (1378–1400), Sohn und Nachfolger Kaiser Karls IV. (1316–1378) im Reich sowie als König von Böhmen. Der Luxemburger, der den Beinamen „der Faule“ trug, war den Reichsgeschäften immer nachlässiger nachgekommen.

Welche radioaktiven Strahlen sind gefährlich?
- ❑ Gammastrahlen
- ❑ Alphastrahlen
- ❑ Infrarotstrahlen
- ❑ Ultraschall

Gammastrahlen, die am schwersten abgeschirmt werden können. Sie entstehen, wenn z. B. in Atomkraftwerken Atomkerne gespalten werden. Alpha- und Betateilchen sind dagegen ungefährlich.

Welche ägyptische Göttin ist die Gemahlin des Unterwelt-Gottes Osiris?
- ❑ Nut
- ❑ Isis
- ❑ Dagan
- ❑ Astarte

Isis, die die ägyptischen Pharaonen vermutlich als Göttin des Herrscherthrons verstanden haben: Sie trägt einen Thron als Erkennungszeichen auf dem Kopf.

Wo liegt die Stadt Medellín?
- ❑ Syrien
- ❑ Ägypten
- ❑ Kolumbien
- ❑ Nicaragua

Im Nordwesten Kolumbiens. Medellín ist Kolumbiens zweitgrößte Stadt nach der Hauptstadt Bogotá und ein Zentrum der Drogenmafia.

Welcher Kinoklassiker von 1921 ist von Friedrich Wilhelm Murnau?
- ❑ *Nosferatu*
- ❑ *Dr. Mabuse, der Spieler*
- ❑ *Das Kabinett des Dr. Caligari*
- ❑ *Der Student von Prag*

Der Stummfilm *Nosferatu*, der die Geschichte eines blutrünstigen Vampirs behandelt. Pate stand Bram Stokers *Dracula*. 1979 hat Werner Herzog von neuem den Stoff aufgegriffen. Sein Vampir wird dargestellt von Klaus Kinski.

Welcher König eroberte 597 v. Chr. Jerusalem?

- ❑ Dareios I.
- ❑ Alexander der Große
- ❑ Nebukadnezar II.
- ❑ Xerxes

Der neubabylonische König Nebukadnezar II. (605–562 v. Chr.), der in diesem Jahr einen Aufstand der Israeliten in Juda niederschlug. Jojachin, der König von Juda, wurde daraufhin nach Babylonien deportiert.

Welcher germanische Gott ist schön von Ansehen, aber böse von Gemütsart?

- ❑ Balder
- ❑ Loki
- ❑ Thor
- ❑ Njörd

Loki aus dem Geschlecht der Riesen. Er ist Freund und Helfer der Götter, schließlich aber ihr größter Feind. Drei Monster zeugt er: den Fenrir-Wolf, die Midgardschlange und die Hel.

Welches Bauwerk ist von dem Expressionisten Fritz Höger?

- ❑ Buddenbrook-Haus in Lübeck
- ❑ Tietze-Kaufhaus in Düsseldorf
- ❑ Chilehaus in Hamburg
- ❑ Neues Münchner Rathaus

Das Chilehaus in Hamburg (1922/23), das bekannteste seiner Kontorhäuser. Höger (1877–1949) ist auch für andere Backsteinbauten bekannt, z. B. für das Anzeiger-Hochhaus in Hannover (1927/28).

Wo entstand 1838 der erste Burenstaat?

- ❑ Kapstadt
- ❑ Transvaal
- ❑ Namibia
- ❑ Lesotho

In Transvaal, Südafrika. Hier entstanden ab 1838 zwischen den Flüssen Vaal und Limpopo mehrere Burenrepubliken, deren Unabhängigkeit Großbritannien 1852 anerkannte.

Was bezeichnet volkswirtschaftlich eine Emission?

- ❑ Kapitalflucht
- ❑ Wertpapierausgabe
- ❑ Steuererhöhung
- ❑ Subventionierung

Die Ausgabe von neuen festverzinslichen Wertpapieren bzw. Aktien. Sie erfolgt meist durch Vermittlung von Kreditinstituten. Dieser Vorgang wird dann als Fremd-Emission bezeichnet.

Wie ist das chemische Periodensystem geordnet?

- ❑ Atomgewicht
- ❑ Atomdichte
- ❑ Energiegehalt
- ❑ Wassergehalt

Nach dem Atomgewicht. Welche Atommasse ein Element hat, ergibt sich aus der Summe der Protonen und Neutronen im Kern. Diese Kernbestandteile haben jeweils die Masse 1.

Welche in Mannheim 1925 eröffnete Kunstausstellung gab den Namen für einen Kunststil ab?

- ❑ Neue Sachlichkeit
- ❑ Dadaismus
- ❑ Expressionismus
- ❑ Blauer Reiter

Neue Sachlichkeit. Sie zeigte Werke deutscher Maler seit dem Expressionismus. Der Begriff bezeichnete in der Folge den postexpressionistischen Kunsttrend in Deutschland.

Wie heißt der Zwergstaat am Horn von Afrika?

- ❑ Guinea-Bissau
- ❑ Djibouti
- ❑ Jemen
- ❑ Ruanda

Djibouti, am Ausgang des Roten Meeres. Er besteht zu 90% aus Wüste und verfügt kaum über Bodenschätze. Frankreich unterhält dort einen großen Militärstützpunkt.

Welcher Däne wurde 1016 englischer König?

- ❑ Sven Gabelbart
- ❑ Knut der Große
- ❑ Olaf Tryggvasson
- ❑ Harald Blauzahn

Knut II., der Große (995–1035), Sohn Sven Gabelbarts († 1014). In der Schlacht bei Ashington schlug er König Edmund II. Ironside (993–1016) vernichtend. 1018 trat er in Dänemark die Nachfolge seines Vaters Sven Gabelbart († 1014) an.

Was ist ein Blocksatz?

- ❑ Schachtelsatz
- ❑ Zeilensatz in einem Textdokument
- ❑ Trennstrich
- ❑ Zeilenumbruch

Der Zeilensatz in einem Textdokument, der aus gleichlangen Zeilen besteht. Damit kann in der Textverarbeitung ein Layout erzielt werden, bei dem die Zeilen links- und rechtsbündig sind.

Welcher deutsche Philosoph ist neben Heidegger der bedeutendste Vertreter der Existenzphilosophie?

- ❑ Karl Jaspers
- ❑ Theodor W. Adorno
- ❑ Norbert Elias
- ❑ Wilhelm Dilthey

Karl Jaspers (1883–1969). Er formulierte in dem Begriff „Grenzsituation" den Zentralbegriff der Existenzphilosophie. Demnach ist das menschliche Dasein durch Leiden, Kampf und Tod geprägt.

Welche Künstlergruppe wurde 1918 unter anderem von Max Pechstein und Walter Gropius gegründet?

- ❑ Dada
- ❑ Gruppe 4
- ❑ Secession
- ❑ Novembergruppe

Die Novembergruppe, der auch George Grosz, Paul Klee, Lyonel Feininger und Hans Arp angehörten. Intention war es, nach Kriegsende die Kunst zu revolutionieren und volksnah zu machen.

Wie heißt die griechische Muse der Komödie?

- ❑ Terpsichore
- ❑ Kalliope
- ❑ Melpomene
- ❑ Thalia

Thalia, was Fülle und froher Mut heißt. Göttervater Zeus zeugte sie und ihre acht Schwestern mit der Nymphe Mnemosyne (Erinnerung).

Was war 1839 der Auslöser für den Opiumkrieg in China?

- ❑ britischer Opiumhandel
- ❑ britische Intervention
- ❑ indischer Wirtschaftsboykott
- ❑ britisches Importverbot von Opium

Der britische Opiumhandel. China beschlagnahmte ein britisches Opiumlager und protestierte damit gegen die illegale Einfuhr von Opium aus Indien durch britische Händler.

Womit befasst sich die Parapsychologie?

- ❑ potenzielle Energie
- ❑ psychische Störungen
- ❑ Psychotherapie
- ❑ okkulte Erscheinungen

Mit sog. paranormalen bzw. okkulten Phänomenen. Sie beschäftigt sich mit der Telepathie (Gedankenübertragung), dem Hellsehen und der Psychokinese (Bewegen von Gegenständen durch seelische Kräfte).

Welche Stadt veranstaltet bereits seit 1921 ein Musikfestival zeitgenössischer Musik?

- ❑ Baden-Baden
- ❑ Salzburg
- ❑ Donaueschingen
- ❑ Bregenz

Donaueschingen; 1921–26 als Kammermusikaufführungen zeitgenössischer Tonkunst unter der Leitung von Heinrich Burkhardt. Die Donaueschinger Musiktage existieren seit 1950.

Welchen bekannteren Namen hat die Insel Kalimantan?

- ❑ Borneo
- ❑ Timor
- ❑ Taiwan
- ❑ Celebes

Borneo. Sie ist die drittgrößte Insel der Erde. Noch während der letzten Eiszeit war Borneo, ebenso wie Sumatra und Java, mit dem asiatischen Festland verbunden.

Gegen wen richtete sich der „Hereroaufstand"?

- ❑ Deutsch-Südostafrika
- ❑ Kaiser-Wilhelm-Land
- ❑ Deutsch-Südwestafrika
- ❑ Togo

Gegen Deutsch-Südwestafrika, das heutige Namibia. Der Hereroaufstand gegen die weißen Kolonisten wurde niedergeschlagen, die Aufständischen in die wasserlose Steppe getrieben.

Wer schrieb die 1922 erschienene Erzählung *Siddhartha*?

- ❑ Stefan Zweig
- ❑ Hermann Hesse
- ❑ Hans Carossa
- ❑ Richard Dehmel

Hermann Hesse (1877–1962). Sein Roman, der das Leben Buddhas verarbeitet, gehört zu den meistgelesenen Texten des 20. Jh. Er avancierte zur Pflichtlektüre der Flower-Power-Bewegung.

Was ist der hebräische Ausdruck für den Massenmord an Juden im „Dritten Reich"?

- ❑ Holocaust
- ❑ Exodus
- ❑ Diaspora
- ❑ Shoah

Shoah, was so viel wie „Untergang" oder „Katastrophe" bedeutet. Synonym wird auch der aus dem Altgriechischen kommende Begriff „Holocaust" verwendet.

In welchem Land gilt der Jom Kippur als höchster Feiertag?

- ❑ Irak
- ❑ Israel
- ❑ Iran
- ❑ Indien

In Israel; er ist ein Versöhnungsfest, an dem die Gläubigen ihre Sünden bekennen. Er ist der höchste der zehn Bußtage, die mit dem Neujahrtag, Rosch Haschana, beginnen.

Wer schuf das Gemälde *Guernica*?

- ❑ Georges Braque
- ❑ Francisco de Goya
- ❑ Paul Klee
- ❑ Pablo Picasso

Pablo Picasso (1881–1973). Die Stadt Guernica wurde 1937 im Spanischen Bürgerkrieg durch deutsche Bomben zerstört. Das 3,5 x 7,8 m große Bildnis entstand in nur zwei Monaten.

Was entdeckte Wilhelm Conrad Röntgen (1845–1923)?

- ❑ Milzbrand-Erreger
- ❑ X-Strahlen
- ❑ Asepsis
- ❑ ECHO-Viren

Der deutsche Physiker entdeckte die von ihm noch als X-Strahlen bezeichneten elektromagnetischen Strahlen, die wir heute als Röntgenstrahlen kennen.

Was ist der Schöpfungsgott der australischen Aborigines?

- ❑ Nyame
- ❑ Boaitja
- ❑ Ta'aroa
- ❑ Manito

Boaitja.

Welcher Staat liegt am Persischen Golf?

- ❑ Syrien
- ❑ Oman
- ❑ Kuwait
- ❑ Somalia

Kuwait. Die einst typisch arabische Wüstenstadt gleichen Namens entwickelte sich durch die Erträge der in der Wüste und im Golf gefundenen Ölfelder zu einer der modernsten Großstädte in der Region.

Was genau ist Windows?

- ❑ Betriebssystem
- ❑ Office-Packet
- ❑ MS-Word
- ❑ MS-Excel

Das heute verbreitetste Betriebssystem – seit Windows 95. Die früheren Versionen waren lediglich grafische Benutzeroberflächen, die auf dem Betriebssystem MS-DOS basierten.

Welche EDV-Hilfsprogramme helfen dem Benutzer wie ein „Assistent"?

- ❑ Ad Game
- ❑ Wizzards
- ❑ Zombies
- ❑ 3rd Voice

Wizzards. Sie werden häufig bei der Installation einer neuen Software benutzt, andere helfen beim Basteln einer Homepage.

Wer schrieb die Musik zu Bert Brechts *Dreigroschenoper*?

- ❑ Richard Strauss
- ❑ Kurt Weill
- ❑ Marc Blitzstein
- ❑ Nadia Boulanger

Kurt Weill (1900–50), die 1928 in Berlin uraufgeführt wurde. Der Komponist vertonte u. a. auch das Stück *Silbersee* (1933) des Expressionisten Georg Kaiser.

Wer wurde 587 v. Chr. in die sog. „Babylonische Gefangenschaft" geführt?

- ❑ Assyrer
- ❑ Juden
- ❑ Päpste
- ❑ Ägypter

Die Juden, die sich bereits 597 v. Chr. gegen Nebukadnezar (605–562 v. Chr.) erhoben hatten, worauf Jerusalem erobert wurde. Nach der neuerlichen Erhebung ließ der Babylonier Jerusalem zerstören und das Königreich Juda aufheben.

Welches Werk ist nicht von Erich Kästner?

- ❑ *Emil und die Detektive*
- ❑ *Lyrische Hausapotheke*
- ❑ *Narziss und Goldmund*
- ❑ *Fabian*

Narziss und Goldmund (von Hermann Hesse). Kästner ist vor allem durch seinen Kinderroman *Emil und die Detektive* und das *Doppelte Lottchen* berühmt geworden, die beide häufig verfilmt wurden.

Was drückt den prozentualen Anteil der Erwerbspersonen an der Wohnbevölkerung aus?

- ❑ Beschäftigungszahl
- ❑ offene Stellen
- ❑ Erwerbsquote
- ❑ Wohnraumbedarf

Die Erwerbsquote. Entsprechend ihrer Bestimmungsfaktoren sind Änderungen auf eine Verschiebung der Altersstruktur oder auf eine Änderung im Erwerbsverhalten der Bevölkerung zurückzuführen.

Welcher arabische Philosoph und Mediziner verfasste um 1030 das *Buch der Heilung*?

- ❑ Rhazes
- ❑ Galen
- ❑ Asklepios
- ❑ Avicenna

Avicenna (980–1037), eigentlich Ibn Sina. Früh begann die Übersetzung des Werkes und seine Wirkung auf das 12. und 13. Jh.; so z. B. auf den bedeutenden Kirchenlehrer Albertus Magnus (1200–80).

Wie nennt man die Kontraktionsphase des Herzmuskels?

- ❑ Dialyse
- ❑ Systole
- ❑ Myopie
- ❑ Diastole

Systole; ihr folgt die Diastole (Entspannung). Das Elektrokardiogramm (EKG) zeichnet die Herzströme auf. Dadurch kann der Arzt Herzkrankheiten feststellen, wie etwa Herz-Rhythmus-Störungen.

Für welche Kultur gelten die *Fünf Bücher Mose* als Gesetz und Ursprung?

- ❑ Judentum
- ❑ Islam
- ❑ Christentum
- ❑ Phönikien

Für das Judentum, dessen Lehren sowohl Grundlage des Christentums als auch des Islam sind. *Die fünf Bücher Mose* stellen das Alte Testament dar; die Juden bezeichnen sie als Thora (Gesetz).

Welche europäische Hauptstadt gilt als Stadt der Parkanlagen?

- ❑ Paris
- ❑ Helsinki
- ❑ London
- ❑ Wien

London. 215 Parkanlagen breiten sich hier auf 220 km^2 aus, so der Hyde Park, Kensington Garden und Regent‘s Park. In den äußeren Stadtbezirken kommen Richmond Park, Bushey Park und Greenwich Park hinzu.

Wie heißt in der indischen Mythologie die Weltmutter?

❑ Sarasvatī ❑ Gāyatrī
❑ Mitra ❑ Pārvatī

Pārvatī, die Leben schenken, aber auch verweigern oder zerstören kann. Sie ist die Gemahlin Śivas und tritt als Durgā, die „schwer Besiegbare" oder als Kali, „Die Schwarze", auf.

Wer führte 1930 in dem Film *Der Blaue Engel* Regie?

❑ Friedrich Wilhelm Murnau ❑ Fritz Lang
❑ Josef von Sternberg ❑ Sergej Eisenstein

Josef von Sternberg (1894–1969), der damit Marlene Dietrich über Nacht zu einem internationalen Filmstar machte. Vorlage zum Film war der Roman *Professor Unrat* von Heinrich Mann.

Was bezeichnete man 1842 in den USA mit „Oregon-Fieber"?

❑ Auswanderung nach Oregon ❑ Fleckfieber unter den Einwanderern
❑ Goldrausch in Oregon ❑ Schlittenhunderennen

Die Auswanderung von Tausenden von Siedlern nach Oregon, nachdem 1841 den ersten 130 Siedlern die Überquerung der südlichen Rocky Mountains geglückt war.

Wer gilt als Vorreiterin des Trickfilms?

❑ Walt Disney ❑ Lotte Reiniger
❑ John Hubley ❑ Teru Murakami

Lotte Reiniger, die 1926 mit *Die Abenteuer des Prinzen Achmed* einen großen Erfolg erzielte. Sie verwendete Scherenschnittfiguren mit einer Silhouetten-Technik, die sie selbst entwickelt hatte.

Welche bis heute existierende Partei bezeichnet sich als Sinn Féin?

❑ Panslawistische Partei ❑ baskische Bewegung
❑ irische Bewegung ❑ norditalienische Gruppe

Die 1905 gegründete irisch-nationalistische „Sinn Féin" (gälisch „Wir selbst"). Seit 1916 wurde sie zum Sammelbecken der nationalistisch-republikanischen Kräfte auf der von England besetzten irischen Insel.

Was ist eine Primzahl?

❑ –2 ❑ 33i
❑ $^3/_4$ ❑ 2

2. Per definitionem ist es eine Zahl größer eins, die nur durch 1 und sich selber teilbar ist. Primzahlen sind z. B. 2, 3, 5, 7 und 11. Die bisher größte errechnete Primzahl ist 420.000-stellig: $2^{1.398.269}-1$.

Was ist ein Pixel?

❑ Pinselstrich ❑ Bildpunkt
❑ Cursor ❑ Speicherplatz

Ein Bildpunkt, also einer von vielen Punkten, aus denen sich ein Bild zusammensetzt. Die Auflösung von Bildschirmen und Grafikkarten wird in Pixeln angegeben: z. B. 800 mal 600.

Wer drehte 1926 den Science-Fiktion-Klassiker *Metropolis*?

❑ Joseph Leo Manciewicz ❑ Ernst Lubitsch
❑ Otto Preminger ❑ Fritz Lang

Fritz Lang (1890–1976), der zu den bedeutendsten Regisseuren der Stummfilm- und der Tonfilmära zählt. Weitere Werke sind: *Die Nibelungen* (1922/24) und *Rache für Jesse James* (1940).

Welcher Staat in Westeuropa grenzt an Belgien, Deutschland und Frankreich?

❑ Niederlande ❑ Schweiz
❑ Luxemburg ❑ Dänemark

Luxemburg. Zusammen mit Belgien und den Niederlanden gehört Luxemburg zu den Beneluxstaaten. Hauptstadt ist Luxemburg (Lützelburg).

Welcher Bauer und Mystiker konnte das Vertrauen der Zarenfamilie erlangen?
- ❑ falscher Woldemar
- ❑ Graf Orlow
- ❑ Fürst Potemkin
- ❑ Rasputin

Grigorij Jefimowitsch Rasputin (1864–1916). Er linderte 1905 die Bluterkrankheit des Zarensohnes Alexis und gewann so nicht nur das Vertrauen, sondern auch die Zuneigung der Zarin. 1916 fiel er einem Mordanschlag russischer Adeliger zum Opfer.

Welcher Geistliche steht in der Hierarchie über dem Bischof und unter dem Papst?
- ❑ Kardinal
- ❑ Weihbischof
- ❑ Titularbischof
- ❑ Diakon

Der Kardinal. Er wird vom Papst ernannt und erhält wichtige Aufgaben in der Leitung der Kirche. Das Kardinalskollegium, das sich aus Bischöfen aller Erdteile zusammensetzt, wählt den Papst.

Welcher grausamen Göttin des Alten Indien wurden Menschenopfer dargebracht?
- ❑ Pārvatī
- ❑ Kālī
- ❑ Subhadrā
- ❑ Rādhā

Kālī, „Die Schwarze" oder „Herrin der Zeit". Durch ihre Reißzähne, ihre Flammenaureole und ihren Gesichtsausdruck flößt sie Angst ein. Kālī schenkt Leben (Pārvatī) und rafft es auch durch Krankheit und Alter hinweg.

Welcher Halbindianer gewann 1912 zweimal Olympisches Gold?
- ❑ Avery Brundage
- ❑ Armin Hary
- ❑ Jim Thorpe
- ❑ Daley Thompson

Jim Thorpe (1888–1953). Er gewann bei den fünften Olympischen Sommerspielen in Stockholm Gold im Fünfkampf und Gold im Zehnkampf. König Gustaf V. ehrte ihn mit den Worten: „Sir, you are the greatest athlete in the world."

Wer komponierte die Musik zu den *Carmina Burana*?
- ❑ Carl Orff
- ❑ Arnold Schönberg
- ❑ Béla Bartók
- ❑ Kurt Weill

Carl Orff (1895–1982), der auch für sein musikpädagogisches Schaffen, z. B. das *Schulwerk* (1930–33), berühmt ist. In der szenischen Kantate *Carmina Burana* orchestrierte er mittelalterliche Lieder.

Wer erhob sich 1845 auf Neuseeland gegen die Briten?
- ❑ Maori
- ❑ Aborigines
- ❑ Mestizen
- ❑ Rastafari

Die Maori, die polynesischen Ureinwohner Neuseelands. Die britischen Kolonialherren hatten zunehmend ihre Kultur und Unabhängigkeit bedroht.

Was ist Bulimie?
- ❑ Stoffwechselerkrankung
- ❑ Wachstumsstörung
- ❑ Essstörung
- ❑ Depression

Eine psychisch bedingte Essstörung. Die Krankheit ist durch Fressanfälle und anschließendes Erbrechen gekennzeichnet. Betroffen sind meist Mädchen und junge Frauen sowie junge Männer.

Wer zeigte erstmals „Entartete Kunst"?
- ❑ Nationalsozialisten
- ❑ Weimarer Bauhaus
- ❑ Künstler der Nachkriegszeit
- ❑ Neue Pinakothek München

Die Nationalsozialisten. In zwei Ausstellungen stellten sie 1937 die moderne, abstrakte Kunst – ihrer Auffassung nach „Entartete Kunst" – der „Deutschen Kunst" 1939 gegenüber.

Welcher Planet wird als der Rote Planet bezeichnet?

❑ Mars ❑ Venus
❑ Merkur ❑ Saturn

Der Mars. Seinen Namen verdankt er den Römern, die das aggressiv orangerote Objekt am Nachthimmel mit ihrem Kriegsgott gleichsetzten. Der Mars ist kleiner als unsere Erde.

Wer begründete 594/593 v. Chr. die Demokratie in Athen?

❑ Peisistratos ❑ Krösus
❑ Lykurg ❑ Solon

Solon (ca. 640–nach 561 v. Chr.), der selbst diktatorische Vollmacht hatte. Kern seiner Reformen war die Einteilung der Bürgerschaft in vier Vermögensklassen, die abhängig von Heeresdienst und politischer Mitwirkung waren.

Welches Theaterstück ist von Bert Brecht?

❑ *Peer Gynt* ❑ *Die launische Marianne*
❑ *Die Weber* ❑ *Mutter Courage und ihre Kinder*

Mutter Courage und ihre Kinder (1941). Das Antikriegsstück entstand während seines Exils in den USA. Erfolge feierte es später u. a. mit dem Berliner Ensemble in Ost-Berlin.

Wie heißt das Rechtsprechungsorgan der EU?

❑ Europäischer Rechnungshof ❑ Internationaler Gerichtshof
❑ Europäischer Gerichtshof ❑ Europäisches Parlament

Der Europäische Gerichtshof mit Sitz in Luxemburg. Ihm gehören 13 Richter an, die von den Mitgliedstaaten auf 6 Jahre ernannt werden.

Wo wurde 1040 Macbeth König?

❑ Norwegen ❑ Dänemark
❑ Schottland ❑ Normandie

In Schottland. William Shakespeare (ca. 1564–1616) hob die Gestalt des Macbeth († 1057), der aus Machtgier König Duncan I. beseitigte, aus der Vergessenheit.

Wofür steht die Abkürzung TCP/IP in der Informationstechnologie?

❑ Kartenhandy ❑ Dateipfad
❑ Datenübertragung im Internet ❑ Nachrichten-Ticker

Für die Datenübertragung im Internet (Transmission Control Protocol/Internet Protocol). Das TCP verschnürt Daten zu Päckchen, und das IP sorgt für den Transport im Internet oder einem anderen Netzwerk.

Wie heißt der elefantenköpfige Sohn der hinduistischen Göttin Pārvatī?

❑ Ganeśa ❑ Skanda
❑ Nandi ❑ Krishna

Ganeśa, der Gott des Anfangs und des Gelingens. Den Elefantenkopf erhielt er durch Śiva, der ihm seinen eigentlichen Kopf abgeschlagen hatte, weil Ganeśa ihm den Weg zum Gemach Pārvatīs versperrte.

Was ist der höchste christliche Feiertag?

❑ Karfreitag ❑ Pfingsten
❑ Weihnachten ❑ Heiliger Abend

Der Karfreitag; er erinnert an die Kreuzigung Jesu und wurde schon um die Mitte des 2. Jh. als Bußtag bei den nordafrikanischen Christen gefeiert.

Welche Erkrankung des zentralen Nervensystems führt bis hin zum geistigen Verfall?

❑ rheumatisches Fieber ❑ Multiple Sklerose
❑ Myastenie ❑ Migräne

Die Multiple Sklerose (MS). Die Patienten leiden unter Sehstörungen, Sprachstörungen, Lähmungen und Inkontinenz bis hin zum geistigen Verfall. Die Ursache ist unbekannt.

Welche Interpretin verhalf dem Lied *Lili Marleen* zu Weltruhm?

- ❑ Hildegard Knef ❑ Romy Schneider
- ❑ Zarah Leander ❑ Lale Andersen

Lale Andersen. 1941 erfolgte die erste Radioausstrahlung des Soldatenliedes. Es wurde zu einem Lieblingslied aller kriegsbeteiligten Soldaten des Zweiten Weltkrieges.

Von welchem Staat ist Maputo die Hauptstadt?

- ❑ Moçambique ❑ Malawi
- ❑ Zimbabwe ❑ Sambia

Von Moçambique. Die selbstständige Republik in Südostafrika hat etwa 16,9 Mio. Einwohner. Nach der Unabhängigkeit im Jahre 1975 blieb Portugiesisch Amtssprache.

Welcher Sozialreformer verfasste 1845 die Schrift *Zur Lage der arbeitenden Klasse in England*?

- ❑ Friedrich Engels ❑ Charles Darwin
- ❑ Frances Wright ❑ Robert Owen

Friedrich Engels (1820–95). In seiner Schrift schilderte er die sozialen Spannungen, die in Großbritannien herrschten. Der Arbeiter wird als „Sklave der besitzenden Klasse" charakterisiert.

Wer gründete das Berliner Ensemble 1949 in Ostberlin?

- ❑ Max Reinhardt ❑ Therese Giehse
- ❑ Bert Brecht ❑ Gustaf Gründgens

Bert Brecht und dessen Frau Helene Weigel. 1954 zog es in das Theater am Schiffbauerdamm, an dem schon Max Reinhardt arbeitete. Später wurden u. a. Peter Zadek und Heiner Müller verpflichtet.

Was trug sich auf dem Panzerkreuzer Potemkin zu?

- ❑ Ermordung des Zaren ❑ Schiffsbrand
- ❑ Meuterei ❑ Treffen der „Großen Drei"

Auf dem bei Odessa stationierten Panzerkreuzer meuterten im Juli 1905 die Matrosen. Hintergrund war die erste russische Revolution von 1905. Berühmt ist Sergej M. Eisensteins Stummfilmklassiker von 1925.

Was war die Gruppe 47?

- ❑ politische Bewegung ❑ Komponisten-Vereinigung
- ❑ Schriftstellerverband ❑ Journalistenbund

Ein Schriftstellerverband, der 1947 von dem Künstler Hans-Werner Richter (1888–1976) u. a. gegründet wurde, um jungen Autoren wie Heinrich Böll und Martin Walser ein Forum zu bieten.

Wer annektierte 1908 Bosnien-Herzegowina?

- ❑ Russland ❑ Türkei
- ❑ Serbien ❑ Österreich-Ungarn

Österreich-Ungarn. Die Annexion verschlechterte Österreichs Verhältnis zu Russland, das sich als Schutzmacht Serbiens verstand. Der Balkan entwickelte sich zu einem „Pulverfass".

Was hat Anders Celsius (1701–44) erfunden?

- ❑ Thermometer ❑ Chronometer
- ❑ Winkelmessung ❑ Fiebermessung

Das Quecksilberthermometer. Auf ihn geht die Temperaturmessung in Grad Celsius zurück. Er teilte den Bereich zwischen Gefrier- und Siedepunkt des Wassers in 100 gleiche Schritte ein.

Wen verkörpert das kosmische Lingam im Hinduismus?

- ❑ Śiva ❑ Brahmā
- ❑ Visnu ❑ Yogin

Śiva, den Gott der sich anfangs durch eine riesige Phallussäule zeigte; diese brach auf und der Gott entstieg als der „Herr des Alls" und Ursprung der Götter Brahmā und Visnu.

Wie heißt die Hauptstadt von Peru?

- ❑ La Paz
- ❑ Quito
- ❑ Bogotá
- ❑ Lima

Lima. Die Stadt liegt zwischen dem Pazifischen Ozean und den Anden in der trockenen Küstenregion Perus. 1535 wurde Lima von den spanischen Eroberern gegründet.

Wie heißt die buddhistische Lehre, nach der die guten und bösen Taten vergolten werden?

- ❑ Seelenwaage
- ❑ Karma
- ❑ jüngstes Gericht
- ❑ Maschu

Nach dem Karma, das auch der Hinduismus kennt. In beiden Religionen macht der Gläubige mehrere Seelenwanderungen durch.

Welcher amerikanische Künstler war ein Vertreter des Action Painting?

- ❑ Andy Warhol
- ❑ Hermann Nitsch
- ❑ Alfred Hrdlicka
- ❑ Jackson Pollock

Jackson Pollock (1912–1956), dessen Werke dem Abstrakten Expressionismus angehören. Pollock entwickelte u. a. das Drip Painting; hier wird Farbe gegossen, gesprüht oder geträufelt.

Was bietet Video on Demand?

- ❑ Videothek-Angebote
- ❑ Video-Nachrichten
- ❑ freie Fernsehprogrammauswahl
- ❑ Video-Clips

Die freie Filmauswahl („Film auf Bestellung") für den Fernsehzuschauer, denn er kann bei einem Video-on-demand-Anbieter, einem sog. Provider, das Fernsehprogramm seiner Wahl bestellen.

Welcher Monarch dankte 1848 wegen des Skandals um Lola Montez ab?

- ❑ Ludwig I. von Bayern
- ❑ Friedrich Wilhelm IV. von Preußen
- ❑ Ferdinand I. von Österreich
- ❑ Louis Philippe von Frankreich

Ludwig I. (1786–1868). Seine Affäre mit der im Volk wegen ihrer Arroganz unbeliebten Spanierin entfachte schließlich die revolutionären Ereignisse des Jahres 1848 in München.

Welcher Schriftsteller bekam für *Doktor Schiwago* den Literaturnobelpreis?

- ❑ Boris Pasternak
- ❑ Margaret Mitchell
- ❑ John Steinbeck
- ❑ Albert Camus

Boris Pasternak (1890–1960). Das Werk wurde 1965 von David Lean erfolgreich verfilmt. In der UdSSR war der Roman verboten, weil die Oktoberrevolution nicht systemkonform behandelt wurde.

Wer begründete das persische Weltreich?

- ❑ Kyros II.
- ❑ Alexander der Große
- ❑ Candragupta
- ❑ Mithridates I.

Der Achämenide Kyros II., der Große († 529 v. Chr.). Er stürzte 550 v. Chr. den Meder-König Astyages, 546 v. Chr. Krösus, den König von Lydien und schließlich eroberte er 539 v. Chr. Babylon.

Was untersucht die Psychologie?

- ❑ Erbkrankheiten
- ❑ psychische Erkrankungen
- ❑ psychische Phänomene
- ❑ Anatomie

Seelische Phänomene wie Denken, Wahrnehmen, Fühlen, Erleben, Intelligenz und Lernen. Im Gegensatz dazu beschäftigt sich die Psychiatrie mit der kranken Psyche.

Welcher existenzialistische Schriftsteller schuf den Roman *Der Fremde*?

- ❑ Franz Kafka
- ❑ Jean-Paul Sartre
- ❑ Fjodor Dostojewskij
- ❑ Albert Camus

Albert Camus (1913–60), der 1957 den Literaturnobelpreis erhielt. Es ist sein erster Roman; wie viele seiner Erzählungen spielt er in Algerien. Wesentliches Moment ist das Absurde.

Was ist das bevölkerungsreichste Land Afrikas?
❑ Ägypten ❑ Südafrika
❑ Äthiopien ❑ Nigeria

Die Bundesrepublik Nigeria in Westafrika. Ihr Name ist von dem Fluss Niger abgeleitet, an den das Land im Norden grenzt. Es hat 121 Mio. Einwohner.

Welche Gattin hatte Göttervater Zeus in der Mythologie der Griechen?
❑ Aphrodite ❑ Athene
❑ Hera ❑ Artemis

Hera (römisch Iuno). Sie war gleichzeitig Zeus' ältere Schwester. Ihre Domäne war die Ehe und der Lebenskreis der Frau. Mit Misstrauen begleitete sie die Schritte ihres Gemahls, der sie oft betrog.

Welches EU-Organ prüft die EU-Finanzen?
❑ Zentralbank ❑ Markenamt
❑ Europäischer Rechnungshof ❑ Parlament

Der Europäische Rechnungshof. Er wurde für diese Aufgabe 1975 in Luxemburg errichtet. Neben der Prüfung von Einnahmen und Ausgaben überwacht er auch die Wirtschaftlichkeit der Haushaltführung.

Wo wurde lange vor Gutenberg der Druck mit beweglichen Lettern erfunden?
❑ Reich von Ghana ❑ Ayutthaya (Thailand)
❑ China ❑ Punjab (Pakistan)

In China, 1040–1150. Der Alchimist Pi Sheng brannte die Schrifttypen aus Lehm. Weil es bei einer Anzahl von 2000 bis 40.000 chinesischen Schriftzeichen nicht praktikabel war, kehrte man aber zum Block-Druck zurück.

Welcher Gott der Ägypter erfand die Mumifizierung?
❑ Osiris ❑ Amun
❑ Anubis ❑ Mot

Anubis, der als Schakal oder schakalköpfig dargestellt wird. Er war der Sohn des Toten- und Vegetationsgottes Osiris. Als dieser getötet wurde, umwickelte ihn Anubis mit Tüchern und schuf so die erste Mumie.

Wer wurde mit *Rock around the clock* zur Rock-Legende?
❑ Elvis Presley ❑ Bill Haley
❑ Buddy Holly ❑ Little Richard

Bill Haley (1925–1981) und seine „Comets" im Jahr 1954, das zugleich als Geburtsjahr des Rock 'n' Roll gilt. 1956 erschien die erste Schallplatte von Elvis Presley, dem „King of Rock".

Wo trat 1848 die Deutsche Nationalversammlung zusammen?
❑ Berlin ❑ Wien
❑ Frankfurt am Main ❑ Bonn

In der Frankfurter Paulskirche. Ziel der ersten direkt gewählten deutschen Volksvertretung war die Schaffung der Einheit Deutschlands und die Ausarbeitung einer Verfassung.

Was ist eine Endoskopie?
❑ Magenspiegelung ❑ Darmspülung
❑ Bypass-Operation ❑ Abstrich

Eine Magenspiegelung. Das Verfahren ermöglicht die Untersuchung von Körperhöhlungen, indem kleine Sonden in den Körper eingeführt werden. Daneben sind auch Operationen möglich.

Wer schrieb *The Lord of the Rings*?
❑ John Ronald Reuel Tolkien ❑ William Golding
❑ Michail Bulgakow ❑ Henry Fielding

Tolkien (1892–1973). Das fantastisch-mythologische Märchen ist eine Roman-Trilogie und erzählt den seit Menschengedenken währenden Kampf zwischen Gut und Böse.

Was ist die größte Stadt Australiens?
❑ Melbourne ❑ Perth
❑ Canberra ❑ Sydney

Sydney, im Südosten von Australien gelegen. Die Einwohnerzahl liegt bei etwa 3,98 Mio. Die Stadt war 2000 Austragungsort der Olympischen Sommerspiele.

Was ist BTX?
❑ hohe Bildauflösung ❑ interaktiver Videotext
❑ Musikkanal ❑ Hardware-Garantie

Ein interaktiver Videotext. BTX, Abkürzung für Bildschirmtext, ermöglicht im Gegensatz zum Videotext eine Text- und Informationsübertragung in zwei Richtungen.

Wer ermordete 1914 den österreichischen Thronfolger Franz-Ferdinand?
❑ John W. Booth ❑ Luigi Luccheni
❑ Gavrilo Princip ❑ Graf Arco Valley

Der Student Gavrilo Princip (1894–1918), ein Mitglieder des serbischen Geheimbundes „Schwarze Hand". Der Tod des Thronfolgers und seiner Frau löste die Julikrise aus und führte zum Ersten Weltkrieg.

Welcher Schriftsteller gilt als Meister der Shortstory?
❑ Paul Heyse ❑ Georg Heym
❑ Luigi Pirandello ❑ Ernest Hemingway

Ernest Hemingway (1899–1961), der auch *Schnee auf dem Kilimandscharo* und *Wem die Stunde schlägt* verfasste – beides Romane, die in Hollywood mit hochkarätiger Besetzung verfilmt wurden.

Wie heißt das achtbeinige Pferd Wotans?
❑ Skinfaxi ❑ Sleipnir
❑ Silberstirn ❑ Nidhögg

Sleipnir, der schnelle Läufer. Der graue Schimmel trägt seinen Herrn auch in die Unterwelt. Dann ist es das Schamanenpferd, das man in Sibirien und anderswo findet.

Wo lag das Kaiser-Wilhelm-Land?
❑ Nordmeer ❑ Ostafrika
❑ Pazifik ❑ Atlantik

Im Pazifischen Ozean. Es lag im Nordosten der Insel Neuguinea und war neben den Salomon-Inseln und dem Bismarck-Archipel deutsche Kolonie.

Wo befindet sich das von Kaiser Justinian I. erbaute Katharinenkloster?
❑ Konstantinopel ❑ Smyrna
❑ Sinai ❑ Thessaloniki

Auf der Sinai-Halbinsel, am Fuß des Djebel Musa. Es ist ein 557 n. Chr. erbautes festungsartiges Kloster, das Pilger auf dem Weg zu den Stätten des Alten Testaments und den Reliquien der Heiligen Katharina beherbergte.

Was erfand Rudolf Diesel (1858–1913)?
❑ Öl ❑ Benzin
❑ Motor ❑ Lokomotive

Den nach ihm benannten, selbstzündenden Dieselmotor (1892–93). Bei diesem Motor wird Luft durch den Kolben verdichtet und dadurch erhitzt. Auf diese Weise entzündet sich der Dieselkraftstoff.

Wer schrieb mit dem Roman *Myra Breckinridge* eine Persiflage auf Hollywood?
❑ Ernest Hemingway ❑ Gore Vidal
❑ Woody Allen ❑ Ray D. Bradbury

Gore Vidal (*1925). In *The City and the Pillar* wagte sich der kritische US-Autor 1948 provozierend an das Tabu-Thema Homosexualität heran.

Von welchem Staat ist Oslo die Hauptstadt?
❑ Finnland ❑ Norwegen
❑ Schweden ❑ Litauen

Von Norwegen. Unter Einbeziehung aller Fjorde und vorgelagerten Inseln hat Norwegens stark gegliederte Küstenlinie eine Länge von etwa 22.000 km.

Wo tauchte 1828 Kaspar Hauser auf?
❑ London ❑ Petersburg
❑ Dresden ❑ Nürnberg

In Nürnberg. Hauser (um 1812–33) war ein Findelkind unbekannter Herkunft. Manche Spur scheint jedoch in das badische Fürstenhaus der Zähringer zu führen.

Wer war eine zentrale Gestalt der Flower-Power- und Beatbewegung?
❑ Allen Ginsberg ❑ Nicolas Born
❑ Tom Waits ❑ Dos Passos

Allen Ginsberg (1926–97), von dem der Begriff „Flower-Power“ als Synonym gegen den Vietnamkrieg geprägt wurde. Er schrieb mit *Howl* eines der wirkungsvollsten Gedichte des 20. Jh.

Wer hat als erste Frau den Ärmelkanal durchschwommen?
❑ Gertrude Ederle ❑ Kornelia Ender
❑ Penelope Heyns ❑ Barbara Krause

Die Schwimmweltrekordlerin Gertrude Ederle. Sie schaffte 1926 die Strecke in 14 Stunden und 31 Minuten, 2 Stunden weniger als der bis dahin schnellste Mann.

Welcher Politiker der Antike förderte die Demokratie in Athen?
❑ Scipio Aemilianus ❑ Kleistenes
❑ Themistokles ❑ Demosthenes

Kleisthenes, der 510–507 v. Chr. in der Volksversammlung die Phylen-Ordnung einführte, die jedem Staatsbürger aus den Regionen Stadt, Land und Küste die gleichen politischen Rechte zugestand. Der Einteilung in Phylen entsprach auch die Heeresordnung.

Wer waren 753 v. Chr. die sagenhaften Gründer Roms?
❑ Castor und Pollux ❑ Krethi und Plethi
❑ Romulus und Remus ❑ Dido und Aeneas

Romulus und Remus, die von einer Wölfin gesäugten Zwillingsbrüder; Söhne des Mars und der Vestalin Rhea Silva. Romulus errichtete auf dem Palatin eine nach ihm benannte Siedlung. Beim Bau des Befestigungsringes erschlug er seinen Bruder Remus.

Wer prägte den Begriff von der Beatgeneration?
❑ Peter Handke ❑ Jack Kerouac
❑ Diane Arbus ❑ Allen Ginsberg

Der amerikanische Schriftsteller Jack Kerouac (1922–69). Ein wichtiges Sprachrohr für die aufbegehrende Generation der Jugend in den USA wurde er z. B. in dem Roman *On the road* (1957).

Was versteht man unter Kambrium?
❑ Mineral ❑ Fossil
❑ Erdzeitalter ❑ Hormon

Das Erdzeitalter, das sich über einen Zeitraum von vor 570 Mio. bis 510 Mio. Jahren erstreckte. Am Ende des Kambrium existierten mit Ausnahme der Wirbeltiere alle Hauptstämme der Fauna.

Für welche Geräte gilt der GSM-Standard?
❑ PCs ❑ Fernsehgeräte
❑ Mobiltelefone ❑ Staubsauger

Für Mobiltelefone. Diese Abkürzung steht für „Global System for Mobile Communication“ und ist der Standard des Mobilfunknetzes, das in Deutschland z. B. als D1, D2, E-Plus oder Viag-Interkom bekannt ist.

Wo begann 1046 der Normanne Robert Guiskard seine Eroberungen in Europa?
❑ Normandie ❑ Spanien
❑ Süditalien ❑ Griechenland

In Unteritalien. Die Normannen – zuerst Söldner des Ostkaisers – vertrieben unter Robert Guiskard (um 1015–85) bis 1060 Byzanz aus Apulien und endgültig 1071 aus ganz Süditalien mit Sizilien.

Welcher europäische Rat hat 41 Mitglieder?
❑ Europarat ❑ Europäischer Rat
❑ Rat der EU ❑ Europäische Union

Der 1949 gegründete Europarat mit Sitz in Straßburg. Er ist kein Organ der EU und dient der Förderung der wirtschaftlichen, sozialen und kulturellen Kooperation.

An welchem Ufer befindet sich die Loreley?
❑ Donau ❑ Main
❑ Rhein ❑ Mosel

Am Ostufer des Rheins südlich der Stadt Goarshausen in Deutschland. Der 132 m hohe Schieferfelsen war einst ein gefährliches Schifffahrtshindernis. Die Sagengestalt ist eine Erfindung Clemens Brentanos.

Wie nannte die „Heilige Inquisition" Personen, die von der katholischen Lehre abwichen?
❑ Satan ❑ Hexe(r)
❑ Basilisk ❑ Ketzer

Ketzer oder Häretiker. Der Name Ketzer leitet sich vermutlich von „Katharer" ab, einer von der Kirche verfolgten religiösen Bewegung des Mittelalters.

Wer war John Roderigo Dos Passos?
❑ Schauspieler ❑ Schriftsteller und Drehbuchautor
❑ Flower-Power-Aktivist ❑ Komponist

Ein Schriftsteller und Drehbuchautor, der scharfe Kritik am kapitalistischen System der USA übte. *Manhattan Transfer* (1925) ist einer der bedeutendsten Großstadtromane der USA.

Wer wurde 1860 Präsident der USA?
❑ Theodore Roosevelt ❑ James Buchanan
❑ Abraham Lincoln ❑ Thomas Jefferson

Abraham Lincoln (1809–65). Der Republikaner setzte sich u. a. für die Eindämmung der Sklaverei ein. Seine Präsidentschaft führte zum Sezessionskrieg, an dessen Ende er erschossen wurde.

Welcher Künstler des Pop-Art produzierte in der „Factory"?
❑ John Cage ❑ Roy Lichtenstein
❑ Andy Warhol ❑ James Rosenquist

Andy Warhol (1928–87). Die Factory war sein Atelier und seine Wohnung, wo zahlreiche berühmte Siebdruck-Arbeiten entstanden: *Campbell's Soup Can* (1962), Porträts von Marilyn Monroe oder Mao.

Welches Denkmal wurde 1913 in Leipzig eingeweiht?
❑ Kyffhäuser ❑ Johann Sebastian Bach
❑ Wilhelm I. ❑ Völkerschlacht

Das Völkerschlachtdenkmal, das anlässlich der Völkerschlacht bei Leipzig 1813, bei der die napoleonischen Truppen geschlagen worden waren, errichtet wurde.

Was verdanken wir G. Sundbäck?
❑ Kochbeutelreis ❑ Schraubverschluss
❑ Laserschweißen ❑ Reißverschluss

Den Reißverschluss, den der schwedischstämmige Amerikaner 1906 zum Patent anmeldete. Der Vorläufer des Ingenieurs W. L. Judson aus dem Jahr 1893 war noch sehr mangelhaft.

Welcher sagenhafte König von Phrygien bekam Eselsohren?

- ❑ Krösus
- ❑ Gyges
- ❑ Midas
- ❑ Polykrates

König Midas († um 690). Apollon habe ihn damit bestraft, weil er bei einem musikalischen Wettkampf Pan statt ihm den Vorzug gegeben hatte. Eine andere Sage erzählt, Dionysos soll alles, was Midas berührt habe, in Gold verwandelt haben.

Welche Stadt ist nach New York die zweitgrößte Stadt der USA?

- ❑ Washington
- ❑ Chicago
- ❑ Los Angeles
- ❑ Houston

Los Angeles. Die Stadt liegt im Südwesten Kaliforniens am Pazifischen Ozean. Alle Stadtteile sind durch ein System von Freeways miteinander verbunden.

Welcher Kunstrichtung gehörte Alberto Giacometti an?

- ❑ Realismus
- ❑ Surrealismus
- ❑ Neo-Expressionismus
- ❑ Action Painting

Dem Surrealismus. Der Schweizer Giacometti (1901–66) war Bildhauer, Maler und Grafiker. Von seinen Plastiken sind u. a. *La Forêt* (Der Wald, 1950) und *Der Triumphwagen* (1950) berühmt.

Wer erteilte 1914 die berüchtigte „Blankovollmacht“?

- ❑ Zar Nikolaus II.
- ❑ Kaiser Franz Joseph I.
- ❑ Kaiser Wilhelm II.
- ❑ George Clemenceau

Kaiser Wilhelm II. (1859–1921), der damit Österreich-Ungarn die „bedingungslose Bündnistreue“ des Deutschen Reichs zusicherte.

Welchen Boxer der 30er-Jahre nannte man den „braunen Bomber“?

- ❑ James Braddock
- ❑ Joe Louis
- ❑ Floyd Patterson
- ❑ Muhammad Ali

Den Amerikaner Joe Louis (1914–81). Er war von 1937 bis 1949 Weltmeister im Schwergewicht. Den ersten Kampf seiner Profikarriere verlor er 1936 gegen Max Schmeling.

Welcher Künstler der Pop-Art ist für seine Comicstrip-Gemälde berühmt?

- ❑ Jasper Johns
- ❑ Robert Rauschenberg
- ❑ Roy Lichtenstein
- ❑ John Cage

Roy Lichtenstein (1923–97). Bedeutende Arbeiten sind etwa *Good Morning, Darling* (1964) und *As I Opened Fire* (1964). Seine Vorlagen bearbeitete er z. B. durch Raster, Weglassen von Bild- und Textelementen.

Um welche Software handelt es sich bei CorelDraw, Photoshop, Freehand?

- ❑ Buchführung
- ❑ CAD-Technik
- ❑ Bildbearbeitung
- ❑ Architektur

Um Bildbearbeitungssoftware. Unter diesem Begriff vereinen sich alle Programme, mit denen man Bilder erstellen und bearbeiten kann.

In welchem Gefecht fiel General Custer?

- ❑ Little Rock
- ❑ Little Bighorn
- ❑ Ayers Rock
- ❑ Wounded Knee

Am Little Bighorn (1876) im heutigen Bundesstaat Montana. Custers 655 Mann starkes Regiment wurde von den Sioux und Cheyenne völlig aufgerieben.

Was gelang Guglielmo Marconi (1874–1937)?

- ❑ Radaranlage
- ❑ Telegrafie
- ❑ Bau der elektrischen Straßenbahn
- ❑ Bau des Sankt-Gotthard-Tunnels

Die Entwicklung der Telegrafie. Er sendete 1899 die ersten Signale über den Ärmelkanal und schon zwei Jahre später konnte er die 3600 km zwischen England und Neufundland telegrafisch überwinden.

Welches legendäre Rockfestival fand 1969 statt?
- ❑ Newport Folk Festival
- ❑ Golden Gate Park
- ❑ Monterey International Pop-Festival
- ❑ Woodstock Music and Arts Fair

Woodstock, das rund 300.000 Rockfans begeisterte. Hier traten u. a. Jimi Hendrix, die Soulband Sly and the Family Stone sowie die Rockgruppen The Who und Grateful Dead auf.

Wie heißt die Hauptstadt von Uruguay?
- ❑ Montevideo
- ❑ Asuncion
- ❑ Caracas
- ❑ Trinidad

Montevideo, was auf Spanisch heißt: „Ich sehe einen Hügel“. Sie liegt am Rio de la Plata im Süden des Landes. Wahrzeichen Montevideos ist der Cerro (Hügel), nach dem die Stadt benannt ist.

Welcher Satz stammt aus der Antike?
- ❑ Maß halten ist das Beste.
- ❑ Ich denke, also bin ich.
- ❑ Zuerst kommt das Fressen, dann die Moral.
- ❑ Religion ist Opium für das Volk.

„Maß halten ist das Beste“, ein Grundsatz, der auf Kleobulos von Lindos auf Rhodos (um 600 v. Chr.) zurückgeht. Er gehörte zu den „Sieben Weisen“, die man im 4. Jh. v. Chr. erkoren hatte.

Was führte zum Sturz des letzten Königs von Rom und zum Beginn der Römischen Republik?
- ❑ Schnattern der Gänse der Juno
- ❑ Sturz des Marcus Manlius vom trapeischen Felsen
- ❑ Schändung der Lucrezia
- ❑ Schwur der Horatier

Die Schändung der Lucrezia durch Sextus Tarquinius, den Sohn des siebten und letzten Königs von Rom, 509 v. Chr. Als sich Sextus an der Gemahlin seines Vetters vergangen hatte, vertrieben die Römer unter Lucius Junius Brutus die verhasste Familie.

Was war Pablo Neruda?
- ❑ Romancier
- ❑ Lyriker
- ❑ Dramatiker
- ❑ Journalist

Ein bedeutender chilenischer Lyriker. Durch den Kommunismus geprägt ist sein Werk politisch engagiert, wie z. B. in *Canto General* (Der große Gesang, 1950). Neruda (1904–73) erhielt 1971 den Nobelpreis für Literatur.

Welcher Normanne wurde 1066 König von England?
- ❑ Erik der Rote
- ❑ Harold Godwinson
- ❑ Wilhelm der Eroberer
- ❑ Rurik

Wilhelm I., der Eroberer (um 1027–87). Er hatte den Beinamen „der Bastard“, weil er ein uneheliches Kind einer Gerberstochter war. Sein Vater war Robert I., der Prächtige bzw. der Teufel († 1035), Herzog der Normandie.

Mit welcher Feier nimmt die evangelische Kirche junge Christen in ihre Gemeinschaft auf?
- ❑ Taufe
- ❑ Firmung
- ❑ Konfirmation
- ❑ Beschneidung

Mit der Konfirmation. Die etwa 14-jährigen Christen erhalten erstmals die Kommunion und gelten dann als vollgültige Mitglieder der Gemeinde.

Wie lautet der Fachbegriff für Schüttellähmung?
- ❑ Multiple Sklerose
- ❑ Rheumatismus
- ❑ Epilepsie
- ❑ Parkinsonsche Krankheit

Parkinsonsche Krankheit. Sie wird durch eine Schädigung bestimmter Gehirnzellen hervorgerufen. Der Auslöser dafür ist unbekannt.

Womit begann die Europäische Wirtschafts- und Währungsunion am 1.1.1999? ❑ Schengener Abkommen ❑ Auflösung der EG ❑ Einführung des Euro ❑ Einzug der D-Mark-Noten	Mit der Einführung des Euro in elf der 15 Mitgliedsländer sowie mit dem Übergang der währungspolitischen Hoheit auf die Europäische Zentralbank. Der Euro ersetzt ab 2002 die nationalen Währungen.
Welcher Roman ist von Thomas Pynchon? ❑ Mason & Dixon ❑ Catcher in the Rye ❑ The World according to Garp ❑ The History Man	*Mason & Dixon* (1997). Pynchon (*1937), ein Vertreter der literarischen Postmoderne, trat 1963 mit seinem Roman *V* als bedeutender Gegenwartsautor hervor.
Was ist das Stammschloss des englischen Königshauses? ❑ Warwick Castle ❑ Conwy Castle ❑ Windsor Castle ❑ Donegal Castle	Windsor Castle in Berkshire, etwa 35 km westlich von London. An dieser Stelle befindet sich seit der Zeit der Angelsachsen ein königlicher Wohnsitz.
Wer wurde 1877 Kaiserin von Indien? ❑ Victoria von England ❑ Christine von Schweden ❑ Katharina die Große ❑ Elisabeth I. von England	Königin Victoria von England (1819–1901) aus dem Haus Sachsen-Coburg-Gotha. Nach ihr ist ein ganzes Zeitalter benannt. England befand sich auf dem Höhepunkt seiner Kolonialmacht.
Wo steht das Hundertwasser-Haus? ❑ Graz ❑ Wien ❑ München ❑ Zürich	Im 3. Wiener Bezirk, wo es 1983–85 nach Plänen von Friedensreich Hundertwasser (*1928) entstand. Markenzeichen sind z. B. bunt bemalte Fassaden und verschieden große Fenster.
Wofür braucht man einen Joystick? ❑ Online-Shopping ❑ Internet-Suchmaschine ❑ Schachcomputer ❑ Computerspiele	Für Computerspiele. Der Joystick („Steuerknüppel“) lässt sich in alle Richtungen bewegen und erleichtert die Steuerung von Figuren, Flugkörpern u. a. Aktionen.
Was ist ein Asyndeton? ❑ rhetorische Figur ❑ Musikstück ❑ Neurose ❑ mathematische Figur	Eine rhetorische Figur. Damit meint man Wort- und Satzreihen, die nicht durch Bindewörter wie „und“, „oder“ u. a. verbunden sind: Alles rettet, rennet, flüchtet ...
Wer ordnete den Abwurf der ersten Atombombe an? ❑ James D. Roosevelt ❑ Josef Stalin ❑ Dwight D. Eisenhower ❑ Harry S. Truman	Der amerikanische Präsident Harry S. Truman (1884–1972). Die Bombe zerstörte am 6.8.1945 die japanische Hafenstadt Hiroshima und tötete 200.000 Menschen. Ein weiterer Abwurf erfolgte Tage später über Nagasaki.
Wo findet die Documenta statt? ❑ Karlsruhe ❑ Kassel ❑ Stuttgart ❑ Göttingen	In Kassel, wo sie 1955 erstmals internationale zeitgenössische Kunst zeigte. Sie findet alle vier bis fünf Jahre statt.

Was führte Dmitri Iwanowitsch Mendelejew (1834–1907) ein?

❑ Periodensystem ❑ Vererbungslehre
❑ Begriff „Chromosom" ❑ Wodka

Er entwickelte 1869 das Periodensystem der chemischen Elemente. Zwar arbeiteten im 19. Jh. mehrere Forscher an einem Ordnungssystem, aber seines wurde übernommen und gilt bis heute.

Von welcher Waffe versprach sich Deutschland im Ersten Weltkrieg eine kriegsentscheidende Wirkung?

❑ Flotte ❑ U-Boote
❑ Luftwaffe ❑ Heer

Von den U-Booten; insbesondere gegen die britische Seeblockade, mit der Deutschland ausgehungert werden sollte. Ein Erfolg wurde durch die verbesserte Fernmeldeaufklärung verhindert.

Wie heißt die Heimat der Kiwis?

❑ Tasmanien ❑ Neuseeland
❑ Fiji ❑ Auklandinseln

Neuseeland. Der unabhängige Inselstaat liegt etwa 1600 km südöstlich von Australien im Südpazifik. Kiwis sind vom Aussterben bedrohte flugunfähige Vögel, die nur hier und auf einigen kleineren Inseln vorkommen.

Wie heißt die Kirchenversammlung, auf der die Bischöfe und Kardinäle unter dem Vorsitz des Papstes tagen?

❑ Synode ❑ Konzil
❑ Konklave ❑ Symposium

Konzil. Bedeutsam sind die 7 ökumenischen Konzilien von 325 bis 787. Auf dem 2. Vatikanischen Konzil von 1962–65 waren bei der Eröffnung 2540 Konzilsväter anwesend.

Welches Bauwerk ließ die DDR 1951 sprengen?

❑ Berliner Stadtschloss ❑ Dresdner Frauenkirche
❑ Schloss von Neustrelitz ❑ Villa Kameke in Berlin

Das Berliner Stadtschloss, die ehemalige Stadtresidenz der Hohenzollern. 1976 wurde hier der Palast der Republik – Sitz des DDR-Parlaments und gleichzeitig ein öffentliches Vergnügungszentrum eröffnet.

Wer ist auf der „Blauen Mauritius" abgebildet?

❑ Königin Victoria von England ❑ Napoleon Bonaparte
❑ hl. Mauritius ❑ Matthew Flinders

Königin Victoria von England (1819–1901). Die Briefmarke gehört zu den seltensten Stücken der Welt und ist neben der „gelben Treskilling" die wertvollste Marke. Die erste Auflage erschien 1847.

Welcher legendäre „Gelbe Kaiser" herrscht über die Mitte?

❑ Huang Di ❑ Fudo-Myoo
❑ Long Wang ❑ Pudai

Huang Di, einer der Fünf erhabenen Kaiser, die über die Himmelsrichtungen herrschten. Er soll im 3. Jahrtausend v. Chr. gelebt haben, ist aber unsterblich.

Welche Filme waren in den 50er-Jahren populär?

❑ Agentenfilme ❑ Heimatfilme
❑ Kriegsfilme ❑ Science-Fiction-Filme

Heimatfilme. Sentimentale Kitschfilme wie *Schwarzwaldmädel* und *Grün ist die Heide* befriedigten das westdeutsche Bedürfnis nach unpolitischer Idylle.

Was ist ein freudscher Fehler?

❑ Faux pas ❑ Lapsus Linguae
❑ Pas de deux ❑ Folie

Der Lapsus Linguae (Versprecher). Häufige Fehlleistung daneben Vergessen, Verlegen, Verlesen und Verschreiben. Nach Ansicht der Psychoanalyse entsteht er durch verdrängte Wünsche.

Wofür wurde Themistokles berühmt?

❑ Bau der Kriegsflotte Athens ❑ Sieg im Diskuswurf in Olympia
❑ Vorhersage des Trojanischen Krieges ❑ Reden gegen Philipp von Makedonien

Themistokles (um 525–nach 460 v. Chr.). Er ließ Piräus zum Kriegshafen ausbauen und begründete mit dem Bau der Kriegsflotte die Seemacht Athens. Mithilfe seiner Pläne besiegte es 480 v. Chr. die Perser in der Seeschlacht von Salamis.

Wo steht das Holstentor?

❑ Bremen ❑ Travemünde
❑ Lübeck ❑ Danzig

In Lübeck. Im Mittelalter war Lübeck eine bedeutende Hansestadt. Der historische Stadtkern besitzt einige der schönsten gotischen Bauwerke Deutschlands, u. a. das Thomas-Mann-Haus.

Wer sang *Pack die Badehose ein*?

❑ Cornelia Froboess ❑ Vico Torriani
❑ Caterina Valente ❑ Hildegard Knef

Der Kinderstar Cornelia Froboess (*1943). Sie war auch mehrfach in Kinorollen wie in *Wenn die Conny mit dem Peter* (1958) zu sehen. Heute gehört sie dem Ensemble der Münchner Kammerspiele an.

Was kann man mit einem Scanner anfertigen?

❑ digitale Kopie ❑ Homepage
❑ Diagramm ❑ Seitenlayout

Eine digitale Kopie. Es können z. B. Dias, Fotos, Schriftstücke oder andere Vorlagen in den PC eingelesen und die entstehende Bilddatei weiter bearbeitet werden.

Was war der Dictatus papae?

❑ Papsturkunde ❑ Friedensvertrag
❑ päpstlicher Segen ❑ päpstlicher Legat

Eine Urkunde Papst Gregors VII. (um 1020–1085), mit der er seine Würde über die des Kaisers stellte. Mit dem Dictatus Papae (lat. „päpstl. Diktat“) von 1075 wurden die ideologischen Präliminarien des Investiturstreits (1075–1122) eingeleitet.

Wer schoss im ersten Fußballländerspiel Deutschlands nach dem Zweiten Weltkrieg den Siegtreffer?

❑ Herbert Burdenski ❑ Sepp Herberger
❑ Fritz Walter ❑ Helmut Schön

Herbert Burdenski, der Vater des späteren Nationaltorhüters Dieter Burdenski. 1950 entschied sein Elfmetertor das Freundschaftsspiel gegen die Schweiz in Stuttgart.

Was regelt die Formen und den Ablauf der Gottesdienste in den christlichen Kirchen?

❑ Liturgie ❑ Evangelium
❑ Litanei ❑ Psalmen

Die Liturgie. Sie legt die Gebete und religiösen Handlungen fest, die der Priester und die Gläubigen ausführen.

Wo befindet sich die Klagemauer?

❑ Jericho ❑ Beirut
❑ Jerusalem ❑ Hebron

In Jerusalem. Sie gehörte zu dem von König Salomo erbauten Tempel und ist das größte Heiligtum des Judentums und die Stätte des Gebets für gläubige Juden.

Wie bezeichnet man in der Wirtschaft die Ausfuhr von Waren?

- ❑ Emission
- ❑ Import
- ❑ Transit
- ❑ Export

Export (Gegensatz: Import). Er umfasst die Lieferung von Gütern und Dienstleistungen vom Inland in das Ausland. Sein Umfang wird meist in der Landeswährung angegeben.

Wer besetzte 1882 den Kongo?

- ❑ Leopold II. von Belgien
- ❑ Napoleon III.
- ❑ Isabella II. von Spanien
- ❑ Kaiser Wilhelm I.

Leopold II. von Belgien (1835–1909), der Henry Morton Stanley mit einer Expedition zum Kongo beauftragte. Die Berliner Afrika-Konferenz bestätigte den Besitz Leopolds.

Was hat man früher mit Fallsucht bezeichnet?

- ❑ Parkinsonsche Krankheit
- ❑ Hysterie
- ❑ Epilepsie
- ❑ Delirium tremens

Die Epilepsie. Sie ist eine Funktionsstörung des Gehirns, die plötzlich einsetzt. Die Kranken brechen mit Bewusstseinsstörungen zusammen. Der Anfall wird von unkontrollierten Zuckungen begleitet.

Welcher heilige Fluss Indiens kommt aus der Unterwelt?

- ❑ Sarasvati
- ❑ Ganges
- ❑ Yamuna
- ❑ Varanasi

Sarasvati, personifiziert durch die Göttin gleichen Namens. Er fließt bei Prayaga in den Ganges. Die Göttin Sarasvati wird als Göttin der Musik und Weisheit verehrt; sie gilt als „Mutter der Veden“.

Welche Hansestadt in Mecklenburg-Vorpommern ist zu einem wichtigen Technologiezentrum geworden?

- ❑ Rostock
- ❑ Greifswald
- ❑ Wismar
- ❑ Stralsund

Greifswald. Daneben hat die Stadt am Greifswalder Bodden vor allem kunsthistorische Bedeutung, etwa durch seine gotischen Backsteinkirchen.

Wer provozierte mit sog. Pandämonischen-Manifesten?

- ❑ Hermann Nitsch
- ❑ Anselm Kiefer
- ❑ Georg Dokoupil
- ❑ Georg Baselitz

Georg Baselitz (*1938), der in *Helden* und *Neue Typen* (1965) mit kräftigen, aggressiven Farben arbeitete. Häufig malt er mit den Fingern und stellte die Motive auf dem Kopf stehend dar.

Welchen bezeichnenden Namen gab man in Deutschland dem Winter 1916/17?

- ❑ Grippe-Winter
- ❑ Kohlenwinter
- ❑ Stalingrad-Winter
- ❑ Steckrübenwinter

Steckrübenwinter. Grund war die desolate Ernährungssituation der deutschen Zivilbevölkerung, die sich im dritten Kriegswinter einer gezielten alliierten Blockade gegenübersah.

Wer rief 1951 in dem Film *Die Sünderin* durch eine Nacktszene einen Skandal hervor?

- ❑ Marika Rökk
- ❑ Hildegard Knef
- ❑ Christiane Hörbiger
- ❑ Grethe Weiser

Hildegard Knef (*1925). Schuld daran war eine lediglich kurze Sequenz in dem Film von Willi Forst, in der sie nackt zu sehen ist.

Wo führte die Dreyfus-Affäre zu einer politischen Krise?

- ❑ Preußen
- ❑ Frankreich
- ❑ Belgien
- ❑ Österreich-Ungarn

In Frankreich (1894–1906). Aufgrund fragwürdiger Anschuldigungen wurde der jüdische Offizier Alfred Dreyfus 1894 wegen Spionage verurteilt. Die Dritte Republik geriet dadurch in eine schwere Krise.

Welche philosophische Disziplin befasst sich mit dem folgerichtigen Denken?

- ❑ Metaphysik
- ❑ Analyse
- ❑ Logik
- ❑ Dialektik

Die Logik, als deren Begründer Aristoteles angesehen wird. Ziel ist es, über Sachverhalte schlüssig zu befinden und zu argumentieren. Hierbei stehen die Begründungsverfahren der Deduktion und der Induktion zur Verfügung.

Welche Werte entscheiden häufig über Herzinfarkt- oder Schlaganfallrisiko?

- ❑ Cholesterin
- ❑ Salmonellen
- ❑ Streptokokken
- ❑ Leukozyten

Der Cholesterinspiegel im Blut, der die Entstehung von Arterienverkalkung fördert. Besonders schädlich ist das LDL-Cholesterin. Meidung von Eigelb, Lebertran u. a. ist ratsam.

Was entwickelten Steve Jobs, S. Wozniak und M. Markula 1976?

- ❑ Videorekorder
- ❑ Microsoft-Computer
- ❑ Apple-Computer
- ❑ Mobiltelefon

Den ersten Tischcomputer „Apple“. Er entstand in der Garage von Jobs’ (*1955) Eltern in Silicon Valley. Das Unternehmen wuchs zu einem Imperium mit 5000 Angestellten, das Fabriken in Texas, Singapur und Irland umfasste.

Welche Musik macht Karlheinz Stockhausen?

- ❑ Elektronische Musik
- ❑ Popmusik
- ❑ Kirchen-Musik
- ❑ Zwölfton-Musik

Elektronische Musik, mit der er in den 50er- und 60er-Jahren sehr einflussreich war. Stockhausen (*1928) experimentierte mit zeitgenössischen Musikströmungen und prägte die serielle Musik mit.

Zu welchem Land gehört die Ferieninsel Djerba?

- ❑ Marokko
- ❑ Ägypten
- ❑ Tunesien
- ❑ Israel

Tunesien. Die Republik in Nordafrika ist der östlichste der Maghreb-Staaten Nordafrikas. Die Insel Djerba liegt im Golf von Gabès.

Welche chinesischen Götter wachen über Eingänge und Tore?

- ❑ San Guan Dadi
- ❑ San Xing
- ❑ Men Shen
- ❑ San Ching Daozu

Men Shen. Der eine wird mit rotem oder schwarzem, der andere mit weißem Gesicht dargestellt. Sie tragen Waffen und magische Symbole.

Wen besiegten die Athener in der Schlacht bei Marathon?

- ❑ Illyrer
- ❑ Skythen
- ❑ Makedonen
- ❑ Perser

Die Perser, die bei ihrem Vorstoß auf Athen durch das athenische Landheer unter dem Strategen Miltiades 490 v. Chr. geschlagen wurden. Athen hatte damit den 1. Perserkrieg für sich entschieden.

Was war in den 50er-Jahren ein Bestseller in Westdeutschland?

- ❑ *Der Ochsenkrieg*
- ❑ *Heimg’funden*
- ❑ *Der Arzt von Stalingrad*
- ❑ *Es muss nicht immer Kaviar sein*

Der Arzt von Stalingrad (1956) des heute auflagenstärksten deutschen Schriftstellers Heinz G. Konsalik (*1921). Von dem Heldentum des Kriegsgefangenen in der Sowjetunion fühlten sich viele angesprochen.

Worauf gründete sich der Reichtum Ghanas im 11. Jahrhundert?

- ❑ Rinder
- ❑ Kamele
- ❑ Gold
- ❑ Honig

Auf Gold, daneben aber auch auf den Salzhandel. Arabische Reisende berichteten, dass der Reichtum der Hauptstadt unermesslich sei. Die Eroberung durch die Almoraviden leitete den Niedergang ein.

Wie hieß Wim Wenders' erster Spielfilm?

❑ *Die Angst des Tormanns beim Elfmeter* ❑ *Der Amerikanische Freund*
❑ *The End of Violence* ❑ *Summer in the City*

Summer in the City (1970), sein Abschlussfilm an der Filmhochschule München, den er der Rockgruppe The Kinks widmete. Erster großer Erfolg war *Die Angst des Tormanns beim Elfmeter (1971)*.

Wo wurde zuerst das Schießpulver erfunden?

❑ Schweden ❑ England
❑ China ❑ Deutschland

In China kannte man das Schießpulver bereits im 8. und 9. Jh. und verwendete es für Feuerwerkskörper. In England schrieb man R. Bacon, in Deutschland dem Mönch B. Schwarz (Schwarzpulver!) die Erfindung zu.

Was beschreibt das Schlagwort Brain Drain?

❑ Verlust an klugen Köpfen ❑ Arbeitslosigkeit
❑ Autogenes Training ❑ Anwerbung von Fachleuten

Den Verlust an klugen Köpfen, z. B. aufgrund von Abwerbung durch Headhunter. Unternehmen und auch Staaten leiden unter der Abwanderung junger Experten.

Welcher Staat Südasiens liegt im Ganges-Brahmaputra-Delta?

❑ Pakistan ❑ Indien
❑ Bangladesh ❑ Myanmar

Bangladesh. Die Republik in Südasien grenzt im Westen, Norden und Osten an Indien, im Südosten an Myanmar und im Süden an den Golf von Bengalen.

Welches Mädchen hatte 1858 die Marienerscheinung in der Grotte von Lourdes?

❑ Bernadette ❑ Celestine
❑ Josephine du Bourg ❑ Anna Maria Taigi

Die 14-jährige Bernadette Soubirou (1844–79). 1933 sprach sie der Papst heilig. Lourdes gehört heute neben Fatima, Tschenstochau und Altötting zu den bedeutendsten Marienwallfahrtsorten der Welt.

Wer gilt als bedeutender Bildhauer und Performance-Künstler?

❑ Peter Handke ❑ Joseph Beuys
❑ Georg Baselitz ❑ Friedensreich Hundertwasser

Joseph Beuys (1921–86), der in den 70er- und 80er-Jahren durch didaktische Events und Vorlesungen maßgeblichen Einfluss auf die westliche Kunst ausübte.

Wie heißen die chinesischen Drachenkönige, die Regen spenden?

❑ Oni ❑ Long Wang
❑ Nio ❑ Ba-Xian

Long Wang. Sie sind Herren über Leben und Tod; sie beherrschen die Flüsse, Seen und Ozeane. Fährmänner und Wasserträger gehörten zu ihren Schützlingen.

Mit welchem Finanzierungsgeschäft kann man Forderungen an Dritte abtreten?

❑ Factoring ❑ Leasing-Finanzierung
❑ Staatsanleihen ❑ Deficit-spending

Mit dem Factoring, dem Verkauf von Forderungen an eine Finanzierungsgesellschaft oder Bank. Diese schreibt den Rechnungsbetrag dem Klienten sofort gut und übernimmt das Risiko.

Von wem stammt der Ausspruch „Die Freiheit ist immer die Freiheit des Andersdenkenden"?

❑ Jean Jaurès ❑ Mahatma Gandhi
❑ Arno Schmidt ❑ Rosa Luxemburg

Von Rosa Luxemburg (1870–1919). Ursprünglich SPD-Mitglied, gründete sie 1918 mit Karl Liebknecht (1871–1919) die KPD. Beide wurden 1919 von Regierungssoldaten ermordet.

Welche Möglichkeit eröffnet das Rendering?

❑ Renditenplanung ❑ Chat-Partner-Suche
❑ Konstruktion am PC ❑ Abschreibung

Die Konstruktion am PC. Mithilfe des Renderings (Übertragung, Darstellung) lassen sich z. B. abstrakte Entwürfe in 3-D-Bildern umsetzen und von mehreren Seiten darstellen.

Wer baute die Neue Nationalgalerie in Berlin?

❑ Ludwig Mies van der Rohe ❑ Peter Behrens
❑ Le Corbusier ❑ Frank Lloyd Wright

Mies van der Rohe (1886–1969), in den Jahren 1963–68. Der „Tempel aus Stahl und Glas" ist der modernen Kunst gewidmet, obwohl er Anleihen aus dem Klassizismus nahm.

Welche Behandlung beschäftigt sich mit Einrenken und Mobilisation der Wirbelsäule?

❑ Chirurgie ❑ Orthopädie
❑ Chiropraktik ❑ Physiotherapie

Die Chiropraktik. Im Mittelpunkt steht die Wirbelsäule, an der verschobene Wirbel oder Bandscheiben mit den Händen von außen wieder eingerenkt werden sollen.

Welche Revolution führte 1918 in Deutschland zur Republik?

❑ Februarrevolution ❑ Oktoberrevolution
❑ Novemberrevolution ❑ Spartakus-Aufstand

Die Novemberrevolution. Sie stürzte in Österreich und Deutschland die Monarchien und führte zur Errichtung parlamentarischer Republiken.

Welche Glaubensgemeinschaft gründete Salt Lake City?

❑ Amische ❑ Mormonen
❑ Adventisten ❑ Mennoniten

Die Mormonen. Zu der 1830 gegründeten christlichen Glaubensgemeinschaft bekennen sich weltweit rund 10 Mio. Mitglieder. Die Hälfte davon leben in den USA.

Welchen Film hat die DDR-Führung noch vor der Premiere verboten?

❑ *Die Spur der Steine* ❑ *Die Sünderin*
❑ *Berliner Liebesgeschichten* ❑ *Auf der Sonnenseite*

Die Spur der Steine (1966), mit Manfred Krug in der Hauptrolle. Dasselbe Schicksal ereilte *Das Kaninchen bin ich*, kritische Filme, die nach einem kurzen „Tauwetter" in der DDR-Kulturpolitik gedreht wurden.

Wer verlor den Krimkrieg (1853–56)?

❑ Osmanisches Reich ❑ Griechenland
❑ Russland ❑ Frankreich

Russland, das dem Bündnis Großbritanniens, Frankreichs und des Osmanischen Reiches unterlag. Es musste als Verlierer u. a. der Entmilitarisierung des Schwarzen Meeres zustimmen.

Welcher Staatstheoretiker verfasste die Schrift *Der Fürst*?

❑ Niccolò Machiavelli ❑ François Fenelon
❑ Antonio de Guevara ❑ Erasmus von Rotterdam

Niccolò Machiavelli (1469–1527); er begründete damit die politische Vorstellung nach dem Motto „Der Zweck heiligt alle Mittel". Politiker aller Couleur bedienten sich des „Machiavellismus".

Wie heißt der höchste Himmelsherrscher der Chinesen?

❑ Shou Lao ❑ Pangu
❑ Yu Huang ❑ Lao Jun

Yu Huang, der „Jadekaiser", der zu Beginn jeden Jahres alle Götter in seinen Palast zitiert und ihnen Aufgaben erteilt. Er stand in direktem Kontakt mit dem Kaiser von China.

In welchem Werk stellte Fritz Fischer erstmals die These auf, Deutschland sei allein schuld am Ersten Weltkrieg?

- ❑ *Griff nach der Weltmacht*
- ❑ *Hitler – eine Biografie*
- ❑ *Der Zauberberg*
- ❑ *Patriotische Fantasien*

In *Griff nach der Weltmacht.* Fischer (1908–99) löste damit 1961 eine heftige Debatte in der Öffentlichkeit aus. Andere Historiker sehen die Schuld bei allen Beteiligten.

Auf welchem Gebiet arbeitete Johann Heinrich Pestalozzi (1746–1827)?

- ❑ Epidemiologie
- ❑ Kinderpsychologie
- ❑ Pädagogik
- ❑ Immunologie

Pestalozzi war Erzieher und Bildungsreformer. Der Schweizer gilt als geistiger Wegbereiter der modernen Volksschule. Er gründete mehrere Erziehungsheime und wirkte 20 Jahre lang in Iferten im Waadtland.

An welche Schlacht erinnert die Grabinschrift „Fremder, melde den Lakedämoniern, dass wir hier liegen, ihren Gesetzen gehorsam"?

- ❑ Marathon
- ❑ Waterloo
- ❑ Thermopylen
- ❑ Little Big Horn

An die Schlacht am Thermopylen-Pass 480 v. Chr. Hier fielen 300 Spartaner und deren König Leonidas gegen eine persische Übermacht. Berühmt sind die Worte durch Friedrich Schillers Verse geworden.

Wo befindet sich die weiße Basilika Sacré Cœur?

- ❑ Montmartre
- ❑ Bois de Boulogne
- ❑ Quartier Latin
- ❑ Jardin du Luxembourg

Auf dem Montmartre in Paris. Hier etablierte sich um 1830 das Boheme- und Rotlicht-Viertel der Metropole Frankreichs. Mit dem Chat-Noire entstand 1881 das erste Kabarett.

Wer verfasste den Text zu der DDR-Hymne Auferstanden aus Ruinen?

- ❑ Bert Brecht
- ❑ Stephan Hermlin
- ❑ Johannes R. Becher
- ❑ Peter Huchel

Der Schriftsteller Johannes R. Becher (1891–1958), der 1954 zum ersten Minister für Kultur ernannt wurde. Die Musik komponierte Hanns Eisler.

Wer besorgte die erste englische Bibelübersetzung um 1383?

- ❑ Wulfila
- ❑ Jan Hus
- ❑ John Wyclif
- ❑ Wilhelm von Ockham

Der Theologe John Wyclif (um 1320/26–84), der erste Reformer vor Jan Hus und Martin Luther. Seine Anhänger, die Lollarden oder auch Armen Priester, wurden als Ketzer verfolgt. Zeitweilig kam es durch sie zu Erhebungen.

Welcher Regisseur steht mit *Der junge Törless* (1964) am Beginn des neuen deutschen Kinos?

- ❑ Rainer Werner Fassbinder
- ❑ Volker Schlöndorff
- ❑ Hark Bohm
- ❑ Margarethe von Trotta

Volker Schlöndorff, der 1962 mit anderen westdeutschen Kollegen das „Oberhauser Manifest" veröffentlichte, das ein ehrliches Kino forderte. Alexander Kluge drehte 1966 *Abschied von gestern.*

Was bezeichnet man als interaktiv?

- ❑ Netzwerk
- ❑ Dialog von Gerät und Nutzer
- ❑ Mobilfunk
- ❑ Wechselstrom

Den Dialog zwischen Gerät und Nutzer. Der Austausch gestaltet sich dialogähnlich, etwa beim Computerspiel, weil das Programm auf die Anweisungen des Spielers reagiert.

Wer gründete die erste Arbeiterpartei Deutschlands?

- ❏ Friedrich Engels
- ❏ Wilhelm Liebknecht
- ❏ Ferdinand Lassalle
- ❏ August Bebel

Ferdinand Lassalle (1825–64). Der 1863 gegründete Allgemeine Deutsche Arbeiterverein schloss sich 1875 mit der Sozialdemokratischen Partei zur Sozialistischen Arbeiterpartei Deutschlands (SPD) zusammen.

Für welche Religion sind die rituellen Gebetssprüche des Mantra charakteristisch?

- ❏ Hinduismus
- ❏ Buddhismus
- ❏ Judentum
- ❏ Baalskult

Für den Buddhismus. Hier ist der Mantra eine Sammlung von Ritualformeln, deren ständige Wiederholung zur Erleuchtung führen soll.

Welche Technik hat die Erfindung des Transistors 1948 ermöglicht?

- ❏ Halbleiter
- ❏ Generator
- ❏ Rotationswandler
- ❏ Elektromotor

Die Halbleitertechnik. Halbleiter sind Stoffe, die die Eigenschaft haben, Strom sowohl zu leiten als auch zu isolieren. Solche Halbleiter sind heute aus der Elektro- und Computertechnik nicht wegzudenken.

Wie nennt man die symbolische Darstellung des Universums im Buddhismus?

- ❏ Lotus
- ❏ Tara
- ❏ Mandala
- ❏ Meru

Mandala, das Sanskritwort für „Kreis". Sein äußerer Flammenring schützt das Innere und lischt die Unreinheit derer aus, die es betrachten. Im Zentrum steht ein Palast, der die Welt symbolisiert.

Welcher Staat besteht aus etwa 7100 Inseln?

- ❏ Japan
- ❏ Philippinen
- ❏ Finnland
- ❏ Indonesien

Die Philippinen. Sie liegen etwa 1200 km östlich von Vietnam in Südostasien. Die Hauptstadt ist Manila. Zu den elf Hauptinseln gehören Luzon, Mindanao und Samar.

Wer hat die Berliner Philharmonie entworfen?

- ❏ Mies van der Rohe
- ❏ Fritz Höger
- ❏ Hans Scharoun
- ❏ Oscar Niemeyer

Hans Scharoun (1893–1972). Sie wurde 1963 eingeweiht und gehört wie die Galerie des 20. Jh. von Mies van der Rohe und die neue Staatsbibliothek zum neuen kulturellen Zentrum Berlins.

Von welchem Laufwunder stammt der Satz „Fisch schwimmt, Vogel fliegt, Mensch läuft"?

- ❏ Paavo Nurmi
- ❏ Emil Zátopek
- ❏ Haile Gebreselassie
- ❏ Henry Rono

Von Emil Zátopek (*1922), dem viermaligen Olympiasieger im Langstreckenlauf. Seine Standarddisziplinen waren der 10.000- und 5000-Meter-Lauf. 1952 siegte er auch im Marathonlauf.

Wer war einer der ersten Industriellen, der die Fließbandarbeit einsetzte?

- ❏ Andrew Carnegy
- ❏ Henry Ford
- ❏ John D. Rockefeller
- ❏ Gustav Schickedanz

Henry Ford (1863–1947). Er wollte ein einfaches und zuverlässiges Auto produzieren. Dabei bediente er sich der Arbeitsteilung, indem er die Produktion durch Fließbandfertigung beschleunigte.

Wer trat 1077 seinen Bußgang nach Canossa an?

- ❏ Papst Gregor VII.
- ❏ Mathilde von Tuscien
- ❏ Heinrich IV.
- ❏ Martin Luther

König Heinrich IV. (1050–1106). Nur mit einem Büßergewand bekleidet erschien er im Januar in der Burg Canossa – in die sich Gregor VII. zurückgezogen hatte –, um die Lösung vom Kirchenbann zu erlangen.

Welcher bedeutende Dirigent des 20. Jahrhunderts leitete die Berliner Philharmoniker?

❑ Herbert von Karajan ❑ Karl Böhm
❑ Bruno Walter ❑ Arturo Toscanini

Herbert von Karajan (1908–89), der auf den verstorbenen Wilhelm Furtwängler folgte. Er hatte die Leitung von 1955 bis zu seinem Tode. Karajan war u. a. auch Direktor der Wiener Staatsoper und Leiter der Salzburger Festspiele.

Welcher Staatsmann erhielt in Versailles den Beinamen „Tiger“?

❑ Woodrow Wilson ❑ Lloyd George
❑ Giorgio Sonnino ❑ Georges Clemenceau

Georges Clemenceau (1841–1929). Er setzte mit dem Verdikt der Alleinschuld Deutschlands harte Maßnahmen gegen den Kriegsgegner von 1914–18 durch.

Ab wann begann man von der Postmoderne zu sprechen?

❑ Ende des Ersten Weltkrieges ❑ Ende des Zweiten Weltkrieges
❑ Ende der 60er-Jahre ❑ Ende der 80er-Jahre

Ende der 60er-Jahre. Ausgehend von der amerikanischen Literaturdebatte fand er Eingang auch in die Architektur, die bildenden Künste und die Musik. In Ablehnung der innovativen Moderne wird ein Stilpluralismus favorisiert.

Wo befindet sich der Hypothalamus?

❑ Nebenniere ❑ Blinddarm
❑ Gehirn ❑ Skelett

Im Gehirn. Er wiegt etwa vier Gramm und ist Teil des Zwischenhirns. Das Hormonsystem, vegetative Nervensystem sowie Stimmungen und Gefühle werden hier gelenkt.

Wer unterdrückte mit den „Sozialistengesetzen“ die Sozialdemokratie?

❑ Otto von Bismarck ❑ Fürst von Metternich
❑ Ludwig II. von Bayern ❑ W. Jaruzelski

Reichskanzler Otto von Bismarck (1815–98). Die Gesetze gegen die „gemeingefährlichen Bestrebungen der Sozialdemokratie“ trieben die sozialistischen Politiker von 1878 bis 1890 in den Untergrund.

Welches Gebirge trennt Europa von Asien?

❑ Karpaten ❑ Ural
❑ Tatra ❑ Balkan

Der Ural, eine Gebirgskette in Russland, die sich etwa 2000 km von Norden nach Süden zieht. Der höchste Gipfel des Ural ist der 1895 m hohe Narodnaja Gora.

Wofür steht die Abkürzung ASCII?

❑ Bildschirmfrequenz ❑ RAM-Speicher
❑ standardisierter Zeichencode ❑ Multiplexor

Für standardisierter Zeichencode („American Standard Code for Information Interchange“). Dahinter verbirgt sich die digitale 8-Bit-Kodierung der Buchstaben, Ziffern und Sonderzeichen.

Wie heißen die Inkarnationen des Beschützers der Welt Visnu?

❑ Yakshas ❑ Yugas
❑ Dhyanibuddhas ❑ Avatare

Avatare; insgesamt zehn an der Zahl. Matsya (Fisch) ist die erste Inkarnation, Krishna die achte, Rama die siebte. Der letzte Avatar ist Kalki, der künftige Schöpfergott.

In welcher Religion spielt der Glaube an den Messias eine zentrale Rolle?

❑ Judentum ❑ Buddhismus
❑ Zoroastrismus ❑ Parsismus

Im Judentum und im Christentum. Während die Christen in Jesus Christus den Gesalbten sehen, erwarten die Juden die Ankunft des Messias in künftiger Zeit.

Welche Rock-Band verwendete als Erste deutsche Texte?

- ❑ Ton Steine Scherben
- ❑ Kraftwerk
- ❑ Velvet Underground
- ❑ Scorpions

Ton Steine Scherben, die mit linksradikalen Texten seit Anfang der 70er-Jahre auftrat. Die Debütsingel hieß *Macht kaputt, was euch kaputt macht*. Songwriter war Rio Reiser.

Welche linksliberale Partei gründete 1918 Friedrich Naumann?

- ❑ Deutsche Volkspartei
- ❑ Zentrum
- ❑ KPD
- ❑ Deutsche Demokratische Partei

Die Deutsche Demokratische Partei (DDP). Friedrich Naumann (1860–1919) gründete sie mit Gertrud Bäumler. 1930 bildete sie mit anderen Parteien die Deutsche Staatspartei.

Wer veröffentlichte 1973 das Album *Autobahn*?

- ❑ Frank Zappa
- ❑ Amon Düül II
- ❑ Kraftwerk
- ❑ Udo Lindenberg

Die Gruppe Kraftwerk, gegründet von Ralf Hütter und Florian Schneider. Das Düsseldorfer Duo hatte entscheidenden Einfluss auf spätere Musiktrends wie Techno und House.

Was ist Testosteron?

- ❑ Alphateilchen
- ❑ Immunschwäche
- ❑ Hormon
- ❑ Endorphin

Das wichtigste männliche Geschlechtshormon. Es wird in den männlichen Keimdrüsen, den Hoden gebildet und sorgt in der Pubertät für die Ausprägung der sichtbaren Geschlechtsmerkmale.

Welches gewaltige Heer von rund 100 000 Mann setzte sich 480 v. Chr. zur Eroberung Griechenlands in Marsch?

- ❑ Perser
- ❑ Gallier
- ❑ Mongolen
- ❑ Römer

Das Heer des Perserkönigs Xerxes (485–465 v. Chr.), das damit den zweiten Perserkrieg eröffnete. Nach dem Untergang der Spartaner an den Thermopylen besetzten die Perser Attika und plünderten Athen.

Welches ist die zweitgrößte Stadt Italiens?

- ❑ Neapel
- ❑ Florenz
- ❑ Mailand
- ❑ Palermo

Mailand. Die Hauptstadt der Lombardei liegt in der nördlichen Poebene. Bekannt ist Mailand v. a. für seinen Dom aus dem 14. Jh. und das Teatro alla Scala.

Was bedeutete Fluxus?

- ❑ Rock-Gruppe
- ❑ neodadaistische Kunstrichtung
- ❑ neuer deutscher Film
- ❑ Hippie-Bewegung

Eine antibürgerliche Kunstrichtung, die dem Dadaismus vergleichbar ist. 1962 fand das erste Fluxus-Festival statt. Künstler wie George Maciunas, John Cage und Nam June Paik gehörten ihr an.

Wer unterlag im Deutsch-Französischen Krieg von 1870/71?

- ❑ Wilhelm von Preußen
- ❑ Kaiser Franz II.
- ❑ Napoleon III.
- ❑ Alexander III.

Napoleon III. (1808–73). Provoziert durch die Emser Depesche hatte er Preußen den Krieg erklärt. In der Schlacht bei Sedan wurde er gefangen gesetzt, die französische Armee kapitulierte.

Welche Kraft verkörpern im Buddhismus die Shaktis?

- ❑ weibliche Energie
- ❑ Natur
- ❑ Feuer
- ❑ Wasser

Die weibliche Energie der männlichen Gottheiten, mit denen sie häufig in erotischer Umarmung (Yab-Yum-Pose) dargestellt werden. Die fünf wichtigsten Shaktis gehören zu den fünf Dhyanibuddhas oder Weisheitsbuddhas.

Von welchem Turm aus ruft der Muezzin die Muslime zum Gebet auf?

❑ Zikkurat ❑ Minarett
❑ Medrese ❑ Bazar

Vom Minarett, was auf arabisch „Leuchtturm" heißt. Minarette sind Teil der Moschee und haben je nach Region und Landestradition verschiedene Formen.

Wer verfasste das dokumentarische Theaterstück *Der Stellvertreter*?

❑ Bert Brecht ❑ Eugène Ionesco
❑ Rolf Hochhuth ❑ Heinar Kipphardt

Rolf Hochhuth (*1931). Das Stück löste 1963 einen Skandal aus, da es dem Vatikan Mitschuld am Holocaust zuwies. Hochhuth wurde damit zum Begründer des dokumentarischen Theaters.

Was löst einen Schlaganfall oder einen Herzinfarkt aus?

❑ Multiple Sklerose ❑ Thrombose
❑ Alkalose ❑ Hörsturz

Eine Thrombose. Hierbei bildet sich ein Blutpfropf (Gerinnsel) in einem Blutgefäß. In der Schlagader (Arterie) führt dies zum Herzinfarkt, im Gehirn führt es zum Schlaganfall.

Welche Frau war im 11./12. Jahrhundert neben dem deutschen König, dem Papst und den Normannen der reichste Grundherr in Italien?

❑ Margarethe Maultasch ❑ Mathilde von Tuszien
❑ Katharina von Medici ❑ Lucrezia Borgia

Die Markgräfin Mathilde von Tuszien (1046–1115), die Witwe Gottfrieds des Buckligen. Ihr gehörten die Güter des Hauses Canossa in Tuszien und Mittelitalien. Um ihr Erbe stritten sich Päpste und Könige, bis sie schließlich 1213 in den Besitz des Papstes übergingen.

Was wird auf der Hauptplatine (Motherboard) eines Computers angebracht?

❑ Grafikkarte ❑ Hotlinenummer
❑ Kodierungsschlüssel ❑ Netzanschluss

Die Grafikkarte; hier befinden sich alle Primärkomponenten, wie z. B. der Prozessor, der Controller, Chips und die Steckplätze für Grafik- und Soundkarte. Das Motherboard ist die zentrale Leiterplatte.

Was ist die größte Erhebung in den Alpen?

❑ Großglockner ❑ Ortler
❑ Zugspitze ❑ Mont Blanc

Der Mont Blanc in den Westalpen an der Grenze zwischen Frankreich und Italien. Am Nordhang des 4808 m hohen Berges befinden sich riesige Gletscher wie der 12 km lange Mer de Glace.

Wie nennt man das Vertriebssystem, das ein Lizenzgeber und ein Lizenznehmer vereinbaren?

❑ Subunternehmung ❑ Kommissionierung
❑ Franchising ❑ Akquisition

Franchising. Dabei verpflichtet sich ein selbstständiger Unternehmer, Waren oder Dienstleistungen einer Firma unter Verwendung ihres Warenzeichens anzubieten.

Wer verfasste das Theaterstück *In der Sache J. Robert Oppenheimer* (1964)?

❑ Heinar Kipphardt ❑ Jean Genet
❑ Thomas Bernhard ❑ George Tabori

Heinar Kipphardt (1922–82). Er ist neben Rolf Hochhuth (*Der Stellvertreter*, 1963) und Peter Weiss (*Die Ermittlung*, 1965) Hauptvertreter des dokumentarischen Theaters.

Welche Epidemie suchte nach dem Ersten Weltkrieg Europa heim?

❑ Typhus ❑ Cholera
❑ Spanische Grippe ❑ Masern

Die Spanische Grippe. Auf dem europäischen Kontinent und in England starben annähernd 1 Mio. Menschen. Allein in Deutschland fielen der Seuche 187.000 Menschen zum Opfer.

Wer sang 1965 den Hit *Marmor, Stein und Eisen bricht*?
- ❑ Heino
- ❑ Peter Kraus
- ❑ Drafi Deutscher
- ❑ Peter Maffay

Drafi Deutscher (*1946), der mit Elementen des deutschen Schlagers und des Beat arbeitete.

Welcher hinduistische Hauptgott wird häufig als „Gott des Tanzes" dargestellt?
- ❑ Brahma
- ❑ Śiva
- ❑ Varuna
- ❑ Rama

Śiva. Er ist sowohl Schöpfergott als auch Herr der Zeit, wie seine Gemahlin in der Gestalt der Kali. Mit seinem Tanz schafft er die Welt; wenn er müde wird ist das Ende nah.

Wer ertrank im Starnberger See?
- ❑ Kronprinz Rudolf von Habsburg
- ❑ König Ludwig II. von Bayern
- ❑ Kaiserin Elisabeth
- ❑ Marilyn Monroe

König Ludwig II. von Bayern (1845–86), der kurz vorher für herrschaftsunfähig erklärt und in Schloss Berg am Starnberger See unter ärztliche Bewachung gestellt wurde.

Was steht im Mittelpunkt der Montessori-Pädagogik?
- ❑ Kreativität
- ❑ Autodidaktik
- ❑ natürliche Erziehung
- ❑ ganzheitliche Bildung

Die Förderung der Kreativität durch Selbsttätigkeit des Kindes. Die italienische Ärztin und Pädagogin Maria Montessori (1870–1952) gründete 1907 in Rom das erste Kinderhaus für Arbeiterkinder.

Wer steht im Mittelpunkt der geistreichen *Essais* von Michel de Montaigne?
- ❑ Gott
- ❑ Mensch
- ❑ Politiker
- ❑ Künstler

Der Mensch mit all seinen Facetten des Unbeständigen, Schwankenden und Eitlen. Montaigne (1533–92) stellt immer auch die Frage nach dem sittlich Richtigen.

Welche südamerikanische Stadt ist unter dem spanischen Namen „Nuestra Señora Santa María de buon aire" gegründet worden?
- ❑ Santa Maria
- ❑ Bahía Blanca
- ❑ Brasília
- ❑ Buenos Aires

Buenos Aires. Ursprünglich hieß die Stadt „Heilige Maria der guten Winde", nach der Schutzpatronin der spanischen Seefahrer. Buenos Aires ist die Hauptstadt und größte Stadt Argentiniens. Sie liegt im Mündungsgebiet des Rio de la Plata.

Wer schrieb den Roman *It*?
- ❑ Ann Radcliffe
- ❑ Stephen E. King
- ❑ Rudyard Kipling
- ❑ John Carpenter

Stephen E. King (*1947), der zahlreiche Bestseller im Horror- und Gespenstergenre schrieb. Virtuos arbeitet der Autor mit psychischen Ängsten. Viele seiner Bücher, wie z. B. *Es* oder *Shining,* wurden verfilmt.

Wer war seit dem 11.11.1918 der von deutschen Nationalisten meistgehasste Politiker?
- ❑ Walther Rathenau
- ❑ Friedrich Ebert
- ❑ Kurt Eisner
- ❑ Matthias Erzberger

Matthias Erzberger (1875–1921). Er führte die deutsche Delegation an, die den Waffenstillstand von Compiègne unterzeichnete. Bis zu seiner Ermordung setzte er sich für die Erfüllung des Versailler Vertrages ein.

Wer verfasste den Roman *Hundert Jahre Einsamkeit* (1967)?
- ❑ Gabriel García Márquez
- ❑ Ingeborg Bachmann
- ❑ Mario Vargas Llosa
- ❑ Rainer Kunze

Der kolumbianische Schriftsteller Gabriel García Márquez (*1927). Sein Familienepos wurde ein Bestseller. 1982 erhielt er den Literaturnobelpreis.

In welcher Schlacht besiegten die Griechen die Perser?
- ❑ Seeschlacht bei Aktium
- ❑ Seeschlacht bei Salamis
- ❑ Schlacht an der Milvischen Brücke
- ❑ Schlacht von Pharsalos

In der Seeschlacht bei Salamis 480 v. Chr. Die verbündeten Griechen hatten zwar nur 310 Kriegsschiffe, durch eine List lockten sie jedoch die überlegene persische Flotte in den engen Sund von Salamis, wo sie keine Fluchtmöglichkeit hatte.

Wer war ein bedeutender Vertreter des Nouveau roman?
- ❑ Hans-Magnus Enzensberger
- ❑ Christa Wolf
- ❑ Albert Camus
- ❑ Claude Simon

Claude Simon (*1913). Der Nouveau roman bricht mit der traditionellen Erzählkunst und versucht eine neutrale Sicht auf die geschilderte Dingwelt. In dieses Genre gehört auch Allain Robbe-Grillet.

Wofür braucht man im Internet Bookmarks?
- ❑ Nutzerkennung
- ❑ Anwahl einer Webseite
- ❑ Online-Banking
- ❑ Gebührenabrechnung

Zur Anwahl einer Webseite. Bookmarks sind Lesezeichen, die wie in einem Adressbuch Internetadressen enthalten. Ein Mausklick stellt die gewünschte Verbindung her.

Wie wird der radioaktive Zerfall angegeben?
- ❑ Curie
- ❑ Lavoisier
- ❑ Foucault
- ❑ Becquerel

Becquerel (seit 1986, davor Curie). Erinnert wird damit an den Entdecker der Radioaktivität, Antoine Henri Becquerel (1852–1908). 1 Becquerel entspricht einem radioaktiven Zerfall pro Zeiteinheit.

Aus welcher Sprache stammt das Wort „Tacheles“?
- ❑ Polynesisch
- ❑ Pali
- ❑ Jiddisch
- ❑ Persisch

Aus dem Jiddischen, wo Tacheles „Zweck, zweckmäßiges Handeln“ heißt. Das Wort bedeutet also etwa „Zweckmäßiges Reden bzw. zur Sache kommen“.

Welche portugiesische Kolonie annektierte Indien 1961?
- ❑ Moçambique
- ❑ Goa
- ❑ Malediven
- ❑ Kozhikode

Goa, der kleinste Bundesstaat im Südwesten Indiens. Seit Beginn des 16. Jh. war Goa einer der wichtigsten Handelsstützpunkte der Portugiesen und gehörte zu Portugiesisch-Indien.

Wo fand der Boxeraufstand von 1899–1900 statt?
- ❑ New York
- ❑ Osmanisches Reich
- ❑ China
- ❑ Indien

In China. Er richtete sich zunächst gegen die chinesische Mandschu-Regierung, wurde dann aber als nationalistischer und fremdenfeindlicher Aufstand gegen die Kolonialmächte umgelenkt.

Welcher Israelit empfing am Berg Sinai die Zehn Gebote?
- ❑ Abraham
- ❑ Isaak
- ❑ Moses
- ❑ Jakob

Moses (um 1250 v. Chr.) aus dem Stamm Levi. Mit den Zehn Geboten und dem mosaischen Gesetz – den *fünf Büchern Mose* – legte er die Grundlagen des Judentums.

Wer schrieb die Theaterstücke *Die Geburtstagsparty* und *Der Hausmeister*?

- ❑ Harold Pinter
- ❑ Walter Kempowski
- ❑ D. H. Lawrence
- ❑ Cesare Pavese

Harold Pinter (*1930), englischer Schriftsteller und Schauspieler. Seine beiden erfolgreichen Stücke thematisieren die Problematik zwischenmenschlicher Kommunikation.

Welche historische Begebenheit erzählt der berühmte Teppich von Bayeux?

- ❑ Fall Trojas
- ❑ Turmbau zu Babel
- ❑ Eroberung Englands
- ❑ Kaiserkrönung Napoleons

Er erzählt die Überfahrt, Landung und Eroberung Englands durch Wilhelm den Eroberer (um 1027–87), die nur wenige Jahre zurücklag, als der 70 m lange Gobelin um 1077 in der Normandie entstand.

Welcher amerikanische Theater- und Drehbuchautor arbeitet auch als Schauspieler?

- ❑ Thomas Bernhard
- ❑ Harold Pinter
- ❑ Sam Shepard
- ❑ David Lynch

Sam Shepard (*1943), der in traditionellen wie absurden Stücken sehr erfolgreich war. Für das Drehbuch zu Wim Wenders' *Paris, Texas* (1984) bekam er die Goldene Palme.

Wann wurde der gregorianische Kalender eingeführt?

- ❑ 46 v. Chr.
- ❑ 1582
- ❑ 1918
- ❑ 1927

1582. Benannt wurde er nach Papst Gregor XIII. Bis dahin galt der 46 v. Chr. von Julius Caesar eingeführte Kalender. Eine Korrektur des Datums um 10 Tage war nötig, um die entstandene Abweichung auszugleichen.

Mit welcher Propaganda begründete die deutsche Rechte die Niederlage im Ersten Weltkrieg?

- ❑ Novemberverbrecher
- ❑ Antisemitismus
- ❑ Erfüllungspolitiker
- ❑ Dolchstoßlegende

Mit der Dolchstoßlegende. Das Heer sei im Felde unbesiegt gewesen, jedoch durch die Machenschaften der Sozialisten in der Heimat am Weiterkämpfen gehindert worden.

Welche Vereinbarung des Geschäftslebens regelt die Friedenspflicht?

- ❑ Betriebsverfassungsgesetz
- ❑ HGB
- ❑ Arbeitsrecht
- ❑ Tarifvertrag

Der Tarifvertrag. Während seiner Gültigkeit dürfen die Tarifparteien keine Kampfmaßnahmen gegen die Vereinbarungen ergreifen.

Von welchem Land ist Kuala Lumpur die Hauptstadt?

- ❑ Neuguinea
- ❑ Malaysia
- ❑ Neukaledonien
- ❑ Taiwan

Von Malaysia. Der Staat in Südostasien besteht aus zwei durch das Südchinesische Meer getrennten Landesteilen. Ostmalaysia nimmt dabei den Nordteil der Insel Borneo ein.

Was ist eine Dschunke?

- ❑ Gebetsmühle
- ❑ Segelschiff
- ❑ Blumenkette
- ❑ Musikinstrument

Ein in Ostasien gebräuchliches Segelschiff. Das Wort ist aus dem malaiischen djung „großes Schiff" im 16. Jh. nach Europa gelangt.

Wer schoss im Endspiel um die Fußball-WM 1954 in Bern den Siegtreffer?

- ❑ Fritz Walter
- ❑ Helmut Rahn
- ❑ Toni Turek
- ❑ Helmut Schön

Helmut Rahn (*1929), der „Held von Bern". Mit dem 3:2 sechs Minuten vor Schluss besiegte die Deutsche Nationalelf Ungarn und holte neun Jahre nach dem Zweiten Weltkrieg den Weltmeistertitel.

Gegen welchen Autor verkündete der Iran 1989 einen Mordaufruf?

❑ Jumpa Lahiri ❑ Elfriede Jelinek
❑ Salman Rushdie ❑ John Updike

Gegen Salman Rushdie (*1947), einen britischen Schriftsteller indischer Herkunft. Verantwortlich war sein 1988 erschienener Roman *Satanische Verse*.

Warum werden im Internet Cookies (Kekse) verschenkt?

❑ Gebührenanzeige ❑ Werbezwecke
❑ Identifizierung der Surfer ❑ Viruswarnung

Zur Identifizierung der Surfer. Beim Besuch einer Website speichert der Anbieter dieser Seite meist eine kleine Informationsdatei auf der Festplatte des Internet-Nutzers ab, das sog. Cookie.

Welcher Ungar war 1867 an der Bildung der Doppelmonarchie Österreich-Ungarn beteiligt?

❑ Béla Bartók ❑ Graf von Andrássy
❑ János Hunyadi ❑ Sándor Petőfi

Gyula Graf von Andrássy (1823–90), der 1848 aktiv an der Revolution gegen Österreich beteiligt war. 1867 wurde er der erste ungarische Ministerpräsident.

In welches Land ziehen die Israeliten nach ihrem Auszug aus Ägypten?

❑ Sumer ❑ Chaldäa
❑ Kanaan ❑ Phönikien

Nach Kanaan, in das gelobte Land, das die Juden nach ihrem Glauben von Jahwe zugewiesen bekamen. Im 2. Jahrtausend unterwarfen sie die früheren Einwohner, die Kanaaniter.

Welcher Dissident wurde 1976 aus der DDR ausgebürgert?

❑ Hermann Kant ❑ Christa Wolf
❑ Wolf Biermann ❑ Jurek Becker

Der Dichter, Sänger und Texter Wolf Biermann (*1936). Die Proteste zahlreicher DDR-Künstler konnten nichts daran ändern. Nina Hagen zog daraufhin nach Westdeutschland.

In welcher Einheit misst man Entfernungen im Weltraum?

❑ Nanometer ❑ Äonen
❑ Kilometer ❑ Lichtjahre

In Lichtjahren, also die Entfernung, die das Licht in einem Jahr zurücklegt (über neun Billionen km). Die Lichtgeschwindigkeit im Vakuum beträgt 299.792,458 km/s.

Welcher Waffenstillstand wurde in einem Eisenbahnwagon abgeschlossen?

❑ Compiègne ❑ Brest-Litowsk
❑ Panmunjóm ❑ Berlin-Karlshorst

Der Waffenstillstand von Compiègne, der am 11.11.1918 die Kampfhandlungen des Ersten Weltkrieges offiziell beendete. Deutschland musste eine bedingungslose Kapitulation annehmen.

Wie heißt die Stadt mit der ältesten Universität Europas?

❑ Paris ❑ Cambridge
❑ Bologna ❑ Prag

Bologna im nördlichen Italien. Im Mittelalter und der frühen Renaissance war die Stadt ein wichtiges Bildungs- und Kulturzentrum. Die Universität ging aus einer Rechtsschule des 11. Jh. hervor.

Welcher Film ist von Rainer Werner Fassbinder?

❑ *Lola rennt* ❑ *Die verlorene Ehre der Katharina Blum*
❑ *Die Ehe der Maria Braun* ❑ *Das Gespenst*

Die Ehe der Maria Braun. Zwischen 1975–81 entstanden auch *Deutschland im Herbst*, *Lili Marleen*, *Lola* und die *Sehnsucht der Veronika Voss*. Alle setzen sich kritisch mit der deutschen Vergangenheit auseinander.

Wer residierte in Susa und Persepolis?

- ❑ persische Großkönige
- ❑ Gupta-Herrscher
- ❑ Dschingis Khan
- ❑ Buddha

Die persischen Großkönige. Im Palast von Susa – erbaut von Dareios I. (522–486 v. Chr.) – befindet sich der von Säulenhallen umgebene Audienzsaal. In Persepolis entstanden die prächtigsten Bauwerke unter Xerxes I. (486–465 v. Chr.).

Wie bezeichnet man die Fähigkeit in Trance die Zukunft vorauszusehen?

- ❑ Somnambul
- ❑ Telepathie
- ❑ Clairvoyance
- ❑ Telekinese

Clairvoyance, von französisch clair „klar" und voyer „sehen". Allgemein bezeichnet man dies als eine Form des Hellsehens.

Welcher Regisseur schuf die berühmte Filmversion zu *Die Blechtrommel*?

- ❑ Margarethe von Trotta
- ❑ Hark Bohm
- ❑ Volker Schlöndorff
- ❑ Wolfgang Petersen

Volker Schlöndorff (*1939). Sein Film gewann 1980 einen Oscar. Es folgten zahlreiche hochklassige Literaturverfilmungen wie *Eine Liebe von Swann* und *Homo faber*.

Welcher deutsche Bundesstaat löste 1867 den Deutschen Bund ab?

- ❑ Deutscher Zollverein
- ❑ Deutsches Reich
- ❑ Norddeutscher Bund
- ❑ Weimarer Republik

Der Norddeutsche Bund, dem 22 Staaten und Freie Städte nördlich des Mains beigetreten waren. Die Verfassung des föderativ gestalteten Bundes ging auf Otto von Bismarck (1815–98) zurück.

Womit berechnet man einen Kreis?

- ❑ Primzahl
- ❑ Pi
- ❑ eulersche Zahl
- ❑ komplexe Zahl

Mit der Kreiszahl Pi (3,14159...), denn sie gibt das Verhältnis von Kreisumfang zu Kreisdurchmesser an. Man erhält die Zahl, indem man den Umfang eines Kreises durch seinen Durchmesser dividiert.

Welcher deutsche Philosoph prägte den Satz „Gott ist tot"?

- ❑ Ludwig Feuerbach
- ❑ Friedrich Nietzsche
- ❑ G. W. F. Hegel
- ❑ Richard Wagner

Friedrich Nietzsche (1844–1900). Seine Theorien zum Übermenschen, der keines Gottes bedarf, fasste er in seinem Fragment gebliebenen Hauptwerk *Der Wille zur Macht* zusammen.

Wie heißt die Hauptstadt Libyens?

- ❑ Bengasi
- ❑ Tripolis
- ❑ Rabat
- ❑ Algier

Tripolis. Als Libyen 1951 unabhängig wurde, stiegen die Städte Tripolis und Bengasi zu den eigentlichen Hauptstädten des Landes auf. Erst Anfang der 70er-Jahre wurde Tripolis zur alleinigen Hauptstadt erklärt.

Wer führte Regie in dem Film *Die bleierne Zeit*?

- ❑ Bernd Eichinger
- ❑ Margarethe von Trotta
- ❑ Louis Malle
- ❑ Roberto Rossellini

Margarethe von Trotta (*1942), die auch in Filmen von Fassbinder und Achternbusch als Schauspielerin mitwirkte. In *Die bleierne Zeit* (1981) bearbeitete sie das Thema Terrorismus.

Wofür ist ein System-Administrator verantwortlich?

- ❑ behördliche Prüfungen
- ❑ Gleichstellung am Arbeitsplatz
- ❑ Computer-Netzwerk
- ❑ effektives Teamwork

Für das Computer-Netzwerk. Der Administrator oder auch „SysOp" (Systemoperator) ist verantwortlich für mindestens ein Netzwerk und sorgt dafür, dass die Anwender im Netzwerk problemlos arbeiten können.

Welches Adelsgeschlecht wurde 1079 mit dem Herzogtum Schwaben belehnt?

❑ Habsburger ❑ Staufer
❑ Luxemburger ❑ Salier

Die Staufer, deren Ahnherr Friedrich von Büren († vor 1094) von Heinrich IV. für seine Treue belohnt wurde. In der Reihe staufischer Kaiser standen u. a. Friedrich I. Barbarossa (um 1122–90) und Friedrich II. (1194–1250).

Welcher gefeierte und umstrittene deutsche Schriftsteller wurde über hundert Jahre alt?

❑ Johann Wolfgang Goethe ❑ Thomas Mann
❑ Ernst Jünger ❑ Gerhart Hauptmann

Ernst Jünger (1895–1998), der als Schriftsteller und Essayist den Ersten Weltkrieg als begeisterter Militarist erlebte (*Unter Stahlgewittern*). Später wandelte er sich zum Pazifisten und Europäer.

Wie nennt man einen vom Ehemann geduldeten Liebhaber der Frau?

❑ Hagestolz ❑ Cicisbeo
❑ Cipollino ❑ Cincinnatus

Cicisbeo; aus dem Italienischen – vielleicht lautmalerisch – entstandenes Wort. Euphemistisch auch der Hausfreund.

Wie hieß das Zentralorgan der Nationalsozialisten?

❑ *Der Stürmer* ❑ *Völkischer Beobachter*
❑ *Münchner Beobachter* ❑ *Vorwärts*

Der Völkische Beobachter. Das antirepublikanische und antisemitische Hetzblatt erschien ab 1923 als Tageszeitung und erreichte 1944 eine Auflage von 1,8 Mio. Chefredakteur wurde Alfred Rosenberg.

Was bezeichnet man mit G-7?

❑ Gütesiegel ❑ Bundesgrenzschutztruppe
❑ Umweltgipfel ❑ sieben führende Industrienationen

Die sieben wichtigsten Industrieländer: USA, Japan, Deutschland, Großbritannien, Frankreich, Kanada und Italien. Ziel sind koordinierte Maßnahmen in der Weltwirtschaft.

Was misst die Einheit Fahrenheit?

❑ Stromstärke ❑ Kraft
❑ Temperatur ❑ Arbeit

Die Temperatur. Üblich ist dies allerdings im angelsächsischen Bereich, sonst wird sie in Kelvin oder Grad Celsius gemessen. Benannt wurde die Einheit nach Daniel Gabriel Fahrenheit (1686–1736).

Welcher Film wurde 1981 zum erfolgreichsten deutschen Film seit 1945?

❑ *Lili Marleen* ❑ *Das Boot*
❑ *Herbstmilch* ❑ *Fanny und Alexander*

Das Boot von Wolfgang Petersen (*1941). Schon sein nächster Film, *Die unendliche Geschichte* (1983), ebenfalls von Bernd Eichinger produziert, brachte ihm den internationalen Durchbruch.

Wie heißt der Scheitelpunkt des Himmelsgewölbes?

❑ Azimut ❑ Nadir
❑ Zenit ❑ Polarstern

Zenit. Damit wird der Punkt der Himmelskugel bezeichnet, der genau senkrecht über dem jeweiligen Beobachter liegt. Fußpunkt ist der Nadir.

Was war 1867 Kanadas erster Schritt in die Unabhängigkeit?

❑ Act of Settlement ❑ British North America Act
❑ Bill of Rights ❑ Testakte

Die Verabschiedung der „British North America Act“ durch das britische Parlament, welche die kanadischen Provinzen zum Dominion of Canada vereinigte und ihnen damit volle innere Autonomie zugestand.

Wie heißt die Philosophie, die die Welt und das menschliche Dasein als sinnlos betrachtet?

❑ Nihilismus ❑ Anarchismus
❑ Existenzialismus ❑ Pantheismus

Nihilismus, von lateinisch nihil, „nichts". Diese Grundhaltung wurde vor allem durch die Philosophie Friedrich Nietzsches (1844–1900) Ende des 19. Jh. genährt.

Was bezeichnet man mit Nouvelle Vague?

❑ neue Mode ❑ Literatur-Avantgarde
❑ französischer Film ❑ sexuelle Revolution

Den französischen Autorenfilm, eigentlich von franz. „neue Welle". Zu ihnen zählen u. a. Claude Chabrol, François Truffaut und Jean Luc Godard.

Welche republikanische Massenorganisation entstand 1931 gegen den Rechtsextremismus?

❑ Reichsbanner Schwarz-Rot-Gold ❑ Harzburger Front
❑ Rotfrontkämpferbund ❑ Eiserne Front

Die Eiserne Front. Sie war von Gewerkschaften unter Leitung der SPD gegründet worden und verstand sich als Schutzverband der Weimarer Republik gegen Angriffe von KPD und NSDAP.

Wer drehte die erfolgreiche TV-Serie Heimat?

❑ Edgar Reitz ❑ Doris Dörrie
❑ Hans Werner Geissendörfer ❑ Christoph Schlingensief

Edgar Reitz (1932), dessen Arbeit auch im Ausland gewürdigt wurde. 1984 sahen 20 Millionen Zuschauer die Geschichte einer einfachen Familie aus einem Dorf in der Eifel.

Zu welchem Pol zeigt ein Kompass?

❑ geografischer Nordpol ❑ magnetischer Südpol
❑ geografischer Südpol ❑ magnetischer Nordpol

Zum magnetischen Nordpol. Deshalb muss man beim Gebrauch die Abweichung der Magnetnadel von der geografischen Nordrichtung, der sog. Missweisung, berücksichtigen.

Was bezeichnet man in der Kunst als Cinquecento?

❑ 16. Jahrhundert ❑ 15. Jahrhundert
❑ 17. Jahrhundert ❑ 14. Jahrhundert

Das 16. Jh.. Italienisch Cinquecento „fünfhundert" ist lediglich eine Kurzform für 1500, was man dann auf das 16. Jh. überträgt. Es ist ein Synonym für die italienische Renaissance-Kultur.

Was ist ein Backslash?

❑ EDV-Sonderzeichen ❑ Rechner-Absturz
❑ Gedankenstrich ❑ Stromschlag

Ein EDV-Sonderzeichen. Der Backslash ist ein „umgekehrter" Schrägstrich (/ = Slash). Er findet bei der Angabe eines Pfades für Dateien Anwendung.

Wer ist ein Meister erotischer Fotografie?

❑ Lucas Samaras ❑ William Eggleston
❑ Helmut Newton ❑ Man Ray

Helmut Newton (*1920), ein sehr erfolgreicher Modefotograf. Seit den 70er-Jahren machte er durch Einzelausstellungen und sexuell-aggressive Modefotografien von sich reden.

Wo regelte das Zwölftafelgesetz die Rechte von Plebejern und Patriziern?

❑ Athen ❑ Rom
❑ Alexandria ❑ Babylon

In Rom um 450 v. Chr. Es blieb bis in die Spätzeit der Republik das maßgebliche Gesetzeswerk. Den anfänglichen 10 Erztafeln folgten dann noch zwei weitere, die das Privat-, Straf- und Sakralrecht regelten.

Wer drehte den Film *Paris, Texas*?

❑ Michelangelo Antonioni ❑ Eric Rohmer
❑ Wim Wenders ❑ Werner Schroeter

Wim Wenders (*1945). Mitwirkende waren Nastassja Kinski und Harry Dean Stanton. Er machte auch mit Filmen wie *Der Himmel über Berlin* und *Buena Vista Social Club* von sich reden.

Was führte 1867 zum Ende der Shogun-Herrschaft in Japan?

❑ Samurai-Opposition ❑ chinesische Invasion
❑ Open-Door-Policy der USA ❑ Staatsstreich des Tennos

Die Opposition junger Samurai aus Satsuma, Choshu und anderen Lehnsfürstentümern. 1867 trat der letzte Shogun Yoshinobu (1837–1913) zurück und legte die Macht in die Hände Kaiser Mutsuhitos (1852–1912).

Welcher Heilige der christlichen Kirchen hat sein Fest am 6. Dezember?

❑ Gregor der Große ❑ Matthäus
❑ Nikolaus ❑ Martin

Nikolaus, Bischof von Myra in Griechenland, der vermutlich im 4. Jh. lebte. Zu Ehren des Schutzpatrons der Kinder werden ihnen an seinem Festtag Geschenke gemacht.

Wer entwarf die Glaskuppel des Reichstages in Berlin?

❑ Richard Rogers ❑ Norman Foster
❑ Daniel Libeskind ❑ Coop Himmelblau

Der britische Architekt Norman Foster (*1935). 1999 fand die Einweihung des Tagungsgebäudes des Deutschen Bundestages statt. Er war Mitbegründer des Architekturbüros „Gruppe 4".

Welche Krankheit führt zum geistigen Verfall bei älteren Menschen?

❑ Parkinson ❑ Alzheimer
❑ Diabetes mellitus ❑ Schaufensterkrankheit

Alzheimer. Die Ursache dieser Krankheit ist der Schwund von Gehirnzellen. Die Krankheit beginnt mit zunehmender Vergesslichkeit und kann schließlich zu völliger geistiger Verwirrung führen.

Wer war Roger I. im Hochmittelalter?

❑ König von Schottland ❑ Kaiser von Byzanz
❑ König von Kastilien ❑ normannischer Herrscher in Süditalien

Ein Normanne und Graf von Sizilien und Kalabrien. Roger I. (um 1031–1101) gehört neben seinem älteren Bruder Robert Guiskard (um 1015–85) zu den Schöpfern des normannischen Staates, der sich 1091 gegen die Sarazenen erfolgreich behauptet hatte.

Mit welcher zweiten Insel flankiert Capri den Golf von Neapel?

❑ Stromboli ❑ Ischia
❑ Lipari ❑ Ustica

Ischia. Die gebirgige Vulkaninsel verfügt über zahlreiche Thermalquellen, die sie zu einem beliebten Erholungsort gemacht haben. Im 5. Jh. v. Chr. wurde Ischia von den Griechen kolonisiert.

Was bezeichnet man als Cinderellakomplex?

❑ Angst vor Lügen ❑ Angst vor Märchen
❑ Angst vor der Unabhängigkeit ❑ Angst vor Zwergen

Die heimliche Angst der Frau vor der Unabhängigkeit.

Wer beeinflusste entscheidend die Architektur des „Dritten Reiches"?

❑ Arno Breker ❑ Josef Thorak
❑ Albert Speer ❑ Leni Riefenstahl

Albert Speer (1905–81), der „Architekt des Führers", der für Hitler offizielle Staatsgebäude wie das Haus der Kunst in München oder die Neue Reichskanzlei in Berlin monumental und neoklassizistisch schuf.

Mit welchem Festungsgürtel versuchte sich Frankreich nach 1918 vor einem deutschen Angriff zu schützen?

- ❑ Siegfriedstellung
- ❑ Westwall
- ❑ Maginotlinie
- ❑ Atlantikwall

Mit der Maginotlinie. Die französische Regierung hatte diese Anlage 1929–32 erbauen lassen. Die Befestigung bestand aus z. T. riesigen Bunkeranlagen, die von Hitlers Panzerverbänden 1940 umgangen wurden.

Wo wurden Zikkurats (Tempeltürme) erbaut?

- ❑ Yucatan (Maya)
- ❑ Thailand
- ❑ Mesopotamien
- ❑ Tibet

In Sumer (Mesopotamien). Etemenniguru in Ur, eine Zikkurat aus drei Stockwerken, entstand um 2064 v. Chr. Weitere Stufentempel wurden in Uruk und in Nippur gebaut und dann häufig nachgeahmt.

Wie nennt man den Kurs, zu dem Banken Devisen und Sorten ankaufen?

- ❑ Diskontsatz
- ❑ Geldkurs
- ❑ Lombardsatz
- ❑ Goldpreis

Geldkurs. Er ist immer niedriger als der an der Börse errechnete Mittelkurs und niedriger als der Briefkurs. Außerdem bezeichnet man den Geldkurs als Börsenkurs.

Welche bedeutende Verkehrsverbindung wurde 1869 in den USA vollendet?

- ❑ Transsibirische Eisenbahn
- ❑ Greyhound Seattle-Dallas
- ❑ transkontinentale Eisenbahn Boston-Oakland
- ❑ Eisenbahn Manchester-Liverpool

Die transkontinentale Eisenbahn zwischen West- und Ostküste. Im Bundesstaat Utah trafen die Schienenstrecken der Union Pacific und der Central Pacific zusammen.

Worüber gibt in der EDV FAQ Auskunft?

- ❑ Übertragungsdauer
- ❑ Ordner-Administration
- ❑ häufig gestellte Fragen
- ❑ Fehlerquote

Über die am häufigsten gestellten Fragen von Anwendern eines Computers zu Hard- und Software. FAQ ist die Abkürzung für „Frequently Asked Questions“; sie finden sich meist im Internet.

Welches Gerät wird zum Nachweis radioaktiver Strahlung verwendet?

- ❑ Geigerzähler
- ❑ Seismograph
- ❑ Richterskala
- ❑ Teilchenbeschleuniger

Der Geigerzähler, ursprünglich Geiger-Müller-Zählrohr, benannt nach seinen Entwicklern, den deutschen Physikern Hans Geiger (1882–1945) und Erwin Wilhelm Müller (1911–77).

Wer schuf die biblische Arche, deren Passagiere als Einzige die Sintflut überlebten?

- ❑ Lot
- ❑ Onan
- ❑ Noah
- ❑ Henoch

Noah, von Gott auserwählt, ein neues Menschentum zu schaffen (Genesis 6–9). Noah war auch der Erste, der Weinbau betrieb.

Wie heißt der längste und wasserreichste Strom Europas?

- ❑ Rhein
- ❑ Wolga
- ❑ Elbe
- ❑ Donau

Wolga. Mit einer Länge von 3531 km ist die Wolga im Westen Russlands der längste Fluss Europas. Durch die Schneeschmelze kommt es im Mai und Juni regelmäßig zu großen Überschwemmungen.

Welcher Springreiter wurde auf der Wunderstute Halla mehrfacher Olympiasieger?

- ❑ Hugo Simon
- ❑ Graziano Manchinelli
- ❑ Ludger Beerbaum
- ❑ Hans Günter Winkler

Hans Günter Winkler (*1926). Der fünffache Olympiasieger gewann drei Medaillen auf Halla; insgesamt errangen sie 128 Siege zusammen. 1979 endete Halla in einer Tierkörperverwertungsanstalt in Darmstadt.

Welche Kultur entwickelte das erste Alphabet?

❑ Griechische ❑ Ägyptische
❑ Chinesische ❑ Phönikische

Die phönikische. Die Phöniker schufen unter dem Einfluss der ägyptischen Hieroglyphen und sumerischen Keilschriften das altphönikische Linearalphabet, aus dem alle späteren Alphabete hervorgegangen sind.

Welches Bauvorhaben nahmen die Nationalsozialisten 1933 sofort in Angriff?

❑ Konzentrationslager ❑ Reichstag
❑ Autobahnen ❑ Westwall

Den Ausbau der Autobahnen. Ziele waren neben strategischen Aspekten die Ankurbelung der Wirtschaft, die Bekämpfung der Massenarbeitslosigkeit und die Modernisierung der Infrastruktur.

Was ist ein Circulus vitiosus?

❑ Krankheitssymptom ❑ Zirkeltraining
❑ Widerspruch ❑ Teufelskreis

Ein Teufelskreis oder Zirkelschluss. Im ersten Fall meint man eine unangenehme Lage, aus der man nicht herauskommt, im anderen eine Schlussfolgerung, bei der das zu Beweisende in der Voraussetzung enthalten ist.

Wer gilt als Verfasser des Hoheliedes?

❑ Paulus ❑ David
❑ Salomo ❑ Moses

König Salomo (964–926 v. Chr.), der Sohn Davids und der Batseba. Ihm wird auch die Verfasserschaft der Psalmen zugeschrieben.

Wer bestimmte im 5. Jahrhundert v. Chr. lange Zeit die Politik in Athen?

❑ Theseus ❑ Perikles
❑ Xerxes ❑ Sokrates

Perikles (nach 500–429 v. Chr.), der von 443–429 v. Chr. Athen zu einer kulturellen und wirtschaftlichen Blüte verhalf. Politische Reformen und große Bauprojekte wie die Propyläen, das Odeion (Musikhalle) und die Vollendung des Parthenons gehen auf ihn zurück.

Wer leitete die Entwicklung und den Bau der amerikanischen Atombombe?

❑ Max Born ❑ Albert Einstein
❑ J. Robert Oppenheimer ❑ Enrico Fermi

Julius Robert Oppenheimer (1904–67), der 1943 zum Leiter des Atomenergieprojekts in Los Alamos ernannt wurde. Die erste Atombombe wurde am 6.8.1945 auf Hiroshima abgeworfen.

Was gehörte zu den sieben Weltwundern der Antike?

❑ Orakel von Delphi ❑ Potala-Palast in Lhasa
❑ Pyramiden von Giseh ❑ Via Appia

Die Pyramiden von Giseh, vor 2500 v. Chr. errichtet, gehören als einzig erhaltenes Weltwunder diesen monumentalen Bau- und Kunstwerken der Antike an.

Welche vulkanische Insel zählt zu den Liparischen Inseln?

❑ Ponza ❑ Montecristo
❑ Stromboli ❑ Elba

Stromboli. Die Liparischen Inseln, die auch Äolische Inseln genannt werden, bestehen aus 17 Inseln vulkanischen Ursprungs. Der Krater auf Vulcano ist sogar noch aktiv.

Welcher europäische Staat wurde 1869 zur konstitutionellen Monarchie?

❑ Österreich-Ungarn ❑ Spanien
❑ Großbritannien ❑ Preußen

Spanien. Die Cortés, das spanische Parlament, verabschiedete eine neue Verfassung. Die absolutistisch herrschende Königin Isabella II. (1830–1904) wurde durch einen Militärputsch der Demokraten gestürzt.

Wie nennen sich die Ostkirchen? ❑ häretisch ❑ orthodox ❑ fundamental ❑ dogmatisch	Orthodox („rechtgläubig"). Eine Lehre oder religiöse Anschauung – etwa die des Judentums – ist auch dann orthodox, wenn sie ihre konservativen Traditionen gegen Erneuerungen abschließt.
Was gehörte zu den sieben Weltwundern der Antike? ❑ Sphinx von Giseh ❑ Karthago ❑ Heiligtum der Sybille in Cumae ❑ Hängenden Gärten	Die hängenden Gärten der Semiramis (810–805 v. Chr.) in Babylon. Tatsächlich ließ sie aber wohl Nebukadnezar II. um 600 v. Chr. terrassenförmig über den Dächern seines Palastes anlegen.
Was soll in der EDV Firewall verhindern? ❑ Überhitzung des PC ❑ ungewollter Datentransfer ❑ Rechner-Absturz ❑ UV-Strahlung	Den ungewollten Datentransfer, etwa dass ausgewählte Daten vom eigenen Computer ins Netzwerk oder Internet eingespeist bzw. aus dem Internet auf den Rechner übertragen werden.
Was bedeutet Anamnese? ❑ Gedächtnisverlust ❑ Erinnerung ❑ Abendmahlstreit ❑ Blutarmut	Die „Erinnerung" (griechisch), das Erfragen der Lebensgeschichte eines Patienten oder der Vorgeschichte einer Krankheit durch den Arzt bzw. Psychotherapeuten.
Wer war El Cid (arab. „der Herr")? ❑ Emir von Cordoba ❑ mauretanischer Söldnerführer ❑ spanischer Held der Reconquista ❑ Märchenfigur aus Tausendundeine Nacht	Der Eroberer des Maurenreiches Valencia 1094. Um den Cid oder eigtl. Rodrigo Diaz de Vivar (um 1043–99) und seine Taten bei der Rückeroberung Spaniens rankten sich bald die legendenhaften Erzählungen in dem ältesten spanischen Heldenepos „Cantar de mío Cid".
Wer gilt als der Begründer der Mikrobiologie? ❑ Antony van Leeuwenhoek ❑ Robert Hooke ❑ Isaac Newton ❑ Carl Zeiss	Der Niederländer Antony van Leeuwenhoek (1632–1723). Mit seinen selbstgebauten Mikroskopen entdeckte er u. a. die Kleinstlebewesen, die in einem Wassertropfen leben, die Blutzellen und die Bakterien.
Was gehörte zu den sieben Weltwundern der Antike? ❑ Tempel von Selinunt ❑ Labyrinth von Knossos ❑ Bibliothek von Alexandria ❑ Artemis-Tempel in Ephesos	Der Artemis-Tempel in Ephesos. Chersiphron von Knossos (6. Jh. v. Chr.) erbaute ihn im Auftrag des Lyderkönigs Krösus als ionischen Großtempel.
Wie heißt der französische Teil der Riviera? ❑ Costa del Sol ❑ Costa Brava ❑ Camargue ❑ Côte d'Azur	Côte d'Azur. Zu den bekanntesten Städten zählen Saint-Tropez, Cannes, Nizza und Monte Carlo (in Monaco).
Wer ging 1840 eine Liebesheirat ein? ❑ Königin Viktoria ❑ Zar Nikolaus I. ❑ Kaiser Franz Joseph I. ❑ Ludwig I. von Bayern	Die britische Königin Viktoria (1819–1901), die ihren Cousin, den deutschen Prinzen Albert von Sachsen-Coburg-Gotha (1819–61), heiratete.

Welche Geheimpolizei setzten die Nationalsozialisten zur Unterdrückung der Opposition ein?

- ❑ Gestapo
- ❑ NKWD
- ❑ SS
- ❑ KGB

Die Gestapo (Geheime Staatspolizei). Sie unterstand Heinrich Himmler (1900–45) und Reinhard Heydrich (1904–42). Mit unumschränkten Vollmachten ausgestattet, konnte die Gestapo ohne Gerichtsbeschluss Verhaftungen vornehmen.

Was gehörte zu den sieben Weltwundern der Antike?

- ❑ Löwentor von Mykene
- ❑ Zeus-Kultbild des Phidias
- ❑ Zikkurat von Etemenniguru
- ❑ Straße der Toten von Teotihuacán

Das Zeus-Kultbild des Phidias († um 430) in Olympia. Die etwa zwölf Meter hohe Zeus-Statue stand in einem 20 Meter hohen dorischen Tempel und wurde im 6. Jh. n. Chr. durch ein Erdbeben zerstört.

Was will die Geldwäsche verbergen?

- ❑ Parteispenden
- ❑ illegale Gewinne
- ❑ Geld stinkt
- ❑ Investitionen

Illegale Gewinne, die durch eine strafbare Handlung erzielt wurden; etwa mit Prostitution, Rauschgifthandel und Steuerbetrug.

Welche Partei gründeten Wilhelm Liebknecht und August Bebel 1869?

- ❑ Zentrum
- ❑ Fortschrittspartei
- ❑ Nationalliberale Partei
- ❑ Sozialdemokratische Arbeiterpartei Deutschlands

Die Sozialdemokratische Arbeiterpartei Deutschlands (SDAP). Liebknechts (1826–1900) und Bebels (1840–1913) Partei beruhte auf Marx' Lehre und auf der Ersten Internationalen von 1864.

Welcher jüdische Pharisäer hatte das „Damaskuserlebnis"?

- ❑ Petrus
- ❑ Paulus
- ❑ Gamaliel
- ❑ Hillel

Paulus (ca. 10–um 64 n. Chr.), der danach zu einem Anhänger Jesu und bedeutendsten Apostel des Christentums wurde. Wegen seiner ausgedehnten Missionsreisen heißt er auch „Apostel aller Völker".

Was gehörte zu den sieben Weltwundern der Antike?

- ❑ Nike von Samothrake
- ❑ Quellen von Pamukkale
- ❑ Mausoleum von Halikarnassos
- ❑ Tempel von Borobudur

Das Mausoleum von Halikarnassos, das sich der persische Satrap Mausolos († 353 v. Chr.) errichten ließ. Der Marmorbau hatte eine Höhe von ca. 49 m und war erstmals in der griechischen Baukunst zweigeschossig angelegt.

Was hat Benjamin Franklin (1706–90) erfunden?

- ❑ Mikroskop
- ❑ Brille
- ❑ Blindenschrift
- ❑ Blitzableiter

Den Blitzableiter. Franklin hat 1752 erstmals sein Haus damit ausgestattet. Allerdings war der Blitzableiter schon lange vorher, z. B. im alten Ägypten, bekannt.

Welcher Gott tötete seinen Bruder Osiris?

- ❑ Sobek
- ❑ Horus
- ❑ Seth
- ❑ Yam

Seth, der ägyptische Sturm- und Chaosgott, der dem Bösen gleichgesetzt wurde. Er wurde von Horus, dem Sohn des Osiris und der Isis, besiegt. Er wird als Tier, teils Esel, teils Schwein dargestellt.

Wer waren die ersten Siedler Neuseelands?

- ❑ Briten
- ❑ Kiwis
- ❑ Maori
- ❑ Melanesier

Die Maori, ein polynesisches Volk, das vor etwa 1000 Jahren dort einwanderte. In den 20er-Jahren des 19. Jh. erreichten die ersten Europäer Neuseeland.

Wen entsandte 1914 der britische Geheimdienst zur Unterstützung des arabischen Aufstandes?

- ❑ General Allenby
- ❑ General Montgomery
- ❑ Faisal I.
- ❑ T. E. Lawrence

Thomas Edward Lawrence (1888–1935), später Lawrence von Arabien genannt. Er organisierte während des Ersten Weltkrieges den erfolgreichen Aufstand der Araber gegen die Türken.

Was bedeutet die Abkürzung CD-ROM?

- ❑ CD-Brenner
- ❑ Nur-Lese-Speicher-CD
- ❑ Schreib-/Lesekopf
- ❑ Schreib-Lese-Speicher-CD

Nur-Lese-Speicher-CD (CD-Read-Only-Memory). Diese Kunststoffscheiben dienen als Datenträger für Computer und Musikgeräte. Mittlerweile können sie auch beschrieben werden.

Was gehörte zu den sieben Weltwundern der Antike?

- ❑ Kaiserstadt Huë
- ❑ Koloss von Rhodos
- ❑ Hadrianswall
- ❑ Berg Athos

Der Koloss von Rhodos, um 280 v. Chr. über der Hafeneinfahrt von Rhodos errichtet. Die Bronzestatue war 36 m hoch und stellte den Sonnengott Helios dar. Sie wurde nur 55 Jahre später durch ein Erdbeben zerstört.

Wer rief aus „Vae victis!" – „Wehe den Besiegten!"?

- ❑ Napoleon
- ❑ Nero
- ❑ Brennus
- ❑ Richard Löwenherz

Der Gallier-Führer Brennus, der damit die Beschwerden der besiegten Römer 387 v. Chr. abwies, die Gallier würden mit manipulierten Gewichten das Gold wiegen, welches sie als Lösegeld zahlen mussten.

Welches Bauwerk gehörte zu den sieben Weltwundern der Antike?

- ❑ Turm zu Babel
- ❑ Leuchtturm von Alexandria
- ❑ Athena Parthenon Tempel
- ❑ Empire State Building

Der Leuchtturm von Alexandria (um 280 v. Chr.); genau genommen stand er auf der Insel Pharos vor Alexandria; 1303 und 1326 wurde er durch ein Erdbeben.

Welcher bedeutende Kanal wurde 1869 eingeweiht?

- ❑ Nord-Ostsee-Kanal
- ❑ Panamakanal
- ❑ Suezkanal
- ❑ Rhein-Rhône-Kanal

Der Suez-Kanal, der das Mittelmeer und das Rote Meer miteinander verbindet. Nach zehn Jahren Bauzeit eröffnete ihn Eugénie, die Gemahlin Kaiser Napoleons III. (1808–73) von Frankreich.

Wie lautet die allgemeine Bezeichnung für elektrisch geladene Teilchen?

- ❑ Elektronen
- ❑ Positronen
- ❑ Ionen
- ❑ Kationen

Ionen. Sie sind entweder positiv oder negativ geladen. Die elektrische Ladung kommt durch Abgabe (Kationen) oder Aufnahme (Anionen) eines Elektrons zustande.

Wen meinte Jesus damit, als er sagte „Auf diesen Fels will ich meine Kirche bauen".

- ❑ Johannes
- ❑ Lukas
- ❑ Matthäus
- ❑ Petrus

Den Apostel Petrus (griechisch „Fels"); er galt als der erste Bischof von Rom, dessen Nachfolger die Päpste sind. Die Petrusbriefe des Neuen Testaments sollen auf ihn zurückgehen.

Welches Land ist mehr als zehnmal so lang wie breit?

- ❑ Vietnam
- ❑ Panama
- ❑ Chile
- ❑ Laos

Chile, im Südwesten Südamerikas. Die äußerste Nord-Süd-Erstreckung beträgt 4270 km, die durchschnittliche Breite hingegen nur 180 km.

Was ist eine Morgengabe?

❑ uneheliches Kind ❑ untergeschobenes Kind
❑ Brautgeschenk ❑ Fehlgeburt

Ein Geschenk, das der Mann an die Ehefrau am Morgen nach der Brautnacht machte. Diese Regelung fand sich im alten Deutschen Reich häufig als Absicherung für den Fall der Verwitwung.

In welchem Reich entstanden die monumentalen Plastiken von Dur-Scharrukin im heutigen Irak?

❑ Assur ❑ Sumer
❑ Seleukiden-Reich ❑ Parthien

Assur. König Sargon II. ließ 713–708 v. Chr. nordöstlich von Ninive eine planmäßig angelegte Hauptstadt (heute Chorsabad) errichten. Erhalten sind u. a. noch Reliefs und Plastiken wie z. B. der geflügelte Stier mit Menschenhaupt.

Welche Bedeutung hatte Gottfried von Bouillon im Mittelalter?

❑ Gründer des Templerordens ❑ Kreuzfahrer und König von Jerusalem
❑ Erfinder der Bouillon ❑ Troubadour

Er war Führer des Ersten Kreuzzugs (1096–99), der mit der Eroberung Jerusalems und der Gründung des christlichen Königreichs Jerusalems endete. Gottfried wurde erster Monarch des Königreichs von Jerusalem.

Welches Saiteninstrument war in der Antike verbreitet?

❑ Violoncello ❑ Kymbala
❑ Lyra ❑ Syrinx

Die Lyra, die „Schildkrötenleier", weil sie meist einen Schildkrötenpanzer als Resonanzkörper hatte. Zwischen zwei geschwungenen Jocharmen sind meist sieben Darmsaiten gespannt.

Welche Aktion unternahmen die Nationalsozialisten „wider den undeutschen Geist"?

❑ Bücherverbrennung ❑ Reichskristallnacht
❑ Boykott jüdischer Geschäfte ❑ Rassengesetze

Die Bücherverbrennung am 10.5.1933, angeordnet von Joseph Goebbels (1897–1945). Was nicht der nationalsozialistischen Ideologie entsprach, wurde feierlich „den Flammen übergeben".

Warum starben die Dinosaurier vermutlich aus?

❑ Sintflut ❑ Klimakatastrophe
❑ Erdbeben ❑ kosmische Strahlung

Am ehesten kommt eine Klimaveränderung oder Klimakatastrophe als Ursache in Betracht. Die Meteoriteneinschlag-These hat sich inzwischen als die wahrscheinlichere Ursache erhärtet.

Welche Dichterin der Antike lebte auf Lesbos?

❑ Lesbia ❑ Laura
❑ Sappho ❑ Chloe

Sappho (617/612–570/560 v. Chr.), die in Mytilene auf Lesbos junge Mädchen um sich scharte, die sie erzog und u. a. in Poesie, Musik und Tanz unterrichtete. Die Insel gilt vielen als „Wiege der Lyrik".

Welcher Wallfahrtsort wird als portugiesisches Lourdes bezeichnet?

❑ Tschenstochau ❑ Santiago de Compostella
❑ Fátima ❑ Alcobaça

Fátima. Hier hatten 1917 drei Hirtenkinder wiederholt Marienerscheinungen. Es gehört zu den meistbesuchten Pilgerstätten des Christentums.

Wo befindet sich der Popocatépetl?

❑ Mexiko ❑ Nicaragua
❑ Peru ❑ Kolumbien

Im südlichen Mexiko. Der Vulkan ist 5452 m hoch und hat einen schneebedeckten Gipfel. Im Juni 1997 kam es zum stärksten Ausbruch des Popocatépetl.

Welches Land unterlag 1870 der Tripelallianz aus Brasilien, Argentinien und Uruguay?
❑ Kolumbien ❑ Venezuela
❑ Paraguay ❑ Chile

Paraguay. Es hatte in dem seit 1865 andauernden Krieg ca. 80% seiner männlichen Einwohner verloren und musste nun Gebiete an Argentinien und Brasilien abtreten.

Was bringen Genussscheine ein?
❑ Nahrungsmittel ❑ Aktienanteil
❑ Genussmittel ❑ Gewinnanteil

Einen Anteil am Reingewinn eines Unternehmens. Sie verbriefen also keine festen Zinsen. Bei einer AG hat der Inhaber von Genussscheinen deshalb kein Recht auf Teilnahme an der Aktionärsversammlung.

Was steht bei den Christen zu Pfingsten im Mittelpunkt?
❑ Auferstehung Jesu ❑ Heiliger Geist
❑ Himmelfahrt Jesu ❑ Mariä Verkündigung

Die Ausgießung des Heiligen Geistes über Maria und die Jünger, 50 Tage nach der Auferstehung (gr. pentecoste „der fünfzigste"). Damit beginnt die christliche Kirche.

Was ist ein Eleve?
❑ Absolvent ❑ Träumer
❑ Schüler ❑ Mitglied einer Militärakademie

Ein Schüler, der sich an einer Ballett- oder Schauspielschule oder als Forst- und Landwirt in praktischer Ausbildung befindet. Das Wort kommt von französisch élève „Schüler".

Welches Tier befand sich auf den Münzen Athens in der Antike?
❑ Elefant ❑ Fisch
❑ Eule ❑ Krokodil

Eine Eule; sie war das Attribut der Stadtgöttin Athene, der man besondere Klugheit zuschrieb. Ihr zu Ehren entstand der berühmte Athena-Parthenon-Tempel (5. Jh. v. Chr.) auf der Akropolis.

Welche Folgen hatte der Reichstagsbrand von 1933?
❑ Aufrüstung ❑ Judenverfolgung
❑ Aushöhlung der Weimarer Verfassung ❑ Hitler-Putsch

Durch die „Reichstagsbrandverordnung" wurden wichtige Grundrechte außer Kraft gesetzt und politische Gegner der Nationalsozialisten verfolgt. Ein wichtiger Schritt zur NS-Diktatur war getan.

Was ist ein „eingebildeter Kranker"?
❑ Melancholiker ❑ Hypochonder
❑ Katatoniker ❑ Egomane

Ein Hypochonder, also jemand, der übertrieben auf seine Gesundheit achtet und in ständiger Furcht lebt, krank zu werden oder todkrank zu sein. Hypochondrie ist eine psychische Störung.

Wie bezeichnete man im antiken Griechenland das gesellige Beisammensein, das vergröbernd mit „Trinkgelage" übersetzt wird?
❑ Jambus ❑ Symposion
❑ Circus ❑ Bacchus

Symposion. Es schloss sich an das Gastmahl an. Seine Teilnehmer verband das Ethos einer Hetairie (gr. hetairos = Gefährte.) Lieder und Lebensweisheiten bildeten wichtige Bestandteile, die den Corps-Geist bestärkten.

Was ist das Zentrum des Dixieland-Jazz?
❑ Memphis ❑ Baton Rouge
❑ New Orleans ❑ Nashville

In New Orleans im US-Bundesstaat Louisiana. Der Dixieland-Jazz nahm Anfang des 20. Jh. seinen Anfang in der legendären Basin Street und Bourbon Street.

Welchem Fußballklub gehörte Bobby Charlton an?

- ❑ FC Liverpool
- ❑ Manchester United
- ❑ Nottingham Forrest
- ❑ Celtic Glasgow

Manchester United. Charlton (*1937) holte mit seiner Mannschaft 1957 den nationalen Titel; er überlebte 1958 einen Flugzeugabsturz in München. 1968 holte Manchester den Europapokal der Landesmeister.

Wer galt in der Antike als der bedeutendste Feldherr und Weltherrscher?

- ❑ Pompeius
- ❑ Scipio der Ältere
- ❑ Alexander der Große
- ❑ M. Vipsanius Agrippa

Alexander der Große (356–323 v. Chr.), der z. B. im Feldzug gegen die Perser den Großkönig Dareios III. besiegte. Er erreichte auf seinem Kriegszug Indien und Ober-Ägypten. Selbst Caesar sprach in Ehrfurcht von dem Makedonenkönig.

Welcher griechische Dichter gilt als Ahnherr der Fabeldichtung?

- ❑ Hesiod
- ❑ Jean de La Fontaine
- ❑ Äsop
- ❑ Terenz

Äsop, gr. Aisopos (6. Jh. v. Chr.). Durch scherzhafte, lustig-groteske Geschichten und Satiren werden menschliche Schwächen wie Neid, Geiz, Habsucht oder Hochmut getadelt.

Welche Gewaltmaßnahmen ergriff die US-Regierung 1870 gegenüber den Indianern?

- ❑ Internierung
- ❑ Zwangsumsiedelungen
- ❑ Massaker am Wounded Knee
- ❑ Aberkennung der Bürgerrechte

Die zwangsweise Umsiedelung in Reservate, um die fruchtbaren Gebiete des amerikanischen Westens in die Hand zu bekommen. Damit einher gingen die Indianerkriege der US-Truppen.

Was ist das Elmsfeuer?

- ❑ Lichterscheinung am Mast
- ❑ SOS-Signal
- ❑ Halluzination
- ❑ Feuerwerkskörper

Die elektrische Lichterscheinung an Schiffsmasten bei gewittriger Luft. Der Name erinnert an den Schutzheiligen der Seefahrer Erasmus, der in romanischen Sprachen St. Elmo heißt.

Welcher Philosoph begründete die Methodenlehre des „trial and error"?

- ❑ Platon
- ❑ Karl Popper
- ❑ Petrus Abaelard
- ❑ Johannes Scotus

Karl Popper (1902–94), der bedeutendste Vertreter des kritischen Rationalismus. Grundlegend sei es, Aussagen immer wieder infrage zu stellen (falsifizieren).

Was leistet ein Virtual-Friend?

- ❑ Online-Betreuung
- ❑ Telefonsex
- ❑ PC-Vermietung
- ❑ exakte Gebührenabrechnung

Persönliche Betreuung beim Online-Einkauf. Er hat nur virtuellen Charakter als Berater, Verkäufer, Moderator, Guide oder Lehrer. Sie ermöglichen eine 24-Stunden-Beratung in zahlreichen Sprachen.

Wo wurde in Europa erstmals Porzellan hergestellt?

- ❑ Dresden
- ❑ Sèvres
- ❑ Vincennes
- ❑ Nymphenburg

In Dresden; hier waren 1707 J. F. Böttger und E. W. von Tschirnhaus erfolgreich. 1710 wurde auf der Albrechtsburg in Meißen die erste europäische Manufaktur eingerichtet.

Welcher Herrscher wollte dem Neid der Götter entgehen, indem er seinen Ring ins Meer warf?

❑ Gyges
❑ Ibykos
❑ Polykrates
❑ Krösus

Polykrates, seit 538 v. Chr. Tyrann von Samos, über den Schiller eine Ballade dichtete. Polykrates endete schrecklich (nach Herodot): Er wurde gefangen genommen, hingerichtet und seine Leiche ans Kreuz geheftet.

Wie heißt die Meeresstraße, die den Persischen Golf mit dem Golf von Oman verbindet?

❑ Suezkanal
❑ Bab el-Mandeb
❑ Straße von Hormus
❑ Palkstraße

Straße von Hormus. Sie ist 275 km lang und 50 bis 80 km breit. Für den internationalen Erdöltransport hat sie große strategische Bedeutung.

Wo verbreitete sich seit 1100 die Thule-Kultur?

❑ Baltikum
❑ Island
❑ Peloponnes
❑ Alaska

In Alaska. Mit Thule-Kultur bezeichnet man heute die prähistorische Eskimo-Kultur, die die gesamte amerikanische Arktis erfasste. Die Thule-Leute verdrängten um 1200 die Dorset-Kultur aus dem östlichen Kanada und erreichten Grönland.

Wer gilt als Schöpfer der griechischen Tragödie?

❑ Homer
❑ Alkaios
❑ Aischylos
❑ Aristophanes

Der attische Dichter Aischylos (um 525–456 v. Chr.), der neben dem Chor einen zweiten Schauspieler einführte. Von ihm stammen u. a. die Tragödien *Die Perser* und die *Orestie*.

Welchen seiner Vorgänger in der Reichskanzlei ließ Hitler nach der Machtergreifung ermorden?

❑ Ernst Röhm
❑ Kurt von Schleicher
❑ Franz von Papen
❑ Heinrich Brüning

General Kurt von Schleicher (1882–1934), der unmittelbare Vorgänger Hitlers im Amt. Schleicher hatte vergeblich seinen Einfluss bei Hindenburg spielen lassen, um eine Machtübernahme Hitlers zu verhindern.

Wer verfasste die Geschichte des Peloponnesischen Krieges?

❑ Thukydides
❑ Livius
❑ Polybios
❑ Tacitus

Thukydides (um 460–nach 400), der als Begründer der politischen Geschichtsschreibung gilt. Bei ihm walten nicht die Götter Griechenlands, sondern bedeutende Persönlichkeiten.

Mit welchem diplomatischen Schachzug provozierte Bismarck 1870 Frankreich zum Krieg?

❑ Daily-Telegraph-Affäre
❑ Emser Depesche
❑ Berliner Kongress
❑ Rückversicherungsvertrag

Mit der Emser Depesche, einem von Bismarck (1815–98) geschickt manipulierten Bericht über die Unterredung des preußischen Königs Wilhelm I. mit dem französischen Botschafter in Bad Ems.

Was bedeutet die Abkürzung AIDS?

❑ Acquired Immune Deficiency Syndrome
❑ All Inclusive Disease Syndrome
❑ Amyotropische Lateralsklerose
❑ Addison-Krankheit

Acquired Immune Deficiency Syndrome, eine erworbene Immunschwäche. Der Erreger der Krankheit, das HI-Virus, befindet sich im Blut, im Sperma und der Scheidenflüssigkeit und kann z. B. bei sexuellen Kontakten übertragen werden.

Was ist eine Sarabande?
❑ Tanz ❑ Streichinstrument der Barockzeit
❑ Perücke ❑ Strumpfband

Ein ursprünglich erotischer spanischer oder mexikanischer Tanz im Dreiertakt, den die Inquisition 1583 verbot. Er hielt Einzug in die Barockmusik Europas und war fester Bestandteil der Suite.

Wo wird das Recht auf Gewerbefreiheit verbrieft?
❑ Grundgesetz ❑ Handelsgesetzbuch
❑ öffentliches Recht ❑ BGB

In Artikel 12 des Grundgesetzes. Für bestimmte Gewerbe ist eine staatliche Erlaubnis notwendig bzw. können einschränkende Sondervorschriften erlassen werden.

Auf welcher Insel befindet sich der Kilauea, der größte aktive Vulkan der Erde?
❑ Fidji ❑ Hawaii
❑ Kamtschatka ❑ Cook-Inseln

Auf Hawaii, seit 1959 ein Bundesstaat der USA. Er liegt in einer Höhe von 1111 m am Südosthang des Mauna Loa. Die Lavamassen des seit 1983 nicht mehr zur Ruhe gekommenen Vulkans vergrößern laufend die Insel.

Welche philosophische Überzeugung erkennt nur dann Aussagen als wahr an, wenn sie auf überprüfbaren Voraussetzungen beruhen?
❑ Dialektik ❑ Platonismus
❑ Positivismus ❑ Metaphysik

Der Positivismus. Metaphysische Fragen über die letzten Dinge wie z. B. Gott, Unsterblichkeit, Liebe etc. oder ideale Behauptungen haben keinen nachweisbaren Wahrheitsgrund.

Welcher Lyriker schuf die Epinikien, ca. 44 Siegeslieder?
❑ Rainer Maria Rilke ❑ Georg Trakl
❑ Pindar ❑ Keats

Pindar (522 oder 518–nach 446 v. Chr.), dessen Oden die Lyrik bis ins 19. Jh. beeinflusste. Seine Preisgesänge sind nach den Namen der größten griechischen Kult- und Wettkampfstätten benannt.

Wen schleuste die deutsche Regierung 1917 in einem plombierten Eisenbahnwaggon durchs Land?
❑ Mata Hari ❑ Ernst Röhm
❑ Wladimir I. Lenin ❑ Leo Trotzki

Wladimir I. Lenin (1870–1924). Der Führer der Bolschewiki wurde im Frühjahr 1917 von seinem Exil in der Schweiz durch Deutschland, Schweden und Finnland in sein Heimatland gebracht.

Welche User haben im Unterschied zum Internet auf das Intranet Zugriff?
❑ Chatter ❑ Internet-Neulinge
❑ Telekom-Kunden ❑ Mitarbeiter eines Unternehmens

Die Mitarbeiter eines Unternehmens. Das Intranet ist ein Netzwerk, das mit der gleichen Technik wie das Internet arbeitet und nur auf ein Unternehmen beschränkt ist.

Wer gilt als „Vater der Geschichtsschreibung“?
❑ Gregor von Tours ❑ Herodot
❑ Edward Gibbon ❑ Leopold von Ranke

Herodot von Halikarnassos (um 485–425 v. Chr.). Der erste bedeutende Historiker unternahm ausgedehnte Reisen durch den Orient und die Mittelmeerwelt, bevor er nach Athen kam und die *Historien* verfasste.

Wer trat nach dem Tod Alexanders des Großen dessen Nachfolge an?

❑ Diadochen ❑ Rhoxane
❑ Caesar ❑ Augustus

Die sog. Diadochen (gr. „Nachfolger"), die kurz nach dem Tod Alexanders 323 v. Chr. in Babylon als Nachfolger bestimmt wurden. Um das Erbe entbrannten die Diadochen-Kriege, in deren Folge Alexanders Frau Rhoxane († um 310) und ihr Sohn ermordet wurden.

Welche Krankheit wird von der Anophelesmücke übertragen?

❑ Malaria ❑ Fleckfieber
❑ Elefantiasis ❑ Lassa-Fieber

Die Mücke (Anopheles) überträgt den Malaria-Erreger. Wer in die Tropen fährt, sollte sich schon Wochen vor der Reise durch Impfungen und Medikamente immunisieren.

Wer war ein bedeutender Bildhauer der Antike?

❑ Apollodorus ❑ Exekias
❑ Polyklet ❑ Iktinos

Polyklet von Argos († um 410), der die ästhetischen Prinzipien für die Darstellung des nackten menschlichen Körpers festlegte. Von ihm stammt der berühmte Speerträger (Dorýphoros) und das Sitzbildnis der Hera in Argos (410 v. Chr.).

Welchen Staat gründete Ibn Saud?

❑ Jemen ❑ Saudi Arabien
❑ Syrien ❑ Kuwait

Das Königreich Saudi-Arabien. Es nimmt den Großteil der Arabischen Halbinsel ein. Über die Hälfte Saudi-Arabiens besteht aus Wüste. Im Osten existieren umfangreiche Erdölvorkommen .

Was ist eine Suite/Partita?

❑ Gedicht ❑ Ballettschritt
❑ Musikstück ❑ Brusttuch

Ein mehrsätziges Instrumentalwerk aus einer Folge von Tanzstücken. Die Reihenfolge ist seit J. Ph. Rameau und F. Couperain genau festgelegt: Allemande, Courante, Sarabande und Gigue.

Wer erlitt 1870 in der Schlacht bei Sedan eine entscheidende Niederlage?

❑ Niederlande ❑ Deutscher Bund
❑ Frankreich ❑ Österreich-Ungarn

Frankreich, das damit im deutsch-französischen Krieg unterlag. Er war der dritte Krieg nach 1864 und 1866, den Otto von Bismarck (1815–98) zur Einigung des Deutschen Reiches eingefädelt hatte.

Wie bezeichnete man seit Mitte des 20. Jahrhunderts die Umbruchszeit „nach der Moderne"?

❑ Postmoderne ❑ New Age
❑ Medienzeitalter ❑ Neoromantik

Postmoderne. Der Begriff kam 1959 in der amerikanischen Literaturdebatte auf und fand dann Übertragungen in andere Kultur- und Kunstbereiche.

Wer verfasste unter anderem die Tragödien Alkestis und die Iphigenie in Aulis?

❑ Pausanias ❑ Euripides
❑ Platon ❑ Lysippos

Euripides (485/84 oder 480–406 v. Chr.), der neben Sophokles bedeutendste Tragödiendichter seiner Zeit. Die attische Tragödie war noch Teil des öffentlichen Gottesdienstes und wichtiger Bestandteil an den Dionysos-Festen.

Wer gewann den Burenkrieg (1899–1902)?

❑ China ❑ Großbritannien
❑ Indien ❑ Südafrika

Großbritannien. Die Buren wurden 1900 militärisch geschlagen, aber noch bis 1902 setzten sie sich in einem erbitterten Guerilla-Krieg zur Wehr.

Wo wurden im 12. Jahrhundert die Felsenkirchen von Lalibela errichtet?

- ❑ Äthiopien
- ❑ Ägypten
- ❑ Bretagne
- ❑ Bulgarien

In Äthiopien, das im 4. Jh. das Christentum angenommen hatte. 11 Felsenkirchen sind vermutlich aus der Zeit König Lalibelas (12 Jh.) erhalten. Einige von ihnen sind als Monolithe aus dem Tuff-Gestein herausgehauen worden.

Wo wurden erstmals um 30 n. Chr. Treibhäuser betrieben?

- ❑ China
- ❑ Rom
- ❑ Persepolis
- ❑ Karthago

In Rom. Sie wurden für die Züchtung von Gemüse und Blumen in den Gemüsegärten des Tiberius (42 v. Chr.–37 n. Chr.) angelegt und mit Warmwasser geheizt, sodass der Kaiser auch im Winter Gemüse hatte.

Wer schuf unter anderem die Tragödien König Ödipus und Antigone?

- ❑ Xenophon
- ❑ Sallust
- ❑ Firdausi
- ❑ Sophokles

Sophokles (497/96–406 v. Chr.) von Athen. Seit Aischylos waren neben dem Chor zwei Schauspieler üblich geworden. Sophokles fügte einen dritten Spieler hinzu. Er steht mit Euripides auf dem Höhepunkt der griechischen Tragödie.

Wie heißt die Landschaft um Barcelona?

- ❑ Galicien
- ❑ Asturien
- ❑ Katalonien
- ❑ Estramadura

Katalonien, eine autonome Region im Nordosten von Spanien. Sie grenzt im Norden an die Pyrenäen. Die größten Städte sind die Hauptstadt Barcelona und die Hafenstadt Tarragona.

Welches Programm verkündete Präsident Roosevelt zur Bekämpfung der Wirtschaftskrise in den USA?

- ❑ Young-Plan
- ❑ New Deal
- ❑ Prohibition
- ❑ Dawes-Plan

Den New Deal (1933–38). Roosevelt (1882–1945) plante damit die Umgestaltung der USA zu einem modernen Sozialstaat, was nur zum Teil gelang, z. B. durch ein Sozialversicherungsgesetz.

Wer verfasste die Komödie *Die Frösche*?

- ❑ Ionesco
- ❑ Molière
- ❑ Johann Nestroy
- ❑ Aristophanes

Aristophanes (um 445–um 385 v. Chr.), der mit Witz und sprachlicher Brillanz Figuren des Alltags und des öffentlichen Lebens ins Visier nahm. Zu den berühmtesten zählen u. a. auch *Die Acharner*, *Die Wolken* und *Lysistrata*.

Was versteht man in der EDV unter Icons?

- ❑ virtuelle Ikonen
- ❑ Menü
- ❑ Bildsymbole
- ❑ Sonderzeichen

Bildsymbole auf dem Bildschirm, die mit einem Programm verknüpft sind, sodass man das jeweilige Programm durch Doppelklick auf den Icon öffnen kann.

Was ist eine Enklave?

- ❑ Kardinalskollegium
- ❑ Schlüsselanhänger
- ❑ eingefügtes Gebiet
- ❑ Wortverschmelzung

Eine fremdstaatliche „Insel" im eigenen Staatsgebiet (französisch enclaver „einschließen"). Analog dazu ist die Exklave eine eigenstaatliche „Insel" auf fremdem Staatsgebiet.

Was ist ein Asteriskus?

- ❑ Asteroiden-Schwarm
- ❑ Sternchen
- ❑ Initiale
- ❑ Katalysator

Ein kleines Sternchen (*), mit dem man z. B. auf eine Fußnote verweisen will.

Was führte 1870 zur Ausrufung der Dritten Republik in Paris?
- ❑ Pariser Kommune
- ❑ Tod Napoleons III.
- ❑ Niederlage im Krieg gegen Deutschland
- ❑ Julirevolution

Die militärische Niederlage Frankreichs im deutsch-französischen Krieg und die Gefangennahme Napoleons III. (1808–73). Jules Favre und Léon Gambetta, die republikanischen Führer, riefen die Republik aus.

Welche Religionsgemeinschaft gedenkt mit dem Purim-Fest ihrer Errettung?
- ❑ Juden
- ❑ Christen
- ❑ Buddhisten
- ❑ Algonkin

Die jüdische. Nach dem Buch Esther gelang es der schönen Jüdin Hadassa (Esther), der Gemahlin des persischen Königs Ahasver (Xerxes), die persischen Juden vor dem Holocaust zu erretten.

Von welchem römischen Kaiser wird berichtet, dass er Kosmetik verwendete?
- ❑ Augustus
- ❑ Mark Aurel
- ❑ Claudius
- ❑ Nero

Von Nero (37–68) und seiner Frau Poppaea Sabina. Sie färbten sich ihre Haut mit Bleiweiß und Kreide; Khol verwendeten sie als Lidschatten und rote Schminke für Wangen und Lippen.

Was ist eine GmbH?
- ❑ Offene Handelsgesellschaft
- ❑ Kapitalgesellschaft
- ❑ Kommanditgesellschaft
- ❑ Genossenschaft

Eine Kapitalgesellschaft. Sie kann zu jedem gesetzlich zulässigen Zweck durch eine oder mehrere Personen gegründet werden. Ihre Gesellschafter haften nur mit ihrer Einlage.

Wer schuf die Aphrodite von Knidos?
- ❑ Boucher
- ❑ Tizian
- ❑ Praxiteles
- ❑ Bihzad

Praxiteles (4. Jh. v. Chr.). Mit seiner „Aphrodite von Knidos" entdeckte er den nackten Frauenkörper als Schönheitsideal für die spätklassische Epoche. Für die farbliche Gestaltung seiner Plastiken bevorzugte er den Maler Nikias von Athen.

Wie lautet die traditionelle Bezeichnung für die Inselwelt des Pazifischen Ozeans?
- ❑ Mikronesien
- ❑ Polynesien
- ❑ Ozeanien
- ❑ Indonesien

Ozeanien, die Bezeichnung für die Inseln im Pazifischen Ozean zwischen den Philippinen und Neuguinea einerseits und dem amerikanischen Kontinent andererseits.

Was verstand man im Dritten Reich unter „KdF"?
- ❑ Freizeitprogramm
- ❑ VW-Käfer
- ❑ linientreue Kultur
- ❑ „Küsst den Führer"

Das Freizeit- und Erholungsprogramm der Deutschen Arbeitsfront, der Nachfolgeorganisation der Gewerkschaften. Finanziert wurden z. B. preiswerte Fernreisen.

Was ist ein Pyrrhussieg?
- ❑ Scheinsieg
- ❑ Sieg im Lyra-Spiel
- ❑ Sieg im philosophischen Disput
- ❑ Sieg bei den Panathenäen

Ein Scheinsieg, benannt nach dem Molosserkönig Pyrrhos von Epeiros (319–272 v. Chr.). Er schlug die Römer in zwei Schlachten, erlitt jedoch so große Verluste, dass er sich aus Italien zurückziehen musste.

Wen besiegte Rom in den Punischen Kriegen?
- ❑ Mithridates VI.
- ❑ Pyrrhos
- ❑ Karthago
- ❑ Samniten

Karthago, die im heutigen Tunesien ehemals von Phönikern gegründete Hafenstadt. Es wurde 146 v. Chr. von P. Cornelius Scipio Aemilianus (um 185–129 v. Chr.) erobert und völlig zerstört.

Was versteht man unter Black Metal?

- ❑ mittelalterliche Musik
- ❑ Hard Rock mit okkulten Anklängen
- ❑ verrockte Kirchenmusik
- ❑ Hobbymusiker-Rock

Hard Rock oder Heavy Metal mit okkulten Anklängen, zu dem okkulte Songtexte und Bühnenrituale gehören. 1969 löste die Gruppe „Black Sabbath“ mit ihrem gleichnamigen Debütalbum diese Bewegung aus.

Welcher Zeit gehören die bei Xian gefundenen 7000 Tonfiguren an?

- ❑ Ch'in (221–207 v. Chr.)
- ❑ T'ang (618–917 n. Chr.)
- ❑ Yüan (1276–1368)
- ❑ Ch'ing (1644–1911)

Der Ch'in-Dynastie. Die kalt bemalten, lebensgroßen Kriegerfiguren und Pferde sind bis ins kleinste Detail (Schnürsenkel etc.) naturgetreu wiedergegeben. Sie bewachten einst das Grab des ersten Ch'in-Kaisers Shih Huang Ti.

Was waren in der Antike Hypocausta?

- ❑ Treibhäuser
- ❑ Thermen
- ❑ Zentralheizungen
- ❑ Weinfässer

Zentralheizungen. Römische Häuser wurden von einer zentralen Feuerstelle im Keller beheizt. Ab dem 2. Jh. setzte man die Technik zur Beheizung der privaten und öffentlichen Bäder ein.

Wie vollendete sich die nationale Einigung Deutschlands 1871?

- ❑ Waffenstillstand im Wald von Compiègne
- ❑ Kaiserproklamation in Versailles
- ❑ Schlacht bei Königgrätz
- ❑ Erstürmung der Düppeler Schanzen

Durch die Kaiserproklamation im Spiegelsaal von Versailles, nach dem Sieg im deutsch-französischen Krieg. Wilhelm I. von Preußen (1797–1888) wurde zum deutschen Kaiser ausgerufen.

In welcher Gewichtsklasse wurde Bubi Scholz 1958 Europameister?

- ❑ Halbschwer
- ❑ Mittel
- ❑ Welter
- ❑ Schwer

Im Mittelgewicht. Scholz (*1930) gewann im Olympiastadion von Berlin gegen den Franzosen Charles Humez. 1964 errang er erneut den Titel, diesmal im Halbschwergewicht.

Was kann man mit dem Pieper (Pager) empfangen?

- ❑ Infrarotsignale
- ❑ Ultraschallwellen
- ❑ SMS-Nachrichten
- ❑ Singvogellaute

SMS-Nachrichten. Der Pieper ist ein zigarettenschachtelgroßes Gerät, das über Funkwellen angesteuert wird und kurze Textnachrichten empfangen kann.

Welcher Wintersportort befindet sich zu Füßen des Mont Blanc?

- ❑ Chamonix
- ❑ Sankt Moritz
- ❑ Cortina d'Ampezzo
- ❑ Bormio

Chamonix. Hier fanden 1924 die ersten Olympischen Winterspiele statt. Von Chamonix führt eine der höchsten Seilbahnen der Alpen zu einer Bergstation in Gipfelnähe des Aiguille du Midi in 3842 m Höhe.

Wie heißen die geistlichen Lehrer der jüdischen Gemeinden?

- ❑ Makkabäer
- ❑ Rabbiner
- ❑ Ammoniter
- ❑ Philister

Rabbiner. Sie haben die Autorität zur Auslegung der Heiligen Schrift und des Talmud. In neuerer Zeit nennt man auch die Leiter der jüdischen Gemeinden Rabbiner.

In welchem dramatischen Genre dichteten im alten Rom Plautus und Terenz?

- ❑ Tragödie
- ❑ Komödie
- ❑ Mysterienspiel
- ❑ Schäferdichtung

In der Komödie. Plautus (um 250–184 v. Chr.) dichtete wie Terenz (um 190–159 v. Chr.) nach griechischen Vorlagen. Erhalten sind von Plautus u. a. *Amphitruo*; von Terenz erfuhr u. a. *Hecyra* (Die Schwiegermutter) eine Neubearbeitung.

Welchen Gebeinen gelten die Wallfahrten nach Santiago de Compostela?

- ❑ hl. Drei Könige
- ❑ hl. Martin
- ❑ hl. Apostel Jakobus
- ❑ hl. Jadwiga

Den Reliquien des hl. Apostel Jakobus. Die in Galicien gelegene Stadt wuchs deshalb seit dem 9. Jh. neben Jerusalem und Rom zu einem Hauptziel christlicher Pilger heran. „Jakobswege" aus ganz Europa treffen sich hier.

Welches Buch verfasste Julius Caesar?

- ❑ *De Architectura*
- ❑ *De bello Gallico*
- ❑ *Della Pittura*
- ❑ *De origine et situ Germanorum*

De bello Gallico, den Gallischen Krieg von 58–51 v. Chr., in dem Caesar (100–44 v. Chr.) in zahlreichen Feldzügen Gallien bis zum Rhein unterwarf.

Wer repräsentierte in Österreich den Austrofaschismus?

- ❑ Julius Raab
- ❑ Karl Renner
- ❑ Kurt Schuschnigg
- ❑ Engelbert Dollfuß

Engelbert Dollfuß (1892–1934), ab 1932 Bundeskanzler in Österreich. Er etablierte mit Unterstützung der paramilitärischen Heimwehr die österreichische Spielart des Faschismus.

Wann wurden erstmals Automaten verwendet?

- ❑ Antike
- ❑ chinesisches Kaiserreich
- ❑ Mittelalter
- ❑ Neuzeit

In der Antike. Heron von Alexandria (um 100) beschreibt die Funktionsweise von Automaten, die in der Lage sind, in Schaukästen bewegte Puppen wie in einem Bühnenstück vorzuführen.

Was versteht man in der Medienbranche als Primetime?

- ❑ Pilotsendung
- ❑ Fernsehserie
- ❑ Kinopremiere
- ❑ abendliche Nachrichtenzeit

Die abendliche Nachrichtenzeit bzw. die Hauptsendezeit, in der Programmplaner und Analytiker der Einschaltquoten die höchste Zuschauerzahl vermuten.

In welchem Land erheben sich das Rifgebirge, der Hohe und der Mittlere Atlas sowie der Antiatlas?

- ❑ Algerien
- ❑ Marokko
- ❑ Mauretanien
- ❑ Westsahara

In Marokko. Das Land umfasst die weitesten Ebenen und höchsten Gebirge Nordafrikas. Bis 1956 war Marokko in französische und spanische Protektoratsgebiete aufgeteilt. Seit 1979 hält es dieWestsahara besetzt.

Wer gilt als der größte Redner der römischen Antike?

- ❑ Cato der Ältere
- ❑ Cicero
- ❑ Q. Hortensius
- ❑ Poggio Bracciolini

Cicero (106–43 v. Chr.). Berühmt sind neben seinen Prozessreden die vier großen Reden gegen Catilina. Seine Hauptwerke sind: *Über den Redner*, *Über den Staat*, *Über die Gesetze*.

Um welches Seegebiet ging es in der Pontuskonferenz von 1871?
❑ Mittelmeer ❑ Rotes Meer
❑ Schwarzes Meer ❑ Adriatisches Meer

Um das Schwarze Meer, dessen 1856 beschlossene Neutralität und Entmilitarisierung zugunsten Russlands aufgehoben wurde. Bismarck (1815–98) gewann damit das russische Einverständnis zur deutschen Einigung.

Welche philosophische Richtung deutet die Vernunft als inneren Grundsatz der Welt?
❑ Rationalismus ❑ Existenzphilosophie
❑ Empirismus ❑ Historismus

Der Rationalismus (von lat. ratio „Vernunft"), der im Gegensatz zum Empirismus davon ausgeht, dass es von der Erfahrung unabhängige Vernunftwahrheiten gibt.

Welcher römische Dichter schuf die *Aeneis*?
❑ Homer ❑ Vergil
❑ Varro ❑ Horaz

Vergil, lat. Publius Vergilius Maro (70–19 v. Chr.), ein Freund und Günstling des Octavian-Augustus (63 v. Chr.–14 n. Chr.). Sein Heldenepos *Aeneis* erklärt die Gründung Roms aus dem Untergang Trojas.

Wo werden Kaufleute und Firmen geführt?
❑ Grundbuchamt ❑ Börsenblatt
❑ Handelsregister ❑ Handelsgesetzbuch

Im Handelsregister. Es wird bei den Amtsgerichten geführt. Kaufleute und Handelsgesellschaften sind unter ihrer Firma (Name) verzeichnet.

Welches bilaterale Verhältnis wurde durch die „Danzig-Frage" seit 1937 getrübt?
❑ Russland-Polen ❑ Frankreich-Deutschland
❑ Deutschland-Polen ❑ Russland-Deutschland

Das zwischen dem Deutschen Reich und Polen. Hitler forcierte seine aggressive Propaganda zur Wiedereingliederung des nach dem Ersten Weltkrieg selbstständig gewordenen Freistaates Danzig ins Reich.

Was ist Unix?
❑ Betriebssystem ❑ Mikroprozessor
❑ Programmiersprache ❑ TV-Provider

Ein leistungsstarkes und vielseitiges Betriebssystem, das vor allem im naturwissenschaftlichen Bereich verwendet wird. Unix existiert schon seit 1969, also viel länger als Windows oder OS/2.

Wann wurde erstmals mit der Kreiszahl Pi gerechnet?
❑ Pharaonen ❑ Sumerer
❑ chinesisches Kaiserreich ❑ Kalifat von Bagdad

Zu Beginn der Chin-Dynastie, um 260 n. Chr. entdeckte sie der Gelehrte Lin Hui. Im alten China galt der Kreis bzw. die Scheibe als Symbol himmlischer Vollkommenheit.

In welcher Sprache entstand das Mahabharata (bis 300 n. Chr.)?
❑ Tamil ❑ Sanskrit
❑ Hindi ❑ Persisch

In Sanskrit, der Sprache des Alten Indien. Das Werk umfasst rund 106.000 epische Doppelverse. Neben dem *Ramayana* (Epos von Ramas Lebenslauf) ist das *Mahabharata* (Das große Epos der Bharatas) das zweite bedeutende Heldenepos der Inder.

Zu welcher Inselgruppe gehört das Bikini-Atoll?
❑ Marshall-Inseln ❑ Midway-Inseln
❑ Neue Hebriden ❑ Phönix-Inseln

Zu den Marshall-Inseln im Pazifischen Ozean. Die USA führten hier bis 1954 Atomwaffentests durch und siedelten hierzu die Eingeborenen der Inseln um.

Was bezeichnet man in der US-Film- und Fernsehwelt als Sitcom?
❑ Sittenkommissariat ❑ Primaten-TV
❑ sozialkritische Filmkunst ❑ Soap-Opera mit Situationskomik

Die Soap-Opera, die durch Situationskomik (situation comedy) besticht. TV-Serien wie *Eine schrecklich nette Familie* mit Al Bundy und *Golden Girls* gehören hier dazu.

Welcher attische Redner hielt die „Philippiken"?
❑ Cicero ❑ Isokrates
❑ Demosthenes ❑ Quintilian

Demosthenes von Paiania (384–322 v. Chr.), mit denen er für den Widerstand der Griechen gegen ein weiteres Vordringen König Philipps II. von Makedonien (um 382–336 v. Chr.) eintrat.

Welcher Dichter der Antike wurde nach Tomi (Konstanza) ans Schwarze Meer verbannt?
❑ Plutarch ❑ Ovid
❑ Heliodor ❑ Catull

Ovid (43 v. Chr.–18 n. Chr.). Von ihm sind nicht nur die bisweilen überaus frivolen *Metamorphosen* (lat. Verwandlungen), sondern auch die *Liebeskunst*, die erste Liebeslehre des europäischen Kulturraums.

Wo entstand 1871 erstmals eine Regierung des Proletariats?
❑ Rom ❑ Berlin
❑ Paris ❑ London

In der Pariser Kommune, die sich gegen die bürgerliche Dritte Republik erhob. Der Aufstand wurde blutig niedergeschlagen. 25.000 Kommunarden wurden getötet, Tausende deportiert.

Welche Philosophie hält die Welt für unabhängig vom menschlichen Wollen?
❑ Nihilismus ❑ Realismus
❑ Gnostizismus ❑ Deismus

Der Realismus. Er lässt zwei Möglichkeiten der Wahrnehmung zu: Die Sinne nehmen die Welt so wahr, wie sie ist, oder der Mensch nimmt die Dinge nur verstellt durch seine Vorstellung wahr.

Wo entstand die erste Beschreibung des Schachspiels?
❑ Indien ❑ Persien
❑ Syrien ❑ Ägypten

Aus Persien. Hier verfasste der persische Dichter Abol Ghasem Mansur Firdausi († 1020) die älteste Spielanleitung. Entstanden ist das „Königsspiel" jedoch vermutlich in Indien.

In welcher antiken Stadt fand man die Wandmalereien im Haus der Vettier?
❑ Massilia ❑ Theben
❑ Pompeji ❑ Athen

In Pompeji, das durch den Vesuv-Ausbruch des Jahres 79 vollständig verschüttet wurde. Prachtvolle Fresken in der Villa der Vettius-Brüder, zweier reicher Kaufleute, wurden u. a. freigelegt.

Wie heißt der längste Breitengrad der Erde?
❑ Meridian ❑ südlicher bzw. nördlicher Wendekreis
❑ Polarkreis ❑ Äquator

Äquator. Er ist eine gedachte Linie, die in Ost-West-Richtung vertikal zur Erdachse verläuft und exakt zwischen dem Nordpol und dem Südpol liegt. Der Breitengrad beträgt somit 0 Grad.

Wer verbreitete den Zisterzienserorden?
❑ Norbert von Xanten ❑ Bernhard von Clairvaux
❑ Benedikt von Nursia ❑ Ignatius von Loyola

Bernhard von Clairvaux (1091–1153). Erst durch ihn verbreitete sich der von Robert von Molesme († 1108) in Cîteaux gegründete Orden im ganzen Abendland. Zisterzienser waren stark an der Ostkolonisation beteiligt.

Wer verfasste die Geschichtsbücher *Jüdischer Krieg* und *Jüdische Geschichte*?

- ❑ Pontius Pilatus
- ❑ Eusebios von Caesarea
- ❑ Flavius Josephus
- ❑ Dionysios von Halikarnassos

Flavius Josephus (um 37–95), der nach Gefangennahme in das Gefolge des Titus (39–81) geriet, der sich gerade im Jüdischen Krieg befand. In Rom verfasste er seine Werke in griechischer Sprache.

Was bezeichnet man als Bossing?

- ❑ Kegeln
- ❑ brasilianische Tanzmusik
- ❑ Saxophon-Solo
- ❑ Mobbing durch den Chef

Das Mobbing durch den Chef. Während beim Mobbing (englisch mob „Horde, Meute") die Kollegen ein Opfer zermürben, ist es hier Psychoterror von oben, bis der Arbeitnehmer kündigt.

Was war der berühmteste Spionagefall des Ersten Weltkrieges?

- ❑ Anthony F. Blunt
- ❑ Kim Philby
- ❑ Mata Hari
- ❑ Greta Garbo

Die Niederländerin Margaretha Geertruide MacLeod (*1876–1917), genannt Mata Hari. Sie arbeitete als Tänzerin und spionierte für das Kaiserreich. Nach ihrer Entdeckung wurde sie hingerichtet.

Was ermöglichen MP3-Dateien?

- ❑ Musik-Downloads
- ❑ Video-Downloads
- ❑ Kauf von Musikhits
- ❑ Sampeln von Musikkonserven

Musik-Downloads. Durch das MP3-Format können Musikstücke auf ein Zehntel ihrer eigentlichen Datengröße verkleinert und so z. B. aus dem Internet geladen werden.

Wo war das größte Amphitheater der Antike?

- ❑ Ephesos
- ❑ Nîmes
- ❑ Rom
- ❑ Cagliari

In Rom, wo 80 n. Chr. das Kolosseum durch die Flavier eingeweiht wurde. Es war Schauplatz von Gladiatorenkämpfen und Tierhetzen und fasste über 50.000 Zuschauer. Es konnte sogar komplett mit Segeltuch abgedeckt werden.

Wer entwickelte die Glasscheiben-Herstellung?

- ❑ Römer
- ❑ Germanen
- ❑ Daker
- ❑ Gallier

Die Germanen. Hier hatten sie den Römern etwas voraus, denn sie waren in der Flachglas-Produktion schon sehr erfahren. Natürlich erlaubten die Butzenscheiben noch keine klare Durchsicht.

Was war der 1871 ausgebrochene sog. Kulturkampf?

- ❑ literarischer Streit
- ❑ Landreform in Russland
- ❑ politische Maßnahmen gegen Katholiken
- ❑ sozialistische Propaganda

Die Auseinandersetzung zwischen der protestantischen preußischen Führung und den Vertretern der katholischen Kirche im Deutschen Reich. Federführend war Otto von Bismarck (1815–98).

Welche Insel gehört zu den Großen Antillen?

- ❑ Trinidad und Tobago
- ❑ Hispaniola
- ❑ Martinique
- ❑ Barbados

Hispaniola; dazu gehören auch Kuba, Jamaika und Puerto Rico. Die Kleinen Antillen umfassen die Jungferninseln, die Inseln unter und über dem Winde, die südlichen Niederländischen Antillen sowie Barbados, Trinidad und Tobago.

Wodurch löste Martin Luther 1517 die Reformation aus?
❑ Kirchenkritik ❑ Papstkritik
❑ Sozialismustheorie ❑ Kirchenspaltung

Durch seine Kritik an den Missständen in der Kirche, z. B. im Ablasshandel. Zunächst dachte er nicht an eine Spaltung der Kirche, sondern an eine Erneuerung („Reformation").

Welcher Römer verfasste die *Germania*?
❑ Plinius d. Ä. ❑ Ausonius
❑ Tacitus ❑ Flavius Josephus

Tacitus (um 55–nach 116). Nach seiner Kenntnis waren die Germanen durch Einfachheit und Freiheitsliebe gekennzeichnet, aber auch durch Faulheit und Aggressivität.

Was war der „Lebensborn e. V."?
❑ menschliche Zuchtanstalt ❑ Tierschutzverein
❑ Kolonialverein ❑ Verein zur Ahnenforschung

„Begattungsheime" der Nationalsozialisten, in denen nach rassenideologischen Grundsätzen ledige Mütter verheiratet wurden. In den 22 Lebensborn-Heimen wurden ca. 11.000 Kinder geboren. Die Gründung ging auf Heinrich Himmler (1900–45) zurück.

Wie nennt sich die strafbare Handlung, bei der illegale Waren verkauft werden?
❑ Geldwäsche ❑ Falschmünzerei
❑ Steuerhinterziehung ❑ Hehlerei

Hehlerei. Der Hehlerei geht also immer eine so genannte Vortat voraus (z. B. Drucken von Falschgeld oder Diebstahl). Das Wort stammt vom althochdeutschen „helan" ab.

Was sind Baggypants?
❑ Windeln ❑ Müllsackhosen
❑ Shorts ❑ Damen-Schlüpfer

So genannte „Müllsackhosen", die von Teens in Anlehnung an die Rapper- und Skateboardszene gern getragen werden; englisch baggy heißt „weit, sackartig"; pants sind „Hosen".

Welches Bauwerk errichteten die Römer zu Ehren ihrer Götter in Rom?
❑ Kolosseum ❑ Vatikan
❑ Pantheon ❑ Caracalla-Thermen

Das Pantheon (gr. Tempel für alle Götter). Um 130 ließ es Kaiser Hadrian (76–138) erbauen. Es ist ein kolossaler Rundbau, auf den eine Kuppel von 42 m Durchmesser aufgesetzt wurde.

Wann begann die Porzellan-Herstellung?
❑ Han-Dynastie ❑ Chin-Dynastie
❑ T'ang-Zeit ❑ Ming-Zeit

In der T'ang-Zeit um 620. Die politische Stabilität wirkte sich segensreich auf Kunst und Kultur aus. In Europa begann die Nachahmung erst zu Beginn des 18. Jh.

Welches erste indische Großreich entstand um 322 v. Chr.?
❑ Maurya-Reich ❑ Byzanz
❑ Osmanisches Reich ❑ Gupta-Reich

Das Maurya-Reich, das Candragupta Maurya († um 300 v. Chr.) teilweise auch durch Alexanders Indien-Feldzug beeinflusst gründete. Es erstreckte sich vom Indus bis nach Bengalen, vom Himalaya bis zum Vindhya-Gebirge.

Zu welchem Staat gehört Neufundland?
❑ Großbritannien ❑ Norwegen
❑ Kanada ❑ USA

Zu Kanada. Die Insel ist vom Festland durch den Sankt-Lorenz-Golf und die Belle-Isle-Straße getrennt. 1949 wurde Neufundland zusammen mit Labrador kanadische Provinz.

Welcher antike Autor verfasste die berühmte *Reisebeschreibung Griechenlands*?

❑ Karl Baedeker ❑ Pausanias
❑ Herodot ❑ Marco Polo

Pausanias (* um 111–115). Die *Perihēgēsis tēs Hellados* (gr.), die um 170 n. Chr. entstand, ist eine einzigartige Quelle, weil Pausanias darin die Heiligtümer und Kunstdenkmäler für die Nachwelt lebendig erhielt.

Warum kam es 1871 in Südafrika zu Besitzstreitigkeiten zwischen Briten und Buren?

❑ Diamantenfunde ❑ Goldfunde
❑ Verbot des Sklavenhandels ❑ Wassernotstand

Die Diamantenfunde am Oranje-Fluss, am Ufer des unteren Vaal und dort, wo die Stadt Kimberley entstand. Die Briten besetzten daraufhin das West-Griqualand, was die Buren empörte.

Wie kann man seine privaten Bankgeschäfte über das Internet tätigen?

❑ Investment-Selling ❑ Online-Banking
❑ Defizit-Spending ❑ Fonds-Dealing

Mit dem Online-Banking. Der Kunde bekommt einen PIN-Code, ähnlich dem einer EC-Karte. Darüber hinaus muss man für jede Transaktion eine TAN-Nummer angeben.

Was wurde in der katholischen Kirche als Reliquie gehandelt?

❑ Kreuzpartikel ❑ Gral
❑ Bergkristall ❑ Altes Testament

Gegenstände wie etwa Teile aus der Dornenkrone. Partikel vom Kreuz Jesu oder Knochenreste von Heiligen. Häufig stattete man damit Kirchen aus, um sie als Pilgerort attraktiv zu machen.

Wo entstand die Teotihuacán-Kultur?

❑ Peru ❑ Guatemala
❑ Mexico ❑ Paraguay

Etwa 40 km nordöstl. von Mexiko-City. Teotihuacán („Ort, wo man zu Gott wird“) beeinflusste Tolteken, Azteken und Maya. Wichtige Bauten sind die Sonnen-, Mond- und Quetzalcoatl-Pyramide.

Wo wurde die älteste Universität der Welt gegründet?

❑ Byzanz ❑ Chartres
❑ Oxford ❑ Bologna

In Bologna. 1119 fanden sich Lehrer und Schüler zu einer Gemeinschaft zusammen. Hier lehrte und studierte man vor allem das römische Recht, d. h. den *Corpus iuris civilis* Kaiser Justinians (482/83–565).

Wo wurde erstmals der Hopfenanbau erwähnt?

❑ Frankenreich ❑ Bayern
❑ Sachsen ❑ Friesland

Im bayrischen Geisenfeld 737. Der Anbau erfolgte überwiegend in den Klostergärten. Hopfen wurde allerdings nicht nur zum Bierbrauen, sondern auch als Heilmittel und Gemüse verwendet.

Welcher Stoff ist ein fossiles Harz?

❑ Erdöl ❑ Bernstein
❑ Kohle ❑ Blutachat

Bernstein. Das erhärtete Harz stammt von Nadelbäumen aus der Kreide-Zeit bis in das Tertiär (bis 65 Mio. Jahre). Verschiedentlich finden sich Insekten und Pflanzen darin eingeschlossen.

Welches „Fußball-Weltwunder“ gewann 1958 den WM-Titel in Stockholm?

❑ Franz Beckenbauer ❑ Pelé
❑ Uwe Seeler ❑ Mario Zagalo

Pelé, eigentlich Edson Arantes do Nascimento (*1940), der mit Brasilien dreimal Weltmeister und zweimaliger Südamerikameister wurde. Er gilt als größter Fußballer aller Zeiten.

Wo liegt Karatschi?

- ❑ Indien
- ❑ Pakistan
- ❑ Iran
- ❑ Bangladesh

In Pakistan an der Küste des Arabischen Meeres. Als Pakistan 1947 seine Unabhängigkeit erlangte, wurde Karatschi die Hauptstadt. Seit 1967 ist Islamabad das politische Zentrum des Landes.

Wer verfasste das *Kamasutra*?

- ❑ Kalidasa
- ❑ Mallanaga Vatsyayana
- ❑ Ovid
- ❑ Ihara Saikaku

Mallanaga Vatsyayana, der das indische „Liebeslehrbuch" (sanskrit) um 300 schuf. Es enthält detaillierte Anleitungen für ein ausgefülltes Liebesleben, zu denen auch 64 Liebesstellungen beim Geschlechtsakt gehören.

Wo hat Hitler sein ideologisches „Glaubensbekenntnis" *„Mein Kampf"* geschrieben?

- ❑ Braunau
- ❑ Wien
- ❑ München
- ❑ Landsberg am Lech

Als Häftling der Festung in Landsberg am Lech, wo er von April bis Dezember 1924 einsaß. Ursprünglich war er wegen des versuchten Putsches von 1923 zu fünf Jahren Haft verurteilt worden.

Wer zerstörte der Sage nach das Reich der Burgunder?

- ❑ Nibelungen
- ❑ König Etzel
- ❑ Angelsachsen
- ❑ Goten

Der Hunnenkönig Etzel († 453) (got. Attila). So berichtet das Nibelungenlied (um 1200). Tatsächlich wurden die Burgunder von dem römischen Feldherrn Aëtius besiegt und ins Rôhne-Gebiet umgesiedelt.

Welches Königreich führte 1872 das geheime Wahlrecht ein?

- ❑ Deutsches Reich
- ❑ Italien
- ❑ Großbritannien
- ❑ Portugal

Großbritannien, wo das britische Parlament die „Ballot Act" verabschiedete. 1867 hatte eine Wahlrechtsreform die Zahl der wahlberechtigten Männer auf 2,2 Mio. erhöht.

Welcher Philosoph vertrat die Losung „Zurück zur Natur"?

- ❑ Jean Paul
- ❑ Jean-Jacques Rousseau
- ❑ F. G. Klopstock
- ❑ Friedrich Hölderlin

Jean-Jacques Rousseau (1712–78), der den negativen Einfluss von Bildung und Zivilisation auf den Menschen kritisierte und eine naturgemäße Erziehung forderte (*Émile*).

Wo wurden um 900 Feuerwerkskörper erfunden?

- ❑ Córdoba
- ❑ Konstantinopel
- ❑ China
- ❑ Indien

In China. Vermutlich war es ein Koch, der in seiner Küche die erste von Menschen erzeugte Funkenexplosion auslöste. Wunderkerzen, Leuchtkugeln und Knallfrösche nahmen hier ihren Anfang.

Welcher Kaiser ließ erstmals das Römische Recht aufzeichnen?

- ❑ Karl der Große
- ❑ Augustus
- ❑ Justinian
- ❑ Theoderich der Große

Der oströmische Kaiser Justinian (482–565). Das *Corpus iuris civilis* entstand 528–542 und war für die gesamte abendländische Rechtswissenschaft und Rechtsprechung maßgeblich.

Welche Stadt Bayerns liegt in der Nähe des Königssees?

- ❑ Oberstdorf
- ❑ Garmisch-Partenkirchen
- ❑ Berchtesgaden
- ❑ Tegernsee

Berchtesgaden. Die Stadt am Fuße des Watzmanns ist geprägt von den Bauwerken der Berchtesgadener Fürstpröpste, z. B. das steinerne 3-schiffige romanische Münster.

Was bezeichnet man mit der Abkürzung LED?
- ❑ Quarz-Uhrwerk
- ❑ Funkuhr
- ❑ Phosphoreszenz
- ❑ digitale Leuchtanzeige

Leuchtanzeigen, die in Rechnern und Uhren sowie bei Flachbildschirmen verwendet werden. LED bezeichnet eine Leuchtdiode (Light Emitting Diode).

Wer siedelt im Bio-Valley?
- ❑ bedrohte Tierwelt
- ❑ Bio-Technologie-Firmen
- ❑ Greenpeace
- ❑ Geflügelfarmen

Bio-Technologie-Firmen. Der Begriff entstand in Anlehnung an das Silicon-Valley in Kalifornien, wo sich seit den 70er-Jahren eine Computer-Industrie entwickelt hat.

Wie nennt man eine Gesellschaft, die nicht selbst produziert?
- ❑ Verkehrsbetrieb
- ❑ Aktiengesellschaft
- ❑ Holding
- ❑ Dienstleistung

Holding. Ihre wirtschaftliche Tätigkeit erstreckt sich z. B. auf die Verwaltung von Unternehmen. Sie stimmt die Zweckmäßigkeit der Produktionen unter den Unternehmen ab, diese bleiben zumeist rechtlich selbstständig.

Welcher außenpolitische Erfolg verbesserte 1933 das Image der Hitler-Regierung?
- ❑ Anschluss Österreichs
- ❑ „Reichskonkordat"
- ❑ Ermächtigungsgesetz
- ❑ Austritt aus dem Völkerbund

Mit dem „Reichskonkordat", das sie durch Vizekanzler Franz von Papen (1879-1969) 1933 mit dem Vatikan abschließen ließ. Der Vertrag sicherte den Katholiken freie Religionsausübung zu.

Welcher monumentale Kirchenneubau entstand unter Kaiser Justinian in Konstantinopel?
- ❑ St. Peter
- ❑ Basilius-Kathedrale
- ❑ Sagrada Familia
- ❑ Hagia Sophia

Die Hagia Sophia (gr. „Heilige Weisheit"). Sie war bereits 360 vollendet, musste jedoch nach einem Brand 532–537 neu errichtet werden. 1453 wurde sie Moschee, seit 1934 ist sie ein Museum.

Welche Dynastie stellte den ersten Kaiser von China?
- ❑ Ch'in
- ❑ Sung
- ❑ Ming
- ❑ Mandschu

Die Ch'in-Dynastie, von der sich der Name „China" ableitet. Shih Huang Ti wurde 221 v. Chr. erster Kaiser, nachdem er alle chinesischen Teilreiche unter seiner Herrschaft vereinigt hatte. Die Terrakotta-Armee bei Xi'an stammt aus seinem Grabmal.

Mit welcher Sprachstufe begann um 750 die deutsche Sprachgeschichte?
- ❑ Gotische
- ❑ Langobardische
- ❑ Althochdeutsche
- ❑ Fränkische

Mit dem Althochdeutschen (um 750 bis um 1050), das aus den Sprachen der Alemannen, Baiern, Franken, Hessen und Thüringer in Süddeutschland bis zum Nordrand der Mittelgebirgsschwelle entstand.

Wer verfügte um 900 über zuverlässige Navigationstechniken?
- ❑ Araber
- ❑ Chinesen
- ❑ Spanier
- ❑ Wikinger

Die Wikinger. Es ist ziemlich sicher, dass sie bei klarem Wetter den azimutalen Peilungskreis einsetzten, also eine Technik anwendeten, die heutzutage der Theodolit übernimmt.

Welche Kolonialmacht brachte seit 1872 das Negervolk der Aschanti in Bedrängnis?
- ❑ Italien
- ❑ Frankreich
- ❑ Niederlande
- ❑ Großbritannien

Großbritannien, das niederländische Siedlungen in Ghana an der Goldküste aufkaufte und in das Binnenland eindrang.

Was verbirgt sich hinter der Abkürzung ESA?

- ❑ Spanische Stierkämpfergewerkschaft
- ❑ Europäische Weltraumbehörde
- ❑ Europäisches Steueramt
- ❑ Aalfänger Estlands

Europäische Weltraumorganisation (European Space Agency). Ziel der ESA ist die Entwicklung der Weltraumforschung und -technik. Von ihr wurde das Weltraumlabor Spacelab entwickelt.

Welcher Philosoph und Mathematiker kam noch mit 89 Jahren ins Gefängnis?

- ❑ Bertrand Russel
- ❑ Ludwig Wittgenstein
- ❑ Ernest Rutherford
- ❑ John M. Keynes

Bertrand Russel (1872–1970). Er machte durch seine Proteste gegen Krieg, soziale Unterdrückung und überkommene Moralvorstellungen von sich reden.

In welcher Sprache wurden die Merseburger Zaubersprüche um 750 verfasst?

- ❑ Altenglisch
- ❑ Sächsisch
- ❑ Ripuarisch
- ❑ Althochdeutsch

Im Althochdeutschen. Der eine ist ein vierzeiliger „Lösesegen" zur Befreiung eines Gefangenen, der andere ein achtzeiliger „Pferdesegen" zur Heilung eines verletzten Beins.

Was ist ein Blockbuster?

- ❑ Actionfilm
- ❑ internationaler Konzern
- ❑ Sportskanone
- ❑ Filmhit

Ein Filmhit. Der martialische Begriff bedeutet eigentlich „abgeworfene Fliegerbombe"; aber auch Kino-Kassenschlager werden häufig mit Actionfilmen wie Rambo erzielt.

Was beendete 1122 das Wormser Konkordat?

- ❑ Bilderstreit
- ❑ Investiturstreit
- ❑ Templerorden
- ❑ Hexenverfolgung

Den Investiturstreit. Um das Recht der Amtseinführung von Geistlichen zankten sich Kaiser und Papst seit dem Pontifikat Gregors VII. (um 1021–85). Es sah vor, dass Wahl und Weihe durch den Klerus erfolgte und der König die weltlichen Rechte verlieh.

Wo entstand um 800 das buddhistische Heiligtum Borobudur?

- ❑ Madhya Pradesh
- ❑ Katmandu
- ❑ Java
- ❑ Laos

Auf Java. Die 40 m hohe, in terrassenförmigen Stufen aufsteigende Pyramide gipfelt in drei kreisförmige Terrassen, auf deren oberster eine mächtige Halbkugel mit dem großen Stupa steht.

Wo wurde 986 die Funktion des Kompass beschrieben?

- ❑ Genua
- ❑ Venedig
- ❑ China
- ❑ Alexandria

In China, wo der Gelehrte Xu Quan einen Magneten als „einen Stein, mit dem man der Nadel die Richtung eingeben" könne, beschreibt. Sein erster Einsatz ist für 1119 belegt; 1187 erreichte er Europa.

Wie bezeichnet man den Totalausfall mehrerer Computer in einem Netzwerk?

- ❑ Crash
- ❑ Absturz
- ❑ Computer-GAU
- ❑ Shortcut

Computer-Gau, wie er z. B. auch im Internet auftritt. Der Begriff „Gau" kommt aus der Atomindustrie und bezeichnet den „Größten Anzunehmenden Unfall", wie in Tschernobyl.

Wie hieß die bedeutende evangelische Widerstandsbewegung im „Dritten Reich"?

- ❑ Weiße Rose
- ❑ Societas Jesu
- ❑ Bekennende Kirche
- ❑ Deutsche Christen

„Bekennende Kirche", die sich seit 1934 als Alternative zur Reichskirche formierte und ihre Positionen offen vertrat. Verfolgungen wie Publikationsverbote und Inhaftierungen waren die Konsequenz.

Was versteht man in der Astronomie unter Ekliptik?

- ❑ scheinbare Sonnenkreisbahn
- ❑ Mondumlaufbahn
- ❑ Sonnenfinsternis
- ❑ Tierkreiszeichen

Der Kreis, in dem die Ebene der Erdbahn um die Sonne die als unendlich groß gedachte Himmelskugel schneidet.

Wer ließ die Pfalzkapelle in Aachen erbauen?

- ❑ Karl der Große
- ❑ Ludwig der Fromme
- ❑ Einhard
- ❑ Tassilo

Karl der Große (747–814) 804. Das architektonische Vorbild war der oktogonale Zentralbau der Kirche von San Vitale in Ravenna. Die Pfalzkapelle war bis ins Spätmittelalter Krönungsort der deutschen Könige.

Was löste 1873 den sog. Gründerkrach aus?

- ❑ Schwarzer Freitag
- ❑ Inflation
- ❑ Wiener Börsenkrach
- ❑ Prohibition

Der Wiener Börsenkrach und die Wirtschaftskrise in den USA, die eine internationale Finanzkrise hervorrief. Die Weltwirtschaftskrise dauerte bis 1895/96 an.

Welche Skulptur ist von Ernst Barlach?

- ❑ *Der Verzweifelte (1916)*
- ❑ *Der Denker*
- ❑ *Garbage Seating*
- ❑ *Verhungernde Kinder*

Der Verzweifelte, 52 cm hoch, aus Holz. Sie symbolisiert in expressiver Weise die Klage über das Leiden an der menschlichen Existenz – eine Grundkonstante im Schaffen Barlachs (1870–1938).

Wo hat der Atavismus eine Bedeutung?

- ❑ Biologie
- ❑ Theologie
- ❑ Kunst
- ❑ Ethnologie

In der Biologie, vor allem in der Vererbungslehre. Damit meint man das Wiederauftreten von Merkmalen der Vorfahren, die den unmittelbaren vorhergehenden Generationen fehlen.

Was sammelte Harun al-Raschid?

- ❑ Märchen
- ❑ Schädel der Ungläubigen
- ❑ Frauen
- ❑ Araber-Hengste

Die Geschichten aus *Tausendundeiner Nacht*, einer arabischen Märchensammlung. Berühmt ist die Rahmenerzählung: Scheherazade unterhält den mit ihr vermählten König von Samarkand Nacht für Nacht mit einem Märchen, um dem Schicksal ihrer Vorgängerinnen zu entgehen, die jeweils am Morgen nach der Hochzeitsnacht hingerichtet wurden.

Wo wurde vor Gutenberg der Druck mit beweglichen Lettern erfunden?

- ❑ Japan
- ❑ Nepal
- ❑ China
- ❑ Irland

In China. Der Alchimist Pi Sheng (etwa 1040–1150) brannte die Schrifttypen aus Lehm. Das Verfahren setzte sich jedoch wegen der Vielzahl der chinesischen Schriftzeichen nicht durch.

Mit welchem Organ versuchten die Nationalsozialisten das kulturelle Leben in Deutschland zu kontrollieren und zu lenken?

- ❑ Gestapo
- ❑ Bund Deutscher Mädel
- ❑ Reichskulturkammer
- ❑ Hitlerjugend

Mit der Reichskulturkammer, die dem Ministerium Joseph Goebbels' (1897-1945) unterstand. Alle Künstler mussten Mitglied sein, wollten sie nicht mit Berufsverbot belegt werden.

Wer ist ein Kreole?

- ❑ Indianer der Karibik
- ❑ Nachkomme Weißer
- ❑ Mischling
- ❑ Puertoricaner

Ursprünglich die Bezeichnung für in den spanischen Kolonien Amerikas geborene Nachkommen spanischer Eltern. Später auch unterschiedlich gebraucht, z. B. für Nachkommen französischer und spanischer Einwanderer in den USA.

Welche Grundbucheintragung belastet ein Grundstück?

- ❑ Darlehen
- ❑ Hypothek
- ❑ Schuldschein
- ❑ Personalkredit

Die Hypothek. Sie dient der Absicherung langfristiger Kredite. Der Gläubiger kann eine Zwangsvollstreckung des Grundstückes erwirken, wenn der Schuldner seine Verbindlichkeiten nicht bezahlt.

Welchen Inhalt hat das althochdeutsche Gedicht *Muspilli*?

- ❑ Apokalypse
- ❑ Kreuzzug
- ❑ Teufelsaustreibung
- ❑ Heiligenlegende

Die Schilderung des Weltendes. Das Stabreimgedicht (821–827) stammte von einem bairischen Dichter. Der Prophet Elias vergießt im Kampf mit dem Antichristen Blut auf die Erde; dann bricht die Apokalypse an.

Wer bedrohte das antike Rom vom Land aus?

- ❑ Hellenen
- ❑ Karthager
- ❑ Seeräuber
- ❑ Araber

Die Karthager unter Hannibal (um 247–183 v. Chr.), der 218 v. Chr. mit rund 60.000 Söldnern, 10.000 Pferden und 37 Elefanten die Alpen überquerte. 211 v. Chr. war vorübergehend auch Rom in Gefahr: „Hannibal ante portas!"

Was wird nach dem Erzbischof Ebo von Reims benannt?

- ❑ Oratorium
- ❑ Vaterunser
- ❑ Evangeliar
- ❑ Abendmahlstreit

Das Ebo-Evangeliar (um 830), benannt nach seinem Auftraggeber; es wird heute in Épernay aufbewahrt. Das Evangeliar ist eine karolingische Handschrift mit teilweise ganzseitigen Miniaturen.

Welcher britische Premierminister seit 1874 war ein Hauptvertreter des britischen Imperialismus?

- ❑ William Pitt d. Ä.
- ❑ Benjamin Disraeli
- ❑ Cecil Rhodes
- ❑ William Burghley

Der Tory-Politiker Benjamin Disraeli (1804–81), der mit Unterstützung Königin Victorias eine imperiale Politik Großbritanniens verfolgte, die zur sog. „Splendid Isolation" führte.

Welche Vermittlung stellt der Agent in Computer-Netzwerken her?

- ❑ User und PC
- ❑ Client und Server
- ❑ Administrator und User
- ❑ Server und Server

Zwischen Clients und Servern. Beispielsweise überträgt dieses Programm Anfragen in passende Formate oder leitet sie an die Hardware-Einrichtungen weiter.

Wie nennt man einen Zauberer, der sich mit Tanz, Musik und Drogen in Trance versetzt?

- ❑ Brahmane
- ❑ Schamane
- ❑ Sufi
- ❑ Merlin

Einen Schamanen. Ihre Tradition als Priester und Heiler lebt in Zentralasien und Sibirien fort, wo man ihnen große magische Kräfte zuerkennt, mit denen sie Seelenwanderungen unternehmen.

Was bezeichnet man als Kantersieg?

- ❑ leichter Sieg
- ❑ Pyrrhussieg
- ❑ Unentschieden
- ❑ Niederlage

Ein leichter, müheloser Sieg. Kanter ist eine Pferdegangart, nämlich ein kurzer, leichter Galopp, was aus dem Englischen entlehnt wurde: Canterbury gallop.

Wer beschrieb als Erster in Europa die Herstellung von Schießpulver?
- ❑ Berthold Schwarz
- ❑ Roger Bacon
- ❑ Götz von Berlichingen
- ❑ Leonardo da Vinci

Roger Bacon (um 1214–94), einer der ersten Naturforscher des Mittelalters. Zu einem ähnlichen Ergebnis kam im 14. Jh. der Mönch Berthold Schwarz. Nach ihm wurde das Schwarzpulver benannt.

Welche Benediktinerin gilt als erste deutsche Dichterin?
- ❑ Hrotsvit (Roswitha) von Gandersheim
- ❑ Eleonore von Aquitanien
- ❑ Hildegard von Bingen
- ❑ Elisabeth von Thüringen

Hrotsvit von Gandersheim (um 935–973). Sie verfasste u. a. sechs einzigartig gebliebene Moralkomödien – alle in lateinischer Sprache. Sie stehen zwischen antiker Tradition und mittelalterlichem Mysterienspiel.

Welcher Franzose ging als „erster Troubadour" in die Geschichte ein?
- ❑ Gottfried von Anjou
- ❑ Richard Löwenherz
- ❑ Wilhelm von Aquitanien
- ❑ Stephan von Blois

Herzog Wilhelm IX. von Aquitanien (1071–1126). Eine Vita beschreibt ihn als einen „der größten höfischen Ritter der Welt und den größten Betrüger der Damen". Nur 11 Lieder stammen nachweislich von ihm.

Welche Handschrift mit nordischen Götter- und Heldenliedern entstand um 1000?
- ❑ *Võlsunga saga*
- ❑ *Nibelungenlied*
- ❑ *Heimskringla*
- ❑ *Lieder-Edda*

Die *Lieder-Edda*, die 1643 der isländische Bischof Brynjólfur Sveinsson erwarb. Der Name geht zurück auf das Skalden-Lehrbuch des Snorri Sturluson (1178/79–1241), das dieser *Edda* genannt hatte.

Wer war Hitlers persönlicher Anwalt und später Generalgouverneur in Polen?
- ❑ Joseph Goebbels
- ❑ Alfred Rosenberg
- ❑ Hans Frank
- ❑ Martin Bormann

Hans Frank (1900–46), der sich einerseits für den Erhalt des deutschen Rechtssystems einsetzte, andererseits im besetzten Polen an der Massenvernichtung von Juden mitwirkte.

Wer schuf den Amida Nyorai-Buddha?
- ❑ Jocho
- ❑ Sesshu
- ❑ Unkei
- ❑ Rodin

Der japanische Künstler Jocho, der um 1053 mit dieser Statue eine Formensprache schuf, welche die Amida-Kunst über 100 Jahre prägte. Die vergoldete Holzstatue des Amida-Buddha steht in der Ho-o-do (Phoenixhalle) eines Tempels in Uji, südöstlich von Kyoto.

Wann wurde die Brille erfunden?
- ❑ 13. Jahrhundert
- ❑ 15. Jahrhundert
- ❑ 17. Jahrhundert
- ❑ 19. Jahrhundert

Um 1285; vermutlich wurden in Venedig die ersten Ein-Glas-Sehhilfen gefertigt. Erst ab dem 17. Jh. trug man die Brille auf der Nase.

Was versteht man unter einem Pacemaker?
- ❑ Cityruf
- ❑ Layout-Programm
- ❑ Tempomacher im Sport
- ❑ Friedensengel

Den Tempomacher im Sport, der im Radsport oder Langstreckenlauf nicht die ganze Rennstrecke absolviert, sondern sich vorzeitig zugunsten der Favoriten ausklinkt.

Welche Partei wurde 1875 mit dem „Gothaer Programm" gegründet?
- ❑ Sozialistische Arbeiterpartei Deutschlands
- ❑ Deutsche Demokratische Partei
- ❑ Nationalliberale Partei
- ❑ Deutsche Volkspartei

Die Sozialistische Arbeiterpartei Deutschlands, die aus der Vereinigung des Allgemeinen Deutschen Arbeitervereins (1863) und der 1869 gegründeten Sozialdemokratischen Arbeiterpartei hervorging.

Wo befindet sich das John-F.-Kennedy-Raumfahrtzentrum?

- ❑ Houston
- ❑ Cape Canaveral
- ❑ Miami
- ❑ Charleston

Auf Cape Canaveral, einer Landzunge im Osten des US-Bundesstaates Florida. Hier befindet sich die Hauptstartbasis für Erdsatelliten und Weltraumraketen der USA.

Was ist ein Astralleib?

- ❑ Stern
- ❑ seelische Kraft
- ❑ Aura
- ❑ Frauenkörper

Die seelische Kraft, die nach der okkultistischen Lehre des Paracelsus (1493–1541) im irdischen Leib waltet, selbst aber unsichtbar und unangreifbar bleibt.

Zu welcher Weltreligion gehört die Scharia?

- ❑ Visnuismus
- ❑ griechische Orthodoxie
- ❑ Islam
- ❑ Manichäismus

Zum Islam. Es ist das Gesetz, das im Koran und in der Sunna, die die Aussagen und Handlungen Mohammeds überliefert, verankert ist und in islamischen Staaten auch als Strafrecht angewendet wird.

Worum handelt es sich bei einer Festplatte?

- ❑ Hauptplatine
- ❑ Lochkarte
- ❑ 3,5-Zoll-Diskette
- ❑ Magnetplattenspeicher

Um einen Magnetplattenspeicher. Die Festplatte funktioniert ähnlich wie eine Diskette oder eine CD, ist jedoch im Gerät eingebaut. Sie dient der Speicherung von Massendaten.

Welches Lied singt von „der Männer all, die starben im Tal von Roncevall“?

- ❑ *La Chanson de Roland*
- ❑ *Nibelungenlied*
- ❑ *Hohelied*
- ❑ *Ballade Leonore*

Das erste französische Volksepos *La Chanson de Roland* (um 1105). Das *Rolandslied* idealisiert in 4002 Zehnsilbler-Versen den Heldentod des bretonischen Markgrafen Roland.

Was war die Thule-Gesellschaft?

- ❑ Polarforscherverein
- ❑ Nordischer Literaturkreis
- ❑ antisemitischer Geheimbund
- ❑ Sozialfonds für Inuit

Antisemitischer und völkischer Geheimbund, der sich 1918 in München bildete und gleich gesinnte Gruppen unterstützte. Er trug zur Gründung des Freikorps Oberland bei und beeinflusste das Werden der NSDAP.

Was ist das älteste Meisterwerk der französischen Hochgotik?

- ❑ Kathedrale von Chartres
- ❑ Amphitheater von Nîmes
- ❑ Klosterkirche von Cluny
- ❑ Straßburger Münster

Notre-Dame von Chartres (1194–1260). Die dreischiffige Basilika wurde als erstes gotisches Bauwerk völlig in der Strebebogentechnik errichtet. Chartres beeinflusste die gotische Architektur in ganz Europa.

Wann begann in Europa der Eisenguss?

- ❑ um 1100
- ❑ um 1300
- ❑ um 1500
- ❑ um 1700

Um 1300. Davor war es nur möglich eine Art Eisen-Schlacke zu erzeugen. Das neue Verfahren kam aus dem Rheintal, wo Vorläufer des modernen Hochofens zum ersten Mal eingesetzt wurden.

Bei welchem Handelsgeschäft erhalten Personen Vorab-Informationen und nutzen diese zu ihrem Vorteil?

- ❑ Mauscheln
- ❑ Vetternwirtschaft
- ❑ Abzocken
- ❑ Insidergeschäft

Beim Insidergeschäft (Insider-Handel). Dieser ist in England, Frankreich und der Schweiz strafbar. In Deutschland existieren nur Grundsatzvereinbarungen der Banken und Industrie.

Welche Volkstribune des alten Rom lösten eine Agrarreform aus?

- ❑ Marius und Saturninus
- ❑ die Gracchen
- ❑ Drusus und Cinna
- ❑ Sulla und Pompeius Strabo

Die Brüder Tiberius (162–133 v. Chr.) und Gaius (153–121 v. Chr.) Sempronius Gracchus, die für die Besserstellung der verarmten Kleinbauern kämpften. In dem folgenden Bürgerkrieg kamen beide um.

Welches Territorium befindet sich auf der Karibikinsel Hispaniola?

- ❑ Puerto Rico
- ❑ Haiti
- ❑ Kuba
- ❑ Jamaika

Haiti. Es nimmt das westliche Drittel der Insel ein. Hauptstadt ist Port-au-Prince. Der größere östliche Teil ist die Dominikanische Republik mit der Hauptstadt Santo Domingo.

Wo steht der Tempel von Angkor Vat?

- ❑ Japan
- ❑ Kambodscha
- ❑ Indonesien
- ❑ Indien

In Kambodscha. Der gewaltigste buddhistische Tempel- bzw. Klosterbau Südostasiens wurde um 1150 fertig gestellt. Angkor war die Residenzstadt des Khmer-Reiches.

Wem galt die Bezeichnung „Kranker Mann am Bosporus"?

- ❑ Makedonien
- ❑ Griechenland
- ❑ Osmanisches Reich
- ❑ Bulgarien

Dem Osmanischen Reich, das 1875 den Staatsbankrott verkündete. Sultan Abdulaziz konnte die hohen Auslandsschulden nicht mehr begleichen.

Wer oder was soll mit dem Schlagwort Gentrification „geadelt" werden?

- ❑ berühmte Politiker
- ❑ erfolgreiche Sportler
- ❑ romantische Orte
- ❑ heruntergekommene Stadtviertel

Heruntergekommene Stadtviertel. Vor allem öffentliche Sanierungsmaßnahmen sollen das Viertel attraktiver machen. Der amerikanische Terminus kommt von gentry „der Adel".

Welche Glaubensgruppe gehört dem Islam an?

- ❑ Mahayana
- ❑ Schiiten
- ❑ Theravada
- ❑ Sadduzäer

Die Schiiten, die vor allem im Irak und im Iran leben, trennten sich von den Sunniten, weil sie die Kalifen, die gewählten Führer des Islam, nicht anerkennen wollten. Sie sind die kleinere islamische Glaubensrichtung.

Wer schuf im Mittelalter einen berühmten Gralsroman?

- ❑ Geoffrey Chaucer
- ❑ Chrétien de Troyes
- ❑ Hartmann von Aue
- ❑ Joseph von Arimathia

Chrétien de Troyes (um 1140–vor 1190). *Die Geschichte vom Graal* oder *Der Roman von Perceval* hinterließ eine besondere Wirkung, z. B. in Deutschland, wo Wolfram von Eschenbach seinen *Parzival* dichtete.

Wann wurde nachweislich die erste Kanone benutzt?

- ❑ 1331
- ❑ 1410
- ❑ 1632
- ❑ 1757

1331, bei der Belagerung von Cividale in Friaul. Hier verwendeten die Ritter von Crusberg und von Spilimberg nachweisbar zum ersten Mal eine Kanone mit Steinkugeln.

Wer waren die Katharer?

- ❑ Ketzer
- ❑ frühchristliche Säulenheilige
- ❑ slawische Missionare
- ❑ Darsteller im No-Theater

Eine christliche Sekte, die als ketzerisch verurteilt wurde und der Inquisition verfiel. Die „katharoi" (gr. „die Reinen") traten seit etwa 1140 in Spanien, Südfrankreich und Oberitalien auf und wurden blutig verfolgt.

Welcher Fixstern ist unserem Sonnensystem am nächsten?

- ❑ Sirius
- ❑ Alpha Centauri
- ❑ Capella
- ❑ Orion

Alpha Centauri. Dieses System aus drei Sternen, im Sternbild Zentaur gelegen, ist mit einer Entfernung von 4,3 Lichtjahren unserem Sonnensystem am nächsten.

Welche Adressen werden URL genannt?

- ❑ PC-Dateien
- ❑ Internet-Adressen
- ❑ Handy-Nummern
- ❑ Intranet-Adressen

Jede Seite im World Wide Web. URL bedeutet „Uniform Ressource Locator". URLs in einem WWW-Dokument werden auch als „Links" (Verweise) bezeichnet.

Welches mittelhochdeutsche Heldenepos entstand um 1200?

- ❑ *Nibelungenlied*
- ❑ *Parzival*
- ❑ *Erec*
- ❑ *Tristan und Isolde*

Das *Nibelungenlied.* Es erzählt das Schicksal Siegfrieds, seine Hochzeit mit Kriemhild, die Ermordung durch Hagen und Kriemhilds Rache mithilfe des Hunnenkönigs Etzel.

Wer wollte als Jugendführer „der Priester des nationalsozialistischen Glaubens" sein?

- ❑ Robert Ley
- ❑ Arthur Seyß-Inquart
- ❑ Baldur von Schirach
- ❑ Rudolf Heß

Baldur von Schirach (1907–1974), von 1935–40 Chef der „Hitlerjugend" (HJ). Dennoch kritisierte er die Vernichtungspolitik im Osten. In Nürnberg wurde er zu einer 20-jährigen Haftstrafe verurteilt.

Wer schuf um 1200–1210 den deutschen Gralsroman *Parzival*?

- ❑ Hartmann von Aue
- ❑ Chrétien de Troyes
- ❑ Wolfram von Eschenbach
- ❑ der Kürenberger

Wolfram von Eschenbach (um 1170–um 1220). In seinem *Parzival* wirkt der altfranzösische Gralsroman des Chrétien de Troyes nach. Es ist ebenfalls ein Gralsroman, mit dem Ritter Parzival als Titelhelden.

Was versteht man unter Defloration?

- ❑ Pflanzenzucht
- ❑ Beschneidung
- ❑ Entjungferung
- ❑ Kreuzung

Entjungferung. Der Begriff kommt von lateinisch deflorare „der Blüte berauben". Meist kommt es beim ersten Geschlechtsakt zum Einriss des Jungfernhäutchens (Hymen).

Was war der Satsuma-Aufstand von 1877?

- ❑ Orangenplantagen-arbeiter-Aufstand
- ❑ Pagenverschwörung
- ❑ Samurai-Aufstand
- ❑ Eunuchenputsch

Ein Aufstand von ca. 30.000 Samurai-Rittern, die angeführt von Saigo Takamori gegen die japanische Regierung des Meiji Tenno (1852–1912) kämpfte, der eine Europäisierung eingeleitet hatte.

Wo entstand 1389/90 die erste nachweisbare Papiermühle?

- ❑ Köln
- ❑ Paris
- ❑ London
- ❑ Nürnberg

In Nürnberg. Die Gleismühle stellte Papier in Massenproduktion her. Es begann nun das teure Pergament zu ersetzen. Knapp zehn Jahre später wurde Gutenberg geboren, der Erfinder des Buchdrucks.

Welche Philosophie dominierte im Mittelalter das christliche Abendland?

- ❑ Phänomenologie
- ❑ Scholastik
- ❑ Nominalismus
- ❑ Deismus

Die Scholastik, die an den Kathedral- und Klosterschulen gelehrt wurde. Sie knüpfte an die antike Philosophie und an die Kirchenlehrer der Spätantike an. Wichtigster Vertreter war Thomas von Aquin (1225–74).

Nach welcher Figur der griechischen Mythologie ist der Atlantische Ozean benannt?

- ❑ Atlas
- ❑ Atalante
- ❑ Athene
- ❑ Ate

Atlas, ein Titan, den Perseus' Medusenhaupt in das Atlasgebirge verwandelte. Er ist der Träger des Himmelsgewölbes.

Wer schuf mit dem *Tristan* um 1210 ein Meisterwerk des höfischen Romans?

- ❑ Gottfried von Straßburg
- ❑ Walther von der Vogelweide
- ❑ Petrarca
- ❑ Neidhart

Gottfried von Straßburg (um 1180–um 1210). Tristan wirbt für König Marke um Isolde. Auf der Heimfahrt verbinden sie sich durch einen Minnetrank. Das unvollendete Epos erfuhr zahlreiche Neubelebungen.

Welche technische Innovation nutzte die nationalsozialistische Propaganda?

- ❑ Abwurf von Flugblättern
- ❑ Mikrofon
- ❑ Volksempfänger
- ❑ Fernsehen

Den Volksempfänger, einen preisgünstigen Radioapparat. Die Nationalsozialisten, allen voran Propagandaminister Joseph Goebbels (1897–1945), entdeckten sehr schnell das unglaubliche Potenzial des Mediums.

Wer war der berühmteste deutsche Minnesänger?

- ❑ Nîthart
- ❑ Reinmar von Hagenau
- ❑ Walther von der Vogelweide
- ❑ Heinrich von Morungen

Walther von der Vogelweide (um 1170–um 1230). Er besang die hohe und niedere Minne. In den meist einstrophigen Sprüchen ergriff er u. a. Partei für die Staufer und gegen den Papst.

Wer waren die Gegner der Optimaten im römischen Bürgerkrieg?

- ❑ Sklaven
- ❑ Latiner
- ❑ Nobilität
- ❑ Popularen

Die Popularen, angeführt von Gaius Marius (156–86 v. Chr.); sein Gegner war L. Cornelius Sulla (138–78 v. Chr.), der schließlich der Senatsherrschaft, vertreten durch die Optimaten (lat. „die Besten"), zum Sieg verhalf.

Von wem stammt das einzige aus dem Mittelalter erhaltene Bauhüttenbuch um 1235?

- ❑ Villard de Honnecourt
- ❑ Lorenzo Ghiberti
- ❑ Erwin von Steinbach
- ❑ Peter Parler

Von dem französischen Baumeister Villard de Honnecourt, der an Bauhütten in Frankreich, Ungarn und Deutschland die Vorlagen für seine Zeichnungen auf 33 Blättern fand.

Welches UN-Organ bemüht sich unter anderem um die Stabilität der Weltwährung?

- ❑ UNSCOM
- ❑ Zehnergruppe
- ❑ IWF
- ❑ Welthandelsorganisation

Der Internationale Währungsfonds (IWF), der 1945 zusammen mit der Weltbank gegründet wurde. Derzeit sind 181 Staaten der Erde darin Mitglied.

Wann entstanden die Windmühlen in Holland?

- ❑ um 1310
- ❑ um 1420
- ❑ um 1618
- ❑ um 1789

Um 1420. Es waren Turmwindmühlen mit fest stehendem Steinsockel und drehbarer Haube. Die früheren, seit dem 12. Jh. bekannten Windmühlen mit horizontaler Achse wurden damit ersetzt.

Wofür steht die Endung „.com“ in Internet-Adressen?

- ❑ serielle Schnittstelle
- ❑ kommerziell
- ❑ kompatibel
- ❑ Newsgroup

Sie ist eine Abkürzung für kommerziell (engl. commercial). In erster Linie benutzen sie Firmen.

In welchem Land wurde der Voodoo-Kult 1996 offiziell als Religion anerkannt?

- ❑ Kuba
- ❑ Benin
- ❑ Brasilien
- ❑ Neuseeland

In dem westafrikanischen Land Benin. Hier sind 61% der Bevölkerung Anhänger des Kultes, der im 18. Jh. unter den Sklaven der Karibik entstanden ist.

Welcher Staat gehört dem Commonwealth of Nations an?

- ❑ Irland
- ❑ Fiji
- ❑ Südafrika
- ❑ Thailand

Südafrika, das nach seinem Austritt 1961 im Jahr 1994 wieder eingetreten ist. Der Staatengemeinschaft mit Königin Elisabeth II. als formellem Oberhaupt gehören 54 Staaten an.

Welche Buren-Republik annektierten die Briten 1877?

- ❑ Soweto
- ❑ Swasiland
- ❑ Lesotho
- ❑ Transvaal

Transvaal, die zweitälteste Buren-Republik neben Natal und dem Oranje-Freistaat. Nach der Annexion ging die Republik mit ihrem Führer Paulus Ohm Krüger (1825–1904) in den passiven Widerstand.

Welche Sekte hat eine autoritäre Struktur und arbeitet mit kommerzieller Praxis?

- ❑ Bhagwan
- ❑ „Scientology Church“
- ❑ Aum
- ❑ Mun

Die „Scientology Church“, die 1954 von dem Science-Fiction-Autor L. Ron Hubbard gegründet wurde. In Deutschland steht sie unter der Beobachtung des Verfassungsschutzes.

Für welchen Dom wurde der Grundstein 1248 gelegt, der Schlussstein 1880?

- ❑ Ulmer Münster
- ❑ Kölner Dom
- ❑ Kathedrale von Chartres
- ❑ Felsendom

Für den Kölner Dom. Der Bau kam von 1508/09 bis 1842 zum Erliegen, nachdem die Kämpfe zwischen den Erzbischöfen und den nach Unabhängigkeit strebenden Bürgern zugenommen hatten.

Wodurch wurde Österreich zum Herzogtum?

- ❑ Pragmatische Sanktion
- ❑ Privilegium minus
- ❑ Staatsvertrag
- ❑ Westfälischer Friede

Durch das Privilegium minus von 1156, das die Trennung der Mark Österreich von Bayern festschrieb. Friedrich I. Barbarossa (um 1122–90) stiftete dadurch Frieden zwischen Staufern und Welfen; Letztere erhielten Bayern als Lehen.

Welches Los erwartete den Geliebten der Héloïse?

- ❑ Kastration
- ❑ Verbannung
- ❑ Tod auf dem Scheiterhaufen
- ❑ Kerkerhaft

Die Kastration. Der Philosoph Petrus Abälard (1079–1142), der mit seiner 17-jährigen Schülerin Héloïse eine Liebesbeziehung eingegangen war, verfasste hierüber einen fiktiven Briefwechsel mit seiner Geliebten.

Wann wurde der erste nachweisbare Kaiserschnitt durchgeführt?
- ❑ um 1400
- ❑ um 1500
- ❑ um 1600
- ❑ um 1900

Um 1400 von einem Medicus namens Jakob Nufer. Chirurgen waren meist Bader und hatten wenig Ansehen; die Ärzte, meist Geistliche, waren auf sie angewiesen, da sie selbst keine Operationen vornehmen durften.

Wo hielten die Nationalsozialisten gewöhnlich ihre Reichsparteitage ab?
- ❑ Berlin
- ❑ Nürnberg
- ❑ München
- ❑ Erfurt

In Nürnberg. Die propagandistische Organisation übernahmen Joseph Goebbels (1897–1945) und Albert Speer (1905–81). Sie standen meist unter einem bestimmten Motto, wie z. B. „Kongress des Sieges" (1933).

Wodurch sind die Peloponnes und Attika verbunden?
- ❑ Golf von Korinth
- ❑ Isthmus von Korinth
- ❑ Piräus
- ❑ Meerenge von Chalkis

Durch den Isthmus von Korinth. Hier lag auch die antike Stadt Athen, die ein wichtiges Handelszentrum in der griechischen Welt war. Als bedeutendste Kolonie entstand Syrakus (Sizilien).

Wo tanzt man den Merengue?
- ❑ Jamaika
- ❑ Trinidad
- ❑ Spanien
- ❑ Dominikanische Republik

In der Dominikanischen Republik, ferner auch auf Haiti und in Venezuela. Die afrokubanischen Rhythmen des erotischen Tanzes weden mit Akkordeon, Gitarre, Tamboras (Trommeln) und Maracas (Rasseln) begleitet.

Welches Versepos verfasste Dante Alighieri?
- ❑ *Decamerone*
- ❑ *Das befreite Jerusalem*
- ❑ *Divina Commedia*
- ❑ *Ruslan und Ludmila*

Die *Divina Commedia (Göttliche Komödie)*, mit der er zum Schöpfer der italienischen Hochsprache wurde. Dante gibt darin die Hauptfigur ab, die einen Läuterungs-Weg durch die Hölle geht.

Wer erließ 1878 das sog. „Sozialistengesetz"?
- ❑ Vatikan
- ❑ Zar Alexander II.
- ❑ Deutscher Reichstag
- ❑ Britisches Unterhaus

Der deutsche Reichstag, der damit auf Initiative Bismarcks (1815–98) die Parteiarbeit der Sozialdemokraten behinderte. Zum Beispiel durften sozialdemokratische Abgeordnete keine Versammlungen abhalten.

Welcher See Österreichs hat gerade mal 2 Meter Wassertiefe?
- ❑ Attersee
- ❑ Neusiedler See
- ❑ Wörthersee
- ❑ Wolfgangsee

Der Neusiedler See, der an der Grenze zwischen Ungarn und Österreich liegt. Große Teile des Sees sind als Vogelschutzgebiet ausgewiesen.

Welche Kostbarkeit birgt die Manessische Liederhandschrift?
- ❑ Volkslieder aus *Des Knaben Wunderhorn*
- ❑ mittelalterliche Minnelieder und Illustrationen
- ❑ Meisterlieder des Hans Sachs
- ❑ gregorianische Gesänge

Mittelalterliche Minnelyrik. Nach ihrem Aufbewahrungsort wird sie auch *Große Heidelberger Liederhandschrift* genannt. Sie umfasst Werke von 140 Dichtern aus der Zeit von 1160/70 bis ca. 1320.

Was war das hehrste Ziel spätantiker und mittelalterlicher Alchimie?
❑ Gral ❑ Eldorado
❑ Stein der Weisen ❑ Phantasmagorie

Das Auffinden des Steins der Weisen, einer festen oder flüssigen Substanz, mit der man Gold herstellen wollte, und die in verdünnter Lösung verjüngend wirken sollte.

Was war Giotto di Bondone?
❑ Maler des ausgehenden Mittelalters ❑ Condottieri (Söldnerführer)
❑ Filmregisseur ❑ Seefahrer und Entdecker

Italienischer Maler, dessen Werk den Übergang von der Malerei des Mittelalters in die Renaissance kennzeichnet. Berühmt sind seine Fresken in der Arena-Kapelle in Padua von 1305.

Wofür steht die Abkürzung CAD?
❑ Cadmium ❑ Gokart-Sport
❑ Kartell ❑ computergestütztes Design

Für computergestütztes Design, englisch: Computer Aided Design, also ein computerunterstütztes Entwicklungsverfahren. Mit CAD werden z. B. Gebäude und Fahrzeuge entworfen.

Welche Wissenschaft beschäftigt sich mit Steuer- und Regeltechnik?
❑ Numerik ❑ Stöchiometrie
❑ Stereometrie ❑ Kybernetik

Die Kybernetik (von griechisch kybernētēs „Steuermann"), begründet von Norbert Wiener (1894–1964). Informationssysteme herrschen z. B in der Biologie und Informationstechnologie vor.

Wo wurden Uwe Seeler und das deutsche Fußballteam 1966 Vizeweltmeister?
❑ Mexiko ❑ England
❑ Argentinien ❑ Deutschland

In England. Sie verloren im Endspiel gegen den Gastgeber 2:4. In der 101. Minute fiel das „Wembley-Tor" gegen Uwe Seelers Truppe, das umstrittenste Tor der Fußballgeschichte.

Welches deutschsprachige Gebiet entschied 1935 über seinen Anschluss ans Deutsche Reich?
❑ Österreich ❑ Sudetenland
❑ Saarland ❑ Schweiz

Das bis dahin vom Völkerbund verwaltete Saargebiet. Die Volksabstimmung brachte eine deutliche Mehrheit für den Beitritt zum Deutschen Reich.

Wer deckte die „Verschwörung des Catilina" auf?
❑ Caesar ❑ Marcus Antonius
❑ M. Porcius Cato ❑ Cicero

Der Konsul Marcus Tullius Cicero (106–43 v. Chr.) im Jahre 63 v. Chr. Erhalten sind seine vier catilinarischen Reden, mit denen er auch gegen seine politischen Feinde Caesar (100–44 v. chr.) und Crassus (um 115–53 v. Chr.) Front machte.

Was meint man in der Psychologie mit Assoziation?
❑ Über-Ich ❑ Verknüpfung von Vorstellungen
❑ Erinnerung ❑ Wahnvorstellungen

Verknüpfung von Vorstellungen, wobei die eine die andere hervorruft. Die mittlerweile überholte Assoziations-Psychologie dominierte im 19. Jh.

Welches Gerät sendet SMS-Nachrichten?
❑ Fernschreiber ❑ Mobiltelefon
❑ Radiostation ❑ Elektrischer Vibrator

Das Mobiltelefon. Mit einer SMS, dem „Short Message Service" (Kurzmitteilungen), können bis zu 160 Buchstaben lange Texte an andere Handys verschickt werden.

Wie heißt das Sondervermögen einer Investmentgesellschaft?

- ❑ Investmentfonds
- ❑ Immobilie
- ❑ Wechsel
- ❑ Cashflow

Investmentfonds. Er ist in einzelne Anteile aufgeteilt, über die Besitzbescheinigungen ausgestellt sind. Über Kreditinstitute werden sie an Anleger verkauft.

Was sind Autografen?

- ❑ Anzeigenseiten des Automarktes
- ❑ handschriftliche Zeugnisse berühmter Personen
- ❑ Demonstrationszug aus Autos
- ❑ Memoiren

Die Urschriften berühmter Personen, von denen es manchmal bedeutende Privatsammlungen wie die von Goethe oder Stefan Zweig gibt.

Welche Regelung traf 1878 der Berliner Kongress?

- ❑ Thronfolge in Preußen
- ❑ Kredite an das Osmanische Reich
- ❑ Neuordnung des Balkans
- ❑ Freihandelszone Ostsee

Die Neuordnung des Balkans. Unter Vermittlung Bismarcks (1815–98), der sich als „ehrlicher Makler" bezeichnete, legten die Großmächte den russisch-türkischen Konflikt bei.

Was ist eine Asymptote?

- ❑ Spiegelachse
- ❑ missglückter Selbstmord
- ❑ Gerade
- ❑ Parabel

Eine Gerade, der sich eine Kurve, z. B. ein Hyperbelast, unendlich nah annähert, ohne sie je zu erreichen. Man spricht vom „Schnittpunkt" im Unendlichen.

Wie bezeichnet man die Mitglieder der größten islamischen Konfession?

- ❑ Sunniten
- ❑ Schiiten
- ❑ Moabiter
- ❑ Nabatäer

Sunniten, die rund 90% der Muslime ausmachen. Im Gegensatz zu den Schiiten erkennen sie die vier ersten Kalifen nach Mohammed als religiöse Führer an.

Wo liegt der Maracaibosee?

- ❑ Florida
- ❑ Venezuela
- ❑ Madagaskar
- ❑ Hispaniola

In Venezuela. Er ist eine Bucht des Karibischen Meeres und 13.300 km^2 groß. Durch einen 75 km langen Kanal ist er im Norden mit dem Golf von Venezuela verbunden.

In welchem literarischen Genre erlangte Petrarca seit etwa 1330 Berühmtheit?

- ❑ Lyrik
- ❑ Rosenroman
- ❑ Heldenepos
- ❑ Mysterienspiel

In der Liebeslyrik. Francesco Petrarca (1304–74) besang in seinem *Canzoniere* (ital. „Buch der Lieder"), vor allem in den Sonetten, eine von ihm verehrte Dame namens Laura.

Welcher Welfenherzog gründete München?

- ❑ Heinrich der Stolze
- ❑ Heinrich der Löwe
- ❑ Heinrich Jasomirgott
- ❑ Friedrich August

Heinrich der Löwe (um 1129–95), der 1157 die Zollbrücke an der Isar des Bischofs von Freising niederreißen und einige Kilometer flussaufwärts bei der Siedlung „Munichen" eine neue errichten ließ. München erhielt das Marktrecht und andere Privilegien.

Was sind Akronyme?

- ❑ Abkürzungen
- ❑ Chiffren
- ❑ Silbenrätsel
- ❑ Anagramme

Abkürzungen, die sich aus den Anfangsbuchstaben der beteiligten Begriffe zusammensetzen, wie z. B. DOS (Disc Operating System) und NATO (North Atlantic Treaty Organisation).

Welches Werk Boccaccios knüpfte an das Pestjahr von 1348 an?

- ❑ *Rime*
- ❑ *Divina Commedia*
- ❑ *Decamerone*
- ❑ *I promessi sposi*

Das *Decamerone*, dessen Rahmengeschichte von 10 jungen Adligen erzählt, die sich vor der Pest aus Florenz aufs Land flüchten. Dort erzählen sie sich 100 Geschichten, die heiteren, ernsten, erbaulichen und frivolen Inhalts sind.

Was bezeichnet man als Matriarchat?

- ❑ Frauenhaus
- ❑ Mutterherrschaft
- ❑ Schwesterehe
- ❑ Muttergottheit

Die Mutterherrschaft, also eine Gesellschaftsordnung, in der die Frau die maßgebliche Stellung einnimmt. Sie wird für die Vorzeit und höhere Kulturen angenommen.

Wer ließ 1935 bis 1939 die berüchtigte „Große Säuberung" durchführen?

- ❑ Mao
- ❑ Hitler
- ❑ Stalin
- ❑ Pol Pot

Josef Stalin (1879–1953). Dabei wurden große Teile der politischen Elite der KPdSU verhaftet, in Schauprozessen zum Tode verurteilt und hingerichtet bzw. in die sibirische Verbannung geschickt.

Wer war maßgeblich an der Entwicklung der elektronischen Ausrüstung im Kraftfahrzeug beteiligt?

- ❑ Robert Bosch
- ❑ Henry Ford
- ❑ Ferdinand Porsche
- ❑ Adam Opel

Robert Bosch (1861–1942), ein deutscher Industrieller. Er war sozialpolitisch sehr fortschrittlich, z. B. führte er den Acht-Stunden-Tag ein.

Wer verfasste *The Canterbury Tales*, ein humoristisches Porträt der mittelalterlichen Ständegesellschaft?

- ❑ Thomas Morus
- ❑ Geoffrey Chaucer
- ❑ Oscar Wilde
- ❑ Edgar Allan Poe

Geoffrey Chaucer (1342/43–1400). Er beschrieb an den 30 Canterbury-Pilgern mit Humor deren Erscheinung und Besonderheiten. In diese Rahmenhandlung sind 23 heitere, kuriose und bisweilen auch derbe Geschichten eingebettet.

Durch welches Gebirge wird Spanien von Frankreich getrennt?

- ❑ Alpen
- ❑ Pyrenäen
- ❑ Cevennen
- ❑ Vogesen

Durch die Pyrenäen. Der Gebirgszug hat eine Länge von etwa 430 km, die größte Breite beträgt etwa 130 km.

Wo begann 1879 der Salpeterkrieg?

- ❑ Chile
- ❑ Bolivien
- ❑ Südafrika
- ❑ Surinam

In der chilenischen Wüste. Chile attackierte die Länder Bolivien und Peru. Der Krieg dauerte bis 1883 und endete damit, dass Peru drei Salpeterprovinzen für 10 Jahre an Chile abtrat.

Wodurch ist der Koran gegliedert?

- ❑ Suren
- ❑ Sutren
- ❑ Epigramme
- ❑ Ghaselen

Durch die Suren, die Kapitel, von denen insgesamt 114 die Grundlage des islamischen Glaubens darstellen.

Welches Bauwerk ist von Filippo Brunelleschi?

- ❑ Kuppel des Doms von Florenz
- ❑ Kuppel des Petersdomes in Rom
- ❑ Schiefe Turm von Pisa
- ❑ Markuskirche in Venedig

Die Kuppel des Doms von Florenz. Sie war auch Vorbild für die Kuppel des Petersdomes. Brunelleschi (1377–1446) war einer der Wegbereiter der Renaissance und Entdecker der Zentralperspektive.

Wer leitete das deutsche Afrikacorps im II. Weltkrieg?

- ❑ Erich von Manstein
- ❑ Karl von Rundstedt
- ❑ Albert Kesselring
- ❑ Erwin Rommel

Erwin Rommel (1891–1944). Das „Afrikacorps" konnte sich lange durch dessen strategisches Geschick behaupten, musste aber 1943 kapitulieren. Wegen seiner Kontakte zur Verschwörung des 20. Juli wurde er zum Selbstmord gezwungen.

Wer verfasste die für die Renaissance bahnbrechende Schrift *De re aedificatoria*?

- ❑ Leon Battista Alberti
- ❑ Giorgio Vasari
- ❑ Vitruv
- ❑ Cimabue

Leon Battista Alberti (1404–72). Seine Abhandlung *Von der Architektur* ist eine Programm-Schrift für die Baukunst der Renaissance. Systematisch erläuterte er die wesentlichen ästhetischen Grundsätze des neuen Stils.

Was ist ein Sauternes?

- ❑ Omelette
- ❑ Crêpes
- ❑ Seeteufel
- ❑ Dessertwein

Ein weißer Dessertwein, der nach dem westfranzösischen Städtchen Sauternes, südlich von Bordeaux, benannt ist. Berühmt ist u. a. der Château d'Yquem.

Wie bezeichnet man den Urzustand in vielen Schöpfungsmythen, aus dem die Welt entstanden ist?

- ❑ Nomos
- ❑ Topos
- ❑ Chaos
- ❑ Anarchie

Chaos (von griechisch chainein „gähnen"). Hesiod verstand es als klaffenden, gähnenden Abgrund; Aristoteles sah in ihm den Inbegriff des „leeren Raumes".

Welche Stadt war in der Antike das Zentrum des Nabatäerreiches?

- ❑ Smyrna
- ❑ Palmyra
- ❑ Petra
- ❑ Ephesos

Petra, eine Ruinenstätte in der Schlucht des Wadi Musa im Südwesten des heutigen Jordanien. Sie wurde reich durch den Karawanenhandel von Südarabien nach Syrien.

Welche Dynastie herrschte von 1395 bis 1447 in Mailand?

- ❑ Visconti
- ❑ Medici
- ❑ Malatesta
- ❑ Capulet

Die Visconti. Giangaleazzo Visconti (1351–1402) wurde von König Wenzel in den Fürstenstand erhoben. 1365 hatte der Sohn des Signore von Mailand Isabella von Valois geheiratet, die Tochter des in Geldnöte geratenen französischen Königs.

Wo findet alljährlich die CeBIT statt?

- ❑ Hannover
- ❑ Berlin
- ❑ Köln
- ❑ München

In Hannover. Die CeBIT ist die weltweit größte Computer-Messe, die alljährlich im März stattfindet. Für den Privatanwender wird alle zwei Jahre zusätzlich die CeBIT Home veranstaltet.

Welcher bedeutende Holzschnitt-Zyklus ist von Albrecht Dürer?

- ❑ Passional Christi und Antichristi
- ❑ Letztes Abendmahl und Passionsszenen
- ❑ Apokalypse
- ❑ Illustrationen zur Luther-Bibel

Die *Apokalypse*. Dürer (1471–1528), der bedeutendste deutsche Maler, Holzschneider und Kupferstecher im Übergang von der Spätgotik zur Renaissance, fertigte die 15 Blätter nach der Offenbarung des Johannes an.

Welches Gemeinschaftsunternehmen dient der Kooperation von Geschäftspartnern?

❑ Fusion ❑ Tochtergesellschaft
❑ Joint Venture ❑ Konsortium

Joint Venture. Es wird häufig mit Unternehmen in Entwicklungsländern oder auch im ehemaligen Ostblock benutzt.

An wen war der „Ohrfeigenbrief" von Zar Alexander II. gerichtet?

❑ Sultan Abdulaziz ❑ Kaiser Wilhelm I.
❑ Königin Viktoria ❑ König Viktor Emanuel

An Kaiser Wilhelm I. (1797–1888). Der Zar drückte darin seine Enttäuschung über das deutsche Verhalten beim Berliner Kongress aus, auf dem er sich größere Vorteile gegen die Türkei versprochen hatte.

Was beinhaltet die Thora?

❑ Scharia ❑ Sunna
❑ Talmud ❑ *Fünf Bücher Mose*

Die *fünf Bücher Mose* des Alten Testaments, die das mosaische Gesetz darstellen. Das sind die Bücher *Genesis, Exodus, Levitikus, Numeri* und *Deuteronomium*.

Welcher Maler der Frührenaissance schuf um 1500 die *Geburt der Venus*?

❑ Sandro Botticelli ❑ Lukas Cranach d. Ä.
❑ Caravaggio ❑ Artemisia Gentileschi

Sandro Botticelli (1445–1510). Zu seinen berühmtesten Gemälden zählen der *Frühling* und die *Geburt der Venus*. Botticelli wählte zarte Farben für seine Gemälde.

Was ist ein Sancerre?

❑ Weißwein ❑ Barsch
❑ Käse ❑ Salat

Ein französischer Weißwein aus Sauvignon-Blanc-Trauben. Er stammt aus einem kleinen Anbaugebiet an der oberen Loire.

Wer schloss 60 v. Chr. das Erste Triumvirat?

❑ Caesar ❑ Augustus
❑ Markus Antonius ❑ Kleopatra

Gaius Julius Caesar (100–44 v. chr.), der sich mit Marcus Licinius Crassus (um 115–53 v. Chr.) und Gnaeus Pompeius (106–48 v. Chr.) verbündete. Diese geheime Absprache (coitio) richtete sich gegen den Senat und ermöglichte den Dreien Machtgewinn.

Wo liegt der Serengeti-Nationalpark?

❑ Tansania ❑ Kenia
❑ Uganda ❑ Sambia

Im Nordosten Tansanias (Afrika). Der Nationalpark wurde 1941 eingerichtet und besitzt eine Fläche von 14.763 km^2. Die Serengeti gilt als eines der wildreichsten Gebiete der Erde.

Wie bezeichnet man im übertragenen Sinn einen unerwarteten Helfer in kritischer Lage?

❑ Demiurg ❑ Deus ex Machina
❑ Altruist ❑ Deus sive Natura

Deus ex Machina (lat. „Gott aus der Maschine"). Im griechischen Drama der Antike war es üblich, am Schluss einen Gott wirken zu lassen; dieser wurde mithilfe eines Krans auf die Bühne gehoben.

Welches Bild ist von Hieronymus Bosch (um 1450–1516)?

❑ *Kurtisanenbild* ❑ *Kreuzigung*
❑ *Toilette der Venus* ❑ *Garten der Lüste*

Der *Garten der Lüste*. Es bildet den Mittelteil eines Triptychons und zeigt das irdische Treiben unter den Aspekten Sinnlichkeit und ewige Jugend. Der linke Flügel stellt das Paradies dar, der rechte die Höllenqualen.

Welche präkolumbische Kultur hatte ihr Zentrum in Cuzco? ❑ Huari ❑ Tiahuanaco ❑ Azteken ❑ Inka	Die Inka, die um 1160 vom Titicacasee kommend ins zentrale Hochland von Peru einwanderten. Um 1200 gründeten sie ihre Hauptstadt Cuzco („Nabel"). Es entstand das größte Reich, das Indianer je geschaffen haben.
Welches Werk ist von Michelangelo Buonarroti? ❑ *Jüngstes Gericht* (Sixtina, Rom) ❑ *Dreifaltigkeit* (Santa Maria Novella, Florenz) ❑ *Verkündigung Mariä* (San Marco, Florenz) ❑ *Reiche Zimmer* (Residenz, München)	Das *Jüngste Gericht.* Die Deckenfresken stammen ebenfalls von ihm. Michelangelo (1475–1564) gilt als Vollender der Hochrenaissance und Wegbereiter des Manierismus und Barock.
Wer gründete 1879 eine Antisemitenliga? ❑ Adolf Stöcker ❑ Wilhelm Marr ❑ Houston Stewart Chamberlain ❑ Theodor Herzl	Der deutsche Journalist Wilhelm Marr (1818–1904), der auch als Erster den Begriff Antisemitismus prägte. Er veröffentlichte sein antijüdisches Pamphlet *Der Sieg des Judentums über das Germanentum.*
Wie heißt das sherryartige Nationalgetränk der Japaner? ❑ Calvados ❑ Sake ❑ Curaçao ❑ Retsina	Sake. Er wird aus hefevergorenem Reis hergestellt und enthält 12 bis 17 Vol. % Alkohol. Sake wird lauwarm bis heiß getrunken.
Welcher Philosophie gehört der französische Schriftsteller Voltaire an? ❑ Idealismus ❑ Materialismus ❑ Aufklärung ❑ Nominalismus	Der Aufklärung. Voltaire (1694–1778) lebte wegen seiner Haltung meist im Exil. Voltaire war mit den bedeutendsten Männern der Zeit in brieflichem Kontakt – u. a. auch mit Friedrich dem Großen.
Was bezeichnet man als Domain? ❑ Teilnetz des Internets ❑ Entwicklungsland ❑ königliches Herrschaftsgebiet ❑ Sektor der Festplatte	Das Teilnetz innerhalb eines großen Netzwerkes (z. B. das Internet). In welcher Domain man sich im Internet gerade befindet, steht vor dem „.com" bzw, „.de".
Wie lange soll die internationale Raumstation ISS als Forschungslabor dienen? ❑ 20 Jahre ❑ 50 Jahe ❑ 75 Jahre ❑ 100 Jahre	Maximal 20 Jahre. Bis 2006 soll die Station, die eine Länge von 108,4 m und eine Breite von 74,1 m haben wird, fertig gestellt und in Betrieb genommen werden.
Welches Werk ist von Leonardo da Vinci? ❑ *Die Übergabe von Breda* (Prado, Madrid) ❑ *Stigmatisierung des hl. Franziskus* (S. Croce) ❑ *Pietà* (Petersdom) ❑ *Mona Lisa* (Louvre)	Die *Mona Lisa* (auch: *La Gioconda*), vermutlich das Porträt einer Bankiersgattin. Leonardo (1452–1519), der universell gebildete Renaissance-Künstler, war Maler, Bildhauer, Architekt und Wissenschaftler.
Wie heißt der Ruhetag bei den Juden? ❑ Passah ❑ Sabbath ❑ Schawuot ❑ Chanukka	Sabbath (von hebräisch schabbat, „aufhören", „ruhen"). Er beginnt am Freitagabend und dauert bis zum Abend des nächsten Tages.

Nach welchem Kurort wurde das vom Deutschen Reich nicht besetzte Frankreich benannt?
- ❑ Süd-Gallien
- ❑ Monte Carlo
- ❑ Chamonix
- ❑ Vichy

Vichy. Zur Verwaltung des 1940 nicht besetzten Südfrankreichs wurde 1940 das „Vichy-Regime" installiert und von Marschall Pétain (1856–1951) mit diktatorischer Härte geführt.

Was bedeutet die altrömische Weisheit „Suum cuique"?
- ❑ Der Mensch ist dem Menschen ein Wolf
- ❑ Jeder ist sich selbst der Nächste
- ❑ Jedem das Seine
- ❑ Empor die Herzen!

Jedem das Seine, im Sinne von „Jedem gefällt das Seine" und im juristisch-politischen Sinne „Jedem das Seine zuteilen".

Welches Gemälde ist von Tizian?
- ❑ *Karl V. im Lehnstuhl* (Alte Pinakothek, München)
- ❑ *Himmelfahrt Mariä* (Art Institute, Chicago)
- ❑ *Susanna im Bad* (Kunsthist. Museum, Wien)
- ❑ *Raub der Töchter des Leukippos* (Alte Pinakothek, München)

Das Porträt Karls V. (1548). Tizian Vecellio (1477 oder um 1488–1576) stellte den Kaiser in der Pose eines Renaissance-Fürsten dar. Im selben Jahr entstand auch das Reiterbild Karls V. in der Schlacht bei Mühlberg.

Wer führte den Langen Marsch durch?
- ❑ Benito Mussolini
- ❑ Chiang Kai-shek
- ❑ Mao Tse-tung
- ❑ Timur Läng

Mao Tse-tung (1893–1976). Auf dem mehr als 10.000 km langen Marsch der Roten Armee von der Provinz Kiangsi in Südchina in die Provinz Shensi in Nordchina starben über 90% der rund 100.000 Teilnehmer.

Was wurde auf den Olympischen Spielen in Mexiko 1968 zu einem Skandal?
- ❑ Terroranschlag
- ❑ Black-Power-Gruß
- ❑ Wembley Tor
- ❑ 8,90-Flug des Bob Beamon

Der Black-Power-Gruß der beiden schwarzen Sportler Tommie Smith und John Carlos. Sie gewannen Gold und Silber im 200-Meter-Lauf. Auf dem Siegerpodest erhoben sie zum Zeichen des schwarzen Kampfes um Gleichberechtigung die geballte Faust.

Was sollte man am besten nach dem Dekantieren genießen?
- ❑ Pökelfleisch
- ❑ Plumpudding
- ❑ Schalentiere
- ❑ Wein

Wein. Denn mit dem Dekantieren, d. h. dem behutsamen Umfüllen in eine Karaffe, lässt man den Bodensatz in der Flasche; zudem kann der Wein sein Bukett entfalten.

Welchen Klosterpalast ließ König Philipp II. von Spanien seit 1563 erbauen?
- ❑ Alhambra
- ❑ Versailles
- ❑ Escorial
- ❑ Kreml

Den Escorial, den Philipp II. (1527–1598) als Residenz, Behördensitz, Kloster und dynastisches Grabmonument in Auftrag gab. Es war einer der ersten Monumentalbauten des Absolutismus.

Welche malerische Küstenlandschaft befindet sich am Golf von Genua?
- ❑ Friaul
- ❑ Piemont
- ❑ Cinque Terre
- ❑ Maremma

Die Cinque Terre der Riviera di Levante. Hauptorte sind Monterosso südlich von Genua, Vernazza, Corniglia, Manarola und Riomaggiore nördlich von La Spezia.

Wie nennt man im angelsächsischen Ausland „Ramschanleihen"?
- ❑ Optionsanleihe
- ❑ Obligationen
- ❑ Financial Futures
- ❑ Junk-Bonds

Junk-Bonds, von englisch junk „Ramsch, Plunder, Abfall". Das sind zweitklassige Wertpapiere, die aufgrund des Risikos hohe Renditen abwerfen können.

Welche Stadt gründete der Afrikaforscher Pierre Savorgnan de Brazza?
- ❑ Djibouti
- ❑ Algier
- ❑ Casablanca
- ❑ Brazzaville

Brazzaville. Auf seiner zweiten Afrikaexpedition schloss er 1880 mit Marokko einen Protektoratsvertrag und gründete noch im selben Jahr die Hauptstadt von Französisch-Kongo.

Wer war ein bedeutender Sprachphilosoph des 20. Jahrhunderts?
- ❑ Bertrand Russel
- ❑ Gottlob Frege
- ❑ Rudolf Carnap
- ❑ Ludwig Wittgenstein

Ludwig Wittgenstein (1889–1951), der u. a. der Frage nachgeht, inwieweit die Sprache und Sprachspiele des Alltags die Welt abbilden (Verhältnis Wirklichkeit und Sprache).

Welches Grabmahl ließ 1630–48 Shāh Jahān für seine Frau errichten?
- ❑ Prambanan
- ❑ Mausoleum von Ferdousi
- ❑ Tempel von Mengwi
- ❑ Tāj Mahal

Das Tāj Mahal, ein riesiges Mausoleum in Agra. Der Großmoghul Jahān I. (1592–1666) ließ es für seine Lieblingsfrau Mumtaz Mahal († 1629) errichten.

Wie ist ein extrovertierter Mensch?
- ❑ ichbezogen
- ❑ offen, der Welt zugewandt
- ❑ fremdbestimmt
- ❑ nach innen gekehrt

Er ist offen für die Einflüsse von außen und der Welt zugewandt; der Begriff entstammt der Psychologie C. G. Jungs (1875–1961). Gegensatz ist ein introvertierter Mensch.

Wofür steht die Abkürzung DFÜ?
- ❑ Flottenmanöver
- ❑ Programmdatei
- ❑ Datenfernübertragung
- ❑ Überschallflugzeug

Für „Datenfernübertragung", das Übermitteln von Daten über weite Strecken, das in der Regel über die Telefonleitung, aber auch über Funk stattfindet.

Was bedeutete die Abkürzung S.P.Q.R.?
- ❑ Warnung vor dem Hunde!
- ❑ Heil, Imperator, die Todgeweihten grüßen dich.
- ❑ Ewiges Rom
- ❑ Senat und Volk von Rom

„Senat und Volk von Rom" (Senatus Populusque Romanus). S.P.Q.R. ist die Abkürzung für das Römische Reich, welche in der Antike die Feldzeichen und öffentlichen Gebäude schmückte – heute auch noch die Deckel der städtischen Kanalisation.

Welchen Wein gewinnt man aus der Cabernet-Sauvignon-Traube?
- ❑ Rotwein
- ❑ Champagner
- ❑ Chablis
- ❑ Prosecco

Rotwein. Ursprünglich kommt die berühmteste Rotweintraube der Welt aus Bordeaux, wird aber inzwischen in aller Herren Länder angebaut.

Welche Vereinigung zur Pflege der französischen Sprache und Literatur gründete 1635 Kardinal Richelieu?
- ❑ Encyclopédie
- ❑ Académie française
- ❑ Royal Society
- ❑ Comédie française

Die Académie française. Die 40 „unsterblichen" Wissenschaftler und Dichter wachten über Sprache und Literatur. Epochal war das 1694 herausgegebene *Dictionnaire de l'Académie*.

Welche Region Italiens mit der Hauptstadt Ancona grenzt ans Adriatische Meer?

❑ Apulien ❑ Venetien
❑ Emilia Romagna ❑ Marken

Die Marken, die von den Ausläufern der Apenninen, einem Hügelland und der schmalen Küstenebene geprägt sind. Historisch interessant sind die Städte Loreto und Urbino.

Wen ließ Heinrich II. von England 1170 im Dom von Canterbury ermorden?

❑ Beda Venerabilis ❑ hl. Dunstan
❑ Thomas Becket ❑ Geoffrey Chaucer

Thomas Becket (1118–70), den Erzbischof von Canterbury und ehemaligen Kanzler und Vertrauten des Königs. Becket bezahlte so seine Weigerung, die englische Kirche dem König unterzuordnen, mit dem Leben.

Welcher Gartenarchitekt legte den Schlossgarten von Versailles an?

❑ André le Nôtre ❑ Hermann Fürst von Pückler-Muskau
❑ Ludwig von Sckell ❑ Georg von Knobelsdorff

André le Nôtre (1613–1700). Er schuf damit ein Vorbild für die barocken Hofgärten im Zeitalter des Absolutismus. Das barocke Areal umfasst u. a. rechtwinklige Wege, Blumenrabatten, Grünflächen, Lauben, Brunnen und Bassins.

Gegen wen rief der „Mahdi" 1881 zum heiligen Krieg auf?

❑ Türken ❑ Briten
❑ Deutsche ❑ Juden

Gegen die Fremdherrschaft der Ägypter und Türken im Sudan. Der „Mahdi", eigentl. Muhammad Ahmad Ibn Abd Allah (1844–85), der sich als Prophet sah, konnte sich bis 1898 halten.

Was besagt der Zölibat?

❑ Askese ❑ Bindung an den Ort
❑ Ehelosigkeit ❑ persönliche Armut

Er verlangt von katholischen Priestern und Mönchen Ehelosigkeit. Endgültig durchgesetzt wurde der Zölibat 1139 nach einem Jahrhunderte dauernden Kampf von Innozenz II.

Wer schrieb das Epos *Paradise Lost*?

❑ John Milton ❑ Clifford Odets
❑ Jonathan Swift ❑ Thomas Morus

John Milton (1608–74). *Paradise Lost* (1667) bearbeitet den biblischen Sündenfall, mit dem Ziel, die abendländische Tradition epischer Dichtung wieder zu beleben.

Welcher Burgunderwein wird aus der Chardonnay-Rebe gewonnen?

❑ Weißwein ❑ Rotwein
❑ Marsala ❑ Muskadet

Weißwein. Wein aus Burgund kann in den Qualitätsstufen Grand Cru, Premier Cru, Village und lokale Erzeugnisse erhalten werden. Der Rote Burgunder wird aus der Pinot-Noir-Traube erzeugt.

Wie heißt die Redeweise, bei der man offen zu verstehen gibt, dass etwas genau anders gemeint ist, als es gesagt wurde?

❑ Euphemismus ❑ Übertreibung
❑ Untertreibung ❑ Ironie

Ironie (von griechisch eironeia „Verstellung, Vorwand"). Sie ist ein rhetorisches Mittel, durch das die Torheit bzw. Unrechtmäßigkeit einer Haltung oder Handlung aufgedeckt werden soll.

Welche UN-Organisation bemüht sich um die bedrohte Tier- und Pflanzenwelt?

❑ WHO ❑ WTO
❑ WWF ❑ WMO

Der World Wildlife Fund (WWF). Er verfolgt den Schutz gefährdeter Tierarten, Pflanzen und Landschaften. Der Panda-Bär ist das Symbol der Organisation.

Welcher deutsche Großindustrielle wurde 1946 als Kriegsverbrecher zu sieben Jahren Haft verurteilt?

- ❑ Günther Quandt
- ❑ Friedrich Flick
- ❑ Gustav Krupp
- ❑ Fritz Thyssen

Friedrich Flick (1883–1972). Er war der für die Kriegswirtschaft verantwortliche „Wehrwirtschaftsführer". 1950 wurde er vorzeitig aus der Haft entlassen und baute anschließend sein Wirtschaftsimperium erneut auf.

Welchen Kirchenneubau leitete Christopher Wren 1675–1711?

- ❑ St. Paul's Cathedral, London
- ❑ Winchester Cathedral
- ❑ King's College Chapel
- ❑ Westminster Abbey, London Cambridge

Den der St. Paul's Cathedral, die der Londoner Stadtbrand 1666 zerstört hatte. St. Paul's ist ein Kuppelbau, der sich an das Vorbild des Renaissance-Baumeisters Andrea Palladio anlehnt.

Welche Bedeutung hat das „freie Mandat" eines Abgeordneten des Deutschen Bundestages?

- ❑ Immunität
- ❑ strafrechtliche Freiheit
- ❑ Entscheidungsfreiheit
- ❑ Fraktionszwang

Die Mitglieder des Deutschen Bundestages sind bei Abstimmungen nur ihrem Gewissen verantwortlich und nicht an Weisungen gebunden. Es gibt deshalb kein imperatives Mandat.

Was wird mit dem Schlagwort „Informationsgesellschaft" umschrieben?

- ❑ Internet-Surfer
- ❑ Telekommunikationsgesellschaft
- ❑ Überwachungsstaat
- ❑ Chat-Room

Die moderne Telekommunikationsgesellschaft, in denen das wirtschaftliche, kulturelle und soziale Leben der Gesellschaft durch die Informations- und die Kommunikationstechniken bestimmt wird.

Welchen Architekten berief 1677 Ludwig XIV. als Bauleiter nach Versailles?

- ❑ Jules Hardouin-Mansart
- ❑ Fischer von Erlach
- ❑ Sébastian Vauban
- ❑ Juan Bautista Herrera

Jules Hardouin-Mansart (1646–1708), der damit zum beherrschenden Architekten in der Zeit des Sonnenkönigs wurde. Er knüpfte an die Entwürfe Le Vaus an. Versailles wurde erheblich vergrößert.

Wer fiel 1881 einem Bomben-Attentat durch Anarchisten zum Opfer?

- ❑ Kaiser Wilhelm I.
- ❑ Königin Viktoria
- ❑ Zar Alexander II.
- ❑ Erzherzog Franz Ferdinand

Zar Alexander II. (1818–81), der zahlreiche liberale Reformen durchgeführt hatte. Den Attentätern der anarchistischen Gruppe „Volkswille" gingen sie jedoch nicht weit genug.

Wie nennt man das Weinanbaugebiet für Bordeaux-Weine?

- ❑ Bordelais
- ❑ Bourgogne
- ❑ Languedoc-Roussillon
- ❑ Côte du Rhône

Das Bordelais. Es ist das größte Weinanbaugebiet Frankreichs. Weiteste Verbreitung findet hier die Rebe des Merlot.

Wer leitete die Züricher Reformation ein?

- ❑ Ulrich Zwingli
- ❑ Johannes Calvin
- ❑ Jakob Hutter
- ❑ Thomas Müntzer

Der Leutpriester und Pfarrer Ulrich (Huldrych) Zwingli (1484–1531), der sich gegen das katholische Fastenverbot und den Zölibat stellte. Er fiel im Kampf gegen die altgläubigen Kantone der Schweiz.

Wo steht das Schloss Sanssouci?

- ❑ Düsseldorf
- ❑ Hannover
- ❑ Potsdam
- ❑ Schwerin

In Potsdam, der Hauptstadt des Bundeslandes Brandenburg. Das bedeutendste Bauwerk der Stadt wurde von 1745 bis 1747 unter Friedrich II. errichtet.

Wie bezeichnet man die Selbstkostenrechnung im Unternehmen?
- ❑ Inventur
- ❑ Gewinn- und Verlustrechnung
- ❑ Bilanz
- ❑ Kalkulation

Kalkulation. Sie hat das Ziel, die Kosten einzelner Einheiten oder Produkt- und Warengruppen zu ermitteln. Man unterscheidet Vor- und Nachkalkulation.

In welcher Wüste schneit es auch?
- ❑ Große Victoriawüste
- ❑ Große Arabische Wüste
- ❑ Sahara
- ❑ Wüste Gobi

In der Wüste Gobi, an der Grenze zwischen der Mongolei und China. Einerseits verhindern die Gebirge wie der Himalaja, dass feuchte Meeresluft herankommt. Im Winter gelangen jedoch Schneestürme von Sibirien in dieses Gebiet.

Welche Forschungs- und Bildungseinrichtung wurde 1700 in Brandenburg gegründet?
- ❑ Charité
- ❑ Humboldt-Universität
- ❑ Preußische Akademie der Wissenschaften
- ❑ Martin-Luther-Universität

Die Preußische Akademie der Wissenschaften, begründet von der Kurfürstin von Brandenburg. Vorbilder waren die Académie Française (1635) und die Royal Society (1662).

Von wem stammt der Ausspruch „Veni vidi vici" („Ich kam, sah, siegte")?
- ❑ Alexander der Große
- ❑ Caesar
- ❑ Napoleon
- ❑ Paul von Hindenburg

Von Caesar (100–44 v. Chr.), wie Sueton (* um 70 n. Chr.) berichtet. Mit diesen Worten teilte Caesar einem Vertrauten in Rom seinen Sieg über König Pharnakes II. von Bosporus am 47 v. Chr. bei Zela mit.

Wer baute den Dresdner Zwinger?
- ❑ Matthäus Daniel Pöppelmann
- ❑ Johann Lucas von Hildebrandt
- ❑ Balthasar Neumann
- ❑ Johann Dientzenhofer

Matthäus Daniel Pöppelmann (1662–1736) aus Herford in Westfalen, der seit 1686 in den Diensten des Kurfürsten August d. Starke von Sachsen (1670–1733) stand.

Wer waren die „Katholischen Majestäten"?
- ❑ Ferdinand II. von Aragón und Isabella von Kastilien
- ❑ Kaiser Franz Joseph I. und Sissi
- ❑ Napoleon I. und Joséphine de Beauharnais
- ❑ Zar Nikolaus II. und Alexandra Fjodorowna

Ferdinand II. von Aragón (1452–1516) und Isabella von Kastilien (1451–1504). Ihren Titel erhielten sie durch den Papst, nachdem 1492 Granada, die letzte maurische Bastion auf der iberischen Halbinsel, erobert wurde.

Von wem ist der Satz überliefert „Nach uns die Sintflut!"?
- ❑ Marquise von Pompadour
- ❑ Marie Antoinette
- ❑ Friedrich Nietzsche
- ❑ Georg Büchner

Von der Marquise von Pompadour (1721–64), der Mätresse König Ludwigs XV. Sie war bürgerlicher Herkunft, wurde geadelt und erlangte ab 1744 auch politischen Einfluss.

Wo wachsen die Reben für den Dolcetto?
- ❑ Toskana
- ❑ Marken
- ❑ Veneto
- ❑ Piemont

Im südlichen Piemont. Es handelt sich um trockene, charaktervolle, elegante Rotweine wie etwa den Dolcetto d'Alba und den Dolcetto d'Ovada.

Gegen wen erließen die USA 1882 Einwanderungsbeschränkungen?

- ❑ Juden
- ❑ Arme und Farbige
- ❑ Eskimos
- ❑ Mexikaner

Gegen Arme und Farbige. Betroffen waren Kriminelle, Geisteskranke und viele asiatische Einwanderer. Die Regierung wollte damit den Erhalt der weißen Kultur gewährleisten.

In welcher italienischen Stadt befindet sich die Casa santa?

- ❑ Neapel
- ❑ Rimini
- ❑ Grosseto
- ❑ Loreto

In Loreto. Sie ist einer der bedeutendsten Marienwallfahrtsorte der Welt. Der Legende nach sollen 1294 Engel das Heilige Haus von Nazareth nach Loreto getragen haben, um das herum die Stadt entstand.

Was versuchten griechische Philosophen mit der Ataraxie zu erreichen?

- ❑ Schwerelosigkeit
- ❑ unerschütterliche Seelenruhe
- ❑ Hypnose
- ❑ Verwehen

Eine unerschütterliche Seelenruhe, die u. a. bei den griechischen Philosophen Epikur und Demokrit eine Vorbedingung der Glückseligkeit (Eudämonie) ist.

Was ist häufig als Freeware zu bekommen?

- ❑ Software
- ❑ Raubkopien
- ❑ Ferngespräche
- ❑ Shareware

Software. Freeware ist kostenlos, im Gegensatz zur Shareware, die nach einer Testphase gebührenpflichtig wird. Freeware erhält man aus dem Internet oder auch von CD-Roms.

Wer baute die Würzburger Residenz?

- ❑ Johann Bernhard Fischer von Erlach
- ❑ Andreas Schlüter
- ❑ François de Cuvilliés
- ❑ Balthasar Neumann

Balthasar Neumann (1687–1753), der die Arbeit Franz von Schönborns weiterführte. Für die Innenausmalung sorgte der Italiener Tiepolo (1696–1770), der u. a. das Deckenfresko des Treppenhauses schuf.

Welcher Monarch wurde in Dürnstein gefangen gehalten?

- ❑ Graf von Monte Christo
- ❑ Heinrich IV.
- ❑ Richard Löwenherz
- ❑ Friedrich der Schöne

Richard I. Löwenherz (1157–99), König von England. Er hatte auf dem dritten Kreuzzug Herzog Leopold von Österreich schwer gekränkt. Auf der Heimreise ließ ihn dieser einkerkern. Später wurde er den Staufern ausgeliefert, die ihn erst nach Zahlung eines hohen Lösegeldes freigaben.

Wer komponierte die *Hochzeit des Figaro* (1786)?

- ❑ Gioacchino Rossini
- ❑ Antonio Salieri
- ❑ Giacomo Meyerbeer
- ❑ Wolfgang Amadeus Mozart

Wolfgang Amadeus Mozart (1756–91). Lorenzo da Ponte schrieb das Libretto, Vorbild war die gleichnamige Komödie des Franzosen Beaumarchais.

Wo sitzen die Abgeordneten in einem Parlament mit zwei Kammern?

- ❑ Kongress
- ❑ Plenum
- ❑ Landtag
- ❑ Abgeordnetenhaus

Abgeordnetenhaus; die Parlamentarier haben die legislative Macht wie z. B. das Repräsentantenhaus im amerikanischen Kongress. Im Senat oder Oberhaus sitzen etwa die Vertreter der Bundesstaaten.

Welcher berühmte Wein kommt aus dem Piemont?

❑ Montepulciano ❑ Barolo
❑ Brunello di Montalcino ❑ Chianti

Der Barolo. Er wird aus der Nebbiolo-Traube gekeltert und leuchtet rot bis goldfarben; er ist trocken, vollmundig und samtig.

Welche Komödie übte unverhohlen Kritik an der Adelsgesellschaft?

❑ *Figaros Hochzeit* (1784) ❑ *Tartuffe* (1669)
❑ *Die lustigen Weiber von Windsor* (1599) ❑ *Der Zerbrochene Krug* (1808)

Figaros Hochzeit von Pierre Augustin Caron de Beaumarchais (1732–99). Der aufsässige Diener Figaro und seine Braut Susanna bilden das Gegengewicht zum korrupten Grafen und der Gräfin.

Wo liegt Asturien?

❑ Spanien ❑ Italien
❑ Türkei ❑ Marokko

In Nordwestspanien. Asturien ist eine historische Region Spaniens. Bis ins 10. Jh. war es selbstständiges Königreich. Asturien-León ging 1230 im Königreich Kastilien auf.

Welche Städte verband 1883 erstmals die Jungfernfahrt des Orient-Express?

❑ Paris und Moskau ❑ Paris und Konstantinopel
❑ Bagdad und Basra ❑ Damaskus und Beirut

Paris und Konstantinopel. Die erste durchgehende Verbindung zwischen Frankreich und der Türkei konnte in drei Tagen und drei Nächten zurückgelegt werden.

Worum handelt es sich beim Atomismus?

❑ physikalische Lehre ❑ Naturphilosophie
❑ Parfümherstellung ❑ chemische Reaktion

Um eine philosophische Anschauung, die alle Naturvorgänge auf Atome und ihre Bewegungen zurückführt. Leukipp und Demokrit nannten das Unteilbare „atomon".

Welche Epoche hielt Spitzweg in seinen Bildern fest?

❑ Absolutismus ❑ Klassik
❑ Gründerjahre ❑ Biedermeier

Das Biedermeier. Carl Spitzweg (1808–85) karikiert liebevoll skurrile Einzelgänger. Die Biedermeierzeit endete mit dem Wiedererstarken revolutionärer Ideen um 1848.

Welcher deutscher Bundeskanzler war ein begeisterter Rosenzüchter?

❑ Konrad Adenauer ❑ Kurt Georg Kiesinger
❑ Ludwig Erhard ❑ Willy Brandt

Konrad Adenauer (1876–1967), der 1949 mit 73 Jahren erster Bundeskanzler der Bundesrepublik Deutschland wurde. 1963 trat er zugunsten Ludwig Erhards zurück.

Welcher bedeutende französische Maler gehört dem Klassizismus an?

❑ Édouard Manet ❑ Jacques Louis David
❑ Henri Matisse ❑ Honoré Daumier

Jacques Louis David (1748–1825), der bedeutende Ereignisse der Revolution wie etwa *Der ermordete Marat* (1793) festhielt, aber auch den politischen Aufstieg Napoleons dokumentierte.

Bei welchen Olympischen Spielen gewann Mark Spitz sieben Goldmedaillen?

❑ Mexiko 1968 ❑ München 1972
❑ Montreal 1976 ❑ Moskau 1980

In München 1972. Spitz (*1950) war der erfolgreichste Teilnehmer. Nach den Spielen zog er sich aus dem Schwimmsport zurück. Sein Versuch, sich 1991 für Barcelona zu qualifizieren scheiterte.

Wie nennt man eine marktwirtschaftliche Wirtschaftsordnung, die sich durch Angebot und Nachfrage selbst reguliert?

❑ Oligopol ❑ Planwirtschaft
❑ Kapitalismus ❑ Monopol

Kapitalismus. Die Produktionsmittel befinden sich in privater Hand und es findet keine zentral gelenkte Wirtschaftspolitik statt; der Staat gibt lediglich gewisse Rahmenbedingungen vor.

Was bezeichnet das Qualitätsmerkmal Riserva bei italienischen Weinen?

❑ kontrollierte Abfüllung ❑ Lagerzeit
❑ kein Zuckerzusatz ❑ Sortenreinheit

Die eingehaltene vorschriftsmäßige Lagerzeit. Hier gibt es Unterschiede: Ein Brunello di Montalcino darf z. B. erst nach 5 Jahren Lagerung als Riserva bezeichnet werden.

Wofür steht die Abkürzung OCR?

❑ optische Schrifterkennung ❑ Diktiergerät
❑ Kopier-System ❑ Mikrofiche

Für optische Schrifterkennung per Computer (Optical Character Recognition). Die OCR-Software soll es ermöglichen, Schriftstücke mittels Scanner einzulesen und weiterzuverarbeiten.

Wer war der Sohn Caesars?

❑ Octavian ❑ Cicero
❑ Ptolemaios ❑ Kaisarion

Kaisarion (44–30 v. Chr.), der Sohn, den er mit Kleopatra VII. (69–30 v. Chr.) hatte. Der „König der Könige“ wurde Mitregent seiner Mutter, bevor er auf Befehl Octavians (63 v. Chr.–14 n. Chr.) ermordet wurde.

Wo liegt Ätolien?

❑ Türkei ❑ Rumänien
❑ Griechenland ❑ Iran

An der Nordküste des Golfs von Korinth, im westlichen Mittelgriechenland. In der Antike war Ätolien als Räuberland berüchtigt. Ätoler beherrschten längere Zeit Delphi und Mittelgriechenland.

Welche sozialrevolutionäre Flugschrift verfasste 1834 Georg Büchner?

❑ *Der Hessische Landbote* ❑ *Das Kommunistische Manifest*
❑ *Was ist der Dritte Stand?* ❑ *Dunkelmännerbriefe*

Der Hessische Landbote. Georg Büchner (1813–37) war der Dichter von *Dantons Tod* und *Woyzeck*. Sein Pamphlet gipfelt in der Parole „Friede den Hütten, Krieg den Palästen.“

Welches Gesetzeswerk Bismarcks wirkt bis heute?

❑ Sozialgesetzgebung ❑ BGB
❑ Handelsgesetzbuch ❑ Sozialistengesetz

Die Sozialgesetzgebung von 1883–89, Gesetze zur Krankenversicherung, deren Kosten sich Arbeitnehmer und Arbeitgeber teilen mussten, sowie Gesetze zur Unfallversicherung und zur Altersvorsorge.

Was bezeichnet man mit Altruismus?

❑ Intoleranz ❑ selbstloses Handeln
❑ Egoismus ❑ Dilemma

Das selbstlose Handeln, das zum Wohle anderer (franz. l’autrui „der Andere“) Selbstverzicht übt. Der Begriff wurde Mitte des 19. Jh. von Auguste Comte geprägt.

Was bewerkstelligt ein Router in Netzwerken?

❑ Navigation ❑ Verbindung der Netzwerke
❑ Virenschutz ❑ Datensicherung

Die Verbindung zwischen zwei (oder mehreren) Netzwerken zu einem noch größeren, beispielsweise zwischen Firmennetzwerk und Internet (von englisch „Wegweiser“).

Welches bedeutende Theater Frankreichs ist das älteste Nationaltheater der Welt?
❑ Théâtre de l'Odéon ❑ Théâtre des Champs-Elysées
❑ Théâtre Marigny ❑ Comédie Française

Die 1680 in Paris eingerichtete Comédie Française – in Abgrenzung zur italienischen Commedia-dell' arte. Es ging u. a. aus der Theater-Truppe Jean-Baptiste Molières hervor.

Welcher deutsche Ritterorden entstand 1199?
❑ Templer ❑ Schwertbrüderorden
❑ Deutscher Orden ❑ Johanniter

Der Deutsche Orden, hervorgegangen aus einer bei Akkon gegründeten Spitalbruderschaft. Ritterorden dienten dem Schutz des Heiligen Grabes in Jerusalem oder der Krankenpflege und Pilgerbetreuung im Heiligen Land.

Welche Dichtung wurde in einem Diwan gesammelt?
❑ Goethes *West-östlicher Divan* ❑ Lord Byrons *Hebräische Gesänge*
❑ *Ghaselen* des Hafis ❑ Dantes *Divina Commedia*

Die *Ghaselen* des persischen Dichters Hafis (um 1326–90), in denen er die Liebe zu Frauen und auch zu Knaben, den Wein und die Naturschönheit besang. Sie regten Goethe zu seinem *Divan* an.

Welchen Krieg löste die Sowjetunion 1979 nach einer Intervention aus?
❑ Afghanistankrieg ❑ Balkankrieg
❑ Vietnamkrieg ❑ Erster Golfkrieg

Den Afghanistankrieg. Die sowjetischen Truppen erlitten bis zu ihrem Rückzug 1988/89 hohe Verluste. Inzwischen haben die afghanischen Taliban-Milizen, islamische Truppen, das Land unter Kontrolle.

Wo befindet sich das Atomium?
❑ Genf ❑ Brüssel
❑ Den Haag ❑ Paris

In Brüssel. Hier wurde das 110 m hohe Bauwerk in Form eines 150-milliardenfach vergrößerten Eisenatoms zur Weltausstellung 1958 errichtet.

Welche Gottheit war im alten Rom Mars?
❑ Götterbote ❑ Meeresgott
❑ Kriegsgott ❑ Waldgott

Der Gott des Krieges, der bei den Griechen Ares hieß. Mars war der Sage nach der Vater des Romulus und Remus und damit der Stammvater Roms. Von Mars kommt auch der Name für den Monat März her.

Wer eroberte 1884 das nordvietnamesische Tonkin?
❑ Deutsches Reich ❑ Frankreich
❑ Großbritannien ❑ China

Die Franzosen, die China im Krieg um das Gebiet des Roten Flusses besiegten. Das unwirtliche Bergland mit dem Zentrum Hanoi wurde französisches Schutzgebiet.

Was ist ein Archetyp?
❑ Urbild ❑ alter Mensch
❑ Urgestein ❑ Ikone

Ein Urbild, ein seit alters vorgeprägtes Symbol oder Bild, das in Mythen und Märchen etc. weiterlebt. Bei dem Psychologen C. G. Jung sind es unbewusste Dispositionen wie Weiblichkeit und Männlichkeit.

Welche Bestimmung enthält der Antarktisvertrag von 1959?
❑ Ozonschutz ❑ Tier- und Pflanzenschutz
❑ entmilitarisierte Zone ❑ Aufnahme in die UNO

Den Schutz des Südpolargebietes vor militärischen Maßnahmen. Der Vertrag erlaubt lediglich eine friedliche Nutzung.

Mit welcher Grenzbefestigung gegen die Germanen begannen die Römer um 83 n. Chr.?
- ❑ Trajanswall
- ❑ Hadrianswall
- ❑ Chinesische Mauer
- ❑ Limes

Mit dem obergermanisch-rätischen Limes, an dem bis etwa 217 ständig gebaut und gebessert wurde. Er wehrte auf einer Länge von 548 km bis 260 den Einfall germanischer Stämme ab.

Wo wurde 1885 der Indian National Congress gegründet?
- ❑ Arizona
- ❑ Indien
- ❑ Südafrika
- ❑ Kenia

In Indien. Die nationale indische Unabhängigkeitsbewegung nahm damit ihren Anfang. Der INC war bis 1916 um gemäßigte Reformen in Britisch Indien bemüht.

Welcher Mongole fiel um 1211 in China ein?
- ❑ Batu Khan
- ❑ Hülägü
- ❑ Timur Läng
- ❑ Tschingis Khan

Tschingis Khan (1155/67–1227), eigtl. Temutschin. Tschingis Khan begründete ein Weltreich, das etwa die Hälfte der damaligen Menschheit umfasste. Seine Feldzüge führten bis nach Korea, Nord-Tibet, Indien, Iran und Russland.

Wie heißt das bekannteste maurische Bauwerk Andalusiens?
- ❑ Escorial
- ❑ Alhambra
- ❑ Alkazar
- ❑ Blaue Moschee

Alhambra, eine ehemalige islamische Festung aus dem 12.–15. Jh. oberhalb Granadas. Andalusien ist eine autonome Region in Südspanien mit dem Zentrum Sevilla.

Wer erklärte 1885 Madagaskar zu seinem Protektorat?
- ❑ Frankreich
- ❑ Niederlande
- ❑ Australien
- ❑ Belgien

Frankreich, das nach langen Kämpfen das einheimische Merina-Reich unterworfen hatte. Doch erst 1895 wurde die letzte Merina-Königin, Ranavalona III., besiegt.

Was bezeichnet man als Conditio sine qua non?
- ❑ Ultimatum
- ❑ notwendige Bedingung
- ❑ Schlussfolgerung
- ❑ Übereinstimmung

Eine notwendige Bedingung (lateinisch „Bedingung, ohne die nicht"), ohne die z. B. ein bestimmtes Ereignis nicht eingetreten wäre bzw. eintreten könnte.

Wer wurde 1996 Präsident des palästinensischen Autonomierates?
- ❑ Jasir Arafat
- ❑ Ariel Sharon
- ❑ König Hussein
- ❑ Khaled Hassan

Jasir Arafat (*1929), seit 1967 Vorsitzender der PLO. 1993 unterzeichnete er mit Itzhak Rabin das Gaza-Jericho-Abkommen, womit die palästinensische Autonomie begann. Der Friedensprozess wird durch Terroranschläge immer wieder infrage gestellt.

Welche Behörde überwacht die Unternehmensfusionen?
- ❑ Bundesverwaltungsgericht
- ❑ Bundesrechnungshof
- ❑ Bundesfinanzhof
- ❑ Bundeskartellamt

Das Bundeskartellamt mit Sitz in Berlin. Es verfolgt Wettbewerbsbeschränkungen, die von Firmenfusionen oder Absprachen zur Erlangung von Monopolen ausgehen können.

Was heißt bilateral?
- ❑ zweisprachig
- ❑ zweiseitig
- ❑ doppelbödig
- ❑ doppelzüngig

Zweiseitig. Das Eigenschaftswort setzt sich aus den lateinischen Wörtern bi „zwei" und latus „die Seite" zusammen; in der Politik spricht man z. B. von bilateralen Verträgen.

Was führte zur jüdischen Diaspora?

- ❑ Kreuzigung Christi
- ❑ Raub der Bundeslade
- ❑ Babylonische Gefangenschaft
- ❑ Niederschlagung des Bar Kochba- Aufstandes

Die Niederschlagung des Jüdischen Aufstands gegen Rom von 132–135. Simon Bar Kochba (hebrä. „Sternensohn"), der sich zum Messias berufen sah, wollte mit Feuer und Schwert die römischen Besatzer vertreiben.

Was ist die Arabische Liga, die sich 1945 in Kairo bildete?

- ❑ Allianz gegen Israel
- ❑ Bund arabischer Staaten
- ❑ Verein Erdöl exportierender Staaten
- ❑ islamischer Kulturbund

Es ist der Zusammenschluss der unabhängigen arabischen Staaten, die wirtschaftlich, politisch und kulturell eng zusammenarbeiten wollen.

Welches Ziel verfolgte die britische Home Rule Bill von 1886?

- ❑ Konstituierung eines irischen Parlaments
- ❑ Annexion Nord-Irlands
- ❑ Krieg mit den USA
- ❑ Besetzung Transvaals

Die Schaffung eines irischen Parlaments und dessen Unabhängigkeit von Großbritannien. Der liberale Premierminister William Gladstone (1809–98) scheiterte damit.

Welcher Monarch musste 1215 die Magna Charta Libertatum unterzeichnen?

- ❑ König von England
- ❑ Kaiser Friedrich II.
- ❑ Sultan Saladin
- ❑ König von Frankreich

Der König von England, Johann ohne Land (1167–1216). Er musste knapp ein Jahr nach der Niederlage gegen Frankreich in der Schlacht von Bouvines den engl. Baronen durch die „Große Freiheits-Urkunde" Rechte verbriefen.

Welche Stadt wird auch „Venedig des Nordens" genannt?

- ❑ Stockholm
- ❑ Petersburg
- ❑ Amsterdam
- ❑ La Rochelle

Amsterdam. Mehr als 400 Brücken verbinden die 90 Inseln der Stadt miteinander; ähnlich wie Venedig wird es von Kanälen – den Grachten – durchzogen, die als Verkehrs- und Transportwege genutzt werden.

Mit wem schloss Bismarck 1887 den „Rückversicherungsvertrag"?

- ❑ Großbritannien
- ❑ USA
- ❑ Russland
- ❑ Österreich-Ungarn

Mit Russland. Im Kriegsfall sicherten sich beide Mächte wohl wollende Neutralität zu; Deutschland versprach sich einen Schutz gegen Frankreich und Russland gegen Österreich-Ungarn.

Welche altrömische Weisheit mahnt „Auch die andere Partei soll gehört werden!"?

- ❑ In dubio pro reo
- ❑ In vino veritas
- ❑ Audiatur et altera pars
- ❑ Hoc signo vinces

„Audiatur et altera pars"; sie ist so wörtlich nicht aus der Antike überkommen, aber ihrem Grundsatz nach schon bei Seneca (um 4 v. Chr.–65 n. Chr.) verbürgt.

Was bezeichnet ein Transistor?

- ❑ Radio
- ❑ elektronisches Schaltelement
- ❑ Rechenmaschine
- ❑ Setzmaschine

Ein elektronisches Schaltelement, das in den Rechnern der 2. Generation die großen, unzuverlässigen Elektronenröhren ersetzte. Die Weiterentwicklung dieser Schaltelemente führte zu den heute gebräuchlichen Chips.

Was bedeutete im Nachkriegsdeutschland die Bizone?

- ❑ westliches Verwaltungsgebiet
- ❑ Ost- und West-Berlin
- ❑ Ostzone
- ❑ EU-Gebiet

Die Zusammenlegung der amerikanischen und britischen Besatzungszonen 1947 zu einem Wirtschaftsraum als Gegenpol zur sowjetischen Besatzungszone. Damit erfolgte ein erster Schritt zur Entstehung der späteren BRD.

Welches Reich erlebte um 350 in Äthiopien seine Blütezeit?

- ❑ Nokkultur
- ❑ Xhosa-Bantu
- ❑ Gana
- ❑ Axum

Das Axum-Reich. Der sagenhafte König Menelek, angeblich ein Sohn König Salomos und der Königin von Saba, gründete im 10. Jh. v. Chr. die Dynastie. Das christliche Äthiopien begründete König Ezana im 4. Jh.

Wem nützte 1887 die Indochinesische Union?

- ❑ China
- ❑ Kambodscha
- ❑ Frankreich
- ❑ Großbritannien

Frankreich. Durch die Vereinigung der französischen Protektorate Annam, Tonkin, Kambodscha und der französischen Kolonie Cochinchina baute Frankreich seine koloniale Machtbasis aus.

Welchen berühmten Orden gründete Domingo Guzmán?

- ❑ Franziskaner
- ❑ Augustiner Chorherren
- ❑ Prämonstratenser
- ❑ Dominikaner

Die Dominikaner, ein Priesterorden, den der Papst 1216 bestätigte. Die Predigerbrüder des hl. Domingo (Dominikus) verzichteten auf ein Einkommen und lebten vom Betteln. 1232 wurden die Dominikaner durch den Papst mit der Inquisition betraut.

Wo liegt die Hafenstadt Málaga?

- ❑ Malta
- ❑ Venezuela
- ❑ Spanien
- ❑ Korsika

In Spanien, an der Costa del Sol. Die „Sonnenküste" bildet einen Teil der andalusischen Mittelmeerküste. Málagas Geschichte geht bis ins 12. Jh. v. Chr. zurück, als die Phönizier hier eine Siedlung gründeten.

Welche Partei führt Tony Blair an?

- ❑ Labour Party
- ❑ Sinn Féin
- ❑ Social Democratic Party
- ❑ Conservative Party

Die Labour Party. 1997 wurde Blair Premierminister und seitdem spielt Großbritannien wieder eine größere Rolle im europäischen Einigungsprozess. 2001 erfolgte seine Wiederwahl.

Wer bestieg im „Dreikaiserjahr" 1888 den deutschen Thron?

- ❑ Bismarck
- ❑ Friedrich III.
- ❑ Wilhelm I.
- ❑ Friedrich der Große

Friedrich III. (1831–88), nach dem Tod Kaiser Wilhelms I. (1797–1888). Er starb jedoch bereits nach 99 Tagen. Ihm folgte sein Sohn, der 29-jährige Wilhelm II. (1859–1941).

Wie nennt Sokrates die „innere Stimme", die den Menschen warnt, etwas Falsches zu tun?

- ❑ Daimonion
- ❑ Encheiresis Naturae
- ❑ Lemur
- ❑ Phänomen

Das Daimonion (griechisch: „göttliches Wesen"). Dass sich in der Spätantike und im Christentum dann das „Dämonische" daraus ableiten würde, wusste der griechische Philosoph im 5. Jh. v. Chr. natürlich nicht.

In welchem Bürgerkrieg kämpften die Familien Lancaster und York um den Thron?

- ❑ Glorious Revolution
- ❑ Rosenkriege
- ❑ Hugenottenkriege
- ❑ Intifada

In den blutigen Rosenkriegen. Der Herzog von York trat im Zeichen der weißen Rose gegen die Lancaster – mit der roten Rose – an, die den König stellten. Er wurde im Tower ermordet. Dasselbe Schicksal ereilte später auch die Thronanwärter von York.

Welche Behörde verbirgt sich hinter der Abkürzung BND?

- ❑ Verfassungsschutz
- ❑ Militärischer Abschirmdienst
- ❑ Bundesnachrichtendienst
- ❑ Bund Naturschutz Deutschland

Der Bundesnachrichtendienst, der Geheimdienst der Bundesrepublik Deutschland, der seinen Sitz in Pullach bei München hat und direkt dem Bundeskanzleramt untersteht.

Wer erschoss sich 1889 in Mayerling?

- ❑ Kronprinz Rudolf
- ❑ Georg Trakl
- ❑ Ludwig II.
- ❑ Paul Celan

Erzherzog Rudolf und seine Geliebte Mary Vetsera. Er war der einzige Sohn und designierte Nachfolger Kaiser Franz Josephs von Österreich mit dessen Gemahlin Elisabeth, genannt Sissi.

Was war König Geiserich?

- ❑ Römer
- ❑ Hunne
- ❑ Vandale
- ❑ Araber

Ein Vandale. Geiserich (um 389–477) gründete 429 das Vandalenreich – ein etwa 80.000 Menschen zählendes Volk – in Nord-Afrika. 442 erkannte Valentinian III. (419–455) das erste Germanenreich auf röm. Boden an.

Wie nennt man Wasser im Übergang vom Meer- zum Süßwasser?

- ❑ Mangroven
- ❑ Brackwasser
- ❑ Kloake
- ❑ Bottenwasser

Brackwasser. Es befindet sich an Stellen, wo Süß- und Meerwasser aufeinander treffen: Flussmündungen, Buchten und Strandseen. Ein Beispiel ist der Maracaibosee in Venezuela.

Welches Rechtsbuch des Deutschen Reiches schuf Eike von Repgow um 1224?

- ❑ Sachsenspiegel
- ❑ Code civil
- ❑ Bürgerliches Gesetzbuch
- ❑ Corpus iuris canonici

Den *Sachsenspiegel*, das älteste seiner Art im deutschen Mittelalter. Sein Verfasser, ein Ritter und Schöffe, ging vom sächsischen Recht aus und gliederte es in das Land- und Lehnsrecht.

Welcher asiatische Staat wurde 1889 eine konstitutionelle Monarchie?

- ❑ China
- ❑ Siam
- ❑ Japan
- ❑ Indochina

Japan. Dort wurde eine Verfassung nach preußischem Vorbild eingeführt, welche die Macht des Tenno Mutsuhito (1852–1912) einschränkte.

Welcher englische Naturforscher hat die christliche Schöpfungslehre ad absurdum geführt?

- ❑ Johann J. Bachofen
- ❑ Charles Darwin
- ❑ Alfred Russel Wallace
- ❑ Roger Bacon

Charles Darwin (1809–82), der die Evolutionstheorie entwickelte (auch Wallace kam unabhängig davon zu derselben Erkenntnis). Demnach sind alle höheren Lebewesen aus einem Selektionsprozess hervorgegangen.

Welcher Nationalökonom vertrat die Theorie der staatlichen Beschäftigungspolitik?

- ❑ John Maynard Keynes
- ❑ Milton Friedman
- ❑ Ludwig Erhard
- ❑ Karl Schiller

John Maynard Keynes (1883–1946). Er ging davon aus, dass nur die staatliche Finanzpolitik, nicht aber die Selbstheilungskräfte der Wirtschaft die Arbeitslosigkeit bekämpfen könnten.

Welche Bedeutung hat das Wort Bolschewik?

- ❑ „Kämpfer"
- ❑ „Drückeberger"
- ❑ „Mehrheitler"
- ❑ „Anarchist"

„Mehrheitler", d. h. die Anhänger des radikalen Flügels der russischen Sozialisten, die sich 1903 unter Lenin abspalteten. Ihre Gegner nannten sie Menschewiki (Minderheitler). Erstere übernahmen 1917 die Macht in Russland.

Welche Sportart betrieb Bobby Fischer?

- ❑ Boxen
- ❑ Reiten
- ❑ Fußball
- ❑ Schach

Schach. Der Weltmeister der Jahre 1972 bis 1975 gilt als einer der besten Schachspieler aller Zeiten. Fischer (*1943) trat aus unerklärlichen Gründen 1975 nicht gegen den Herausforderer Karpow an.

Welche Institution verfügt in Deutschland über das „Budgetrecht"?

- ❑ Deutsche Bundesbank
- ❑ Europäische Zentralbank
- ❑ Bundesfinanzminister
- ❑ Deutscher Bundestag

Der Deutsche Bundestag. Das aus dem Französischen kommende Wort Budget meint buchstäblich den „Staatssäckel", d. h. den Staatshaushalt. Diesem verleiht das Parlament Gesetzeskraft.

Welchen Titel führten die Kaiser von Äthiopien?

- ❑ Negus Negesti
- ❑ Pharao
- ❑ Ras Tafari
- ❑ Mahdi

Negus Negesti (König der Könige). Sie führten sich auf König Salomo zurück. Letzter Negus war Haile Selassie, der 1974 entmachtet wurde.

Welches Land nahmen Angeln, Sachsen und Jüten um 430 in Besitz?

- ❑ Skandinavien
- ❑ Britannien
- ❑ Litauen
- ❑ Normandie

Britannien. Die aus den Gebieten des heutigen Schleswig, der Elb- und Wesermündung und aus Dänemark kommenden Angelsachsen unterwarfen die keltischen Pikten und Skoten und verdrängten die Briten nach Schottland, Wales und in die heutige Bretagne.

Was ist eine Nehrung?

- ❑ Lavastrom
- ❑ schmaler Sandwall
- ❑ Damm
- ❑ Aufforstung

Ein schmaler, lang gestreckter Sandwall, der Strandseen bzw. Buchten vom Meer trennt. Die abgetrennte Meeresbucht heißt Haff.

Wie bezeichnet man Wirtschaftsmärkte in Ländern, die noch keine Industrieländer sind?

- ❑ Stock Market
- ❑ Emerging Market
- ❑ Freihandelsmarkt
- ❑ geschlossener Markt

Emerging Market. Er ist wegen seiner sehr labilen politischen und wirtschaftlichen Verhältnisse ein Markt für risikobereite Anleger.

Was geschah 1890 am Wounded Knee?

- ❑ Indianermassaker
- ❑ Ermordung Sitting Bulls
- ❑ Eisenbahnunglück
- ❑ Untergang Custers

Ein Massaker an über 200 Indianern durch US-Truppen. Wenige Tage vorher war die Symbolfigur des Widerstandes, der Sioux-Häuptling Sitting Bull (1831–90), erschossen worden.

Was bezeichnet die Geschichtsphilosophie als Dekadenz?

- ❑ Aufstieg
- ❑ Verfall und Niedergang
- ❑ Konsolidierung
- ❑ Rückschritt

Verfall und Niedergang. Der Begriff wurde geprägt, um den Niedergang von Kulturen und Völkern zu beschreiben. Auch in der Kunst und Politik spricht man von Dekadenz.

Wo ist der Sitz des Bundesgerichtshofs (BGH)?

- ❑ Karlsruhe
- ❑ Stuttgart
- ❑ Frankfurt a. Main
- ❑ Hamburg

In Karlsruhe, der fünfte Strafsenat ist in Leipzig. Der BGH ist das oberste Bundesgericht für das Gebiet der BRD und damit in Zivilsachen letzte Revisionsinstanz gegen Endurteile der Oberlandesgerichte.

Wer ist das Staatsoberhaupt der Bundesrepublik Deutschland?

- ❑ Bundespräsident
- ❑ Bundeskanzler
- ❑ Ministerpräsident
- ❑ Bundesratspräsident

Der Bundespräsident, der von der Bundesversammlung auf fünf Jahre gewählt wird. Er erfüllt vorwiegend repräsentative und formelle Aufgaben wie die Ernennung der neu gewählten Regierung.

Welche Kolonien besaß das Deutsche Reich in Afrika?

- ❑ Äthiopien
- ❑ Sudan
- ❑ Mauretanien
- ❑ Kamerun

Kamerun und Togo seit 1884, Deutsch-Ostafrika seit 1885 und 1891 kam Deutsch-Südwestafrika (das heutige Namibia) hinzu. Sie wurden u. a. vom Deutschen Kolonialverein verwaltet.

Welches Bundesland der Bundesrepublik Deutschland ist flächenmäßig das Größte?

- ❑ Nordrhein-Westfalen
- ❑ Bayern
- ❑ Niedersachsen
- ❑ Baden-Württemberg

Bayern mit 70.547 km^2, gefolgt von Niedersachsen (47.606 km^2) und Nordrhein-Westfalen (34.072 km^2). Bevölkerungsreichstes Bundesland ist allerdings Nordrhein-Westfalen mit 17,86 Mio. Einwohnern.

Wie heißt der Bauchpilz, dessen reife Sporen unter einem Fußtritt aufstäuben?

- ❑ Bovist
- ❑ Hallimasch
- ❑ Lorchel
- ❑ Trüffel

Bovist (Bofist). Der Name leitet sich von mittelhochdeutsch vohe „Füchsin" ab und bedeutet eigentlich „Füchsinnenfurz". Auch das Griechische drückt es kaum gewählter aus: Lycoperdon heißt „Wolfsfurz".

Welcher Bettelmönch und Ordensgründer wurde 1228 heilig gesprochen?

- ❑ Bernhard von Clairvaux
- ❑ Bruno von Köln
- ❑ Birgitta von Schweden
- ❑ Franz von Assisi

Franz von Assisi (1181/82–1226), der die Nachfolge Christi zu seinem Ideal erhob und durch Italien zog. Seine letzten Lebensjahre verbrachte Franz in mystischer Versunkenheit; 1224 zeigten sich bei ihm die Stigmata (Wundmale Christi).

Was war die 1893 gegründete Independent Labour Party?

- ❑ Unabhängige Gewerkschaft
- ❑ Arbeiterpartei
- ❑ Frauenrechtsbewegung
- ❑ Suffragetten-Verein

Die erste Arbeiterpartei Großbritanniens; davor gab es nur verschiedene Arbeitervertretungen. Sie wurde zu einer der großen traditionsreichen Parteien in England.

Wie hat Immanuel Kant das „wahre" Sein umschrieben, wie es unabhängig von der Erkenntnis existiert?

- ❑ Realität
- ❑ Eschatologie
- ❑ Ding an sich
- ❑ Idee

Ding an sich. Nach Kants (1724–1804) *Kritik der reinen Vernunft* zeigen die Dinge dem erkennenden Menschen lediglich eine „Erscheinung". Ihre wirkliche Beschaffenheit bleibt verborgen.

Wer hat im Bundesrat Sitz und Stimme?
- ❑ Abgeordnete des Bundestages
- ❑ Länder
- ❑ Verfassungsrichter
- ❑ Bundeskanzler

Die 16 Länder der Bundesrepublik Deutschland bzw. deren Vertreter, die damit an der Gesetzgebung und Verwaltung des Bundes mitwirken. Für Bundesgesetze, die Länderkompetenzen betreffen, ist die Zustimmung des Bundesrates erforderlich.

Wer war Thomas de Torquemada (1420–98)?
- ❑ spanischer Großinquisitor
- ❑ Philosoph
- ❑ Renaissance-Maler
- ❑ Entdecker

Spanischer Großinquisitor. Die „Katholischen Könige" Ferdinand II. von Aragón und Isabella von Kastilien erhielten die päpstliche Erlaubnis zur Wiederaufnahme der Inquisition. Thomas de Torquemada war der erste Großinquisitor.

Welcher chinesische Revolutionär gründete 1894 in Honolulu die „Vereinigung zur Erneuerung Chinas"?
- ❑ Mao Tse-tung
- ❑ Chiang Kai-shek
- ❑ Chou En-lai
- ❑ Sun Yat-sen

Sun Yat-sen (1866–1925), der damit die Ch'ing-Dynastie stürzen wollte. Zunächst wurde er jedoch in ein 16-jähriges Exil getrieben. 1911 gelang ihm der Umsturz.

Über welche Fälle entscheidet das Bundesverfassungsgericht in der Mehrzahl?
- ❑ Einhaltung von Grundrechten
- ❑ Verfassungswidrigkeit von Parteien
- ❑ Verfassungsbeschwerden
- ❑ Übereinstimmung von Bund- und Länderrecht

Zurzeit ist es etwa zu 98% mit Verfassungsbeschwerden von Bürgern ausgelastet, von denen allerdings nur 2,6% Erfolg haben.

Wo liegt der über 60 m hohe Rock of Cashel, auf dem eine Burg mit Kirche und Kloster thront?
- ❑ Schottland
- ❑ Irland
- ❑ England
- ❑ Bretagne

In der Grafschaft Tipperary in Irland. Der Felsblock war seit dem 4. Jh. der Sitz der Könige von Munster. In Cashel steht die im 12. Jh. im irisch-romanischen Stil erbaute Cormac's Chapel.

Seit wann besteht die Deutsche Bundeswehr?
- ❑ 1918
- ❑ 1945
- ❑ 1955
- ❑ 1961

Sie wurde 1955 gegründet. 1956 wurde die allgemeine Wehrpflicht festgelegt. Seit 1991 nimmt sie auch an wichtigen Auslandseinsätzen der NATO teil.

Welcher Nationalökonom und Nobelpreisträger begründete die Lehre des Monetarismus?
- ❑ Harry Markowitz
- ❑ Milton Friedman
- ❑ John Maynard Keynes
- ❑ Werner Sombart

Milton Friedman (*1912). Seiner Theorie nach bedingt die von der Notenbank regulierte Geldmenge entscheidend die wirtschaftliche Entwicklung. Der Staat müsse sich mit Fiskalpolitik zurückhalten.

Für welche Unabhängigkeit kämpfte die Katipunan-Bewegung?
- ❑ Philippinen
- ❑ Australien
- ❑ Indien
- ❑ Tibet

Für die Philippinen. 1896 proklamierte der Führer der Bewegung die Philippinische Republik. Der Unabhängigkeitskrieg gegen Spanien wurde 1898 erfolgreich beendet.

Was bezeichnet man in der Computer-Sprache meist als Feature?

- ❑ Software-Zusätze
- ❑ Tabellenköpfe
- ❑ Button
- ❑ Lesezeichen

Software-Zusätze, die wahlweise installiert werden können. Das Feature (englisch „Merkmal") erfüllt dann spezielle zusätzliche Funktionen, wie z. B. ein Arithmetikprozessor in einem Computer.

Von wem stammt nach dem Johannesevangelium der Ausruf „Ecce homo"?

- ❑ Friedrich Nietzsche
- ❑ Johannes der Täufer
- ❑ Pilatus
- ❑ Barabbas

Pilatus, als er den dornengekrönten Christus dem Volk zeigte, um dessen Mitleid zu erregen. Danach ein Synonym für die bemitleidenswerte Situation des heutigen Zivilisationsmenschen.

Was war die Goldene Horde?

- ❑ Samurai
- ❑ Mongolen
- ❑ Kreuzritter
- ❑ Mamelucken

Mongolische Krieger Batu Khans (um 1205 bis 1255) bzw. dessen Reiches an der Wolga. Sie drangen 1241 bis Polen vor und vernichteten in der Schlacht von Liegnitz ein deutsch-polnisches Ritterheer.

Welche beiden Staaten schlossen im Camp-David-Abkommen von 1978 Frieden?

- ❑ Iran und Irak
- ❑ Israel und Ägypten
- ❑ Polen und Deutschland
- ❑ Israel und PLO

Israel und Ägypten. Erstmals erreichte Israel mit einem arabischen Land durch den Abschluss eines Friedensvertrages ein normales diplomatisches Verhältnis.

Welchen Kongress berief 1897 Theodor Herzl nach Basel ein?

- ❑ FIFA-Weltkongress
- ❑ Erster Zionistischer Weltkongress
- ❑ Zweite Internationale
- ❑ Internationales Olympisches Komitee

Den Ersten Zionistischen Weltkongress. Der jüdische Journalist Theodor Herzl (1860–1904) propagierte unter dem Eindruck eines allerorten aufkeimenden Antisemitismus einen Staat Israel.

Welcher sowjetische Politiker leitete eine zeitweilige politische „Tauwetterperiode" ein?

- ❑ N. Chruschtschow
- ❑ L. Breschnew
- ❑ M. Gorbatschow
- ❑ J. Andropow

Nikita Chruschtschow (1894–1971); 1954 räumte er auf dem 20. Parteitag mit dem Führerkult um Stalin auf und verkündete die Doktrin der „friedlichen Koexistenz" mit dem Westen.

Welcher Kleinstaat liegt auf Borneo?

- ❑ Singapur
- ❑ Brunei
- ❑ Bahrain
- ❑ Palau

Brunei. An der Spitze des Sultanats steht Hassanal Bolkiah, dessen Vermögen von rund 38 Mrd. Dollar ihn zum reichsten Mann der Welt macht.

Wer war Hitlers größter Gegner auf den Britischen Inseln?

- ❑ N. Chamberlain
- ❑ W. Churchill
- ❑ D. Lloyd George
- ❑ F. D. Roosevelt

Winston Churchill (1874–1965); 1941 schuf er gegen das „Dritte Reich" die Allianz aus Großbritannien, den USA und Russland. 1953 erhielt Churchill für seine *Geschichte des Zweiten Weltkrieges* in sechs Bänden den Literaturnobelpreis.

Wer pachtete 1897 die chinesische Halbinsel Kiautschou für 99 Jahre?

- ❑ Großbritannien
- ❑ USA
- ❑ Frankreich
- ❑ Deutsches Reich

Das Deutsche Reich. Voraus ging die Besetzung der Hafenstadt Tsingtau. Die Deutschen bauten eine Eisenbahnlinie und machten Tsingtau 1899 zum Freihafen.

Welcher Philosoph gründete seine Morallehre auf den Satz „Erkenne dich selbst"?

❑ Epiktet ❑ Sokrates
❑ Platon ❑ Epikur

Sokrates (469–399 v. Chr.). Der Spruch wird dem Weisen Chilon zugeschrieben und erscheint auch am Apollontempel in Delphi. Selbsterkenntnis sei die Vorbedingung zur Tugend.

Welche Dynastie wurde 1371 in Schottland begründet?

❑ Lancaster ❑ Stuart
❑ Jagiellonen ❑ Orléans

Das Haus Stuart, dem auch Maria Stuart angehörte. Robert II. (1316–1390), ein Nachfahre des schottischen Helden Robert I. Bruce, begründete die Dynastie, die 1603 auch auf den englischen Thron kam.

Welcher Staufer wurde 1268 in Neapel hingerichtet?

❑ Manfred ❑ Konrad IV.
❑ Konradin ❑ Ludwig der Bayer

Konradin (1252–68). Er wurde im Alter von 16 Jahren enthauptet, nachdem er in der Schlacht von Tagliacozzo gegen Karl von Anjou (1226–85), einen Bruder des französischen Königs, verloren hatte.

Was wird in der EDV als Mainframe bezeichnet?

❑ Festplatte ❑ Zentraleinheit
❑ Peripherie ❑ Großrechner

Ein Großrechner, der rechenintensive Aufgaben in Großfirmen, Behörden und wissenschaftlichen Instituten übernimmt.

Welcher bedeutende Liberale wurde viermal britischer Premierminister?

❑ Cecil Rhodes ❑ Benjamin Disraeli
❑ William Gladstone ❑ Victor A. John Hope

William Gladstone (1809–98). Er erreichte als Premierminister Wahlrechts- und Wirtschaftsreformen sowie die Einführung der allgemeinen Schulpflicht.

Welche amerikanische Behörde verbirgt sich hinter der Abkürzung CIA?

❑ Weltraumbehörde ❑ Supreme Court
❑ Geheimdienst ❑ Senat

Der amerikanische Geheimdienst „Central Intelligence Agency", die Zentrale Nachrichtenbehörde der USA für die Auslandsspionage.

Wo liegt der Kurort Karlsbad?

❑ Böhmen ❑ Oberösterreich
❑ Oberpfalz ❑ Thüringen

In Böhmen. Benannt ist die Stadt an der Mündung der Tepl in die Eger nach Kaiser Karl IV., der dem damaligen Ort Warmbad 1370 das Stadtrecht verlieh.

Welcher Ableger der italienischen Mafia befindet sich in den USA?

❑ Sons of Liberty ❑ Ku Klux Klan
❑ Carbonari ❑ Cosa Nostra

Die Cosa Nostra; italienisch: „unsere Sache". Sie ist eine kriminelle Geheimorganisation, die durch Korruption auch wirtschaftlichen und politischen Einfluss ausübt.

Wer erhielt 1226 das Culmer Land?

❑ Polen ❑ Russen
❑ Deutscher Orden ❑ Schweden

Der vierte Hochmeister des Deutschen Ordens, Hermann von Salza (um 1170–1239), der von Kaiser Friedrich II. mit landesherrlichen Rechten ausgestattet wurde. Die Grundlage für den Deutschordensstaat war damit geschaffen.

Welche Monarchin fiel 1898 in Genf einem Attentat zum Opfer?

❑ Erzherzogin Sophie ❑ Herzogin Henriette
❑ Kaiserin Elisabeth ❑ Zarin Alexandra

Die österreichische Kaiserin Elisabeth, genannt Sisi (1837–98). Sie wurde von dem italienischen Anarchisten Luigi Luccheni (1873–1910) mit einer Feile erstochen.

Welches ethische Ziel verfolgten die alten Griechen?

❑ Glückseligkeit ❑ Frömmigkeit
❑ Wissen ❑ Kunstfertigkeit

Die Glückseligkeit (Eudämonie). Glücklich und tugendhaft war für die Griechen der Mensch, dessen geistige und körperliche Kräfte sich ungehindert entfalten können.

Was folgte auf den Ersten Prager Fenstersturz 1419?

❑ Rosenkriege ❑ Hussitenkriege
❑ Dreißigjähriger Krieg ❑ Punische Kriege

Die Hussitenkriege (bis 1439). Die Hussiten, Anhänger des Reformators Jan Hus (1368–1415), wehrten sich dagegen, dass Siegmund nach dem Tod seines Bruders Wenzel zum König von Böhmen gekrönt wurde.

Welcher südosteuropäische Staat stand im Mittelpunkt des Dayton-Abkommens von 1995?

❑ Albanien ❑ Serbien
❑ Bosnien-Herzegowina ❑ Montenegro

Bosnien-Herzegowina, dessen staatsrechtlicher Fortbestand durch das Abkommen festgeschrieben wurde. Noch im selben Jahr beendete der Frieden von Paris offiziell den Bosnien-Krieg.

Wer waren die Ghibellinen und Guelfen?

❑ apokalyptische Reiter ❑ päpstliche Soldaten
❑ verfeindete Veroneser Adelshäuser ❑ Parteigänger der Staufer und Welfen

Die Anhänger der Staufer und Welfen in Italien, die sich seit dem deutschen Thronstreit 1198 gegenüberstanden. Die Welfen unterlagen 1214, doch auch das staufische Glück hatte nach dem Tod Kaiser Friedrichs II. bald ein Ende.

Was erforscht die Demographie?

❑ Wählerverhalten ❑ Erderschütterungen
❑ Bevölkerung ❑ Ozonloch

Die Erfassung der Bevölkerung nach bestimmten Kriterien wie Alter, Religion, Berufs- und Bildungsverhältnissen. Der Begriff kommt aus dem Griechischen: „das Volk beschreiben".

Was gilt als ein Sinnbild der Deutschen Wiedervereinigung?

❑ Kaiser-Wilhelm-Gedächtniskirche ❑ Brandenburger Tor
❑ Mauer ❑ Friedensengel

Das Brandenburger Tor, das von 1788 bis 1791 als Wach- und Zolltor von Carl G. v. Langhans errichtet wurde. Gekrönt wird es von einer Quadriga von Gottfried Schadow. Davor war es ein Symbol der Teilung Deutschlands.

Der Zusammenbruch eines deutschen Medienimperiums sorgte 2002 für Schlagzeilen. Um welchen Konzern handelt es sich?

❑ Bertelsmann ❑ Kirch-Gruppe
❑ WAZ Mediengruppe ❑ Hubert Burda Media

Die Kirch-Gruppe aus München. Ihr Gründer Leo Kirch (*1926) begann 1954 seine Karriere mit dem Erwerb von Filmlizenzen. Sein Konzern war an zahlreichen Fernsehsendern und Produktionsgesellschaften beteiligt.

Welchen Begriff haben die alten Griechen für die Herrschaft durch das Volk verwendet?

- ❑ Oligarchie
- ❑ Ochlokratie
- ❑ Demokratie
- ❑ Monarchie

Demokratie; in der direkten Demokratie nimmt das Volk an den Versammlungen teil (z. B. Kantone in der Schweiz); in der repräsentativen Demokratie wählt es das Parlament.

Was bezeichnet man in der Computersprache als Upgrade?

- ❑ Nachrüstung von Software
- ❑ Neuladen
- ❑ Fehlersuche
- ❑ Testlauf

Die Nachrüstung von Software. Die jeweils neueste Version ist das Upgrade, von englisch „to upgrade" „verbessern, nachrüsten". Das Wort hat dieselbe Bedeutung wie „Update".

Was gelang 1488 Bartoloméu Diaz (um 1450–1500)?

- ❑ Umseglung des Kaps der Guten Hoffnung
- ❑ Erreichung der westindischen Malabarküste
- ❑ Gründung von Mombasa
- ❑ Bau des Suezkanals

Die Umseglung des Kaps der Guten Hoffnung. Der Portugiese nannte es „Kap der Stürme"; König Johann II. gab ihr dann jedoch den Namen „Kap der guten Hoffnung". 1500 ging Diaz auf einer neuen Fahrt mit seiner Karavelle vor dem Kap unter.

Welche ethisch umstrittene Praktik bezeichnet das Wort Euthanasie?

- ❑ künstliche Befruchtung
- ❑ Abtreibung
- ❑ Sterbehilfe
- ❑ Genmanipulation

Die Sterbehilfe. Der Begriff steht im Spannungsfeld zwischen „würdigem Sterben" (die griechische Urbedeutung heißt auch „guter Tod") und den ethischen Bedenken gegen die Möglichkeit des Missbrauchs.

Womit befasst sich die Demoskopie?

- ❑ Meinungen
- ❑ Verhaltensforschung
- ❑ Parteienlandschaft
- ❑ Insektenkunde

Sie erforscht in Meinungsumfragen die Einstellungen in der Bevölkerung. So werden z. B. so genannte „Politbarometer" darüber erstellt, in welcher Wählergunst Politiker gerade stehen.

In welchem Rennen verunglückte 1976 der Formel-1-Rennfahrer Niki Lauda schwer?

- ❑ Spa
- ❑ Nürburgring
- ❑ Silverstone
- ❑ Monaco

Im Großen Preis von Deutschland auf dem Nürburgring. Lauda (*1949) gewann drei Weltmeistertitel (1975, 1977, 1984) und insgesamt 25 Grand-Prix-Rennen.

Welcher Mongole wurde 1280 Kaiser von China?

- ❑ Batu Khan
- ❑ Tschingis Khan
- ❑ Ulan Bator
- ❑ Kublai Khan

Kublai Khan (1215–94), der das chinesische Südreich der Song zerstörte. Er stellte erstmals wieder ein geeintes China her und begründete die Yuan-Dynastie (bis 1368).

Was ist mit dem Begriff Deportation gemeint?

- ❑ Entführung
- ❑ Zwangsverschickung
- ❑ Verurteilung
- ❑ Amnestie

Die zwangsweise Verschickung, Verschleppung bzw. Verbannung von Verbrechern, politischen Gegnern oder ganzen Volksgruppen; so geschehen unter Stalin und in der NS-Diktatur.

Welche militärische Intervention hat die USA mit der Dominotheorie gerechtfertigt?

- ❑ Korea-Krieg
- ❑ Grenada
- ❑ Panama
- ❑ Vietnam

Den Eintritt in den Vietnam-Krieg 1965. Nach dem Zweiten Weltkrieg entwickelt, beschrieb die Theorie die Gefahr einer fortschreitenden Ausbreitung des Kommunismus.

Wo steht der Olymp?
- ❑ Kreta
- ❑ Naxos
- ❑ Türkei
- ❑ Thessalien

In der nordgriechischen Landschaft Thessalien. Mit 2911 m ist er die höchste Erhebung Griechenlands. Die schneebedeckten Gipfel des Gebirgsmassivs galten in der Antike als Wohnstätte der Götter.

Welcher zigarrenrauchende Politiker der 50er und 60er-Jahre gilt als Vater des deutschen „Wirtschaftswunders"?
- ❑ Franz Josef Strauß
- ❑ Karl Schiller
- ❑ Ludwig Erhard
- ❑ Karl Otto Pöhl

Der Wirtschaftsminister und CDU-Politiker Ludwig Erhard (1897–1977), der mit seinem Konzept der sozialen Marktwirtschaft Erfolg hatte.

Was war die Sizilianische Vesper von 1282?
- ❑ Osterandacht
- ❑ Aufstand und Massaker an den Franzosen
- ❑ opulenter Abendimbiss
- ❑ Oratorium

Ein Aufstand gegen die Herrschaft Karls von Anjou (1226–1285), der zur Vesper am Ostermontag von 1282 in Palermo ausbrach. Er dehnte sich über das gesamte Inselreich aus und verursachte ein Massaker unter den Franzosen.

Welche philosophische Einstellung geht von einem unabwendbaren Schicksal aus?
- ❑ Dogmatismus
- ❑ Nihilismus
- ❑ Kismet
- ❑ Fatalismus

Der Fatalismus, eine in der Antike bei den Hebräern, Griechen und Römern verbreitete Haltung. Diese ist auch für den Islam wesentlich. Fatum (lat.) ist das Schicksal.

Für welches Land verübt die terroristische Vereinigung ETA blutige Anschläge?
- ❑ Nordirland
- ❑ Baskenland
- ❑ Eritrea
- ❑ Palästina

Für die Unabhängigkeit des Baskenlandes. Seit ihrer Gründung 1959 ermordete sie über 800 Menschen. Massendemonstrationen in ganz Spanien gegen den ETA-Terror führten 1999 vorübergehend zu einem Gewaltverzicht.

Welche Aufgabe hat die exekutive Staatsgewalt?
- ❑ Gesetzgebung
- ❑ richterliche Gewalt
- ❑ ausführende Gewalt
- ❑ Landesverteidigung

Die Exekutive ist das ausführende Organ, d. h. sie regiert den Staat nach den vom Parlament (Legislative) beschlossenen und von der richterlichen Gewalt (Judikative) anzuwendenden Gesetzen.

Welcher europäische Staat ist die Geburtsstätte des Faschismus?
- ❑ Deutschland
- ❑ Österreich
- ❑ Spanien
- ❑ Italien

Italien, wo 1922 Benito Mussolini (1883–1945) eine Diktatur errichtete, die durch Nationalismus, totalitäre Verwaltung, Antikommunismus und einen Führerkult geprägt war.

Wer schloss 1291 den „Ewigen Bund"?
- ❑ Lombardische Städte
- ❑ Schweizer Urkantone
- ❑ Mixteken und Tolteken
- ❑ Model Parliament

Die Scheizer Urkantone Uri, Schwyz und Unterwalden. Der „Rütlischwur" der drei Kantone kam zustande, weil die Habsburger darangingen, die reichsunmittelbaren Rechte der Kantone Uri und Schwyz zu beschneiden.

Welcher Staat bezeichnet sich als Vereinigtes Königreich?

- ❑ Salomonen
- ❑ Großbritannien
- ❑ Spanien
- ❑ Neapel

Das Königreich von Großbritannien und Nordirland; zu ihm zählen England, Schottland, Wales und Nordirland, nicht aber die Kanalinseln, die Isle of Man und Irland.

Welche Gesellschaftsordnung war bestimmend für das Mittelalter und die frühe Neuzeit?

- ❑ Feudalismus
- ❑ Kapitalismus
- ❑ Früh-Kommunismus
- ❑ Sozialismus

Der Feudalismus, in dem eine adlige Oberschicht durch Grundbesitz und religiöse Legitimation die Mehrheit der Gesellschaft – Vasallen und Hörige – beherrschte.

Was weist die Bundesrepublik Deutschland als Beispiel für den Föderalismus aus?

- ❑ Bundesländer
- ❑ Gewaltenteilung
- ❑ Mitglied der EU
- ❑ Mitglied der UNO

Der Einfluss der 16 Landesregierungen, die über den Bundesrat an der Gesetzgebung (Legislative) mitwirken, insbesondere bei Bundesgesetzen, die auch die Länder betreffen.

Welche ethisch umstrittene Möglichkeit bietet die Präimplantationsdiagnostik?

- ❑ Hormonbehandlung
- ❑ Geschlechtsumwandlung
- ❑ Klonen
- ❑ Selektion von Embryonen

Die Selektion von Embryonen. Die Biogenetik ermöglicht teilweise schon heute, Embryonen nach Erbkrankheiten u. Ä. zu untersuchen und letztlich nur „gesunde" zur Befruchtung freizugeben.

Was heißt Fraktion in der parlamentarischen Demokratie?

- ❑ Parteigruppierung
- ❑ Wahlkampf
- ❑ Mehrheiten brechen
- ❑ Bundestagsvotum

Eine Fraktion ist die Abgeordnetengruppe im Parlament, die einer bestimmten Partei angehört. Die Fraktionen der SPD und Bündnis 90/Die Grünen unterstützen die aktuelle Bundesregierung.

Welches Reich gründete 1301 Sultan Osman I.?

- ❑ Königreich von Ayutthaya
- ❑ Reich von Vijayanagar
- ❑ Osmanisches Reich
- ❑ Türkei

Das Osmanische Reich. Osman I. (um 1259–1324) vom Stamm der turkmenischen Ogusen trat gegen das christliche Byzanz an, nützte dessen Schwäche und die der Seldschuken aus und gründete seine Dynastie im Nordwesten Anatoliens.

Was besagt der Begriff Fraktionszwang bei Abgeordneten im Deutschen Bundestag?

- ❑ Gewissensfreiheit
- ❑ Parteibindung
- ❑ feste Sitzordnung
- ❑ Abstimmungszwang

Der Abgeordnete soll sich bei Abstimmungen parteikonform verhalten, d. h. sich dem Willen seiner Fraktion unterwerfen; dies steht mitunter im Widerspruch zur Gewissensfreiheit.

Was ist der größte europäische und der weltweit fünftgrößte Medienkonzern?

- ❑ Burda
- ❑ Granada Group
- ❑ Bertelsmann
- ❑ Polygram

Bertelsmann. Das 1835 gegründete Unternehmen wurde von Reinhard Mohn (*1921) zu einer führenden Verlagsgruppe aufgebaut. Der Medienkonzern verfügt über große Anteile an Privat- und Free-TV-Sendern.

Warum ist der 14. Juli für die Franzosen ein Nationalfeiertag?

- ❑ Befreiung von Paris 1945
- ❑ Französische Revolution
- ❑ Rückzug aus Indochina
- ❑ Atommacht

Weil am 14. Juli 1789 die gewaltsame Phase der Französischen Revolution mit der Erstürmung der Bastille, des Staatsgefängnisses in Paris, begann.

Welcher Fluss hat sein Delta in der südfranzösischen Camargue?

- ❑ Rhône
- ❑ Garonne
- ❑ Saône
- ❑ Loire

Die Rhône, die in den Schweizer Alpen entspringt. An ihrem Ufer liegen u. a. Genf, Lyon und Avignon. Typisch für die Camargue sind die versumpften Strandseen, die Weideflächen, Dünen und Salzseen.

Was ist ein markantes Zeichen für Fundamentalismus?

- ❑ Kompromisslosigkeit
- ❑ Rechtgläubigkeit
- ❑ Gemeinschaftssinn
- ❑ Pazifismus

Die kompromisslose politische oder religiöse Haltung, die nicht nur für sich selbst, sondern auch für die Allgemeinheit als unbedingt verbindlich angesehen wird.

Welcher Ritterorden wurde seit 1307 in Frankreich blutig verfolgt?

- ❑ Trappisten
- ❑ Deutscher Orden
- ❑ Templer
- ❑ Malteser

Die Templer. Philipp der Schöne (1268–1314) ließ die führenden Tempelritter aufgrund von Geständnissen, die unter der Folter erzielt wurden, verbieten und zog das Ordensvermögen ein. Viele endeten auf dem Scheiterhaufen.

Wie nennt man in der älteren Philosophie den Versuch, das Dasein Gottes logisch zu begründen?

- ❑ Gottesbeweis
- ❑ Gnosis
- ❑ Atheismus
- ❑ Mystizismus

Gottesbeweis. So schloss man z. B. von der Zweckmäßigkeit und Ordnung der Welt auf einen allwissenden Weltbaumeister. Seit Kant (1724–1804) gilt als unbestritten, dass sich Gott nicht beweisen lässt.

Wer ist der Staatspräsident von Libyen, der auch internationale Terroristen unterstützt?

- ❑ Ismail Hamdani
- ❑ Hafiz al-Assad
- ❑ Moamar al-Gaddhafi
- ❑ Teburoro Tito

Moamar al-Gaddhafi (*1942), der seit 1969 das Land regiert und ein erklärter Gegner der USA und Israels ist.

Mit welcher Fälschung wurde Österreich 1453 Erzherzogtum?

- ❑ Privilegium maius
- ❑ Iglauer Kompaktaten
- ❑ Statutum in favorem principum
- ❑ Hitlertagebücher

Mit dem Privilegium maius von 1358/59, das Herzog Rudolf IV. in Auftrag gegeben hatte. Kaiser Karl IV. verweigerte dies damals. Kaiser Friedrich III. (1415–1493) aus dem Hause Habsburg bestätigte nun die Fälschung.

Was wird in der Computersprache unter anderem mit Utility bezeichnet?

- ❑ Update
- ❑ DTP-Programm
- ❑ Steuerdatei
- ❑ Fehlersuchprogramm

Ein Fehlersuchprogramm (Debugger) o. ä. kleine Hilfsprogramme, die spezielle Aufgaben erledigen, wie etwa Hard- und Software-Komponenten auf Fehler hin zu checken.

Wo liegt der Gazastreifen?

- ❑ Saudi Arabien
- ❑ Ägypten
- ❑ Halbinsel Sinai
- ❑ Palästina

In der Küstenebene des südwestlichen Palästina (Israel). Von 1967 bis 1994 war er unter israelischer Verwaltung, seitdem steht er jedoch unter palästinensischer Selbstverwaltung.

Welches Organ der Bundesrepublik Deutschland übt die Gesetzgebung aus?

- ❑ Bundesregierung
- ❑ Bundesgerichtshof
- ❑ Bundesverfassungsgericht
- ❑ Bundestag

Der Deutsche Bundestag. Er hat eine vierjährige Legislaturperiode. Gesetzesvorlagen des Bundes werden im Plenum debattiert und beschlossen.

Welche Insel oder Halbinsel gehört zur Europäischen Union?

- ❑ Trinidad und Tobago
- ❑ Guadeloupe
- ❑ Island
- ❑ Krim

Guadeloupe, neben Martinique zu den Kleinen Antillen gehörend, ist ein französisches Überseedepartement und zählt somit auch zur EU. Guadeloupe mit seiner Hauptstadt Basse-Terre ist mit 1510 km^2 die größte der Kleinen Antillen.

Welcher Dynastie entstammte Kaiser Karl IV.?

- ❑ Piasten
- ❑ Plantagenet
- ❑ Wettiner
- ❑ Luxemburger

Den Luxemburgern, benannt nach ihrem Stammschloss, der Lützelburg. 1347 folgte er Ludwig dem Bayern. Kaiser Karl IV. (1316–1378) ist Urheber der „Goldenen Bulle", dem Grundgesetz des Heiligen Römischen Reiches.

Wie heißt das Adelsgeschlecht des monegassischen Fürstenhauses?

- ❑ Borbón
- ❑ Bernadotte
- ❑ Visconti
- ❑ Grimaldi

Grimaldi; Fürst Rainier III. (*1923) von Monaco und seine verstorbene Frau Gracia Patricia haben drei Kinder: den Thronfolger Prinz Albert sowie die Prinzessinnen Caroline und Stephanie.

Wer lebt nach der Lehre des Epikur in so genannten Intermundien (Zwischenwelten)?

- ❑ Philosophen
- ❑ Priester
- ❑ Götter
- ❑ Verbrecher

Die Götter. Seiner Auffassung nach sind es leere Zwischenräume zwischen den Welten; hier wohnen die Götter und kümmern sich folglich nicht um die Welt.

Wo kommt ein Trackball meist zum Einsatz?

- ❑ Fußballturnier
- ❑ Golf
- ❑ Laptop
- ❑ Segelregatta

Beim Laptop oder Notebook. Es ist ein Eingabemedium, wie auch die Computermaus; die Rollkugel, die der Benutzer direkt verwendet, ist in oder an der Tastatur mit eingebaut.

Wo kann es in der Politik zu einem Hammelsprung kommen?

- ❑ Gen-Debatte
- ❑ Deutscher Bundestag
- ❑ Landwirtschaftsministerium
- ❑ Bauernverband

Im Deutschen Bundestag, wenn bei Unklarheit des Abstimmungsergebnisses die Abgeordneten den Sitzungssaal durch eigens bezeichnete Ja-, Nein- und Stimmenthaltungs-Türen betreten müssen.

Welches Symbol fand man früher auf dem Hoheitszeichen der Sowjetunion?

- ❑ Zirkel und Hammer
- ❑ Schwert und Sichel
- ❑ fünf Sterne
- ❑ Hammer und Sichel

Hammer und Sichel, die nach der Parteidoktrin den „sozialistischen Aufbau" und gleichzeitig die Verbrüderung der Arbeiter und Bauern symbolisieren sollten.

Wo bezog der Papst ab 1309 seine ständige Residenz?

- ❑ San Marino
- ❑ Castel Gandolfo
- ❑ Avignon
- ❑ Rom

In Avignon. Die Abhängigkeit des Papsttums vom französischen König begann mit dem sizilischen Königtum Karls von Anjou (1226–85). Mit dem Pontifikat Clemens V. († 1314) begann die 70-jährige „Babylonische Gefangenschaft" der Päpste in Avignon.

Welcher politisch engagierte Schriftsteller wurde 1989 tschechoslowakischer Staatspräsident?

- ❑ Aleksandr Solschenizyn ❑ Andrej Sacharow
- ❑ Václav Havel ❑ Alexander Dubček

Václav Havel (*1936), ein Akteur des „Prager Frühlings" 1968. 1989 war er einer der Wortführer für demokratische Reformen, die nach Massenkundgebungen durchgesetzt wurden.

In welcher englischen Universitätsstadt steht die berühmte King`s College Chapel?

- ❑ Birmingham ❑ Oxford
- ❑ Cambridge ❑ Manchester

In Cambridge. Das Meisterwerk der Spätgotik (15. Jh.) ist typisch für den Perpendicular Style, den eine betont senkrechte Linienführung und filigrane Fächergewölbe auszeichnen.

Was war ein Anklagepunkt zur Zeit der Hexenprozesse (14.–16. Jahrhundert)?

- ❑ Einschlafen bei der Messe ❑ Vernachlässigung der Beichte
- ❑ sexueller Kontakt mit dem Teufel ❑ Kinderlosigkeit

Die Buhlschaft, d. h. sexueller Verkehr mit dem Teufel. Dann auch blasphemische Handlungen wie Verfluchung des Kruzifix, Schadenszauber u. a.

Wer siegte 1389 in der Schlacht auf dem Amselfeld?

- ❑ Großfürst von Moskau ❑ Türken
- ❑ Prinz Eugen von Savoyen ❑ Alexandros Ypsilanti

Die Türken unter Sultan Murad I. (ca. 1326–1389), die ein serbisches Heer besiegten. Noch auf dem Schlachtfeld wurde der Sultan von einem serbischen Adligen erstochen. Daraufhin ließ dessen Sohn Bajezid den größten Teil des serbischen Adels hinrichten.

Wie nennt man eine Erkenntnis, die nicht durch verstandesmäßige Überlegung zustande kommt?

- ❑ Reflexion ❑ Imagination
- ❑ Illumination ❑ Intuition

Intuition (von lateinisch intuitus, „Ansehen, Anblick"). Goethe (1749–1832) spricht von einer „aus dem inneren Menschen sich entwickelnden Offenbarung".

Wem galten bei den Studentenunruhen 1968 die Rufe „Ho-Ho-Ho-Chi-Minh"?

- ❑ indischer Guru ❑ vietnamesischer Revolutionär
- ❑ buddhistischer Mönch ❑ chinesischer Politiker

Dem Kommunisten und nordvietnamesischen Revolutionär Ho Chi Minh (1890–1969), der nach der Befreiung Nordvietnams von den französischen Kolonialherren die „Demokratische Republik Vietnam" ausrief.

Wo ist Robert I. Bruce ein Nationalheld?

- ❑ Baskenland ❑ Bretagne
- ❑ Schottland ❑ Norwegen

In Schottland. Robert I. Bruce (1274–1329). erlangte nach seinem Sieg über Eduard II. in der Schlacht von Bannockburn 1314 die Krone Schottlands.

Wie nennt man die juristische Gesellschaftsform, die einen Vollhafter und einen Teilhafter hat?

- ❑ Offene Handelsgesellschaft ❑ AG
- ❑ Kommanditgesellschaft ❑ GmbH

Kommanditgesellschaft (KG). Der Vollhafter haftet mit seinem ganzen Vermögen, der Teilhafter nur bis zur Höhe seiner Einlage. Die KG gehört zu den Personengesellschaften.

Welches Verfahren kann zur Amtsenthebung des amerikanische Präsidenten führen?

- ❑ Seitensprung
- ❑ Impeachment
- ❑ Watergate
- ❑ Petition

Das Impeachment; Bill Clinton war 1999 wegen Meineids und Behinderung der Justiz in der Lewinsky-Affäre angeklagt, dann aber vom US-Senat freigesprochen worden.

Welches UN-Organ entscheidet in Streitsachen nach dem Völkerrecht?

- ❑ Internationaler Strafgerichtshof
- ❑ Internationaler Gerichtshof
- ❑ OSZE
- ❑ Europarat

Der Internationale Gerichtshof in Den Haag. Das Hauptorgan der UN kann von einem Staat oder mehreren angerufen werden.

In welchem Staat steht vor der Kulisse des Hindukusch die Moschee von Mazar-i-Scharif?

- ❑ Indien
- ❑ Pakistan
- ❑ Afghanistan
- ❑ Tadschikistan

In Afghanistan. Die Moschee aus dem 15. Jh. ist ein schiitischer Wallfahrtsort. Sie gilt als Grabstätte des Kalifen Ali, des Schwiegersohnes Mohammeds, den die Schiiten als ersten Imam ansehen.

Welcher Staat steht Indien im Kaschmir-Konflikt gegenüber?

- ❑ Afghanistan
- ❑ Sri Lanka
- ❑ Nepal
- ❑ Pakistan

Pakistan, das seit seiner Entstehung aus Britisch-Indien 1947 wegen Kaschmir 1947/48, 1965 und 1971 Kriege gegen Indien geführt hat. Kaschmir ist seit 1947 zwischen beiden Staaten aufgeteilt.

Wer siegte in der Schlacht am Morgarten 1315?

- ❑ Ludwig der Bayer
- ❑ Johann von Böhmen
- ❑ Leopold von Österreich
- ❑ Schweizer Urkantone

Die Schweizer Urkantone, deren Bündnis nach dem Sieg erweitert wurde. Beim Durchmarsch durch den Morgarten-Pass am Ägerisee wurden die Ritter von den Schwyzern und Verbündeten aus Uri überrascht. Mehr als 1500 Ritter fanden den Tod.

Welcher Mongole mit dem Beinamen „der Lahme“ verübte Massenmorde?

- ❑ Timur Läng
- ❑ Bajezid
- ❑ Babur
- ❑ Ngo Quyen

Timur Läng („der Lahme“), eigtl. Tamerlan (1336–1405). Er war besessen von dem Ehrgeiz die Nachfolge Dschingis Khans (1155–1227) anzutreten. In Isfahan ließ er 70.000 Menschen, in Delhi 80.000 ermorden.

Wer ist der erfolgreichste Formel-1-Fahrer der Geschichte?

- ❑ Alain Prost
- ❑ Nelson Piquet
- ❑ Damon Hill
- ❑ Ayrton Senna

Der Franzose Alain Prost (*1955), der in 194 Grand-Prix-Rennen 51 Siege davontrug. Viermal wurde er Weltmeister: 1985, 1986, 1989 und 1993.

Welches schiitische Oberhaupt errichtete 1979 einen „Islamischen Gottesstaat“?

- ❑ M. Mohamed Rabbani
- ❑ H. Ali Khamenei
- ❑ Ayatollah Khomeini
- ❑ Saddam Hussein

Ayatollah Khomeini (1902–1989), der von seinem Exil in Paris aus den Sturz des Schah-Regimes in Persien leitete. Mäßigung in der Innen- und Außenpolitik kehrte erst seit der Machtübernahme Mohamed Khatamis ein.

Auf welchem Gebiet veröffentlichte Alfred Charles Kinsey (1894–1956) seine Studien?

- ❑ Nationalökonomie
- ❑ Sexualverhalten
- ❑ Neurologie
- ❑ Ökologie

Auf dem Gebiet der Sexualforschung. Die Studien führten zu einer sexuellen Revolution, d. h. zu einer Liberalisierung der Sexualmoral in der westlichen Welt seit den 60er-Jahren.

Was war die Folge der Bildung der Konföderierten Staaten von Amerika?

- ❑ Amerikanischer Bürgerkrieg
- ❑ Eintritt in den Ersten Weltkrieg
- ❑ Monopolstellung der USA
- ❑ Monroe-Doktrin

Die Sezession, d. h. die Abspaltung der 11 Südstaaten, die aus wirtschaftlichen Gründen an der Sklaverei festhielten, mündete 1861 in den Amerikanischen Bürgerkrieg.

Wer pilgerte 1324 mit einem Hofstaat von 60.000 Personen nach Mekka?

- ❑ Osman I.
- ❑ Kublai Khan
- ❑ Mansa Mussa
- ❑ Sundiata Keita

Mansa Mussa († um 1332/35), der König von Mali. Der Reichtum des Königs muss märchenhaft gewesen sein, das überliefert der arabische Reisende Ibn Battuta. Tatsächlich gründete er sich auf das Gold des Landes und das der eroberten Gebiete im Sudan.

Welcher albanische Nationalheld bekämpfte die Osmanen?

- ❑ El Cid
- ❑ Skanderbeg
- ❑ Sundiata Keita
- ❑ Airlangga

Skanderbeg (1405–68), eigentlich Gjergj Kastriota. Unter seiner Führung gelang es den albanischen Stämmen für kurze Zeit, sich gegen die Türken zu behaupten.

Was war der Kreisauer Kreis?

- ❑ philosophische Richtung
- ❑ Splittergruppe der SPD
- ❑ Widerstandsgruppe
- ❑ preußischer Landkreis

Eine 1942 von Helmuth James Graf von Moltke auf seinem Gut Kreisau in Niederschlesien gegründete Widerstandsgruppe. Die meisten Teilnehmer wurden 1944 entdeckt und hingerichtet.

Welcher westliche Staatsmann empfing 1979 als erster PLO-Chef Jasir Arafat?

- ❑ Helmut Schmidt
- ❑ Bruno Kreisky
- ❑ V. Giscard d'Estaing
- ❑ Adolfo Suárez

Bruno Kreisky (1911–90). Der SPÖ-Vorsitzende engagierte sich für einen Ost-West-Dialog und setzte sich besonders für eine Nahost-Friedensregelung ein.

Welche Augsburgerin wurde 1435 als Hexe in der Donau ertränkt?

- ❑ Jeanne d'Arc
- ❑ Agnes Bernauer
- ❑ Therese Huber
- ❑ Sophie von La Roche

Agnes Bernauer, eine Baderstochter. Sie heiratete Herzog Albrecht III. von Bayern. Dessen Vater strengte gegen sie einen Hexenprozess an. Das Schicksal der Bernauerin wurde von Friedrich Hebbel in einem Trauerspiel verarbeitet.

Wo fand im 20. Jahrhundert die „Kulturrevolution" statt?

- ❑ Vietnam
- ❑ China
- ❑ Kambodscha
- ❑ Iran

In China, wo Mao Tse-tung (1893–1976) einen radikalen Gesellschaftswandel mit brutaler Härte erzwang. Ihr fielen zahlreiche Gegner des Regimes und Kulturgüter des alten China zum Opfer.

Auf welchen Ruinen entstand Mexico-City?

- ❑ Tenochtitlán
- ❑ Uxmal
- ❑ Tollan
- ❑ Monte Albán

Auf den Ruinen von Tenochtitlán, das die Azteken 1325 gegründet hatten. Hernán Cortéz zerstörte die Stadt 1521 und gründete Mexico-City.

Wer rief 1949 die Volksrepublik China aus?

- ❑ Mao Tse-tung
- ❑ Chou En-lai
- ❑ Ho Chi Minh
- ❑ Chiang Kai-shek

Mao Tse-tung (1893–1976), der 1927 den Guerillakrieg gegen Chiang Kai-shek begonnen hatte. 1947–50 eroberte seine Rote Armee ganz China und verdrängte die Nationalchinesen vom Festland.

Welches Bundesland hat als Hauptstadt Schwerin?

❑ Sachsen-Anhalt ❑ Mecklenburg-Vorpommern
❑ Sachsen ❑ Brandenburg

Mecklenburg-Vorpommern. Das Land trat am 3. Oktober 1990 der Bundesrepublik Deutschland bei.

In welchem Land befindet sich die Stadt Oran?

❑ Algerien ❑ Oman
❑ Libyen ❑ Ägypten

In Algerien. Wahrzeichen der Küstenstadt ist die Al-Djama al-Pascha-Moschee, die der türkische Statthalter 1796 zur Erinnerung an die Vertreibung der Spanier errichten ließ.

Wo werden erstmals umfassend die Menschen- und Bürgerrechte proklamiert?

❑ Französiche Revolution ❑ Amerikanische Unabhängigkeitserklärung
❑ Petition of Right ❑ Magna Charta

In der Französischen Revolution 1789, als die Nationalversammlung in 17 Artikeln die Menschen- und Bürgerrechte verkündete.

Wie heißt das US-Verteidigungsministerium?

❑ Supreme Court ❑ Oregon
❑ Secretary of State ❑ Pentagon

Pentagon, weil der Gebäudekomplex in der Nähe von Washington D.C. die Form eines gleichmäßigen Fünfecks mit jeweils 300 m Seitenlänge hat.

Wie bezeichnet man das Siliziumstück, auf dem Mikroprozessoren aufgebracht werden?

❑ Platine ❑ Wafer
❑ Sektor ❑ Cluster

Wafer. Auf der dünnen Scheibe aus Halbleitermaterial werden integrierte Schaltkreise eingeätzt. Der fertige Wafer (Durchmesser bis ca. 15 cm) wird in die einzelnen Schaltkreise (Chips) geteilt.

Wer stand sich seit 1337 im Hundertjährigen Krieg gegenüber?

❑ Russland und die Tataren ❑ England und Frankreich
❑ Papst und Kaiser ❑ Lancaster und York

England und Frankreich, ausgelöst durch die Erbfolgefrage in Frankreich nach Aussterben der Kapetinger. König Eduard III. von England (1312–77) machte seine Ansprüche gegen den Valois Philipp VI. (1293–1350) geltend.

Wie heißt die Grenze, die 1945 im Potsdamer Abkommen als deutsche Ostgrenze festgelegt wurde?

❑ Curzon-Linie ❑ Grüne Grenze
❑ Oder-Neiße-Linie ❑ Ho-Chi-Minh-Pfad

Oder-Neiße-Linie; sie war 1949 bis 1990 die Grenze zwischen der DDR und Polen; die Bundesrepublik Deutschland erkannte sie 1990 in einem Grenzvertrag mit Polen an.

Wie nennt man die zyklische Wirtschaftsentwicklung?

❑ Periode ❑ Evolution
❑ Elongation ❑ Konjunktur

Konjunktur. Man spricht von Konjunkturphasen, deren Dauer i. d. R. sieben bis elf Jahre beträgt. Die Abschnitte werden als Expansion, Boom, Rezession und Depression bezeichnet.

Welche Aufgabe hat ein Ombudsmann (schwedisch: „Treuhänder“)?

❑ Schöffe ❑ Schiedsspruch
❑ Kontrolle ❑ Vormundschaft

Kontrolle der Verwaltung und Behörden. Diese vom Parlament bestellte Vertrauensperson(z. B. Wehrbeauftragter) soll den Rechtsschutz Einzelner oder von Minderheiten gewährleisten.

Für wen arbeitet ein Parlamentarischer Staatssekretär in der BRD?

❑ Bundestag ❑ Bundesrat
❑ Bundesminister ❑ Bundeskanzler

Für einen Bundesminister. Der Parlamentarische Staatssekretär kommt im Gegensatz zu den verbeamteten Staatssekretären aus dem Deutschen Bundestag.

Was war die erste bedeutende Schlacht des Hundertjährigen Krieges?

❑ Schlacht bei Mühldorf ❑ Schlacht von Crécy
❑ Schlacht von Liegnitz ❑ Schlacht von Bouvines

Die Schlacht von Crécy 1346. Eduard III. von England besiegte Philipp VI. von Frankreich und begründete damit für beinahe 90 Jahre die englische Vormachtstellung in Europa.

Welche Folge hatte die Königserhebung Odoakers?

❑ Entstehung des Heiligen Römischen Reiches ❑ Untergang Westroms
❑ Einfall der Hunnen ❑ Gründung von Byzanz

Den Untergang Westroms 476 n. Chr. Odoaker (433–493), der germanische Söldnerführer, wurde zum König in Italien ausgerufen. Der nominelle Kaiser des Westens, Romulus Augustulus (*462), abgesetzt und mit einer Rente abgefunden.

Wo befindet sich die „Türkisküste"?

❑ Mittelmeer ❑ Atlantik
❑ Indischer Ozean ❑ Schwarzes Meer

Am Mittelmeer. So heißt ein ca. 70 km langer Küstenstreifen zwischen Algier und Tipasa in Algerien. Hier liegen verträumte Fischerorte. Bedeutend ist das numidische Rundgrab bei Tipasa.

Was bedeutete das politische Schlagwort Perestroika?

❑ Versöhnung ❑ Umbau
❑ Öffnung ❑ Kulturkampf

Den seit 1985 verfolgten politischen und wirtschaftlichen „Umbau" der sowjetischen Gesellschaft durch den ehemaligen sowjetischen Parteichef Gorbatschow (*1931).

Wer war Cola di Rienzo?

❑ letzter Volkstribun Roms ❑ Erfinder des Coca Cola
❑ Maler ❑ Renaissance-Baumeister

Der letzte Volkstribun Roms, der 1347 die altrömische Republik proklamierte. Seine Reformversuche wurden jäh durch das Einschreiten des Papstes unterbrochen. Bis 1354 saß er in Avignon in Haft. Nach seiner Rückkehr fiel er einem Volksaufstand zum Opfer.

Welcher Politiker errichtete in Kambodscha den so genannten „Steinzeitkommunismus"?

❑ Vo Van Kiet ❑ Hun Sen
❑ Pol Pot ❑ Prinz Sihanouk

Der Anführer der Roten Khmer Pol Pot (1928–98), dessen dreijährige Terrorherrschaft mehrere Millionen Menschen das Leben kostete.

Was bezeichnete man zwischen 1919 und 1939 als Polnischen Korridor?

❑ Oder-Neiße-Linie ❑ Ostpreußen
❑ Curzon-Linie ❑ polnischer Gebietsstreifen

Den 30 bis 90 km breiten Landstreifen polnischen Staatsgebietes, der durch den Versailler Vertrag entstanden war und die deutschen Gebiete Pommern und Ostpreußen trennte.

Welcher israelische Politiker hat den Friedensprozess in Palästina gefördert?

❑ Yitzhak Rabin ❑ David Ben Gurion
❑ Menachem Begin ❑ Moshe Dajan

Yitzhak Rabin (1922–95), der für seine Aussöhnungspolitik zusammen mit Yasir Arafat 1995 den Friedensnobelpreis bekam. Er wurde im selben Jahr Opfer eines Attentates.

Wo entstand 1348 die erste deutsche Universität?

❏ Wien ❏ Königsberg
❏ Breslau ❏ Prag

In Prag, gegründet von Karl IV. (1316–78), römisch-deutscher und böhmischer König. Hier wurden die im Mittelalter übl. Fächer Philosophie, Theologie, Jurisprudenz und Medizin gelehrt. Kanzler der Universität wurde der Erzbischof von Prag.

Welches Land im südlichen Afrika wurde durch die Bürgerkriegsparteien MPLA, UNITA und FNLA schwer geschädigt?

❏ Sambia ❏ Südafrika
❏ Angola ❏ Botwana

Angola. Der Bürgerkrieg forderte von 1975 bis 1996 ca. 500.000 Menschenleben. Rund 200.000 Personen flüchteten und insgesamt wurden ca. 10–15 Mio. Landminen gelegt.

Welche Behörden kontrollieren die Verwaltungsausgaben des Bundes und der Länder?

❏ Finanzministerien ❏ Oberlandesgerichte
❏ Bundesländer ❏ Rechnungshöfe

Die Rechnungshöfe; für den Haushalt des Bundes ist der Bundesrechnungshof und für die Länder sind die Länderrechnungshöfe zuständig.

Wer wurde in der Schlacht auf den Katalaunischen Feldern 451 besiegt?

❏ Araber ❏ Hunnen
❏ Dschingis Khan ❏ Iwan der Schreckliche

Die Hunnen. Das Heer Attilas bzw. Etzels († 453) unterlag in der heutigen Champagne dem römischen Feldherrn Aëtius (um 390–454). Die Hunnen zogen sich daraufhin nach Pannonien und später an die Wolga zurück.

Welche offizielle Bezeichnung führten die Streitkräfte des Deutschen Reiches von 1919–35?

❏ Reichswehr ❏ Reichsarmee
❏ Reichsheer ❏ Heimwehr

Reichswehr; sie war ein Berufsheer und auf insgesamt 115.000 Mann begrenzt. Eine Luftwaffe, Panzer, schwere Artillerie und U-Boote durfte sie nicht haben.

Was waren im Mittelalter Flagellanten?

❏ Ketzer ❏ Geißler
❏ Mönche ❏ Seeleute

Geißler, Bußbrüder, die durch Selbstkasteiung Verschonung von der Pest erwarteten. Häufig entluden sich Hoffnungslosigkeit oder Fanatismus in schrecklichen Juden-Pogromen. 1349 erreichten die Geißlerzüge ihren Höhepunkt.

Wie nannte man die vom Versailler Vertrag dem Deutschen Reich 1919 aufgebürdeten Kriegsentschädigungen?

❏ Restitutionen ❏ Rekuperation
❏ Rehabilitationen ❏ Reparationen

Reparationen; das waren Geld-, Sach- und Dienstleistungen zur Entschädigung der Sieger für die erlittenen Schäden im Ersten Weltkrieg. Der Gesamtwert betrug 132 Mrd. Goldmark.

In welche Kammer werden die Abgeordneten in den USA direkt gewählt?

❏ Senat ❏ Oberhaus
❏ Repräsentantenhaus ❏ Kapitol

In das Repräsentantenhaus, das zusammen mit dem Senat den Kongress bildet. Die rund 430 Abgeordneten (Demokraten und Republikaner) werden alle zwei Jahre vom Volk gewählt.

Welche terroristische Gruppe versuchte in den 60er- und 70er-Jahren, durch Anschläge den Bestand der BR Dtl. zu gefährden?

❑ „Schwarzer September“ ❑ Hammas
❑ Rote Brigaden ❑ „Rote-Armee-Fraktion“ (RAF)

Die RAF, eine aus der radikalen Studentenbewegung und der außerparlamentarischen Opposition hervorgegangene Gruppe um Andreas Baader und Ulrike Meinhof; deshalb auch „Baader-Meinhof-Bande“.

Welcher kleine karibische Inselstaat schöpft 87% seines Deviseneinkommens aus dem Tourismus?

❑ Kuba ❑ Trinidad und Tobago
❑ Antigua und Barbuda ❑ Haiti

Antigua und Barbuda. Die Inseln zählen zu den Kleinen Antillen. Der Staat gehört dem britischen Commonwealth an und ist nur 442 km^2 groß (zum Vergleich Bremen: 404 km^2).

Wer eroberte 1453 Konstantinopel?

❑ Kaiser Konstantin ❑ Mehmed II. Fatih
❑ Wilhelm der Eroberer ❑ Enrico Dandolo

Mehmed II. Fatih („der Eroberer“) (1432–81). Nur etwa 8000 bis 9000 Byzantiner hatten zwei Monate gegen eine osmanische Übermacht ausgehalten, die die Stadt belagerten und mit Geschützen beschossen. Konstantinopel wurde in Istanbul umbenannt.

Wer führte den Titel „Dauphin“?

❑ Großmeister der Templer ❑ französische Thronfolger
❑ Henker von London ❑ Präsident der Académie française

Die französischen Thronfolger seit 1349, benannt nach der Landschaft Dauphiné, die durch Kauf in den Besitz des künftigen Königs überging. Hinfort führen sie alle den Titel und hatten den Delphin im Wappen.

Wie nennt man die unbeschränkte Möglichkeit, eine Währung in eine andere umzutauschen?

❑ Liquidität ❑ Konvertibilität
❑ Konvergenz ❑ Globalisierung

Konvertibilität. Sie kann nur dann aufrechterhalten werden, wenn die Wechselkurse in etwa der Kaufkraft entsprechen.

Welches neue Bundesland blickt auf eine über 1000-jährige Geschichte zurück und hatte als Kernland die Mark Meißen?

❑ Rheinland-Pfalz ❑ Bayern
❑ Sachsen ❑ Thüringen

Sachsen, das 1806 Königreich und 1918 Freistaat wurde. In der ehemaligen DDR wurde es in die Bezirke Chemnitz, Dresden und Leipzig aufgeteilt; 1990 wurde es als Bundesland wieder hergestellt.

Welcher Widerstandsgruppe gehörten Hans (1918–43) und Sophie (1921–43) Scholl an?

❑ Weiße Rose ❑ Kreisauer Kreis
❑ Bekennende Kirche ❑ Résistance

Der Weißen Rose. Die Geschwister Scholl wurden bei einer Flugblattaktion in der Universität München ertappt. Sie wurden zum Tode verurteilt und zusammen mit anderen hingerichtet.

Wer wurde auf dem Konzil von Konstanz 1415 hingerichtet?

❑ John Wyclif ❑ Giordano Bruno
❑ Savonarola ❑ Jan Hus

Jan Hus (1368–1415). Seit Jahren war der tschechische Reformator wegen seiner Lehren gebannt und auf der Flucht, weil er darin Kritik an der Verweltlichung des Klerus und am Ablasshandel übte.

Was ist in der Computersprache ein Bug?

❑ Software-Fehler ❑ Daten-Block
❑ Weiche ❑ Dateiordner

Ein Software-Fehler, der auch bei sonst ausgefeilten Programmen vorkommen kann. Beim Debuggen spürt man den Fehler auf und beseitigt ihn.

Wie bezeichnet man die Schweizer noch?

❑ Kantonisten ❑ Eidgenossen
❑ Rütlianer ❑ Vierwaldstätter

Eidgenossen, weil die Urkantone der Schweiz – Uri, Schwyz und Unterwalden – 1291 mit dem sagenumwobenen „Rütli-Schwur" einen ewigen Bund schlossen. Staatliche Eigenständigkeit erhielten sie erst 1648.

Welcher Franzose klagte 1898 den Staat wegen der Dreyfus-Affäre an?

❑ Émile Zola ❑ Guy de Maupassant
❑ Paul Cézanne ❑ Alexandre Dumas

Émile Zola (1840–1902) mit seiner Kampfschrift „J'Accuse" („Ich klage an"), die auf der Titelseite der französischen Zeitschrift „L'Aurore" erschien.

In welchem Staat befinden sich die 22 großen und 250 kleinen Wasserfälle des Valle de la luna?

❑ Argentinien ❑ Venezuela
❑ Paraguay ❑ Peru

In Argentinien an der Grenze zu Brasilien. Die Fälle ergießen sich über eine Faltkante, die eine Gesamtlänge von 2,7 km hat, in eine enge Schlucht.

Welche Stadt gehörte der Hanse um 1350 an?

❑ Lübeck ❑ Kopenhagen
❑ London ❑ Visby

Lübeck, das neben Hamburg eine Vorreiterrolle bei der Gründung der Hanse (got., ahd. hansa „Kriegs-Schar") übernahm. Seit Beginn des 13. Jh. fuhren sie die Handelsniederlassungen in Nowgorod, Brügge und London an.

Wer war am Sechs-Tage-Krieg 1967 beteiligt?

❑ Irak ❑ USA
❑ Libanon ❑ Israel

Israel. Auf der Gegenseite standen Ägypten, Syrien und Jordanien. Israel errang den Sieg. Es besetzte die Golanhöhen, das Westjordanland, die Halbinsel Sinai und den Gaza-Streifen.

Wohin führte seit der Antike die Seidenstraße?

❑ Chile ❑ Goldküste
❑ Senegal ❑ China

Sie war eine Karawanenstraße, die von China durch Zentral- und Vorderasien zum Mittelmeer führte. Ihr Name rührt von der auf ihr transportierten chinesischen Seide her.

Welcher Radrennfahrer gewann als erster Deutscher die Tour de France?

❑ Rudi Altig ❑ Jan Ullrich
❑ Christa Rothenburger ❑ Dietrich Thurau

Jan Ullrich (*1973). Der Rostocker wurde bereits 1993 Straßenweltmeister der Amateure. 1997 gewann er die Tour de France vor Richard Virenque und Marco Pantani.

Was bezeichnet in der Computersprache der Begriff Tool?

❑ Computerspiel ❑ Dateikopie
❑ Hilfsprogramm ❑ Windows-Explorer

Ein Hilfsprogramm, das zusätzliche Abläufe ermöglicht. Zum Beispiel können solche Programme innerhalb eines Internet-Browsers E-Mails verschicken oder Homepages erstellen.

Was versteht man unter Separatismus im völkerrechtlich-politischen Sinne?
- ❑ Gebietsabtrennung
- ❑ Menschenrechte
- ❑ Nationalismus
- ❑ Völkerverständigung

Die meist abwertend gebrauchte Bezeichnung für das Bestreben, ein Gebiet aus einem Staatsverband herauszulösen, um einen selbstständigen Staat zu gründen oder es an einen anderen Staat anzuschließen.

Seit wann ist die EU ein Binnenmarkt?
- ❑ 1967
- ❑ 1993
- ❑ 1995
- ❑ 1999

Seit dem 1.1.1993. Der Binnenmarkt gewährleistet den freien Verkehr mit Waren, Personen, Dienstleistungen und Kapital. Ziel ist es, gleiche Bedingungen und eine faire Konkurrenzsituation herzustellen.

Welches südostasiatische Reich gründete 1350 Rama Tibodi I.?
- ❑ China
- ❑ Mongolei
- ❑ Ayutthaya in Siam
- ❑ Khmer

Das Königreich von Ayutthaya (Thailand). Der Herrscher eroberte bald das Khmer-Reich von Kambodscha, das die bedeutende Stadt Angkor aufgeben musste. 1767 zerstörten die Birmanen Ayutthaya.

Was bezeichnet der staatspolitische Begriff Souveränität?
- ❑ Unabhängigkeit
- ❑ Hegemonie
- ❑ Gebietsabtretung
- ❑ Alleinvertretung

Die höchste, allumfassende und unbeschränkte Staatsgewalt. Staaten besitzen nach außen Unabhängigkeit und nach innen Verfügungsgewalt.

Welche Staatsform hat die BR Dtl.?
- ❑ Präsidialdemokratie
- ❑ Volksrepublik
- ❑ konstitutionelle Monarchie
- ❑ parlamentarische Republik

Sie ist eine parlamentarische Bundesrepublik (seit 1949); d. h. sie ist ein föderativer Staat, dessen Länder über den Bundesrat an der Gesetzgebung des Parlaments mitwirken.

Was ist in der EDV ein Cluster?
- ❑ Datenblock auf der Festplatte
- ❑ Tabelle
- ❑ Zellenstruktur in Excel
- ❑ Eingabefeld

Ein Datenblock auf der Festplatte oder Diskette, der durch Nummern von Spur und Sektor genau bezeichnet ist.

Von welchem Staat ist Baku, die „windige“ Stadt, Hauptstadt?
- ❑ Armenien
- ❑ Aserbaidschan
- ❑ Russland
- ❑ Iran

Von Aserbaidschan. Baku ist aufgrund der Erdölfelder eine Millionenstadt geworden, hat aber auch eine mittelalterliche Altstadt mit Moscheen, dem Jungfrauenturm und einem Minarett aus dem 11. Jh.

Welches Angebot machten 1952 die Stalin-Noten an den Westen?
- ❑ NATO-Erweiterung
- ❑ Abrüstung
- ❑ Neutralität Deutschlands
- ❑ Militärbündnis

Die vier diplomatischen Initiativen boten an, die deutsche Frage zugunsten einer gesamtdeutschen Regierung, die zwischen den Weltmächten eine neutrale Position einnehmen sollten, zu lösen.

Welcher Kaiser-Erlass gilt als erstes deutsches Grundgesetz?
- ❑ Straßburger Eide (842)
- ❑ Konstitutionen von Melfi (1231)
- ❑ Unam sanctam (1302)
- ❑ Goldene Bulle (1356)

Die Goldene Bulle von 1356. Für die Wahl des deutschen Königs legten Kaiser Karl IV. (1316–78) und die Kurfürsten das Wahlverfahren und die zeremonialen Aufgaben der Kurfürsten fest.

Was forderten die Suffragetten vor 1914 in England?

- ❑ Kriegseintritt
- ❑ Neutralität
- ❑ Frauenwahlrecht
- ❑ betriebliche Mitbestimmung

Das Frauenwahlrecht und die Gleichberechtigung im politischen wie im sozialen Leben (lat.: suffragium = Wahlrecht); ihr Kampf gipfelte 1913 in Bombenanschlägen und Brandstiftungen.

Was ist der Supreme Court in den USA?

- ❑ Tennisturnier
- ❑ Senatssitzung
- ❑ oberster Gerichtshof
- ❑ Notenbank

Der oberste Gerichtshof der USA, der über Zivil-, Straf- und Verfassungsangelegenheiten in letzter Instanz entscheidet.

Welches neue Bundesland war zu DDR-Zeiten in die Bezirke Erfurt, Gera und Suhl gegliedert?

- ❑ Brandenburg
- ❑ Thüringen
- ❑ Sachsen
- ❑ Sachsen-Anhalt

Thüringen, im Frühmittelalter ein Stammesherzogtum; 1920–33 Land Thüringen. 1990 erfolgte bei der Wiedervereinigung Deutschlands die Wiedererrichtung des Landes.

Welche Steinbrücke führt seit dem 14. Jahrhundert in Prag über die Moldau?

- ❑ Wenzelsbrücke
- ❑ Jan-Hus-Brücke
- ❑ Veitsbrücke
- ❑ Karlsbrücke

Die Karlsbrücke, mit deren Bau Kaiser Karl IV. Peter Parler beauftragte. Der Bau der mehr als 500 m langen Steinbrücke war eines der gewaltigsten Unternehmen des Mittelalters. Die 30 Brückenfiguren der Karlsbrücke kamen im 17. und 18. Jh. dazu.

Nach welchem Wahlsystem wird der Deutsche Bundestag gewählt?

- ❑ Mehrheitswahl
- ❑ Verhältniswahl
- ❑ Dreiklassenwahl
- ❑ Akklamation

Nach dem Verhältniswahlrecht, d. h. dass die Zahl der aus einer Partei gewählten Abgeordneten im Verhältnis zu der abgegebenen Gesamtstimmenzahl steht.

Was beschreibt die Abkürzung WYSIWYG?

- ❑ Layoutmodus
- ❑ Galaxie im Sternbild Wega
- ❑ TÜV-Prüfsiegel
- ❑ Grafik-Programm

Den Layoutmodus. Das Kürzel steht für „What you see is what you get“ (Was du siehst, ist das, was du bekommst). Ein Layout-Modus lässt Text oder Bild auf dem Monitor genau so aussehen wie im Ausdruck.

Welche Besonderheit bietet der Ort Lalibela in Äthiopien?

- ❑ Löwe von Juda
- ❑ Felsenkirchen
- ❑ Residenz des Kaisers
- ❑ Wasserfälle

Die Felsenkirchen, elf Monolithkirchen der koptischen Christen aus dem 12. Jh.. Die Kapellen, Kirchen und Basiliken wurden als Monolithe aus dem Tuffstein gehauen.

Wie heißt der Zins- oder Dividendenschein, der Aktien oder Anleihen beigefügt ist?

- ❑ Quittung
- ❑ Coupon
- ❑ Wechsel
- ❑ Mantel

Coupon (Coupon). Bei Vorlage werden die Zinsen ausbezahlt. Sie unterliegen bei Auszahlung der Besteuerung.

Wer ließ 1900 in Südafrika „Konzentrationslager“ errichten?

- ❑ Paulus Ohm Krüger
- ❑ Cecil Rhodes
- ❑ Lord Kitchener
- ❑ Leander Starr Jameson

Horatio Lord Kitchener (1850–1916), der Führer der britischen Armee im Burenkrieg. Er ließ Farmen zerstören und die Einwohner in Internierungslager abtransportieren, wo rund 20.000 Menschen starben.

Was galt im Alten Ägypten neben Memphis und Theben als heiligste Stadt?

❑ Alexandria ❑ Kairo
❑ Heliopolis ❑ Babylon

Heliopolis, gr. „Stadt des Helios", des von den Griechen verehrten Sonnengottes. Bei den Ägyptern hieß er Re (Ra). Sein Kult hatte unter Ramses III. im 13. Jh. v. Chr. seinen Höhepunkt.

Wie heißt die Volksabstimmung in der BR Dtl., mit der das Volk Gesetze beschließt?

❑ Volksbegehren ❑ Volksentscheid
❑ Rütli-Schwur ❑ Hammelsprung

Der Volksentscheid oder Referendum; Entweder legt das Wahlvolk selbst durch ein Volksbegehren einen Gesetzesentwurf vor oder Parlament bzw. Regierung tun dies.

Welcher EU-Reformvertrag ist 1997 aus der Maastricht II-Konferenz hervorgegangen?

❑ Schengener Abkommen ❑ Römische Verträge
❑ Amsterdamer Vertrag ❑ Vertrag von Waitangi

Der Vertrag von Amsterdam. Er ist eine Ergänzung des Vertrages von Maastricht. Ein neuer Akzent liegt auf der Stärkung des EU-Parlaments. Neu ist ferner die Verpflichtung zu einer aktiven Arbeitsmarktpolitik.

Welche Dynastie löste 1368 in China das mongolische Kaisertum ab?

❑ Han ❑ Ming
❑ Maurya ❑ Nguyen

Die Ming-Dynastie. Ein chinesischer Volksaufstand vertrieb den letzten mongolischen Yüan-Kaiser, zu dessen Vorfahren auch Kublai Khan (1215–94) gehörte. Die Ming herrschten bis 1644.

Wie hieß in der ehemaligen DDR das Parlament?

❑ Volkskongress ❑ Staatsrat
❑ Volkskammer ❑ Reichstag

Volkskammer. Sie wurde nach Einheitslisten gewählt, die von der SED bestimmt wurden. Die erste und letzte freigewählte Volkskammer vollzog 1990 den Beitritt der DDR zur BR Dtl.

Wonach sucht eine Suchmaschine?

❑ Rechtschreibfehler ❑ Internet-Adressen
❑ Telefonnummern ❑ Textstellen

Nach Internet-Adressen. Sie liefert zu einem Suchbegriff, der auch mit einem zweiten gekoppelt werden kann, unzählige passende Verweise. Suchmaschinen sind z. B. Altavista, Yahoo und Fireball.

In welcher latinischen Stadt bauten in der Antike wohlhabende Römer ihre Sommer-Villen?

❑ Perugia ❑ Neapel
❑ Tivoli ❑ Tarent

In Tivoli an den Hängen der Monti Tiburtini. Hier zeugen auch die Ruinen der Hadrianvilla von der einstigen Prachtanlage des römischen Kaisers. Sehenswert sind auch die Parkanlagen der Villa d'Este (um 1550).

In welchem Staat wird die Oppositionsführerin Aung San Suu Kyi verfolgt?

❑ China ❑ Philippinen
❑ Myanmar ❑ Pakistan

In Myanmar. Suu Kyi (*1945), die 1991 den Friedensnobelpreis erhielt, lebte 6 Jahre unter Hausarrest und darf sich bis heute nicht frei politisch betätigen.

Auf welcher Konferenz erklärten sich die Teilnehmer 1955 für blockfrei?

❑ Bandung ❑ Warschau
❑ Singapur ❑ Kuala Lumpur

Auf der Konferenz von Bandung auf Java. Hier beschlossen 23 asiatische und sechs afrikanische Staaten, darunter auch die VR China, sich keinem der beiden Militärblöcke anzuschließen.

Was ist ein Tasmanischer Teufel?
- ❑ Cocktail
- ❑ Raubbeutler
- ❑ böser Geist
- ❑ Waran

Ein Raubbeutler, der auch unter dem Namen Beutelteufel bekannt ist. Mittlerweile ist er in Australien ausgerottet, weil er als vermeintlicher Viehräuber verfolgt wurde. Restbestände leben noch auf Tasmanien.

Wie hieß das Pariser Staatsgefängnis, für das 1370 der Grundstein gelegt wurde?
- ❑ Conciergerie
- ❑ Tuillerien
- ❑ Bastille
- ❑ Louvre

Bastille. Sie wurde während der Französischen Revolution (1789) zuerst erstürmt und dann als Symbol feudalistischer Unterdrückung abgetragen. Das achttürmige Bauwerk war ursprünglich eine Festung.

Welches berühmte Gemälde Leonardo da Vincis in Mailand ist vom Verfall bedroht?
- ❑ *Madonna in der Felsengrotte*
- ❑ *Mona Lisa*
- ❑ *Altersselbstporträt*
- ❑ *Das letzte Abendmahl*

Das letzte Abendmahl im Refektorium des Konvents Santa Maria delle Grazie. Das neun Meter lange und 4,5 Meter hohe Gemälde zeigte bereits bei seiner Vollendung (1497) die ersten Risse.

Was ist der Hauptbestandteil der Erdatmosphäre?
- ❑ Stickstoff
- ❑ Sauerstoff
- ❑ Wasserstoff
- ❑ Kohlendioxid

Stickstoff. Sein Anteil liegt bei etwa 78%, gefolgt von Sauerstoff (21%), Argon (0,9%), Kohlendioxid (0,03%) und anderen Elementen in geringfügigen Mengen.

Wie heißt ein Kirchenbau, dessen Mittelschiff höher als seine Seitenschiffe ist?
- ❑ Zentralbau
- ❑ Kapelle
- ❑ Basilika
- ❑ Hallenkirche

Basilika, von griechisch basiliké, „königlicher Palast". Das Urbild zu der christlichen Architektur gaben die öffentlichen Staatsgebäude ab, wie sie in der Antike üblich waren.

Welche moderne Oper komponierte John Adams, angeregt von Peter Sellars?
- ❑ *Tod in Venedig*
- ❑ *Nixon in China*
- ❑ *Cats*
- ❑ *Rocky Horror Picture Show*

Nixon in China (1987). Sie ist eine Parodie auf die westliche Oper und die Fernsehreportage: Der Staatsbesuch des amerikanischen Präsidenten in China (1972) gerät zu einer Seifenoper.

Welcher heutige europäische Staat entspricht zu einem großen Teil der ehemaligen römischen Provinz Pannonien?
- ❑ Tschechien
- ❑ Ungarn
- ❑ Polen
- ❑ Litauen

Ungarn, ferner das heutige Burgenland mit dem Wiener Becken bis nach Slowenien. Die Magyaren kamen allerdings erst im 12. Jh. hierher. Im Jahre 8 n. Chr. richteten die Römer die Provinz ein.

Wer war der erste frei gewählte russische Präsident?
- ❑ Juri Andropow
- ❑ Michail Gorbatschow
- ❑ Boris Jelzin
- ❑ Wladimir Putin

Boris Jelzin (*1931), der sich bereits für Michael Gorbatschows (*1931) Reformprogramm eingesetzte. Er wurde 1991 in der ersten freien Wahl Russlands zu dessen Nachfolger gewählt.

Für welche Figuren ist Erasmus Grasser (um 1450–1518) berühmt?
- ❑ *Das Narrenschiff*
- ❑ *Moriskentänzer*
- ❑ *Heilig-Blut-Altar*
- ❑ *Verklärung Christi*

Für seine 16 *Moriskentänzer*, die er für den Tanzsaal des alten Münchener Rathauses schuf. 10 der unterlebensgroßen Holzfiguren sind erhalten.

Was bezeichnet man in der Gastronomie als Quiche?

- ❑ Pastete
- ❑ gebrannten Zucker
- ❑ Frikassee
- ❑ Speckkuchen

Speckkuchen aus Mürbeteig, Speckscheiben, Käse und einer Eier-Sahne-Soße. International bekannt ist die Quiche Lorraine, der „Lothringer Speckkuchen".

Wie bezeichnet man in christlichen Kirchen den Raum vor dem Hochaltar?

- ❑ Chor
- ❑ Querhaus
- ❑ Kapelle
- ❑ Seitenschiff

Chor. Üblich ist z. B. in Kathedralkirchen das der Geistlichkeit vorbehaltene Chorgestühl. Ein Umgang führt um den Chor.

Welche Währung nimmt im internationalen Finanz- und Währungssystem besondere Aufgaben wahr?

- ❑ Britisches Pfund
- ❑ US-Dollar
- ❑ Yen
- ❑ Franc

Der US-Dollar. Er ist eine wichtige Leitwährung, der als Reservewährung fungiert, d. h. Notenbanken legen ihre Währungsreserven ganz oder teilweise in dieser Währung an.

Wofür haben Urvölker Initiationsriten?

- ❑ Sterben
- ❑ Fruchtbarkeit
- ❑ Eintritt in das Erwachsenenalter
- ❑ Geburt

Für den Eintritt des männlichen Jugendlichen in die Gesellschaft der Erwachsenen. Oft geht eine lang dauernde Absonderung der Initianden mit Prüfungen (z. B. Beschneidung) voraus.

Wie heißt der Fachbegriff für nächtlichen Samenerguss?

- ❑ Masturbation
- ❑ Ejakulation
- ❑ Pollution
- ❑ Pluvium

Pollution. Das Wort wird aus dem lateinischen polluere „besudeln, beschmutzen" abgeleitet und zeugt noch von einer pejorativen Sexualethik.

In welcher Oper übernimmt ein berüchtigter Räuberhauptmann die Hauptrolle?

- ❑ *Satyricon*
- ❑ *Schneewittchen*
- ❑ *Fra Diavolo*
- ❑ *Acis et Galatée*

In *Fra Diavolo* (Bruder Teufel; 1830) von Daniel François Esprit Auber (1782–1871), der seinen Beinamen „Esprit" als Anerkennung für sein erfolgreiches Werk erhielt.

Welcher gefürchtete KGB-Chef wurde 1982 Generalsekretär der Kommunistischen Partei der UdSSR?

- ❑ Leonid Breschnew
- ❑ Wladimir Putin
- ❑ Michael Gorbatschow
- ❑ Juri Andropow

Juri Andropow (1914–84). Am Ende der langen Ära Breschnew (1906–82) wurde der schon damals gesundheitlich angeschlagene Andropow zum Generalsekretär gewählt.

Wozu dient in der EDV ein Advanced Encryption Standard (AES)?

- ❑ Netzwerkeinrichtung
- ❑ DFÜ
- ❑ Verschlüsselung von Daten
- ❑ Digitalisierung

Der Verschlüsselung von Daten. AES ist ein mathematischer Algorithmus, der in den USA bereits als Industriestandard gilt.

Welcher sakrale Kunstgegenstand ist ein Triptychon?

- ❑ Weihrauchgefäß
- ❑ Evangeliar
- ❑ Altarbild
- ❑ Tabernakel

Ein dreigliedriges Altarbild. Es sind auch zwei (Diptychon) oder mehrgliedrige (Polyptychon) üblich. Sie dienen als Altaraufsatz.

Wofür ist die Insel Capri berühmt?
- ❑ Ätna
- ❑ Goldene Moschee
- ❑ Amphitheater
- ❑ Blaue Grotte

Für die Blaue Grotte. Sie trägt wegen des Blaus ihres Wassers diesen Namen. Capri ist eine Kalkfelseninsel am Eingang des Golfs von Neapel.

Was besagt die Unternehmensstrategie des „Branding"?
- ❑ Verdrängungswettbewerb
- ❑ Platzierung einer Marke auf dem Markt
- ❑ Überproduktion
- ❑ Rücklagenbildung auf Kosten der Aktionäre

Markenplatzierung, von englisch brand, „Marke". Der Bekanntheitsgrad einer Marke erreicht häufig fast die Hälfte des Produktwertes; bei einigen weltbekannten Firmen ist er sogar deutlich höher.

Aus welcher europäischen Kultur stammen dorische Säulen?
- ❑ Frankenreich
- ❑ Islam
- ❑ griechischen Antike
- ❑ Buddhismus

Aus der griechischen Antike. Hier sind drei Säulenordnungen entwickelt worden: dorische, ionische und korinthische. Dorische Säulen haben keine Basis und ein flaches Kapitell.

Welche einzige Oper Béla Bartóks bearbeitet die Sage über den Adligen, der seine Frauen ermordet?
- ❑ *Maria di Rohan*
- ❑ *Elegie für junge Liebende*
- ❑ *Dimitri*
- ❑ *Herzog Blaubarts Burg*

Herzog Blaubarts Burg (1918). Bartóks (1881–1945) Werk ist musikalisch ein Meilenstein in der ungarischen Oper, weil erstmals ein typisch ungarisches Gesangsmelos Ausdruck findet.

Wer legt in Europa den so genannten Leitzins fest?
- ❑ Bundesbank
- ❑ Europäische Zentralbank
- ❑ Internationaler Währungsfonds
- ❑ EU-Kommission

Die Europäische Zentralbank (EZB). Der Zins, mit dem das Geschehen auf dem Geld- und Kapitalmarkt in der EU beeinflusst wird, wirkt sich indirekt auf das allgemeine Zinsniveau aus.

In welchem historischen Gebäude konnte der deutsche Bundestag 1999 erstmals wieder tagen?
- ❑ Bonner Bundestagsgebäude
- ❑ Berliner Reichstagsgebäude
- ❑ Frankfurter Paulskirche
- ❑ Wasserwerk

Im Berliner Reichstagsgebäude. Erstmals seit 1944 tagte hier wieder ein deutsches Parlament. Hier befand sich der Sitzungsort der Parlamente des Kaiserreichs, der Weimarer Republik und der Nationalsozialisten.

Zu welchem bayerischen See gehören die Frauen- bzw. die Herreninsel?
- ❑ Starnberger See
- ❑ Ammersee
- ❑ Königssee
- ❑ Chiemsee

Zum Chiemsee. Auf Herrenchiemsee entstand 1130 ein Augustinerchorherrenstift („altes Schloss"); 1873 ließ Ludwig II. ein Prunkschloss errichten. Auf der Fraueninsel befindet sich eine Benediktinerinnenabtei.

Was ist eine Habanera?
- ❑ Zwischenspiel
- ❑ Tanz
- ❑ weibliche Gesangsstimme
- ❑ Singspiel

Ein Tanz im 2/4-Takt, der dem Tango ähnelt. Der Name kommt von der kubanischen Hauptstadt. In der Kunstmusik ist die Habanera vor allem durch Bizets *Carmen* bekannt geworden.

Was ist ein Kapaun?

- ❑ kastrierter Hahn
- ❑ Speisepilz
- ❑ Seefisch
- ❑ Bergkäse

Ein junger, kastrierter, gemästeter Hahn mit einem Gewicht von ca. 1,5 bis 2 kg. Sein Fleisch gilt als besonders zart und wohlschmeckend.

Wie nennt man eine Gedenktafel mit Inschrift für einen Verstorbenen?

- ❑ Epitaph
- ❑ Triforium
- ❑ Sarkophag
- ❑ Relief

Epitaph. Sie war im Alten Ägypten sowie z. B. in der Antike üblich und habt sich im christlichen Mittelalter als Denkmal für Geistliche und Kirchenstifter weiter entwickelt.

Welcher berühmte Rotwein kommt aus der Toskana?

- ❑ Barbera
- ❑ Brunello di Montalcino
- ❑ Castel del Monte
- ❑ Cinqueterre

Der Brunello di Montalcino; er stammt aus dem Städtchen Montalcino, 40 km südlich von Siena. Neben dem Barolo ist er der gefeiertste Rotwein Italiens, gehaltvoll, körperreich, hocharomatisch.

Welche Malerei verwendet erstmals im Mittelalter nur Grautöne?

- ❑ E-Mail
- ❑ Polychromie
- ❑ Aquarell
- ❑ Grisaille

Die Grisaille. Erstmals fassbar wird sie in der zisterziensischen Glasmalerei des 12. Jh. Giotto (um 1267–1337) stellte damit Skulpturen aus grauem Stein täuschend ähnlich nach.

Welche Staaten verbindet der Eurotunnel?

- ❑ Dänemark und Schweden
- ❑ Deutschland und Norwegen
- ❑ Irland und Schottland
- ❑ Großbritannien und Frankreich

Großbritannien und Frankreich. Er verläuft unter dem Ärmelkanal und wurde 1994 für den Eisenbahnverkehr freigegeben. Der Eurostar legt bis zu 66-mal täglich die Route Paris-Brüssel-London zurück.

Wie heißt die einzige Oper Beethovens, deren erste Fassungen den Titel *Leonore* hatten?

- ❑ *Die Hugenotten*
- ❑ *Fidelio*
- ❑ *Maria Stuart*
- ❑ *Pénélope*

Fidelio (1814). Florestan, unschuldig eingekerkert, wird von seiner Gemahlin Leonore, die sich als Bursche mit dem Namen Fidelio Zutritt zum Gefängnis verschafft, gerettet.

Was versteht man unter einem Idiom?

- ❑ Krankheit
- ❑ Wette
- ❑ Spracheigentümlichkeit
- ❑ chemisches Element

Eine Spracheigentümlichkeit, deren Inhalt sich nicht aus der wörtlichen Bedeutung ergibt, z. B.: „jemanden auf die Palme bringen".

Wann wurde Berlin nach dem Zweiten Weltkrieg wieder zur gesamtdeutschen Hauptstadt?

- ❑ 1949
- ❑ 1990
- ❑ 1991
- ❑ 1998

Am 20.7.1991, als der Bundestag seinen Umzug nach Berlin beschloss. Bereits am 3.10.1990 hatte der Einigungsvertrag festgelegt, dass Berlin wieder Hauptstadt Deutschlands werden sollte.

Wie nennt man die Auflösung einer Unternehmung?

- ❑ Konkurs
- ❑ Liquidation
- ❑ Bankrott
- ❑ Fusion

Liquidation. Findet i. d. R. bei nicht überschuldeten Unternehmen statt, erfolgt aber auch im Konkursfall. Dabei werden alle Vermögensteile verkauft und Forderungen eingetrieben.

Welches architektonische Bauelement verfügt über ein Kapitell?
- ❑ Säule
- ❑ Gaube
- ❑ Gaden
- ❑ Kuppel

Die Säule und auch der Pfeiler. Kapitelle schließen sie als Haupt ab. Sie haben je nach dorischer, ionischer oder korinthischer Säulenordnung unterschiedliches Aussehen.

Welche makabere Einrichtung war im Mittelalter der Karner?
- ❑ Richtplatz
- ❑ Folterkammer
- ❑ Beinhaus
- ❑ Verlies

Das Beinhaus. Es war meist eine zweigeschossige Friedhofskapelle, in deren Untergeschoss ausgegrabene Gebeine verwahrt wurden; das Obergeschoss diente als Andachtsraum.

Welches unternehmerische Ziel verfolgt das Bridge Financing?
- ❑ Abschreibung
- ❑ Überbrückungsfinanzierung
- ❑ Entschuldung
- ❑ Firmenfusion

Eine Überbrückungsfinanzierung, mit der ein Unternehmen den Börsengang vorbereitet. Das muss kein Kredit sein, häufig ziehen die Geldgeber eine Unternehmensbeteilung vor.

Wer war 1903 der erste deutsche Fußballmeister?
- ❑ 1. FC Nürnberg
- ❑ VfB Leipzig
- ❑ VfB Stuttgart
- ❑ FC Schalke 04

Der VfB Leipzig. Er gewann das erste Endspiel um eine deutsche Fußball-Meisterschaft gegen den DFC Prag mit 7 : 2.

Für welche natürliche Besonderheit ist die norwegische Küste bekannt?
- ❑ Lagunen
- ❑ Höhlen
- ❑ Seen
- ❑ Fjorde

Für ihre Fjorde. Dies sind überflutete eiszeitliche Trogtäler, die die norwegische Küste stark gliedern. Die norwegische Küste (ca. 22.000 km) hat auch viele vorgelagerte Inseln.

Was ist die wichtigste rote Chianti-Traube?
- ❑ Merlot
- ❑ Lambrusco
- ❑ Sangiovese
- ❑ Aleatico

Die Sangiovese-Traube. Sie wird vorwiegend in der südlichen Tosksana gezüchtet. Brunello ist ein Sangiovese Grosso.

Wer gilt als doppelgesichtiger Gott?
- ❑ Loki
- ❑ Janus
- ❑ Zeus
- ❑ Castor und Pollux

Janus; er ist das Symbol des Aus- und Eingangs, im alten Rom der Hüter der Pforten und Schwellen.

Wie heißt eine italienische Oper, in der eine Waise durch ihr Schlafwandeln beinahe ihre eigene Verlobung platzen lässt?
- ❑ *Die seidene Leiter*
- ❑ *Béatrice et Bénédict*
- ❑ *Julietta*
- ❑ *La sonnambula*

La sonnambula (1831) von Vincenzo Bellini (1801–35). Die schlafwandelnde Amina wird kurz vor der Hochzeit mit dem reichen Elvino im Bett eines Fremden aufgefunden; ihre Unschuld wird zum Schluss bewiesen.

Welcher Philosoph schrieb in seiner Todeszelle *Vom Trost der Philosophie*?
- ❑ Sokrates
- ❑ Seneca
- ❑ Boethius
- ❑ Thomas More

Boethius (um 480–524), der durch eine Intrige bei Kaiser Theoderich (453–526) in Ungnade gefallen war. Das Unglück beschreibt er als Läuterungsweg der Seele.

Welche Sprache wird im schweizerischen Kanton Tessin gesprochen?
- ❑ Französisch
- ❑ Rätoromanisch
- ❑ Italienisch
- ❑ Deutsch

Italienisch. Das Tessin ist eine der Fremdenverkehrsregionen der Schweiz, was nicht zuletzt an seiner reizvollen Bergwelt und dem malerischen Luganer See liegt.

Mit wem schloss die EG bzw. die EU die Lomè- Abkommen?
- ❑ Türkei
- ❑ Polen
- ❑ Entwicklungsländer
- ❑ GUS

Mit den Entwicklungsländern aus Afrika, der Karibik und dem Pazifik; deshalb auch AKP-Staaten. Das Handels- und Entwicklungshilfeabkommen wurde erstmals 1963 in Lomè (Togo) unterzeichnet.

Welches Volk versenkte Menschen im Moor?
- ❑ Beduinen
- ❑ Ägypter
- ❑ Germanen
- ❑ Assyrer

Germanen. Bei verschiedenen Stämmen wurden Menschenopfer, überwiegend aber Delinquenten, nach vollstrecktem Todesurteil ins Moor versenkt. Mehr als 1350 Moorleichen wurden bis heute gefunden.

Wie nennt man die im Altertum üblichen Säulen, die eine Frauengestalt haben?
- ❑ Kore
- ❑ Karyatide
- ❑ Kuros
- ❑ Atlant

Karyatide. Die griechische Architektur führte diese Form zur Vollendung, etwa die Mädchenfiguren (Koren) der Schatzhäuser in Delphi.

Wie heißt der Pariser Goldschmied aus einer Novelle von E.T.A. Hoffmann, der seine Kunden ermordet und beraubt?
- ❑ Andreas
- ❑ Cardillac
- ❑ Casanova
- ❑ Cagliostro

Cardillac. Hoffmanns (1776–1822) Novelle heißt *Das Fräulein von Scudérie* (1819). Der große Künstler holt sich seine Kostbarkeiten zurück, weil er sich nicht davon trennen kann.

Welche Rotwein-Traube ist in Kalifornien beheimatet?
- ❑ Mourvèdre
- ❑ Saperavi
- ❑ Tempranillo
- ❑ Zinfandel

Zinfandel. Die fruchtige Sorte mit Brombeeraroma wird auch weiß gekeltert. Die Traube soll aus einem Gebiet zwischen Südungarn, Slowenien und Kroatien stammen.

Wie nennt man den Umgang um einen Klosterhof?
- ❑ Arkadenhof
- ❑ Kreuzgang
- ❑ Galerie
- ❑ Atrium

Kreuzgang. Er ist gleichsam das Herzstück des Klausurbereichs eines Klosters. Anleihen nimmt er aus dem Atrium bzw. Peristyl in Villen der Antike.

Was ist der höchste Berg Österreichs?
- ❑ Große Sandspitze
- ❑ Piz Buin
- ❑ Großglockner
- ❑ Piz Bernina

Der Großglockner (3797 m) in den Hohen Tauern. Mit der Pasterze trifft man am Großglockner auch auf den größten Gletscher Österreichs, der sich auf rund 20 km^2 erstreckt.

Wer entdeckte das Insulin?
- ❑ Enrico Fermi
- ❑ Roald Amundsen
- ❑ Frederik G. Banting
- ❑ Lise Meitner

Frederik Grant Banting (1891–1941). 1921 gewann er mit Charles Best Insulin aus tierischen Bauchspeicheldrüsen. Schon 1923 konnte es gegen Diabetes mellitus eingesetzt werden.

Welche Oper ist von Vincenzo Bellini?

- ❑ *Orpheus und Euridice*
- ❑ *Norma*
- ❑ *Ein Maskenball*
- ❑ *Undine*

Norma (1831). Sie ist eine Oberpriesterin in Gallien, die ihr Keuschheitsgelübde mit dem ihr untreuen Römer Pollione bricht; ihre öffentliche Selbstanklage bringt beide auf den Scheiterhaufen.

Welche Blume erhielt den Namen von einer homosexuellen Gestalt der Mythologie?

- ❑ Amaryllis
- ❑ Hyazinthe
- ❑ Akazie
- ❑ Narzisse

Die Hyazinthe. In der Sage ging Hyakinthos eine homoerotische Liebe ein. Er wurde von dem Sänger Thamyris verehrt und von dem Gott Apollon unabsichtlich durch einen Diskuswurf getötet.

Welche ökonomische Kennziffer ist die Burn Rate für das Unternehmen?

- ❑ Verlustrate einer Firma
- ❑ Rentabilität
- ❑ monatlicher Umsatz
- ❑ Produktivität

Die Burn Rate (engl.: „Brennrate") zeigt, wie viel Verlust ein Unternehmen monatlich macht. Bei Internet-Start-ups werden erfahrungsgemäß anfänglich hohe Verluste hingenommen.

Wer wurde 1945 der wichtigste Politiker der Sowjetischen Besatzungszone (SBZ)?

- ❑ Wilhelm Piek
- ❑ Otto Grotewohl
- ❑ Walter Ulbricht
- ❑ Willi Stoph

Walter Ulbricht (1893–1973). Er war maßgeblich an der Gründung der DDR und der Integrierung Ostdeutschlands in den sozialistischen Ostblock beteiligt.

Wer war Thomas Robert Malthus?

- ❑ Komponist
- ❑ Naturforscher
- ❑ Nationalökonom
- ❑ Maler

Ein englischer Nationalökonom. Malthus (1766–1834) wurde durch sein Gesetz über das Wachstum der Bevölkerung berühmt. Demnach wächst dies schneller als die Nahrungsmittelerzeugung.

Wo befinden sich im Weltbild der Antike die Säulen des Herkules?

- ❑ Meerenge von Messina
- ❑ Bosporus
- ❑ Straße von Gibraltar
- ❑ Suez-Kanal

An der Straße von Gibraltar, genau genommen den Felsen beiderseits der Meerenge. Sie verbindet das Mittelmeer und den Atlantik und ist an der schmalsten Stelle 14 km breit.

Wie bezeichnet man das unterirdische Gewölbe unter dem Altarraum einer Kirche?

- ❑ Apsis
- ❑ Souterrain
- ❑ Katakombe
- ❑ Krypta

Krypta, von griechisch kryptein, „verbergen". Das Vorbild gaben die frühchristlichen Katakomben ab; sodann baute man im Frühmittelalter eine Kirche gern über dem Grab eines Märtyrers.

Was ist die in Deutschland beste Weißwein-Rebe?

- ❑ Müller-Thurgau
- ❑ Riesling
- ❑ Gewürztraminer
- ❑ Pinot Blanc

Der Riesling, trocken oder lieblich. Zu Hause ist die Sorte zudem im Elsaß, in Österreich, in den USA, Südafrika und sehr verbreitet auch in Australien.

Was ist ein Oktogon?

- ❑ Meerestier
- ❑ Tonaufnahmegerät
- ❑ Achteck
- ❑ Messinstrument

Ein Achteck. In der Architektur findet sich die Form häufig – zumal bei Sakralbauten – als Grundriss von Zentralbauten, etwa in Baptisterien oder als Gewölbeform (Vierung).

Welcher Biochemiker und Nobelpreisträger entwickelt zusammen mit J. D. Watson ein Modell der DNS-Struktur?

❑ Niels Bohr ❑ Walther Bothe
❑ Francis H. C. Crick ❑ Pierre Curie

Francis Harry Compton Crick (*1916). Die Erkenntnisse über die genetische Trägersubstanz, die Desoxyribonukleinsäure (DNS), waren der Ausgangspunkt für weitere Forschungen auf dem Gebiet der Genetik.

Welche ungarische Touristenattraktion verbirgt sich hinter dem Namen Balaton?

❑ Csardas ❑ Gulaschsuppe
❑ Plattensee ❑ Karpaten

Der Plattensee, der sich auf 591 km^2 erstreckt und nur bis zu 11 m tief ist. Er ist neben Budapest und der Puszta das Hauptreiseziel in Ungarn. Wegen seiner teilweise starken Verlandung erwärmt er sich recht schnell.

Wie heißt die Gefährtin von Daphnis, aus deren Liebesgeschichte Maurice Ravel ein Ballett schuf?

❑ Rosella ❑ Lucinde
❑ Chloe ❑ Daphne

Chloe. Die Figuren sind dem berühmten bukolischen Liebesroman *Daphnis und Chloe* des Longos (3. Jh. n. Chr.) entnommen. Urbild ist der keusche Daphnis aus dem griechischen Mythos.

Welcher italienische Komponist erzielte mit der Oper *Die Puritaner* einen riesigen Erfolg?

❑ Gioacchino Rossini ❑ Bohuslav Martinů
❑ Vincenzo Bellini ❑ Charles Gounod

Vincenzo Bellini (1801–35). Elvira glaubt sich von ihrem Bräutigam Arturo verlassen. Doch dieser rettete nur die im puritanischen England verfolgte Witwe des Königs; so finden beide wieder zusammen.

Welche ursprüngliche Funktion hat der UN-Weltsicherheitsrat?

❑ Leitung der UNO ❑ Sicherung des Weltfriedens
❑ NATO-Oberbefehl ❑ Durchsetzung der Menschrechte

Die Sicherung des Weltfriedens. Sein Renommee ist allerdings seit dem Kosovo-Krieg 1999, als NATO-Truppen ohne Mandat des Sicherheitsrates vorgingen, erheblich gesunken.

Was stellt in der bildenden Kunst die Pietà dar?

❑ Kreuzabnahme ❑ Verkündigung Mariä
❑ Beweinung ❑ Maria mit dem toten Christus

Maria mit dem toten Christus. Das auch als Vesperbild gemeinte Gemälde bzw. die Skulptur war im Mittelalter zur Andacht bestimmt.

Mit welchem Anglizismus bezeichnet man heute die Unternehmensführung?

❑ Vorstand ❑ Boss
❑ Aufsichtsrat ❑ Management

Mit dem Begriff Management. Dazu gehören alle Personen in einem Unternehmen, die Entscheidungs- und Anordnungsbefugnisse haben.

Welche Götter waren bei den Griechen für die Jahreszeiten verantwortlich?

❑ Musen ❑ Horen
❑ Graien ❑ Nornen

Die Horen, was eigentlich wörtlich „Stunden“ heißt. Sie personifizierten die Dreiteilung des Jahres in Blühen, Wachsen und Frucht.

In welchem europäischen Staat spricht man Gälisch?
❑ Frankreich ❑ Irland
❑ Norwegen ❑ Island

In der Republik Irland. Gälisch ist die älteste keltische Sprache der goidelischen Gruppe. Sie wird vor allem in den westlichen Randgebieten gesprochen. Jeder Schüler muss in der Grundschule „Irisch“ lernen.

Welche Rebsorte wird in Australien häufig angebaut?
❑ Merlot ❑ Shiraz
❑ Pinot Noire ❑ Riesling

Der Shiraz (Syrah). Die Rebe kommt von der Rhône. Bis zur Einführung der Cabernet-Sauvignon-Traube war sie die Rotweintraube Nr. 1 Australiens.

An welchen Kunstobjekten wurden Kanneluren angebracht?
❑ Skulpturen ❑ Säulen
❑ Portale ❑ Gemälde

An Säulen, Pfeilern und Pilastern. Sie dienen der optischen Gliederung. Die Längsschnitte finden sich erstmals in der Säulenordnung der klassischen griechischen Architektur.

Was versteht man unter Burnout?
❑ Waldsterben ❑ psychische Überbelastung
❑ Betriebsstilllegung ❑ Insektenvernichtung

Eine psychische Überbelastung, wörtlich: „Ausbrennen“, als Folge von zu viel Stress durch Arbeit und Informationsflut. Die Symptome sind ähnlich wie bei einer Depression.

Welcher österreichische Komponist schuf die Oper *Wozzeck* (1925) nach dem Drama von Georg Büchner?
❑ Alban Berg ❑ Franz Schreker
❑ Josef Haydn ❑ Anton Bruckner

Alban Berg (1885–1935). Wozzeck, ein armer Soldat, ermordet Marie, mit der er ein uneheliches Kind gezeugt hat, weil sie den Werbungen eines Tambourmajors erliegt.

Wo wurde der Handball-Sport erfunden?
❑ USA ❑ Belgien
❑ Deutschland ❑ China

In Deutschland. Ende des 19. Jh. entwarf der Turnlehrer Robert Koch die Spielregeln. Die erste internationale Begegnung fand 1925 zwischen Deutschland und Österreich statt.

Was war der Eiserne Vorhang?
❑ Teilung Deutschlands ❑ Teilung Europas
❑ Zonengrenze ❑ Zweiteilung der Welt

Die Zweiteilung der Welt in einen am amerikanischen Modell orientierten Westblock und dem kommunistischen Ostblock. Schöpfer des Begriffs war der englische Premierminister Winston Churchill (1874–1965).

Wo befinden sich Schloss Rosenborg (1610) und Schloss Amalienborg?
❑ Den Haag ❑ Helsinki
❑ Kopenhagen ❑ Reims

In der dänischen Haupt- und Residenzstadt Kopenhagen. Sie sind neben der Frauenkirche, der *kleinen Meerjungfrau* und dem Vergnügungspark, dem Tivoli, touristische Hauptanziehungspunkte.

Was ist ein Pilaster?
❑ Weihwasserbecken ❑ Bogen
❑ Wandpfeiler ❑ Rondell

Ein flacher Wandpfeiler, der die Gliederungen der klassischen griechischen Säulen besitzt. Der erste Pilaster fand sich im Tempelgrab von Knossos auf Kreta.

Was ist ein Management-buy-out?

- ❑ Abfindungszahlung an Manager
- ❑ Firmenübernahme durch Manager
- ❑ Manager-Entlassung
- ❑ Haupt-Schlussverkauf

Die Firmenübernahme durch Manager; d. h. leitende Angestellte übernehmen das Unternehmen anstelle des bisherigen Eigentümers, der sich z. B. zur Ruhe setzen will (engl. to buy out „veräußern").

Wie hieß der Ehemann Bathsebas, den König David beseitigen ließ?

- ❑ Amnon
- ❑ Absalom
- ❑ Urias
- ❑ Saul

Urias. Um den Ehebruch mit Bathseba nicht ruchbar werden zu lassen, schickte ihn David mit dem besagten Urias-Brief an die Front, wo er zu Tode kam.

Welches Hauptmerkmal unterscheidet einen Pfeiler von der Säule?

- ❑ eckige Form
- ❑ Ort der Verwendung
- ❑ Höhe
- ❑ Farbe

Seine eckige, d. h. meist quadratische, rechteckige oder polygonale Form. Zudem sind Pfeiler im Gegensatz zur Säule in der Regel gemauert.

Welcher spanischer Rotwein wird in der Gegend des Ebro gekeltert?

- ❑ Estremadura
- ❑ Sangría
- ❑ Bolski Plavac
- ❑ Rioja

Rioja-Weine. Hauptsächlich wird die Tempranillo-Traube verwendet; andere Traubensorten und Eichenholzaroma werden je nach Mode und Jahrgang hinzugefügt.

Welche „missglückte" Oper von Hector Berlioz dreht sich um einen berühmten Goldschmied und Bildhauer?

- ❑ *Benvenuto Cellini*
- ❑ *Die Feenkönigin*
- ❑ *Die Jüdin*
- ❑ *Cardillac*

Benvenuto Cellini (1838). Das Drama um den florentinischen Künstler fiel bei der Uraufführung durch; Berlioz (1803–69) war zur Umarbeitung gezwungen. Die Urfassung wurde erst 1966 wieder aufgeführt.

Seit wann gehört die Mittelmeerinsel Kreta zu Griechenland?

- ❑ 1830
- ❑ 1878
- ❑ 1913
- ❑ 1945

Seit 1913. Davor gehörte sie zum Osmanischen Reich. Kreta, die 8336 km^2 große Insel im östlichen Mittelmeer mit ihrer Hauptstadt Iraklion, ist ein beliebtes Urlaubsziel.

Welches Symbol wird als Salomons Siegel oder Davids Schild bezeichnet?

- ❑ Mandala
- ❑ Pentagramm
- ❑ sechszackiger Stern
- ❑ Menora

Der sechszackige Stern, mit dem König Salomon Dämonen beschworen und Engel herbeigerufen haben soll. Nach den meisten Traditionen symbolisiert der „Davidsstern" den Gottesnamen Jahwe.

Was verbarg sich im Zweiten Weltkrieg hinter dem Unternehmen Walküre?

- ❑ Russlandfeldzug
- ❑ Balkanfeldzug
- ❑ Putschversuch von Wehrmachtsoffizieren
- ❑ Angriff auf Dänemark und Norwegen

Der Putschversuch von Wehrmachtsoffizieren gegen Hitler (1889–1945). Der von Oberst Claus Graf Schenk von Stauffenberg (1907–44) am 20.7.1944 verübte Bombenanschlag schlug jedoch fehl.

Was bezeichnet in der Kunst die Eigenschaft „polychrom"?

- ❑ vielseitig
- ❑ vielfarbig
- ❑ vielgliedrig
- ❑ verchromt

Vielfarbig. Polychromie ist seit dem Alten Ägypten belegt. Nicht nur Bilder, auch Bildhauerarbeiten waren bereits in der Antike bemalt und Tempel waren farbig gefasst.

Was wird in der Architektur mit Polygon bezeichnet?

- ❑ Vieleck
- ❑ Befleckung
- ❑ Gliederung
- ❑ Hallenbau

Ein Vieleck (griechisch), und zwar ein Zentralbau, dessen Grundriss ein Vieleck darstellt. Die Anzahl ist meist von christlicher Zahlensymbolik beeinflusst.

In welchem Gebirge ist die Schneekoppe der höchste Berg?

- ❑ Vogtland
- ❑ Riesengebirge
- ❑ Hohe Tatra
- ❑ Bayerwald

Im Riesengebirge, heute Tschechien, mit einer Höhe von 1602 m. Es stellt den nordwestlichen und höchsten Teil der Sudeten dar und ist bekannt als Quellgebiet der Elbe.

Wie nennt man eine markt- und absatzorientierte Unternehmensausrichtung?

- ❑ Markttransparenz
- ❑ Marketing
- ❑ Preisdifferenzierung
- ❑ Merchandising

Marketing. Voraussetzung ist eine dezidierte Marktanalyse über Konkurrenzprodukte, Kundenverhalten und Vertrieb (Absatz) sowie eine Produkt- und Preispolitik (Beschaffungsmarkt).

Welche Aufgabe erfüllt in der EDV das Cache Memory?

- ❑ Festplattensteckplatz
- ❑ Lesen einer CD-ROM
- ❑ Sicherungskopie
- ❑ Zwischenspeicher

Die Aufgabe eines temporären Zwischenspeichers. Dieser „Pufferspeicher“, ermöglicht es, Daten und Befehle zweier miteinander kommunizierender Funktionseinheiten zeitweise zu hinterlegen.

Was ist die meistangebaute weiße Traube Südafrikas?

- ❑ Peñaflor
- ❑ Bodegas Balbi
- ❑ Steen
- ❑ Retz

Die Steen-Rebe. Trocken liefert sie einen süffigen, lebendigen Wein; die halbtrockene und liebliche Variante hält länger.

Wo befindet sich das „Schatzhaus“ altjapanischer Kultur?

- ❑ Singapur
- ❑ Tokio
- ❑ Kyoto
- ❑ Kuala Lumpur

In Kyoto. Hier befinden sich mehr als 1500 buddhistische Tempel und 200 Shinto-Schreine wie etwa der prächtige Heian-Schrein.

Welche französische Oper brachte eine verkürzte Version von Goethes *Faust* auf die Bühne?

- ❑ *Fra Diavolo*
- ❑ *Johannes Faust*
- ❑ *Fausts Verdammnis*
- ❑ *Prometheus*

Fausts Verdammnis (1846, konzertant) von Hector Berlioz (1803–69). Die Handlung umspannt den Teufelspakt, die Verführung der Marguerite und Fausts Höllenfahrt.

Wer wurde von Kaiser Augustus adoptiert, weil dieser kinderlos war?

- ❑ Caligula
- ❑ Mark Aurel
- ❑ Tiberius
- ❑ Antoninus Pius

Tiberius (42 v. Chr.–37 n. Chr.), der sich als Feldherr gegen Langobarden u. a. Germanen einen Namen machte. Im Jahre 8 v. Chr. siedelt er z. B. 40.000 Sugambrer und Sueben an den Rhein um.

Welche sagenhafte Gründerin Karthagos wird von Äneas nach einer kurzen Liebesbeziehung verlassen?

- ❑ Danae
- ❑ Dido
- ❑ Ariadne
- ❑ Isis

Dido. Seit Vergils Aeneis ist die Dido-Episode ein fester Bestandteil der Äneassage. Der Trojaner verlässt sie und gibt sie dem Selbstmord preis, um in Latium Rom zu gründen.

Welche Verbindung stellt der Kanal von Korinth für den Golf von Korinth her?

- ❑ Schwarzes Meer
- ❑ Ionisches Meer
- ❑ Tyrrhenisches Meer
- ❑ Ägäisches Meer

Er verbindet seit 1893 den Golf von Korinth mit dem Ägäischen Meer und erspart damit dem Schiffsverkehr den Weg um die Peloponnes. Korinth selbst ist eine griechische Hafenstadt am Golf von Korinth.

Wie heißt das in der Bibel beschriebene letzte Schlachtfeld der Apokalypse?

- ❑ Sodom
- ❑ Babylon
- ❑ Gilgamesch
- ❑ Harmagedon

Harmagedon. Der Ort, wo ein letztes Mal Gut und Böse miteinander ringen, wird in der Offenbarung des Johannes genannt. Inspiriert wurde der Name vielleicht von Megiddo, einer bronzezeitlichen Stadt in Palästina.

Was war im Mittelalter eine Kemenate?

- ❑ Gasthof
- ❑ altes Pferd
- ❑ Schweinestall
- ❑ beheizbarer Raum

Ein beheizbarer Raum der Burg, also vor allem den Frauen vorbehalten. In Niedersachsen bezeichnet sie auch das feuersichere Nebenhaus.

Wofür ist die südafrikanische Stadt Stellenbosch berühmt?

- ❑ Diamanten
- ❑ Golfplätze
- ❑ Weinanbau
- ❑ Trüffel

Für ihren Weinanbau. Stellenbosch ist die nach Kapstadt älteste Stadt Südafrikas. Sie bildet das Herz des südafrikanischen Weinanbaus. Viele Spitzenweingüter liegen hier und in den Vorgebirgen.

Aus welchem Begriff leitet sich der Kunststil des Rokoko her?

- ❑ Rochen
- ❑ Kokon
- ❑ Rocaille
- ❑ La Rioja

Von Rocaille, einem muschelförmigen Dekorationsmotiv, das sich um 1700 entwickelte. Rocaille ist die französische Bezeichnung für Grotten- oder Muschelwerk.

Wie heißt eine besondere Klausel im internationalen Handel?

- ❑ Protektion
- ❑ Schutzzoll
- ❑ Meistbegünstigung
- ❑ Privileg

Meistbegünstigungsklausel. In bilateralen Verträgen räumt dabei der Staat dem Vertragspartner die gleichen Vorteile und Vergünstigungen ein, wie normalerweise seinen engsten Handelspartnern.

Welcher berühmte Franzose kam 1769 auf Korsika zur Welt?

- ❑ Jean Paul Marat
- ❑ Napoleon Bonaparte
- ❑ Camillo Cavour
- ❑ Garibaldi

Napoleon Bonaparte. Er erblickte am 15.8.1769 als Spross einer aus Italien stammenden Familie in Ajaccio das Licht der Welt. Historisch bedingt hat die Insel eine starke italienische Prägung.

Welches Musical versetzt die Geschichte von Romeo und Julia in die Slums von New York?

- ❑ *My Fair Lady*
- ❑ *Jesus Christ Superstar*
- ❑ *West Side Story*
- ❑ *Anatevka*

West Side Story (1957) von Leonard Bernstein (1918–90). Am Werk wirkten mit: Arthur Laurents (Buch), Stephen Sondheim (Gesangstexte) und Jerome Robbins (Choreographie).

Was war 1945 der sog. Volkssturm?

- ❑ Aufgebot von Männern zwischen 16 und 60 Jahren
- ❑ Waffen-SS-Verbände
- ❑ Hitlerjugend
- ❑ Frauenkampftruppe

Ein Aufgebot aus Männern zwischen 16 und 60 Jahren, die Hitler 1944 zur „Verteidigung des Heimatbodens“ rekrutierte. Eine militärische Ausbildung war oft nicht vorhanden.

In welchem Kulturkreis findet sich die Stupa?

❑ Abendland (Christentum) ❑ Westafrika
❑ Islam ❑ Asien (Buddhismus)

Sie ist ein asiatisch-buddhistischer Kuppelbau, der Kultzwecken dient. Anfänge finden sich in indischen Grabhügeln; spätere Abwandlungen bilden Pagoden, glockenförmige Reliquienschreine u. a.

Wer war ein berühmter Designer und Innenarchitekt des Jugenstils in New York?

❑ Solomon R. Guggenheim ❑ George Inness
❑ Louis C. Tiffany ❑ John Constable

Louis C. Tiffany (1848–1933). Er erfand das sog. Tiffany-Favrile-Glas und ließ es sich 1880 patentieren. Das mehrfach irisierende Glas verarbeitete er u. a. zu Tischlampen und langstieligen Gläsern.

Zu welchem GUS-Staat gehört heute die Halbinsel Krim?

❑ Weißrussland ❑ Kasachstan
❑ Aserbeidschan ❑ Ukraine

Zur Ukraine. Die Krim mit ihrer Hauptstadt Simferopol befindet sich zwischen Schwarzem und Asowschem Meer und ist mit dem Festland durch die teilweise nur 6 km breite Landenge von Perekop verbunden.

Mit welchem Begriff wird das Konzept der Mitarbeiterbeteiligung am Firmenkapital bezeichnet?

❑ Leasing ❑ Stock-Exchange
❑ Cafeteria-Modell ❑ Option

Mit Cafeteria-Modell. Der Mitarbeiter soll – wie in einem Selbstbedienungsrestaurant – aus verschiedenen Angeboten auswählen: z. B. mehr Geld oder mehr Aktien.

Woher kommen Weine, die den Namen Balaton führen?

❑ Ungarn ❑ Rumänien
❑ Spanien ❑ Kroatien

Aus Ungarn; genauer aus Weinanbaugebieten um den Plattensee, dem größten See Mitteleuropas.

Welches Fabeltier steht symbolhaft für die Herrschaft auf der Erde und in der Luft?

❑ Kentaur ❑ Pegasus
❑ Sirene ❑ Greif

Der Greif. Der Löwenleib symbolisiert die Erde, Kopf und Schwingen des Adlers die Luft. Ein orientalisches Vorbild findet sich im k'rub, wovon das hebräische „Cherub“ (Engel) abgeleitet ist.

Welche Tochter Agamemnons übte mit ihrem Bruder Orest Rache an der eigenen Mutter?

❑ Allecto ❑ Elektra
❑ Iphigenie ❑ Leto

Elektra. Sie war es, die gemeinsam mit Orest die eigene Mutter Klytämnestra und deren Geliebter Aigistos erschlug, um den Ehebruch und den Mord an Agamemnon zu rächen.

Welcher deutsche Sportler gewann 1985 und 1993 das US-Masters-Golfturnier in Augusta?

❑ Nick Nolte ❑ Bernd Strüver
❑ Arnold Palmer ❑ Bernhard Langer

Bernhard Langer (*1957), der erfolgreichste deutsche Golfspieler. Bis 1995 gelang es ihm 17 Jahre in Folge jedes Jahr ein europäisches Golfturnier zu gewinnen.

Wer ist Rupert Murdoch?
❑ Staatsmann ❑ Wanderprediger
❑ NATO-General ❑ Medienunternehmer

Murdoch (*1931) ist ein Medienunternehmer. Seine News Corporation ist der viertgrößte Medienkonzern der Erde. Zu ihr gehören u. a. Printmedien, TV-Sender bzw. Anteile in den USA, Europa und Australien.

Welches Werk fällt unter die Gattung Literaturoper?
❑ *Frøken Julie* ❑ *Die Italienerin in Algier*
❑ *Lakmé* ❑ *Die Perlenfischer*

Frøken Julie (1975) des italienischen Komponisten Antonio Bibalo (*1922). Zugrunde liegt das Strindberg-Stück *Fräulein Julie*; es ist ein Spiel um soziale und sexuelle Macht.

Wer war für die bürokratische Organisation des Holocaust verantwortlich?
❑ Rudolf Höß ❑ Reinhard Heydrich
❑ Adolf Eichmann ❑ Heinrich Himmler

Adolf Eichmann (1906–62). Als Leiter des Judenreferats im Reichssicherheitshauptamt der SS war ihm nach der Wannseekonferenz die Leitung der „Endlösung der Judenfrage" übertragen worden.

In welcher östlichen Stadt ist für die Transsibirische Eisenbahn Endstation?
❑ Kiew ❑ Peking
❑ Baku ❑ Wladiwostok

In Wladiwostok am Japanischen Meer. Die 9300 km lange Strecke wurde von 1891 bis 1903 erbaut. Zur Entlastung dieser viel befahrenen Strecke wurde die 3145 km lange Baikal-Amur-Magistrale geschaffen.

Welchen Beinamen hat die berühmte Augustus-Statue, die heute im Vatikanischen Museum steht?
❑ Kampanien ❑ Prima Porta
❑ Ara pacis ❑ Via Appia

Prima Porta. Livia (58 v.–29 n. Chr.), in zweiter Ehe mit Augustus (63 v.–14 n. Chr.) verheiratet, hatte an der Via Flaminia eine Villa in Prima Porta. Die Statue wurde 1923 bei Ausgrabungen gefunden.

Welcher römische Geschichtsschreiber verfasste die 142 Bücher *Ab urbe condita libri*?
❑ Ovid ❑ Homer
❑ Ferdinand Gregorovius ❑ Livius

Titus Livius (59 v.–17 n. Chr.). Sein Werk heißt: *Römische Geschichte seit der Stadtgründung*. Die Darstellung reicht von den mythischen Anfängen bis zum Jahr 9 v. Chr.

Wie heißt der berühmte süße Likörwein Ungarns?
❑ Kadarka ❑ Zweigelt
❑ Eger ❑ Tokaji

Tokaji (Tokajer). Er stammt aus den Bergen an der Grenze zur Ukraine im Nordosten. Vergleichbar ist er mit einem hocharomatischen, äußerst kräftigen Sauternes.

Welche italienische Oper vertonte Goethes *Faust*?
❑ *Mephistofele* ❑ *Robert der Teufel*
❑ *Das schlaue Füchslein* ❑ *Astutuli*

Mephistofele (1868) von Arrigo Boito (1842–1918). Keine andere Faust-Oper bleibt so nah am Original. Schaljapin und Caruso bildeten 1901 die legendäre Besetzung in den Hauptrollen Mephistofele (Bass) und Faust (Tenor).

In welcher europäischen Hauptstadt kann man den Prado besuchen?
❑ Den Haag ❑ Lissabon
❑ Madrid ❑ Rom

In der spanischen Hauptstadt Madrid. Der Prado ist eines der größten Museen der Welt mit allein fast 3000 Gemälden, die vom 16. bis ins 19. Jh. in die königliche Sammlung übernommen wurden.

Welche Infektionskrankheit kann durch Gerhard Domagks Entdeckung der Sulfonamide bekämpft werden?

❑ Poliomyelitis ❑ Diphtherie
❑ Pocken ❑ Cholera

Diphtherie und andere wie Typhus und Scharlach. Das Medikament Prontosil R wurde 1935 eingeführt. 1939 erhielt Domagk (1895–1964) den Nobelpreis für Medizin.

Wer ist Thomas Middelhoff?

❑ Fußballprofi ❑ Medienmanager
❑ Grafiker ❑ Schauspieler

Medienmanager. Middelhoff (*1953) ist seit 1998 Vorstandschef von Bertelsmann, dem fünftgrößten Medienkonzern weltweit.

Worin sah Arthur Harris ein probates Mittel, Deutschland im Zweiten Weltkrieg zu besiegen?

❑ massiver Einsatz der Bomberflotte ❑ U-Boot-Krieg
❑ Propaganda ❑ Wirtschaftskrieg

Im groß angelegten Einsatz der britischen Bomberflotte. Harris (1892–1984), ein britischer Geschäftsmann, erhielt von Churchill das Bomberkommando übertragen.

Was ist ein altes Fruchtbarkeitssymbol?

❑ Krebs ❑ Storch
❑ Granatapfel ❑ Koralle

Der Granatapfel, der als Symbol der phönizischen Astarte, der griechischen Mysteriengöttinnen Demeter und Persephone, der Aphrodite und Athene diente.

Wie nennt man ein Verfahren zur Kosteneinsparung bei Telefonaten und dem Aufbau von Internetverbindungen?

❑ Call back ❑ Server-Deal
❑ Call for Votes ❑ Calendar Service

Call back (engl.: „Rückruf"); nach Anmeldung bei einer Callback-Firma wird diese z. B. bei einem Auslandsgespräch angerufen. Sie ruft dann zurück und stellt die Schaltung – auch über Internet – her.

Wodurch kann sich Gyges nach Herodots Erzählung unsichtbar machen?

❑ Netz ❑ Hut
❑ Ring ❑ Mantel

Durch seinen Ring. Gyges wird von seinem Freund aufgefordert, unsichtbar dessen Gemahlin in nacktem Zustand zu betrachten. Als die den Schwindel entdeckt, zwingt sie Gyges, ihren Gemahl zu ermorden.

In welcher antiken Stadt entstand um 60 n. Chr. die Wandmalerei im Haus der Vettier?

❑ Brindisi ❑ Byzanz
❑ Pompeji ❑ Cumae

In Pompeji, das durch den Vesuv-Ausbruch des Jahres 79 vollständig verschüttet wurde. Die Fresken (pompejanischer Stil) schmückten die Villa der Vettius-Brüder, zweier reicher Kaufleute.

Wie bezeichnet man die Ungarn?

❑ Slawen ❑ Iberer
❑ Magyaren ❑ Ukrainer

Als Magyaren. Das Volk gehört dem finnougrischen Sprachkreis an und wanderte im 9. und 10. Jh. vom Ural in das Kerngebiet des heutigen Ungarn ein. Etwa 97% der heutigen Bevölkerung Ungarns sind Magyaren.

Wer war Plinius der Ältere im alten Rom?

- ❑ Renaissancefürst
- ❑ Dichter
- ❑ Kaiser
- ❑ Gelehrter

Ein angesehener Gelehrter. 77 erschien seine *Naturgeschichte (Historia naturalis)*. Dieses Riesenwerk einer naturwissenschaftlichen Enzyklopädie in 37 Büchern ist eine der bedeutendsten Quellen über die Antike.

Welches Meisterwerk der Ingenieurskunst schuf eine Verbindung von Atlantik und Mittelmeer?

- ❑ Rhein-Main-Donau-Kanal
- ❑ Nord-Ostsee-Kanal
- ❑ Panama-Kanal
- ❑ Canal du Midi

Der Canal du Midi. Er wurde von 1666 bis 1681 als Verbindung der Garonne mit dem Mittelmeer auf einer Länge von 239 km ausgebaut. Zahlreiche Schleusen, Staubecken, Dämme und Brücken mussten angelegt werden.

Welche unvollendete Oper stellten zwei russische Komponisten fertig?

- ❑ *Bilder einer Ausstellung*
- ❑ *Fürst Igor*
- ❑ *Werther*
- ❑ *Fiddler on the roof*

Fürst Igor (1890) von dem Mediziner Alexander Borodin (1833–1887). Seine Freunde Rimski-Korsakow und Glasunow griffen dabei stark in das vorhandene Material ein, retteten das Werk aber für die Musikwelt.

Was verstanden die Nationalsozialisten unter dem sog. „Anschluss"?

- ❑ Besetzung des Rheinlands
- ❑ Angliederung des Saarlandes
- ❑ Annexion Elsass-Lothringens
- ❑ Anschluss Österreichs an das Deutsche Reich

Die Angliederung Österreichs an das deutsche Reich. Gegen den Widerstand des österreichischen Bundeskanzlers Kurt von Schuschnigg vollzog Hitler 1938 unter Gewaltandrohung den sog. „Anschluss".

Welche geographische Besonderheit ist das Eiserne Tor?

- ❑ Durchbruchstal der Donau
- ❑ Ural
- ❑ Bosporus
- ❑ Donaudelta

Ein 130 km langes Durchbruchstal der Donau durch die Südkarpaten im Banater Bergland. Hier erstreckt sich der 1971 als Gemeinschaftsprojekt Rumäniens und des ehemaligen Jugoslawiens fertig gestellte Staudamm.

Wie heißt der Nominalwert, der auf einer Aktie ausgedruckt ist?

- ❑ Buchwert
- ❑ Liquidationswert
- ❑ Karat
- ❑ Nennwert

Nennwert, ein Betrag meist zwischen 50 und 5 DM. Er drückt für den Inhaber den Anteil an der AG aus und dieser wirkt sich auf seinen Gewinnanspruch entsprechend der Höhe aus.

Wer war in der Antike ein bedeutender Satirendichter?

- ❑ Tacitus
- ❑ Euripides
- ❑ Vergil
- ❑ Juvenal

Juvenal (um 60–nach 128). In seinen *Satiren* übt er schonungslos Kritik an der römischen Gesellschaft. Die stilistische Schärfe seiner Verse ist bis heute sprichwörtlich, etwa in: „Wasser predigen und Wein trinken".

Was beherbergt die berühmte Phönix-Halle des Byodoin-Tempels?

- ❑ Reliquie
- ❑ Buddhastatue
- ❑ Ahuramazda
- ❑ Visnu

Eine vergoldete Holzstatue des Amida-Buddha. Amida ist der Buddha des Mitleids, wie ihn der Mahayana-Buddhismus im Amithaba erkennt.

Welches mythologische Ungeheuer wird mit Schlangenhaaren dargestellt?

❑ Calypso ❑ Sirene
❑ Chimäre ❑ Medusa

Die Medusa, eine der drei Gorgonen. Ihre Schwestern Stheno und Euryale sind ebenso wie sie geflügelt, schlangenhaarig und mit Reißzähnen ausgestattet. Der Anblick des Medusenhauptes versteinerte.

Was ist das berühmteste Aquädukt in Frankreich?

❑ Brücke von Avignon ❑ Pont Neuf
❑ Pont du Gard ❑ Brücke von Arles

Der Pont du Gard, der den Fluss Gard bei Nîmes auf einer Länge von 275 m in drei Bogenreihen überspannt. Er ist Teil einer Wasserleitung, die über eine Strecke von 50 km Nîmes mit Frischwasser versorgte.

In welchem Teil des Mittelmeers liegt die Insel Elba?

❑ Adriatisches Meer ❑ Ionisches Meer
❑ Tyrrhenisches Meer ❑ Ägäisches Meer

Im Tyrrhenischen Meer. So bezeichnet man den Teil des Mittelmeers zwischen der Apenninhalbinsel, Sizilien, Korsika und Sardinien.

Was sind die im Altertum entstandenen Aquädukte?

❑ Verteidigungswälle ❑ Abwasserkanäle
❑ Römerstraßen ❑ Steinbrücken mit Wasserleitung

Steinbrücken, die Wasserleitungen führen; sie dienten der Wasserversorgung. Beispiele sind etwa die aquae Traianae in Rom und der heute noch verwendete Aquädukt von Segovia, ein Weltkulturerbe der UNESCO.

Welcher dänische Königssohn, dessen Vater von seinem Oheim getötet wurde, diente Shakespeare als Vorlage für eine Tragödie?

❑ *Lear* ❑ *Hamlet*
❑ *Richard III.* ❑ *Eduard*

Hamlet. Die Geschichte wird erstmals bei Saxo Grammaticus (1150–1220) in seiner *Dänischen Geschichte* überliefert. Aus ihr fertigte Shakespeare sein Meisterwerk.

Welches fantastische Opernspiel begleitet die Flucht zweier Bürger in die Vogelwelt?

❑ *Ein Sommernachtstraum* ❑ *Die Vögel*
❑ *Karneval der Tiere* ❑ *Die Zauberflöte*

Die Vögel (1920) von Walter Braunfels (1882–1954). Als Vorlage für Hoffegut und Ratefreund, die vom Alltag genug haben und einen Vogelstaat gründen, diente die Komödie von Aristophanes.

Welche Wortneuschöpfung bezeichnet einen Freiberufler, der bei verschiedenen Auftraggebern unter Vertrag steht?

❑ Hedonist ❑ Streetworker
❑ Cappuccino-Worker ❑ Hospitant

Cappuccino-Worker. Wie bei einem Cappuccino entspricht der Hauptjob dem schwarzen Kaffee. Dazu kommen als Milchschaum Nebentätigkeiten und als Schokopulver unregelmäßige Sonderprojekte.

Mit welchem germanischen Fürsten war Thusnelda verheiratet?

❑ Vercingetorix ❑ Marbod
❑ Ariovist ❑ Arminius

Mit Arminius (Hermann) dem Cherusker (†17 n. Chr.). Er vernichtete 9 n. Chr. im Teutoburger Wald das römische Heer unter Varus. Seine Frau Thusnelda wurde später gefangen und nach Rom verschleppt.

Welches vergoldete Kleinod erinnert an seinen Stifter, einen bayerischen Herzog?

❑ Christuskopf ❑ Reichsszepter
❑ Tassilo-Kelch ❑ Reliquiar

Der Tassilo-Kelch (um 770–780). Tassilo III. (748–nach 794) war ein bedeutender Klosterstifter, u. a. gründete er Kremsmünster (Oberösterreich), in dessen Schatzkammer der Kelch aufbewahrt wird.

Wen bezeichnet man innerhalb der EU als Nettozahler?

❑ Steuerzahler ❑ beitragszahlendes EU-Mitglied
❑ Arbeitslose ❑ Rentner

Diejenigen beitragszahlenden EU-Mitglieder, die mehr Finanzmittel in die Gemeinschaft einbezahlen, als sie wieder aus der Gemeinschaft erhalten. Größter Nettozahler ist seit vielen Jahren Deutschland.

Wie hieß Chemnitz vor der Wiedervereinigung?

❑ Gdansk ❑ Karl-Marx-Stadt
❑ Kaliningrad ❑ Novi Sad

Karl-Marx-Stadt. 1990 entschieden die Einwohner, dass ihre Stadt, wie schon vor 1953, wieder Chemnitz heißen solle.

Was ist eine Kartause?

❑ Verlies ❑ Kloster
❑ Scheune ❑ Weinkeller

Ein Kloster des Kartäuserordens. Der strenge Mönchsorden benennt sich nach seinem 1084 gegründeten Ur- und Mutterkloster, der Grand Chartreuse bei Grenoble.

Wie viele Schiedsrichter pfeifen ein Fußballspiel?

❑ 1 ❑ 2
❑ 3 ❑ 4

Drei. Ein Hauptschiedsrichter und zwei Schiedsrichterassistenten (früher Linienrichter).

Welche Tierklasse verfügt über die größte Artenvielfalt?

❑ Säugetiere ❑ Vögel
❑ Insekten ❑ Fische

Insekten. Rund 800.000 Arten wurden bisher beschrieben; Entomologen (Insektenkundler) gehen jedoch von einer doppelt so großen Menge aus.

Wer komponierte die Oper *Peter Grimes*?

❑ Gavin Bryars ❑ Karl Ditters von Dittersdorf
❑ Benjamin Britten ❑ Peter Eötvös

Benjamin Britten (1913–76). Im Mittelpunkt steht der arme Fischer Grimes, der in dem Fischerstädtchen isoliert lebt und deshalb ungeliebt ist. Die Oper endet mit dem Freitod Peter Grimes'.

Welche mythologischen Ungeheuer tauschen untereinander ein Auge aus?

❑ Horen ❑ Gorgonen
❑ Walküren ❑ Graien

Die Graien (griechisch „die Grauen"). Enyo, Pemphredo und Deino sind schönwangige alte Frauen, die sich auch nur einen Zahn teilen. Nimmt man ihnen Auge und Zahn, so wie Perseus, dann werden sie ganz zahm.

Wie heißt die gotische Kathedrale von Reims?

❑ Basilius ❑ Notre-Dame
❑ Santiago ❑ Saint-Jean

Notre-Dame. Sie wurde zwischen 1211 und 1294 erbaut und ist reich mit großen Skulpturen geschmückt; die berühmteste davon ist am linken Portal der lächelnde Engel, der „ange au sourire".

Wann kam es während der nationalsozialistischen Herrschaft erstmals zum Einsatz einer deutschen Bomberflotte?

- ❑ Luftschlacht um England (1940)
- ❑ Eroberung Warschaus (1939)
- ❑ spanischer Bürgerkrieg (1936)
- ❑ Zerschlagung der „Rest-Tschechei" (1939)

1936, beim Einsatz der „Legion Condor" im spanischen Bürgerkrieg. Vorausgegangen war ein Hilfeersuchen des Faschistengenerals Franco (1892–1975).

Was ist ein Reliquiar?

- ❑ Inschrift
- ❑ Ikonenaltar
- ❑ Grabkammer
- ❑ Behältnis für Reliquien

Ein Behältnis für Reliquien in unterschiedlicher Form. Reliquiare enthalten entweder körperliche Überreste von Heiligen oder aber mit diesen in Verbindung stehende Gegenstände.

In welchem Teil der Wirtschaft spricht man vom Neuen Markt?

- ❑ Außenhandel
- ❑ Börsenhandel
- ❑ IT-Branche
- ❑ Medienunternehmen

Im Börsenhandel. An der Frankfurter Börse hat sich ein neues Handelssegment entwickelt, das Risikokapital für junge Unternehmen aus Wachstumsbranchen bereitstellt.

Warum wurde Matthias Klostermayer, der „Bayerische Hiesel", 1771 hingerichtet?

- ❑ Brandstiftung
- ❑ Raub und Mord
- ❑ Wilddiebstahl
- ❑ Aufruhr

Er starb als Räuberhauptmann. Der Hiesel wandelte sich vom Wildschützen zum Räuber. Daraus machten literarische Bearbeitungen eine Abschreckungsgeschichte.

Was sind Katakomben?

- ❑ Brunnen
- ❑ Höhlenkirchen
- ❑ Bergfestungen
- ❑ unterirdische Grabanlagen

Unterirdische Grabanlagen; dem Namen nach verweisen sie auf einen Ort nahe Rom, der als frühchristliche Begräbnisstätte diente; Katakomben kamen im 9. Jh. aus der Mode.

Was ist das größte Landsäugetier?

- ❑ Elefant
- ❑ Giraffe
- ❑ Kamel
- ❑ Flusspferd

Die Giraffe. Sie lebt südlich der Sahara in trockenen, mit vereinzelten Bäumen bestandenen Regionen. Die höchste Giraffe wurde in Kenia mit über 6 m gemessen.

Welchen Namen trägt das frühere Leningrad heute?

- ❑ Alexandria
- ❑ Petrograd
- ❑ Sankt Petersburg
- ❑ Belgrad

Sankt Petersburg. Seit einem Volksentscheid 1991 trägt die Stadt den Namen wieder, den sie schon zwischen 1703 und 1914 trug. Zwischen 1914 und 1924 hieß sie Petrograd.

Welche Computerprogramme filtern und blockieren Websites mit bestimmten Inhalten?

- ❑ Stonehenge
- ❑ Firmware
- ❑ Copyright-Saver
- ❑ Censorware

Censorware. Diese Programme sind für den Kinder- und Jugendschutz gedacht und werden auch als „Parental Control Software" bezeichnet.

Welchem Heimatroman nahm sich Alfredo Catalani in seiner Oper *La Wally* an?

- ❑ *Schloss Hubertus*
- ❑ *Uli der Knecht*
- ❑ *Die Rumplhanni*
- ❑ *Die Geierwally*

Dem Roman *Die Geierwally* von Wilhelmine von Hillern. Catalanis (1854–93) Oper wurde später zu einem Welterfolg. Auch das Kino griff mit Heidemarie Hatheyer den Stoff 1940 erfolgreich auf.

Welches nationalsozialistische Organ leitete Roland Freisler als Präsident?

- ❑ Gestapo
- ❑ Volksgerichtshof
- ❑ Sicherheitsdienst
- ❑ Staatspolizei

Den Volksgerichtshof, der 1936 dauerhaft eingerichtet wurde. Roland Freisler (1893–1945) ist für die grausame Terrorjustiz gegen Regimegegner verantwortlich.

Welche antike Stadt war berühmt für ihre Pergament-Herstellung?

- ❑ Pergamon
- ❑ Alexandria
- ❑ Pompeji
- ❑ Marseilles

Die kleinasiatische Stadt Pergamon. Hier wurde ca. 200 v. Chr. ein besonders ausgereiftes Verfahren entwickelt. Damit begann das Schreibmaterial aus Tierhäuten seinen Siegeszug im Römischen Reich.

Wie bezeichnete die Apokalypse antichristliche Mächte?

- ❑ Krethi und Plethi
- ❑ Gog und Magog
- ❑ Sodom und Gomorra
- ❑ Fasolt und Fafner

Gog und Magog. Sie gehören zu den „Völkern an den vier Enden der Erde", die der Teufel am Ende des Tausendjährigen Reiches zum letzten Kampf sammelt.

Welcher europäische Kleinstaat liegt in den Pyrenäen?

- ❑ San Marino
- ❑ Bhutan
- ❑ Liechtenstein
- ❑ Andorra

Andorra. Es ist seit 1278 selbstständig und liegt zwischen Frankreich und Spanien in den östlichen Pyrenäen. Staatsoberhäupter Andorras sind formal der spanische Bischof von Urgel und der französische Staatspräsident.

Welche Buchform ersetzte in der Antike die Schriftrolle?

- ❑ Codex
- ❑ Blockbuch
- ❑ Foliant
- ❑ Inkunabel

Der Codex, der aus zusammengehefteten Blättern oder Pergamentlagen oder aus hölzernen Schreibtafeln bestand; seit dem 4. Jh. setzte sich der Bibel-Codex durch.

Wie heißt der bekannteste Index an der japanischen Börse?

- ❑ AEX
- ❑ Xetra
- ❑ REX
- ❑ Nikkei

Nikkei-Index. Er soll die Kursentwicklung der wichtigsten Aktien des Landes in einer Zahl widerspiegeln. Er ist der gewogene Durchschnitt der enthaltenen Aktienkurse.

Welche Tierart vollführt die schnellsten Flügelschläge?

- ❑ Stachelschwanzsegler
- ❑ Kolibri
- ❑ Fledermaus
- ❑ Zuckmücke

Die Zuckmücke, die zur Ordnung der Zweiflügler gehört. Sie bringt es auf ca. 1000 Schläge pro Sekunde. Der Kolibri dagegen auf knapp 80 pro Sekunde.

Wen verkörpert die Titelheldin in Francesco Cavallis Oper *La Calisto* (1651)?

- ❑ Nymphe
- ❑ Priesterin
- ❑ Bäuerin
- ❑ Königin

Eine Nymphe im Gefolge der Diana; eine heitere Interpretation des mythologischen Stoffes von der Untreue Jupiters, der Calisto verführt, die wiederum von dessen eifersüchtiger Frau Juno bestraft wird.

Welchen Begriff prägte der konservative Schriftsteller Arthur Moeller van den Bruck?

❑ Tausendjähriges Reich ❑ Kulturrevolution
❑ Herrenrasse ❑ Drittes Reich

„Drittes Reich". Der religionsphilosophische Begriff wurde von Moeller van den Bruck (1876–1925) in seinem Werk „Das Dritte Reich" (1923) aufgegriffen. Offizielle Verwendung fand jedoch später „Tausendjähriges Reich".

Wie heißt die Region Italiens, deren Hauptstadt Florenz ist?

❑ Etrurien ❑ Toskana
❑ Ligurien ❑ Umbrien

Toskana. Florenz, die etwa 410.000 Einwohner zählende Stadt am Arno, ist eine der bedeutendsten Kunststädte Italiens. Berühmte Städte der Toskana sind auch Lucca, Pisa, Siena, San Gimignano oder Volterra.

Wie heißt der Sohn Hildebrands, mit dem der Vater nach dem althochdeutschen Lied in Kampf gerät?

❑ Siegfried ❑ Attila
❑ Dietrich ❑ Hadubrand

Hadubrand. Die ursprünglich langobardische Dichtung wurde um 850 in Bayern zum *Hildebrandslied* umgedichtet. Wie der Kampf ausgeht, ist unklar, da das Lied ein Fragment ist.

Welche mittelalterliche Prachthandschrift verwendete Gold für Buchstaben, Illustrationen und Einband?

❑ Inkunabel ❑ Codex Aureus
❑ Papyrusrolle ❑ Totenbuch eines Klosters

Der Codex Aureus (lateinisch: „Goldenes Buch"). Solche aufwendig gestalteten Handschriften in Buchform entstanden z. B. in Canterbury, Echternach und Regensburg.

Was sind Inkunabeln?

❑ Wiegendrucke ❑ Verzierung
❑ Blattornamente ❑ Einlegearbeiten

Wiegendrucke (von lateinisch incunabula, „Windeln"). Das sind noch vor 1500 entstandene, mit beweglichen Lettern gedruckte Bücher; aus der Zeit also, als der Buchdruck noch in den Kinderschuhen steckte.

Mit welcher Oper schuf Gustave Charpentier eine Hommage an das Bohemien-Leben auf dem Montmartre?

❑ *Hoffmanns Erzählungen* ❑ *Louise*
❑ *Ariodante* ❑ *La Bohème*

Mit *Louise* (1900). Die junge Louise steckt in einem Dilemma: bei ihren Eltern, Arbeitern in Montmartre, zu bleiben oder der Liebe zu dem Dichter Julien nachzugeben; sie entscheidet sich für Letzteres.

Was ist die höchste Pflanze?

❑ Palme ❑ Rieseneukalyptus
❑ Bambus ❑ Mammutbaum

Der Rieseneukalyptus (mountain ash) mit über 100 m in Australien. Der größte Mammutbaum wurde im Sequoia-Nationalpark mit 83 m gemessen.

Wie heißt die Hauptstadt der Schweiz?

❑ Genf ❑ Basel
❑ Bern ❑ Zürich

Bern. Es liegt an der Aare, hat 130.000 Einwohner und eine malerische Altstadt. Zürich mit seinen 1,16 Mio. Einwohnern ist die größte Stadt der Schweiz.

Was ist eine Century-21 Site?

❑ Internet-Anbieter ❑ Luxuswohnung
❑ Millennium-Phase ❑ „umgezogene" Website

Eine Website, die „umgezogen" ist und von der unter der alten Adresse nur noch der Link zur neuen zu finden ist.

Was bedeutet die Abkürzung OHG?

- ❑ Optionsschein
- ❑ Terminbörse
- ❑ ostdeutsches Handelsgesetzbuch
- ❑ Offene Handelsgesellschaft

Offene Handelsgesellschaft. Sie ist eine Personengesellschaft. Jeder Gesellschafter haftet persönlich, unmittelbar und unbeschränkt auch mit seinem Privatvermögen.

Welches Tier wurde in der Antike Venus, Mars und Amor zugeordnet?

- ❑ Adler
- ❑ Gans
- ❑ Elefant
- ❑ Schwan

Die Gans. Der Verzehr ihres Fleisches wie ihrer Galle galt als Potenzmittel. Das Gänsegeschnatter rettete überdies Rom vor einem nächtlichen Überraschungsangriff der Gallier.

Wie wird in der deutschen Geschichte die Phase zwischen 1888 und 1918 bezeichnet?

- ❑ Gründerjahre
- ❑ Postmoderne
- ❑ Bismarck-Ära
- ❑ Wilhelminische Ära

Wilhelminische Ära. Der Begriff bezeichnet die Regierungszeit des deutschen Kaisers Wilhelm II. (1859–1941). Er verfolgte eine Weltmachtpolitik, die vor allem gegen England gerichtet war.

Was beten Japaner in einem Shinto-Schrein an?

- ❑ Allah
- ❑ Naturgottheit
- ❑ Buddha
- ❑ Siva

Einen lokalen Berg- oder Flussgott oder die Sonnengöttin Amaterasu. Den nicht näher bezeichneten „Geistern“ (Kami) wohnt eine numinose Kraft inne. Japan wird auch als das „Land der acht Millionen Kami bezeichnet“

Was sind Intarsien?

- ❑ Tapisserien
- ❑ Flachrelief
- ❑ Einlegearbeiten in Holz
- ❑ Vasenständer

Einlegearbeiten in Holz zur Verzierung von Möbeln u. Ä. mithilfe von andersartigen Hölzern oder auch Materialien wie Perlmutt, Elfenbein und Metall.

Welches ehemals deutsche Territorium gehört heute zu einem Großteil zu Polen?

- ❑ Kurland
- ❑ Pommern
- ❑ Egerland
- ❑ Sudeten

Pommern, beiderseits der unteren Oder. Ab 1945 stand der Ostteil unter polnischer Verwaltung und ist seit 1990 offiziell ein Teil Polens. In seinem Westteil bildet es gemeinsam mit Mecklenburg das Bundesland Mecklenburg-Vorpommern.

Wer folgte Sepp Herberger als Bundestrainer der deutschen Fußballnationalmannschaft?

- ❑ Jupp Derwall
- ❑ Uwe Seeler
- ❑ Helmut Schön
- ❑ Berti Vogts

Helmut Schön (1915–96). Er trainierte die Nationalelf von 1964 bis 1978. 1972 errang sie den Europatitel und 1974 den Weltmeistertitel.

Was stellt Genremalerei dar?

- ❑ Historische Szenen
- ❑ Mythische Stoffe
- ❑ christliche Stoffe
- ❑ Alltagsszenen

Alltagsszenen. Genres (von lateinisch genus, „Art“; französisch „Lebensart“) können Szenen der verschiedensten Gesellschaftsschichten darstellen. Die Genremalerei ist vor allem eine Domäne des niederländischen Barock.

Was ist das größte deutsche Biosphärenreservat?

- ❑ Rhön
- ❑ Wattenmeer
- ❑ Oderbruch
- ❑ Spreewald

Das Wattenmeer von Schleswig-Holstein. Es hat eine Fläche von 285.000 ha. Das von der UNESCO 1968 gestartete Programm setzt sich den Erhalt von ausgezeichneten Natur- und Kulturlandschaften zum Ziel.

Welche Königstochter wurde vor der Ausfahrt der Griechen nach Troja in Aulis geopfert?

- ❑ Esther
- ❑ Iphigenie
- ❑ Lucretia
- ❑ Elektra

Iphigenie. Bei Euripides wird sie von Artemis nach Tauris entrückt; statt ihrer legt die milde Göttin eine Hirschkuh auf den Altar. Die Griechen erhalten sodann den ersehnten Wind.

In welcher Oper von Luigi Cherubini fand Maria Callas eine ihrer Paraderollen?

- ❑ *Rinaldo*
- ❑ *Ali-Baba*
- ❑ *Medea*
- ❑ *Zazà*

Medea (1797), die bedeutendste Vertonung des Sujets. Durch die Primadonna assoluta wurde die Oper 1953 (Mailänder Scala) der Vergessenheit entrissen. Ihre Interpretation gilt bis heute als unerreichbares Vorbild.

Wie bezeichnet man das Termingeschäft mit Wertpapieren?

- ❑ Genuss
- ❑ Investment
- ❑ Optionshandel
- ❑ Computerbörse

Optionshandel. Der Käufer erwirbt dabei das Recht, eine bestimmte Anzahl von Aktien innerhalb einer bestimmten Frist zu kaufen bzw. zu verkaufen.

Welcher reiche Römer der Antike förderte als Kunstmäzen begabte Künstler?

- ❑ Vettius
- ❑ Crassus
- ❑ Pompeius
- ❑ Maecenas

Maecenas (um 70–8 v. Chr.), nach dem sich das Mäzenatentum benennt. Um ihn bildete sich ein illustrer Kreises mit Vergil (70–19 v. Chr.), Horaz (65–8 v. Chr.) und Properz (um 50–ca. 16 v. Chr).

Wo kommen in Europa frei lebende Affen vor?

- ❑ Griechenland
- ❑ Kosovo
- ❑ Spanien
- ❑ Gibraltar

Auf dem Felsen von Gibraltar, der eine britische Kronkolonie ist. Der Magot oder Berberaffe, eine Makakenart, ist vor allem in Marokko und Algerien weit verbreitet.

Welches Attribut wird traditionell der Glücksgöttin Fortuna beigegeben?

- ❑ Zeder
- ❑ Waage
- ❑ Kleeblatt
- ❑ Füllhorn

Ein Füllhorn. Es ist (auch für Flora) ein Symbol für unerschöpfliche Gaben, die dem Menschen zuteil werden, eine Art Trinkhorn.

Was bezeichnet man in der Architektur mit Interieur?

- ❑ Gartenanlagen
- ❑ Innenraum
- ❑ Heizkeller
- ❑ Wagenscheune

Den Innenraum eines Gebäudes im Gegensatz zum Freiraum. In der Malerei und Grafik meint man damit eine eigene Bildgattung, die Menschen in Innenräumen darstellt, etwa bei Jan Vermeer oder Pieter de Hooch.

Was ist ein Gobelin?

- ❑ Gummireifen
- ❑ Relief-Schnitzerei
- ❑ Barock-Perücke
- ❑ Bildteppich

Ein Bildteppich, der als Wandbehang dient und im Gegensatz zum gemusterten Teppich eine bildliche Darstellung hat. Der Name „Gobelin" geht auf eine im 17. Jh. in Paris arbeitende flämische Wirkerfamilie zurück.

Welches Internet-Unternehmen kümmert sich um die Identifikation von Nutzern, die im WWW ein Geschäft abschließen?

- ❑ Certificate Authority
- ❑ Giraffe
- ❑ Mausoleum
- ❑ Schufa-Registery

Die Certificate Authority, eine unabhängige Organisation, die bei einem Geschäft im Internet sowohl für die Echtheit des Kunden als auch des Händlers bürgt.

Was ist der längste Muskel des Menschen?

- ❑ Gesäßmuskel
- ❑ Kaumuskel
- ❑ Steigbügelmuskel
- ❑ Schneidermuskel

Der Schneidermuskel. Er erstreckt sich vom Becken über die Vorderseite der Hüfte bis zum Knie.

Welche Bedeutung hat Rotterdam?

- ❑ Eisenbahn
- ❑ Grachten
- ❑ Seebad
- ❑ Güterhafen

Der Hafen von Rotterdam ist der weltweit größte Hafen für den Güterumschlag, v. a. als Umschlagplatz für Erdöl. Er ist durch den Nieuwe Waterweg mit der Nordsee verbunden.

In welcher Oper von Francesco Cilea liebt der Graf Maurizio eine Schauspielerin?

- ❑ *La clemenza di Tito*
- ❑ *Adriana Lecouvreur*
- ❑ *Maià*
- ❑ *Idomeneo*

In *Adriana Lecouvreur* (1902). Diese fällt allerdings dem Mordanschlag einer Nebenbuhlerin zum Opfer, indem sie den Duft vergifteter Blumen einatmet. Bei der Uraufführung sang Enrico Caruso den Maurizio.

Wer ließ 528–42 das Römische Recht kodifizieren?

- ❑ Theoderich
- ❑ Karl der Große
- ❑ Kaiser Justinian
- ❑ Bonifatius

Kaiser Justinian der Große (482–565). In seiner Entwicklungsgeschichte wurde das *CIC (Corpus iuris civilis)* laufend ergänzt; es war in Teilen bis zur Einführung des *Bürgerlichen Gesetzbuches (BGB)* im Jahr 1900 gültig.

Wie nennt man ein Börsengeschäft, das Preisunterschiede an verschiedenen Märkten ausnutzt?

- ❑ Optionsgeschäft
- ❑ Arbitrage
- ❑ Derivat
- ❑ Performance

Arbitrage. Voraussetzung ist, dass die Kursdifferenz für dasselbe Objekt größer ist als die durch das Geschäft entstehenden Kosten.

In welcher Domäne des Flugzeugbaus war Claudius Dornier führend?

- ❑ Zeppeline
- ❑ Großraumflugzeuge
- ❑ Jagdflugzeuge
- ❑ Hubschrauber

Bei den Großraumflugzeugen. Hier baute er 1928 die zwölfmotorige DO-X für 170 Passagiere, das größte Flugzeug der Welt; es hatte eine Reichweite von 3600 km. Dornier baute auch Kurzstartflugzeuge und Senkrechtstarter.

Was sind Gemmen?
- ❑ Haarnadeln
- ❑ geschnittene Edel- oder Halbedelsteine
- ❑ Urnen
- ❑ Halskrausen

Geschnittene Edel- oder Halbedelsteine (seit dem 7. Jh. v. Chr. in Griechenland). In die Steine (Glypten) werden die Motive entweder vertieft eingeschnitten (Intaglien) oder reliefartig herausgehoben (Kameen).

Welcher Sohn des biblischen Patriarchen Jakob deutete die Träume des Pharao?
- ❑ Daniel
- ❑ Benjamin
- ❑ Moses
- ❑ Joseph

Joseph. Seine Brüder verkauften ihn in die Sklaverei. Im Hause Potiphars widerstand er den begehrlichen Wünschen von dessen Frau. Durch die Traumdeutungen stieg er zum Statthalter auf.

Zu welchem Land gehörte Südtirol, bevor es 1919 an Italien fiel?
- ❑ Schweiz
- ❑ Bayern
- ❑ Österreich
- ❑ Frankreich

Zu Österreich. Bis 1919 gehörte Südtirol, der südlich des Brenners gelegene Teil Tirols, der heute der italienischen Provinz Bozen entspricht, zu Österreich.

Was bezeichnet in der Architektur der italienische Begriff Kampanile?
- ❑ Kuppeldach
- ❑ Glockenturm
- ❑ Kanapee
- ❑ Balkon

Einen frei stehenden Glockenturm, der vor allem in der frühchristlichen und mittelalterlichen Baukunst Italiens eine Rolle spielte. Als Formen waren runde (Schiefe Turm in Pisa) und eckige Türme (Florenz) üblich.

Was verkörperte der Frosch bei den alten Ägyptern?
- ❑ Phallus
- ❑ werdendes Leben
- ❑ Musikant
- ❑ Dämon

Das Symbol für das entstehende und sich immer wieder erneuernde Leben. Seine Fruchtbarkeit und Entstehung vom Ei über die Kaulquappe zum vierbeinigen Lebewesen war wohl die Ursache.

Wo wurde die tiefste je gemessene Naturtemperatur der Erde registriert?
- ❑ Nordpol
- ❑ Wostock (Antarktis)
- ❑ Werchojnask (Russland)
- ❑ Death Valley (USA)

In Wostock (Antarktis). Die Temperatur beträgt –89,2 °C.

In welcher Oper von Domenico Cimarosa heiratete die Tochter eines reichen Kaufmanns heimlich den Buchhalter des Vaters?
- ❑ *Il matrimonio segreto*
- ❑ *La Cenerentola*
- ❑ *Luisa Miller*
- ❑ *Francesca da Rimini*

In *Il matrimonio segreto* (Die heimliche Ehe, 1792). Auch der Segen des ehrgeizigen Vaters wird zum Schluss gewonnen, als die zweite Tochter einen Grafen heiratet.

In welchem Land findet man die Algarve?
- ❑ Marokko
- ❑ Portugal
- ❑ Spanien
- ❑ Frankreich

In Portugal. Sie ist eine Landschaft im Süden und entspricht heute dem Distrikt Faro, einer Hafenstadt mit 32.000 Einwohnern und Hauptort der Algarve.

Wer wurde 1916 Chef der Obersten Heeresleitung in Deutschland?
- ❑ Helmuth von Moltke
- ❑ Paul von Hindenburg
- ❑ Kaiser Wilhelm II.
- ❑ Alfred von Schlieffen

Paul von Hindenburg (1847–1937), den Sieger von Tannenberg. Er löste Erich von Falkenhayn ab. Ihm zur Seite stand als Erster Generalquartiermeister Erich Ludendorff (1865–1937).

Was bezeichnet man an der Börse mit dem Begriff Baisse?

- ❑ Kurssturz
- ❑ Kursrückgang
- ❑ Börsenschluss
- ❑ Kurserholung

Einen Kursrückgang (franz. la baisse „Fallen“); Gegensatz dazu ist die Kurssteigerung (Hausse).

Was schufen Baumeister des Barock und des Klassizismus mit einer Gloriette?

- ❑ Siegesgöttin
- ❑ Ruhmeshalle
- ❑ Tempelbau in Schlossparks
- ❑ Tanzsaal

Einen pavillonartigen Tempelbau in Schlossparks, meist als krönender Abschluss auf einer Anhöhe, wie etwa die offene Säulenhalle in Schönbrunn (1775) bei Wien.

Welcher angelsächsische Ausdruck bezeichnet u. a. die berufliche Anpassungsfähigkeit?

- ❑ Clumsiness
- ❑ Identification
- ❑ Changeability
- ❑ Motivation

Changeability. Die Anpassungsfähigkeit an berufliche und technologische Veränderungen wird immer mehr zu einer Grundqualifikation in der sich ständig verändernden Arbeitswelt.

Was wird in einer Glyptothek für die Öffentlichkeit ausgestellt?

- ❑ Skulpturen
- ❑ antike Vasen und Gefäße
- ❑ Porzellan
- ❑ Grafiken

Skulpturen. Den Begriff hat König Ludwig I. von Bayern salonfähig gemacht, als er in Anlehnung an seine Pinakothek und Bibliothek eine Skulpturensammlung in München von Leo von Klenze erbauen ließ.

Welche verbotene Liebe setzte Claude Debussy in seinem Musikdrama in Szene?

- ❑ *Tristan und Isolde*
- ❑ *Roméo et Juliette*
- ❑ *Pelléas et Mélisande*
- ❑ *Werther und Charlotte*

Die Liebe zwischen den Protagonisten in *Pelléas et Mélisande* (1902). Die Handlung ist ins Mittelalter entrückt: Mélisande wird mit Golaud, dem älteren Bruder des Pelléas, verheiratet. Die zarte Liebe der beiden enthüllt sich erst am Schluss und endet für beide tödlich.

Wo liegt die Insel Sylt?

- ❑ Golf von Biscaya
- ❑ Ostsee
- ❑ Nordsee
- ❑ Bottnischer Meerbusen

In der Nordsee. Sylt ist mit 99 km^2 die größte der nordfriesischen Inseln. Sie ist über den 11 km langen, zwischen 1923 und 1927 erbauten Hindenburgdamm, einen Eisenbahndamm, mit dem Festland verbunden.

Wo befindet sich die Sarawak-Kammer, das größte natürliche Höhlensystem?

- ❑ Australien
- ❑ Borneo
- ❑ Grand Canyon
- ❑ Südafrika

Auf Borneo (Malaysia). Das Höhlensystem befindet sich im Berg Mulu, nahe der Grenze zu Brunei. Sie umfasst die allein schon 51 km lange Clearwater-Höhle.

Wie bezeichnete man die Mitglieder eines antikolonialen chinesischen Geheimbundes zu Beginn des 20. Jahrhunderts?

- ❑ Kuomintang
- ❑ Vietkong
- ❑ Rote Augenbrauen
- ❑ Boxer

Boxer, eigentlich „Faustkämpfer für Recht und Einigkeit“. Der sog. „Boxeraufstand“ (1899–1900) wurde von internationalen Truppen niedergeschlagen; dabei kamen rund 200.000 Chinesen ums Leben.

Welche heldenhafte Hebräerin tötete Holofernes?

❑ Hagar ❑ Judith
❑ Bathseba ❑ Rebecca

Judith. Das Alte Testament erzählt, wie der Feldhauptmann Nebukadnezars von der schönen Witwe Judith nach einem üppigen Nachtmahl im Schlaf ermordet wurde.

Welche symbolische Bedeutung hatte die Fliege seit dem Altertum?

❑ Engel ❑ Feen
❑ Fruchtbarkeit ❑ dämonische Macht

Sie wurden als dämonische Macht angesehen. Der biblische Beelzebub war eine syrische Gottheit, der über die Fliegenschwärme herrschte. So ist bei Goethe der „Fliegengott" niemand anderes als der Teufel.

Was sind sog. Geschlechtertürme?

❑ Bergfriede ❑ Ahnen- bzw. Stammtafel
❑ öffentliche Bordelle ❑ befestigte Wohntürme

Befestigte Wohntürme einer adligen oder großbürgerlichen Familie innerhalb der mittelalterlichen Stadt (seit dem 12. Jh. in Italien).

Wie viele Feldspieler bestreiten ein Handballspiel?

❑ 5 ❑ 7
❑ 9 ❑ 11

Sieben. Die Spieler dürfen den Torraum nicht betreten und den Ball maximal drei Sekunden bzw. drei Schritte in der Hand behalten.

Welches Recht hat der Aktionär, wenn seine AG das Kapital erhöht?

❑ Dividende ❑ Genussschein
❑ Verkauf ❑ Bezugsrecht

Ein Bezugsrecht auf neue, junge Aktien. Bezugsrechte können an der Börse gehandelt werden.

Welche Stadt befindet sich an der Grenze zwischen Frankreich, Deutschland und der Schweiz?

❑ St. Gallen ❑ Besançon
❑ Basel ❑ Lindau

Basel beiderseits des Hochrheins. Mit seinen rund 200.000 Einwohnern befindet es sich im Dreiländereck. Besonders sehenswert in Basel ist das Münster, das zwischen dem 11. und 14. Jh. erbaut wurde.

Wo entstand das Mausoleum Theoderichs des Großen?

❑ Ravenna ❑ Rom
❑ Venedig ❑ Pavia

In Ravenna. Der von der Antike beeinflusste Rundbau entstand in der ersten Hälfte des 6. Jh. Andererseits verweist die Abdeckung mit einem großen Monolithen auf nordische Megalithbauten.

In welcher orientalischen Oper Léo Delibes' isst die Titelheldin von einer giftigen Blüte?

❑ *Lakmé* ❑ *Manon*
❑ *Les Pêcheurs de perles* ❑ *L'Africaine*

In *Lakmé* (1883). Die Brahmanen-Tochter und ein englischer Offizier verlieben sich ineinander. Als der Geliebte Anstalten macht, zum Regiment zurückzukehren, wählt sie den Freitod.

Woher kommt der beste Gewürztraminer?

❑ Sizilien ❑ Elsass
❑ Indien ❑ Mexiko

Aus dem Elsass. Es ist eine der eindrucksvollsten Weißwein-Trauben und ausgesprochen würzig. Anbaugebiete finden sich auch in Deutschland, Osteuropa und in Amerika.

Welche Tempel in Madhya Pradesh sind ein außergewöhnliches Zeugnis indischer Sakralkunst?

❑ Khajuraho ❑ Sichuan
❑ Ghom ❑ Taj Mahal

Die Tempel von Khajuraho. Ursprünglich waren es 80, von denen noch 25 erhalten sind. Eine Vielzahl von Skulpturen zieren die vom 9. bis zum 12. Jh. entstandenen Hindu-Tempel.

Woher stammt der Name Bretagne?

❑ Spanien ❑ Pyrenäen
❑ Britannien ❑ Burgund

Von Britannien. Im 5. Jh. wanderten keltische Briten (Bretonen) ein. Merowinger und Karolinger beherrschten dann das Gebiet. Die Normannen machten es im 12. Jh. zu einem englischen Lehen (bis 1515).

Wie bezeichnet man die Zeit der großen europäischen Kolonialreiche zwischen 1870 und 1950?

❑ Expansionismus ❑ Imperialismus
❑ Militarismus ❑ Kolonialkriege

Zeitalter des Imperialismus. Vor allem England und Frankreich verfolgten dabei das Ziel, durch Erwerb und Arrondierung von Kolonien ihren ökonomischen und politischen Einfluss zu erhöhen.

Was ist ein Neologismus?

❑ Wortneuschöpfung ❑ Neuverfilmung
❑ Protestkundgebung ❑ Begriff der Mengenlehre

Eine Wortneuschöpfung, wie sie häufig anlässlich technischer Neuerungen, vor allem im IT-Bereich, gebildet werden. Viele werden ein fester Bestandteil der Alltagssprache wie z. B. „Internet", „Entsorgung" etc.

Welcher Kunst-Epoche gehören die Mosaiken in San Apollinare Nuovo (um 530) in Ravenna an?

❑ byzantinisch ❑ romanisch
❑ maurisch ❑ karolingisch

Der Byzantinischen Kunst. Die Kirche San Apollinare Nuovo, gestiftet von Theoderich d. Großen (453–526), ist ein dreischiffiger Backsteinbau. Die Mosaike stellen die *Prozession der Märtyrer* dar.

Welche Gebärde soll im Aberglauben den bösen Blick abwehren?

❑ herausgestreckte Zunge ❑ Victory-Zeichen
❑ Fica-Geste ❑ offene Handfläche

Die Fica-Geste, wobei der Daumen bei geschlossener Faust zwischen Zeige- und Mittelfinger durchgesteckt wird. Dies wird gleichzeitig als obszöne Geste gedeutet.

Was ist ein MP3-Player?

❑ Autoradio ❑ digitales Musik- und Radio-Gerät
❑ CD-Rohling ❑ Diktiergerät

Ein digitales Musik- und Radio-Gerät. Mit einem USB-Kabel können MP3-Daten vom Computer überspielt werden. Das MP3-Format ermöglicht die Komprimierung von Musik-Dateien aus dem Internet.

Welchem historischen Stoff hat sich Lion Feuchtwanger in einem Roman angenommen?

❑ *Agnes Bernauer* ❑ *Jud Süß*
❑ *König Ottokar* ❑ *Childerich III.*

Der Geschichte um Joseph Süß-Oppenheimer (1692–1738), der die Hofhaltung des Herzogs von Württemberg finanzierte, sich selbst bereicherte und nach dessen Tod angeklagt und hingerichtet wurde.

Was ist das Symbol für die Börsen?

❑ Flamingo ❑ Geldsack
❑ Bulle und Bär ❑ Banknoten und Münzen

Bulle und Bär. Der Bulle steht mit erhobenem Kopf für die Hausse, während der Bär auf allen Vieren mit gesenktem Kopf für die Baisse steht.

Welches Geschichtswerk verfasste der fränkische Bischof Gregor von Tours?

❑ *Kirchengeschichte* ❑ *Vom Gottesstaat*
❑ *Fränkische Geschichte* ❑ *Bekenntnisse*

Die *Fränkische Geschichte* (um 575–594). Gregor erzählt in christlicher Demut und in fehlerhaftem Latein die Geschichte der Merowingerkönige bis zum Jahr 591; die bedeutendste Quelle jener Zeit.

Wer ist auf der Iberischen Halbinsel im Besitz von Gibraltar?

❑ Portugal ❑ Spanien
❑ Marokko ❑ Großbritanien

Großbritannien. Gibraltar wurde 1704 erobert und ist bis heute eine britische Kronkolonie. Den Rest der Iberischen Halbinsel teilen sich Portugal und Spanien.

In welcher französischen Stadt befindet sich ein Champagner-Museum?

❑ Amboise ❑ Dijon
❑ Épernay ❑ Bordeaux

In Épernay in der Champagne, das neben Reims zu den Hauptorten der Champagner-Kelterei gehört.

In welcher Oper von Gaetano Donizetti erdolcht die Titelheldin ihren Gatten?

❑ *Maria Stuart* ❑ *Salome*
❑ *Lucia di Lammermoor* ❑ *Mireille*

In *Lucia di Lammermoor* (1835). Der Bruder Lucias verhindert mit einer List deren Heirat mit Edgardo; stattdessen muss sie Lord Bucklow heiraten. Nach der Bluttat stirbt die Unglückliche und Edgardo begeht Selbstmord.

Wer war der historische Germanicus?

❑ Sklave ❑ Missionar
❑ Vandalenfürst ❑ römischer Feldherr

Ein römischer Feldherr; Julius Caesar Germanicus (15 v. Chr.–19 n. Chr.), der Vater des später verhassten Kaisers Caligula, erhielt den Beinamen als Auszeichnung für seine Erfolge gegen die Germanen.

Welcher mittelalterliche spanische Erzbischof schrieb eine bedeutende Enzyklopädie?

❑ Augustinus ❑ Einhard
❑ Isidor von Sevilla ❑ Alkuin

Isidor von Sevilla (um 560–636). Die *Etymologie* (Ursprünge) besteht aus 20 Büchern, in denen die antike Gelehrsamkeit zusammengetragen ist, die für das mittelalterliche Studium nötig war.

Mit welcher europäischen Hauptstadt ist die Hafenstadt Piräus zusammengewachsen?

❑ Sofia ❑ Korinth
❑ Athen ❑ Istanbul

Mit Athen, der Hauptstadt Griechenlands. Piräus, am Golf von Ägina, war schon in der Antike der wichtigste Hafen Athens und ist heute ein bedeutendes Handelszentrum.

Wer spielte in Jean-Luc Godards Krimi *Außer Atem* (1959) den jungen Gangster Plackard?

❑ Yves Montand ❑ Jean-Paul Belmondo
❑ Jean Marais ❑ Ugo Tognazzi

Jean-Paul Belmondo (*1933), der damit internationale Anerkennung fand. Meisterhaft ist Godards Regieleistung; dem desillusionierten Helden wird seine Liaison mit einer Studentin (Jean Seberg) zum Verhängnis.

In welcher komischen Oper von Gaetano Donizetti entschließt sich ein reicher alter Junggeselle nur aus Berechnung zu heiraten?

- ❑ *Der Waffenschmied*
- ❑ *Don Pasquale*
- ❑ *Falstaff*
- ❑ *Othello*

In *Don Pasquale* (1843). Der boshafte Titelheld will seinem Neffen Ernesto die Erbschaft verderben. Doch dann wird jenem durch Ernestos Verlobte, die vorgibt, den Alten zu heiraten, übel mitgespielt.

Was ist die englische Bezeichnung für eine grafische Darstellung von Börsenkursverläufen?

- ❑ Index
- ❑ Diagramm
- ❑ Dow Jones
- ❑ Chart

Chart von engl. „Tabelle, Kurve". Üblicherweise spricht man auch bei den Hitlisten der Rock- und Popbranche von Charts.

Welcher hellgrüne Schmuckstein gilt in China als edelstes Mineral?

- ❑ Opal
- ❑ Bergkristall
- ❑ Achat
- ❑ Jade

Jade. Er besteht aus dichten Partien des Minerals Jadeit. Klare smaragdgrüne Exemplare wurden am höchsten geschätzt und galten als Symbole für Reinheit, Weisheit und Mut.

Welche Sprache entschlüsselte der Nobelpreisträger Karl Ritter von Frisch?

- ❑ Etruskisch
- ❑ Termiten
- ❑ Hieroglyphen-Sprache
- ❑ Bienen

Die Sprache der Bienen, d. h. eigentlich ihre durch einen Rundtanz vermittelten Orientierungsstrategien, mit denen sie sich über Richtung und Entfernung einer Nahrungsquelle verständigen.

Wie bezeichnet man in der EDV die frei kopierbare Software?

- ❑ Virtualware
- ❑ Channel
- ❑ Broadcasting
- ❑ Charityware

Charityware. Meist handelt es sich um kleinere, wenig aufwendige Programme, für die der Autor keine Registrierung wie bei der Shareware erwartet (engl. charity „Wohlfahrt").

Wie heißt die zusammenfassende Bezeichnung für Belgien, Niederlande und Luxemburg?

- ❑ Baltische Staaten
- ❑ Balearen
- ❑ Benelux-Staaten
- ❑ Azoren

Benelux-Staaten. Die Abkürzung Benelux leitet sich aus den Anfangsbuchstaben Belgiens, der Niederlande (holländ. Nederlande) und Luxemburgs ab.

Welche sagenhafte Schönheit ließ Alfons VIII. von Kastilien für sieben Jahre alle Pflichten vergessen?

- ❑ Beatrice
- ❑ Leonore von Aquitanien
- ❑ Jüdin von Toledo
- ❑ Berenike

Die Jüdin von Toledo, die nach dieser Zeit von den Granden des Reiches umgebracht wurde. Franz Grillparzer und Lion Feuchtwanger nahmen sich des Stoffes an.

Welcher Baum lieferte Adam und Eva die notdürftigste Bekleidung?

- ❑ Eiche
- ❑ Buche
- ❑ Feige
- ❑ Palme

Der Feigenbaum. Außerdem wird die Feige in der Antike neben dem Wein oft als Attribut des Rauschgottes Dionysos und auch des phallischen Gottes Priapos gesehen.

Welches Zeitalter ging 1901 in Großbritannien zu Ende?

❑ Commonwealth ❑ Viktorianisches Zeitalter
❑ Splendid Isolation ❑ Britischer Imperialismus

Das Viktorianische Zeitalter, d. h. die Regierungszeit Königin Victorias (1819–1901), unter der Großbritannien den Höhepunkt seiner Kolonialmacht erreichte.

Wer spielte in John Hustons *African Queen* (1951) neben Humphrey Bogart die weibliche Hauptrolle?

❑ Charlotte Rampling ❑ Katharine Hepburn
❑ Grace Kelly ❑ Lillie Langtry

Katharine Hepburn (*1909); damals längst ein Weltstar. Sie spielt darin die altjüngferliche Rose, die sich auf der Fahrt mit dem Flussdampfer „African Queen" in den Abenteurer Charlie Allnut (Bogart) verliebt.

Welcher amerikanische Antikriegsfilm von Lewis Milestone spielt im Ersten Weltkrieg?

❑ *Die Brücke* ❑ *Im Westen nichts Neues*
❑ *Wege zum Ruhm* ❑ *Die Große Illusion*

Im Westen nichts Neues (1929/30). Eindringlich werden die Kriegserlebnisse des jungen Paul Bäumer (Lew Ayers) geschildert; der Film gipfelt im Tod seines Freundes Katczinsky.

Aus welchem Gestein sind die berühmten Felsen von Rügen?

❑ Basalt ❑ Kreide
❑ Tuff ❑ Quarz

Aus Kreide. Sie sind die Hauptattraktion der größten deutschen Insel, die sich vor der vorpommerschen Ostseeküste befindet und durch den Rügendamm mit Stralsund und damit dem Festland, verbunden ist.

Wer komponierte die deutsche Spieloper *Martha*?

❑ Werner Egk ❑ Carl Maria von Weber
❑ Peter Cornelius ❑ Friedrich von Flotow

Friedrich von Flotow (1812–83). Die vom Hofleben gelangweilte Hofdame Lady Harriet begibt sich auf den Markt von Richmond und geht als Bauernmagd in den Dienst des Pächters Lyonel, den sie fürs Leben gewinnt.

Wo spricht man von Derivatenhandel?

❑ Immobilien ❑ Aquarienfische
❑ Börse ❑ Kunstobjekte

An der Börse. Derivate sind Finanzinstrumente wie Optionen, Terminkontrakte (Futures) und Swaps.

In welchem Erdzeitalter lebt die heutige Menschheit?

❑ Jura ❑ Pleistozän
❑ Tertiär ❑ Holozän

Im Holozän. Es begann vor 10.000 Jahren, am Ende der letzten Eiszeit. Erdgeschichtlich gehört es zur Periode des Quartärs.

Wie nennt man das politische Ziel, ein slawisches Großreich unter russischer Führung zu errichten?

❑ Sammlung der russischen Erde ❑ Imperialismus
❑ Panslawismus ❑ Russifizierung

Panslawismus. Russland sah sich als Schutzmacht aller Slawen, was den Balkan schon vor 1914 zu einem schwelenden Krisenherd werden ließ. Diese Ideologie machte sich auch in den Balkankriegen von 1991 bis 1999 bemerkbar.

Welcher Radsportler gewann fünfmal hintereinander die Tour de France?
❑ Miguel Indurain ❑ Laurent Fignon
❑ Bernard Hinault ❑ Greg LeMond

Der Spanier Miguel Indurain (*1964). Er gewann die Tour von 1991 bis 1995. 1992 und 1993 gewann er zudem den Giro d'Italia.

Wer spielte die Titelrolle in Miloš Formans *Amadeus* (1983)?
❑ Nicholas Ray ❑ Michael Douglas
❑ Carlos Fuentes ❑ Tom Hulce

Tom Hulce, der zwar in der Rolle als überdreht genialer Mozart brilliert, aber dennoch keinen der sechs Oscars bekam. Überzeugend ist der Darsteller Salieris, F. Murray Abraham.

In der Nähe welcher spanischen Metropole findet man die Costa Brava?
❑ Sevilla ❑ Barcelona
❑ Almería ❑ San Sebastían

Nördlich von Barcelona, der Hauptstadt Kataloniens. Die Costa Brava ist ein felsiger, buchtenreicher Küstenstreifen am spanischen Mittelmeer und neben der Costa del Sol der beliebteste Strand Spaniens.

Mit welchem Tier wird der Evangelist Markus in der Kunst dargestellt?
❑ Stier ❑ Löwe
❑ Engel ❑ Adler

Mit dem Löwen. Matthäus wird mit dem Engel identifiziert, Lukas mit dem Stier und Johannes mit dem Adler.

In welchem klassischen Film-Musical tanzt Gene Kelly zu der Musik von George Gershwin?
❑ *West Side Story* ❑ *Ein Amerikaner in Paris*
❑ *Evita* ❑ *Porgy und Bess*

In *Ein Amerikaner in Paris* (1951) unter der Regie von Vincente Minnelli. Die Choreographie stammte von Kelly (1912–96). Der Film wurde mit Auszeichnungen überhäuft und erhielt 8 Oscars.

Wer ordnete den bethlehemitischen Kindermord an?
❑ Nebukadnezar ❑ Pilatus
❑ Kaiphas ❑ Herodes

Herodes der Große (62–4 v. Chr.), ein Bündnispartner der Römer, der wegen seiner Grausamkeit auch bei den Juden verhasst war. Aus Furcht vor einem Thronanwärter soll er den Mordbefehl gegeben haben.

Wie bezeichnet man ironisch die „Esc"-Taste der PC-Tastatur?
❑ Eskamotiertaste ❑ Cheftaste
❑ Refugee-Taste ❑ Pilotentaste

Cheftaste. Sie heißt es ganz schnell zu betätigen, wenn der Chef das Büro betritt und gerade ein Spiel auf dem Computer läuft. Folge ist der sofortige Spielabbruch.

Welche berühmte Broadway-Oper von George Gershwin spielt in dem Schwarzenviertel Catfish Row?
❑ *Show Boat* ❑ *Oklahoma!*
❑ *Porgy and Bess* ❑ *Viva la Mamma!*

Porgy and Bess (1935). Porgy, ein verkrüppelter Bettler, verehrt die gut aussehende Bess, die vorübergehend bei ihm wohnt. In dem Werk wirken schwarze Volksmusik, Jazz und klassische Musik zusammen.

Was ist der härteste Edelstein?
❑ Saphir ❑ Quarz
❑ Diamant ❑ Rubin

Der Diamant. Ihm wird auf der Mohs'schen Härteskala der Wert 10 zugeordnet.

Wem dient die Börsenpolitik des Shareholder Value?

❑ Aktiengesellschaft ❑ Aktionäre
❑ Staat ❑ Export

Den Aktionären, die bei Erfolg für ihre Anteile eine höhere Rendite erzielen.

Wie heißt der Fluss, der die Schweizer Tallandschaft des Engadin durchfließt?

❑ Reuß ❑ Aare
❑ Inn ❑ Linth

Der Inn. Er entspringt am Malojapass, in den Rätischen Alpen. Das Engadin ist die 95 km lange Tallandschaft des Inn im Schweizer Kanton Graubünden.

Wann kam es im 20. Jahrhundert zur ersten russischen Revolution?

❑ 1905 ❑ 1917
❑ 1921 ❑ 1989

1905. Auslöser war die blutige Auflösung einer Arbeiterdemonstration während des Russisch-Japanischen-Krieges. Die Revolution wurde niedergeschlagen, der Zar oktroyierte eine neue Verfassung.

Wer spielte die Hauptrolle in dem Film-Musical *Evita* (1996) von Alan Parker?

❑ Susan Sarandon ❑ Liza Minnelli
❑ Doris Day ❑ Madonna

Die Pop-Sängerin Madonna (*1958). Grundlage war das gleichnamige Musical von Andrew Lloyd Webber. Madonna singt darin die argentinische Nationalheldin Eva Perón.

In welchem seiner Filme spielte Woody Allen den frustrierten Intellektuellen Alvy Singer?

❑ *Alice* ❑ *The Purpel Rose of Cairo*
❑ *Zelig* ❑ *Der Stadtneurotiker*

In *Der Stadtneurotiker*, im Original: *Annie Hall* (1976/77). Der Film gewann vier Oscars; Allen (*1935) bekam zwei: für Regie und Drehbuch (mit Marshall Brickman).

Welchen einzigartigen Kulturschatz bietet Dambulla auf Sri Lanka?

❑ Moschee ❑ buddhistische Höhlentempelanlage
❑ Shintoschrein ❑ arabischer Alcázar

Eine buddhistische Höhlentempelanlage, die aus dem 122 Meter hohen Dambulla-Felsen herausgeschlagen wurde. Der Haupttempel ist über 600 m lang und 33 m breit.

Welches Gebiet ist eine Teilrepublik der Bundesrepublik Jugoslawien?

❑ Kroatien ❑ Vojvodina
❑ Moldawien ❑ Mazedonien

Die Vojvodina im Norden der Republik Jugoslawien. Im Februar 1992 erfolgte die Vereinigung von Serbien mit den Provinzen Kosovo, Vojvodina und Montenegro.

Welches Tier hatte in der Antike die Göttin Athene als Attribut?

❑ Kröte ❑ Schildkröte
❑ Eule ❑ Schlange

Die Eule. Und weil sie gleichzeitig die Stadtgöttin Athens war, ging das Symbol für die Weisheit auf die Stadt selbst über. „Eulen nach Athen tragen" ist also ganz überflüssig.

In welcher Oper Christoph Willibald Glucks opfert sich die Titelheldin für ihren Gatten?

❑ *Alceste* ❑ *Orfeo ed Euridice*
❑ *Iphigénie en Aulide* ❑ *Die Königin von Saba*

In *Alceste* (1767). Glucks (1714–87) Opern erzielten mit einem Reformprogramm, das sich gegen den barocken Schwulst wendete, größte dramatische Wirkung.

Wie bezeichnet man die rechte Seite der Bilanz?
- ❑ Gewinn
- ❑ Eigenkapital
- ❑ Dividende
- ❑ Passiva

Passiva. Sie weist das Eigenkapital und die Schulden einer Unternehmung aus. Ihre Summe bildet die Bilanzsumme, die identisch mit der Summe der Aktiva sein muss.

Welche 1907 international getroffene Vereinbarung formulierte Gesetze über die Kriegsführung?
- ❑ KSZE-Schlussakte
- ❑ Genfer Konvention
- ❑ Ordnung zum Schutz der Zivilbevölkerung
- ❑ Haager Landkriegsordnung

Die Haager Landkriegsordnung. Sie regelt u. a. den Umgang mit Kriegsgefangenen und den Einsatz erlaubter Waffen. 1949 wurde sie von der Genfer Konvention abgelöst.

In welcher Geschichte bekommt die Magd das Pflegekind zugesprochen, nicht die leibliche Mutter?
- ❑ *Effi Briest*
- ❑ *Das Bettelweib*
- ❑ *Kreidekreis*
- ❑ *Anna Karenina*

In der Geschichte vom Kreidekreis, die bereits in Salomos Urteil das Kernmotiv war. Bert Brecht verarbeitete sie gleich zweimal: als Drama (*Der kaukasische Kreidekreis*) und als Erzählung (*Der Augsburger Kreidekreis*).

Wo liegt Masuren?
- ❑ Litauen
- ❑ Schweden
- ❑ Polen
- ❑ Finnland

In Polen. Masuren, das „Land der tausend Seen" im Nordosten Polens, verfügt über mehr als 3000 Seen sowie dichte Wälder. In Allenstein erhebt sich die Burg des Deutschen Ritterordens.

In welcher turbulenten Komödie von Frank Capra entpuppen sich zwei liebe Tanten als Massenmörderinnen?
- ❑ *Der Glückspilz*
- ❑ *Die Ehre der Prizzis*
- ❑ *Arsen und Spitzenhäubchen*
- ❑ *Vor Blondinen wird gewarnt*

In *Arsen und Spitzenhäubchen* (1941). Das skurrile Paar, das aus Barmherzigkeit ältere Herren mit Holunderbeerwein vergiftet, ist eine Erfindung des Bühnenautors Joseph Kesselring. Den Neffen spielt Cary Grant.

Wie nennt man die mikroskopisch kleinen Zeichnungen, die mitunter auf Computerchips aufgebracht sind?
- ❑ Art déco
- ❑ Artefakt
- ❑ Chip Art
- ❑ Gravur

Chip Art. Für das menschliche Auge nicht erkennbar hinterlassen so Chip-Designer auf ungenutzten Stellen eines Computerchips ihre persönliche Signatur.

Wer spielte die weibliche Hauptrolle zu Louis Malles *Fahrstuhl zum Schafott* (1957)?
- ❑ Jeanne Moreau
- ❑ Catherine Deneuve
- ❑ Ingrid Bergmann
- ❑ Romy Schneider

Jeanne Moreau (*1928). Der Mord ist perfekt eingefädelt, aber der Mörder bleibt im Fahrstuhl stecken. Dies hat fatale Konsequenzen – nicht für den Film; der wurde zum Klassiker der Nouvelle Vague.

In welcher französischen Oper wird die *Juwelenarie* „O Gott! Welch reicher Schmuck" gesungen?
- ❑ *Hänsel und Gretel*
- ❑ *Faust*
- ❑ *Manon*
- ❑ *Die Zaubergeige*

In Faust (1859) von Charles Gounod (1818–93). In der Szene findet Margarethe (deutscher Titel!) das von Méphistophélès im Auftrag von Faust hinterlegte Schmuckkästchen.

Welches der folgenden Minerale kommt in der oberen Erdkruste am häufigsten vor?

- ❑ Quarz
- ❑ Porphyr
- ❑ Jade
- ❑ Eisenerz

Das Quarz. Es ist ein gesteinsbildendes Mineral, das in Magmatiten, Sedimentgestein und Metamorphiten vorkommt. Noch häufiger ist Feldspat, aus dem 2/3 des Kontinentalgesteins besteht.

Welche europäische Hauptstadt liegt an der Donau?

- ❑ Bukarest
- ❑ Bratislava
- ❑ Prag
- ❑ Regensburg

Bratislava (Preßburg), die Hauptstadt der Slowakei. Auf ihrem 2858 km langen Weg durchströmt die Donau auch Wien (Österreich), Budapest (Ungarn) und Belgrad (Jugoslawien).

Welcher Kaiser des alten Rom wurde von seiner Frau vergiftet?

- ❑ Augustus
- ❑ Claudius
- ❑ Markus Antonius
- ❑ Caesar

Claudius (10 v. Chr.–54 n. Chr.). Seine vierte Frau Agrippina vergiftet ihn, nachdem er ihren Sohn Nero (37–68 n. Chr.) adoptiert und damit zum Nachfolger designiert hatte.

Was verkörpert die römische Göttin Aurora?

- ❑ Feuer
- ❑ Wasser
- ❑ Morgenröte
- ❑ Sonne

Die Morgenröte (in Griechenland „Eos"). Des Morgens eilt sie dem Sonnenwagen ihres Bruders Helios voran, in Begleitung von Venus; ihre Tränen fallen als Tau auf die Erde.

Auf welchen Bereich der Wirtschaft bezieht sich der Begriff Performance?

- ❑ Börse
- ❑ Unternehmensführung
- ❑ Subventionen
- ❑ Steuern

Auf die Börse. Er gibt den prozentualen Anteil am Gewinn einer Aktie bzw. Aktienfonds an. Berücksichtigt sind Kurssteigerungen und Dividenden.

In welchem Film von Louis Malle spielte Burt Lancaster den gealterten Ganoven Lou?

- ❑ *Bitterer Reis*
- ❑ *Atlantic City*
- ❑ *Der Mann der zu viel wusste*
- ❑ *Flucht in Ketten*

Atlantic City (1979). In dem schäbigen Milieu des Glücksspiel-Paradieses gelangt Lou an das Heroin von Drogendealern; der kleine Ganove von damals entpuppt sich nochmals als sehr wehrhaft.

Wie bezeichnet man die Erdbebenskala?

- ❑ Penckskala
- ❑ Bernoulliskala
- ❑ Mercalliskala
- ❑ Richterskala

Die nach oben offene Richterskala, benannt nach dem amerikanischen Seismologen Charles Francis Richter (1900–85).

Wer führte Regie in dem Film *Auf Wiedersehen, Kinder* (1987)?

- ❑ Henri-Georges Clouzot
- ❑ Louis Malle
- ❑ Luchino Visconti
- ❑ Ulrich Schamoni

Louis Malle (1932–95). Der Film erzählt die kurze Freundschaft zwischen Julien und dem Juden Bonnet in einem Internat 1944; dieser wird am Schluss mit zwei weiteren Leidensgefährten von der Gestapo abgeholt.

Was ist der größte See Italiens?

- ❑ Comer See
- ❑ Trasimenischer See
- ❑ Bolsenasee
- ❑ Gardasee

Der Gardasee (Lago di Garda). Er hat eine Fläche von 370 km^2 und liegt in Oberitalien am Alpenrand. Am See befinden sich malerische Orte wie Malcesine und Bardolino.

Wer komponierte die Oper *Alcina*, in der die männliche Rolle von einem Kastraten gesungen wurde?

- ❑ Richard Wagner
- ❑ Georg Friedrich Händel
- ❑ Wolfgang Amadeus Mozart
- ❑ Ernst Krenek

Georg Friedrich Händel (1685–1759). Heute wird die Rolle des von der Zauberin Alcina entführten Ruggiero von einem Countertenor oder einer Sopranistin gesungen.

Wie wird das aus dem Gletscher rinnende trübe Wasser bezeichnet?

- ❑ Harz
- ❑ Geröll
- ❑ Milch
- ❑ Sole

Gletschermilch. Das grünliche Gletscherwasser entsteht bei der Detersion, d. h. beim Abrieb des Gesteinsmehls vom Felsen.

Wie heißt die Sünderin, die nach dem Lukas-Evangelium Jesus die Füße wäscht?

- ❑ Wally, die Zweiflerin
- ❑ Lulu
- ❑ Maria Magdalena
- ❑ Salome

Maria Magdalena. Die berühmte Szene spielt sich im Haus des Pharisäers Simon ab und findet ihre Fortsetzung in der Besessenen, die durch Jesus geheilt wird.

Wer schoss im Finale der Fußball-WM 1990 den Siegtreffer für die deutsche Mannschaft?

- ❑ Andreas Brehme
- ❑ Jürgen Klinsmann
- ❑ Franz Beckenbauer
- ❑ Lothar Matthäus

Andreas Brehme (*1960). Er erzielte das Tor durch einen Elfmeter in der 85. Minute zum Stand von 1 : 0 für Deutschland gegen Argentinien.

Unter welchem Kanzler trat das Deutsche Reich in den Ersten Weltkrieg ein?

- ❑ Theobald von Bethmann-Hollweg
- ❑ Fürst von Bismarck
- ❑ Prinz Max von Baden
- ❑ Fürst von Bülow

Unter Theobald von Bethmann-Hollweg (1856–1921), der 1909 das Amt des Reichskanzlers erhalten hatte. Im Juli 1914 drängte er Österreich-Ungarn zu schnellem, militärischem Handeln auf dem Balkan.

Wer spielte in dem biografischen Film *Aus einem deutschen Leben* (1976) die Rolle des Lagerkommandanten von Auschwitz?

- ❑ Mario Adorf
- ❑ Gert Fröbe
- ❑ Jürgen Prochnow
- ❑ Götz George

Götz George (*1938), der überzeugend den 1947 hingerichteten Rudolf Höß spielt. Regie führte Theodor Kotulla, der nicht das Bild eines sadistischen Mörders, sondern eines skrupellosen Untertanen zeichnete.

Zu welchem europäischen Staat gehört heute das Sudetenland?

- ❑ Österreich
- ❑ Polen
- ❑ Ungarn
- ❑ Tschechien

Zur Tschechischen Republik. Das Sudetenland, das 1938 aufgrund des Münchner Abkommens wieder an das Deutsche Reich kam, wurde nach 1945 der Tschechoslowakei zuerkannt.

Wo besagt die sog. Cockroach Theory, dass schlechte Nachrichten immer gleichzeitig kommen?

- ❑ Krankenhaus
- ❑ Börse
- ❑ Politik
- ❑ Landwirtschaft

An der Börse. Die „Kakerlaken-Theorie“ ist eine Art Bauernregel für Börsianer. Schlechte Nachrichten tauchen demnach genau wie eine Kakerlake („cockroach“) niemals allein auf.

Welcher Börsen-Index folgt nach dem DAX?
- ❑ DAX-100
- ❑ MDAX
- ❑ PEX
- ❑ Dow Jones

Der MDAX. Er verzeichnet die auf die 30 DAX-Werte folgenden nächsten 70 umsatzstärksten Aktien.

In welchem Film von John Sturges wird eine amerikanische Gemeinde eines Lynchmords überführt?
- ❑ *Stadt der Angst*
- ❑ *Stadt der Illusionen*
- ❑ *Tod in Venedig*
- ❑ *Mörder gesucht*

Stadt der Angst (1954). Spencer Tracy spielt darin den Kriegsheimkehrer MacReedy, der die Bürger einer Wüstensiedlung des Mordes an einem japanischen Einwanderer überführt.

Welches Tier dient als Symbol der Geschwätzigkeit und Dieberei?
- ❑ Strauß
- ❑ Elster
- ❑ Kuh
- ❑ Henne

Die Elster. Bereits in Ovids *Metamorphosen* wird eine Frau in eine Elster verwandelt. In China allerdings ist die Elster ein Glückssymbol.

Welche Oper Hans Werner Henzes greift ein Drama von Heinrich von Kleist auf?
- ❑ *Boulevard Solitude*
- ❑ *Venus und Adonis*
- ❑ *Die Soldaten*
- ❑ *Der Prinz von Homburg*

Der Prinz von Homburg (1960); das Libretto besorgte Ingeborg Bachmann. Das Werk gehört zu den meistgespielten Henzes (*1926); 1992 wurde die Neufassung in München uraufgeführt.

Bei welchem Vulkan kam es in jüngerer Zeit zu einem heftigen Ausbruch?
- ❑ Licancabur
- ❑ Mount Pinatubo
- ❑ Ätna
- ❑ Iztaccíhuatl

Beim Mount Pinatubo im Zentrum der Insel Luzon auf den Philippinen. Die Eruption von 1991 schleuderte Millionen Tonnen Asche bis in eine Höhe von 15 km.

Von welchem nordeuropäischen Staat ist Helsinki die Hauptstadt?
- ❑ Schweden
- ❑ Finnland
- ❑ Island
- ❑ Norwegen

Von Finnland. Nach dem Stadtbrand von 1808 schuf der deutsche Architekt Carl Ludwig Engel monumentale klassizistische Baudenkmäler.

Wer führte mit dem „Panthersprung nach Agadir“ eine gewagte Militäraktion aus?
- ❑ Frankreich
- ❑ Deutsches Reich
- ❑ England
- ❑ Japan

Das Deutsche Reich. Das Kanonenboot „Panther“ wurde in den marokkanischen Hafen entsandt, um gegen die Besetzung von Fez durch französische Truppen am 20.4.1911 Druck auszuüben.

Welcher chinesische Film thematisiert die Homosexualität eines Darstellers der Pekingoper?
- ❑ *Ashes of Time*
- ❑ *Godzilla*
- ❑ *Lebewohl meine Konkubine*
- ❑ *Herr Zhao*

Lebewohl, meine Konkubine (1992). Unter der Regie von Chen Kaige entstand ein opulenter, aber dennoch sehr tiefgründiger Film über die unerfüllte Liebe des Dieyi, der auf der Bühne die Konkubine Chu spielt.

Welcher Künstler drehte den surrealistischen Film *La Belle et la bête* (1945/46)?
- ❑ Federico Fellini
- ❑ Jean Cocteau
- ❑ Michael Curtiz
- ❑ René Claire

Jean Cocteau (1889–1963). In dem poetischen Märchen spielte Jean Marais das Untier, dessen Verzauberung die jüngste der drei Kaufmannstöchter, Belle, löst.

Welches Werk ist *„Eine bairische Mär mit Musik“*?

- ❑ Wildwechsel
- ❑ Der Goggolori
- ❑ Die G'schicht vom Brandner-Kaspar
- ❑ Gust

Der Goggolori (1985) von Wilfried Hiller (*1941) mit einem Libretto von Michael Ende. Bairische Lieder und Tänze werden reichlich zitiert, wenn der Schrat Goggolori bei Finning am Ammersee sein Unwesen treibt.

Wie heißt der ukrainische Nationalheld, der gegen Türken, Tataren und Russen kämpfte?

- ❑ Zrínyi
- ❑ János Hunyadi
- ❑ Mazeppa
- ❑ Emiliano Zapata

Mazeppa (1644–1709). Am Hofe des Polenkönigs diente er als Page. Als Kosakenführer zeichnete er sich in zahlreichen Kämpfen aus. Er starb im Exil.

Was sind festverzinsliche Wertpapiere?

- ❑ Aktien
- ❑ Optionsscheine
- ❑ Pfandbriefe
- ❑ Devisen

Pfandbriefe. Sie werden z. B. von Hypothekenbanken ausgegeben, um sich Mittel zur Finanzierung des Wohnungsbaus zu beschaffen.

Für welche Pflanze ist die Provence besonders bekannt?

- ❑ Palmen
- ❑ Lilie
- ❑ Lavendel
- ❑ Ölbaum

Lavendel. Sie verbreiten während ihrer Blüte einen einzigartigen Geruch. Ihre blauvioletten Blüten liefern ätherische Öle, v. a. für Seife und Parfüm.

Seit wann gibt es keinen Kaiser von China mehr?

- ❑ 1911
- ❑ 1917
- ❑ 1941
- ❑ 1949

Seit 1911, als die von Sun Yat-sen (1866–1925) organisierte chinesische Revolution erfolgreich beendet wurde. Der Kaiser dankte noch im selben Jahr ab.

Wann entstand die Erde?

- ❑ 300 Mio. Jahre
- ❑ 4,6 Mrd. Jahre
- ❑ 600 Mio. Jahre
- ❑ 15 Mrd. Jahre

Vor ungefähr 4,6 Mrd. Jahren. Die ersten primitiven Einzeller entwickelten sich auf der Erde vor rund 3,8 Mrd. Jahren.

Mit welcher Hilfe kann nach altem Glauben ein Einhorn gefangen werden?

- ❑ Kissen
- ❑ Schneider
- ❑ Jungfrau
- ❑ Lasso

Mit einer Jungfrau. Die Tötung des Einhorns, nachdem es sich in den Schoß der Jungfrau geflüchtet hat, wurde als Symbol der Empfängnis Jesu Christi durch die Jungfrau Maria gedeutet.

Welcher Stummfilm des Regisseurs Fred Niblo verschlang u. a. für ein Wagenrennen einen Riesenetat?

- ❑ *Bullitt*
- ❑ *Ben Hur*
- ❑ *The French Connection*
- ❑ *Die letzte Versuchung Christi*

Ben Hur (1924–26). Der überaus erfolgreiche Film wurde teilweise in Technicolor aufgenommen. William Wyler drehte 1959 ein Remake mit Charlton Heston in der Titelrolle.

Wo führt eine Co-Domain auch über einen Umweg zum Ziel?

- ❑ TV-Programmsuchlauf
- ❑ Internet
- ❑ Pkw-Navigationssystem
- ❑ Routenplaner

Im Internet. Firmen richten häufig eine zweite Internetadresse (Domain) ein und stellen damit den Zugang zu ihrer Website sicher, auch wenn der Kunde eine andere Domain-Schreibweise verwendet.

In welcher Stadt steht der Hradschin?
- ❑ Prag
- ❑ Budapest
- ❑ Breslau
- ❑ Wien

In der tschechischen Hauptstadt Prag. Wie der Dom und die Karlsbrücke, so geht auch die Burg auf dem Hradschin in die Zeit Kaiser Karls IV. (1316–78) zurück.

Welche Bedeutung hat der Berg Taishan für die Chinesen?
- ❑ Naturpark
- ❑ Heiliger Berg
- ❑ Silberbergwerk
- ❑ Buddha-Wohnhaus

Er gilt seit über 2000 Jahren als der heiligste der Fünf Heiligen Berge und als Herr über Leben und Tod. Den Weg zum Gipfel (1545 m) säumen Tempel wie der große Taishan-Tempel, Inschriften und Ehrentore.

In welchem idyllischen Küstenort spielt der Thriller *Die Vögel* von Alfred Hitchcock?
- ❑ Amity
- ❑ Key Largo
- ❑ Bodega Bay
- ❑ Nizza

In Bodega Bay. Rod Taylor und Tippi Hedren spielten die Hauptrollen in dem Weltuntergangsszenario, bei dem sich kreischende Möwen und krächzende Raben auf friedliche Menschen stürzen.

Wer komponierte die Oper *Mathis der Maler* (1938), deren Uraufführung die NS-Behörden in Deutschland verhinderten?
- ❑ Carl Orff
- ❑ Hans Werner Henze
- ❑ Paul Hindemith
- ❑ Arthur Honegger

Paul Hindemith (1895–1963). Mathis, der den Dienst beim Erzbischof quittiert, um sich aufständischen Bauern anzuschließen, wird durch das rohe Treiben ernüchtert. Jetzt erst, mit sich im Reinen, schafft er einen gewaltigen Altar.

Was bedeutet Portfolio?
- ❑ Kapitalanlage an der Börse
- ❑ Gewinnaussicht
- ❑ Nominalwert von Aktien
- ❑ Prämie

Kapitalanlage an der Börse. Üblich ist auch die Bezeichnung Portefeuille (Geldbörse).

Wann traten die ersten Dinosaurier auf?
- ❑ Perm
- ❑ Trias
- ❑ Silur
- ❑ Kreide

In der oberen Trias, vor rund 245 Mio. Jahren. Bis zum Ende der Periode (208 Mio. Jahre) erreichten sie eine Größe von ca. 10 m.

Wie heißt der Sitz der russischen Regierung in Moskau?
- ❑ Akropolis
- ❑ Kapitol
- ❑ Hradschin
- ❑ Kreml

Kreml. Ursprünglich verstand man unter dem Kreml den befestigten, burgartigen Stadtteil russischer Städte im Mittelalter. Er entstand zum größten Teil von 1485 bis 1495.

Welchem britischen Luxusdampfer sagte man nach, er sei unsinkbar?
- ❑ Lusitania
- ❑ Titanic
- ❑ Queen Elisabeth
- ❑ Queen Mary

Der Titanic. Auf ihrer Jungfernfahrt im April 1912 rammte sie einen Eisberg und sank in kurzer Zeit. Die in der Seegeschichte bislang größte Schiffskatastrophe kostete 1503 Menschen das Leben.

Welche sagenhafte Königstochter tötete aus Rache für die Untreue ihres Gemahls ihre Kinder?
- ❑ Medea
- ❑ Andromache
- ❑ Rhoxane
- ❑ Medusa

Medea. Mit dem Mord an ihrem Bruder ermöglichte sie ihre und Jasons Flucht aus Kolchis. Als dieser jedoch nach Jahren eine andere heiratet, wird die Verlassene zur Kindermörderin.

In welchem Film über einen jungen Fotografen, der einen Mord fotografiert, führte Michelangelo Antonioni Regie?

- ❑ *Barton Fink*
- ❑ *Die Freundinnen*
- ❑ *Blow-up*
- ❑ *Zabriskie Point*

In *Blow-up* (1966). Antonioni (*1912) erhielt für den in Großbritannien gedrehten Film bei den Filmfestspielen von Cannes die Goldene Palme. Die Hauptrollen spielten David Hemmings und Vanessa Redgrave.

Welcher Gott der Antike hat als Symbol den Dreizack?

- ❑ Apollon
- ❑ Zeus
- ❑ Hermes
- ❑ Poseidon

Poseidon (Neptun), der Meeresgott. In der indischen Symbolik steht er für den Gott Shiva, wo er auf dessen drei Aspekte Schöpfung, Sein und Zerstörung hinweist.

Wer spielte die Hauptrollen in *Bonnie und Clyde* (1967)?

- ❑ Robert Redford/ Meryl Streep
- ❑ Warren Beatty/ Faye Dunaway
- ❑ Woody Allen/ Diane Keaton
- ❑ Richard Burton/ Elizabeth Taylor

Warren Beatty (*1937) und Faye Dunaway (*1941). Sie spielen das populäre Gangster-Duo während der amerikanischen Wirtschaftskrise. Beatty erhielt für seine Rolle eine Oscarnominierung.

Wo liegt Fes?

- ❑ Algerien
- ❑ Marokko
- ❑ Andalusien
- ❑ Saudi Arabien

In Marokko. Die Altstadt mit ihren Souks (Märkten), der Kairouyine-Moschee und der berühmten Bibliothek wurde von der UNESCO zum Weltkulturerbe ernannt.

Welche Oper von Franz Hummel wurde 2000 in Füssen uraufgeführt?

- ❑ *König Ubu*
- ❑ *An der schönen blauen Donau*
- ❑ *Ludwig II.*
- ❑ *Beuys*

Ludwig II. – Sehnsucht nach dem Paradies. Hummel (*1939) distanziert sich mit seinem Kunstverständnis von der „kopflastigen" Musik-Avantgarde. Der Erfolg der Oper in dem eigens erbauten Haus ist jedenfalls unbestritten.

Welcher Sportler gewann 1980 bei den olympischen Winterspielen in Lake Placid fünfmal Gold?

- ❑ Frank Ullrich
- ❑ Eric Heiden
- ❑ Hanni Wenzel
- ❑ Ingemar Stenmark

Der Eisschnellläufer Eric Heiden (*1958) aus Wisconsin (USA). Er gewann in allen fünf Distanzen des Eisschnelllaufs.

Welche Form der Wirtschaftsordnung herrschte in der ehemaligen DDR?

- ❑ Soziale Marktwirtschaft
- ❑ Planwirtschaft
- ❑ Marketing
- ❑ Arbeiter- und Bauernwirtschaft

Eine staatlich gelenkte Planwirtschaft. Verstaatlicht waren insbesondere die Produktionsmittel. Darüber hinaus erfolgte auch die Verteilung der Güter zentral.

Welches ost-west-gerichtete Urmeer bildete sich im Paläozoikum?

- ❑ Atlantik
- ❑ Tethys
- ❑ Okeanos
- ❑ Pontos

Die Tethys. Das Meer überflutete wiederholt das wüstenhafte Mitteleuropa. Durch die Bildung der Alpen wurde es immer mehr eingeschränkt. Als Rest gilt das heutige Mittelmeer.

Über welche „Verbindungsknoten“ werden die Datenströme des Internet geleitet?

❑ Spool-System
❑ Client Server
❑ Commercial Internet Exchange (CIX)
❑ Kollaborative Filter

Über den Commercial Internet Exchange (CIX). Sie ermöglichen den kürzestmöglichen Datentransfer. Für Deutschland übernimmt dies DE-CIX mit Sitz in Frankfurt/Main.

Welche heutige deutsche Stadt geht auf die römische Gründung Colonia Claudia Ara Agrippinensium zurück?

❑ Augsburg
❑ Regensburg
❑ Trier
❑ Köln

Köln. Die Gründung ging von Kaiser Claudius (10 v.–54 n. Chr.) aus, der damit seiner frisch vermählten Frau Julia Agrippina (15–59) die Reverenz erwies.

Mit welchem Film erzielte Alec Guinness seinen internationalen Durchbruch?

❑ *Oliver Twist*
❑ *Unser Mann in Havanna*
❑ *Die Brücke am Kwai*
❑ *Ladykillers*

Mit *Die Brücke am Kwai* (1957) von David Lean. Für die Rolle des dienstbesessenen englischen Oberst Nicholson in japanischer Kriegsgefangenschaft erhielt Guinness (*1914) einen Oscar.

Wo liegt Marrakesch?

❑ Marokko
❑ Ägypten
❑ Libyen
❑ Algerien

In Marokko. Die Altstadt mit der El-Koutoubia-Moschee und den erst 1917 freigelegten Saaditen-Gräbern wurden von der UNESCO zum Weltkulturerbe ernannt.

Welche französische Stadt an der Côte d´Azur ist für ihr internationales Filmfestival weltweit bekannt?

❑ Saint Tropez
❑ Cannes
❑ Marseille
❑ Venedig

Cannes. Es ist im Sommer Ziel einer Vielzahl von Filmstars und -sternchen, wenn auf den weltweit angesehensten Filmfestspielen die Goldene Palme verliehen wird.

Welche in den Jahren 1895 bis 1935 ca. 5300 mal gespielte deutsche Oper ist heute fast vergessen?

❑ *Der Corregidor*
❑ *Il Rolando*
❑ *Xerxes*
❑ *Der Evangelimann*

Der Evangelimann (1895) von Wilhelm Kienzl (1857–1941). Nach schweren Schicksalsschläge zieht Mathias als Evangelienerzähler herum und trifft seinen Bruder Johannes, der dessen Unglück verursachte, an seinem Totenbett an.

Wen besiegt in der christlichen Symbolik der Erzengel Michael?

❑ Krokodil
❑ Höllenhund
❑ Wal
❑ Drachen

Einen Drachen, der Luzifer symbolisiert und in den Höllenpfuhl gestürzt wird. Drachen sind deshalb oft mit dem Element Feuer verbunden.

Welche sagenhafte Feentochter hat einen Fischschwanz als Unterkörper?

❑ Undine
❑ Kundry
❑ Melusine
❑ Astyoche

Melusine. Ihr Los ist es, jeweils sonnabends diese Gestalt anzunehmen. Als eines Tages ihr Gatte Raimund Zeuge ihrer Verwandlung wird, beleidigt dieser sie, sodass sie für immer entweicht.

Wie hieß der Urkontinent, der alle heutigen Kontinente noch vereinte?

- ❑ Atlantis
- ❑ Pangäa
- ❑ Laurasia
- ❑ Gondwana

Pangäa. Er entstand im Mesozoikum (vor ca. 230 Mio. Jahren). Vor rund 135 Mio. Jahren hatte sich der Nordkontinent Laurasia vom Südkontinent Gondwana getrennt.

Wo im Indischen Ozean liegt das Vallée de Mai?

- ❑ Seychellen
- ❑ Tasmanien
- ❑ Madagaskar
- ❑ Malediven

Auf der zweitgrößten Seychellen-Insel Praslin. Das „Mai-Tal" umfasst einen 19 Hektar großen Palmenwald. Hier wächst die Seychellenpalme, deren Frucht mit fast 20 kg der größte Same der Welt ist.

Wo findet der Begriff Produkt-Placement Anwendung?

- ❑ Werbung
- ❑ Vertrieb
- ❑ Investition
- ❑ Import

In der Werbung mit Markenartikeln. Gezielte Platzierungen z. B. in einer Fernsehpause oder in einer Unterhaltungssendung versprechen hohe Werbewirksamkeit.

Welche Folge hatte die Julikrise in der Geschichte des 20. Jahrhunderts?

- ❑ Unabhängigkeit Indiens
- ❑ Erster Weltkrieg
- ❑ Abzug sowjetischer Atomwaffen aus Kuba
- ❑ Börsenkrach und Depression

Den Ersten Weltkrieg. Nachdem der Habsburger Thronfolger von serbischen Nationalisten ermordet worden war, folgte im Juli 1914 eine Kette von Ultimaten, diplomatischen Winkelzügen, Mobilmachungen und Kriegserklärungen.

Was ist eine Kasba?

- ❑ Moschee
- ❑ Zitadelle
- ❑ Gebetsteppich
- ❑ Wüstenschiff

Eine Zitadelle im nordafrikanischen bzw. westislamischen Gebiet. Heute noch werden so die Residenzen von Feudalherren in Marokko bezeichnet. Früher hieß auch die maurische Altstadt Kasba.

Was bezeichnet in nordafrikanischen Städten die Medina?

- ❑ Café
- ❑ Moschee
- ❑ Markt
- ❑ Altstadt

Die maurische Altstadt, die meist noch mit einer Stadtmauer umgeben ist, im Gegensatz zu den späteren Europäervierteln. Das arabische Wort bedeutet „Stadt".

In welcher Oper von Ruggero Leoncavallo tötet ein Komödiant seine Frau aus Eifersucht?

- ❑ *Die Zigeuner*
- ❑ *Der Bajazzo*
- ❑ *Othello*
- ❑ *La Gioconda*

In *Der Bajazzo* (1892). Die Komödie um die untreue Colombina wird bitterer Ernst, als Canio (Bajazzo) erfährt, dass Nedda (Columbina) ihn betrügt. Sie und ihr Geliebter fallen durch den Dolch Canios.

Welches bedeutende Naturdenkmal im südlichen Afrika entdeckte David Livingston 1855?

- ❑ Victoria-Fälle
- ❑ Tafelberg
- ❑ Nil
- ❑ Kap der Guten Hoffnung

Die Victoria-Fälle, die auf dem Gebiet von Simbabwe und Sambia liegen. Über eine Länge von 1700 Metern verteilen sich fünf einzelne Wasserfälle, die von den Fluten des Sambesi gespeist werden.

Mit welchem Schlagwort umschrieb man 1914 die Einheit aller politischen Parteien im Deutschen Reich?

- ❑ Nibelungentreue ❑ Eiserne Front
- ❑ Nationale Konzentration ❑ Burgfrieden

Mit dem sog. „Burgfrieden“. Alle Parteien erklärten sich zu Beginn des Ersten Weltkrieges bereit, auf politische Auseinandersetzungen zu verzichten. Er zerbrach bereits endgültig 1916.

Welchen Berg versuchte Alexander von Humboldt 1801 zu besteigen?

- ❑ Kilimandscharo (5895 m) ❑ Chimborazo (6267 m)
- ❑ Ätna (ca. 3323 m) ❑ Fujiyama (3776 m)

Den Chimborazo, den höchsten Berg Ecuadors. Die Erstbesteigung gelang 1880 dem Engländer Edward Whymper.

Welche Ausbildungs- und Lernchancen eröffnet die Computerwelt?

- ❑ Computer Service Provider ❑ Computer Literacy
- ❑ Computer Aided Learning ❑ Mediated Communication

Computer Aided Learning (CAL), zu Deutsch: „Computergestütztes Lernen“. Internet oder Multimedia-Lernprogramme vermitteln interaktiv das Wissen (auch: E-Learning).

Was bezeichnet man in orientalischen Städten mit Suk?

- ❑ Hafen ❑ Basar
- ❑ Stadtmauer ❑ Burg

Den Basar (Markt) bzw. das Geschäfts- und Wirtschaftsviertel.

In was hat sich die Nymphe Daphne verwandelt?

- ❑ Taube ❑ Schilfrohr
- ❑ Lorbeer ❑ Falter

In einen Lorbeerbaum. Damit entkam sie der Sage nach der Verfolgung durch den Gott Apollon.

Was ist Provision?

- ❑ Tilgung ❑ Darlehen
- ❑ Vergütung ❑ Gewinnbeteiligung

Eine Vergütung, die üblicherweise in Prozent vom Umsatz berechnet wird. Sie kommt vor allem bei Handelsvertretern und bei Kreditinstituten vor.

Was ist nach den Pyramiden das größte Steinmonument Alt-Afrikas?

- ❑ Suez-Kanal ❑ Alt-Simbabwe
- ❑ Moschee in Larabanga ❑ Lalibela

Die Ruinenstadt Alt-Simbabwe des Shona-Volkes. Sie wurde vermutlich im 12. oder 13. Jh. errichtet. Die Stadtmauern haben eine Länge von 244 m und sind zum Teil 9 m hoch.

Welcher schöner Jüngling der Mythologie verzehrte sich an seinem eigenen Spiegelbild?

- ❑ Adonis ❑ Narziss
- ❑ Ganymed ❑ Endymion

Narziss. Sein Schicksal ist eine Strafe für die Verschmähung der Liebe der Nymphe Echo. Am Ort seines Todes spross die gleichnamige Blume empor.

Welche Zauberschule besucht Harry Potter in den Romanen von Joanne K. Rowling?

- ❑ Wuthering Heights ❑ Hogwarts
- ❑ Gryffindor ❑ Beauxbatons

An der traditionsreichen Schule Hogwarts. Hier lernt der Protagonist das Zaubern und hier erlebt er ungewöhnliche Dinge.

Wer komponierte die komische Oper *Zar und Zimmermann* (1837)?

- ❑ Werner Egk
- ❑ Albert Lortzing
- ❑ Engelbert Humperdinck
- ❑ Paul Hindemith

Albert Lortzing (1801–51). Im Mittelpunkt steht die Verwechslung des sich als Zimmermann ausgebenden Zaren Peter der Große mit dem wirklichen Zimmermann Peter Iwanow.

Wann wurde Giftgas erstmals als Kriegswaffe eingesetzt?

- ❑ Krimkrieg
- ❑ Erster Weltkrieg
- ❑ Golfkrieg
- ❑ Zweiter Weltkrieg

Während des ersten Weltkriegs. Am 22.4.1915 setzten die Deutschen bei Ypern erstmals Giftgas ein. Kurze Zeit später gingen alle kriegsbeteiligten Mächte, insbesondere Großbritannien und Frankreich, zum Gaskrieg über.

Wie heißen die Ablagerungen eines Gletschers?

- ❑ Kies
- ❑ Lava
- ❑ Moräne
- ❑ Muräne

Moräne. Je nach Lage und Entstehung unterscheidet man bis zu sechs verschiedene Arten; z. B. Ufer- bzw. Seitenmoränen, die seitlich des Gletschers abgelagert werden.

Was ist der älteste Nationalpark Amerikas?

- ❑ Redwood
- ❑ Badlands
- ❑ Wood Buffalo
- ❑ Yellowstone

Der 1872 eingerichtete Yellowstone-Nationalpark in den Bundesstaaten Wyoming, Montana und Idaho. Er liegt auf einer durchschnittlichen Höhe von 2440 m in den Rocky Mountains (Fläche: 8983 km^2).

Wo liegt das bedeutendste Zentrum des Taoismus?

- ❑ Wudang Shan
- ❑ Punjab
- ❑ Lhasa
- ❑ Wadi Hadramaut

In Wudang Shan, einem bewaldeten Gebirgszug in der chinesischen Provinz Hubei. 1412–18 erbauten 300.000 Arbeiter 46 Tempelklöster, Brücken, Pavillons und Grotten.

Wie heißt die Hauptfigur in Thomas Manns Roman *Der Zauberberg*?

- ❑ Felix Krull
- ❑ Hans Castorp
- ❑ Tonio Kröger
- ❑ Gustav Aschenbach

Hans Castorp. Der Hamburger Patriziersohn besucht seinen lungenkranken Vetter Joachim Ziemßen in einem Sanatorium in Davos. Aus dem Besuch wird ein jahrelanger Aufenthalt.

Was ist ein Haiku?

- ❑ Schattenspiel
- ❑ Darsteller im Nô-Theater
- ❑ Tuschezeichnung
- ❑ japanische Gedichtform

Eine lyrische Kurzform aus drei Zeilen in der japanischen Dichtkunst. Die einzelnen Zeilen haben 5, 7 und wieder 5 Silben. Das Gedicht skizziert eine Pointe.

Wie nennt man Steuern, die sofort nach Entstehen an das Finanzamt abgeführt werden müssen?

- ❑ indirekte Steuer
- ❑ Grundsteuer
- ❑ Quellensteuer
- ❑ Umsatzsteuer

Quellensteuer. Beispiele dafür sind die Lohnsteuer im Abzugsverfahren und die Kapitalertragssteuer bei Geldanlagen.

Welches Fabelwesen ist eine Mischgestalt aus Löwe, Ziege und Schlange?

- ❑ Drache
- ❑ Sphinx
- ❑ Skylla
- ❑ Chimäre

Die Chimäre, heute nur noch metaphorisch für Fabelei und Gerücht. In der christlichen Symbolik ist sie oft eine Verkörperung satanischer Mächte.

Welche Kolossalfigur hält in der Hand eine Tafel mit der Aufschrift „4. Juli 1776"?

❑ Mount Rushmore ❑ Freiheitsstatue
❑ Bavaria ❑ Hermannsdenkmal

Die Freiheitsstatue im Hafen von New York, das Nationaldenkmal der USA zum Gedenken an die Amerikanische Unabhängigkeitserklärung. Sie ist eine Stiftung des Französischen Volkes.

Wie oft war Brasilien Fußballweltmeister?

❑ einmal ❑ zweimal
❑ dreimal ❑ viermal

Viermal. Damit ist Brasilien Rekordweltmeister.

Worauf zielt das Consumer Profiling ab?

❑ Nachwuchsmodels ❑ Wählerstimmen
❑ Kundendaten ❑ Verbraucherschutz

Auf das Sammeln von Kundendaten aus allen nur erdenklichen Quellen. Beim Online-Handel z. B. durch Cookies, beim Kauf im Supermarkt durch das Treuepunktesystem.

Welche Oper von Bruno Maderna besteht aus 16 Szenen, deren Reihenfolge nicht feststeht?

❑ *Satyricon* ❑ *Das Schloss am Ätna*
❑ *Graf Mirabeau* ❑ *Iphigénie en Aulide*

Satyricon (1973). Die Oper ist eine Abrechnung Madernas (1920–73) mit der Neuen Musik. Zentral ist dann auch Trimalchio, der sich mit seinen Bezügen auf die antiken Götter nur lächerlich macht.

In welchem Nationalpark lebt heute die größte frei laufende Bisonherde der Welt?

❑ Great Gobi Desert ❑ Wood Buffalo
❑ Tassili-n-Ajjer ❑ Northern Baffin Island

Im Wood Buffalo Nationalpark in Kanada. Mit einer Fläche von 44.807 km^2 ist er der größte Amerikas. Der Nationalpark wurde von der UNESCO zum Weltnaturerbe erklärt.

Wie heißt die verstorbene Gattin des thrakischen Sängers Orpheus?

❑ Melpomene ❑ Thalia
❑ Eurydike ❑ Urania

Eurydike. Mit dem wie ein Zauber wirkenden Gesang und seinem Saitenspiel rührt er sogar den unbarmherzigen König der Unterwelt. Doch verliert er sie erneut, als er sich auf dem Rückweg nach ihr umdreht.

Mit welcher neuen Waffe überraschten 1916 alliierte Einheiten die deutschen Truppen?

❑ Raketen ❑ Panzer
❑ Giftgas ❑ Kampfflugzeuge

Mit dem Einsatz von Panzern, sog. „Tanks", die allerdings fehlschlugen. Bei Cambrai kam es 1917 zum größten Tank-Einsatz. Über 400 englische Gleitkettenfahrzeuge wurden bei der 14-tägigen Schlacht eingesetzt.

Welcher Dichter gilt als ein Revolutionär in der Dichtung der Moderne?

❑ Bert Brecht ❑ Novalis
❑ Klabund ❑ Arthur Rimbaud

Arthur Rimbaud (1854–91). Er beeinflusste maßgeblich den Expressionismus und Symbolismus. Mit knapp 20 Jahren gab er die Dichtung auf und wurde Händler und Forschungsreisender.

Welche Stadt gilt als die Wiege der Vereinigten Staaten von Amerika?

❑ Philadelphia ❑ New York
❑ Chattanooga ❑ Washington

Philadelphia im Bundesstaat Pennsylvania. Hier wurde 1776 die Unabhängigkeit der USA proklamiert und 1787 die erste Verfassung verabschiedet.

Welcher Roman beginnt mit den Worten „Was ist das. – Was – ist das...“?

❑ *Der Mann ohne Eigenschaften* ❑ *Das Schloss*
❑ *Der Idiot* ❑ *Buddenbrooks*

Buddenbrooks (1901) von Thomas Mann (1875–1955). Der Roman, der den Niedergang einer Lübecker Kaufmannsfamilie schildert, brachte Mann internationales Ansehen ein.

Welche kostenreduzierende und produktivitätssteigernde Maßnahme ergreifen Großbetriebe?

❑ Werbung ❑ Globalisierung
❑ Kurzarbeit ❑ Rationalisierung

Die Rationalisierung. Sie umfasst alle technischen, organisatorischen und sozialen Maßnahmen, z. B. die Einsparung von Arbeitskräften, um die genannten Ziele zu erreichen.

Welcher Komponist etablierte mit der *Cavalleria rusticana* 1890 einen neuen Opernstil?

❑ Richard Strauss ❑ Giuseppe Verdi
❑ Richard Wagner ❑ Pietro Mascagni

Pietro Mascagni (1863–1945). Die *Sizilianische Bauernehre* (dt. Titel) begründete den Verismo (Naturalismus) in der Oper. Inhaltlich wird die tödlich endende Rivalität Turiddus und Alfios um Lola in Szene gesetzt.

Welchen Palast ließ sich Nero in Rom errichten?

❑ Flavier-Palast ❑ Kapitol
❑ Domus Aurea ❑ Engelsburg

Die Domus Aurea (64–68). Der neronische Palast entstand nach dem Brand Roms im Jahre 64. Er sollte ganz seinen egomanen Wünschen gerecht werden, denn er reichte vom Palatin bis zum Esquilin.

Wie heißt der höchste heute noch tätige Vulkan der Antarktis?

❑ Mount St. Helens ❑ Kilauea
❑ Mount Erebus ❑ Krakatau

Mount Erebus (3794 m). Der Vulkan wurde 1841 auf der Ross-Insel entdeckt und 1908 von Mitgliedern der Shackleton-Expediton erstmals bestiegen.

In welcher mexikanischen Stadt ist eine reiche koloniale Architektur erhalten geblieben?

❑ Palenque ❑ Puebla
❑ Cancún ❑ Acapulco

In Puebla. Hier reihen sich barocke Backsteinbauten mit Fassaden aus blauen und türkisfarbenen Blumenmusterkacheln aneinander. Ein malerisches Kleinod ist u. a. auch die Kirche Santo-Domingo.

Welchem Gott wurde als Attribut ein Stab, um den sich zwei Schlangen ringeln beigegeben?

❑ Amor ❑ Äskulap
❑ Hermes ❑ Dionysos

Hermes (lat. Merkur), dem Götterboten. Der Merkurstab (Caduceus) ist an der Spitze gelegentlich mit einem Flügelpaar ausgestattet.

Wer schrieb u. a. unter den Pseudonymen „Peter Panther“ und „Kaspar Hauser“?

❑ Wilhelm Busch ❑ Kurt Tucholsky
❑ Karl Kraus ❑ Frank Wedekind

Kurt Tucholsky (1890–1935). Der Journalist und Schriftsteller war einer der renommiertesten Kritiker in der Weimarer Republik.

Was ist ein Jambus?

❑ Versroman ❑ antiker Versfuß
❑ Schäferlied ❑ Strophenform

Ein antiker Versfuß, der aus einer kurzen, unbetonten und einer langen, betonten Silbe besteht. Der Trochäus verläuft genau umgekehrt.

Welche Oper von Jules Massenet hatte einen Roman von Goethe als Vorlage?
- ❑ *Don Quichotte*
- ❑ *Der Cid*
- ❑ *Werther*
- ❑ *Aschenbrödel*

Werther (1892). Massenet (1842–1912) wagte sich mit Bravour an die „undramatische Natur“ (Eduard Hanslick) des Werther; in den Vordergrund rückte er deshalb das „Objekt der Begierde“, Charlotte.

Welche Altstadt der Westindischen Inseln wurde von der UNESCO zum Weltkulturerbe erklärt?
- ❑ Willemstad
- ❑ Havanna
- ❑ Charlestown
- ❑ Kingston

Havanna (Habana), Hauptstadt Kubas und eine der ältesten (1515 gegründet) und malerischsten Städte der Neuen Welt. Hier befindet sich auch eine der ältesten Festungen Lateinamerikas, das Castillo de la Real Fuerza.

Wie bezeichnet man im Börsen-Fachjargon einen Anleger, der sich antizyklisch verhält?
- ❑ Winner
- ❑ Contrarian
- ❑ Sinner
- ❑ Leader

Contrarian. Wenn andere ihre Aktien verkaufen und die Kurse fallen, kauft er ein. Umgekehrt verkauft er, wenn die Kurse nach oben gehen.

Von welcher Frau berichtet die Sage, dass sie Päpstin geworden sei?
- ❑ Marie
- ❑ Katharina
- ❑ Johanna
- ❑ Josephine

Von Johanna. Bei einer Prozession in Rom soll sie ihre Wehen bekommen und ein Kind geboren haben, worauf die wütende Menge sie auf der Stelle tötete.

Wie heißt der Begründer der deutschen landwirtschaftlichen Genossenschaften?
- ❑ Adolf Kolping
- ❑ August Bebel
- ❑ Carl Peters
- ❑ Friedrich Wilhelm Raiffeisen

Friedrich Wilhelm Raiffeisen (1818–88). Die gegenwärtige Gliederung der heutigen Raiffeisengenossenschaften geht noch auf ihn zurück.

Wie hieß der erste Vorgänger des KGB?
- ❑ CIA
- ❑ NKWD
- ❑ Tscheka
- ❑ Ochrana

Tscheka. Von 1917–22 sollte das Sowjetsystem durch „Roten Terror“ stabilisiert werden. Unter Stalin wurde die Behörde 1934 in das NKWD („Volkskommissariat für innere Angelegenheiten“) eingegliedert.

Was ist ein Epizentrum?
- ❑ konzentrische Meeresströmung
- ❑ Erdbebenherd
- ❑ Vulkanausbruch
- ❑ Tsunami

Der Ort, unter dem der Erdbebenherd liegt. Er wird von Seismologen festgestellt und seine Wanderung registriert.

Welcher literarische Stil zählt zur Rokokolyrik?
- ❑ Sturm und Drang
- ❑ Anakreontik
- ❑ Klassik
- ❑ Realismus

Die Anakreontik, benannt nach dem griechischen Lyriker Anakreon (6. Jh. v. Chr.), dessen Dichtung das Vorbild für die Lyrik des Rokoko um 1740–70 abgab.

Welcher Ingenieur war ein Wegbereiter der deutschen Luft- und Raumfahrtindustrie?
- ❑ Ludwig Bölkow
- ❑ Otto Lilienthal
- ❑ Jackie Stewart
- ❑ Gottlieb Daimler

Ludwig Bölkow (*1912). Seine Firma entwickelte in den 60er-Jahren einen bis heute sehr erfolgreichen Hubschrauber. 1969 entstand die MBB (Messerschmidt-Bölkow-Blohm), 1989 mit der Übernahme durch die Daimler Benz die Deutsche Aerospace AG.

Was ist eine Maya-Kultstätte, die von der UNESCO zum Weltkulturerbe ernannt wurde?

❑ Sucre ❑ Copán
❑ Machu Picchu ❑ Tenochtitlán

Copán in Honduras. Mit den Maya-Königen „Achtzehn Kaninchen", „Eichhörnchen" und „Aufgehende Stadt" brach im 8. Jh. die Blütezeit der wichtigen Kultstätte an.

Welcher deutschsprachige Roman wird in 44 Hundposttage und ein Kapitel eingeteilt?

❑ *Wilhelm Meister* ❑ *Der Nachsommer*
❑ *Hesperus* ❑ *Titan*

Hesperus (1795) von Jean Paul (1763–1825). Der Roman wurde ein Bestseller. Jean Pauls Romane beschreiben in dem ihm eigenen skurrilen Humor eine romantische und bisweilen fantastische Welt.

Welches Tier trägt im Aberglauben Hexen durch die Lüfte?

❑ Geier ❑ Rabe
❑ Ziegenbock ❑ Widder

Der Ziegenbock, den die christliche Lehre als stinkendes, unreines und lüsternes Wesen deutete. Mittelalterliche Darstellungen übertragen die Bocksgestalt auf den Teufel.

Welcher Komponist schuf überaus bühnenwirksame Opern wie *Robert der Teufel* und *Die Hugenotten*?

❑ Giacomo Meyerbeer ❑ Luigi Cherubini
❑ Friedrich von Flotow ❑ Georg Friedrich Händel

Der Deutsche Giacomo (Jakob) Meyerbeer (1791–1864). Sein Einfluss auf die Opernwelt war bedeutend, nicht zuletzt auch auf Richard Wagner, der manches kopierte.

Wo entstand 568 das Langobardenreich?

❑ Italien ❑ Spanien
❑ Sizilien ❑ Frankreich

In Oberitalien. Die Langobarden beseitigten in ihrem Herrschaftsbereich die römische Verwaltung und ersetzten sie durch eine germanische Ordnung.

Was ist eines der ältesten Lebensmittelschutzgesetze?

❑ Drogengesetz ❑ Hygienegesetz
❑ Reinheitsgebot ❑ Bundesseuchengesetz

Das Reinheitsgebot. Es sorgt für die Verwendung von einwandfreien Rohstoffen, die frei von Chemikalien und Rückständen sind, etwa bei der Produktion von Bieren.

Welches mittelamerikanische Naturreservat besitzt den größten Artenreichtum der Welt?

❑ Los Glaciares ❑ Garamba
❑ Tsavo ❑ La Amistad

La Amistad (Talamanca), das zu zwei Dritteln in Costa Rica und zu einem Drittel in Panama liegt. Große Höhenunterschiede und klimatische Unterschiede haben eine ungeheure Artenvielfalt hervorgerufen.

Was versteht man unter Glazialzeit?

❑ Warmzeit ❑ Eiszeit
❑ Periode hoher Sonnentätigkeit ❑ Periode hoher Vulkantätigkeit

Eine Eiszeit. Das durchschnittliche Klima der Erde kühlt sich dabei ab, während sich gleichzeitig die Vergletscherung des Festlandes ausdehnt. Die letzte Eiszeit währte vor 120.000–10.000 Jahren.

In welchem französischen Roman begeht eine Arztgattin in einer fahrenden Kutsche Ehebruch?

❑ *Die Marquise von O.* ❑ *Madame Bovary*
❑ *Die Kameliendame* ❑ *Pique Dame*

In *Madame Bovary* (1857) von Gustav Flaubert (1821–80). Der Roman ist ein Meisterwerk der realistischen Dichtung; die Protagonistin entflieht dem tristen Alltag in amouröse Abenteuer.

Welche griechische Göttin sitzt neben Hades auf dem Thron der Unterwelt?
- ❏ Prokris
- ❏ Persephone
- ❏ Urania
- ❏ Nike

Persephone, die von Hades geraubt wurde. Ihre Mutter Demeter erbat sich von Zeus die Erlaubnis, dass Persephone eine Hälfte des Jahres auf der Erde verbringen darf.

Wo wurde Heinrich Heine geboren?
- ❏ Paris
- ❏ Düsseldorf
- ❏ Koblenz
- ❏ Bacharach

In Düsseldorf. Heine (1797–1856) war der Sohn eines reichen jüdischen Tuchhändlers. Heine schloss ein Jurastudium ab, wurde jedoch nie als Anwalt tätig, sondern wandte sich der Dichtung zu.

Wie bezeichnet man Software, die kein Urheberrecht beansprucht?
- ❏ Copycat
- ❏ Green Card
- ❏ Copyleft
- ❏ Copyright

Copyleft, der Gegenbegriff zu Copyright. Diese Software darf frei kopiert und weiterentwickelt werden (Open Source).

Welche Oper komponierte Claudio Monteverdi?
- ❏ *Katja Kabanowa*
- ❏ *König Hirsch*
- ❏ *Thomas Chatterton*
- ❏ *L'Orfeo*

L'Orfeo (1607), die erste Oper des bedeutendsten Musiktheater-Komponisten des 17. Jahrhunderts. Monteverdis (1567–1643) Werk war seiner Zeit in Bezug auf Ausdrucksdichte und ästhetische Qualität um 100 Jahre voraus.

Was bezeichnet man im Tennis als „Break"?
- ❏ Reißen der Saite
- ❏ Gewinn des gegnerischen Aufschlagspiels
- ❏ Einstand
- ❏ Dreisatzsieg

Den Gewinn des gegnerischen Aufschlagspiels. Das Break kann, wenn kein Rebreak folgt, den Satz bzw. das Match entscheiden.

Welche kolumbianische Hafenstadt zeugt von kolonialen Befestigungen und Bauten?
- ❏ Quito
- ❏ Caracas
- ❏ Cartagena
- ❏ Bogotá

Cartagena mit einem Seehafen zur Karibik. Die Stadt liegt auf einer Insel, die über einen Damm mit dem Festland verbunden ist. Kathedrale, Jesuitenkirche und Palast der Inquisition sind besonders zu nennen.

Wo stehen die Sophienkathedrale und das Lawrakloster?
- ❏ Sofia
- ❏ Nowgorod
- ❏ Thessaloniki
- ❏ Kiew

In Kiew, der Hauptstadt der Ukraine. Die Kathedrale mit ihren Fresken und Mosaiken gehört zu den bedeutendsten Schätzen byzantinischer Kunst. Berühmt ist auch das Höhlenkloster über dem Dnjepr.

Welche Bedeutung hatte im alten Ägypten das Anch-Kreuz?
- ❏ Ehe
- ❏ Geschlechtsreife
- ❏ Tod
- ❏ Leben

Leben. Es ist ein T-förmiges Kreuz mit einer Schlaufe, das mit der Sonne identifiziert wurde. Die Kopten deuteten das Kreuz als Symbol für das ewige Leben.

Wie heißt die Abschwungphase der wirtschaftlichen Konjunktur?
- ❏ Kompression
- ❏ Rezession
- ❏ Depression
- ❏ Deterioration

Rezession. Sie ist im Konjunkturzyklus die Phase des Rückgangs und bringt den Staaten vielfältige Probleme auf sozialen und wirtschaftlichen Gebieten.

Welche Vitamine sind besonders wichtig für den Kohlenhydratstoffwechsel?

❑ Vitamin-A ❑ Vitamin-B
❑ Vitamin-E ❑ Vitamin-D

Einige der B-Vitamine wie B_1, B_2 und die Panthotensäure.

Was sah das sog. „Habsburgergesetz" von 1919 vor?

❑ Enteignung des Vermögens der Habsburger ❑ Amnestie der Habsburger
❑ Einführung der Monarchie ❑ Verzicht auf Ungarn

Die Enteignung des Vermögens der Habsburger sowie die Aufhebung aller herrschaftlichen Rechte der kaiserlichen Familie. So lebte z. B. die letzte Kaiserin Zita bis zu ihrem Tod 1989 im Exil.

In welchem portugiesisch-sprachigen Staat Lateinamerikas liegt Salvador de Bahia?

❑ Chile ❑ El Salvador
❑ Brasilien ❑ Argentinien

In Brasilien. Die Stadt kam durch den Handel mit Sklaven und Tabak zu Reichtum, der sich heute an den prächtigen Barockkirchen, Palästen und Wohnhäusern ablesen lässt.

Wie heißt der treue Diener Don Quixotes?

❑ Papageno ❑ Sancho Pansa
❑ Pedrillo ❑ Rodrigo

Sancho Pansa. Während die Hauptfigur ganz in seinen Ritterromanen befangen ist und den Idealen darin nacheifert, verkörpert Sancho Pansa den nüchternen, gewitzten Bauern.

Was ist in der dramatischen Dichtung eine Peripetie?

❑ Vorspiel ❑ Handlung hinter der Bühne
❑ Mauerschau ❑ Wendepunkt

Ein dramatischer Wendepunkt, bei dem sich das Schicksal des Helden zum Guten (Komödie) oder zum Schlimmen (Tragödie) wendet.

Wer komponierte das Singspiel *Bastien und Bastienne*?

❑ Wilhelm Kienzl ❑ Christoph Willibald Gluck
❑ Wolfgang Amadeus Mozart ❑ Claude Debussy

Wolfgang Amadeus Mozart (1756–1791). Singspiele, also Bühnenstücke, die sowohl Text als auch Gesang aufwiesen, waren zu Mozarts Zeit beliebt.

Aus welcher unbedeutenden Partei ging 1920 die NSDAP hervor?

❑ Zentrumspartei ❑ Deutsche Demokratische Partei
❑ Deutsche Arbeiter Partei ❑ Bauernpartei

Aus der Deutschen Arbeiter Partei (DAP), die am 5.1.1919 in München gegründet wurde. 1919 trat Adolf Hitler (1889–1945) der rechtsextremen Partei bei, die sich 1920 in National-Sozialistische DAP (NSDAP) umbenannte.

Welchen sagenhaften Frauenraub begingen die Römer?

❑ Chione ❑ Helena
❑ Lukrezia ❑ Sabinerinnen

Den Raub der Sabinerinnen. Berühmt ist die entscheidende Episode, bei der sich die bereits von Kindern entbundenen Frauen zwischen die kämpfenden Sabiner und Römer werfen.

In welcher libanesischen Stadt befinden sich majestätische Tempelbauten?

❑ Tel Aviv ❑ Baalbek
❑ Damaskus ❑ Beirut

In Baalbek. Herausragende griechische Tempelruinen sind der Jupiter-, Sonnen- und Bacchustempel. Zahlreiche Kriege und Erdbeben haben die gewaltigen Bauwerke schwer beschädigt.

Wie nennt man einen Lebensraum mit relativ einheitlichen Lebensbedingungen für Pflanzen und Tiere?

- ❑ Biotop
- ❑ Naturschutzgebiet
- ❑ Ökologie
- ❑ Fauna

Den Biotop, von griechisch bios, „Leben" und topos, „Ort". Beispielsweise kann ein Waldstück eine charakteristische Tier- und Pflanzenwelt aufweisen, die sich von anderen unterscheidet.

Welchen Rat zur gegenseitigen Wirtschaftshilfe bildeten 1949 zahlreiche Ostblockstaaten?

- ❑ Warschauer Pakt
- ❑ Comecon
- ❑ EURATOM
- ❑ OECD

Comecon, den Rat für gegenseitige Wirtschaftshilfe (RGW). Er stellte das Gegenstück zum westlichen OECD dar, der auf dem Marshall-Plan basierte.

Wer erledigt in einem Unternehmen Besorgungen u. Ä. für Mitarbeiter?

- ❑ Provider
- ❑ Corporate Concierge
- ❑ Hausmeister
- ❑ Contact Manager

Der bzw. die Corporate Concierge. Der auch „Best Boy" genannte Mitarbeiter erledigt z. B. Restaurant-Reservierungen oder Einkäufe für andere Mitarbeitern, die dafür keine Zeit haben.

Wer verfasste das als „pornographisch" denunzierte Bühnenstück *Reigen*?

- ❑ Robert Musil
- ❑ Ödön von Horvath
- ❑ Lion Feuchtwanger
- ❑ Arthur Schnitzler

Arthur Schnitzler (1862–1931). Schon die Veröffentlichung geriet zum Skandal; bei der Uraufführung kam es im Theater zu einer Schlägerei.

Welche Pflanze gilt seit alters als Symbol für die Überwindung des Todes?

- ❑ Nelke
- ❑ Akazie
- ❑ Akelei
- ❑ Distel

Die Akazie, vor allem wegen ihres harten und dauerhaften Holzes. Akazienzweige symbolisieren auch das Fortdauern der Freimaurer-Idee.

Was bedeutet der Begriff Hardcover?

- ❑ Pornographie
- ❑ Actionfilm
- ❑ Action-Painting
- ❑ gebundenes Buch

Ein gebundenes Buch, d. h. mit festem Umschlag; im Gegensatz zum Taschenbuch (Paperback).

Welche syrische Stadt wurde von Muslimen gern ein „Paradies auf Erden" genannt?

- ❑ Amman
- ❑ Aleppo
- ❑ Tripoli
- ❑ Damaskus

Damaskus, das einstige Zentrum des Omaijaden-Weltreichs. Sie ist eine der ältesten permanent besiedelten Orte der Welt (seit ca. 1500 v. Chr.). Über 200 Moscheen befinden sich hier und das Grab des Sultan Saladin.

In welchem Singspiel singt Osmin die Arie „Ha, wie will ich triumphieren"?

- ❑ *Farinelli*
- ❑ *Die Entführung aus dem Serail*
- ❑ *Die Bernauerin*
- ❑ *Il Guarany*

In *Die Entführung aus dem Serail* (1782) von Wolfgang Amadeus Mozart (1756–1791). Doch Osmin freut sich zu früh auf die Hinrichtung der vier Fremden. Der türkische Bassa schenkt den Christen das Leben.

Welcher Philosoph war Erzieher und Ratgeber Neros?

- ❑ Seneca
- ❑ Aristoteles
- ❑ Boethius
- ❑ Averroes

Seneca (4 v.–65 n. Chr.). Er wurde der Mitwisserschaft an der Pisonischen Verschwörung gegen Nero (37–68) beschuldigt und zum Selbstmord gezwungen.

Wie nennt man die gesamte Tierwelt eines bestimmten Lebensraumes?

❑ Ökologie ❑ Flora
❑ Zoon ❑ Fauna

Fauna, nach der griechischen Waldgöttin. Die Gliederung einer Fauna kann entweder nach Biotopen oder auch nach geographischen Kriterien wie z. B. nach Kontinenten erfolgen.

In welchem modernen Bühnenstück sind die Hauptfiguren Estragon und Wladimir?

❑ *Liebelei* ❑ *Warten auf Godot*
❑ *Die Nashörner* ❑ *Jedermann*

In *Warten auf Godot* (1953) von Samuel Beckett (1906–1989). Der irische Schriftsteller gehört zu den wichtigsten Vertretern des absurden Theaters.

Welche Stadt gilt als Mittelpunkt des sagenhaften Königreichs Saba?

❑ Aden ❑ Akaba
❑ Dschibuti ❑ Sana

Sana, die Hauptstadt des Jemen. Die überaus reichen Verzierungen an den Häusern der Altstadt wurden nach strengen Gestaltungsgesetzen des Koran erstellt.

Wer sind die „Fünf Weisen"?

❑ wichtigste Bundesminister ❑ Philosophen
❑ Sachverständigenrat ❑ UN-Sicherheitsrat

Ein Sachverständigenrat, der von unabhängigen wirtschaftswissenschaftlichen Instituten beschickt wird. Er begutachtet alljährlich bis zum 15. November die gesamtwirtschaftliche Entwicklung in der BR Dtl.

Wer erhielt 1958 den Georg-Büchner-Preis?

❑ Heinrich Böll ❑ Peter Handke
❑ Thomas Mann ❑ Max Frisch

Max Frisch (1911–91), der Dichter so bedeutender Romane wie *Stiller* (1954) und *Homo Faber* (1957); unter seinen Stücken ragen *Andorra* (1961) und *Biedermann und die Brandstifter* (1958) heraus.

Welchen Gott begleiteten die Mänaden/Bacchantinnen?

❑ Hades ❑ Poseidon
❑ Dionysos ❑ Apollon

Dionysos (Bacchus). Ihr Name – die Rasenden – beschreibt das Wesen der ekstatischen Tänzerinnen, die in Reh- und Pantherfelle gekleidet unglaubliche Kräfte entwickelten und wilde Tiere zerissen.

In welcher Mozartoper stellen zwei frisch verlobte Offiziere ihre Bräute auf eine Treue-Probe?

❑ *Idomeneo* ❑ *Così fan tutte*
❑ *La finta giardiniera* ❑ *Die Zauberflöte*

In *Così fan tutte* (italienisch *So machen's alle*). Ferrando und Guglielmo verkleiden sich hierzu als Albaner und haben Erfolg bei ihren Damen. Die Untreue wird offenbar, aber die Paare finden dennoch zusammen.

Welche Symbolgestalt ist in der christlichen Volkssage der Ahasver?

❑ Vampir ❑ Basilisk
❑ ewiger Jude ❑ Teufel

Der „ewige Jude", der als Verkörperung seines zerstreuten Volkes ruhelos alle Länder der Erde durchwandern muss. Der Legende nach soll er Christus auf dem Weg nach Golgatha seine Ruhebank verweigert haben.

Wie hieß das antisemitische Hetzblatt der NSDAP?

❑ *Alldeutsches Tagblatt* ❑ *Völkischer Beobachter*
❑ *Der Stürmer* ❑ *Signal*

Der Stürmer. Herausgeber war seit 1923 der NSDAP-Mitbegründer Julius Streicher (1885–1946), ein entlassener Volksschullehrer.

Welcher hinduistische Strandtempelkomplex ist berühmt wegen seiner reichen Felsen-Reliefs?

- ❑ Mahabalipuram
- ❑ Agra
- ❑ Abu Simbel
- ❑ Angkor Vat

Die monolithischen Meisterwerke aus Mahabalipuram an der Südostküste Indiens. Hier entstanden im 7. Jh. mehrere aus Granit-Blöcken gemeißelte Tempel, deren Reliefs die hinduistische Götterwelt abbilden.

Wie heißen Süßwassermuscheln mit nierenförmigen, dickwangigen Schalen?

- ❑ Kamm-Muscheln
- ❑ Herzmuscheln
- ❑ Flussperlmuscheln
- ❑ Austern

Flussperlmuscheln, die in klaren, kalkarmen Bächen vorkommen; im Süden sind sie bis Bayern verbreitet. Sie werden bis zu 90 Jahre alt und tragen eine Perle aus.

Wie nennt man das ökonomische Verhalten, wenn sich mehrere Käufer zusammentun?

- ❑ Plebiszit
- ❑ Corporate Venturing
- ❑ Co-Shopping
- ❑ Burnout

Co-Shopping. Eine Co-Shopping-Plattform im Internet versammelt z. B. 50 Interessenten für den Kauf einer neuen Kaffeemaschine und versucht dann beim Hersteller Mengenrabatt herauszuhandeln.

Was ist eine Metonymie?

- ❑ Maltechnik
- ❑ rhetorische Figur
- ❑ polyphone Kompositionstechnik
- ❑ Versmaß

Eine rhetorische Stilfigur, eine Sonderform der Metapher, die auf der Namensvertauschung beruht; z. B. „Eisen“ statt „Dolch“, „Jugend“ für „junge Leute“, „Köpfchen“ für „Verstand“.

Welcher Körperteil fehlt der Venus von Milo?

- ❑ Kopf
- ❑ Arm
- ❑ Hand
- ❑ beide Arme

Beide Arme. Die hellenistische Skulptur eines anonymen Künstlers aus dem 2. Jh. v. Chr. wurde auf der Kykladeninsel Melos gefunden.

Wie lang ist die Spielzeit beim Wasserball?

- ❑ 4x5 Minuten
- ❑ 2x15 Minuten
- ❑ 4x7 Minuten
- ❑ 2x30 Minuten

Vier mal sieben Minuten. Zwischen den Spielabschnitten ist eine Zweiminutenpause.

Welche „Wirtschaft“ lässt sich nicht formell und statistisch erfassen?

- ❑ Landwirtschaft
- ❑ Gastwirtschaft
- ❑ Schattenwirtschaft
- ❑ Bürokratismus

Die Schattenwirtschaft; in Deutschland ist dies vorwiegend die Schwarzarbeit (die bis zu 20% des Bruttosozialproduktes ausmacht). In manchen lateinamerikanischen Ländern ist es der Drogenhandel.

Wie heißt der skrupellose Frauenverführer in einer berühmten Oper Mozarts?

- ❑ Don Juan
- ❑ Figaro
- ❑ Belmonte
- ❑ Don Giovanni

Don Giovanni (so auch der Name der Oper). Er hat Donna Elvira verführt und verlassen und macht sich nun an Donna Anna heran, tötet deren Vater, den Komtur; am Schluss fährt er zur Hölle.

Wo befinden sich die Ruinen des singhalesischen Fabelpalastes von Sigiriya?

- ❑ Philippinen
- ❑ Indonesien
- ❑ Mocambique
- ❑ Ceylon

Auf Ceylon. Im 5. Jh. entstand er auf einem 200 m hohen Felsenplateau über dem Dschungel. Seine Wände wurden weiß getüncht und mit Fresken ausgemalt, die Hofdamen und Nymphen zeigen.

Welcher deutsche Außenminister wurde Opfer eines rechtsextremen Mordanschlags?

- ❑ Konstantin Freiherr von Neurath
- ❑ Gustav Stresemann
- ❑ Joseph Wirth
- ❑ Walther Rathenau

Walther Rathenau (1867–1922). Sowohl seine jüdische Herkunft wie auch seine republikanische Überzeugung veranlassten zwei ehemalige Offiziere zu dem Attentat.

Welches Bühnenstück ist von Tennessee Williams?

- ❑ *Cäsar und Cleopatra*
- ❑ *Salomé*
- ❑ *Trauer muss Elektra tragen*
- ❑ *Die Glasmenagerie*

Die Glasmenagerie (1944). Weitere Stücke Williams' (1911–83) sind *Endstation Sehnsucht* (1947) und *Die Katze auf dem heißen Blechdach* (1955).

Welche im Oberflächenwasser schwimmenden Schwarmfische zählen zu den Makrelen?

- ❑ Renken
- ❑ Forellen
- ❑ Rochen
- ❑ Thunfische

Die Thunfische. Sie kommen in den meisten marinen Gewässern vor. Der größte Thunfisch und gleichzeitige größte Knochenfisch ist der Gewöhnliche oder Rote Thunfisch (bis zu 800 kg).

Wie heißt der Sohn Theseus', den dessen Stiefmutter Phädra begehrte?

- ❑ Daphnis
- ❑ Narziss
- ❑ Neoptolemeos
- ❑ Hippolytos

Hippolytos. Der weist sie zurück, worauf die Beleidigte sich tötet, aber ihrem Gemahl Theseus einen Brief hinterlässt und darin Hippolytos beschuldigt, sie vergewaltigt zu haben.

Wie heißt der griechische Gott der Träume?

- ❑ Lethe
- ❑ Thanatos
- ❑ Hypnos
- ❑ Hades

Hypnos. Hiervon leitet sich der Begriff der Hypnose ab. Er ist ein Sohn der Nacht (Nyx) und ein Bruder des Todes (Thanatos).

Wo befindet sich das wichtigste nepalesische Heiligtum Swayambunath?

- ❑ Rangun
- ❑ Lhasa
- ❑ Phnom Penh
- ❑ Tal von Katmandu

Im Tal von Katmandu, dessen Bauwerke hinduistischer und buddhistischer Provenienz sind. Der Tempel soll um 3500 v. Chr. entstanden sein. In Patan befinden sich weitere Tempel und Klöster.

Welchen Roman verfasste John Osborne?

- ❑ *Miss Sara Sampson*
- ❑ *Viel Lärm um Nichts*
- ❑ *Blick zurück im Zorn*
- ❑ *Der Eismann kommt*

Blick zurück im Zorn (1956). Osborne (*1929) schuf damit den Typus des „zornigen jungen Mannes", der sich den Erwartungen der älteren Generation im Protest entzog.

Wo befindet sich die gotische Kathedrale von Burgos?

- ❑ England
- ❑ Portugal
- ❑ Spanien
- ❑ Frankreich

In Spanien, in Kastilien-León. Die 1221 fertig gestellte Kathedrale aus weißem Kalkstein gehört zu den schönsten Spaniens. Hier liegt der spanische Nationalheld El Cid begraben.

Wie nennt man ein Verfahren zur Vermeidung eines tariflichen Arbeitskampfes?

- ❑ Aussperrung
- ❑ Schlichtung
- ❑ Streik
- ❑ Urabstimmung

Schlichtung. Sie hat zum Ziel, eine Einigung ohne Streik herbeizuführen. Die Tarifpartner gehen in die Schlichtung, wenn zunächst keine Einigung in Sicht ist.

In welcher Oper singt Sir John Falstaff die Arie *Als Büblein klein an der Mutter Brust*?

- ❑ *Alceste*
- ❑ *Die lustigen Weiber von Windsor*
- ❑ *Falstaff*
- ❑ *Ein Sommernachtstraum*

In *Die lustigen Weiber von Windsor* (1849) von Otto Nicolai (1810–49). Seinen Übermut gegen zwei Bürgerinnen aus Windsor muss der liebestolle Ritter mit Hohn und Spott bezahlen.

Seit wann ist das *Lied der Deutschen* die deutsche Nationalhymne?

- ❑ 1871
- ❑ 1922
- ❑ 1933
- ❑ 1949

Seit 1922. Ihm lag ein Text des Dichters Hoffmann von Fallersleben (1789–1874) zugrunde, den man mit einer Melodie aus Josef Haydns (1732–1809) *Kaiserquartett* unterlegte.

Wie bezeichnet man im Fachjargon u. a. CD-ROM-Lernprogramme?

- ❑ Courseware
- ❑ Shareware
- ❑ Web-Scout
- ❑ Virtuelle Universität

Courseware; eine Wortverschmelzung aus „course" (Kurs) und „Software". Gemeint ist Lern- oder Trainingssoftware. Immer häufiger findet sie sich aber auch im Internet.

Wo befindet sich der 9999 Räume umfassende Kaiserpalast?

- ❑ Hongkong
- ❑ Kioto
- ❑ Peking
- ❑ St. Petersburg

In der Verbotenen Stadt im Zentrum von Peking. Die rund 800 Gebäude dienten der Ming- und Ch'ing-Dynastie (1368–1911) als Residenz. Das 72 ha große Areal wird von einer 10 m hohen Mauer umgeben.

Was ist die artenreichste Klasse der Wirbeltiere?

- ❑ Säugetiere
- ❑ Vögel
- ❑ Knochenfische
- ❑ Amphibien

Die Knochenfische. Ihr Skelett ist im Gegensatz zu den Knorpelfischen ganz oder teilweise verknöchert. Die meisten heute vorkommenden Fische gehören diesen etwa 30.000 Arten an.

Welcher Schriftsteller verfasste *Tod eines Handlungsreisenden*?

- ❑ John Osborne
- ❑ Eugene O'Neill
- ❑ Arthur Miller
- ❑ Maxim Gorki

Arthur Miller (1915–95). Er gewann damit den Pulitzer-Preis für Schauspiel und den New York Drama Critics' Circle Award 1947.

Was hat der amerikanische Künstler Alexander Calder erfunden?

- ❑ Siebdruck
- ❑ Mobile
- ❑ Collage
- ❑ Holzschnitt

Das Mobile. In Paris experimentierte der Amerikaner Calder (1898–1976) mit Skulpturen, die von Motoren bewegt werden, und mit mobilen Drahtkonstruktionen.

Welche Symbolbedeutung hatte der Ibis im alten Ägypten?

- ❑ Leben
- ❑ Gerechtigkeit
- ❑ Sonne
- ❑ Weisheit

Weisheit. Die Ägypter stellten den Weisheitsgott Thot ibisköpfig dar. Ibisse wurden deshalb auch einbalsamiert und in Tonkrügen bestattet.

Wo steht die Stabkirche von Urnes, in der sich Romanik und Wikinger-Bauweise verbinden?

- ❑ Island
- ❑ Dänemark
- ❑ Norwegen
- ❑ Polen

In Norwegen, hoch über dem Lusterfjord. Sie wurde zwischen 1130 und 1150 erbaut. Die christlichen Stabkirchen sind ein- oder dreischiffige Holzkirchen mit mehrstufigem Dachaufbau.

Wer komponierte das „Bairische Stück" *Die Bernauerin* (1947)?
- ❑ Ludwig Thoma
- ❑ Heinrich Schütz
- ❑ Carl Orff
- ❑ Karl Valentin

Carl Orff (1895–1982). Die Oper wirkt vor allem durch die drastisch-lebensnahe Sprache, deren Wortklang musikalische Dimension gewinnt. In der *Bernauerin* werden bereits Anleihen aus dem antiken Theater deutlich.

Welches alte Ehepaar gewährte Zeus und Hermes gastfreundliche Aufnahme und wurde dafür reich belohnt?
- ❑ Abraham und Sara
- ❑ Philemon und Baucis
- ❑ Pyramus und Thisbe
- ❑ Oberon und Titania

Philemon und Baucis, die daraufhin von der Sintflut verschont wurden. Ihre armselige Hütte verwandelte sich in einen Tempel, in dem sie bis zu ihrem Tod dienten.

Worüber gibt die Schufa Auskunft?
- ❑ Reinheitsgebot
- ❑ Nebenwirkungen von Medikamenten
- ❑ Bonität von Bankkunden
- ❑ Unterhaltszahlungen

Über die Bonität von Bankkunden. Die Schutzgemeinschaft für allgemeine Kreditsicherung, von Kreditinstituten und dem Einzelhandel gegründet, besteht seit 1927.

Wann wurde die UdSSR gegründet?
- ❑ 1917
- ❑ 1922
- ❑ 1937
- ❑ 1945

1922, nach dem Sieg der „Roten Armee" über die zaristischen „weißen" Streitkräfte im Bürgerkrieg. Der „Erste All-Unions-Sowjetkongress" arbeitete u. a. auch eine sozialistische Verfassung aus.

Welche Pflanzensamen haben die nachweislich längste Keimfähigkeit?
- ❑ Lotosblume
- ❑ Eiche
- ❑ Weizen
- ❑ Seerose

Der Weizen. Getreidekörner aus ägyptischen Grabbeigaben waren nach 2000 Jahren noch keimfähig.

Welcher Schlagersänger landete 1957 mit dem Lied *Diana* einen Hit?
- ❑ Dean Martin
- ❑ Paul Anka
- ❑ Frank Sinatra
- ❑ Paul McCartney

Paul Anka (*1941). Mit 16 Jahren wurde er zum jüngsten Multimillionär des amerikanischen Showbusiness.

Wo liegt Bergen, die alte Krönungs- und Hansestadt?
- ❑ Norwegen
- ❑ Deutschland
- ❑ Belgien
- ❑ Russland

An der Südwestküste Norwegens. Sie wurde im 11. Jh. gegründet. Das alte Hafenviertel Bryggen zeigt sich noch im Stil der mittelalterlichen Hansestadt. Älteste Zeugnisse sind die Marienkirche und die Festung.

Welcher Sänger und Filmschauspieler sang das Lied *White Christmas*?
- ❑ Buddy Holly
- ❑ Frank Sinatra
- ❑ Bing Crosby
- ❑ Chuck Berry

Bing Crosby (1903–77). Er drehte mehrere Filme mit Bob Hope und erhielt 1944 für den Film der *Weg zum Glück* einen Oscar.

Welche Oper von Hans Pfitzner gilt als Meisterwerk des 20. Jh.?
- ❑ *Mitridate re di Ponto*
- ❑ *Palestrina*
- ❑ *Saint François d'Assise*
- ❑ *Hériodiade*

Palestrina (1917), die das Leben des bedeutenden Renaissance-Komponisten Giovanni Pierluigi da Palestrina inszeniert.

Wo fand im Altertum der Massenselbstmord von Masada statt?
❑ Persien ❑ Griechenland
❑ Spanien ❑ Palästina

In Palästina. In die Bergfestung hatten sich Eleazar, der Führer der Zeloten, und seine Anhänger mit Frauen und Kindern zurückgezogen. 73 begingen die letzten Verteidiger kurz vor der römischen Eroberung Selbstmord.

Welche mythische Symbolgestalt gilt als Warnung gegen den menschlichen Übermut?
❑ Pandora ❑ Sphinx
❑ Ikarus ❑ Pelops

Ikarus. In der griechischen Mythologie schuf er sich aus Wachs und Federn Flügel, mit denen er und sein Vater Daidalos dem Gefängnis entflohen; doch Ikarus flog zu hoch, sodass das Wachs schmolz.

Wie bezeichnet man das „Knacken" eines Kopierschutzes bei Software?
❑ Hibernation ❑ Crack
❑ Demolage ❑ Covern

Crack oder cracken. Die von Herstellern kostenlos verbreiteten, 30 Tage lauffähigen Testversionen von Programmen sind häufig als „gecrackte" Software im Internet zu finden.

Wo steht das berühmte Winterpalais des Zaren?
❑ Wladiwostok ❑ St. Petersburg
❑ Minsk ❑ Moskau

In St. Petersburg. Der Barockbau, der 1762 fertig gestellt wurde, diente den Zaren als Winterresidenz. Die Oktoberrevolution begann 1917 mit der Erstürmung des Winterpalais.

Wie heißt ein Geschäft, das in der Erwartung eines nicht kalkulierbaren Gewinns abgeschlossen wird?
❑ Vabanque ❑ Spekulation
❑ Monopoly ❑ Blankoscheck

Spekulationsgeschäft oder Spekulation. Es ist deshalb mit einem Risiko verbunden und kommt am meisten bei Wertpapiergeschäften vor.

Welche Insekten bilden die größten Staaten?
❑ Honigbienen ❑ Termiten
❑ Faltenwespen ❑ Wanderameisen

Tropische Termiten. Ihre größten Staaten umfassen zwischen 1 bis 3 Mio. Tiere.

In welchem Drama von Heinrich von Kleist spielt eine Amazonenkönigin die Titelheldin?
❑ *Das Käthchen von Heilbronn* ❑ *Penthesilea*
❑ *Die Marquise von O* ❑ *Elektra*

In *Penthesilea* (1808). Kleist (1777–1811) schildert darin mit einer psychologischen Feinsinnigkeit die Hassliebe der Königin der Amazonen zu dem Griechen Achill, die für beide tödlich endet.

Wie schwer ist beim Kugelstoßen die Kugel der Frau?
❑ 2 kg ❑ 4 kg
❑ 5 kg ❑ 6 kg

Vier Kilogramm. Bei den Männern beträgt das Gewicht 7,26 Kilogramm. Der Stoß muss innerhalb eines Kreises von 2,135 m ausgeführt werden.

Welcher Titanensohn frevelte an den Göttern, indem er den Menschen das Feuer brachte?
❑ Prometheus ❑ Epimetheus
❑ Tantalos ❑ Pelops

Prometheus, der zur Strafe an einen Felsen des Kaukasus gekettet wurde. Ein Adler fraß von seiner Leber, die sich nachts immer wieder erneuerte.

Welche deutsche Rockgruppe gilt als Erfinder des „Kölschrocks"?

- ❑ Pere Ubu ❑ U2
- ❑ BAP ❑ R.E.M

Die deutsche Dialektrockgruppe BAP (etwa „Vater"). Die Gruppe entwickelte sich aus einer Amateurband um Wolfgang Niedecken (*1951). 1996 erhielt er den Frankfurter Musikpreis.

In welcher Oper leitet die Titelheldin ihren Selbstmord mit der Arie „Suicidio! In questi fieri momenti" ein?

- ❑ *Pyrrhus* ❑ *La Gioconda*
- ❑ *I promessi sposi* ❑ *Don Giovanni*

In *La Gioconda* (1876) von Amilcare Ponchielli (1834–86). Die Straßensängerin erwehrt sich damit des lüsternen Zugriffs des Barnaba, eines Spitzels der staatlichen Inquisition.

Wo steht die Basilius-Kathedrale?

- ❑ Wien ❑ Moskau
- ❑ Istanbul ❑ Budapest

In Moskau. Iwan der Schreckliche (1530–84) ließ den Kirchenbau mit den berühmten Zwiebelkuppeln im 16. Jh. errichten. Die Kathedrale ist dem hl. Basilius geweiht.

Wer beerbte Lenin als Machthaber der UdSSR?

- ❑ Nikolaij I. Bucharin ❑ Leo Trotzki
- ❑ Josef Stalin ❑ Nikita Chruschtschow

Josef Stalin (1879–1953). Nach Lenins (1870–1924) Tod setzte er sich gegen Trotzki durch und beseitigte in der Folge systematisch die innerparteiliche Konkurrenz.

Welcher amerikanische Dramatiker war mit Marilyn Monroe verheiratet?

- ❑ Thornton Wilder ❑ Arthur Miller
- ❑ Tennessee Williams ❑ Henry Miller

Arthur Miller (1915–95). Die Ehe mit Marilyn Monroe hielt indes nicht lange (1956–61).

Wovon ernähren sich Blattschneiderameisen?

- ❑ Wurzeln ❑ Blätter
- ❑ Pilze ❑ Würmer

Sie ernähren sich von Pilzkulturen. Die Arbeiterameisen trennen Stücke aus Blätter heraus, die für die Düngung der Pilzkulturen gebraucht werden.

Welches wirtschaftspolitische Gesetz wird als „Magisches Viereck" umschrieben?

- ❑ Haushaltsgesetz ❑ Angebot und Nachfrage
- ❑ Rentenversicherungsgesetz ❑ Stabilitätsgesetz

Das Stabilitätsgesetz von 1967. Die wirtschaftlichen Eckziele sind: Preisstabilität, Vollbeschäftigung, außenwirtschaftliches Gleichgewicht und Wirtschaftswachstum.

Was ist ein Lettner?

- ❑ Chorgestühl ❑ Chorschranke
- ❑ Altarbild ❑ Tabernakel

Eine Chorschranke, die in mittelalterlichen Bischofskirchen den Bereich der Priester und Mönche vom Laienraum trennte.

Welcher Kirchenbau in England gilt als bedeutendstes Beispiel normannisch-romanischer Architektur?

- ❑ Durham ❑ Westminster-Abbey
- ❑ Carlisle ❑ Münster von York

Die Kathedrale von Durham, die im 11. Jh. ihren heutigen burgähnlichen Charakter erhielt. Daneben entstand ein Benediktinerkloster. Der Bischof erhielt die Burg als Residenz.

Welche Gestalt hat der altägyptische Gott Sobek?

- ❑ Falke
- ❑ Krokodil
- ❑ Käfer
- ❑ Strauß

Er wurde als Krokodil oder krokodilköpfig dargestellt. Verehrt wurde er vor allem in der Stadt Schedît, was griechisch „Krokodilopolis" heißt.

In welcher Oper stirbt die lungenkranke Mimì in einem Mansardenzimmer im Quartier Latin?

- ❑ *Manon Lescaut*
- ❑ *Die Feenkönigin*
- ❑ *La Bohème*
- ❑ *Madame Butterfly*

In *La Bohème* (1896), einem Melodram, das in der Pariser Künstlerwelt spielt, in der der mittellose Rodolfo und Mimì ein kurzes Glück feiern. Die bedeutende italienische Oper ist von Giacomo Puccini (1858–1924).

Wie bezeichnet der PC-Fachjargon zynisch einen Kunden, der unfreiwillig zur Testperson unausgereifter Software wird?

- ❑ Crusader
- ❑ Crashtest-Dummy
- ❑ Sonyboy
- ❑ Hethiter

Crashtest-Dummy. Kunden kaufen häufig die erste Ausgabe einer Software und stoßen dann meist auf Bugs (Fehler). Der Hersteller profitiert von diesen negativen Erfahrungen.

Wer trat bei den deutschen Präsidentschaftswahlen 1925 als Kandidat der KPD an?

- ❑ Wilhelm Marx
- ❑ Ernst Thälmann
- ❑ Walter Ulbricht
- ❑ Paul von Hindenburg

Ernst Thälmann (1886–1944). Er trat 1925 gegen Marx (Zentrum) und den späteren Wahlsieger Hindenburg an. 1933 inhaftiert, wurde er 1944 im KZ Buchenwald von der SS ermordet.

Welcher berühmte Maler hat sich selbst ein Teil des Ohres abgeschnitten?

- ❑ Paul Verlaine
- ❑ Vincent van Gogh
- ❑ Paul Gauguin
- ❑ Eugène Delacroix

Vincent van Gogh (1853–90), der als Laienprediger und Pfleger arbeitete, bevor er sich der Malerei zuwandte. Nach einem privaten Konflikt mit Paul Gauguin verletzte er sich 1888 schwer an seinem linken Ohr.

Wo stehen die Burgen von Gwynedd?

- ❑ Norwegen
- ❑ Normandie
- ❑ Baskenland
- ❑ Wales

In Wales. Neun Festungen wie Conwy Castle und Beaumaris dienten König Edward I. (1239–1307) zur Sicherung von Wales, nachdem die Waliser unterworfen wurden.

Wie heißt der in Shakespeares *Kaufmann von Venedig* als finstere Gestalt gezeichnete Jude?

- ❑ Puck
- ❑ Judas Ischariot
- ❑ Shylock
- ❑ Salomon

Shylock. Der Kaufmann von Venedig ist Antonio, der dem Juden ein Stück aus seinem Körper verpfändet, um einem Freund zu helfen. Als dieser Bankrott geht, verhindert die kluge Portia Schlimmeres.

Welches ist das größte und schwerste Lebewesen der Erde?

- ❑ Pottwal
- ❑ Blauwal
- ❑ Walhai
- ❑ Elefant

Der Blauwal. Seine Länge beträgt in der Regel ca. 30–35 m, sein Gewicht kann mehr als 130 t erreichen.

Welche Apostel waren Brüder?

- ❑ Matthäus und Thaddäus
- ❑ Petrus und Andreas
- ❑ Philippus und Thomas
- ❑ Simon und Judas

Petrus und Andreas. Das zweite Brüderpaar war Johannes und Jakobus.

In welchem gesellschaftlichen Bereich spricht man von Stagflation?

- ❑ Politik
- ❑ Bildung
- ❑ Wirtschaft
- ❑ Medienwelt

In der Wirtschaft. Der Begriff bezeichnet sowohl Inflation als auch Stagnation des Wirtschaftswachstums; hohe Arbeitslosigkeit ist eine Begleiterscheinung.

Wer schrieb die Tragikomödie *Der Besuch der alten Dame* (1964)?

- ❑ Botho Strauß
- ❑ Friedrich Dürrenmatt
- ❑ Max Frisch
- ❑ Bertolt Brecht

Friedrich Dürrenmatt (1921–90), der mit Romanen wie *Der Richter und sein Henker* (1952) und Stücken wie *Die Physiker* (1962) zu den tiefgründigsten Literaten des 20. Jh. zählt.

In welcher Oper springt die Titelheldin nach der Hinrichtung ihres Geliebten Cavaradossi von den Zinnen der Engelsburg?

- ❑ *Der Mantel*
- ❑ *Le nozze di Figaro*
- ❑ *Tosca*
- ❑ *Das Mädchen aus dem Goldenen Westen*

In *Tosca* (1900) von Giacomo Puccini (1858–1924). Tosca erdolcht vorher noch den teuflischen Polizeichef Scarpia, der sie vergewaltigen will. Die Erschießung ihres Geliebten kann sie nicht verhindern.

Wie heißt die berühmte Festung der englischen Könige, die auch als Staatsgefängnis diente?

- ❑ Karlstein
- ❑ Tower
- ❑ Escorial
- ❑ Windsor Castle

Der Tower von London, 1066 unter Wilhelm dem Eroberer begonnen und unter dessen Sohn fertig gestellt. Bis ins 16. Jh. war er Residenz und dann Gefängnis und Hinrichtungsstätte; heute ist er ein Museum.

Was symbolisierte im Mittelalter die Kröte, wenn sie nicht gerade ein Attribut von Hexen war?

- ❑ Erlösung
- ❑ Gebärmutter
- ❑ Schönheit
- ❑ Weisheit

Die Gebärmutter. Krötenplastiken wurden oft bei Frauenleiden als Votivgaben in Wallfahrtsorten dargebracht. In Volkssagen tritt die Kröte als Verkörperung unerlöster „armer Seelen" auf.

Welcher NS-Politiker war als „Reichsführer SS" für die „Germanisierung" der eroberten Gebiete zuständig?

- ❑ Ernst Röhm
- ❑ Julius Streicher
- ❑ Heinrich Himmler
- ❑ Reinhard Heydrich

Heinrich Himmler (1900–45). 1939 wurde er zum „Reichskommissar für die Festigung des deutschen Volkstums" ernannt; als solcher war er für die Umsiedlungen und Deportationen verantwortlich.

Welche Tiere legen die längsten Wanderstrecken zurück?

- ❑ Küstenseeschwalben
- ❑ Lachse
- ❑ Bisons
- ❑ Wale

Die Küstenseeschwalben. Von ihren Brutplätzen in der Arktis fliegen sie in die Antarktis und wieder zurück, also rund 40.000 km.

Welche legendäre amerikanische Jazzmusiker trug den Spitznamen „Satchmo“?

- ❑ Dave Brubeck
- ❑ Miles Davis
- ❑ Louis Armstrong
- ❑ Herbie Hancock

Louis Armstrong (1900–71). Bevor er 1925 seine eigene Band gründete, spielte er u. a. mit Fletcher Henderson. Plattenaufnahmen mit den berühmten Hot Five machen ihn unvergesslich.

Wo befinden sich die kurfürstlichen Schlösser Augustusburg und Falkenlust?

- ❑ Düsseldorf
- ❑ Potsdam
- ❑ Brühl
- ❑ Neustrelitz

In Brühl (Nordrhein-Westfalen). Im 18. Jh. wurden sie unter der Mitwirkung von François Cuviliés und Johann Balthasar Neumann für den Kurfürsten und Erzbischof von Köln erbaut.

In welchem Roman duellieren sich Innstetten und Crampas?

- ❑ *Irrungen, Wirrungen*
- ❑ *Frau Jenny Treibel*
- ❑ *Der Stechlin*
- ❑ *Effi Briest*

In *Effi Briest* (1894/95) von Theodor Fontane (1819–1898). Wie schon in der Novelle *L'Adultera* (1880) griff Fontane wieder eine Ehebruchsgeschichte auf.

Wie bezeichnet man eine wirtschaftliche Lage, in der ein geringes oder kein Wirtschaftswachstum zu verzeichnen ist?

- ❑ Depression
- ❑ Rezession
- ❑ Inflation
- ❑ Stagnation

Stagnation. Es herrschen hohe Arbeitslosigkeit, geringe Investitionsbereitschaft und ungünstige Gewinnaussichten.

Wie nennt man ähnlich der Shareware Software, die vor dem Kauf nur unvollständig ist?

- ❑ Quasimodo
- ❑ Samurai
- ❑ Lack-of-Content-Host
- ❑ Crippleware

Crippleware. Wichtige Funktionen sind zunächst nicht vorhanden. Erst nach der Registrierung (und Bezahlung) werden die fehlenden Bestandteile nachgeliefert.

In welcher Oper ist die Heirat einer chinesischen Prinzessin an die Lösung von drei Rätseln geknüpft?

- ❑ *Regina*
- ❑ *Turandot*
- ❑ *Madame Butterfly*
- ❑ *Figaro lässt sich scheiden*

In *Turandot* (1926) von Giacomo Puccini (1858–1924). Anwärter, die die Rätsel nicht lösen, fallen unter dem Beil des Henkers. Der Tatarenprinz Calaf ist erfolgreich, will aber freiwillig sterben, wenn Turandot über Nacht seinen Namen herausbekommt.

Wie heißt der Sohn des Arminius und der Thusnelda, der in der Sklaverei aufwuchs?

- ❑ Spartakus
- ❑ Franziskus
- ❑ Thumelicus
- ❑ Ariovist

Thumelicus. Nach der Ermordung des Varus-Bezwingers Arminius geriet dessen Frau Thusnelda schwanger in römische Gefangenschaft. Ihr Sohn starb vermutlich als Gladiator.

Welcher Partei gehörte der als Chef der Ufa zum Medienzar avancierte Alfred Hugenberg an?

- ❑ Deutsche Demokratische Partei
- ❑ Deutschnationale Volkspartei
- ❑ NSDAP
- ❑ SPD

Der Deutschnationalen Volkspartei (DNVP), deren Vorsitzender er war. Der Hugenberg-Konzern besaß zahlreiche Beteilungen in der Presse und im Film. Hugenberg (1865–1951) gilt als einer der „Steigbügelhalter“ Hitlers.

In welchem Drama stehen die rivalisierenden Familien Montague und Capulet im Mittelpunkt?

- ❑ *Macbeth*
- ❑ *Romeo und Julia*
- ❑ *Ein Sommernachtstraum*
- ❑ *Viel Lärm um Nichts*

In *Romeo und Julia* (um 1595) von William Shakespeare (1564–1616). Das jugendliche Liebespaar gehört zu den am häufigsten wieder bearbeiteten Stoffen in der Literatur, Musik und bildenden Kunst.

Welcher Dombau fand 632 Jahre nach der Grundsteinlegung seinen Abschluss?

- ❑ Aachen
- ❑ Köln
- ❑ Chartres
- ❑ Speyer

Der Kölner Dom, der 1248 begonnen und 1880 in Anwesenheit des deutschen Kaisers mit dem Schlussstein vollendet wurde. Entstanden ist ein stilreiner hochgotischer Kathedralbau.

Wie viele Grundelemente kannte die klassische griechische Philosophie?

- ❑ eines
- ❑ drei
- ❑ vier
- ❑ fünf

Vier: Feuer, Wasser, Luft und Erde. Darüber hinaus kam noch der Äther als „fünftes Seiendes" (Quintessenz) hinzu, das alles durchwirkte.

Welcher erfolgreiche Sportler trug den Spitznamen „Mister Sporthilfe"?

- ❑ Max Schmeling
- ❑ Hermann Neuberger
- ❑ Josef Neckermann
- ❑ Fritz Walter

Der deutsche Dressurreiter Josef Neckermann (1912–92). 1967 war er einer der Begründer der „Deutschen Sporthilfe".

Welcher Vogel legt seine Eier in fremde Nester?

- ❑ Krähe
- ❑ Ibis
- ❑ Kuckuck
- ❑ Nachtigall

Der Kuckuck. Ein „Kuckucksei" gilt deshalb als Geschenk von zweifelhaftem Wert oder auch als ein von einem fremden Vater gezeugtes Kind.

In welchem Shakespeare-Drama wird Cordelia von ihrem Vater verstoßen?

- ❑ *König Lear*
- ❑ *Der Widerspenstigen Zähmung*
- ❑ *Hamlet*
- ❑ *Othello*

In *König Lear* (um 1604/05). Ursache der Tragödie ist lediglich die Weigerung Cordelias, es den übermäßigen Liebesbeteuerungen ihrer Schwestern Regan und Goneril gleich zu tun.

In welcher Oper von Henry Purcell haben Oberon und Titania die Hauptrollen?

- ❑ *Die Feenkönigin*
- ❑ *Die Liebe zu den drei Orangen*
- ❑ *Dido und Aeneas*
- ❑ *König Arthur*

In *Die Feenkönigin* (1692), einer freien Bearbeitung von Shakespears *Sommernachtstraum*. Purcells (1659–95) spektakuläres „Maskenspiel" gilt als Gesamtkunstwerk, da es Tanz, Gesang, Musik und Wort vereint.

Mit welcher Maßnahme dürfen Arbeitgeber einem Streik begegnen?

- ❑ Kurzarbeit
- ❑ Aussperrung
- ❑ Entlassung
- ❑ Betriebsstillegung

Aussperrung. Sie stellt ein legitimes Mittel im Arbeitskampf dar. Die Arbeitnehmer werden daran gehindert, ihrer Arbeit nachzugehen, und erhalten keine Lohnzahlungen.

Wo stehen Dom und Michaeliskirche als Zeugnisse ottonischer Baukunst?
❑ Krakau ❑ Hildesheim
❑ Fulda ❑ Prag

In Hildesheim (Niedersachsen). Die Michaeliskirche wurde von Bischof Bernward (993–1022) entworfen; der Dom, ebenfalls im 11. Jh. entstanden, ist eine dreischiffige Basilika.

Welches riesige Freilichttheater wurde 80 n. Chr. in Rom eingeweiht?
❑ Circus Maximus ❑ Kolosseum
❑ Tivoli ❑ Pompeius-Theater

Das Kolosseum. Das von Kaiser Vespasian gestiftete Amphitheater bot 50.000 Menschen Platz. Zeltplanen, die man über die Öffnung spannte, schützten die nach „Spielen" gierenden Römer vor der Sonne.

Wer war einer der Initiatoren der Salzburger Festspiele?
❑ Wilhelm Furtwängler ❑ Hugo von Hofmannsthal
❑ Herbert von Karajan ❑ Gustaf Gründgens

Hugo von Hofmannsthal (1874–1929), neben Max Reinhardt und Richard Strauss. Die seit 1920 jährlich stattfindenden Festspiele bringen Konzerte, Theaterstücke und Opern zur Aufführung.

Welches Symbol wird in der Chemie für Sauerstoff verwendet?
❑ S ❑ O
❑ H ❑ Zn

O von griechisch oxȳs, „scharf, sauer", und lateinisch genium, „hervorbringend". Sauerstoff kommt auf der Erde häufiger als jedes andere Element vor.

Wo finden sich Zeugnisse der minoischen Kultur?
❑ Nordafrika ❑ Kreta
❑ Peloponnes ❑ Italien

Die bronzezeitliche minoische Kultur (3000–1100 v. Chr.) entstand auf Kreta. Hauptorte sind Knossos, Phaistos und Malia. Berühmt ist vor allem der sagenhafte Palast des Minos in Knossos.

Wie nennt man die kleinen, bei Sturmflut überspülten Inseln im Wattenmeer?
❑ Dünen ❑ Haffs
❑ Lagunen ❑ Halligen

Halligen. Die zehn Marschinseln vor der Nordseeküste Schleswig-Holsteins sind Reste alter Festlandmarschen. Die Wohngebäude der bewohnten Inseln sind auf Warften gebaut, die künstlich aufgeworfen sind.

Wie nennt man die einzelnen „Kabinen"-Arbeitsplätze, in die ein Großraumbüro aufgeteilt wird?
❑ Waben ❑ Cubicles
❑ Nuklei ❑ Monaden

Cubicles. Viele solcher gleich großer Arbeitsplätze werden durch Stellwände aus Pappe oder Sperrholz geschaffen. Sie sollen das Gefühl von Privatsphäre vermitteln.

Was befindet sich in Rammelsberg bei Goslar?
❑ Metallerzbergwerk ❑ Freilichtbühne
❑ Abtei ❑ Schloss

Das älteste historisch belegbare Metallerzbergwerk; 968 wurde es erstmals erwähnt. Heinrich II. ließ wohl wegen des Silberbergwerks 1005 seine Pfalz von Werla nach Goslar verlegen.

In welcher Oper tötet Gianciotto Malatesta seine untreue Frau und seinen Bruder?
❑ *Francesca da Rimini* ❑ *Schwester Angelica*
❑ *Der goldene Hahn* ❑ *Pygmalion*

In *Francesca da Rimini* (1906) von Sergej Rachmaninow (1873–1943). Die berühmte Geschichte um den Ehebruch der Francesca da Rimini mit ihrem Schwager hatte bereits Dante inspiriert.

Welche Blume hat in der christlichen Symbolik die Bedeutung der jungfräulichen Reinheit?

- ❑ Alraune
- ❑ Lilie
- ❑ Lorbeer
- ❑ Chrysantheme

Die Lilie. Sie wird daher in der Kunst vielen Heiligen beigegeben. Die „Fleur de Lis" war seit 1179 im Wappen der französischen Könige und dann auch in dem der Medici u. A.

Wer regierte in der Weimarer Republik mit Notverordnungen?

- ❑ Gustav Stresemann
- ❑ Heinrich Brüning
- ❑ Hermann Müller
- ❑ Adolf Hitler

Heinrich Brüning (1885–1970). Er führte 1930–32 eine Minderheitsregierung der bürgerlichen Mitte, die mit Unterstützung des Reichspräsidenten mit Notverordnungen regierte. Ihre Deflationspolitik verschärfte die Massenarbeitslosigkeit.

Wie können die Mitglieder einer Gewerkschaft sich für oder gegen einen Streik entscheiden?

- ❑ Urabstimmung
- ❑ Betriebsratswahlen
- ❑ Volksentscheid
- ❑ Demonstration

Mit der Urabstimmung. Sie findet statt, bevor der Arbeitskampf beginnt; 75 Prozent der betroffenen Gewerkschaftsmitglieder müssen ihre Zustimmung zum Streik geben.

Wer war ein einflussreicher Architekt des 20. Jahrhunderts?

- ❑ Alvar Aalto
- ❑ Jean Tinguely
- ❑ Cole Porter
- ❑ Auguste Renoire

Der Finne Alvar Aalto (1898–1976). Er verarbeitete Einflüsse des Internationalen Stils und schuf asymmetrisch geformte Baukörper wie etwa das Konzert- und Kongresshaus Finlandia in Helsinki.

Wo befindet sich eine berühmte Kaiserpfalz mit dem Reiterstandbild Friedrich Barbarossas?

- ❑ Berlin
- ❑ Goslar
- ❑ Bad Ischl
- ❑ Salzburg

In Goslar, wo in der Zeit des Reisekönigtums fast so etwas wie eine Residenz entstand. 1005 gegründet, wurde die Pfalz 1867–79 restauriert; das Reiterstandbild entstand in jener Zeit.

Welcher der folgenden Begriffe bildet keine Hauptgruppe im chemischen Periodensystem?

- ❑ Halogene
- ❑ Kohlenstoffe
- ❑ Isotope
- ❑ Alkaloide

Die Isotope. Innerhalb des Periodensystems nehmen die Isotope eines chemischen Elements den gleichen Platz ein; z. B. stehen Isotope des Alkalimetalls Cäsium in der ersten Hauptgruppe an der sechsten Stelle.

Wer war eine Vertraute Friedrich Nietzsches, die Geliebte Rainer Maria Rilkes und eine Schülerin Sigmund Freuds?

- ❑ Leni Riefenstahl
- ❑ Lou Andreas-Solomé
- ❑ Alma Mahler-Werfel
- ❑ Josephine Baker

Lou Andreas-Solomé (1861–1937), verheiratet mit dem Orientalisten Friedrich Carl Andreas. Sie gilt als bedeutende Anregerin und Muse der Jahrhundertwende. Selbst verfasste sie ein umfangreiches Werk und wurde Psychoanalytikerin.

Welche Oper komponierte der französische Barockmusiker Jean-Philippe Rameau?

- ❑ *The Tempest*
- ❑ *Die verkaufte Braut*
- ❑ *Hippolyte et Aricie*
- ❑ *Roméo et Juliette*

Hippolyte et Aricie (1733), ein Werk, das den berühmten Phädra-Stoff bearbeitet. Rameau (1683–1764) war einer der brillantesten und produktivsten französischen Komponisten.

Welcher Staatsmann vertrat gegen Hitlers außenpolitische Ziele eine Appeasement-Politik?

❑ Winston Churchill ❑ Josef Stalin
❑ Neville Chamberlain ❑ Kurt Schuschnigg

Der britische Premierminister Arthur Neville Chamberlain (1869–1940). Seine Beschwichtigungspolitik verfolgte das Ziel, in Europa eine dauerhafte Friedensordnung aufzurichten.

In welcher romantischen Stadt befindet sich aus ottonischer Zeit Schloss und Stiftskirche St. Servatius?

❑ Dresden ❑ Eisenach
❑ Bremen ❑ Quedlinburg

In Quedlinburg (Sachsen-Anhalt). 936 errichtete hier Mathilde, die Gemahlin König Heinrichs I., auf der Burg ein Kanonissenstift. Der dreischiffige Hallenbau wurde 1129 fertig gestellt.

Was bedeutet der Begriff „Apostel“?

❑ Gehilfe ❑ Gesandter
❑ Gesalbter ❑ Gefährte

Gesandter. Jesus sammelte zwölf Jünger um sich; sie erhielten den Auftrag, das Evangelium zu verkünden. Judas Ischariot, der Jesus verraten hatte, wurde durch Matthias ersetzt.

Was sind japanische Karashishi?

❑ Suppenteller ❑ Schreine
❑ Löwenhunde ❑ Schwerter

Löwenhunde, Torwächter, die vor den Eingängen buddhistischer Tempel („Buddhahunde“) in China stehen. Dennoch stammen sie aus dem Shintoismus.

Was bezeichnet das altertümliche Wort „Harnisch“?

❑ Hornisse ❑ Brustpanzer
❑ Lanze ❑ Harlekin

Den ritterlichen Brustpanzer. Das Wort stammt aus dem altfranzösischen „harnais“ für „kriegerische Ausrüstung“. Daraus hat sich die Wendung „jemanden in Harnisch (Wut) bringen“ abgeleitet.

Welches deutsche Tischtennis-Doppel gewann 1989 den Weltmeistertitel?

❑ Eberhard Schöler/Wilfried Lieck ❑ Susanne Wenzel/Nicole Struse
❑ Jörg Rosskopf/Steffen Fetzner ❑ Georg Böhm/Ralf Wosik

Jörg Rosskopf (*1969) und Steffen Fetzner (*1968). Sie gewannen 1992 olympisches Silber. Rosskopf war Europameister und achtfacher deutscher Meister im Einzel.

Wer zahlt Subventionen?

❑ Fiskus ❑ Gewerkschaften
❑ Arbeitnehmer ❑ Unternehmer

Der Fiskus. So werden z. B. staatliche Finanzhilfen oder Steuervergünstigungen an Unternehmen oder private Haushalte gewährt.

Welches Material vulkanisierte 1839 Charles N. Goodyear (1800–60)?

❑ Feldspat ❑ Kautschuk
❑ Kunststoff ❑ Buna

Kautschuk. Durch dessen Erhitzung mit Schwefel fand Goodyear ein Verfahren, durch das Gummi bei Kälte nicht spröde und bei Hitze nicht weich und klebrig wird.

Wie nennt man die neuen Fastfood-Restaurants mit Internet-Anschluss?

❑ Surfburger Valley ❑ Silicon Hamburger
❑ Surf & Eat ❑ Cyberburger Joint

Cyberburger Joint, ähnlich wie ein Cybercafé. Zum ersten Mal wurde diese Bezeichnung 1998 in einem Artikel der *New York Times* benutzt.

Welcher um 1900 lebende pathetische Schriftsteller schloss sich den italienischen Faschisten an?

❏ Ernst Jünger ❏ Gabriele d'Annunzio
❏ Maurizio Pollini ❏ Stefan George

Gabriele d'Annunzio (1863–1938), der sowohl in der Dichtung wie auch in der Politik einflussreich war. Künstlerisch war er geprägt von Nietzsche und Richard Wagner. Sein Werk beeinflusste Mussolini und die Faschisten.

Wo befindet sich die Wartburg?

❏ Meißen ❏ Gotha
❏ Eisenach ❏ Hambach

Über dem thüringischen Eisenach. Bauherren waren die Landgrafen (11./12. Jh.), die hier ein Zentrum der höfischen Kultur schufen. Hier lebte die hl. Elisabeth und Luther übersetzte die Bibel ins Deutsche.

Wer war ein bedeutender Ballett-Tänzer und Choreograph?

❏ Ernst Lubitsch ❏ George Balanchine
❏ George Gershwin ❏ Igor Strawinsky

Der gebürtige Georgier George Balanchine (1904–83), einer der einflussreichsten Ballettschöpfer des 20. Jh. Sein Werk umfasst sowohl das klassische Ballett wie zeitgenössische Choreographien.

Welche zeitgenössische Oper bearbeitet eine berühmte Shakespeare-Tragödie?

❏ *Die Gespenstersonate* ❏ *Das Schloss*
❏ *Lear* ❏ *Melusine*

Lear (1978) von Aribert Reimann (*1936), der vielbeachtete Opern komponierte, die überwiegend berühmte literarische Vorlagen verwenden.

Wer war in der DDR von 1946–90 in der FDJ organisiert?

❏ Ingenieure ❏ Jäger
❏ Jugendliche ❏ Christen

Jugendliche ab 14 Jahren. Die „Freie Deutsche Jugend" übernahm vor allem die politische Jugenderziehung. Sie war die einzige offiziell zugelassene Jugendorganisation der DDR.

Wer war ein bedeutender Sprachwissenschaftler und Soziologe des 20. Jahrhunderts?

❏ Karl Popper ❏ Roland Barthes
❏ Sergej Eisenstein ❏ Georges Simenon

Der Franzose Roland Barthes (1915–80). Der Anhänger des Strukturalismus erforschte u. a. Sprache unter dem Gesichtspunkt, welchen Einfluss sie auf das Wirklichkeitsempfinden des Menschen ausübt.

Welche Stadt gilt als Zentrum der Deutschen Klassik?

❏ Berlin ❏ Weimar
❏ Jena ❏ Göttingen

Weimar in Thüringen. Die Bedeutung der Stadt ist unauflöslich mit dem Dichterfürsten Johann Wolfgang Goethe (1749–1832) und dessen Freund Friedrich Schiller (1756–1805) verbunden, denen vor dem Nationaltheater ein Denkmal gesetzt wurde.

Welchen Vorteil hat eine zusammen wirkende Gruppe gegenüber den Ergebnissen einer Einzelarbeit?

❏ Arbeitsteilung ❏ Motivation
❏ Synergieeffekt ❏ Freizeitausgleich

Den Synergieeffekt. Der Begriff wird in der Organisationspsychologie angewendet. Man erkennt aber auch z. B. in den konzertierten Aktionen mehrerer Unternehmen größere Vorteile als beim einzelnen Vorgehen.

Welcher Farbstoff verleiht Pflanzen die grüne Farbe und ermöglicht die Photosynthese?

❑ Anilin ❑ Benzol
❑ Chlorophyll ❑ Indigo

Chlorophyll. Die Photosynthese wandelt Licht in chemische Energie um. Chlorophyll absorbiert überwiegend Licht des roten, violetten und blauen Frequenzbereichs und reflektiert grünes Licht.

Welcher in der NS-Diktatur als „entartet" geltende Künstler schuf u. a. Gemälde zu mythologischen Stoffen?

❑ Jasper Johns ❑ Max Beckmann
❑ Robert Musil ❑ Enrico Fermi

Max Beckmann (1884–1950). Der Expressionist griff in seinen Triptychons oder in Gemälden wie *Odysseus und Kalypso* (1943) auf mythologische Themen zurück, um das Allgemeinmenschliche ins Bild zu fassen.

Wie heißt der mandelförmige Nimbus, der in christlichen Darstellung als Heiligenschein dient?

❑ Plazenta ❑ Mandorla
❑ Mandragora ❑ Korona

Mandorla. Sie ist aus zwei unvollständigen Halbkreisen zusammengesetzt und wurde in der Kunst um die ganze Christus- oder Marienfigur gelegt.

Welche Bekleidung war seit dem Mittelalter dem Hochadel vorbehalten?

❑ Halskrause ❑ Hermelin
❑ Purpur ❑ Zobel

Der Pelz des Hermelins. Der kleine Marder ist nur ca. 30 cm lang. Sein Rückenfell färbt sich im Winter mit Ausnahme des dunklen Schwanzendes weiß.

In welcher zeitgenössischen Oper verwandelt sich Montezuma nach seinem Tod in Stein?

❑ *Jakob Lenz* ❑ *Seraphim*
❑ *Die Eroberung von Mexiko* ❑ *Oedipus*

In *Die Eroberung von Mexiko* (1992) von Wolfgang Rhim (*1952). Im Jahr 2000 wurde der Komponist als einer der „bedeutendsten, kreativsten Tonschöpfer der Gegenwart" mit dem Bach-Preis der Stadt Hamburg ausgezeichnet.

Welche Schlosskirche hat besondere Bedeutung für die Reformation?

❑ Ahrensburg ❑ Neuburg an der Donau
❑ Wittenberg ❑ Friedrichshafen

Die Schlosskirche von Wittenberg. An ihrem Portal hingen 1517 die Thesen Luthers, mit der er die Reformation auslöste. Hier liegt Luther begraben; Herzstück ist der Reformationsaltar der beiden Cranachs.

Welche Bundesbehörde wurde 1990 zur Verwaltung der Stasi-Akten gegründet?

❑ Hauptverwaltung Aufklärung ❑ Ministerium für Staatssicherheit
❑ Treuhandanstalt ❑ Gauck-Behörde

Die sog. Gauck-Behörde, eigentlich: Behörde des Bundesbeauftragten für die Unterlagen des Staatssicherheitsdienstes der DDR. Benannt ist die Behörde nach ihrem ehemaligen Leiter Joachim Gauck (*1940).

Welcher amerikanische Rockmusiker beeinflusste u. a. mit *Sweet Little Sixteen* die Beatles?

❑ Chuck Berry ❑ James Dean
❑ Pancho Villa ❑ Dietrich Fischer-Dieskau

Chuck Berry (*1931). Mit seinen Songs identifizierte sich eine ganze Teenagergeneration und er übte starken Einfluss auf die Rock- und Beatmusik der 50er- und 60er-Jahre aus.

Welches Schutzsystem geht gegen Internetkriminalität vor?

❑ Baud-Sheriff ❑ CyberCop
❑ Cyberkiller ❑ Sherwood-Monsters

CyberCop. Ihre Mitarbeiter nennen sich CyberCops, zu Deutsch „Cyberpolizisten". So lautet aber auch der Markenname eines Sicherheitssystems für Netzwerke.

Welches Gesetz gehört der Optik an?

❑ Snellius'sches Gesetz ❑ Gay-Lussac'sches Gesetz
❑ Ohm'sches Gesetz ❑ kirchhoffsches Gesetz

Das Snellius'sche Gesetz, benannt nach dem Holländer Willebrord Snell van Roijen (Snellius). Es beschreibt die Brechung eines Lichtstrahls beim Übergang von einem Medium in ein anderes.

Wer war ein bedeutender Dirigent aus Österreich?

❑ Franz Lehár ❑ Karl Kraus
❑ Karl Böhm ❑ Hugo von Hofmannsthal

Karl Böhm (1894–1981). Der bedeutende Strauss- und Wagner-Interpret war an allen renommierten Opernhäusern der Welt – meist als Gastdirigent – tätig. Er stiftete den Karl-Böhm-Preis für junge Dirigenten.

Welches Recht garantiert vom Staat unabhängige Tarifverhandlungen?

❑ Mitbestimmung ❑ Menschenrechte
❑ Tarifautonomie ❑ Meinungsfreiheit

Die Tarifautonomie (Art. 9 Grundgesetz). Sie erlaubt den Gewerkschaften und Arbeitgeberverbänden Tarifverträge nach bestimmten Richtlinien auszuhandeln.

Wo steht das Pergamonmuseum?

❑ München ❑ Kaiserswerth
❑ Wien ❑ Museumsinsel

Auf der Museumsinsel in Berlin, zu der weitere vier Bauten gehören. Hier stehen z. B. das Ischtar-Tor aus Babylon (6. Jh. v. Chr.) und natürlich der monumentale Pergamonaltar (2. Jh. v. Chr.).

Welche Oper von Nikolai Rimskij-Korsakow vertonte die Rivalität zweier bedeutender Komponisten?

❑ *Cefalo e Procri* ❑ *Salammbô*
❑ *Orpheus und Eurydike* ❑ *Mozart und Saljeri*

Mozart und Saljeri (1898). Rimskij-Korsakows (1844–1908) Kurzoper (ca. 40 Minuten Spieldauer) griff dabei auf einen Text von Puschkin zurück; demnach hätte Salieri Mozart ermordet.

Wer erfreute sich im Altertum an „Brot und Spielen"?

❑ Griechen ❑ Römer
❑ Chinesen ❑ Ägypter

Die Römer, insbesondere das Stadtproletariat, dem die Herrscher gerne Pferderennen, Tierhetzen und Gladiatorenkämpfe stifteten, um es bei Laune zu halten.

Wie heißt die griechische Göttin der ausgleichenden Gerechtigkeit?

❑ Eris ❑ Nemesis
❑ Artemis ❑ Hera

Nemesis. Der griechische Name bedeutet Zorn, denn sie ist auch Rächerin begangenen Frevels. Sie holt Menschen, die unverdientes Glück erfahren haben, auf den Boden der Realität zurück.

Wer war ein bedeutender Dirigent aus Rumänien?

❑ Paul Celan ❑ Sergiu Celibidache
❑ Ephraim Kishon ❑ Maurice Ravel

Sergiu Celibidache (1912–96). Er leitete von 1946–52 die Berliner und ab 1979 die Münchner Philharmoniker. Celibidache hat Schallplattenaufnahmen konsequent verweigert.

Was ist der älteste deutsche Kirchenbau?

- ❑ Dom von Freising
- ❑ Bamberger Dom
- ❑ St. Emmeram in Regensburg
- ❑ St. Peter in Trier

St. Peter in Trier, der 326 n. Chr. begonnen wurde. Der romanische Bau wurde im 11. und 12. Jh. zur dreischiffigen romanischen Kirche umgebaut.

Welche chemische Verbindung verursacht Rost?

- ❑ Kupfersulfat
- ❑ Kupferoxid
- ❑ Zinksulfit
- ❑ Eisenoxid

Eisenoxid. In Sauerstoff verbrennt Metall zu Eisenoxid. An feuchter Luft korrodiert Eisen und bildet Rost, ein rötlich-braunes Eisenoxid.

Wie verhält sich ein Mensch, dem man Hoffärtigkeit vorwirft?

- ❑ hochmütig
- ❑ kultiviert
- ❑ saumselig
- ❑ hochstaplerisch

Hochmütig bzw. stolz. Das mittelhochdeutsche Wort „Hoffart" wird negativ verwendet, wobei „fahren" die Bedeutung „sich befinden, leben" hatte.

Welcher bedeutende Jazz-Saxophonist spielte in der Band von Miles Davis?

- ❑ Count Basie
- ❑ Glenn Miller
- ❑ David Bowie
- ❑ John Coltrane

John Coltrane (1926–67), bedeutender Vertreter des Hardbop und Free Jazz. Charakteristisch ist seine Spielweise, die eine „gläserne" Klangfläche suggeriert.

In welchem Metier war Lovis Corinth zu Hause?

- ❑ Dichtung
- ❑ Filmkunst
- ❑ Malerei
- ❑ Architektur

In der Malerei und Grafik. Corinth (1858–1925) war ein bedeutender Vertreter des Impressionismus und Wegbereiter des Expressionismus.

Welche Oper ist nach einem Gegenstand benannt, der regelmäßig zu einem Schäferstündchen verhilft?

- ❑ *Die seidene Leiter*
- ❑ *Der Mantel*
- ❑ *Das Labyrinth*
- ❑ *Das Telefon*

Die seidene Leiter (1812) von Gioacchino Rossini (1792–1868). Dorvil, den Giulia heimlich gegen den Widerstand ihres Vormunds Dormont geheiratet hat, gelangt so auf den Balkon der Geliebten.

Wie nennt man die Rückzahlung eines Darlehens?

- ❑ Konsolidierung
- ❑ Finanzausgleich
- ❑ Pfändung
- ❑ Tilgung

Tilgung. Der gesamte Rückzahlungsbetrag errechnet sich aus den Tilgungsbeträgen und den Zinsen für die gesamte Laufzeit der Schuldenaufnahme.

Was regelte 1952 der Deutschlandvertrag?

- ❑ NATO-Mitgliedschaft
- ❑ Wiedervereinigung
- ❑ staatliche Souveränität
- ❑ Gründung der DDR

Die Rückgabe der staatlichen Souveränität der BR Deutschland nach dem Zweiten Weltkrieg. Die Westmächte einigten sich darauf, die volle Gleichberechtigung Deutschlands innerhalb der westlichen Staatenwelt anzuerkennen.

Welche 1986 stillgelegte deutsche Eisenhütte wurde von der UNESCO zum Weltkulturerbe ernannt?

- ❑ Königshütte
- ❑ Eisenhüttenstadt
- ❑ Völklinger Hütte
- ❑ Georgsmarienhütte

Die Völklinger Hütte im Saarland, die man als Kathedrale des Industriezeitalters bezeichnen darf. Jeder der sechs Hochöfen, die nach 1945 errichtet wurden, konnte täglich 1000 Tonnen Roheisen erzeugen.

Welcher amerikanische Komponist erhielt einen Oscar für seine Filmmusik zu *Die Erben* (1949)?

❑ Kurt Weill ❑ Benjamin Britten
❑ Aaron Copland ❑ Elia Kazan

Aaron Copland (1900–90). Seine frühen Werke waren von der europäischen Kunstmusik und dem amerikanischen Jazz geprägt. Er fand dann zu einem lyrischen Stil, der Volksmusik-Elemente aufweist.

Mit welchem Neologismus bezeichnet man „Dauersurfer" im Internet?

❑ Cybernauten ❑ Cyberzeppeline
❑ NetTrucker ❑ Mikronesier

Mit dem Begriff Cybernaut, auf neudeutsch etwa „Internetastronaut". Die Wortschöpfung kommt durch die Verschmelzung aus „Cyberspace" und „Astronaut" zustande.

Wie verändern Atome ihren Charakter bei Erwärmung?

❑ schneller ❑ langsamer
❑ größer ❑ kleiner

Sie werden schneller, d. h. die Elektronen gehen entsprechend hoher Energiezufuhr in einen Zustand höherer Energie über (angeregter Zustand) und geben ihrerseits Lichtenergie ab.

Wie heißen die griechischen Schicksalsgöttinnen?

❑ Harpyien ❑ Horen
❑ Moiren ❑ Nornen

Moiren (lat. Parzen oder Faten). Sie entsprechen den nordgermanischen Nornen. Klotho spinnt den Lebensfaden, Lachesis erhält ihn und Atropos schneidet ihn durch.

In welcher berühmten karolingischen Reichsabtei befindet sich die berühmte Königshalle?

❑ Tegernsee ❑ Lorsch
❑ St. Gallen ❑ Fulda

In der Reichsabtei Lorsch. Die sog. Königshalle, eine Torhalle aus der Zeit Abt Richbods (704–804), diente vermutlich als Kapelle und Gerichtsort. Karl der Große machte hier fünfmal Station.

In welcher orientalischen Oper gelingt den italienischen Sklaven die Flucht aus der Gewalt des Beys Mustafa?

❑ *Tancredi* ❑ *Die Entführung aus dem Serail*
❑ *L'Italiana in Algeri* ❑ *Il barbiere di Siviglia*

In *L'Italiana in Algeri* (1813) von Gioacchino Rossini (1792–1868). Isabella, die Titelheldin, ist eine beliebte Rolle für Mezzosopranistinnen. Das Werk gehört bis heute zu den populärsten Opern des Komponisten.

Welcher Apostel schrieb die *Korintherbriefe*?

❑ Petrus ❑ Johannes
❑ Paulus ❑ Jakobus

Paulus (†62 n. Chr.). Von den 13 Paulusbriefen sind vermutlich nur sieben von ihm: neben den zwei *Korintherbriefen* die Briefe an die Thessaloniker, Galater, Römer und Philipper sowie der Philemonbrief.

Welchen Namen trug in der ehemaligen DDR das bekannteste Autofabrikat?

❑ Wartburg ❑ Horch
❑ Maybach ❑ Trabant

Trabant (Trabi). Der Kleinwagen entstand 1954 und ging 1958 in die Serienproduktion. Der P 601 ging 1964 in Serie und änderte seine Karosserie bis 1991 nicht mehr.

An welches Ereignis erinnerte der 17. Juni als nationaler Gedenktag der BR Deutschland?

- ❑ Ende des Zweiten Weltkriegs
- ❑ Verkündung des Grundgesetzes
- ❑ Volksaufstand in der DDR
- ❑ Geburtstag Adenauers

An eine Revolte in der DDR im Jahr 1953. Zunächst protestierten Ostberliner Arbeiter gegen die Erhöhung der Arbeitsnorm. Die Revolte wuchs zum Aufstand gegen die SED-Regierung aus, der schließlich von sowjetischen Truppen niedergeschlagen wurde.

Wo liegt Hiddensee?

- ❑ Preußen
- ❑ Ostsee
- ❑ Bodensee
- ❑ Schlesien

In der Ostsee, westlich von Rügen. Hiddensee gehört zu Mecklenburg-Vorpommern. Das beliebte Ausflugsziel mit Seebad hat eine Heidekraut- und Trockendünenlandschaft.

Wer war der Wegbereiter des Cool-Jazz?

- ❑ Werner Henze
- ❑ Miles Davis
- ❑ Glenn Miller
- ❑ Scott Joplin

Der Amerikaner Miles Davis (1926–91). Der Gründer der legendären Capitol Band, der bedeutende Musiker der Jazz-Szene angehörten, erhielt insgesamt 23 Grammy Awards.

Was bezeichnet man im Boxen als „Sparring"?

- ❑ Kopftreffer
- ❑ Klammern
- ❑ Trainingskampf
- ❑ Pause

Einen Trainingskampf mit einem ausgewählten Gegner.

Welche Stadt an der Regnitz war eine bedeutende Kaiser- und Bischofsstadt?

- ❑ Regensburg
- ❑ Nürnberg
- ❑ Worms
- ❑ Bamberg

Bamberg. Im Bamberger Dom (13. Jh.) befindet sich der berühmte Bamberger Reiter, eines der ersten Reiterstandbilder seit der Antike. Barocke Prägung erhielt die Stadt durch die Fürstbischöfe von Schönborn.

Wie nennt man eine Legierung aus Kupfer (80–90%) und Zinn?

- ❑ Weißgold
- ❑ Bronze
- ❑ Hartlot
- ❑ Messing

Bronze. In der Regel werden Zink, Blei und Silber beigemengt. Bronze ist härter als jede andere Legierung. Somit waren Waffen und Werkzeuge in der Bronzezeit eine enorme Innovation.

Wer wurde mit Songs wie *Blueberry Hill* und *My Girl Josephine* zum Urvater des Rock 'n' Roll?

- ❑ Fats Domino
- ❑ Frank Sinatra
- ❑ Ella Fitzgerald
- ❑ Johnny Cash

Fats Domino (*1928). Seine Hits im Bluesstil prägten entscheidend den Rock 'n' Roll mit. Der korpulente Musiker am Klavier gehört zu den Legenden des Rhythm & Blues.

In welcher Oper besingt Figaro in einer berühmten Kavatine seine vielseitigen Fähigkeiten?

- ❑ *Die diebische Elster*
- ❑ *Le nozze die Figaro*
- ❑ *Il barbiere di Siviglia*
- ❑ *Die spanische Stunde*

In *Il barbiere di Siviglia* (1816) von Gioacchino Rossini (1792–1868). Die Belcanto-Oper brilliert durch die musikalisch-dramaturgische Schnelligkeit und hinreißende Solonummern.

Was entstand, als Perseus das Haupt der Medusa abschlug?

❑ Kentaur ❑ Genien
❑ Blitz ❑ Pegasus

Pegasus, ein geflügeltes Pferd, das als Symbolgestalt der Dichtkunst gilt, da es mit seinem Hufschlag auf dem Musenberg Helikon die Quelle Hippokrene aufschlug.

Wo steht der berühmte romanische Kaiserdom?

❑ Rom ❑ Speyer
❑ Köln ❑ Konstanz

In Speyer. Der Kaiserdom wurde 1061 feierlich eingeweiht, danach aber nochmals umgebaut. Er ist die Grablege des salischen Königshauses.

Wie bezeichnet man im kommerziellen Bereich des Internet das „Graben" nach Kundendaten?

❑ Data Mining ❑ Head-Hunting
❑ Data Cleaning ❑ Dataminierung

Data Mining – ob mit oder ohne Wissen des Kunden. Ziel ist, ein Benutzerprofil von den Besuchern einer Website anzulegen. Damit soll das Marketing kundenorientierter werden.

Welcher Firmenzusammenschluss verfolgt das Ziel, eine Monopolstellung zu erlangen?

❑ Konsortium ❑ Joint Venture
❑ Trust ❑ Kartell

Trust. Seine Bildung erfolgt häufig durch Fusion, was zur Aufgabe der Selbstständigkeit der Einzelunternehmen führt. Ein Trust steht meist unter Leitung einer Holding.

Welche Missionswelle ergriff zur Zeit der Merowinger das Frankenreich?

❑ byzantinische ❑ franziskanische
❑ iroschottische ❑ jesuitische

Die iroschottische. Die aus Schottland und Irland kommenden Mönche lebten ein Ideal der asketischen Heimatlosigkeit „um Christi willen". Bedeutsam war u. a. Columban d. J. (um 530–615).

Wer schuf die Drehbuch-Vorlagen zu Kinoklassikern wie *Rebecca* und *Die Vögel*?

❑ Samuel Beckett ❑ Stephen King
❑ Daphne du Maurier ❑ Nadine Gordimer

Die englische Schriftstellerin Daphne Du Maurier (1907–89). Ihre psychologisch-realistischen Unterhaltungsromane erlangten hohe Popularität; Alfred Hitchcock und Nicolas Roeg schufen daraus Meisterwerke der Filmkunst.

Welchen Traum verfolgten manche Physiker vor Entdeckung des Energieerhaltungssatzes?

❑ Golderzeugung ❑ Perpetuum mobile
❑ Fliegen ❑ Stein der Weisen

Ein Perpetuum mobile herzustellen, also eine sich dauernd bewegende Maschine, die keine Energiezufuhr braucht.

Welcher Popsänger wurde durch Protestsongs wie *Blowin' in the Wind* zu einem Idol?

❑ Wigald Boning ❑ Iggy Pop
❑ Bob Dylan ❑ Dizzy Gillespie

Bob Dylan (*1941). Mit seinen kritischen Texten wurde er zu einem der einflussreichsten Musikern seiner Zeit und zu einer Pop-Ikone des 20. Jh.

Welches Zisterzienserkloster in Baden-Württemberg ist vollständig erhalten geblieben?

- ❑ Raitenhaslach
- ❑ Heiligenkreuz
- ❑ Poblet
- ❑ Maulbronn

Maulbronn. 1147 wurde es gegründet und seit der Säkularisation um 1530 ist an den 35 Klostergebäuden fast nichts verändert worden. Berühmt ist vor allem das achteckige Brunnenhaus.

Was versucht die Heuristik aufzufinden?

- ❑ Vermisste
- ❑ Ahnen
- ❑ Weinschädlinge
- ❑ wissenschaftliche Erkenntnisse

Neue wissenschaftliche Erkenntnisse. Über Hypothesen und Modelle sollen Strategien entworfen werden, die schließlich zum Beweis eines Satzes oder einer Annahme führen.

In welcher Oper von Gioacchino Rossini bzw. Giuseppe Verdi ermordet ein Afrikaner seine Geliebte Desdemona?

- ❑ *Wilhelm Tell*
- ❑ *Palestrina*
- ❑ *Othello*
- ❑ *Der Türke in Italien*

In *Othello* (1816), einer Bearbeitung der berühmten Shakespeare-Vorlage. Das Intrigenspiel Jagos, das erst nach Desdemonas Tod aufgedeckt wird, veranlasst auch den eifersüchtigen Mörder, sich den Tod zu geben.

Welche Nation wurde 1946 am 38. Breitengrad faktisch in zwei Staaten geteilt?

- ❑ China
- ❑ Deutschland
- ❑ Korea
- ❑ Vietnam

Korea, das vordem von Japan besetzt war. Nach dem Koreakrieg (1950–53) wurde der 38. Breitengrad als Grenzelinie zwischen dem kommunistischen Nordkorea und dem westlich orientierten Südkorea festgelegt.

Wer schrieb den Roman *Herr der Fliegen* (1954)?

- ❑ Agatha Christie
- ❑ Stephen King
- ❑ Selma Lagerlöf
- ❑ William Golding

William Golding (1911–93). Darin beschreibt er eindrucksvoll, wie das Verhalten einer Gruppe Jugendlicher, die es auf eine einsame Insel verschlägt, zu Terror und Barbarei pervertiert.

Welches Zeichen soll Unheil abwehren und findet sich auf Amuletten?

- ❑ Pentagramm
- ❑ Anker
- ❑ Christusmonogramm
- ❑ Davidstern

Das Pentagramm, ein aus einer Linie gezogenes Fünfeck (Drudenfuß). Es spielt bei den Alchemisten, Gnostikern und Freimaurern eine Rolle. In christlicher Deutung repräsentiert es die Wundmale Christi.

Wie lautet der banktechnische Begriff für den letzten Tag des Monats?

- ❑ Jour fixe
- ❑ Valuta
- ❑ Ultimo
- ❑ Ultimatum

Ultimo (von lateinisch ultimus „der Letzte"). Er hat Stichtagcharakter.

In welchem Dom wurden im Mittelalter die polnischen Könige gekrönt?

- ❑ Danzig
- ❑ Gnesen
- ❑ Warschau
- ❑ Krakau

Im Dom zu Krakau. Der 1359 geweihte Dom auf der Wavelanhöhe gehört mit der Altstadt von Krakau zum Weltkulturerbe. Hier befindet sich auch die Marienkirche mit dem spätgotischen Altarbild von Veit Stoß.

In welcher Einheit wird die Lichtstärke gemessen?

- ❑ Mol
- ❑ Watt
- ❑ Candela
- ❑ Farad

In Candela. Dabei ist 1 Candela (cd) 1/60 des Lichts, das von einem Quadratzentimeter eines schwarzen Körpers bei der Temperatur von erstarrendem Platin senkrecht zu einer Oberfläche abgestrahlt wird.

Wer schrieb die Drehbuch-Vorlagen zu Kinoklassikern wie *Der Dritte Mann*?

- ❑ Erich Maria Remarque
- ❑ Alec Guinness
- ❑ Graham Greene
- ❑ Georges Simenon

Der englische Schriftsteller Graham Greene (1904–91), der durch seinen ersten Agentenroman *Stamboul Train* (*Orient-Express*, 1932) berühmt wurde. Sein Spätwerk ist komödiantisch geprägt.

Welche Oper von Gioacchino Rossini greift das berühmte Märchen vom *Aschenbrödel* auf?

- ❑ *Bianca e Falliero*
- ❑ *Penthesilea*
- ❑ *La Cenerentola*
- ❑ *Semiramis*

La Cenerentola (1817) (italienisch Aschenbrödel); diesen Beinamen trägt Angelina, die Stieftochter Don Magnificos; die gute Fee ist hier Alidoro, der Lehrer des Fürsten Don Ramiro, bei dem Angelina das Rennen macht.

An welchen römischen Kaiser erinnert eine mit kunstvollen Reliefs versehene Säule in Rom?

- ❑ Hadrian
- ❑ Augustus
- ❑ Trajan
- ❑ Nero

An Kaiser Trajan (53–117). Die Trajansäule ist 40 m hoch und erzählt auf den um sie herumlaufenden Reliefs (200 m) seine Feldzüge gegen die Daker (heutiges Siebenbürgen).

Wie nennt man im Fachjargon IT-Spezialisten, die die Zukunft des Computer- und Internetzeitalters bestimmen?

- ❑ Byte-Päpste
- ❑ Surfer
- ❑ Digerati
- ❑ Kybernetiker

Digerati, eine Wortneubildung aus „digital“ und „literati“ („die Gelehrten„). Zurzeit gehören dazu u. a. der Microsoft-Technikchef Nathan Myhrvold und der Gründer des Online-Dienstes AOL Steve Case.

Welche Stadt im Elsass glänzt durch sein Münster und seine Fachwerkhäuser?

- ❑ Mühlhausen
- ❑ Karlsruhe
- ❑ Straßburg
- ❑ Lyon

Straßburg. Die ehemalige deutsche Reichsstadt war im Mittelalter durch das Handwerk geprägt. Sie wird überragt durch das Straßburger Münster, von dem 1439 nur ein Turm fertig gestellt werden konnte.

Wer schrieb *Die Abenteuer des braven Soldaten Schwejk* (1923)?

- ❑ Edgar Wallace
- ❑ Boris Pasternak
- ❑ Jaroslav Hašek
- ❑ Franz Werfel

Jaroslav Hašek (1883–1923). Der satirische Roman über einen begriffsstutzigen böhmischen Soldaten des Ersten Weltkrieges wurde mehrfach erfolgreich verfilmt und bearbeitet.

Wer gilt als größter Gitarrist der Rockmusik?

- ❑ Andrés Segovia
- ❑ Joan Beaz
- ❑ Jimi Hendrix
- ❑ Joaquino Rodrigo

Jimi Hendrix (1942–70), dessen Spieltechnik durch elektronische Effekte Musikgeschichte machte. Legendär sind seine Auftritte mit seiner „Band of Gypsies“ bis zu seinem frühen Drogentod.

Welches chemische Element trägt den griechischen Namen für „Sonne“?

- ❑ Radium
- ❑ Lithium
- ❑ Helium
- ❑ Strontium

Helium. Es ist gasförmig, farb- und geruchlos. Helium kommt in der Natur nur atomar vor, bildet also keine Moleküle. Im Universum ist es nach dem Wasserstoff das zweithäufigste Element.

Was bezeichnet der Heurige?

- ❑ Zither
- ❑ moussierender Weißwein
- ❑ einjähriger Wein
- ❑ Schrebergarten

In Österreich meint man damit einen jungen Wein im ersten Jahr. Die Ableitung erfolgte von dem süddeutschen bzw. österreichischen Wort heurig „diesjährig“.

Wie lautet der synonyme Begriff für Umsatz?

- ❑ Gewinn
- ❑ Honorar
- ❑ Ertrag
- ❑ Erlös

Erlös. Er errechnet sich aus dem Produkt der Menge der abgesetzten Güter und dem Verkaufspreis je Stück.

Welche Oper von Gioacchino Rossini vertont eine berühmte Tragödie von Friedrich Schiller?

- ❑ *Guillaume Tell*
- ❑ *Luisa Miller*
- ❑ *I promessi sposi*
- ❑ *Die Belagerung von Korinth*

Guillaume Tell (1829). Es ist die letzte Oper des großen italienischen Komponisten, in der bereits die neuen musikalischen Tendenzen sichtbar werden; manches weist bereits auf Giuseppe Verdi und Richard Wagner voraus.

Welche bekannte Stadt mit dem Bären im Wappen liegt an der Aare?

- ❑ Thun
- ❑ Solothurn
- ❑ Bern
- ❑ Luzern

Bern. Die Hauptstadt der Schweiz wurde 1191 von Berthold V. von Zähringen gegründet, dem einer der elf Renaissance-Figurenbrunnen gewidmet ist. Das gotische Münster stammt aus dem 15. Jh.

Welcher sagenhafte König schuf sich eine Frau aus Elfenbein?

- ❑ Pygmalion
- ❑ Apollon
- ❑ Daidalos
- ❑ Midas

Pygmalion, ein begnadeter Bildhauer. Dieser verliebte sich in sein Kunstwerk; seiner Bitte, es lebendig werden zu lassen, erbarmte sich Aphrodite und Pygmalion vermählte sich mit der Idealfigur einer Frau.

Welcher Staat erhielt am 15.5.1955 die volle Souveränität?

- ❑ Japan
- ❑ Bundesrepublik Deutschland
- ❑ Republik Österreich
- ❑ Korea

Die Republik Österreich. Der „Österreichische Staatsvertrags“ legte fest, dass Österreich, das seit 1938 Teil des Deutschen Reiches war, ein neutraler, aber souveräner Staat werden sollte.

Welcher Pianist wurde als bedeutendster Virtuose des 20. Jahrhunderts gefeiert?

- ❑ Jascha Heifetz
- ❑ Mstislaw Rostropowitsch
- ❑ Wladimir Horowitz
- ❑ Maurice André

Wladimir Horowitz (1904–89), der sich immer wieder durch längere Konzertpausen rar machte. Seine Interpretationen zeichneten sich durch technische Brillanz und musikalische Vollkommenheit aus.

Bei welchem Spielstand kommt es im Tennis zu einem „Tie-Break“?

- ❑ 40:40
- ❑ 6:6
- ❑ 7:7
- ❑ 5:5

Üblicherweise beim Spielstand von 6:6. Welcher Spieler zuerst 7 Punkte bei zwei Punkten Abstand zu seinem Kontrahenten erreicht, hat den Satz bzw. das Match gewonnen.

Wer schrieb den utopischen Roman *Schöne neue Welt*?

- ❑ Sigmund Freud
- ❑ Laurence Sterne
- ❑ Aldous Huxley
- ❑ Patrick Süßkind

Aldous Huxley (1894–1963). Sein Roman beschreibt, wie Menschen in einer völlig entseelten, hoch technisierten Welt emotionaler Regungen beraubt und manipuliert werden.

Wo liegt das durch ein karolingisches Kloster bekannte Münstertal (Val Müstair)?

- ❑ Allgäu
- ❑ Tirol
- ❑ Oberrhein
- ❑ Graubünden

In Graubünden in der Schweiz. Das Benediktinerkloster soll von Karl dem Großen gegründet worden sein. Die Klosterkirche St. Johann birgt Fresken, die um 800 entstanden sind.

Was ist die chemische Verbindung NaCl?

- ❑ Backpulver
- ❑ Zucker
- ❑ Kochsalz
- ❑ Salmiak

Kochsalz (Natriumchlorid). Es kommt in Meerwasser und in Salzsolen vor. Der Name „Salz“ erklärt sich aus dem Lateinischen: Das „Salarium“ (Salär) der Legionäre war eine Salzration.

Wie heißt ein Verfahren zur Abwendung einer Insolvenz?

- ❑ Vergleich
- ❑ Liquidation
- ❑ Konkurs
- ❑ Stundung

Vergleich. Dabei können die Gläubiger eines Unternehmens zum Teil oder ganz auf ihre Forderungen verzichten, etwa um nicht selbst Schaden durch den Untergang des verschuldeten Unternehmens zu erleiden.

Welcher Apostel erhielt das Attribut „ungläubig“?

- ❑ Bartholomäus
- ❑ Thomas
- ❑ Thaddäus
- ❑ Philippus

Thomas. Das Johannesevangelium berichtet, dass er im Zweifel um die Auferstehung Jesu die Wundmale besah, bevor er glaubte.

Welche Wortneuschöpfung bezeichnet das „Telekolleg“ des Internet-Zeitalters?

- ❑ Distance Learning
- ❑ Net-Boarden
- ❑ Tele Science
- ❑ Knowledge Management

Distance Learning („Lernen auf Distanz“). Damit meint man die Aus- oder Weiterbildung, bei der der Lernende nicht (ständig) an der Ausbildungsstätte anwesend ist.

Welches biblische Sujet vertonte Camille Saint-Saëns zu einer berühmten Oper?

- ❑ *Samson und Dalila*
- ❑ *Die Troerinnen*
- ❑ *Seraphim*
- ❑ *Semiramide*

Samson und Dalila (1877). Des Juden Samson langes Haupthaar verleiht ihm Kraft gegen die Philister; doch als die reizvolle Dalila ihn betört und sein Geheimnis ergründet, ist es um ihn geschehn.

Wer war Imre Nagy?

- ❑ russischer Revolutionär
- ❑ Sportler
- ❑ Ministerpräsident Ungarns
- ❑ regimekritischer Schriftsteller

Der Ministerpräsident Ungarns. Nagy (1896–1958) wurde 1955 entlassen. Als Führer des Volksaufstandes von 1956 wurde Nagy in einem Geheimverfahren hingerichtet.

Wie lautete die alte deutsche Bezeichnung für „Februar“?

- ❑ Sühnemonat
- ❑ Hornung
- ❑ Fruchtmonat
- ❑ Thing

Hornung. Das Wort bezieht sich vermutlich auf die verkürzte Anzahl von Tagen im Monat Februar. Im Altfriesischen hieß man den „Bastard“ so, der quasi „zu kurz gekommen“ war.

Welche Stadt an der Salzach wurde architektonisch durch die Fürsterzbischöfe geprägt?

- ❑ Mühldorf
- ❑ Burghausen
- ❑ Wasserburg
- ❑ Salzburg

Salzburg. Zu den frühesten Gründungen zählt die Stiftskirche St. Peter, die Kollegienkriche von Fischer von Erlach, der barocke Dom, Schloss Mirabell und die alles überragende Feste Hohensalzburg.

Was ist ein Skarabäus?

❑ Sichel ❑ Mistkäfer
❑ Skorpion ❑ Gemme

Der Mistkäfer oder Pillendreher, der in Altägypten und im ganzen Mittelmeerraum ein wichtiges Symboltier der Erneuerung war. Ferner war er als Grabbeigabe, Siegelstein oder auch als magisches Schutzmittel in Gebrauch.

Welche weiße Sängerin gilt als Königin des Rock und Blues?

❑ Patti Smith ❑ Patsy Cline
❑ Janis Joplin ❑ Courtney Love

Janis Joplin (1943–70), die trotz ihrer kurzen Karriere zum Inbegriff der Beat- und Popkultur wurde. Songs wie *Mercedes Benz* machten die an einer Überdosis Heroin verstorbene Joplin zu einer Rocklegende.

In welchem physikalischen Gesetz ist die Konstante $g = 9{,}81\ m/s^2$ wichtig?

❑ Gasgesetz ❑ freier Fall
❑ Hebelgesetz ❑ Elektrodynamik

Im Gesetz über den freien Fall. Es ist ein Koeffizient, der das Verhältnis zwischen Fallzeit t und Fallweg s eines Körpers auf der Erde mitbestimmt: $s = -gt^2/2$.

Welcher Rock-Gruppe gehörte Kurt Cobain an?

❑ Santana ❑ Nirvana
❑ Aerosmith ❑ The Police

Der Gruppe Nirvana, die er 1987 mitbegründete. Cobains (1967–94) Songs handeln von der Frustration und Verzweiflung junger Menschen. Der Sänger geriet selbst immer mehr in den Sog von Drogen und beging vermutlich Selbstmord.

Was war die Kaiserresidenz der Habsburger zur Zeit Maria Theresias?

❑ Sanssouci ❑ Schloss Hellbrunn
❑ Bad Ischl ❑ Schloss Schönbrunn

Schloss Schönbrunn. Fischer von Erlach führte den Bau von 1696 bis 1711 aus; doch von 1743 bis 1780 wurde weiter daran gebaut und verändert. Die weitläufige Parkanlage mündet in die auf einer Anhöhe stehende Gloriette.

Wie heißt der in der Buchführung festgestellte Jahresfehlbetrag?

❑ Differenz ❑ Kosten
❑ Verbindlichkeit ❑ Verlust

Verlust. Er ergibt sich, wenn der Aufwand größer als der Ertrag in der Rechnungsperiode der Unternehmung ist. Dies ermittelt die Gewinn- und Verlustrechnung.

Welches Volksbuch veranlasste Alfred Schnittke zu der gleichnamigen Komposition?

❑ *Castor und Pollux* ❑ *Historia von D. Johann Fausten*
❑ *Melusine* ❑ *Don Quichotte*

Die *Historia von D. Johann Fausten*, 1587 von Johann Spies in Frankfurt a. Main verlegt. Schnittke (1934–98) entwickelte einen polystilistischen Stil: Zitiert bzw. collagiert werden musikalische Genres aus alter und neuer Zeit.

Welcher Staat wurde 1959 der 49. Bundesstaat der USA?

❑ Hawaii ❑ Guam
❑ Alaska ❑ Costa Rica

Alaska, das die USA bereits 1867 von Russland erworben hatten. Die Region hatte im Kalten Krieg Bedeutung gewonnen, da sie nur durch die Beringsee von der UdSSR getrennt ist.

Wer ist eine führende Vertreterin des afrikanischen Chansons?

- ❑ Ethel Waters
- ❑ Jane Monk
- ❑ Marilyn Horne
- ❑ Miriam Makeba

Miriam Makeba (*1932). Die Südafrikanerin trat engagiert gegen die Apartheid auf und lebte deshalb 30 Jahre im Exil. Sie verbindet traditionelle Volkslieder mit Rock- und Jazz-Elementen.

In welchem Roman des 20. Jahrhunderts steht der Antiheld Ulrich im Mittelpunkt?

- ❑ *Schachnovelle*
- ❑ *Der Mann ohne Eigenschaften*
- ❑ *Die Brüder Karamasow*
- ❑ *Dracula*

In Robert Musils (1880–1942) *Der Mann ohne Eigenschaften* (1930–42). Der Mathematiker Ulrich spiegelt die geistige Verfassung Österreichs vor Ausbruch des Ersten Weltkrieges wider.

Wie heißt die Landeshauptstadt der Steiermark, die von der UNESCO zum Weltkulturerbe ernannt wurde?

- ❑ St. Pölten
- ❑ Klagenfurt
- ❑ Graz
- ❑ Innsbruck

Graz. Die Architektur besticht durch das Nebeneinander von Bauten aus dem Früh- und Hochmittelalter, der Renaissance, dem Barock, Gründerzeit, Jugendstil und Moderne.

Wie nennt man elektrisch geladene Atome bzw. Moleküle?

- ❑ Ionen
- ❑ Photonen
- ❑ Neutronen
- ❑ Isotope

Ionen. Sie entstehen aus elektrisch neutralen Teilchen. Durch Aufnahme von Elektronen bilden sich positiv geladene Kationen und durch Abgabe von Elektronen negativ geladene Anionen.

Welcher griechische Gott trägt den Thyrsos-Stab mit sich?

- ❑ Pan
- ❑ Hermes
- ❑ Dionysos
- ❑ Satyr

Dionysos. Der Thyrsos-Stab hat die Funktion eines Szepters, der mit Wein- und Efeuranken umkränzt und mit einem großen Pinienzapfen gekrönt ist. Er wird auch als Phallussymbol gesehen.

Wie nennt man eine Überraschung, die ein Webdesigner in einer Website versteckt hat?

- ❑ Fortune Cookie
- ❑ Webgag
- ❑ Easter Egg
- ❑ Hyperlink

Easter Egg („Osterei"). Das kann z. B. ein Text, ein Geräusch oder ein Bild sein. Diese Elemente erscheinen, wenn man die Maus über eine bestimmte Stelle bewegt.

Welches Kunstwerk wird Matthias Grünewald zugeschrieben?

- ❑ Münchner Bavaria
- ❑ Die Gesundbeter
- ❑ Isenheimer Altar
- ❑ Heidelberger Schloss

Der *Isenheimer Altar* (ca. 1513–15), ein spätgotischer Flügelaltar, der drei Ansichten erlaubt. Es ist eines der bedeutendsten Werke der deutschen Malerei. Das Schnitzwerk stammt von Nikolaus Hagenauer.

Wer entwickelte in der Musik des 20. Jh. die Zwölftontechnik?

- ❑ Krzysztof Penderecki
- ❑ Francis Poulenc
- ❑ Arnold Schönberg
- ❑ Alexander von Zemlinsky

Arnold Schönberg (1874–1951), der sich von der an Wagner orientierten Spätromantik über die Atonalität zum Zwölftonsystem entwickelte. Seine Oper *Von heute auf morgen* (1930) ist die erste Zwölfton-Oper der Musikgeschichte.

Welche deutsche Partei vollzog mit dem Godesberger Programm 1959 die Wende zu einer modernen Volkspartei?

❑ CSU ❑ CDU
❑ SPD ❑ FDP

Die SPD, die damit ihre marxistische Ideologie aufgab und auch Nichtarbeiter, Angestellte und Beamte vertreten konnte. Federführend war Herbert Wehner (1906–90).

Was bedeutet Tara?

❑ Bruttogewicht ❑ Gutshof im amerikanischen Süden
❑ Verpackungsgewicht ❑ Steuerabzug

Verpackungsgewicht. Sie wird oft gesondert berechnet oder ausgewiesen, sodass sie eine wichtige Größe für die Kalkulation von Preisen sein kann.

Wie heißt die kroatische Hafenstadt, in der sich ein Palast Kaiser Diokletians befindet?

❑ Rijeka ❑ Dubrovnik
❑ Split ❑ Zagreb

Split. Der Kaiser erkor sich seine Heimatstadt zum Alterssitz, wohin er sich 305 zurückzog. Auf dem riesigen Areal entstand im Mittelalter die Altstadt von Split; Diokletians Mausoleum wurde zur Kathedrale umgebaut.

Welche Rockgruppe wurde mit Titeln wie *The Wall*, *Time* und *Money* berühmt?

❑ Pink Floyd ❑ AC/DC
❑ Velvet Underground ❑ Grateful Dead

Pink Floyd. Die englische Band wurde 1965 von Syd Barret, Roger Waters, Richard Wright und Nick Mason gegründet. Mit ihren fantastischen Lightshows waren sie richtungsweisend.

Wer ist Mauricio Pollini?

❑ Schlagersänger ❑ Klavier-Virtuose
❑ Bühnenautor ❑ Politiker

Einer der besten Klavier-Virtuosen. Der Italiener Pollini (*1942) gilt als Interpret, den intellektuelle Kühle und strenge Präzision auszeichnen.

Auf welchem physikalischen Gesetz beruht die Waage?

❑ Fallgesetz ❑ Auftriebgesetz
❑ Hebelgesetz ❑ Brechungsgesetz

Auf dem Hebelgesetz. Ausschlaggebend sind die jeweilige Länge der Hebelarme und die Kraft, die auf die Enden einwirkt.

Welcher Komponist der Wiener Klassik schuf u. a. den Liedzyklus *Die schöne Müllerin* (1823)?

❑ Gustav Mahler ❑ Franz Schubert
❑ W. A. Mozart ❑ Joseph Haydn

Franz Schubert (1797–1828). Neben Klavierwerken, Streichquartetten, Messen und acht Opern umfasst sein Werk vor allem über 600 Lieder, zu denen etwa auch *Heidenröslein* (1815) und *Erlkönig* (1815) zählen.

Wo befindet sich Park und Palais Güell sowie die Casa Milà?

❑ Rom ❑ Barcelona
❑ Mexiko ❑ Paris

In Barcelona. Die Gebäude und Anlagen schuf der Architekt Antonio Gaudí (1852–1926), einer der wichtigsten Vertreter des katalanischen Jugendstils.

Wer waren die Markomannen?

❑ Nordmänner ❑ Germanen
❑ mythisches Volk ❑ Italiener

Germanen. Zusammen mit den Quaden bedrohten sie seit 167 n. Chr. nicht nur die Grenzen des römischen Reiches, sondern Italien. Mark Aurel (121–180) unterwarf sie bis 180.

Wie nennt man in Abbildungen eine Schlange, die sich in den Schwanz beißt?

- ❑ Fenrir
- ❑ Uroboros
- ❑ Obelisk
- ❑ Swastika

Uroboros. Der Kreis symbolisiert in vielen Kulturen die ewige Wiederkehr, die ständige Wiederholung von Anfang und Ende.

Welches der folgenden Länder war noch nie Fußballweltmeister?

- ❑ Niederlande
- ❑ Uruguay
- ❑ Italien
- ❑ England

Die Niederlande. Ihre Mannschaft verlor 1974 im Endspiel 1:2 gegen Deutschland und 1978 1:3 nach Verlängerung gegen Argentinien.

Wie bezeichnet man eine Neuordnung des Geldwesens in einer Volkswirtschaft?

- ❑ Konvertierung
- ❑ Steuerreform
- ❑ Währungsreform
- ❑ Deflation

Währungsreform. Sie wird z. B. dann notwendig, wenn zwar genügend Vermögen vorhanden ist, das Geld als Zahlungsmittel aber kein Ansehen mehr genießt, verursacht etwa durch eine Inflation.

Welcher Musical-Komponist schrieb *Kiss Me Kate* (1948)?

- ❑ George Bernhard Shaw
- ❑ Irving Berlin
- ❑ Cole Porter
- ❑ George Gershwin

Cole Porter (1893–1964). Er schrieb zahlreiche Songs mit Texten sowie mehrere Musicals, die alle verfilmt wurden. Zu dem Film *High Society* (1956) komponierte er die Musik.

Welches spätgotische Gemälde stammt von dem elsässischen Maler Martin Schongauer?

- ❑ *Madonna im Rosenhag*
- ❑ *Sixtinische Madonna*
- ❑ *Der Kuss*
- ❑ *Das Dachatelier*

Die *Madonna im Rosenhag* (ca. 1473), eine ganzfigurige Mariendarstellung mit Kind. Das Motiv sitzt auf einer Rosenbank, die unbefleckte Empfängnis symbolisierend.

In welcher Rolle war Hermann Prey weltberühmt?

- ❑ Tarzan
- ❑ Porgy
- ❑ Figaro
- ❑ Zampano

In der Rolle des Figaro in Rossinis Oper *Der Barbier von Sevilla* (1816). Prey (1929–98) war einer der bedeutendsten und populärsten Sänger. Der lyrische Bariton sang alle großen Partien seines Faches.

Wie werden in der EDV-Sprache hoch spezialisierte Computerexperten bezeichnet, die freiberuflich tätig sind?

- ❑ Tetramorph
- ❑ IT-Guru
- ❑ Big Brother
- ❑ E-Lancer

E-Lancer, was eine Anspielung auf den „Freelancer“, den freien Mitarbeiter, ist. E-Lancer bieten ihre Arbeit weltweit an, meist ohne die eigene Wohnung zu verlassen.

Um welche berühmte kastilische Stadt windet sich der Tajo?

- ❑ Toledo
- ❑ Bilbao
- ❑ Córdoba
- ❑ Salamanca

Um Toledo. Iberer, Westgoten und Mauren herrschten hier, bis die Reconquista Toledo 1085 zurückerobert hatte. Monumental sind die Kathedrale San-Juan-de-los-Reyes und die Festung Alcázar.

Welches Gas wird in der Industrie zur Herstellung von Düngemittel wie als FCKW-freies Kühlmittel verwendet?

- ❑ Phosphor
- ❑ Anilin
- ❑ Ammoniak
- ❑ Salmiak

Ammoniak. Das farblose, stechend riechende Gas wurde bereits im Mittelalter durch Erhitzen von Hörnern und Hufen von Ochsen oder Hirschgeweihen gewonnen.

Welche Oper komponierte Franz Schubert?

❑ *Alfonso und Estrella* ❑ *Die Nachtigall*
❑ *Das Totenhaus* ❑ *Elektra*

Alfonso und Estrella (1854), deren Uraufführung Schubert (1797–1828) nicht erlebte. Schuberts Opern lassen es an Bühnenwirksamkeit fehlen; sie waren somit keine Konkurrenz etwa zu Rossini oder Meyerbeer.

Wann begann in der Bundesrepublik Deutschland die Anwerbung von „Gastarbeitern“?

❑ 1945 ❑ 1955
❑ 1975 ❑ 1985

1955. Die Anregung kam von Ludwig Erhard (1897–1977) und verfolgte das Ziel, dauerhaft die Hochkonjunktur zu stabilisieren. 1973 beendete das Wirtschaftsministerium die Anwerbung in Nicht-EG-Ländern.

Welches Kunstmetier beherrschte Arthur Rubinstein virtuos?

❑ klassischer Gesang ❑ klassisches Klavierspiel
❑ Violine ❑ Komposition

Das klassische Klavierspiel. Der Amerikaner polnischer Herkunft gehört zu den größten Pianisten des 20. Jh. Rubinstein (1887–1982) hinterließ in 77 Jahren eine Vielzahl von Plattenaufnahmen.

Wofür ist San Gimignano berühmt?

❑ Pferderennen ❑ Geschlechtertürme
❑ Thermen ❑ Moscheen

Für seine Geschlechtertürme, befestigte Wohntürme der rivalisierenden adligen Familien. Von den einst 70 Türmen existieren heute noch 14. Weitere Beispiele finden sich auch in Regensburg.

Wer brachte das berühmte Gleichnis vom Kamel und dem Nadelöhr?

❑ Franz von Assisi ❑ Paulus
❑ Jesus ❑ Salomo

Jesus Christus: „Es ist leichter, dass ein Kamel durch ein Nadelöhr geht, als dass ein Reicher ins Reich Gottes komme.“ Den Vergleich berichten mehrere Evangelien.

In welcher Straße in New York hat die Börse ihren Sitz?

❑ Madison Avenue ❑ Fifth Avenue
❑ Downingstreet ❑ Wall Street

Wall Street. Sie befindet sich im Stadtteil Manhattan. Wall Street ist im übertragenen Sinne ein Synonym für die gesamte Banksphäre der USA.

Welches Tier symbolisiert im alten China das Fortleben nach dem Tod?

❑ Krokodil ❑ Papagei
❑ Skarabäus ❑ Zikade

Die Zikade (Grille). Verstorbenen wurde ein Zikadenamulett aus Jade in den Mund gelegt. In Griechenland war sie ein Sinnbild der „feinen“ Dichtkunst.

Welche physikalische Kraft verursacht die Abplattung der Erde?

❑ Gewichtskraft ❑ Zentrifugalkraft
❑ Zentripetalkraft ❑ Gravitationskraft

Die Zentrifugalkraft (Fliehkraft), die durch die Erdrotation entsteht.

Wer schrieb den Roman *Der Fänger im Roggen* (1951)?

❑ Eugene O'Neill ❑ David Salinger
❑ Hermann Hesse ❑ Jaroslav Hašek

David Salinger (*1919). Der Protestroman um den Helden Holden Caulfield, einen aufbegehrenden jungen Mann, der sich gegen die Erwachsenenwelt verschließt, wurde zur Schlüsselfigur einer ganzen Generation.

Welche von Kreuzrittern beschützte Mittelmeerinsel hielt den Osmanen stand?

- ❑ Malta
- ❑ Samos
- ❑ Zypern
- ❑ Sizilien

Malta. Valletta, die Hauptstadt der Insel, wurde nach dem Johanniter-Großmeister Jean Parisot de la Valette benannt. Auf einem 60 m hohen Felsen thront das Fort St. Elmo.

Wer komponierte die Liederzyklen *Dichterliebe* (1840) und *Frauenliebe und -leben* (1840)?

- ❑ Clemens Brentano
- ❑ Robert Schumann
- ❑ Richard Wagner
- ❑ Heinrich Heine

Robert Schumann (1810–56), einer der wichtigsten Vertreter der deutschen Romantik. Schumann war vor allem Kammermusik- und Liedkomponist. Berühmt ist auch seine *Frühlingssinfonie op. 38* (1841).

Welcher moderne Künstler malte Bilder mit hageren und knochigen Gestalten?

- ❑ Polyklet
- ❑ Egon Schiele
- ❑ Peter Paul Rubens
- ❑ Donatello

Egon Schiele (1890–1918), dessen vom Jugendstil und Expressionismus geprägtes Werk vielfach erotische Themen bearbeitet; z. B. *Mädchenakt* (1911) und *Umarmung* (1917).

Welche internationale Organisation setzt sich für die Freilassung politischer Häftlinge ein?

- ❑ UNO
- ❑ Greenpeace
- ❑ Amnesty International
- ❑ UNICEF

Amnesty International (ai). 1961 gegründet, bemüht sich die Hilfsorganisation auch um die weltweite Ächtung der Todesstrafe. Sie erhielt 1977 den Friedensnobelpreis.

Welcher bedeutende Dirigent stand bis 1991 an der Spitze des Chicago Symphony Orchestra?

- ❑ Georg Solti
- ❑ David Oistrach
- ❑ Boris Blacher
- ❑ Herbert von Karajan

Georg Solti (1912–97). Er machte sich besonders als Wagner- und Strauss-Interpret einen Namen. Das Chicagoer Ensemble errang unter ihm einen internationalen Ruf.

Welcher Operettenkomponist schrieb zahlreiche beliebte Schlager wie *Adieu mein kleiner Gardeoffizier*?

- ❑ Johann Strauß
- ❑ Jacques Offenbach
- ❑ Igor Strawinsky
- ❑ Robert Stolz

Robert Stolz (1880–1975). Mehr als 60 Operetten und über 2000 Lieder zählen zu seinem Werk. Für seine Filmmusiken zu *Spring Parade* (1940) und *Es geschah morgen* (1944) erhielt er einen Oscar.

Mit welchem Kunstwort bezeichnet man Kurzzeichen, die beim Internet-Chat Gefühle vermitteln?

- ❑ Homunkulus
- ❑ Ardinghello
- ❑ Emoticon
- ❑ Peanuts

Mit Emoticon, das sich aus „emotion" („Gefühl") und „Icon" (etwa: „Abbildung") zusammensetzt. In der Regel muss man sie um 90 Grad drehen, um das Bild zu verstehen. So steht :-) für einen „Smiley".

Auf welcher Mittelmeerinsel befindet sich die Hafenstadt Paphos?

- ❑ Formentera
- ❑ Korsika
- ❑ Kreta
- ❑ Zypern

Auf Zypern, im Südwesten der Insel. Unweit von Paphos befindet sich die antike Stadt, die um 320 v. Chr. entstand. Aus römischer Zeit sind u. a. Bodenmosaiken und ein Amphitheater erhalten.

Wie nennt man die Börse, an der Rohstoffe, Agrarprodukte oder auch Nahrungsmittel gehandelt werden?

- ❑ Devisenbörse
- ❑ Dienstleistungsbörse
- ❑ Warenbörsen
- ❑ Computerbörse

Warenbörse. Sie betreibt einen Handel, bei dem entweder Kassahandel mit sofortiger Erfüllungspflicht oder Termingeschäfte abgeschlossen werden.

Welches chemische Element entdeckten Marie und Pierre Curie?

- ❑ Radium
- ❑ Titan
- ❑ Tritium
- ❑ Uran

Das Radium. Von dem Metall sind mehrere verschieden radioaktive Isotope mit unterschiedlichen Halbwertszeiten bekannt. Ferner entdeckten sie das Polonium.

Welche Oper komponierte Robert Schumann?

- ❑ *Genoveva*
- ❑ *Die Frau ohne Schatten*
- ❑ *Rienzi, der letzte der Tribunen*
- ❑ *Das Kind und der Zauberspuk*

Genoveva (1850). Als Vorlagen dienten Tiecks Trauerspiel „Leben und Tod der heiligen Genoveva“ und Hebbels Tragödie.

Auf welchem Tier ritt die nordische Göttin Freyja?

- ❑ Eber
- ❑ Löwe
- ❑ Drache
- ❑ Pferd

Auf dem Eber Hildeswin. „Frau Herrin“, die schöne und mächtige Göttin der Fruchtbarkeit, fuhr aber auch mit einem Katzengespann zur Beerdigung des Gottes Balder.

In welchem südamerikanischen Land wurde 1970 erstmals ein Sozialist Staatspräsident?

- ❑ Argentinien
- ❑ Chile
- ❑ Brasilien
- ❑ Uruguay

Salvador Allende Gossens (1908–73) in Chile. 1973 übernahm General Pinochet (*1915), unterstützt von den USA, durch einen Militärputsch die Macht. Dabei kam Allende ums Leben.

Wo befindet sich die berühmte Blaue Moschee?

- ❑ Tirana
- ❑ Istanbul
- ❑ Kiew
- ❑ Jerusalem

In Istanbul. Mit ihren schlanken Minaretten und dem wuchtigen mehrkuppeligen Zentralbau steht die von 1609–16 erbaute Moschee in ihrer Monumentalität der Hagia Sophia in nichts nach.

Wer schuf die Comic-Figuren Asterix und Obelix?

- ❑ Wilhelm Busch
- ❑ Albert Uderzo
- ❑ Walt Disney
- ❑ Charles Schulz

Der Zeichner Albert Uderzo (*1927). Die Texte schrieb René Goscinny (1926–77) und nach seinem Tod Uderzo. Die Comic-Serie erschien erstmals 1956.

Welcher kanadische Rocksänger hatte mit dem Soloalbum *After the Goldrush* (1970) einen Riesenerfolg?

- ❑ Eric Burdon
- ❑ Neil Young
- ❑ Freddie Mercury
- ❑ Stevie Wonder

Neil Young (*1945). Er zählt zu den wichtigsten Songwritern, erhielt für den Soundtrack von *Philadelphia* (1993) einen Oscar und schrieb auch die Filmmusik zu Jim Jarmuschs *Dead Man* (1995).

Wie nennt man den Ausschlag eines Pendels bei einer Schwingung?

- ❑ Konjunktion
- ❑ Elongation
- ❑ Oszillogramm
- ❑ Amplitude

Amplitude. Bei Schallwellen wird die Größe der Amplitude hörbar; je größer die Amplitude, desto lauter der Ton.

Wer komponierte die komische Oper *Die verkaufte Braut* (1866)?

- ❑ Franz Lehar
- ❑ György Ligeti
- ❑ Bedřich Smetana
- ❑ Albert Lorzing

Bedřich Smetana (1824–84). Mit der heiteren, volkstümlichen *verkauften Braut* und der ernsten Oper *Dalibor* (1868) wurde er zum Schöpfer einer tschechischen Nationaloper.

Wer ist ein berühmter holländischer Landschaftsmaler?

- ❑ Guido Reni
- ❑ Jacob van Ruisdael
- ❑ Philipp Otto Runge
- ❑ Karl Schmidt-Rottluff

Jacob Isaacksz van Ruisdael (1628/29–82). Seine Bilder zeigen die Natur von ihrer bedrohlichen Seite, etwa mit unheilvoll wirkenden Gewitterwolken; z. B. *Die Mühle in Wijk* (um 1670).

Bei welchem Spekulationshandel werden Waren im Voraus erworben?

- ❑ Aktienhandel
- ❑ Devisenhandel
- ❑ Versicherungshandel
- ❑ Warentermingeschäft

Beim Warentermingeschäft. Dabei werden Waren bereits vor der Ernte bzw. vor der Gewinnung zu einem festgesetzten Preis gekauft. Dies bietet die Möglichkeit zu Spekulationsgewinnen.

Wo befinden sich die Felsendenkmäler von Göreme?

- ❑ Normandie
- ❑ Siebenbürgen
- ❑ Kalabrien
- ❑ Kappadokien

In Kappadokien (Türkei). Der Blick über die bizarre Tuffgesteinlandschaft erinnert an eine Mondlandschaft. Sie ist eine vulkanische Hinterlassenschaft, in der Kirchen und Klöster eingemeißelt wurden.

Welcher Paragraph des deutschen Strafgesetzbuches ist seit Beginn der 70er-Jahre umstritten?

- ❑ § 218 (Schwangerschaftsabbruch)
- ❑ § 129 (Bildung krimineller Vereinigungen)
- ❑ § 32 (Notwehr)
- ❑ „Radikalenerlass“

§ 218. Er sieht die strafrechtliche Verfolgung bei Schwangerschaftsabbruch vor. Seit 1995 ist dieser zwar weiterhin rechtswidrig, bleibt aber straffrei, wenn er innerhalb der ersten drei Schwangerschaftsmonate nach vorhergehender Beratung von einem Arzt vorgenommen wird.

In welcher Gewichtsklasse wurde Henry Maske 1993 Boxweltmeister der IBF?

- ❑ Bantam
- ❑ Mittelgewicht
- ❑ Halbschwergewicht
- ❑ Schwergewicht

Im Halbschwergewicht; das ist die Gewichtsklasse bis 79 kg. Darüber liegt das Schwergewicht; darunter das Mittelgewicht.

Welche literaturgeschichtliche Epoche wird als Geniezeit bezeichnet?

- ❑ Klassik
- ❑ Barock
- ❑ Expressionismus
- ❑ Sturm und Drang

Die Sturm- und Drang-Zeit von etwas 1770 bis 1785. Bedeutende Werke in Lyrik, Epik und Drama von Klopstock, Goethe, Schiller u. a. markieren diese vorklassische Literaturperiode.

Wie bezeichnet die IT-Fachsprache sog. „gute“ Hacker?

- ❑ Ethical Hacker
- ❑ Moralisten
- ❑ Angels
- ❑ Altruistic Guys

Ethical Hacker. Sie dringen in ein System ein, um dessen Schwachstellen kennen zu lernen. Anschließend informieren sie die Betreiber, damit sie ihr System verbessern.

Welche römische Göttin wurde der Athene gleichgesetzt?

- ❑ Minerva
- ❑ Juno
- ❑ Ceres
- ❑ Diana

Minerva. Die Tochter Jupiters wird wild und kriegerisch dargestellt und galt als Schutzherrin der Krieger und als Hüterin von Heim und Staat.

Wer schrieb den fantastischen Abenteuerroman *Gargantua und Patagruel* (1564)?
❑ Nostradamus ❑ Jean Paul
❑ François Rabelais ❑ Laurence Sterne

François Rabelais (um 1494–1553). Geistreiche Exkurse, Anekdoten, Sprachorgien und Parodien, die den Handlungsverlauf unterbrechen, errangen dem Roman eine einzigartige Stellung in der Weltliteratur.

Wo befindet sich Kairouan, die viertwichtigste heilige Stätte des Islam?
❑ Türkei ❑ Tunesien
❑ Griechenland ❑ Sizilien

In Tunesien. Die Stadt wurde 671 als Militärlager errichtet. Die Große Moschee besteht aus einem arkadengesäumten Hof und einem Betsaal in syrisch-omaijadischem Stil.

In welchem Medium breitet sich der Schall nicht aus?
❑ Glas ❑ Vakuum
❑ Wasser ❑ Stahl

Im Vakuum. Dies liegt daran, dass sich Schallwellen in Flüssigkeiten und Festkörpern viel schneller ausbreiten als in Gasen (Verhältnis zur Dichte).

Wer galt neben Nicolò Paganini als bedeutendster Geiger seiner Zeit?
❑ Louis Spohr ❑ Fritz Kreisler
❑ Clara Wieck ❑ Gidon Kremer

Louis Spohr (1784–1859), der u. a. zehn Sinfonien und 15 Violinkonzerte komponierte. Daneben leitete er mit seiner Oper *Jessonda* (1823) die Entwicklung vom Singspiel zum Musikdrama ein.

Was ist im kaufmännischen Bereich ein Wechsel?
❑ Überweisung ❑ Geldanweisung
❑ Zahlungsverpflichtung ❑ Einzahlung

Eine Zahlungsverpflichtung in Form einer Urkunde, die ein festes Zahlungsversprechen des Ausstellers beinhaltet. Das Wechselgeschäft unterliegt strengen Bestimmungen.

Welcher Fluss diente in der Spätantike als Grenze zwischen Rom und Persien?
❑ Tigris ❑ Indus
❑ Donau ❑ Nil

Der Tigris. Nach den vielen Kämpfen der Römer gegen die Parther und dann gegen die persischen Sassaniden schob Diokletian (um 240–313) Roms östlichste Grenze an den Euphrat, dann sogar bis an den Tigris.

Welcher Franzose gehörte der Komponisten-Gruppe Group des six an?
❑ Jacques-Louis David ❑ Francis Poulenc
❑ Jean-Jacques Rousseau ❑ Auguste Renoir

Francis Poulenc (1899–1963). Zu ihr zählten u. a. auch Arthur Honegger und Darius Milhaud. Unter dem Einfluss von Erik Satie und Jean Cocteau wandte sich die Gruppe gegen den neoromantischen Stil Wagners und Debussys.

Wo liegt Sousse?
❑ Portugal ❑ Indien
❑ Südafrika ❑ Tunesien

In Tunesien. Die Altstadt von Sousse umgibt eine Stadtmauer aus dem 9. Jh. Sousse liegt auf einem Hügel nahe der Küste und wurde von den Phöniziern gegründet.

Welche Tiere bauen ihre Nester aus zerkauten Pflanzenresten, Speichel und Holz?
❑ Biber ❑ Hornissen
❑ Störche ❑ Spinnen

Die Hornissen, deren Staaten bis zu 5000 Individuen umfassen. Hornissen ernähren sich von Insekten, Larven, Früchten und Pflanzensäften. Sie sind vom Aussterben bedroht.

Womit befassen sich Hagiografien?
- ❑ Gemälde
- ❑ Briefmarken
- ❑ Leben von Heiligen
- ❑ Papyrusrollen

Mit dem Leben von Heiligen. Seit dem Frühmittelalter werden Heiligenviten zu Einzelpersonen oder auch als Sammlung verfasst; etwa die *Legenda aurea* des 13. Jh.

Welcher moderne Komponist gilt als Vertreter der Elektronischen Musik?
- ❑ Alban Berg
- ❑ Gottfried von Einem
- ❑ Franz Schreker
- ❑ Karlheinz Stockhausen

Karlheinz Stockhausen (*1928), dessen Spätwerk von der indischen Philosophie und dem Zen-Buddhismus geprägt ist. Auch sein Opernprojekt *Licht* gewann dadurch einen spirituellen Charakter.

Was ist das schwerste Metall?
- ❑ Blei
- ❑ Kuper
- ❑ Gold
- ❑ Eisen

Gold mit 19,32 g/cm^3. Es verfügt über eine hohe Dichte und ist sehr geschmeidig. Ferner hat es eine hohe Wärme- und elektrische Leitfähigkeit.

Welcher Spross des trojanischen Hauses diente Zeus als Mundschenk?
- ❑ Neoptolemeos
- ❑ Ganymed
- ❑ Bellerophon
- ❑ Paris

Ganymed. Seiner Schönheit wegen entführten ihn laut Homer die Götter in den Olymp; anderen Überlieferungen zufolge raubte ihn Zeus selbst in der Gestalt eines Adlers.

Wo liegen die antiken Ruinen von Kyrene?
- ❑ Libyen
- ❑ Saudi Arabien
- ❑ Makedonien
- ❑ Libanon

In Libyen. Die Stadt wurde 630 v. Chr. von den Griechen gegründet und war über 1200 Jahre lang eine der wichtigsten Städte im Nordosten des heutigen Libyen.

Welche 1971 gegründete Umweltschutzorganisation wurde durch ihre spektakulären Protestaktionen berühmt?
- ❑ Robin Wood
- ❑ Die Grünen
- ❑ „Schützt den Zobel"
- ❑ Greenpeace

Greenpeace. Unkonventionelle Aktionen, die z. B. mit der legendären „Rainbow Warrior I" ausgeführt wurden, sind mittlerweile bei Umweltsündern gefürchtet. Einen ihrer größten Erfolge verbuchte sie 1995 mit dem Boykott gegen den Mineralölkonzern Shell.

Welche Organisation dient der Förderung des Welt- und Freihandels?
- ❑ Weltbank
- ❑ Internationaler Währungsfonds
- ❑ Welthandelsorganisation
- ❑ GATT

Die Welthandelsorganisation (WTO) mit derzeit 135 Mitgliedsstaaten. Schwerpunktmäßig behandelt sie Rohstoff-Fragen, Handelspolitik und Verschuldungsfragen.

Wie bezeichnet man in der Werbesprache die Zahl an Menschen, die eine bestimmte Werbung gesehen haben?
- ❑ E-Vitation
- ❑ Eyeballs
- ❑ Quotient
- ❑ Eye Candy

Eyeballs. Diese „Augäpfel" bezeichnen sozusagen die Einschaltquote der Werbung. Im Grunde genommen ist längst ein „War for the eyeballs" ausgebrochen.

Welche Gestalt der Bibel gilt als Symbol für schwere Prüfungen und Schicksalsschläge?
- ❑ Moses
- ❑ Jakob
- ❑ Noah
- ❑ Hiob

Hiob. Mit göttlicher Erlaubnis darf ihm der Teufel alle erdenklichen Peinigungen auferlegen, um seine Frömmigkeit zu prüfen. Zum Schluss wird er gesegnet, nachdem er sein Schwankendwerden überwindet.

Was wird vornehmlich in der Albertina in Wien gezeigt?

❑ Reliefs ❑ antike Skulpturen
❑ Grafiken und Zeichnungen ❑ Gemälde

Zeichnungen und Grafiken. Die Sammlung, zu der Herzog Albert von Sachsen-Teschen den Grundstock legte, gilt heute als eine der größten Grafiksammlungen der Welt.

Welcher Jazz-Richtung gehört Count Basie an?

❑ Free Jazz ❑ Swing
❑ Fusion Jazz ❑ New-Orleans-Jazz

Dem Swing, der ein Ausdruck des Big-Band-Jazz der 30er und 40er-Jahre war. Count Basie (1904–84) zählt mit Duke Ellington und Benny Goodman zu dieser Stilrichtung.

Welche Stadt liegt am Nil?

❑ Algier ❑ Kairo
❑ Tunis ❑ Adis Abeba

Kairo, die Hauptstadt Ägyptens. Die Fatimiden gründeten sie 969 auf der östlichen Seite des Nils. Es erlangte nach dem Fall Bagdads (1261) eine große Bedeutung in der islamischen Welt.

Welche Linsenform bündelt parallel einfallende Strahlen in einem Brennpunkt?

❑ Bikonkavlinsen ❑ Bikonvexlinsen
❑ Prisma ❑ Konvexkonkavlinsen

Bikonvexlinsen, die in der Mitte dicker sind als an den Rändern, wie z. B. das Vergrößerungsglas.

Wer war der „Walzerkönig"?

❑ Franz Lehár ❑ Johann Strauß
❑ Johannes Heesters ❑ Georg Jarno

Johann Strauß (Sohn) (1825–99), ein Musiker, den auch Richard Wagner und Johannes Brahms schätzten, und der trotz seiner berühmten Walzer selbst nicht tanzen konnte.

Was wurde dem Kabbalisten und Hohen Rabbi Löw (1520–1609) nachgesagt?

❑ Teufelspakt ❑ Erschaffung eines Golem
❑ Brunnenvergiftung ❑ Hostienschändung

Dass er einen Golem geschaffen hätte, also ein menschliches Wesen ohne Sprache, das getötet werden musste. Diese Prager Golem-Geschichte ist die bekannteste, die aber noch in vielfacher Weise – vor allem literarisch – weiterlebte.

Mit welchem Begriff umschreibt man literarisch einen „großen Schatz"?

❑ Hort ❑ Kleinod
❑ Karat ❑ Diaspora

Mit dem aus dem Mittelhochdeutschen kommenden Begriff „Hort". Dieser ist jedoch auch im Sinne von „sicherer Ort, Schutz, Zuflucht" üblich, etwa in „Kinderhort".

Welcher trojanische Held führte nach dem Fall Trojas die Reste seines Volkes nach Italien?

❑ Hector ❑ Tros
❑ Aeneas ❑ Laomedon

Aeneas, der Sohn der Venus und des Anchises. Berühmt sind Darstellungen, in denen er seinen alten Vater auf den Schultern aus dem brennenden Troja trägt.

Wo befindet sich in Afrika eine stark zerklüftete Gebirgslandschaft mit dem Simien Nationalpark?

❑ Sudan ❑ Äthiopien
❑ Kongo ❑ Namibia

In Äthiopien, nahe der Stadt Gondar. Simien heißt auch das Gebirgsmassiv aus vulkanischem Gestein, das an einigen Stellen mehr als 1500 m abfällt.

Was ist das zentrale Lenkungs- und Ordnungselement einer freien Marktwirtschaft?

- ❑ staatliche Finanzpolitik
- ❑ Wettbewerb
- ❑ Wachstum
- ❑ Konjunktur

Der Wettbewerb; hier stehen sich die Unternehmen auf dem Markt als Konkurrenten gegenüber. Er wird als Mittel zur Auslese angesehen.

Welchen weitläufigen Platz schuf der Barock-Künstler Gian Lorenzo Bernini?

- ❑ Trafalgar Square (London)
- ❑ Place de la Concorde (Paris)
- ❑ Zócalo (Mexiko Stadt)
- ❑ Petersplatz (Rom)

Den Petersplatz in Rom, der von weit ausgreifenden, wie Arme den Platz umfassenden Kolonnaden umgeben wird. Sie werden von 96 Statuen bekrönt, deren Rohentwürfe Bernini (1598–1680) vermutlich lieferte.

Welcher bedeutende österreichische Komponist schrieb neun Sinfonien?

- ❑ Franz Schubert
- ❑ Anton Bruckner
- ❑ Wolfgang A. Mozart
- ❑ Joseph Haydn

Anton Bruckner (1824–96). Seine Sinfonik wurde nachhaltig von Wagners Melodik und Harmonik beeinflusst. Berühmt ist u. a. seine vierte („romantische“) Sinfonie; die neunte blieb unvollendet.

Welche mathematischen Lehrsätze erfordern keinen Beweis?

- ❑ Binome
- ❑ Aporien
- ❑ Theoreme
- ❑ Axiome

Axiome. Die Gesetze der Addition und Multiplikation beruhen auf solchen Axiomen; in der Physik sind z. B. das Newton'sche Trägheits- und Beschleunigungsgesetz ebenfalls Axiome.

Wer komponierte die Operette *Die Fledermaus* (1874)?

- ❑ Bedřich Smetana
- ❑ Emmerich Kálmán
- ❑ Zoltán Kodály
- ❑ Johann Strauß

Johann Strauß (Sohn) (1825–99), der ausgehend von Jacques Offenbachs Parodien die klassische Wiener Operette begründete. Von ihm stammt auch *Der Zigeunerbaron* (1885) und *Wiener Blut* (posthum).

Welche Tierart findet nur im Okapi-Tierreservat in Zaire einen Lebensraum?

- ❑ Berggorilla
- ❑ Orang-Utan
- ❑ Okapi
- ❑ Gürteltier

Das Okapi, eine seltene Giraffenart, das hier in einer dichten Population auftritt. Von den rund 4000 Menschen, die hier leben, sind die meisten Mbuti-Pygmäen.

Welche der folgenden Disziplinen gehört nicht zum „Modernen Fünfkampf“?

- ❑ 300 m Freistil
- ❑ 4000 m Geländelauf
- ❑ Springreiten
- ❑ Speerwurf

Der Speerwurf. Zum Modernen Fünfkampf zählen ferner noch das Pistolenschießen und das Degenfechten. Der Wettkampf wird an vier hintereinander folgenden Tagen ausgetragen.

Wie bezeichnet die IT-Fachsprache den Pauschaltarif zum Surfen im Internet?

- ❑ Jetstream
- ❑ Freischärler
- ❑ Flatrate
- ❑ Huckepack

Flatrate. Mit dem Surfen ohne zeitliche Beschränkung verspricht sich der Online-Handel den Durchbruch, entsprechende Angebote sind in Deutschland aber noch dünn gesät.

Wer verkündete 1972 den umstrittenen „Radikalenerlass“?

- ❑ Bund und Länder
- ❑ Bundesverfassungsgericht
- ❑ SED
- ❑ Freistaat Bayern

Bund und Länder, nach einer Absprache zwischen Bundeskanzler Willi Brandt und den Ministerpräsidenten der Länder. Ziel war es, eine Unterminierung des öffentlichen Dienstes durch verfassungsfeindliche Kräfte zu verhindern.

Welcher deutsche Humorist nahm im 19. Jahrhundert die Comics vorweg?

- ❑ Wilhelm Raabe
- ❑ Charles Dickens
- ❑ Wilhelm Busch
- ❑ Gottfried Keller

Wilhelm Busch (1832–1908). Durch seine satirischen Bildergeschichten wie *Max und Moritz*, die mit knappen humorvollen Knittelversen versehen sind, erlangte er posthum zu Weltruhm.

Wen machten Songs wie *Ring of Fire* und *I Walk the Line* zu einer Legende?

- ❑ Bob Marley
- ❑ Johnny Cash
- ❑ Brian Ferry
- ❑ Julio Iglesias

Den amerikanischen Countrysänger und Gitarristen Johnny Cash (*1932). Er verließ den engen Rahmen der traditionellen Countrymusik und suchte immer den Kontakt zur Rockmusik.

Wie heißt das heutige elektronische Handelssystem an der Börse?

- ❑ Warenterminbörse
- ❑ Peripherie
- ❑ IBIS
- ❑ Xetra

Xetra (Exchange electronic trading; zu Deutsch „elektronischer Börsenhandel"). Die Mehrzahl der Wertpapieraufträge läuft inzwischen über Xetra.

Welcher Trojaner entführte Helena?

- ❑ Ganymed
- ❑ Achilleus
- ❑ Patroklos
- ❑ Paris

Paris, der Sohn des Königs Priamos von Troja. Der schöne Jüngling raubte seinem spartanischen Gastgeber Menelaos das Eheweib und noch einige Schätze dazu.

Was sagt das Fremdwort „illuminieren" aus?

- ❑ singen
- ❑ erleuchten
- ❑ kneten
- ❑ schmieden

Das festliche Erleuchten (lat. lumen, „Licht") von Häusern, Straßen usw. Daneben war auch das lateinische lucerna („Leuchte") in Luzerne (Klee) und Luzifer („Lichtbringer") produktiv.

Wo befindet sich der Ngorongoro-Krater?

- ❑ Tansania
- ❑ Ägypten
- ❑ Neufundland
- ❑ Australien

In Tansania, südöstlich der Serengeti. Die 81.000 km^2 große Fläche besteht überwiegend aus Savanne. In der Olduvai-Schlucht machten die Leakys sensationelle paläontologische Funde.

Welche mathematische Disziplin befasst sich mit Punkten, Linien, Flächen und Räumen?

- ❑ Geometrie
- ❑ Numerik
- ❑ Topologie
- ❑ Mengenlehre

Die Geometrie. Sie lässt sich u. a. in die klassische euklidische Geometrie und in die nichteuklidische Geometrie einteilen. Eine weitere Einteilung ist die Plani- und Stereometrie.

In welcher Oper von Richard Strauss erhält die Titelheldin das Haupt des Jochanaan?

- ❑ *Gesualdo*
- ❑ *Elektra*
- ❑ *Guntram*
- ❑ *Salome*

In dem Musikdrama *Salome* (1905), zu dem er durch das Drama Oscar Wildes angeregt wurde. Den Befehl zur Enthauptung gibt Herodes, der gierig nach dem erotischen Tanz der sieben Schleier begehrt.

Wofür musste sich 1993 Erich Mielke vor einem bundesdeutschen Gericht verantworten?

- ❑ Stasi-Arbeit
- ❑ Doppelmord
- ❑ Mauerbau
- ❑ Waffenhandel

Für einen von ihm 1931 begangenen Doppelmord. Erich Mielke (1907–2000) hatte als Angehöriger des Ordnungsdienstes der KPD 1931 zwei Polizisten ermordet. Er wurde zu sechs Jahren Haft verurteilt, 1995 aber begnadigt.

In welchem Film mit Conrad Veidt und Lil Dagover führte Robert Wiene 1919/20 Regie?

❑ *Cabiria* ❑ *Das Kabinett des Dr. Caligari*
❑ *Anna Boleyn* ❑ *Der Andere*

Das Kabinett des Dr. Caligari. Der wohl berühmteste deutsche Stummfilm gilt als Meisterwerk des expressionistischen Films; eine weitere Hauptrolle spielt Werner Krauß.

Wo liegt das Matabeleland?

❑ Chile ❑ Jordanien
❑ Kanada ❑ Simbabwe

In Simbabwe. Die Matabele sind ein Stamm, der sich 1893 unter Führung von Lobengula gegen die britischen Südafrikatruppen erhob.

Wer führte in dem Melodram *Götterdämmerung* von 1968 Regie?

❑ Luchino Visconti ❑ Martin Scorsese
❑ István Szabò ❑ Konrad Wolf

Luchino Visconti (1906–76). Er schuf hier ein Werk mit verblüffenden Details, die sich aber zu albtraumhaften Bildern summieren, in denen die Extreme des Lächerlichen und des Grausigen sich berühren.

In welcher Oper von Richard Strauss wird der Racheplan der Titelheldin von deren Bruder Orest ausgeführt?

❑ *Arabella* ❑ *Feuersnot*
❑ *Elektra* ❑ *Idomeneo*

In *Elektra* (1909), mit der die fruchtbare Zusammenarbeit mit Hugo von Hofmannsthal begann. *Elektra* gipfelt in der Ermordung der Mutter und deren Liebhaber sowie in dem Tod der rasend gewordenen Elektra.

Wo werden alle wirtschaftlichen Transaktionen einer Volkswirtschaft mit dem Ausland erfasst?

❑ Zahlungsbilanzausgleich ❑ Zahlungsbilanz
❑ Handelsbilanz ❑ Kapitalverkehrsbilanz

Zahlungsbilanz. Sie spiegelt den Austausch von Waren, Dienstleistungen und Kapital wider und wird in verschiedene Teilbilanzen untergliedert.

Wie nennt man einen geometrischen Körper mit sechs gleichen Seitenflächen?

❑ Tetraeder ❑ Kubus
❑ Prisma ❑ Zylinder

Kubus (Würfel). Jede der sechs Seiten bildet ein Quadrat. Ist s die Länge einer Seitenkante, dann errechnet sich die Gesamtfläche aus der Formel: $6s^2$. Sein Volumen ist s^3.

Welchem römischen Kaiser zu Ehren errichtete der Senat den Triumphbogen?

❑ Titus ❑ Konstantin der Große
❑ Trajan ❑ Mark Aurel

Konstantin (um 280–337), der vorher seinen Rivalen Maxentius an der Milvischen Brücke geschlagen hatte. Der dreitorige Konstantinbogen entstand 312–315.

Wie heißen Unternehmen, die kostenlos E-Mail-Adressen anbieten?

❑ Mailboxer ❑ Freemailer
❑ Price-Discounter ❑ Entrepreneur

Freemailer. Der User hat den Vorteil, dass er seine Adresse auch bei einem Wechsel des Arbeitgebers oder des Internet-Providers behalten kann.

Wo fließt der Yukon?

❑ Australien ❑ Südafrika
❑ Kanada ❑ USA

Im Nordwesten Nordamerikas, in Kanada. Der Quellfluss ist der Nisutlin, ein Zufluss des Teslinsees im Yukon-Territory von Kanada. Der Yukon durchfließt Alaska und mündet in das Beringmeer.

Welcher Meeresgott, der die Gabe der Prophetie hatte, konnte sich in viele Gestalten verwandeln?

- ❑ Hippokoon
- ❑ Proteus
- ❑ Poseidon
- ❑ Daphnis

Proteus. Er hütete Poseidons Robben und Meeresgeschöpfe. Da er abgeneigt war zu sagen, was er wusste, entzog er sich der Befragung, indem er sich verwandelte.

In welchem Thriller von 1991 spielt Robert De Niro den Sexualverbrecher Max Cady?

- ❑ *Die Klapperschlange*
- ❑ *Tango & Cash*
- ❑ *Kap der Angst*
- ❑ *Der einzige Zeuge*

Kap der Angst. Cady, nach 14 Jahren aus der Haft entlassen, will sich an seinem damaligen Verteidiger rächen. Ein spektakulärer, aber kein spekulativer Film.

Welches symbolträchtige Kleidungsstück trugen die Jakobiner in der Französischen Revolution?

- ❑ Schal
- ❑ Sandalen
- ❑ Kniehosen
- ❑ phrygische Mütze

Die phrygische Mütze, eine Kopfbedeckung aus Stoff, die im Altertum das kleinasiatische Volk der Phrygier und dann vor allem befreite Sklaven trugen. So wurde es ein Symbol der Freiheit.

Wer führte 1951 in dem Drama *Goldhelm* Regie?

- ❑ Luis Garacia Berlanga
- ❑ Henri-Georges Clouzot
- ❑ Jacques Becker
- ❑ Francis Ford Coppola

Jacques Becker (1906–1960). Er schuf hier ein Meisterwerk, worin Menschen und Gefühle wichtiger sind als Ereignisse und kriminalistische Verwicklungen.

Welche Oper bearbeitet das berühmte Sagen-Motiv um die von Theseus verlassene Frau?

- ❑ *Ariadne auf Naxos*
- ❑ *Alceste*
- ❑ *Penelope*
- ❑ *Die Frau ohne Schatten*

Ariadne auf Naxos (1912) von Richard Strauss (1864–1949). Die Idee zu dem die Sparten komische und tragische Oper übergreifenden „Festspiel“ hatte Max Reinhardt.

Wo befinden sich die Everglades?

- ❑ Hawaii
- ❑ Florida
- ❑ Neuseeland
- ❑ Venezuela

Auf der Halbinsel Florida. Das Schutzgebiet besteht aus sumpfigen Seegrasflächen, die in mangrovenbestandene Abschnitte überwechseln, auf die lang gestreckte Sandstrände folgen.

Für welche geometrische Gebilde gilt der Satz des Pythagoras?

- ❑ Strecken
- ❑ Kreise
- ❑ Polyeder
- ❑ 90°-Winkel-Dreiecke

Für 90°-Winkel-Dreiecke, d. h. für rechtwinklige Dreiecke. Die Summe der Kathetenquadrate ist gleich dem Hypotenusenquadrat: $a^2 + b^2 = c^2$.

Wo trifft man auf Zero-Bonds?

- ❑ Zollpolitik
- ❑ Wohnungsbau
- ❑ Gesundheitswesen
- ❑ Wertpapiermarkt

Auf dem Wertpapiermarkt; das sind Anleihen ohne laufende Verzinsung (Null-Kupon-Anleihe). Sie werden stark unter dem Nominalwert emittiert und bei Fälligkeit zum Nominalwert eingelöst.

Was bezeichnet der Begriff Schisma?

- ❑ Irrlehre
- ❑ Ketzerei
- ❑ Heiliger Krieg
- ❑ Kirchenspaltung

Eine Kirchenspaltung. Das Morgenländische Schisma trennte West- und Ostkirche (1054), das Große Abendländische die Westkirche (1378–1417). Daneben kam es noch zu einer Reihe weiterer Papstschismen.

Wer ging als „Eiserne Lady“ in die Geschichte ein?
- ❑ Indira Gandhi
- ❑ Queen Elisabeth II.
- ❑ Margaret Thatcher
- ❑ Prinzessin Diana

Margaret Thatcher (*1925). Sie war die erste weibliche Premierministerin Großbritanniens und regierte von 1979–90 mit einer straffen Sparpolitik. 1990 wurde sie von John Major abgelöst.

Wie hieß der australische Film von 1978, bei dem Fred Schepisi Regie führte?
- ❑ *Die Ballade von Jimmie Blacksmith*
- ❑ *Die Arbeiterklasse geht ins Paradies*
- ❑ *Bitter-süße Schokolade*
- ❑ *Der Dialog*

Die Ballade von Jimmie Blacksmith. Sie behandelt Rassenkonflikte in einem Staat, der nicht gleiche Rechte für alle garantiert, und verdeutlicht die Verlorenheit und Chancenlosigkeit der Ureinwohner.

Wo liegt Tyros?
- ❑ Marokko
- ❑ Sizilien
- ❑ Libanon
- ❑ Bulgarien

An der Südküste des Libanon. Hier befinden sich Reste des antiken Tyros, das neben Sidon eine wichtige phönikische Handelsstadt war. Nebukadnezar zerstörte die Stadt um 572 v. Chr.

Für welche der drei Göttinnen Hera, Athene und Aphrodite fiel das Urteil des Paris aus?
- ❑ Aphrodite
- ❑ Hera
- ❑ keine
- ❑ Athene

Für Aphrodite. Nachdem Eris (Streit) ihren berühmten Apfel zwischen die Göttinnen geworfen hatte, entschied sich der Trojanersohn für die schönste Frau der Welt, die ihm Aphrodite versprach.

In welchen englischen Film von 1980 führte Hugh Hudson Regie?
- ❑ *Die Stunde des Siegers*
- ❑ *Ausgestossen*
- ❑ *Moulin Rouge*
- ❑ *Uhrwerk Orange*

Die Stunde des Siegers. Er war ebenso erfolgreich wie umstritten. Er erhielt vier Oscars, aber viele Kritiker warfen ihm vor, er verherrliche englischen Nationalismus.

Welche Zahl darf nicht im Nenner stehen?
- ❑ –7
- ❑ f
- ❑ 3–3
- ❑ 1/1000

3–3, was 0 ergibt. Diese Zahl im Nenner lässt sich nicht „berechnen“, sie hat lediglich einen symbolischen Wert „unendlich“.

In welcher Oper soll die reiche Heirat einer Tochter die finanzielle Lage des Vaters sanieren?
- ❑ *Die glückliche Hand*
- ❑ *Die ägyptische Helena*
- ❑ *Arabella*
- ❑ *Salome*

In *Arabella* (1933) von Richard Strauss (1864–1949). Der vom Vater eingefädelten Eheanbahnung kommt allerdings der Zufall zu Hilfe; so finden sowohl Arabella wie die als Junge aufgezogene Zdenka ihr Glück.

Mit welcher Metapher umschreibt man in der Geschäftswelt Abfindungszahlungen an Manager?
- ❑ Apanagierung
- ❑ Golden Parachute
- ❑ Handsalbe
- ❑ Pfründe

Mit Golden Parachute („goldener Fallschirm“). In Deutschland ist dafür „goldener Handschlag“ gebräuchlicher. Einem Manager, der seinen Posten verlässt, wird damit der Weggang erheblich versüßt.

Wie oft hat die deutsche Daviscup-Mannschaft den Titel geholt?
- ❑ einmal
- ❑ dreimal
- ❑ fünfmal
- ❑ siebenmal

Dreimal, nämlich in den Jahren 1988, 1989 und 1993. 1988 und 1989 war Boris Becker (*1967) Mitglied des Teams.

Wie nannte man zur Zeit der Französischen Revolution die Massen des Dritten Standes?

- ❏ Heloten
- ❏ plebs urbana
- ❏ Sansculotten
- ❏ Proletarier

Sansculotten, was so viel heißt wie „ohne Kniehosen", die ein Standeszeichen des Adels waren. Die arme Unterschicht trug dagegen lange Hosen.

Wie bezeichnet man den Preis für zeitweilig überlassenes Kapital?

- ❏ Anleihe
- ❏ Tilgung
- ❏ Darlehen
- ❏ Zins

Zins. Den in Prozent des Kapitals ausgedrückten Wert nennt man Zinssatz. Die Höhe des Zinssatzes beeinflusst das Investitions- und Sparverhalten von Verbrauchern und Unternehmen.

Wo liegt die wichtige Handelsstadt des alten Orients Aleppo?

- ❏ Türkei
- ❏ Äthiopien
- ❏ Syrien
- ❏ Kreta

Im Norden Syriens. Wichtigstes Monument ist die durch Wälle geschützte mittelalterliche Zitadelle. Die Freitagsmoschee, Koranschulen, Basare und Herbergen stammen meist aus dem 12. Jh.

Welcher deutsche Bundeskanzler hatte die längste Amtszeit?

- ❏ Konrad Adenauer
- ❏ Willy Brandt
- ❏ Helmut Schmidt
- ❏ Helmut Kohl

Helmut Kohl (*1930). Der CDU-Politiker war u. a. von 1969–76 rheinland-pfälzischer Ministerpräsident. Er regierte 16 Jahre (1982–98), zwei Jahre länger als sein großes Vorbild Konrad Adenauer.

Wer spielt die undurchsichtige Blondine in dem Thriller *Chinatown* (1974)?

- ❏ Faye Dunaway
- ❏ Dickinson Angie
- ❏ Melanie Griffith
- ❏ Jill Clayburgh

Faye Dunaway (1941). Mit dieser Rolle wurde sie für den Oscar nominiert, erhielt ihn aber erst 1976 als Diana Christensen in Sidney Lumets *Network*.

Wer führte bei *Die dürre Gevatterin* (1962) Regie?

- ❏ Stanley Kubrick
- ❏ Bernardo Bertolucci
- ❏ Roman Polanski
- ❏ Carol Reed

Bernardo Bertolucci (1941). Er war zwanzig Jahre alt, als er mit Laiendarstellern diesen Film drehte. Er hat dabei mit erstaunlicher Virtuosität Gefühle und Empfindungen entwickelt.

Welche Oper nach einem Libretto von Jean Cocteau komponierte Igor Strawinsky?

- ❏ *Oedipus Rex*
- ❏ *Cardillac*
- ❏ *Macbeth*
- ❏ *Giulio Cesare in Egitto*

Oedipus Rex (1927), in lateinischer und französischer Sprache. Die Ödipus-Sage wurde in einer archaisch anmutenden Komposition, die Anleihen aus der slawischen Kirchenmusik bezog, vertont.

Wo liegt die antike Ruinenstätte Palmyra?

- ❏ Italien
- ❏ Syrien
- ❏ Ägypten
- ❏ Griechenland

In Syrien, 240 km nordöstlich von Damaskus. Wichtigstes Monument ist die doppelte, prächtig verzierte Säulenstraße mit einem dreitorigen Durchgangsbogen.

Welche mathematische Zahl verbirgt sich hinter der Abkürzung ln?

- ❏ trigonometrische Zahl
- ❏ natürlicher Logarithmus
- ❏ dekadischer Logarithmus
- ❏ Primzahl

Der natürliche Logarithmus, d. h. der Exponent, der zur Basis e (e=2,7182...) einen bestimmten Wert ergibt. Zum Beispiel gilt folgende Gleichung: $\ln e = 1$; denn: $e^1 = e$.

Welcher griechische Held galt als enger Freund des Achilleus?
❑ Thoas ❑ Deiphobos
❑ Diomedes ❑ Patroklos

Patroklos. Er fiel im Kampf gegen Troja, worauf sich Achilleus rächte, indem er zwölf gefangene Trojaner beim Begräbnis des Patroklos tötete.

Welche Partei ging aus den Protestbewegungen der 70er-Jahre hervor?
❑ Die Grauen Panther ❑ Die Republikaner
❑ Deutsche Kommunistische Partei ❑ Die „Grünen“

Die „Grünen“. Bei ihrer ersten Bundestagswahl 1980 erhielten sie 1,5% der Stimmen, drei Jahre später zogen sie mit 5,6% in den Bundestag ein. 1998 bildeten sie mit der SPD die Bundesregierung.

Welcher Begriff bezeichnet die Wirtschaftsbranche der gentechnischen Industrie?
❑ Pharmazie ❑ Chemietechnologie
❑ Genetik ❑ Biotechnologie

Biotechnologie-Branche. Sie verwendet gentechnische Verfahren, um Chemikalien, Arzneimittel, Nahrungsmittel u. a. zu produzieren. Es handelt sich um einen rasant wachsenden Markt.

Wie heißt der Film, bei dem 1992 Alfonso Arau Regie führte?
❑ *Bitter-süße Schokolade* ❑ *Die Wurzel des Hasses*
❑ *Music box* ❑ *Nazarin*

Bitter-süße Schokolade. Eine märchenhafte Liebesgeschichte spiegelt die Emanzipation einer unterdrückten Frau. Elemente aus Komödie, Melodram und Tragödie stehen harmonisch nebeneinander.

Was ist die Weihrauchstraße?
❑ Autobahn in Kuwait ❑ altorientalische Handelsstraße
❑ Fronleichnamsprozession ❑ Gewürzmarkt in Istanbul

Eine altorientalische Handelsstraße, die in ihrer Bedeutung der asiatischen Seidenstraße vergleichbar ist. Sie verbindet den Oman über Mekka, Medina und Petra mit Damaskus.

Wer spielt den Marcello Clerici in dem Bertolucci Film *Der große Irrtum* 1969?
❑ Jean-Louis Trintignant ❑ Pierre Clementi
❑ Jean Marais ❑ Mario Adorf

Jean-Louis Trintigant (1930). Er spielte zahlreiche Rollen als Charakterdarsteller, bevorzugt in gesellschaftskritischen Filmen und Polit-Thrillern.

Wo leben heute noch Fellachen?
❑ Finnland ❑ Ägypten
❑ Kloster ❑ Karibik

In Ägypten. Das arabische Wort bedeutet „Bauer“. Es sind rund 40 Mio. Menschen, die vor allem die Nachkommen des Bauernvolkes der Pharaonenzeit bilden.

Wie nennt man den Grundsatz „Schiebe nie etwas auf böswillige Absicht, was ausreichend durch Dummheit erklärt werden kann“?
❑ Trost der Torheit ❑ Murphys Gesetz
❑ Hanlons Gesetz ❑ Fermat'sches Prinzip

Hanlons Gesetz („Hanlon's Razor“). Es wird von Computerprogrammierern benutzt, in Anlehnung an „Occam's Razor“ (das Ökonomieprinzip: „Sich auf das Wesentliche beschränken!“).

Welche Zahl ist ein Vektor?
❑ $\frac{3}{4}$ ❑ $\overline{AB}$
❑ $\sqrt{xy}$ ❑ log 3

$\overline{AB}$. Dieser Vektor gibt einen Betrag und eine Richtung an, den eine direkte Verbindungslinie von dem Punkt A zu dem Punkt B in einer Fläche oder im Raum beschreibt.

In welcher Oper, die einen Goethe-Roman zum Vorbild hat, singt die Titelheldin die berühmte Arie „Kennst du das Land, wo die Zitronen blüh'n"?

❑ *Hamlet* ❑ *Krieg und Frieden*
❑ *Mignon* ❑ *Der Rosenkavalier*

In *Mignon* (1866) von Ambroise Thomas (1811–96). Goethes zugrunde liegender Roman ist *Wilhelm Meisters Lehrjahre*. Im Mittelpunkt bei Thomas steht die von Zigeunern geraubte Mignon.

Mit welcher sensationellen Veröffentlichung machte 1983 das Magazin „Stern" Schlagzeilen?

❑ Nazigold ❑ Hitler-Tagebücher
❑ Bernsteinzimmer ❑ Nibelungenschatz

Mit den sog. Tagebüchern Adolf Hitlers, die sich allerdings als professionelle Fälschung herausstellten. Der Skandal verschärfte die Kritik am kommerziellen Sensationsjournalismus.

Welche architektonische Besonderheit bietet Shibam im Jemen?

❑ Brunnenhaus ❑ Lehmhochhäuser
❑ römische Thermen ❑ Dünengebirge

Die bis zu zehnstöckigen Lehmhochhäuser. Ihr Alter kennt man nicht. Hans Helfritz, einer der ersten europäischen Jemenreisenden, nannte Shibam im Wadi Hadramaut „Chicago der Wüste".

Wer führte 1991 in dem französischen Film *Wintermärchen* Regie?

❑ Eric Rohmer ❑ Jacques Becker
❑ Peter Greenaway ❑ Jean-Pierre Melville

Eric Rohmer (1920). Seine Filme erzählen häufig scheinbar alltägliche Liebesgeschichten, die jedoch eine Fülle von Gedanken und Erfahrungen vermitteln.

Wer hütete die sagenhaften goldenen Äpfel in einem Garten weit im Westen?

❑ Nereiden ❑ Hesperiden
❑ Argus ❑ Amazonen

Die Hesperiden. Zur Seite stand ihnen der Drache Ladon. Die Äpfel waren ein Hochzeitsgeschenk Gaias an Hera. Herakles stahl sie mithilfe des Atlas.

Wie bezeichnet man erstklassige Aktien amerikanischer Unternehmen?

❑ Blue Chips ❑ Bonds
❑ Junk-Bonds ❑ Charts

Blue Chips. Sie sind vergleichbar mit deutschen Standardwerten. Der Ausdruck ist im Spielcasino üblich, wo blaue Chips sehr teuer sind.

Bei welchem Film führte Francis Ford Coppola 1973 mit Hackman als Caul Regie?

❑ *Der Dialog* ❑ *Die Outsider*
❑ *Der Pate* ❑ *Cotton Club*

Der Dialog. Harry Caul treibt, als er vom Jäger zum Gejagten wird, dem Wahnsinn entgegen, weil er seine Ohnmacht erkennt.

Wer komponierte die nach dem Versroman Aleksandr Puschkins entstandene Oper *Eugen Onegin*?

❑ Carl Orff ❑ Bedřich Smetana
❑ Peter Tschaikowski ❑ Paul Hindemith

Peter Tschaikowski (1840–93), dessen sinfonisches Schaffen ihn berühmt machte. Onegins Tragik liegt darin, dass er seine ehemals verstoßene Geliebte Tatjana, die sich inzwischen verheiratet hat, nicht mehr zurückgewinnt.

Welche Stadt in Usbekistan war schon vor der arabischen Eroberung eine zentralasiatische Metropole?

- ❑ Kandahār
- ❑ Nouakchott
- ❑ Lon Nol
- ❑ Buchara

Buchara. Heute prägen Moscheen, Koranschulen und Grabmäler das Zentrum. 1220 wurde sie von Dschingis Khan zerstört und um 1500 nahmen die Usbeken sie in Besitz.

Welches Ergebnis ergibt sich aus einem Divisor und einem Dividend?

- ❑ Differenz
- ❑ Produkt
- ❑ Subtrahend
- ❑ Quotient

Ein Quotient, nämlich das Ergebnis aus der Division des Dividenden (Zähler) und des Divisors (Nenner).

Wer löste um 375 in Osteuropa die Völkerwanderung aus?

- ❑ Dorer
- ❑ Franken
- ❑ Hunnen
- ❑ Sweben

Die Hunnen. Sie verdrängten die Ost- und Westgoten aus dem Raum nördlich der Donau. Westgoten drangen nach Griechenland, Ostrom und dann auch nach Italien vor.

Bei welchem Film sorgte der Autor während der Uraufführung 1927 für einen Skandal?

- ❑ *Die beiden Furchtsamen*
- ❑ *Der Rabe*
- ❑ *Das Verbrechen des Monsieur Lange*
- ❑ *Die Muschel und der Pfarrer*

Die Muschel und der Pfarrer. Antonin Artaud war der Ansicht, dass seine visuelle Idee, bei der sogar die Psychologie vom Geschehen verschlungen wird, von Germaine Dulac nicht angemessen verwirklicht worden war.

Welcher französische Film wurde 1975 mit Marie-Christine Barrault und Victor Lanoux in den Hauptrollen gedreht?

- ❑ *Cyrano von Bergerac*
- ❑ *Ein schönes Mädchen*
- ❑ *Cousin, Cousine*
- ❑ *Die Liebe der Adele H.*

Cousin, Cousine. Dieser Film wurde in Frankreich mit dem begehrten „Prix Louis Delluc" und in den USA mit einem Oscar ausgezeichnet.

Von welchem lateinischen Wort leitet sich der Begriff „Humor" ab?

- ❑ Dummheiten
- ❑ Humus
- ❑ Hüfte
- ❑ Feuchtigkeiten

Von „Feuchtigkeiten" (humores). Das behauptete man im Mittelalter, weil nach antiker Anschauung die seelische Gestimmtheit aus der Mischung von Körpersäften stammte.

In welcher vietnamesischen Kaiserresidenz lebten die Nguyen-Herrscher?

- ❑ Phnom Penh
- ❑ Hue
- ❑ Ayutthaya
- ❑ Hattra

In Hue, das seit 1687 Residenz der Dynastie und ab 1802 Hauptstadt des vereinigten Annam war. Der 1802–20 erbaute Kaiserpalast ist der Verbotenen Stadt in Peking nachempfunden.

Woher stammen die Sephardim?

- ❑ Spanien und Portugal
- ❑ Skandinavien
- ❑ Osteuropa
- ❑ Naher Osten

Aus Spanien und Portugal. Sie sind die Nachfahren der dort ansässigen Juden, die nach der Reconquista von den katholischen Königen vertrieben wurden.

Was nennt man einen Bond?

- ❑ Anleihe
- ❑ Agent
- ❑ Kapitalgesellschaft
- ❑ Gewerkschaft

Bond ist ein angelsächsischer Ausdruck für ein festverzinsliches Wertpapier (Anleihe) oder eine Schuldverschreibung.

Wie bezeichnet man bei E-Mails und Postings den „Kopfteil"? ❑ Header ❑ Showteil ❑ Kolumne ❑ Body	Header. Er enthält die Angaben zur Quell- und Zieladresse sowie Informationen zur Fehlerkontrolle und zum Verlauf des Übertragungsvorgangs. Gegensatz: Body.
Welcher edle Ritter der Tafelrunde hatte ein Liebesverhältnis mit König Artus' Gemahlin? ❑ Gawain ❑ Modred ❑ Galahad ❑ Lancelot	Lancelot, die „Blume der Ritter". Er ging mit Guinevere ein Liebesverhältnis ein, das aufgedeckt wurde und die Tafelrunde spaltete. Guinevere starb im Kloster, Lancelot wurde Eremit.
Mit welcher metrischen Vorsilbe drückt man die Zahl 10^9 aus? ❑ Pico ❑ Giga ❑ Nano ❑ Mega	Giga. Allseits bekannt ist z. B. das Kilo-Meter, das aus 1000 Metern (=10^3 m) besteht, oder das Mega- bzw. Gigabyte. Ein Gigabyte sind dann 10^9 Byte = 1.000.000.000 Byte.
Welchen Durchmesser hat die Zielscheibe beim Liegendschießen im Biathlon? ❑ 3 cm ❑ 4,5 cm ❑ 11,5 cm ❑ 18 cm	4,5 cm. Beim Stehendschießen sind es 11,5 cm. Die Schießentfernung beträgt einheitlich 50 m.
In welcher Oper von Giuseppe Verdi (1813–1901) plant der Titelheld eine Verschwörung gegen König Carlos von Spanien? ❑ *La finta semplice* ❑ *Pique Dame* ❑ *Die Entführung der Europa* ❑ *Ernani*	In *Ernani* (1844). Er feiert im vierten Teil zwar Hochzeit mit Elvira, doch ersticht er sich, weil er sich an einen Schwur gebunden fühlt. Verdi gelang damit der Übergang von der Historienoper zum Musikdrama.
In welchem fernöstlichen Staat finden sich Barockkirchen? ❑ Vietnam ❑ Japan ❑ Philippinen ❑ Kambodscha	Auf den Philippinen. Es handelt sich um die barocken Kirchenbauten der Spanier, die 250 Jahre die Inseln beherrschten. Da der Archipel von Mexiko aus verwaltet wurde, finden sich auch mittelamerikanische Elemente.
Wer herrschte im Exarchat von Ravenna? ❑ Merowinger ❑ Alemannen ❑ Kaiser von Byzanz ❑ Kalif	Der Kaiser von Byzanz, vertreten durch den Exarchen. Das Exarchat (Verwaltungsbezirk) bestand als letzte byzantinische Bastion in Oberitalien bis 751; dann wurde es von den Langobarden erobert.
Mit welchem Film hatte Claude Chabrol 1959 großen Erfolg? ❑ *Schrei, wenn du kannst* ❑ *Die Enttäuschten* ❑ *Die sich selbst betrügen* ❑ *Spione am Werk*	*Schrei, wenn du kannst.* Ein präzise inszenierter Film: Das Milieu ist knapp, aber informativ gezeichnet, die Charaktere sind plastisch geschildert.
Wer führte 1959 bei dem italienischen Film *Chronik einer Liebe* Regie? ❑ Curzio Malaparte ❑ Michelangelo Antonioni ❑ Vittorio de Sica ❑ Bernardo Bertolucci	Michelangelo Antonioni (*1912). Er ist in erster Linie ein Regisseur der Gefühle, die bei ihm aber nicht vage romantische Empfindungen, sondern Reaktionen auf gesellschaftliche Verhältnisse sind.

In welcher Oper lässt der Hofnarr des Herzogs von Mantua irrtümlich seine Tochter Gilda töten?

- ❑ *Der Spieler*
- ❑ *Macbeth*
- ❑ *Rigoletto*
- ❑ *Die lustige Witwe*

In *Rigoletto* (1851). Der Hofnarr ermuntert anfangs noch das wüste Treiben seines Herzogs, bis er schließlich selbst die Verführung seiner Tochter erfahren muss. Der Racheplan verfehlt sein Ziel.

Wie heißt die Kennzahl zur Beurteilung der Finanz- und Ertragskraft eines Unternehmens?

- ❑ Liquidität
- ❑ Cash flow
- ❑ Wachstumsrate
- ❑ Leitzins

Cash flow. Er drückt die Liquidität eines Unternehmens aus und setzt sich z. B. aus Abschreibungen, den Zuweisungen an die Rücklagen sowie dem Reingewinn zusammen.

Wo steht Schloss Drottningholm?

- ❑ Island
- ❑ Schottland
- ❑ Irland
- ❑ Schweden

Auf der Königininsel im schwedischen Mälarsee. Ihm sind ein Landschaftsgarten, ein englischer Park, ein chinesischer Pavillon und ein gotischer Turm angeschlossen.

Welches Insekt gehört zur Gattung der „Echten Bienen"?

- ❑ Schwebfliege
- ❑ Hummel
- ❑ Spinnenameise
- ❑ Nachtfalter

Die Hummel. Die Insekten bestäuben Blumen und bauen Nester aus abgesondertem Wachs, die in verlassenen Bauen von Kleinsäugetieren angelegt werden.

In welchem Körper berechnet man mit der Formel $4/3\ \pi\ r^3$ das Volumen?

- ❑ Quader
- ❑ Kugel
- ❑ Pyramide
- ❑ Kreis

In der Kugel. Dabei ist r der Radius und π die Kreiszahl Pi.

Welcher Regierende Bürgermeister von Berlin wurde Bundespräsident?

- ❑ Willy Brandt
- ❑ Richard von Weizsäcker
- ❑ Roman Herzog
- ❑ Karl Carstens

Richard von Weizsäcker (*1920). Er amtierte über zwei Amtsperioden von 1984 bis 1994 und engagierte sich sowohl außen- wie auch innenpolitisch.

Mit welcher Wissenschaft beschäftigt sich die Geodäsie?

- ❑ Wetterkunde
- ❑ Thermalquellen
- ❑ Vulkanismus
- ❑ Vermessungskunde

Mit der Vermessung der Erde und der Technik des Vermessungswesens (von griechisch geodaisía „Erd-, Landverteilung"). Hierzu gehören die Erd-, Landes- und Grundstücksvermessung.

Wie hieß der amerikanische Film, bei dem 1947 Robert Young und Robert Mitchum die Hauptrollen spielten?

- ❑ *Im Kreuzfeuer*
- ❑ *Goldenes Gift*
- ❑ *Das Medaillon*
- ❑ *Schlachtgewitter am Monte Casino*

Im Kreuzfeuer. Nach dem Krieg werden einige Soldaten in eine Mordaffäre verwickelt. Das Motiv ist Antisemitismus.

Wie nennt man die mit E-Mails verbreitete Warnung vor einem nicht existierenden Computervirus?

❑ Gordischer Knoten ❑ Hoax
❑ Joke ❑ Black-Mail

Hoax („Streich"). Dabei wird meist in Form einer Ketten-Mail vor bestimmten Programmen, Dateien, ja selbst vor E-Mails gewarnt.

Welcher schwedische Hafen war eine bedeutende Hansestadt?

❑ Greifswald ❑ Helsinki
❑ Nowgorod ❑ Visby

Visby. Ihre große Zeit hatte sie im 12. und 13. Jh. Gut erhalten sind das mittelalterliche Straßennetz, über 200 Gebäude und die Stadtmauer.

In welcher Polanski-Verfilmung von 1966 sind Donald Pleasence und Francoise Dorléac als ungleiches Paar zu sehen?

❑ *Das Messer im Wasser* ❑ *Schwindler sind überall*
❑ *Wenn Katelbach kommt* ❑ *Chinatown*

Wenn Katelbach kommt. Polanski hat das nicht als düsteres Drama, sondern als skurriles Spiel voll makabrer Späße und Symbole angelegt. Das Resümee erscheint dadurch nur noch bitterer.

In welcher Oper von Giuseppe Verdi (1813–1901) wurde der Titelheld von einer Zigeunerin groß gezogen?

❑ *Der Troubadour* ❑ *Othello*
❑ *Il pomo d'oro* ❑ *Tannhäuser*

In *Der Troubadour* (1853). Leonora, die Manrico, den Troubadour, liebt, erwehrt sich der Nachstellungen des Grafen von Luna durch Gift. Dieser lässt aus Wut Manrico hinrichten, seinen eigenen Bruder.

Wie bezeichnet man einen Kreisausschnitt?

❑ Bogen ❑ Sequenz
❑ Sektor ❑ Sekante

Sektor. Ein Sektor wird durch die Verbindungslinien zweier Kreispunkte mit dem Kreismittelpunkt beschrieben.

Wie bezeichnet man in der Werbesprache das äußere und innere Erscheinungsbild eines Unternehmens?

❑ Corporate Identity ❑ Image
❑ Selbstbild ❑ Identität

Corporate Identity (CI) oder auch Corporate Design. Man definiert dies als die Gesamtheit der gewachsenen Denkmuster, Überzeugungen, Verhaltensweisen, Strukturen und Beziehungen innerhalb eines Unternehmens.

Welche Affäre führte 1984 zum Rücktritt des Wirtschaftsministers Otto Graf Lambsdorff?

❑ Spiegel-Affäre ❑ Flick-Affäre
❑ Amigo-Affäre ❑ Barschel-Affäre

Die Flickaffäre. Der Flickkonzern hatte CDU, SPD und FDP mit insgesamt rund 25 Mio. DM bedacht. Wegen Steuerhinterziehung wurden die FDP-Politiker Lambsdorff und Friedrichs zu hohen Geldstrafen verurteilt.

Was ist die Hauptstadt Schottlands?

❑ Middlesbrough ❑ Edinburgh
❑ Glasgow ❑ Liverpool

Edinburgh. Historischer Mittelpunkt der Universitätsstadt sind die Burg (11. Jh.), die Augustinerabtei Holyrood (12. Jh.) und die Kathedrale Saint Giles (14./15. Jh.).

Bei welchem amerikanischen Stummfilm von 1928 spielte James Murray die Hauptrolle?

- ❑ *Die Austernprinzessin*
- ❑ *Die Geburt einer Nation*
- ❑ *Ein Mensch der Masse*
- ❑ *Die große Parade*

Ein Mensch der Masse. Er ist einer der wenigen amerikanischen Stummfilme, die sich ernsthaft bemühen, die soziale Wirklichkeit in der Handlung und im Bild zu reflektieren.

Wer führte in *Cyrano de Bergerac* 1989/90 Regie?

- ❑ Jacques Becker
- ❑ Jean-Paul Rappeneau
- ❑ Peter Greenaway
- ❑ Jean-Pierre Melville

Jean-Paul Rappeneau. Er hat es verstanden, Rostands romantisch-ironisches Versdrama werkgetreu und dennoch filmisch zu interpretieren.

Mit welchem medizinischen Fachgebiet beschäftigt sich die Geriatrie?

- ❑ Rheumatismus
- ❑ Altersheilkunde
- ❑ Geschlechtskrankheiten
- ❑ Herz-Kreislauf-Erkrankungen

Mit den Erkrankungen älterer Menschen und deren Therapie (von griech. gerón „alt" und iatreía „das Heilen").

Wo wird der Begriff Mimikry verwendet?

- ❑ Pantomime
- ❑ Tierwelt
- ❑ Theater
- ❑ Völkerkunde

In der Tierwelt. Mimikry (von lat. „mimicus") ist die Nachahmung wehrhafter Tiere durch wehrlose Tiere in Körpergestalt oder Färbung zur Täuschung von Feinden.

In welcher Oper preist Alfredo die Schönheit der Kurtisane Violetta mit einem Trinklied?

- ❑ *Die Kameliendame*
- ❑ *Tosca*
- ❑ *Die Jungfrau von Orléans*
- ❑ *La Traviata*

In *La Traviata* (1853) von Giuseppe Verdi (1813–1901). Höhepunkt ist die Todesszene der an Schwindsucht erkrankten Violetta, die in den Armen ihres Geliebten stirbt.

Wo ist der Hadrianswall?

- ❑ Deutschland
- ❑ Oberitalien
- ❑ Großbritannien
- ❑ Balkan

In Großbritannien. Er verläuft zwischen Solwaybush bei Carlisle und Tynemouth. Kaiser Hadrian (76–138) ließ damit die römische Provinz Britannia vor den kriegerischen Kaledoniern schützen.

Was ist eine trigonometrische Größe?

- ❑ dy/dx
- ❑ ln x–1
- ❑ sin x
- ❑ π r2

sin x. Die Sinusfunktion ist eine Winkelfunktion. Berechnet wird der Quotient aus Gegenkathete und Hypotenuse in einem rechtwinkligen Dreieck. x ist dabei der von beiden Seiten eingeschlossene Winkel.

Was geschah 1986 im ukrainischen Tschernobyl?

- ❑ Atomwaffentest
- ❑ Chemiewaffenunglück
- ❑ Erdbebenkatastrophe
- ❑ Reaktorunglück

Am 26.4.1986 explodierte ein Block des Atomreaktors von Tschernobyl. Radioaktiv verstrahlte Wolken trieben Richtung Westen und verseuchten weite Teile Mitteleuropas.

Was bezeichnet man in der Geschäftswelt mit Insolvenz?

- ❑ Gewinnausschüttung
- ❑ Reingewinn
- ❑ Firmenerweiterung
- ❑ Zahlungsunfähigkeit

Die Zahlungsunfähigkeit eines Unternehmens. Ein Konkursverfahren wird eingeleitet, in dem ein gerichtlich bestellter „Insolvenzverwalter" das Vermögen erfasst und verwertet und den Erlös an die Gläubiger verteilt.

Wie heißt der Film von 1966, in dem Roman Polanski Regie führte und gleichzeitig neben Jack MacGowran eine Hauptrolle spielte?

- ❑ *Rosemaries Baby*
- ❑ *Tanz der Vampire*
- ❑ *Macbeth*
- ❑ *Der Mieter*

Tanz der Vampire. Polanski wusste Nervenkitzel, Gruseleffekte und Humor in ein ausgewogenes Verhältnis zu bringen. Ein überaus bemerkenswerter Film.

Wie nennt man den Teil einer E-Mail, in dem ein Computervirus versteckt sein könnte?

- ❑ Brain
- ❑ Attachment
- ❑ Hoax
- ❑ Header

Attachment. Das ist der Anhang einer E-Mail, z. B. eine Bilddatei oder ein Programm. Bei E-Mails von unbekannten Absendern sollte man deshalb nie das Attachment öffnen.

In welchem Film von 1989/90 führt Kevin Costner Regie und spielt gleichzeitig die Hauptrolle?

- ❑ *Frantic*
- ❑ *Der mit dem Wolf tanzt*
- ❑ *Robin Hood*
- ❑ *Waterworld*

Der mit dem Wolf tanzt. Costner gelang mit seinem Regie-Debüt ein sensationeller Erfolg. Der überlange Film wurde mit 7 Oscars ausgezeichnet.

Wo werden die britischen Könige gekrönt?

- ❑ Kent
- ❑ Westminster Abbey
- ❑ Canterbury
- ❑ Holy Island

In Westminster Abbey. Der gotische Bau entstand vom 13. bis ins 16. Jh. als Kirche der zugehörigen Benediktinerabtei. Er war auch bis Georg II. Grablege der Könige.

Welche Oper komponierte Giuseppe Verdi?

- ❑ *Rinaldo*
- ❑ *Ein Maskenball*
- ❑ *Die lustigen Weiber von Windsor*
- ❑ *Lear*

Ein Maskenball (1859). Das Sujet um die Ermordung des Gouverneurs von Boston, Riccardo, beruhte auf einer wahren Begebenheit, dem politischen Mord an König Gustav III. von Schweden auf einem Maskenball.

Wer war der erste germanische Herrscher in Rom während der späten Kaiserzeit?

- ❑ Arbogast
- ❑ Liutprand
- ❑ Agilulf
- ❑ Geiserich

Der Franke Arbogast (†394); als oberster Heerführer Westroms riss er die Macht an sich und ernannte einen Schattenkönig. Der oströmische Kaiser Theodosius (347–395) stellte die Ordnung wieder her.

Welche Disziplin gehört nicht zum Leichtathletikzehnkampf?

- ❑ 400-m-Hürden
- ❑ 1500-m-Lauf
- ❑ Stabhochsprung
- ❑ Kugelstoßen

Der 400-m-Hürdenlauf. Der Zehnkampf umfasst ferner noch den 100-m- und 400-m-Lauf, Weitsprung, Hochsprung, 110-m-Hürden, Diskus- und Speerwurf.

Welche mathematische Funktion drückt den Steigungsgrad einer anderen Funktion an einer beliebigen Stelle aus?

- ❑ Tangens
- ❑ Logarithmus
- ❑ erste Ableitung
- ❑ Integral

Die erste Ableitung, also f′(x) = dy/dx. Durch Integration kommt man wieder auf die ursprüngliche Funktion f (x).

Welche Wissenschaft beschäftigt sich mit der Erforschung des Alterungsprozesses?

- ❑ Geobiologie
- ❑ Gerontokratie
- ❑ Gerontologie
- ❑ Gerohygiene

Die Gerontologie. Im Vordergrund stehen soziale und verhaltenspsychologische Aspekte sowie körperliche Auswirkungen bei Menschen, die das 65. Lebensjahr überschritten haben.

Wo liegt Kutná Hora (Kuttenberg)?

- ❑ Ostpreußen
- ❑ Schlesien
- ❑ Tschechien
- ❑ Tirol

In Tschechien. Kutná Hora war vom 14. bis 16. Jh. durch seine Silberminen nach Prag die bedeutendste Stadt in Böhmen. Architektonisches Prachtstück ist die spätgotische St. Barbara-Kirche.

Wie nennt man ein Heilverfahren, das Mittel gegen eine Krankheit verwendet, die beim Gesunden ein ähnliches Krankheitsbild erzeugen?

- ❑ Allopathie
- ❑ Homöopathie
- ❑ Bachblüten
- ❑ Clownismus

Homöopathie. Es ist eine gelehrte Wortbildung aus griechisch homoĩos „ähnlich, gleichartig“, und páthos, „Schmerz, Krankheit“, die der Arzt Samuel Hahnemann (1775–1843) prägte.

Wer gründete die Fastfood-Kette McDonalds?

- ❑ Daniel Guggenheim
- ❑ Ray Kroc
- ❑ John D. Rockefeller
- ❑ Ivar Kreuger

Ray Kroc (1902–1984). Den Namen McDonalds kaufte er von zwei Brüdern, die bereits ein Drive-in-Restaurant führten, und zahlte sie aus. Er war selbst sein erster Lizenznehmer.

In welchem Film spielt Robin Williams den John Keating?

- ❑ *Jumanji*
- ❑ *Mrs. Doubtfire*
- ❑ *Der Club der toten Dichter*
- ❑ *König der Fischer*

Der Club der toten Dichter. Er beginnt wie eine übliche Internatsgeschichte, die zunehmend an Dichte und neuer Dimension gewinnt.

Wie bezeichnet man in Religionen das Sprechen im ekstatischen Zustand?

- ❑ Gastrosophie
- ❑ Fabulieren
- ❑ Glossolalie
- ❑ Globuralia

Glossolalie (Zungenreden). Die meist unverständlichen Laute bedürfen der Deutung. Erstmals tauchte es laut Evangelien bei den Aposteln auf, die vom Heiligen Geist ergriffen wurden.

In welchem amerikanischem Film von 1958 spielen Sidney Poitier und Tony Curtis die Hauptrollen?

- ❑ *Weint um die Verdammten*
- ❑ *Die Saat der Gewalt*
- ❑ *Reiter ohne Gnade*
- ❑ *Flucht in Ketten*

Flucht in Ketten. Einem Weißen und einem Schwarzen gelingt aneinander gekettet die Flucht aus dem Arbeitslager. Anfangs verachten sie einander, doch die Gefahr bringt beide einander näher.

Welche Oper komponierte Giuseppe Verdi?
❑ *Die Macht des Schicksals* ❑ *Fidelio*
❑ *La Cenerentola* ❑ *Parsifal*

Die Macht des Schicksals (1862), ein Drama um die nicht standesgemäße Verbindung zwischen der Marchesa Leonora und dem Mestizen Alvaro, die nur tragische Auswirkungen auf alle Beteiligten hat.

Was ist die Hauptstadt von Litauen?
❑ Königsberg ❑ Vilnius
❑ Malmö ❑ Danzig

Vilnius (Wilna). Die Altstadt spiegelt die wechselvolle Geschichte Litauens wider, die um 1323 mit einer Burg des litauischen Großfürsten begann. Ihre Blütezeit erlebte die Stadt im 16. Jh.

Wie nennt man einen Arzt mit Spezialkenntnissen auf dem Gebiet der Blutkrankheiten?
❑ Urologe ❑ Hämatologe
❑ Androloge ❑ Histologe

Hämatologe. Das Fachgebiet heißt Hämatologie. Der Begriff leitet sich aus dem griechischen haĩma „Blut“ her.

Welches Amt bekleidete Johannes Rau, bevor er Bundespräsident wurde?
❑ Ministerpräsident ❑ Bundesverfassungsrichter
❑ Oberbürgermeister ❑ Bundeskanzler

Er war Ministerpräsident von Nordrhein-Westfalen. 1994 scheiterte Johannes Rau (*1931) bei der Bundespräsidentenwahl noch an Roman Herzog (*1934); 1999 wurde er dessen Nachfolger.

Wie nennt man den in einem Netzwerk anderen Computern übergeordneten Computer?
❑ Host computer ❑ Lord-PC
❑ Central Unit ❑ Gigant

Host computer. Dieser Zentralrechner, der wichtige Aufgaben für kleinere Computer oder Terminals übernimmt, wird in kleineren Netzwerken auch als File-Server bezeichnet.

Wer spielt in *Die Spitzenköpplerin* von 1977 die weibliche Hauptrolle?
❑ Nastassja Kinski ❑ Hanna Schygulla
❑ Isabelle Huppert ❑ Isabella Rossellini

Isabelle Huppert (*1955) in der Rolle des introvertierten Mädchens vom Lande, dessen Gefühle von Pariser Intellektuellen enttäuscht werden und sie in die Psychiatrie treiben.

Womit befasst sich ein Ghostwriter?
❑ Telepathie ❑ Geisterwörter
❑ Telekinese ❑ Schreiben von Büchern für andere

Mit dem Schreiben von Büchern für andere. Der Ghostwriter bleibt als tatsächlicher Autor anonym, während der Auftraggeber, oft eine bekannte Persönlichkeit, als Autor firmiert.

Welches Ziel verfolgt die Agenda 2000 in der Europäischen Union?
❑ Kommissionsreform ❑ EU-Erweiterung
❑ Wettbewerbskontrolle ❑ Reform der Agrarpolitik

Die Reform der Agrarpolitik und die Neuordnung der EU-Finanzierung. Die Agenda legt die Finanzplanung der EU für die Jahre 2000 bis 2006 fest.

Wo befindet sich der größte gotische Kathedralbau Frankreichs?
❑ Marseille ❑ Amiens
❑ Guadeloupe ❑ Bordeaux

In Amiens. Notre-Dame von Amiens entstand 1220–70 als dreischiffige Basilika an der Stelle eines romanischen Vorgängerbaus.

In welchem französischen Film von 1980 spielen Cathérine Deneuve und Gérard Depardieu die Hauptrollen?

- ❑ *Mut, wir fliehen*
- ❑ *Die letzte Metro*
- ❑ *Wahl der Waffen*
- ❑ *Der süße Wahn*

Die letzte Metro. Ein vielschichtiger und unterhaltsamer Film, dessen ausgewogene Gestaltung 1981 mit zehn von zwölf verliehenen französischen Filmpreisen belohnt wurde.

In welcher Oper werden die siegreichen Truppen des Pharao vor den Toren Thebens mit dem berühmten *Triumphmarsch* begrüßt?

- ❑ *Samson und Dalila*
- ❑ *Falstaff*
- ❑ *Aida*
- ❑ *Herodiade*

In *Aida* (1871) von Giuseppe Verdi (1813–1901). Aida, die sich aus Liebe zu ihrem Geliebten Radamès in das Grabmahl geschlichen hat, um sein Schicksal zu teilen, hat eine ungewöhnliche Publikumswirksamkeit erzielt.

Welche Sträucher liefern Früchte, die gekocht z. B. für Marmelade dienen, roh aber Durchfall auslösen können?

- ❑ Heidelbeere
- ❑ Hagebutte
- ❑ Holunder
- ❑ Stachelbeere

Holunder. In Mitteleuropa wird der Schwarze Holunder bis zu 9 m hoch. Die Beeren wachsen an schirmförmigen Trugdolden. Getrocknete Früchte werden als Fliedertee gegen Erkältungen angewendet.

Was bezeichnet man mit Ascorbinsäure?

- ❑ Vitamin C
- ❑ Chlor
- ❑ Hämoglobin
- ❑ Kohlenwasserstoff

Vitamin C. Es ist unerlässlich für die Bildung und Erhaltung von Kollagen, einem Protein, das für den Knochenbau und die Zähne von Bedeutung ist.

Was wurde auf den sog. „Montagsdemonstrationen" 1989 gefordert?

- ❑ Ende der Apartheid
- ❑ Reformen in der DDR
- ❑ Freiheit für Tibet
- ❑ Reform der EU-Agrarpolitik

Demokratische und wirtschaftliche Reformen in der DDR. Sie entwickelten sich zu einer Massenbewegung, die 1989 zum Rücktritt Erich Honeckers (1912–94) führte.

In welcher gotischen Kathedrale wurden die französischen Könige gekrönt?

- ❑ Paris
- ❑ Grenoble
- ❑ Reims
- ❑ Versailles

In Reims. Mit dem heiligen Öl aus einer Phiole wurden die Monarchen gesalbt; aufbewahrt wurde das Gefäß in der Abtei von Reims. Die Kathedrale entstand von 1211 bis etwa 1300.

In welchem amerikanischen Western von 1938 spielten James Stewart und Marlene Dietrich die Hauptrollen?

- ❑ *Westwärts*
- ❑ *Der große Bluff*
- ❑ *Reiter in der Nacht*
- ❑ *Die große Fahrt*

Der große Bluff. Mit Witz und Temperament wird hier ein Western zu einer Tragikomödie geformt, zu der es in der Geschichte des Westerns kaum eine Parallele gibt.

Wer führte bei dem Film *Der zweite Atem* von 1966 Regie?

- ❑ Louis Malle
- ❑ Jean-Luc Godard
- ❑ Jean-Pierre Melville
- ❑ Abel Gance

Jean-Pierre Melville (1917–73). Seine Regie gibt diesem Krimi eine unverwechselbare Eigenart. Er erzählt die Geschichte kühl und distanziert ohne jegliche Affekte.

Für welche Oper von Giuseppe Verdi diente Shakespeares Drama *Die lustigen Weiber von Windsor* (um 1600) als Vorbild?

- ❑ *Die sizilianische Vesper*
- ❑ *Verlorene Liebesmüh'*
- ❑ *Falstaff*
- ❑ *Viel Lärm um nichts*

Für *Falstaff* (1893) mit einem Libretto von Arrigo Boito. Verdi (1813–1901) hat nach Otto Nicolais Oper *Die lustigen Weiber von Windsor* (1849) der Figur des Schwerenöters Sir John Falstaff neue ironische Facetten abgewonnen.

Welche Schutzfunktion hat das Europäische Markenamt?

- ❑ Briefmarken
- ❑ Münzen
- ❑ Warenzeichen
- ❑ Antiquitäten

Es fördert den Erwerb von Marken, Warenzeichen, Mustern und Modellen und verwaltet die entsprechenden Rechte. Sein Sitz ist Alicante (Spanien).

Was ist Ginger Ale?

- ❑ Ingwer-Tee
- ❑ Starkbier
- ❑ alkoholfreies Getränk
- ❑ Parfüm

Ein in England getrunkenes alkoholfreies Getränk, dessen charakteristischer Geschmack durch den Zusatz von Ingwer (engl. ginger) gewonnen wird.

Welche berühmte Burg des Stauferkaisers Friedrich II. steht in Apulien?

- ❑ Castel del Prato
- ❑ Castel Gandolfo
- ❑ Castel del Monte
- ❑ Castello di Montebello

Castel del Monte. Sie wurde zwischen 1240 und 1250 auf einem weithin sichtbaren Hügel errichtet. Charakteristisch ist die oktogonale Außenmauer, die an den Ecken durch acht oktogonale Türme flankiert wird.

Welches Protein sorgt für den Sauerstofftransport im Blut?

- ❑ Kollagen
- ❑ Hämoglobin
- ❑ Keratin
- ❑ Insulin

Das Hämoglobin. Es transportiert den Sauerstoff von den Lungen oder Kiemen zu den Körperzellen. Andererseits bindet es das Kohlendioxid und sorgt für den Transport zur Lunge, wo es ausgeatmet wird.

Wie nennt man ein mit unterschiedlichen Links strukturiertes Dokument?

- ❑ Labyrinth
- ❑ Multimedia
- ❑ Palimpsest
- ❑ Hypermedia

Hypermedia. Es enthält nicht nur Querverweise auf andere Texte, sondern auch auf Multimedia-Dateien, also Filme, Töne und Fotos.

Was wurde 1991 mit der GUS gegründet?

- ❑ Gesellschaft mit beschränkter Haftung
- ❑ Gemeinschaft unabhängiger Staaten
- ❑ Tierschutzverein
- ❑ Privatsender

Die „Gemeinschaft unabhängiger Staaten", ein 1991 gegründetes lockeres Bündnis zwischen Russland, Weißrussland und der Ukraine. Es trat die Nachfolge der UdSSR an und umfasst heute 12 Staaten.

Wer führte bei dem französischen Film *Der Teufel möglicherweise* von 1977 Regie?

- ❑ Robert Bresson
- ❑ Claude Autant-Lara
- ❑ Henri-Georges Clouzot
- ❑ Jean-Jacques Beineix

Robert Bresson (*1907). Er zeigt hier eine Welt, in der all die Intelligenz des Menschen ihn nicht davon abhält, seinen eigenen Lebensraum mit selbstmörderischer Konsequenz zu zerstören.

Wie heißt der französische Film von 1954, bei dem Simone Signoret die Hauptrolle spielt?

- ❑ *Die rote Wüste*
- ❑ *Teufel im Leib*
- ❑ *Die Enttäuschten*
- ❑ *Die Teuflischen*

Die Teuflischen, eine Story von raffinierter Konsequenz. Es gibt keine Abschweifungen; mit der Exaktheit eines Uhrwerks greifen die Szenen ineinander. Von der literarischen Vorlage weicht der Film stark ab.

Wo steht der berühmte normannische Dom von Monreale?

- ❑ Chios
- ❑ Normandie
- ❑ Dalmatien
- ❑ Sizilien

Auf Sizilien, etwa 10 km außerhalb von Palermo. Hier entstand im Auftrag Wilhelms II. der mit Mosaiken reich ausgestattete Dom und eine Benediktinerabtei, von der heute noch der prächtige Kreuzgang erhalten ist.

Welches im 16. Jahrhundert entstandene Schimpfwort hat heute seine vulgäre Bedeutung verloren?

- ❑ Causeur
- ❑ Hundsfott
- ❑ Speichellecker
- ❑ Strizzi

„Hundsfott", womit man den „Schurken" bzw. „Schuft" betitelte. Eigentlich bezeichnete es jedoch das Geschlechtsteil der läufigen Hündin, die man als besonders schamlos ansah.

Zu welcher Oper hat Richard Wagner die Sage von dem Seefahrer, der verurteilt ist, ruhelos die Meere zu durchqueren, inspiriert?

- ❑ *Rienzi*
- ❑ *König Priamus*
- ❑ *Der fliegende Holländer*
- ❑ *Der Irrgarten*

Zu *Der fliegende Holländer* (1843). Der fluchbeladene Holländer findet Erlösung durch die selbstlose Liebe der Senta, die sich schließlich von einer Felsenklippe stürzt und im Tod mit dem Holländer vereint wird.

Wo hat die FIFA ihren Sitz?

- ❑ Rio de Janeiro
- ❑ Wien
- ❑ Zürich
- ❑ New York

In Zürich. Die FIFA (Fédération Internationale de Football Associations) ist der 1904 gegründete Internationale Fußballverband.

Mit welcher Währung zahlt man im Fürstentum Liechtenstein?

- ❑ Schillinge
- ❑ Gulden
- ❑ Francs
- ❑ Schweizer Franken

Mit Schweizer Franken. Das autonome Fürstentum zwischen Österreich und der Schweiz ist heute aus steuerlichen Gründen Sitz zahlreicher Dachgesellschaften und großer Vermögen.

Warum verzichteten die deutschen Jecken 1991 auf ihr karnevalistisches Vergnügen?

- ❑ Tschernobyl
- ❑ Zweiter Golfkrieg
- ❑ BSE
- ❑ Deutsche Wiedervereinigung

Wegen des Zweiten Golfkriegs, den die UNO am 17.1.1991 gegen den Irak begonnen hatte. Ausgelöst wurde der Krieg durch die irakische Besetzung Kuwaits.

Wie lautet der Fachbegriff für weiße Blutkörperchen?

- ❑ Thrombozyten
- ❑ Histamin
- ❑ Leukozyten
- ❑ Erythrozyten

Leukozyten. Agranuläre (ungekörnte) Leukozyten sind Teile des Immunsystems, wobei Lymphozyten Antikörper gegen Fremdkörper produzieren und Monozyten chronische Infektionen bekämpfen.

In welchem deutschen Film von 1927 brillierte Asta Nielsen?

- ❑ *Der Andere*
- ❑ *Dirnentragödie*
- ❑ *Alraune*
- ❑ *Der alte und der junge König*

Dirnentragödie. Der Film erzielt unmittelbare und zum Teil suggestive Wirkung. Eine überzeugend bewältigte Milieuschilderung, die auch kleine Gesten und Details der Dekoration einbezieht.

Welcher Planet braucht am wenigsten Zeit für eine Umkreisung der Sonne?

❑ Mars ❑ Merkur
❑ Erde ❑ Venus

Der Merkur, der sonnennächste Planet unseres Sonnensystems. Er braucht für eine Umkreisung 88 Tage.

Was ist eine Glosse?

❑ Zungenschlag ❑ ironischer Kommentar
❑ Wörterbuch ❑ Kugelblume

Ein ironischer Kommentar, wie er in Tageszeitungen üblich ist. Meist an festem Platz nimmt der Journalist zu einer aktuellen Frage etwa der Politik oder Wirtschaft ironisch-kritisch Stellung.

Wir heißt der Italo-Western von 1966 mit Franco Nero in der Hauptrolle?

❑ *Für eine Handvoll Dollar* ❑ *Halleluja Amigo*
❑ *Django* ❑ *Die fünf Gefürchteten*

Django. Er wurde für lange Zeit gleichsam zum Synonym und zur Gütermarke für den so genannten Italo-Western, mit dem die Italiener seit 1963 Hollywood Konkurrenz machten.

In welcher Oper sieht Elisabeth erwartungsvoll dem Sängerfest auf der Wartburg entgegen?

❑ *Tannhäuser* ❑ *Lohengrin*
❑ *Der Zauberspiegel* ❑ *Der Schmuck der Madonna*

In *Tannhäuser* (1845) von Richard Wagner (1813–83). Tannhäuser, der in den Bann der Liebesgöttin geraten war, erhält durch die Fürbitte und den Tod Elisabeths sein Seelenheil zurück.

Wer war Stilicho, eine historische Gestalt am Ende des weströmischen Reiches?

❑ Kaiser von Byzanz ❑ Eroberer Roms
❑ Prätorianer ❑ germanischer Heerführer

Der germanische Heerführer in Westrom. Stilicho (um 383–408) bestimmte weitgehend auch die Politik. Er wehrte 403 den Einfall der Westgoten in Italien unter Alarich (um 370–410) noch einmal ab.

Welche Stadt gilt als das „Scheidungsparadies“?

❑ Las Vegas ❑ Reno
❑ Monte Carlo ❑ San Marino

Reno im Westen des US-Bundesstaates Nevada. Die Stadt ist nicht nur wegen ihres liberalen Scheidungsgesetzes, sondern auch wegen ihrer Spielkasinos bekannt.

Mit welchem Lehnwort bezeichnet man künstliche, grafisch dargestellte Geschöpfe in Chats oder Computer-Spielen?

❑ Schrat ❑ Golem
❑ Avatar ❑ Homunkulus

Avatar. Im Hinduismus sind „avatara“ die Inkarnationen des Gottes Visnu. Im Internet kann ein Spieler seinen Avatar mit bestimmten Persönlichkeitsmerkmalen ausstatten.

Wie bezeichnet man in der EU Gebiete, die multinationale und grenzüberschreitende Zusammenarbeit pflegen?

❑ Schengener Gebiete ❑ Euregio
❑ Zollgrenzbezirke ❑ Marken

Euregio (Europäische Region); es sind derzeit rund 70 Gebiete, die diesen Status besitzen, z. B. die Euregio Maas-Rhein.

Was produziert die Langerhans'schen Inseln?

- ❑ Thrombe
- ❑ Leukozyten
- ❑ Insulin
- ❑ Eisen

Insulin. Es sind in kleinen Gruppen formierte Drüsenzellen, die in der Bauchspeicheldrüse das Insulin produzieren. Erzeugen sie nicht genug Insulinn entsteht Diabetes.

Worauf sei gemäß der antiken Medizin die Hysterie zurückzuführen?

- ❑ Bauchspeicheldrüse
- ❑ Bluthochdruck
- ❑ Nervensystem
- ❑ Gebärmutter

Auf die Gebärmutter (griechisch „hystéra"). So galt die Hysterie als typische Frauenkrankheit. Der medizinische Fachausdruck ist eine Neubildung des 18. Jahrhunderts.

Welche spätantike Philosophie glaubte mit dem Erkennen Gottes auch die Welt des Übersinnlichen zu erfahren?

- ❑ Pantheismus
- ❑ Atheismus
- ❑ Polytheismus
- ❑ Gnosis

Die Gnosis (von griechisch „Erkenntnis"). Ausgehend vom christlichen Glauben versuchten Theologen und Philosophen sich gleichsam Mysterien aufzuschließen; die Gnosis wurde vom Christentum als Irrlehre verfolgt.

Wie heißt der indische Film, bei dem Bimal Roy 1953 Regie führte?

- ❑ *Der Kampf im Tal*
- ❑ *Zwei Hektar Land*
- ❑ *Frauen ohne Männer*
- ❑ *Zwei Augen zwölf Hände*

Zwei Hektar Land. Der Film demonstriert die feudalistischen Ausbeutermethoden auf dem Land ebenso wie das Elend in den Städten.

Wer führte 1959 bei dem Film *La Dolce Vita* Regie?

- ❑ Federico Fellini
- ❑ Luciano Emmer
- ❑ Ettore Scola
- ❑ Renato Castellani

Federico Fellini (1920–93). Seine Filme vereinen auf faszinierende Weise einen sehr subjektiven Realismus mit einer wuchernden Bildfantasie und einem mystischen Glauben an die Kraft der Gnade.

Welche Stadt führt den Namen „Dürerstadt"?

- ❑ Dresden
- ❑ Nürnberg
- ❑ Hameln
- ❑ Augsburg

Nürnberg. Der Maler, Zeichner und Kupferstecher der Renaissance wurde hier 1471 geboren. Das Haus, in dem Dürer lebte, ist heute ein Museum.

Was ist ein Gourmand?

- ❑ Abstinenzler
- ❑ veraltete Bezeichnung für Erzieher
- ❑ Schlemmer
- ❑ Feinschmecker

Eine Person, die gern gut und vor allem viel isst; im Französischen heißt das abwertende Adjektiv „gefräßig". Positiv ist dagegen der Begriff Gourmet: Weinkenner und Feinschmecker.

Welche Oper vertont die Sage von dem Ritter, der in einem von einem Schwan gezogenen Nachen Elsa von Brabant zu Hilfe eilt?

- ❑ *Kleider machen Leute*
- ❑ *Lohengrin*
- ❑ *Die Nase*
- ❑ *Parsival*

Lohengrin (1850) von Richard Wagner (1813–83). Der Ritter besiegt den Verleumder, setzt aber die Bedingung, dass man nicht nach seiner Herkunft frage. Doch Elsa stellt die unheilvolle Frage, verliert den Gemahl und ihr Leben.

Wie heißt die lichtempfindliche Schicht im Auge?

- ❑ Hornhaut
- ❑ Netzhaut
- ❑ Regenbogenhaut
- ❑ Lederhaut

Die Netzhaut (Retina). Auf ihr zentrieren Hornhaut und Linse das einfallende Licht; Rezeptoren leiten das entstandene Bild über Nerven zum Gehirn weiter.

Welcher Politiker war 18 Jahre lang Bundesaußenminister?

- ❑ Klaus Kinkel
- ❑ Hans-Dietrich Genscher
- ❑ Walter Scheel
- ❑ Willy Brandt

Hans Dietrich Genscher (*1927). Der FDP-Politiker übernahm das Amt 1974 von Walter Scheel (*1919). Genscher war ein Verfechter der Entspannungspolitik und einer der Architekten der deutschen Einheit.

Wo wurde die Europäische Wirtschaftsgemeinschaft (EWG) gegründet?

- ❑ London
- ❑ Maastricht
- ❑ Rom
- ❑ Brüssel

1957 in Rom durch die Römischen Verträge. Kernstück der EWG war eine Zollunion sowie eine gemeinsame Verkehrs- und Agrarpolitik. 1973 wurde sie in „Europäische Gemeinschaft" umbenannt.

Für welches Kunsthandwerk ist Delft berühmt?

- ❑ Porzellan
- ❑ Fayencen und Fliesen
- ❑ Kupferstiche
- ❑ Spitzen

Fayencen und Fliesen. Seit dem 16./17. Jh. wurden hier als Alternative zum chinesischen Porzellan Fayencen aus Ton hergestellt, die häufig chinesische Motive haben.

Bei welchem italienischen Film führte Luciano Emmer 1949 Regie?

- ❑ *Ein Hundeleben*
- ❑ *Ein Sonntag im August*
- ❑ *Die Sinnlichkeit*
- ❑ *Einer war zu viel*

Ein Sonntag im August. Liebevolle und realistische Schilderung aus dem Leben einfacher Leute an einem Sonntag in Rom und am Strand von Ostia.

In welchen ital./engl. Film von 1973 spielen Julie Christie und Donald Sutherland die Hauptrollen?

- ❑ *Gewalt und Leidenschaft*
- ❑ *Einmal Millionär sein*
- ❑ *Wenn die Gondeln Trauer tragen*
- ❑ *Danke, Tante*

Wenn die Gondeln Trauer tragen. Das eigentliche Thema des Films sind die Eindrücke des winterlichen Venedig, sind die Visionen und Ängste der Menschen, die sich immer wieder in den Alltag drängen.

In welcher Oper von Richard Wagner wirbt Walther von Stolzing um die Tochter Pogners?

- ❑ *Don Carlos*
- ❑ *Die Meistersinger von Nürnberg*
- ❑ *Tannhäuser*
- ❑ *Die Zauberflöte*

In *Die Meistersinger von Nürnberg* (1868). Der Ritter muss hierzu den Preis beim Meistersingen gewinnen; sein erstes Preislied findet indes keine Anerkennung. Aber das Zweite gerät zum Wohlgefallen aller.

Was konnte mit der Entdeckung des Schweizer Wachmanns Christoph Meili 1997 nachgewiesen werden?

- ❑ illegaler Waffenhandel der Schweiz
- ❑ Ceauçescu-Vermögen
- ❑ Bereicherung Schweizer Banken an der Judenverfolgung
- ❑ Unzuverlässigkeit des Schweizer Bankgeheimnisses

Schweizer Banken bereicherten sich an der nationalsozialistischen Judenverfolgung. Das bewiesen die Akten der „Schweizerischen Bankgesellschaft" (SBG); an den Geschäften waren auch andere Bankinstitute beteiligt.

Welcher „Gedächtnisverlust" liegt in der Informationsüberflutung begründet?

- ❑ Burnout
- ❑ Brain drain
- ❑ Infonesia
- ❑ Missing Link

Die Infonesia. Das Kunstwort entstand aus „Information" und „Amnesie". Es bezeichnet das Problem, nicht zu wissen, wann und wo man eine bestimmte Information gesehen bzw. erhalten hat.

Was ist ein Idiotikon?

- ❑ Widmung
- ❑ Mundartwörterbuch
- ❑ Trinklied
- ❑ Gruppe von Dummköpfen

Ein Mundartwörterbuch. Der Begriff ist eine gelehrte Neubildung des 18. Jh. und leitet sich von griechisch „idiōtikós“, „eigentümlich, gewöhnlich; unwissend, ungebildet“, ab.

Welche Stadt liegt am Deutschen Eck?

- ❑ Trier
- ❑ Ehrenbreitstein
- ❑ Köln
- ❑ Koblenz

Koblenz (Rheinland-Pfalz). Es liegt an der Mündung der Mosel in den Rhein. Das Deutsche Eck ist die Landspitze zwischen Mosel und Rhein, auf der seit 1992 wieder das Reiterstandbild Kaiser Wilhelms I. thront.

Was ist ein Karzinom?

- ❑ Nervenentzündung
- ❑ Herzfehler
- ❑ Allergie
- ❑ Krebsklasse

Eine Krebsklasse im Unterschied zu Sarkomen und Leukämie. Karzinome haben ihren Ursprung im Epithelgewebe wie der Haut oder dem Drüsengewebe wie Brust und Prostata.

Welchen griechischen Berg bewohnen nach der Mythologie die Musen?

- ❑ Kithairon
- ❑ Olymp
- ❑ Parnass
- ❑ Ossa

Den Parnass in Mittelgriechenland (2457 m). Auch Apollon, der Gott der prophetischen Inspiration, ist hier zu Hause, denn am Fuß des Berges liegt das ihm geweihte Heiligtum Delphi.

Wie heißt der amerikanische Film 1943, bei dem Billy Wilder Regie führte und Barbara Stanwyck die Hauptrolle spielte?

- ❑ *Fünf Gräber bis Kairo*
- ❑ *Frau ohne Gewissen*
- ❑ *Der Major und das Mädchen*
- ❑ *Das verlorene Wochenende*

Frau ohne Gewissen. Erzählt wird die Geschichte einer vom Luxus verwöhnten und von der Besitzgier verdorbenen, berechnenden und kaltblütigen Frau.

Wo hat der Ausschuss der Regionen eine politische Funktion?

- ❑ EU
- ❑ Bundesrat
- ❑ Bundestag
- ❑ UNO

In der EU. Er setzt sich aus 222 Vertretern von Regionen und Kommunen der Mitgliedsstaaten zusammen, wobei Deutschland 24 Mitglieder entsendet. Ziel ist es, die Regionen an der EU-Politik zu beteiligen.

In welchem Film von 1969 spielen Peter Fonda, Dennis Hopper und Jack Nicholson die Hauptrollen?

- ❑ *Easy Rider*
- ❑ *Die wilden Engel*
- ❑ *Die wilden Schläger von San Francisco*
- ❑ *Hängt ihn höher*

Easy Rider. Die langen, mit Musik untermalten Fahrten durch die weite, unberührte Landschaft Amerikas verhalfen dem Film zu seinem legendären Ruf.

In welches Meer mündet der Dnjepr?

- ❑ Ostsee
- ❑ Weißes Meer
- ❑ Asowsches Meer
- ❑ Schwarzes Meer

Ins Schwarze Meer. Er entspringt südwestlich von Moskau und ist nach der Wolga und der Donau der drittlängste Fluss Europas (2285 km).

Was ist ein Doppelzweier?

- ❑ Figur beim Bodenturnen
- ❑ Pferdedressur-Schritt
- ❑ Figur beim Eiskunstlauf
- ❑ Ruderboot

Ein Ruderboot. Bei Weltmeisterschaften und Olympischen Spielen gibt es bei den Herren insgesamt acht verschiedene Bootsklassen.

In welcher Oper Richard Wagners verflucht der Nibelung Alberich die Liebe?

- ❑ *Der fliegende Holländer*
- ❑ *Der Wüstling*
- ❑ *Das Rheingold*
- ❑ *Der Dämon*

In *Das Rheingold* (1869). Alberich gelangt in den Besitz des Rheingolds, verliert den daraus geschmiedeten Ring aber an Loge und Wotan, die ihn den Riesen Fasolt und Fafner übergeben. Augenblicklich rafft der Fluch des Nibelung das erste Opfer dahin.

Wer wurde 1990 als Tenno inthronisiert?

- ❑ Hirohito
- ❑ Akihito
- ❑ Naruhito
- ❑ Gaozu

Akihito (*1933). Er stellte seine Herrschaft unter das Motto „Heisei“ (vollendeter Frieden). 1959 heiratete er als erster Thronfolger eine Bürgerliche.

Welches innere Organ produziert Galle?

- ❑ Darm
- ❑ Niere
- ❑ Leber
- ❑ Magen

Die Leber. Gallenflüssigkeit, die in den Dünndarm ausgeschüttet wird, fördert zusammen mit den Sekreten der Bauchspeicheldrüse die Verdauung, absorbiert die Nährstoffe und baut überschüssiges Cholesterin ab.

Wie heißt der Film, in dem Jeff Brigdes und Isabella Rosselini 1993 die Hauptrollen spielen?

- ❑ *Liebe hat zwei Gesichter*
- ❑ *Fearless*
- ❑ *Der Morgen danach*
- ❑ *Der Tod steht ihr gut*

Fearless. Erzählt wird die Geschichte des Architekten Max Klein, der durch einen Flugzeugabsturz gleichsam aus seinem bisherigen Leben herausfällt.

Wie heißt das Festlandgebiet Dänemarks?

- ❑ Lolland
- ❑ Värmland
- ❑ Jütland
- ❑ Seeland

Jütland. Es wird von der Nordsee, dem Skagerrak, dem Kattegat und dem Kleinen Belt umgeben. Jütland ist etwa 340 km lang und bis 180 km breit.

Wie heißt der franz./ital. Film, bei dem Claude Chabrol 1968 Regie führte und Stéphane Audran die Hauptrolle spielte?

- ❑ *Das Biest muss sterben*
- ❑ *Schrei, wenn du kannst*
- ❑ *Speisekarte der Liebe*
- ❑ *Die untreue Frau*

Die untreue Frau. Die Geschichte einer ausgelaugten Ehe, die an mangelndem Interesse gescheitert ist, und mit dem Tod des Geliebten durch den Ehemann endet.

Welcher der folgenden Begriffe hat dieselbe lateinische Wurzel wie „Lüster“?

- ❑ Iltis
- ❑ illusionär
- ❑ illuster
- ❑ Lust

Das Adjektiv „illuster“, was „glänzend; vornehm und erlaucht“ bedeutet. Dem liegt das lateinische illustris („im Licht stehend“) zugrunde; und dieses wiederum geht auf lustrare („hell machen“) zurück.

Wer baute den Fiat-Konzern zu einem führendem Unternehmen von Weltrang auf?

- ❑ Giovanni Agnelli
- ❑ Rudolf Carraciola
- ❑ Enzo Ferrari
- ❑ Juan Fangio

Giovanni Agnelli (*1921). Von 1966 bis 1996 stand er als Präsident an der Firmenspitze. Unterdessen ist Fiat zu einem vielfältigen Technologiekonzern mit weit verzweigten Beteiligungen geworden.

Welche Technik ermöglicht es, Mobiltelefone auch im Ausland zu benutzen?

- ❑ International Roaming
- ❑ Koaxial
- ❑ National Interpreter
- ❑ Multitasking

International Roaming. Das Handy schaltet dann von seinem Heimatnetz auf das Netz einer ausländischen Telefongesellschaft um.

Welche Prüfung weist die Kenntnis der altgriechischen Sprache nach?

- ❑ Germanium
- ❑ Graecum
- ❑ Hebraicum
- ❑ Latinum

Das Graecum. Es kann an humanistischen Gymnasiem erworben werden. Gelegentlich ist es für das Studium – etwa der Theologie – noch erforderlich.

In welchem Teil des *Ring des Nibelungen* von Richard Wagner vermischt sich in geschwisterlicher Liebe das Wälsungenblut?

- ❑ *Dido und Aeneas*
- ❑ *Die Walküre*
- ❑ *Tristan und Isolde*
- ❑ *Salome*

In *Die Walküre* (1870). Siegmund entstammt einem Geschlecht, das Wotan eigens dafür gezeugt hat, in den Besitz des Ringes zu kommen. Siegmund zeugt mit Sieglinde Siegfried, stirbt aber im Kampf gegen Hunding.

Welches Land regierte Corazon Aquino von 1986 bis 1992?

- ❑ Indonesien
- ❑ Philippinen
- ❑ Sri Lanka
- ❑ Uganda

Die Philippinen. Sie trat nach der Ermordung ihres Mannes Benigno Aquino 1986 gegen den Diktator Ferdinand Marcos an; dieser musste ins Exil. 1992 lehnte sie eine weitere Kandidatur ab.

Wo befindet sich die „Kö“, eine berühmte Geschäfts- und Einkaufsstraße?

- ❑ Hamburg
- ❑ Hannover
- ❑ Berlin
- ❑ Düsseldorf

In Düsseldorf, der Hauptstadt von Nordrhein-Westfalen; die „Kö“ (von „Königsallee“) trägt zu Düsseldorfs Ruhm als elegante Geschäfts- und Gartenstadt bei.

Wo befindet sich das Kreuzbein im menschlichen Skelett?

- ❑ Wirbelsäule
- ❑ Schulter
- ❑ Hüfte
- ❑ Brustkorb

In der Wirbelsäule. Es folgt von oben gesehen nach den Hals-, Rücken- und Lendenwirbeln als ein aus fünf Wirbeln zusammengewachsener Knochen, an den sich das Steißbein anschließt.

Wie heißt die Komödie von 1988, bei der Charles Crichton Regie führte und Jamie Lee Curtis die weibliche Hauptrolle spielte?

- ❑ *Blue Steel*
- ❑ *Ein Fisch namens Wanda*
- ❑ *True Lies*
- ❑ *Alles außer Liebe*

Ein Fisch namens Wanda, eine Komödie mit schwarzem Humor. Witz und zynische Pointen steuert das einstige Mitglied der „Monty-Python“-Truppe, John Cleese, bei.

Wer spielt neben Jeff Bridges die männliche Hauptrolle in *König der Fischer*?

- ❑ Robin Williams
- ❑ Tom Cruise
- ❑ Jack Nicholson
- ❑ Brad Pitt

Robin Williams (*1952). Der schon mehrfach für den Oscar nominierte Charakterkomiker wurde auch für seine Rolle als Clochard Parry für den Oscar vorgeschlagen.

In welchem Teil des *Ring des Nibelungen* von Richard Wagner erweist sich Mime als untauglicher Schmied?

- ❑ *Das Rheingold*
- ❑ *Uli der Knecht*
- ❑ *Der Waffenschmied*
- ❑ *Siegfried*

Im *Siegfried* (1876). Dem Helden selbst gelingt es, das Schwert zu schmieden, mit dem er den Riesen Fafner tötet und in den Besitz des Nibelungenhortes und des Rings gelangt. So ausgerüstet gewinnt er Brünhilde.

Wo steht die Figur der Uta?

- ❑ Kaiserpfalz zu Goslar
- ❑ Naumburger Dom
- ❑ Bamberger Dom
- ❑ Dresdner Zwinger

Im Naumburger Dom, der um 1330 als frühgotischer Kirchenbau vollendet wurde. Berühmt ist auch der älteste erhaltene Lettner in Deutschland.

Welchen Konzern baute der Manager und Industrielle Bertold Beitz nach dem Krieg wieder auf?

- ❑ Allianz
- ❑ Alfa Romeo
- ❑ Krupp-Konzern
- ❑ AEG

Den Krupp-Konzern, der nach dem II. Weltkrieg durch alliierte Demontagen u. Ä. geschädigt wurde. Als Generalbevollmächtigter machte Beitz (*1913) das Unternehmen wieder groß.

Wer war Goliath?

- ❑ Medier
- ❑ Philister
- ❑ Golem
- ❑ Makkabäer

Ein Philister. Der Hüne forderte nach dem *1. Buch Samuel* die Israeliten zum Kampf heraus. David tötete ihn mit seiner Steinschleuder und wurde wenig später König der Juden.

Wie nennt man die altbekannte Dekortechnik, die auf Wänden oder Fayencen ausgeführt wird?

- ❑ Steindruck
- ❑ Graffiti
- ❑ Sgraffito
- ❑ Linolschnitt

Das Sgraffito (von ital. sgraffiare „auskratzen, gravieren"). In China und Persien war die Technik im Altertum schon bekannt, in Europa seit der Renaissance bei der Wandgestaltung mit mehrfarbigen Putzschichten.

Wie bezeichnet man das Absterben einzelner Zellen oder Gewebe in einem lebenden Organismus?

- ❑ Nephrose
- ❑ Gangrän
- ❑ Idiosynkrasie
- ❑ Paralyse

Gangrän (Nekrose). Die unmittelbare Ursache ist die Blockierung der Versorgung mit arteriellem Blut. Chronische Gangräne entstehen z. B. durch Arteriosklerose, Erfrieren und Diabetes.

Wer spielte die Elizabeth Solley in *The Fog*?

- ❑ Jamie Lee Curtis
- ❑ Sissy Spacek
- ❑ Helen Mirren
- ❑ Melanie Griffith

Jamie Lee Curtis (*1958). Anfangs war sie viel in Horrorfilmen zu sehen, später auch in Komödien, z. B. als charmante Gaunerin mit Sexappeal in *Ein Fisch namens Wanda.*

Wer unterwarf das Burgunderreich am Rhein?

- ❑ Aëtius
- ❑ Karl der Große
- ❑ Philipp der Schöne
- ❑ Attila

Der römische Feldherr Aëtius (um 390–454). Er schlug die Burgunder unter ihrem König Gundahar (Gunther) (†436). Sie wurden dins Rhône-Gebiet umgesiedelt.

Welcher Hügel gehört nicht zu den sieben Hügeln, auf denen Rom erbaut wurde?

- ❑ Ianiculum
- ❑ Esquilinus
- ❑ Palatinus
- ❑ Viminalis

Der Ianiculum, der sich auf dem Westufer des Tibers befindet. Die anderen Hügel Roms sind: Kapitol, Quirinal, Caelius und Aventinus.

In welchem deutschen Film von1983 spielt Gudrun Landgrebe die Hauptrolle?

- ❑ *Männer*
- ❑ *Die flambierte Frau*
- ❑ *Sie und er*
- ❑ *Junge Liebe rostet nicht*

Die flambierte Frau. Eine unterdrückte Ehefrau entflieht ihrer bürgerlichen Existenz und produziert sich als Domina. Wesentlichen Anteil am Erfolg dieses Films hat die Musik von Peer Raben.

Wie heißt das Internet, in dem sich 180 Universitäten zusammengeschlossen haben?

- ❑ Leonardo
- ❑ Gutenberg-Liga
- ❑ Uni-Server
- ❑ Internet 2 (I2)

Internet 2 (I2). Es basiert auf einem eigenen, breitbandigen Forschungsnetz. „Abilene" ist ein Teil davon. Dieses Netz soll die Grundlage für das Internet der Zukunft sein.

Bei welchem Film von 1977/78 führten Walter Bockmayer und Rolf Bührmann Regie?
- ❑ *Flammende Herzen*
- ❑ *Das Boot*
- ❑ *Die klugen Frauen*
- ❑ *Die Ehre der Maria Braun*

Flammende Herzen. Das Team Bockmayer und Bührmann beschäftigt sich hier mit den kleinbürgerlichen Träumen, Wünschen und Hoffnungen.

In welchem Teil des *Ring des Nibelungen* von Richard Wagner tötet Hagen Siegfried?
- ❑ *Der Kaiser von Atlantis*
- ❑ *Attila*
- ❑ *Götterdämmerung*
- ❑ *Der Bärenhäuter*

In der *Götterdämmerung* (1876). Siegfrieds Tod ist das Signal für das Ende der Zeiten; die Rheintöchter nehmen den Ring wieder an sich, Walhall geht in Flammen auf, das Ende der Götter ist da.

Welche Politikerin prägte fast zwei Jahrzehnte die Politik von Sri Lanka?
- ❑ María Eva Perón
- ❑ Sirimavo Bandaranaike
- ❑ Indira Gandhi
- ❑ Aung San Suu Kyi

Sirimavo Bandaranaike (*1916), die den sozialistischen Kurs ihres 1959 ermordeten Mannes fortsetzte. Sie war 1960–65, 1970–77 und zuletzt 1994–2000 Ministerpräsidentin.

Welches Unternehmen baute Richard Branson auf, der als Hobby bereits mehrfach Atlantik und Pazifik überquerte?
- ❑ Karstadt AG
- ❑ Virgin Records
- ❑ Lauda Air
- ❑ Hapag Lloyd AG

Die Schallplatten-Produktionsfirma Virgin Records. Sie entstand 1973; 1984 folgte die Gründung der Fluggesellschaft Virgin Atlantik Airlines. Branson (*1950) überquerte z. B. den Pazifik mit dem Heißluftballon.

Wie heißt die Landeswährung von Litauen?
- ❑ Leu
- ❑ Lek
- ❑ Litas
- ❑ Zloty

Litas. Der Leu ist Rumäniens Währung, der Lek diejenige Albaniens und der Zloty diejenige Polens.

Wer baute den ersten steuerbaren Hubschrauber?
- ❑ Howard Hughes
- ❑ Henrich Focke
- ❑ Igor Sikorsky
- ❑ Hugo Junkers

Der deutsche Ingenieur Henrich Focke (1890–1979) Die zweirotorige Maschine flog erstmals 1936. Den ersten einrotorigen Helikopter flog 1939 der russische Techniker Igor Sikorsky.

Wer spielt in *Forrest Gump* die männliche Hauptrolle?
- ❑ Tom Cruise
- ❑ Robin William
- ❑ Tom Hanks
- ❑ Dustin Hoffmann

Tom Hanks (*1956). Als schnellfüßig gewordener Tölpel wird er mit wild wuchernder Fantasie durch einige Jahrzehnte amerikanischer Geschichte getrieben. Er erhielt für diese Rolle einen Oscar.

Welcher Teil der Sprachwissenschaft beschäftigt sich mit der Struktur einer Sprache?
- ❑ Interpunktion
- ❑ Orthographie
- ❑ Semantik
- ❑ Grammatik

Die Grammatik. Sie beschäftigt sich mit der Wortbildung (Morphologie) und deren Beziehung zum Satzbau (Syntax).

Wie heißt der amerikanische Western von 1948, bei dem John Ford Regie führte und John Wayne die Hauptrolle spielte?
- ❑ *Westwärts*
- ❑ *Schwarzes Kommando*
- ❑ *Fort Apache*
- ❑ *Der schwarze Reiter*

Fort Apache. Die Schuld der Weißen an der Attacke der Indianer als Folge deren schlechter Behandlung wird eindeutig.

Wer wurde 1980 zum IOC-Präsidenten gewählt?

- ❑ Hermann Neuberger
- ❑ Juan Antonio Samaranch
- ❑ Josef Neckermann
- ❑ Pierre de Coubertain

Der spanische Sportfunktionär und Diplomat Juan Antonio Samaranch (*1920). Das IOC ist das Internationale Olympische Komitee.

In welcher deutschen Stadt befindet sich die Kaiser-Wilhelm-Gedächtniskirche?

- ❑ Dresden
- ❑ Bonn
- ❑ Berlin
- ❑ Leipzig

In Berlin. Die ursprüngliche Kirche aus dem 19. Jh. wurde im II. Weltkrieg fast völlig zerstört. Neben der alten Kirchturmruine baute man 1961 einen neuen sechseckigen Glockenturm.

Wer spielt in *Jezebel – Die boshafte Lady* eine eigenwillige Südstaatenschönheit?

- ❑ Esther Williams
- ❑ Bette Davic
- ❑ Mae West
- ❑ Jane Wyman

Bette Davis (1908 –89). Mit dieser Titelrolle erhielt sie einen Oscar. 1977 wird sie mit dem Life Achievement Award des American Film Institute ausgezeichnet.

Welche Wagner-Oper vertont die Sage um den Gralskönig Amfortas?

- ❑ *Der arme Heinrich*
- ❑ *Oberon*
- ❑ *Der Prophet*
- ❑ *Parsifal*

Parsifal (1882). Der Titelheld ist der „reine Tor", dessen Mitleid den Gralskönig von seinem Leiden befreien kann. Wagner (1813–83) greift in seinem Musikdrama das seit dem Mittelalter bekannte Sujet auf.

Welche Frau wurde die erste Ministerpräsidentin in einem islamischen Staat?

- ❑ Clara Zetkin
- ❑ Emmeline Pankhurst
- ❑ Benazir Bhutto
- ❑ Golda Meir

Benazir Bhutto (*1953). Von 1988–90 und wieder von 1993–96 leitete sie die Regierung in Pakistan. Sie setzte sich gegen den Widerstand der Fundamentalisten durch.

Welches Firmen-Imperium baute Asa Candler auf?

- ❑ Coca-Cola
- ❑ Pirelli
- ❑ Kellog's Cornflakes
- ❑ Edeka

Coca-Cola. 1891 übernahm Candler (1851–1929) das Unternehmen für 2300 US-Dollar. 1886 war die sirupartige Limonade mit Kokablätter- und Kolanüsse-Zusätzen von Doc Pemberton erfunden worden.

Mit welchem Heißluftballon gelang die erste Erdumrundung?

- ❑ Jumbo
- ❑ Double Eagle 2
- ❑ Montgolfiere
- ❑ Breitling Orbiter 3

Mit dem „Breitling Orbiter 3", der 1999 gesteuert von Bertrand Piccard und Brian Jones in 19 Tagen und 21 Stunden die Erdumrundung schaffte.

In welchem englischen Film von 1993 spielen Hugh Grant und Andie MacDowell die Hauptrollen?

- ❑ *Pretty Woman*
- ❑ *Vier Hochzeiten und ein Todesfall*
- ❑ *Dirty Dancing*
- ❑ *Ein Fisch namens Wanda*

Vier Hochzeiten und ein Todesfall. Eine Geschichte, die aus vielen kleinen Details entstanden ist; exakte Beobachtungen und Anekdoten ziehen den Zuschauer in den Bann.

Welcher Internet-Zugang verlangt nur zeitabhängige Gebühren?

- ❑ Klick-Gebühr
- ❑ Internet by Call
- ❑ Call by Call
- ❑ Net-Rating

Internet by Call. Der Internet-Service-Provider stellt also nur die Verbindung, aber keine Grundgebühr und meist auch keine Anmeldung in Rechnung.

Wie heißt der längste Straßentunnel der Erde?

❑ Fréjus
❑ Sankt-Gotthard
❑ Arlberg
❑ Seikan (Japan)

Der Sankt-Gotthard-Tunnel in der Schweiz. Der Eisenbahntunnel wurde bereits 1882 fertig gestellt; der Straßentunnel 1980. Er hat eine Länge von 16,3 km.

Wer spielt die männliche Hauptrolle in *The French Connection* von 1971?

❑ Sean Connery
❑ Tony Curtis
❑ Harrison Ford
❑ Gene Hackman

Gene Hackman (*1931). Der Charakterdarsteller errang durch seine Rolle als Jimmy Doyle seinen ersten Oscar und zahlreiche andere Auszeichnungen.

Wie bezeichnet man in der Musik die tiefe Frauenstimme?

❑ Sopran
❑ Bariton
❑ Alt
❑ Countertenor

Alt, von lateinisch altus „hoch“. Bis ins 16. Jh. wurde sie von einer hohen Männerstimme gesungen. Die Männerstimme gleicher Tonlage heißt Altus.

Welcher in Logen organisierte Geheimbund setzt sich für Humanität und Toleranz ein?

❑ Ku Klux Klan
❑ Carbonari
❑ Templer
❑ Freimaurerei

Die Freimaurerei. Diese aus England – ursprünglich von Steinschleifern – gegründete Verbrüderung verbreitete sich im rationalistischen 18. Jh. in ganz Europa; 1737 trat ihr Friedrich der Große bei.

Welcher Erdnussplantagenbesitzer aus Georgia wurde 1977 Präsident der USA?

❑ Richard Nixon
❑ Ronald Reagan
❑ George Bush sen.
❑ Jimmy Carter

Jimmy Carter (*1924). Obwohl glücklos bei der Geiselbefreiung in Teheran (1979), wirkte er 1978 in Camp David als Friedensvermittler zwischen Israel und Ägypten.

An welchem Fluss liegt New York?

❑ Savannah
❑ Hudson
❑ Missouri
❑ Potomac

Am Hudson. Schon 1524 fuhr der Florentiner Giovanni da Verrazano den Hudson River hinauf; erforscht hat ihn jedoch der Engländer Henry Hudson, nach dem er benannt ist.

Welcher Handwerksberuf durfte bis ins 19. Jh. auch Zähne ziehen?

❑ Gerber
❑ Zimmermann
❑ Metzger
❑ Barbier

Der Barbier, der aus dem mittelalterlichen Bader hervorgegangen ist. Bader waren Wundärzte und Chirurgen, durften aber seit dem 18. Jahrhundert keine Haare mehr schneiden.

Welcher Stahlindustrielle wurde 1947 bei den Nürnberger Prozessen zu einer Gefängnisstrafe verurteilt?

❑ Rudolph Karstadt
❑ Josef Neckermann
❑ Gustav Schickedanz
❑ Friedrich Flick

Friedrich Flick (1883–1972), der seinen Reichtum zum Teil der NS-Politik verdankte; in seinen Rüstungsbetrieben kamen Zwangsarbeiter und KZ-Häftlinge zum Einsatz.

In welchem amerikanischen Spielfilm von 1953 spielten Burt Lancaster und Montgomery Clift die Hauptrollen?

❑ *Verdammt in alle Ewigkeit*
❑ *Befehl des Gewissens*
❑ *Wenn Frauen hassen*
❑ *Gegen alle Gewalten*

Verdammt in alle Ewigkeit. Erzählt wird die Geschichte des Soldaten Prewitt und seiner Einheit bis zum Überfall auf Pearl Harbor. Prewitt wird am Tag des Überfalls erschossen.

Wer spielt die aufopferungsvolle Mutter in *Mutterherz*?

❑ Olivia De Havilland ❑ Ingrid Bergman
❑ Louise Brooks ❑ Miriam Hopkins

Olivia De Havilland (*1916). Für diese Rolle erhielt sie einen Oscar, ebenso für die alte Jungfer in *Die Erbin*. Sie wurde noch mehrmals für den Oscar nominiert.

Wie heißt der engl./ind. Film von 1982 mit Ben Kingsley in der Hauptrolle?

❑ *Gandhi* ❑ *Die Stunde des Siegers*
❑ *Zwei Augen zwölf Hände* ❑ *Zwei Hektar Land*

Gandhi. Eine dreistündige Rückblende schildert seinen Lebensweg, z. B. die erste politische Tätigkeit in Südafrika und den gewaltlosen Kampf gegen die britische Besatzungsmacht.

Wie bezeichnet man den Sologesang in der Oper?

❑ Cabaletta ❑ Rezitativ
❑ Belcanto ❑ Arie

Arie. Sie wurde von den Meistern der neapolitanischen Schule wie etwa Alessandro Scarlatti (1660–1725) entwickelt und dann erst in der Belcanto-Oper des 19. Jahrhunderts ausgeformt.

Welches Land zeigt in seiner Flagge keinen Halbmond?

❑ Turkmenistan ❑ Tunesien
❑ Saudi Arabien ❑ Malediven

Saudi Arabien, der Staat mit dem bedeutendsten Heiligtum des Islam, der Kaaba in Mekka. Es führt auf grünem Untergrund eine Koransure und ein Schwert.

In welcher Funktion war Moshe Dayans Ruhm begründet?

❑ Geheimdienstchef ❑ Atomphysiker
❑ Städteplaner ❑ Oberbefehlshaber

Als Oberbefehlshaber der israelischen Streitkräfte von 1953–58. Er leitete 1956 den erfolgreichen Sinai-Feldzug gegen Ägypten. Am israelisch-ägyptischen Friedensvertrag von Camp David war er als Außenminister maßgeblich beteiligt.

Wer spielt in der Visconti-Verfilmung *Der Leopard* von 1963 die männliche Hauptrolle?

❑ Gregory Peck ❑ Robert Mitchum
❑ Roger Moore ❑ Burt Lancaster

Burt Lancaster (1913–1994). Filmdebüt 1946 in *The Killers*, Regiedebüt mit *The Kentuckian*, wo er zugleich die Rolle des Big Eli übernimmt. Ab Mitte der 50er-Jahre als Charakterdarsteller eingesetzt.

Was stellt der Küfer her?

❑ Fässer ❑ Schlitten
❑ Schuhe ❑ Kufen

Fässer. Der Küfer heißt deshalb auch Fassbinder, Böttcher oder Schäffler. Das Handwerk wird fast nicht mehr ausgeübt. Im Brauchtum ist aber noch der alle sieben Jahre aufgeführte Schäfflertanz üblich.

Welchen Geheimbund der „Erleuchteten“ gründete Adam Weishaupt 1776 in Ingolstadt?

❑ Bauhütte ❑ Illuminatenorden
❑ Jesuiten ❑ Rosenkreuzer

Den Illuminatenorden, dessen Aufbau Adolf von Knigge reformierte. Anhänger hatte er vor allem in der beamteten Oberschicht. Vernunft und Bildung waren zentrale Ziele der Verbrüderung, die 1785 verboten wurde.

Wie bezeichnet man abwertend das Fachchinesisch der Internet-Sprache?

❑ Internetese ❑ Cyberslang
❑ Net-Aramäisch ❑ Knoten-Linguistik

Internetese (aus „Internet“ und „Chinese“). Der Schreibstil ist durch die Verwendung von Abkürzungen, Umgangssprache und Slang gekennzeichnet.

Was ist der Apennin?

- ❏ Meeresströmung
- ❏ Gebirge
- ❏ Golf
- ❏ Hochebene

Ein Gebirge, das Italien von Genua im Norden bis in den äußersten Süden durchzieht. Seine Zentralkette sind die Abruzzen; der höchste Gipfel ist der Gran Sasso (2912 m).

Welcher Verleger und Multimillionär fiel durch extravagante Reisen auf?

- ❏ Rupert Murdoch
- ❏ Malcolm Stevenson Forbes
- ❏ Georg von Holtzbrinck
- ❏ Gerd Bucerius

Malcolm Stevenson Forbes (1919–90). Der Herausgeber eines international renommierten Wirtschaftsblattes liebte medienwirksame Auftritte. Noch in den 80er-Jahren unternahm er z. B. spektakuläre Motorradreisen durch Asien.

In welchem Film übernimmt Jeremy Irons die Rolle des Esteban Trueba?

- ❏ *Land in Trance*
- ❏ *Das Geisterhaus*
- ❏ *Das Haus des Engels*
- ❏ *Viridiana*

Das Geisterhaus nach dem gleichnamigen Roman von Isabel Allende. Erzählt wird die handlungs- und facettenreiche Lebensgeschichte der Familie Trueba.

Was ist der Hesychasmus?

- ❏ sexuelle Perversion
- ❏ hinduistischer Begräbniskult
- ❏ mystische Bewegung
- ❏ Stottern

Eine mystische Bewegung im orthodoxen Mönchtum der Ostkirche. Ziel ist es, durch ständig wiederkehrende Gebetsformeln in eine mystische Verbindung mit Gott zu geraten.

Welche Musik des 20. Jh. bezieht sich nicht mehr auf einen Grundton?

- ❏ Volksmusik
- ❏ Leitmotivik
- ❏ Oper
- ❏ Atonalität

Die Atonalität, die damit eine Wertung in Dissonanz und Konsonanz zugunsten einer Gleichberechtigung aller Ton- und Akkordverbindungen aufgibt. Dem Atonalen waren u. a. Schönberg, Berg und Webern verbunden.

Wer plünderte 455 Rom?

- ❏ Goten
- ❏ Vandalen
- ❏ Hunnen
- ❏ Araber

Die Vandalen. Schon 410 eroberten die Westgoten die Stadt, doch nun ließ der Vandalenfürst Geiserich (um 389–477) die Stadt vierzehn Tage lang plündern: ein unschätzbarer Verlust an Kunstdenkmälern.

Wozu braucht ein Programmierer einen Algorithmus?

- ❏ Frequenzmessung
- ❏ Lösung von Aufgaben
- ❏ Speichern von Daten
- ❏ Testlauf

Zur Lösung von Aufgaben und Problemen. Der Algorithmus ist eine Folge von Anweisungen (Rechenschritten), mit denen eine Programmieraufgabe gelöst werden soll.

Wer spielt die schizophrene Mörderin in *Ekel*?

- ❏ Mylene Demongeot
- ❏ Simone Signoret
- ❏ Mireille Dark
- ❏ Catherine Deneuve

Catherine Deneuve (*1943). Für ihre Rolle als Theaterchefin Marion Steiner in *Die letzte Metro* erhielt sie 1980 den César.

Welche Stadt liegt an der Alster?

- ❏ Berlin
- ❏ Hamburg
- ❏ Hannover
- ❏ Kiel

Hamburg. Hier fließt das Flüsschen, nachdem es zwei seenähnliche Erweiterungen, die sog. Binnen- und die Außenalster, gebildet hat, in die Elbe.

Wie groß ist eine britische Gallone?

❑ 42 m ❑ 59 cm
❑ 164 Liter ❑ 4,546 Liter

4,546 Liter. In den USA hat das Hohlmaß den Umfang von 3,785 Liter.

Wie heißt der 1971 entstandene Film von Francis Ford Coppola nach dem gleichnamigen Roman von Mario Puzo?

❑ *Der goldene Regenbogen* ❑ *Der Pate*
❑ *Der Dialog* ❑ *Es war einmal in Amerika*

Der Pate. In drei Teilen wird die Geschichte der Familie von Don Vito Corleone, einem der ganz Großen der amerikanischen Unterwelt, und seines Mafia-Imperiums erzählt.

Wie heißt der amerikanische Film von 1939/40, bei dem John Ford Regie führte und Henry Fonda die Hauptrolle spielte?

❑ *Trommeln am Mohawk* ❑ *Rache für Jesse James*
❑ *Die Falschspielerin* ❑ *Früchte des Zorns*

Früchte des Zorns. Es ist die Verfilmung des Romans von John Steinbeck, der die sozialen Missstände in Amerika bitter anklagt.

Wie lange dauert die Spielzeit beim Feldhockey?

❑ 2x20 Minuten ❑ 3x15 Minuten
❑ 2x35 Minuten ❑ 2x45 Minuten

Zweimal 35 Minuten. Die Halbzeitpause dauert fünf bis zehn Minuten.

In welcher Branche verdiente Jean Paul Getty seine Milliarden?

❑ Medien ❑ Reederei
❑ Autos ❑ Öl

Im Ölgeschäft. Die Getty Oil Company war ein globales Imperium. Mit seinem geizig verwalteten Geld stiftete er das Jean-Paul-Getty-Museum, das seit 1997 in einem grandiosen Bau in Los Angeles untergebracht ist.

Mit welcher Kriegstaktik kämpfte z. B. der kubanische Revolutionär Che Guevara?

❑ Stellungskrieg ❑ Artilleriekrieg
❑ Feldschlacht ❑ Guerillakrieg

Mit dem Guerillakrieg, spanisch für „Kleinkrieg“. Seit der Antike bekannt, wurde diese Taktik des Partisanenkampfes u. a. in Vietnam, Afghanistan und Nicaragua angewandt.

Wo liegt das Altai-Gebirge?

❑ Kaschmir ❑ Nepal
❑ Zentralasien ❑ Australien

In Zentralasien. Der Gebirgszug erstreckt sich vom Quellgebiet des Ob in Süd-Sibirien bis nach China und in die Mongolei. Höchste Erhebung ist der Belucha (4506 m).

Welches berühmte englische Singspiel schuf John Gay?

❑ *The Beggar's Opera* ❑ *Tristram Shandy*
❑ *Die Fischerin* ❑ *Die Entführung aus dem Serail*

The Beggar's Opera (1728) unter der musikalischen Mitwirkung von John Pepusch (1667–1752). Sie gehört zur sog. Ballad Opera, die mit Schlagern und Gassenhauern bestückt war.

Wie groß ist ein Petrol-Barrel?

❑ 159 Liter ❑ 90 Liter
❑ 17 Zoll ❑ 52 cm3

Nahezu 159 Liter. Es ist das Volumenmaß für Rohöl, das aus den USA kommt, längst aber international gebräuchlich ist.

Wie bezeichnet die EDV-Fachsprache das Verschmelzen der verschiedenen Medien und Geräte?

- ❑ Konfiguration
- ❑ Konvergenz
- ❑ Assimilation
- ❑ Synthese

Konvergenz. In Zukunft sollen Computer, Fernseher, HiFi-Anlagen und Mobiltelefone durch multifunktionale mobile Geräte ersetzt werden.

Welches bedeutende Kloster ging aus der Einsiedlerzelle des Gallus hervor?

- ❑ Cluny
- ❑ St. Gallen
- ❑ Luxeuil
- ❑ Fontenay

Die Abtei St. Gallen. Den Anfang machte die Zelle des Gallus (um 560–640) an der Steinach. Er war ein Schüler des irischen Mönchs Columban (um 530–615).

In welchem deutschen Film von 1944 spielte Hans Albers die Rolle des Hannes?

- ❑ *Ein Mann auf Abwegen*
- ❑ *Große Freiheit Nr. 7*
- ❑ *Die gelbe Flagge*
- ❑ *Wasser für Canitoga*

Große Freiheit Nr. 7. Erzählt wird die Geschichte des ehemaligen Matrosen Hannes, der sich als Stimmungssänger in einem Nachtlokal auf St. Pauli verdingt.

Was ist die höchstgelegene Großstadt der Welt?

- ❑ Oslo
- ❑ Kalkutta
- ❑ La Paz
- ❑ Mexiko City

La Paz, die Hauptstadt Boliviens. Sie liegt rund 3625 m hoch, am Rande der Altiplano genannten Hochfläche in den Anden.

In welchem ital./franz. Film von 1974 spielte Burt Lancaster die Hauptrolle und führte Visconti die Regie?

- ❑ *Der Mitternachtsmann*
- ❑ *Das Schloss in den Ardennen*
- ❑ *Airport*
- ❑ *Gewalt und Leidenschaft*

Gewalt und Leidenschaft. Erzählt wird von der Melancholie eines einsamen alten Professors, der in seinen Mietern das mögliche Abbild einer Familie erkennt, die ihm versagt wurde.

Wer spielt die Titelrolle in *Danton*?

- ❑ Pierre Richard
- ❑ Alain Delon
- ❑ Gérard Depardieu
- ❑ Jean-Paul Belmondo

Gérard Depardieu (*1948). Er erhielt für diese Darstellung die Auszeichnung in Montreal. Als Pariser in New York im Film *Green Card* wurde er mit dem Golden Globe ausgezeichnet.

Wie bezeichnet man die tiefe Männerstimme?

- ❑ Bariton
- ❑ Alt
- ❑ Sopran
- ❑ Bass

Bass, von lateinisch bassus „tief". Gängige Stimmfächer sind der Bassbuffo, Charakterbass, seriöser Bass und Basso cantante.

In welchem Bereich der Unterhaltungsindustrie leistete Samuel Goldwyn Pionierarbeit?

- ❑ Comics
- ❑ Freizeitparks
- ❑ Filmproduktion
- ❑ Musikverleih

In der Filmproduktion. Er war einer der großen Studiobosse Los Angeles'; seine Firma war der Vorläufer von Paramount und Metro-Goldwyn-Mayer.

Wer führte die sog. Viererbande an?

- ❑ Rudi Dutschke
- ❑ Witwe Mao Tse-tungs
- ❑ John Lennon
- ❑ Billy the Kid

Chiang Ch'ing (1914–91), Mao Tse-tungs dritte Frau. Nach Maos Tod (1976) trat sie zusammen mit Wang Hongwen, Zhang Chunqiao und Yao Wenyuan gegen die Modernisierung Liu Shaoquis und Deng Xiaopings ein. Ihr Sturz erfolgte 1977.

Wen wählt das Konklave?

❑ schiitischer Imam ❑ Großmeister der Freimaurer
❑ Papst ❑ Bundespräsidenten

Den Papst. Es besteht aus den rund 150 Kardinälen der römisch-katholischen Kirche und tritt nach dem Ableben eines Papstes im Vatikan zusammen. Das Gremium ist streng abgeschirmt.

Welche Stadt liegt an der Isar?

❑ Regensburg ❑ Passau
❑ Augsburg ❑ Landshut

Landshut, Hauptstadt des Regierungsbezirkes Niederbayern. Die Isar entspringt im österreichischen Karwendelgebirge und fließt durch Bad Tölz, München und Plattling, wo sie unweit in die Donau mündet.

Wie groß ist ein Hektoliter?

❑ 50 Liter ❑ 12 Liter
❑ 10 Liter ❑ 100 Liter

100 Liter.

Wer spielte in dem deutschen Stummfilm *Hamlet* von 1920 die Hauptrolle?

❑ Asta Nielen ❑ Olga Tschechowa
❑ Louise Brooks ❑ Brigitte Helm

Asta Nielsen (1881–1972). Aufgewachsen ist sie in Schweden und Dänemark. Nach Kriegsende spielte sie wieder im deutschen Film, vor allem in Dramen- und Literaturverfilmungen.

In welchem Woody-Allen-Film von 1985 spielten er, Michael Caine und Mia Farrow die Hauptrollen?

❑ *Radio Days* ❑ *The purple Rose of Cairo*
❑ *Eine andere Frau* ❑ *Hannah und ihre Schwestern*

Hannah und ihre Schwestern. Ein tragisch-komischer Familienreigen um Hannah, ihre Schwestern und deren Ehemänner und Liebhaber.

Wie bezeichnet man komische Charakterrollen in der Oper?

❑ Stretta ❑ Semiseria
❑ Buffo ❑ Seria

Buffo, von lateinisch buffone „Hofnarr, komische Theaterfigur". Buffostimmfächer sind die Soubrette, Spielalt, Tenor- und Bassbuffo.

Welches österreichische Bundesland hat einen Anteil am Bodensee?

❑ Salzburg ❑ Tirol
❑ Vorarlberg ❑ Steiermark

Vorarlberg, das kleinste Bundesland. Hauptstadt ist Bregenz, das direkt am See liegt. Hier finden seit 1946 die vielbesuchten Bregenzer Seefestspiele statt.

Welcher chinesische Spitzenpolitiker leitete nach Maos Tod den wirtschaftlichen Aufschwung in China ein?

❑ Chou En-lai ❑ Hua Gofeng
❑ Sun Yat-sen ❑ Deng Xiaoping

Deng Xiaoping (1904–97), ein Weggefährte Maos, der 1973 nach einer „Umerziehung" in die höchsten Ämter aufstieg. Er war 1989 für das Massaker auf dem Platz des Himmlischen Friedens verantwortlich.

Wie bezeichnet man die Wissenschaft vom Ver- und Entschlüsseln von Nachrichten?

❑ Kryptologie ❑ Hermetik
❑ Kodierung ❑ Spiritismus

Kryptologie. Weil die Vertraulichkeit von Daten im Internet auch für den E-Commerce von großer Bedeutung ist, werden sichere Verfahren zur Datenübermittlung (Kryptographie) entwickelt.

Für welche Leistungen wurde der deutsche Unternehmer einer Lebensmittelkette Erivan Haub ausgezeichnet?
- ❑ Dritte-Welt-Hilfe ❑ Kunstförderung
- ❑ Tierschutz ❑ Umweltschutz

Für seine Umweltschutzmaßnahmen, die er in seinen Supermärkten der Tengelmann-Gruppe populär machte. So gab es z. B. ab 1987 keine phosphathaltigen Waschpulver mehr in den Läden. 1993 erhielt er den Umweltoscar.

Welche Musikgruppe spielt in dem Film *Help!* von 1965 die Hauptrollen?
- ❑ Rolling Stones ❑ Beatles
- ❑ Beach Boys ❑ Status Quo

Die Beatles. Sie müssen sich von England durch die österreichischen Alpen bis zu den Bahamas jagen lassen, da Beatle Ringo Starr den gesuchten heiligen Ring am Finger trägt.

Wie viele Liter umfasst ein Kubikmeter?
- ❑ 1000 Liter ❑ 10.000 Liter
- ❑ 500 Liter ❑ 100 Liter

1000 Liter.

Wer spielt die Wissenschaftlerin in *Jurassic Park*?
- ❑ Laura Dern ❑ Daryl Hannah
- ❑ Jessica Lange ❑ Meryl Streep

Laura Dern (*1967). Mit sechs Jahren übernahm sie ihre erste Rolle in *Der Tiger hetzt die Meute*. Für ihre Rolle in *Die Lust der schönen Rose* wurde sie für den Oscar nominiert.

Welchen erfolgreichen deutschen Film drehte 1988 Joseph Vilsmaier mit Dana Vavrova und Werner Stocker?
- ❑ *Der Paradiesapfelbaum* ❑ *Herbstmilch*
- ❑ *Das Mädchen Rosemarie* ❑ *Geschichten vom Kübelkind*

Herbstmilch. Ein authentischer Film über das mühevolle Leben der Bäuerin Anna, der sehr auf die Zeit des Krieges und die Auseinandersetzungen mit der bösen Schwiegermutter konzentriert ist.

Für welche Kultur wird der Begriff Hellenismus verwendet?
- ❑ Islam ❑ Griechenland
- ❑ Schweiz ❑ Christentum

Für die griechische Kultur, die zwischen dem Perserfeldzug Alexanders des Großen (356–323 v. Chr.) und dem römischen Weltreich sich im gesamten Mittelmeergebiet und darüber hinaus ausbreitete.

Was bezeichnet die Kavatine in der Oper?
- ❑ Vibrato ❑ Intermezzo
- ❑ Bühnenmusik ❑ schnelles Gesangsstück in der Arie

Ein schnelles Gesangsstück, das die Arie abschließt. Berühmt ist z. B. die Kavatine des Figaro „Largo al factotum della città“ aus Rossinis *Il barbiere di Siviglia*.

Wer versuchte mit dem sog. „Großen Sprung“ eine wirtschaftliche, soziale und politische Modernisierung des Staates?
- ❑ Wladimir I. Lenin ❑ Mao Tse-tung
- ❑ Wilhelm II. ❑ Josef Stalin

Mao Tse-tung (1893–1976). Der „Große Sprung nach vorne“ in den Jahren 1958–61 sollte die chinesische Bevölkerung umerziehen und das Wirtschaftswachstum erhöhen. Die Kampagne endete in einem Debakel.

Wer spielte die Hauptrolle in *High Noon*?
- ❑ Gary Cooper ❑ Clark Gable
- ❑ James Stewart ❑ Lex Barker

Gary Cooper (1901–1961). Er erhielt 1952 als einsamer Sheriff Kane den Oscar sowie 1941 für die Titelrolle in *Sergeant York*.

Welcher Stoff ist künstlich hergestellt?

❑ Saccharose ❑ Fructose
❑ Saccharin ❑ Rohrzucker

Saccharin. In reinem Zustand ist er 550-mal so süß wie Rohrzucker. Saccharin wird nicht verdaut und hat daher keinen Nährwert. Er ist also für Diabetiker geeignet.

Was erwarten die Adventisten?

❑ Erleuchtung ❑ Dritter Weltkrieg
❑ Advent ❑ Messias

Den Messias, d. h. die erneute Wiederkehr von Jesus Christus. Die vor allem in den USA verbreitete Religionsgemeinschaft hat ca. sieben Mio. Anhänger.

Welchen Schweizer Exportschlager konnte der Unternehmensberater Nicolas Hayek an die Weltspitze katapultieren?

❑ Schuhe ❑ Schokolade
❑ Käse ❑ Uhren

Uhren. Den Schweizer Uhrenkonzern ASUAG sanierte er mit einem neuen Konzept, das von 1983 an den Markt mit „Swatch"-Uhren eroberte. 1984 gründete Hayek (*1928) sein eigenes Unternehmen.

In welchem Film von 1993 spielten Clint Eastwood und John Malkovich die Hauptrollen?

❑ *Die Brücken am Fluss* ❑ *Perfect World*
❑ *Erbarmungslos* ❑ *In the Line of Fire*

In the Line of Fire. Ein Thriller, der spektakuläre Effekte nicht verschmäht und doch menschliche, politische und moralische Aspekte ins Spiel bringt.

Was bedeutet in der Musik Chromatik?

❑ Ligatur ❑ Tonbewegung in Halbtonschritten
❑ Oktave ❑ Pause

Die Tonbewegung in Halbtonschritten, die durch Erhöhung oder Erniedrigung von Tonstufen gebildet wird. Die chromatische Tonskala besteht aus zwölf Halbtonschritten innerhalb einer Oktave.

Welche Sportart war 1964 erstmals olympische Disziplin?

❑ Ringen ❑ Speerwurf
❑ Fußball ❑ Judo

Judo. Es wurde um 1880 von dem japanischen Sportpädagogen Jigoro Kano aus dem Jiu-Jitsu entwickelt.

Welcher keltische Stamm siedelte zur Zeit Cäsars in der heutigen Schweiz?

❑ Heveller ❑ Dorer
❑ Alemannen ❑ Helvetier

Die Helvetier; deshalb auch die alte lateinische Bezeichnung Helvetia für die Schweiz. Das Volk zog im 2. Jh. v. Chr. aus Süddeutschland in die heutige Schweiz.

Wo entstand 493 das Ostgotenreich Theoderichs des Großen?

❑ Spanien ❑ Südfrankreich
❑ Ostrom ❑ Italien

In Italien. Das Kaisertum Theoderichs (453–526) wird als „goldene Epoche" gesehen, weil er die antike Kultur förderte und die Beziehungen zu den germanischen Stämmen friedlich gestaltete.

Wie werden Chat-Teilnehmer im Internet wegen ungebührlichen Verhaltens bestraft?

❑ Red-Mail ❑ Net-Torture
❑ Mail-Bombing ❑ Computervirus

Mit dem sog. Mail-Bombing. Dabei werden E-Mails mit umfangreichem Datenanhang massenweise an den Online-Briefkasten geschickt. Dieser quillt über vor Datenmüll.

Welche Frucht ist eine Zitrusfrucht?
❑ Libretto ❑ Kornetto
❑ Limette ❑ Renette

Die Limette (Limone). Es ist eine süße Zitrone, die vor allem auf den Westindischen Inseln angebaut wird. Aus ihnen wird überwiegend Saft hergestellt.

Wer spielt den glücklichen Ehemann in *Die unglaubliche Entführung der verrückten Mrs. Stone*?
❑ Oliver Reed ❑ Dennis Quaid
❑ Kurt Russell ❑ Danny DeVito

Danny DeVito (*1944). Seine Spezialität sind schwarze Komödien, er interpretiert aber auch häufig gerissene, manchmal brutale Typen.

In welchem Film von 1946 führt Frank Capra Regie und spielt James Stewart die Hauptrolle?
❑ *Meuterei am Schlangenfluss* ❑ *Mr. Smith geht nach Westen*
❑ *Ist das Leben nicht schön?* ❑ *Im siebenten Himmel*

Ist das Leben nicht schön? Der Engel Clarence rettet den am Leben verzweifelten Bailey vor dem Selbstmord. Ein sentimentaler Capra-Film.

Welchen Film drehte Oliver Stone 1991 mit Kevin Costner in der Hauptrolle?
❑ *Robin Hood* ❑ *John F. Kennedy*
❑ *Bodygard* ❑ *Waterworld*

John F. Kennedy. Ein spannender Thriller, bei dem nachgespielte Wirklichkeit, Fiktion und eingeschnittene Dokumentaraufnahmen miteinander vermischt werden.

Was ist die höchste männliche Stimmlage in der Musik?
❑ Sopran ❑ Countertenor
❑ Tenor ❑ Alt

Der Countertenor, englisch für „Gegentenor". Das Männeralt bedient sich des Falsetts und der Kopfstimme. In der Barockzeit wurde die Stimmlage von Kastraten gesungen.

In welcher Medienbranche wurde William Hearst ein Vorreiter?
❑ Internet ❑ Fernsehen
❑ Rundfunk ❑ Boulevardpresse

In der Boulevardpresse. Hearst (1863–1951) forcierte in seinen rund 100 Zeitungen den Sensationsjournalismus und gewann dadurch Einfluss auf die Öffentlichkeit.

Welche populäre Prinzessin starb bei einem Autounfall?
❑ Yoko Ono ❑ Diana
❑ Gracia Patricia ❑ Sissi

Diana (1961–97), die Prinzessin von Wales. Von 1981 bis 1996 war sie mit dem britischen Thronfolger verheiratet. 1997 starb sie zusammen mit ihrem Liebhaber in Paris bei einem Autounfall.

Welcher Film wurde von Steven Spielberg nach dem Roman *Dino-Park* von Michael Chrichton gedreht?
❑ *Flintstones* ❑ *Die Reise zum Mittelpunkt der Erde*
❑ *Jurassic Park* ❑ *Jumanji*

Jurassic Park. Eine der erfolgreichsten Produktionen dank hervorragender „special effects". Mit Computergrafik, computergesteuerten Puppen und Realszenen wird hier ein großes Maß an Perfektion erreicht.

Welche Chemikalie findet sich im Backpulver?

- ❑ Natriumchlorid
- ❑ Natriumhydrogenkarbonat
- ❑ Natronsalpeter
- ❑ Stickstoff

Das Natriumhydrogenkarbonat bzw. Natriumbikarbonat. Es entsteht, wenn man nur eines der beiden Wasserstoffatome durch Kohlensäure ersetzt.

Womit beschäftigt sich die Heraldik?

- ❑ Mineralien
- ❑ Münzen
- ❑ Waffen
- ❑ Wappen

Mit den Wappen adeliger Familien, die seit dem 12. Jh. üblich wurden. Wichtigstes Bestandteil ist der Schild, um den herum Helm, Helmzier, Devise, Mantel, Schildhalter und Kranz angeordnet sind.

Wer spielt die Hutmacherin Christel in *Der Kongress tanzt* von 1931?

- ❑ Lilian Harvey
- ❑ Henny Porten
- ❑ Marika Röck
- ❑ Marlene Dietrich

Lilian Harvey (1906–1969). 1965 wurde sie mit dem Filmband in Gold für hervorragendes und langjähriges Wirken beim deutschen Film ausgezeichnet.

Was bezeichnet man in der Musik als Funkoper?

- ❑ Ballettoper
- ❑ Comédie-ballet
- ❑ Rundfunkoper
- ❑ Parodie

Eine Oper, die nicht für die Bühne, sondern für den Rundfunk bestimmt ist. Als erste Funkoper gilt G. Kneips *Christkindleins Erdenreise* (1929).

Welcher Habsburger regierte von 1848 bis 1916 Österreich?

- ❑ Franz Ferdinand
- ❑ Karl VI.
- ❑ Franz Joseph I.
- ❑ Rudolf IV.

Franz Joseph I. (1830–1916). Nach der Unterdrückung der Revolution von 1848 regierte er wie ein absoluter Monarch. Der Niederlage gegen Preußen folgte die Gründung der Doppelmonarchie. 1914 leitete er den Ersten Weltkrieg ein.

Wie hieß der Film, den Bernardo Bertolucci 1986/87 mit John Lone und Peter O'Toole in den Hauptrollen drehte?

- ❑ *Himmel über der Wüste*
- ❑ *King Ralph*
- ❑ *Little Buddha*
- ❑ *Der letzte Kaiser*

Der letzte Kaiser. Erzählt wird das Schicksal des letzten Kaisers von China. Die Dreharbeiten erfolgten an Originalschauplätzen wie dem ehemaligen Kaiserpalast in Peking.

Was ist im botanischen Sinn eine „echte" Nuss?

- ❑ Walnuss
- ❑ Haselnuss
- ❑ Erdnuss
- ❑ Paranuss

Die Haselnuss, eine einsamige Frucht. An ihrem Fruchtknoten verhärtet sich die äußere Schicht. Zu den Nüssen gehören Eicheln, Bucheckern und Kastanien. Mandeln und Walnüsse sind dagegen Steinfrüchte. Auch Erd- und Paranüsse sind keine „echten" Nüsse.

Auf welchen Artikel baute der Fabrikant Fritz Henkel seinen Weltkonzern auf?

- ❑ Confiserie
- ❑ Feinstrumpfhosen
- ❑ Waschmittel
- ❑ Beutel-Tee

Auf das erste „Universal-Waschmittel" der Welt. Nach der Gründung von Henkel & Cie 1876 in Aachen nannte er sein Produkt „Henkels Bleichsoda"; die verbesserte Version „Persil" trat 1907 ihren Siegeszug an.

Wer spielt die Eloise Kelly in *Mogambo*?

- ❑ Ava Gardner
- ❑ Grace Kelly
- ❑ Rita Hayworth
- ❑ Katharine Hepburn

Ava Gardner (1929–90). Für diese Darstellung wurde sie für den Oscar nominiert. Ihren ersten Erfolg hatte sie als Kitty Collins in *Rächer der Unterwelt*.

Was besagt der IT-Fachbegriff Mausbeutung?

- ❑ PC-Bedienung durch Short-Cuts
- ❑ Ausbeutung in der IT-Branche
- ❑ Drohbriefe über E-Mail
- ❑ Nastygram

Die Ausbeutung in der IT-Branche. Der Begriff ist eine Verschmelzung von „Ausbeutung“ und (PC-) „Maus“. Ihr fallen vor allem Berufseinsteiger zum Opfer, die zahllose unvergoltene Überstunden leisten.

Wer spielte neben Anthony Quinn die Hauptrolle in dem Western *Der letzte Zug von Gun Hill*?

- ❑ Dean Martin
- ❑ John Wayne
- ❑ Rod Steiger
- ❑ Kirk Douglas

Kirk Douglas (*1916). Er wurde mehrfach für den Oscar nominiert, so 1956 für die Verkörperung von Vincent van Gogh. 1991 wurde er mit dem Life Achievement Award ausgezeichnet, 1995 erhielt er einen Ehren-Oscar.

Wie nennt man die mit viel Aufwand betriebene Aufführung der Historienoper?

- ❑ Ballade
- ❑ Singspiel
- ❑ Opéra-ballet
- ❑ Grand opéra

Grand opéra. Sie wurde seit den 1820er-Jahren an der Pariser Oper geprägt. Komponisten großer romantischer Historienopern waren Auber, Rossini und Meyerbeer.

Welches wissenschaftliche Verfahren befasst sich mit der Deutung und Erklärung von Texten und Kunstwerken?

- ❑ Kybernetik
- ❑ Hermeneutik
- ❑ Glossematik
- ❑ Apologetik

Die Hermeneutik. Seit dem Humanismus auf Texte der Antike und der Bibel angewendet, ist sie heute längst durch strukturalistische und dekonstruktivistische Methoden ergänzt worden.

Wer wurde 1943 Chef der französischen Exilregierung in Algerien?

- ❑ Victor Lazlo
- ❑ Georges Pompidou
- ❑ Henri Pétain
- ❑ Charles de Gaulle

Charles de Gaulle (1890–1970), der 1944 ins befreite Paris einzog. Als Staatsoberhaupt (1958–69) beendete er den Algerienkrieg und vollzog die Auflösung des französischen Kolonialreiches.

In welchen deutschen Film von 1958 spielten Nadja Tiller und Peter van Eyck die Hauptrollen?

- ❑ *Labyrinth der Leidenschaften*
- ❑ *Schwarze Nylons, heiße Nächte*
- ❑ *Das Mädchen Rosemarie*
- ❑ *Du gehörst mir*

Das Mädchen Rosemarie. Die Frankfurter Lebedame soll im Auftrag des Franzosen Fribert die Pläne der deutschen Industriellen erkunden. Am Ende wird sie ermordet.

Welches Gewürz wird aus einer Baumrinde hergestellt?

- ❑ Vanille
- ❑ Zimt
- ❑ Muskat
- ❑ Galgant

Der Zimt. Er wird aus dem Zimtbaum gewonnen, der zur Gattung der Lorbeergewächse zählt. Der Baum wird bis zu 15 m hoch.

Welcher Film von Doris Dörrie wurde 1985 zum deutschen Kino-Hit?

- ❑ *Schtonk*
- ❑ *Männer*
- ❑ *Ein Mann für jede Tonart*
- ❑ *Der bewegte Mann*

Männer. Der Ehemann macht aus dem Geliebten seiner Frau, dem Aussteiger Stephan, im Handumdrehen einen Aufsteiger und schon verliert seine Frau das Interesse an ihm.

Was bezeichnet man in der Oper als Hosenrolle?

❑ Doppelrolle ❑ Nebenrolle
❑ Männerrolle, die von einer Frau besetzt wird ❑ Kastrat

Eine Männerrolle, die von einer Frau besetzt wird. Berühmtes Beispiel ist etwa der junge Adlige Oktavian in *Der Rosenkavalier* (1911) von Richard Strauss.

Wie heißt die Mutter Königin Elisabeths I. von England?

❑ Katharina von Aragón ❑ Maria Stuart
❑ Jane Seymour ❑ Anna Boleyn

Anna Boleyn (1507–36), zunächst Mätresse König Heinrichs VIII., dann dessen Ehefrau. Sie fiel einer Hofintrige zum Opfer, die ihre Schwägerin, die Viscountess von Rocheford, mit anzettelte.

Wer war der erste Warenhauskönig Deutschlands?

❑ Grete Schickedanz ❑ Hugo Stinnes
❑ Werner Otto ❑ Rudolph Karstadt

Rudolph Karstadt (1856–1944). Das im Jahre 1881 gegründete Unternehmen ist heute als Karstadt-Quelle AG (mit Hertie und Neckermann) der größte Warenhauskonzern Deutschlands.

Welche Stadt wird mit Zion umschrieben?

❑ Rom ❑ Mekka
❑ Jerusalem ❑ Teheran

Jerusalem, die „Stadt des Friedens", in deren Herzen der Berg Zion liegt, auf dem der Tempel Salomos erbaut wurde. In der Offenbarung ist damit auch das transzendentale Himmelreich gemeint.

Mit welchen Schriften befasst sich die hermetische Literatur?

❑ Science Fiction ❑ Magie
❑ Brückenbau ❑ Hygiene

Mit Schriften zur Magie sowie zur Astrologie und Alchimie, die in den ersten Jh. unserer Zeitrechnung entstanden sind. Als Autor gilt traditionell Hermes Trismegistos.

Von welchem Fisch stammt der Kaviar?

❑ Schleie ❑ Stör
❑ Thunfisch ❑ Salm

Vom Stör. Der wichtigste Stör für die Kaviargewinnung (von insgesamt 25 Arten) ist der Europäische Hausen. Er war früher in Donau, Wolga und anderen Flüssen recht häufig.

Wer spielte in *Der Mann, der zu viel wusste* von 1955 die weibliche Hauptrolle?

❑ Doris Day ❑ Elke Sommer
❑ Barbara Stanwyck ❑ Katharine Hepburn

Doris Day (*1924). Mit ihrem Lied *Que sera, sera* kommt es in dem Thriller zum Happy End. 1959 wurde sie für ihre Rolle als Jan Morrow in *Pillow Talk* zum Oscar nominiert.

Wer erschwindelt sich Heldenruhm in *Ein ganz normaler Held*?

❑ Andy Garcia ❑ Dustin Hoffman
❑ Robert Redford ❑ Antonio Banderas

Andy Garcia (*1956). Für seine Rolle als Corleones Erbe Vincent Mancini in *Der Pate* wurde er für den Oscar nominiert.

Wer spielte in *Der Mann, der Liberty Valance erschoss* neben James Stewart und John Wayne die Hauptrolle?

❑ James Mason ❑ Lee Marvin
❑ Steve McQueen ❑ Telly Savalas

Lee Marvin (1924–1987). Seinen Einsatz hatte er in Actionfilmen und Western. Für seine Rolle als Tim Strawn in *Cat Ballou* wird er 1965 mit dem Oscar und dem Darstellerpreis in Berlin ausgezeichnet.

Wie oft gewann Walter Röhrl die Rallye Monte Carlo?

❑ zweimal ❑ viermal
❑ sechsmal ❑ achtmal

Viermal. Der Regensburger Röhrl (*1947) war auch zweimal Ralley-Weltmeister. Von 1977 bis 1987 war Christian Geistdörfer sein Beifahrer.

Was besagt das Dateisuffix „.mov“?

❑ Sounddatei ❑ Videodatei
❑ Spieledatei ❑ komprimierte Musikdatei

Es zeigt an, dass es sich um eine Videodatei handelt, die mit der Software „Quick Time“ von Apple erstellt wurde. Das Wort kommt von „movie“ (engl. „Film“).

Was ist ein Intermezzo?

❑ Ouvertüre ❑ Zwischenspiel
❑ Chorgesang ❑ unvorhergesehenes Ereignis

Ein Zwischenspiel. In der ernsten Oper des frühen 18. Jh. gab man ein Intermezzo in Form eines komischen Operneinakters, der zwischen den Akten gespielt wurde.

Welche tunesische Ruinenstätte zählt zum Weltkulturerbe?

❑ Karthago ❑ Numantia
❑ Pompeji ❑ Tulum

Karthago in der Nähe von Tunis. Von dem alten Karthago blieb so gut wie nichts erhalten. Die heute sichtbaren Reste entstammen dem römischen Karthago.

Wer spielte in der Capra-Verfilmung *Hier ist John Doe* neben Gary Cooper die weibliche Hauptrolle?

❑ Colleen Moore ❑ Jane Russell
❑ Barbara Stanwyck ❑ Bette Davis

Barbara Stanwyck (1907–1990). In der Titelrolle der *Stella Dallas* wurde sie das erste von vier Malen für den Oscar nominiert. 1981 bekam sie einen Special Oscar für ihr Gesamtwerk.

Welcher der folgenden Unternehmer war ein bedeutender Kunstmäzen?

❑ Reinhard Mohn ❑ Henri Nestlé
❑ Beate Uhse ❑ Peter Ludwig

Peter Ludwig (1925–96). Der Stadt Köln schenkte er aus seinem Privatbesitz 340 Exponate; daran war die Verpflichtung zum Bau des Wallraff-Richartz-Museums und des Museums Ludwig geknüpft.

Welche dunkelbraunes zähflüssige Nebenprodukt entsteht bei der Zuckerherstellung?

❑ Gagat ❑ Melasse
❑ Sacharin ❑ Zirkon

Melasse. Das ist derjenige Teil des Zuckers, der nicht auskristallisiert. Sie enthält 67% Saccharose sowie etwas Glucose und Fructose. Melasse wird z. B. bei der Alkoholherstellung verwendet.

Wer spielte neben Marilyn Monroe in *Misfits – Nicht gesellschaftsfähig* die männliche Hauptrolle?

❑ Gary Cooper ❑ Clark Gable
❑ Rock Hudson ❑ Errol Flynn

Clark Gable (1901–60). Es war die letzte Rolle Gables, der in den Jahren 1932–43 zu den zehn kassenträchtigsten Hollywood-Stars gehörte. Ein Oscar und eine Oscar-Nominierung zeichneten ihn aus.

Wie nennt man einen Menschen, der aus Ruhmsucht Verbrechen begehen?

❑ Häretiker ❑ Egomane
❑ Herostrat ❑ Exzentriker

Herostrat. Namensgeber ist der Grieche Herostratos, der 356 v. Chr. den Artemistempel von Ephesus, eines der Sieben Weltwunder anzündete, um berühmt zu werden.

Was ist in der Musik des 17. und 18. Jh. ein Kastrat?

- ❑ Sprechrolle
- ❑ Zwischenspiel
- ❑ in der Jugend entmannter Sänger
- ❑ weibliche Rolle

Ein in der Jugend vor dem Stimmbruch entmannter Sänger, der damit die knabenhafte Sopran- oder Altstimme beibehält. Berühmte Kastraten waren Francesco Bernardi (Senesino) und Carlo Broschi (Farinelli).

Wer war von 1952 bis 1999 König von Jordanien?

- ❑ Abdul Karim al-Kabariti
- ❑ Abd al-Kader Al-Husseini
- ❑ Hussein II. Ibn Talal
- ❑ Itzhak Rabin

Hussein II. Ibn Talal (1935–99). Er verhinderte die Machtübernahme der Palästinenser in Jordanien nach dem Verlust des Westjordanlandes. Auf dieses verzichtete er 1988 zugunsten der PLO. 1994 beendete er den Kriegszustand mit Israel.

Wer drehte 1970 den ital./franz. Film *Tod in Venedig*?

- ❑ Francesco Rosi
- ❑ Luchino Visconti
- ❑ Pier Paolo Pasolini
- ❑ Roberto Rossellini

Luchino Visconti (1906–1976). Seine Themen sind immer wieder in soziale und historische Begebenheiten verstrickte Menschen.

Welches beliebte Gemüse gehört zu den Liliengewächsen?

- ❑ Bohnen
- ❑ Kartoffel
- ❑ Spargel
- ❑ Tomate

Der Spargel. Liliengewächse kommen in 250 Gattungen und 5000 Arten vor. Mehrere Arten werden als Nahrungspflanzen kultiviert wie z. B. auch der Knoblauch oder der Porree.

In welchem amerikanischen Film von 1935 spielten Charles Laughton und Clark Gable die Hauptrollen?

- ❑ *Die Elenden*
- ❑ *Meuterei auf der Bounty*
- ❑ *Riff-Piraten*
- ❑ *Die Frau im U-Boot*

Meuterei auf der Bounty, nach dem Roman *Schiff ohne Hafen* von Charles Nordhoff und James Norman Hall. Die Story beruht auf historischen Grundzügen.

Wer spielt den Ehemann von Jodie Foster in *Sommersby*?

- ❑ Richard Gere
- ❑ Tom Hanks
- ❑ Mel Gibson
- ❑ Kevin Costner

Richard Gere (*1949). 1975 hatte er sein Filmdebüt in *Der einsame Job*. Wegen seines Aussehens wurde er häufig als männliches Sexsymbol eingesetzt, z. B. in *Ein Mann für gewisse Stunden*.

Was bezeichnet man in der Gesangskunst als Koloratur?

- ❑ Sprechgesang
- ❑ Solostimme
- ❑ Ausschmückung
- ❑ Dacapo-Arie

Die Ausschmückung einer Solostimme, von lateinisch color „Farbe“. Mittel sind Triller, schnelle Läufe oder Sprünge. Seit dem 17. Jahrhundert wurde sie zu einem wichtigen Bestandteil italienischer Opernarien.

Welchen Elektronik-Riesen gründete Akio Morita?

- ❑ AT&T
- ❑ Philips
- ❑ Sony
- ❑ JVC

Sony. So heißt seine Firma seit 1958. 1950 brachte Morita mit seinem Geschäftspartner Masaru Ibuka das erste Tonbandgerät auf den Markt. Weitere Innovationen waren der Walkman und der CD-Player.

Welcher Papst berief das Zweite Vatikanische Konzil ein?

❑ Pius XII. ❑ Johannes XXIII.
❑ Paul VI. ❑ Johannes Paul I.

Johannes XXIII. (1881–1963). Das unter Papst Paul VI. beendete Konzil führte zu einer Lockerung des Zentralismus in der Kirchenhierarchie sowie zur ökumenischen Öffnung.

Wo lag im Weltbild des Altertums Hesperien?

❑ Norden ❑ Westen
❑ Süden ❑ Osten

Weit im Westen, am Ende der bewohnten Erde. Es heißt übersetzt „Land gegen Abend", da Hesperus der Abendstern ist. Hier hüteten die Hesperiden ihre goldenen Äpfel.

Welches Netzwerk geriet in die Kritik, weil es das Kopieren von Musiktiteln aus dem Internet ermöglicht?

❑ MYOB ❑ Napster
❑ Nasdaq ❑ MP3

Napster. Durch das Filesharing sahen die Musikkonzerne ihre Urheberrechte verletzt und strengten Klagen an, deren Urteil von dem ursprünglichen „Peer-to-peer"-Modell (P2P) nichts mehr übrig lässt.

Welcher Regisseur drehte 1939 den amerikanischen Film *Ninotschka* mit Greta Garbo in der Hauptrolle?

❑ Ernst Lubitsch ❑ Helmut Käutner
❑ Robert Altman ❑ Fritz Lang

Ernst Lubitsch (1892–1947). 1914 führte er in seinem ersten Film Regie. 1922 ging der Berliner nach Hollywood, wo er bis zu seinem Tod blieb.

Welche Frucht ist eine Steinfrucht?

❑ Olive ❑ Paranuss
❑ Bohne ❑ Erdnuss

Die Olive. Sie wächst auf Ölbäumen, die von November bis März geerntet werden. Auch Mandeln und Walnüsse sind Steinfrüchte.

Wer spielte neben Grace Kelly die männliche Hauptrolle in *Über den Dächern von Nizza*?

❑ George Brent ❑ Cary Grant
❑ Henry Fonda ❑ James Stewart

Cary Grant (1904–1986). Er war einer der erfolgreichsten Paramount-Schauspieler und erhielt 1970 den Special-Oscar für sein Lebenswerk.

Wie bezeichnet man ein Musikstück mit klagend-traurigem Charakter?

❑ Capriccio ❑ Furioso
❑ Andante ❑ Lamento

Lamento bzw. Lamentoso. Berühmt sind etwa die Klagegesänge des Orpheus nach dem Verlust seiner Euridice bei Monteverdi, Gluck und Haydn.

Welcher amerikanische Politiker erhielt für den Waffenstillstand mit Nordvietnam den Friedensnobelpreis?

❑ Richard Nixon ❑ Henry Kissinger
❑ Dwight D. Eisenhower ❑ Zbigniew Brezinski

Henry Kissinger (*1923), US-Außenminister von 1973–77 und davor Sicherheitsberater von Präsident Nixon. Der nordvietnamesische Politiker Le Duc Tho, der den Nobelpreis ebenfalls zugesprochen bekam, lehnte ihn ab.

Was ist der Academy Award?

❑ Musikpreis ❑ Universitätstitel
❑ Militärorden ❑ Filmpreis

Ein Filmpreis. Der „Award of Merit for Distinctive Achievements" (Verdienstauszeichnung für herausragende Leistungen) verleiht alljährlich seine „Oscars".

In welcher Komödie von 1962 spielte Jerry Lewis die Hauptrolle?

- ❑ *Küss mich, Dummkopf*
- ❑ *Der Tölpel vom Dienst*
- ❑ *Wer hat in meinem Bett geschlafen*
- ❑ *Der verrückte Professor*

Der verrückte Professor. Der unscheinbare und tölpelhafte Professor mixt einen Zaubertrank, der ihn in einen attraktiven, charmanten Beau verwandelt.

Wer spielte den rebellischen Patient in *Einer flog über das Kuckucksnest*?

- ❑ Kurt Russell
- ❑ Richard Gere
- ❑ Jack Nicholson
- ❑ Bruce Willis

Jack Nicholson (*1937). Er erhielt für diese Rolle den Oscar. Der Film wurde mit insgesamt 5 Oscars ausgezeichnet.

Welcher Grieche brachte es vom Tellerwäscher zum Multimillionär?

- ❑ El Greco
- ❑ Nikos Kasantzakis
- ❑ Aristoteles Onassis
- ❑ Alexis Sorbas

Aristoteles Onassis (1906–75). Reich wurde er durch Tabak schon als 22-Jähriger; superreich wurde er im II. Weltkrieg, als er seine Frachtschiffe den Alliierten vermietete. Traurige Berühmtheit hat seine Affäre mit Maria Callas erlangt.

Wie nennt man das Garziehen einer Speise unterhalb des Siedepunktes?

- ❑ pökeln
- ❑ pochieren
- ❑ garnieren
- ❑ poëlieren

Pochieren (von französisch la poche „die Tasche“). So können Eier, Fisch, Austern, Klößchen, Geflügel, Galantinen u. a. bei ca. 98 °C schonend gegart werden.

Wie nannte man im alten Griechenland kultivierte Mätressen?

- ❑ Kuroi
- ❑ Koren
- ❑ Kurtisanen
- ❑ Hetären

Hetären. Oftmals waren es hoch gebildete und auch politisch einflussreiche Frauen bedeutender Männer. Berühmt sind etwa die Aspasia des Perikles oder die Thais Alexanders des Großen.

Wer spielt den brutalen Banker Gordon Gekko in *Wall Street*?

- ❑ Michael Douglas
- ❑ Nicolas Cage
- ❑ Andy Garcia
- ❑ Arnold Schwarzenegger

Michael Douglas (*1944). Für diese Rolle erhielt er 1988 den Oscar. Als US-Präsident in *Hello, Mr. President* wurde er 1995 für den Golden Globe nominiert.

Was ist ein Libretto?

- ❑ Stola
- ❑ Partitur
- ❑ Operntextbuch
- ❑ Freikarte für das Theater

Das Textbuch für eine Oper oder Operette, von italienisch für „Büchlein“. Librettisten wie etwa Hugo von Hofmannsthal tragen entscheidend zum Erfolg des Komponisten, hier Richard Strauss, bei.

Was bedeutet Advent wörtlich?

- ❑ Fasten
- ❑ Geburt
- ❑ Ankunft
- ❑ Feier

Ankunft (lateinisch). Gemeint ist die langersehnte Ankunft des Erlösers, das Warten auf die Geburt Jesu. Die Adventszeit beginnt vier Wochen vor Weihnachten.

Wer war der letzte weiße Präsident Südafrikas?

- ❑ Pieter Willem Botha
- ❑ Paul Krüger
- ❑ Balthazar Johannes Vorster
- ❑ Frederic Willem de Klerk

Willem de Klerk (*1936). Er leitete die Verfassungsreform zur Abschaffung der Apartheid ein und entließ Nelson Mandela aus der Haft. 1993 erhielt er mit Mandela den Friedensnobelpreis.

In welchem Film spielte Meryl Streep die Karen Dinesen?
- ❑ *Ein Schrei in der Dunkelheit*
- ❑ *Jenseits von Afrika*
- ❑ *Silkwood*
- ❑ *Sodbrennen*

Jenseits von Afrika. Erzählt wird die Lebensgeschichte der Tania Blixen. Der Film wurde mit 7 Oscars ausgezeichnet.

Was ist Maraschino?
- ❑ Schafskäse
- ❑ Likör
- ❑ Küchenkraut
- ❑ Branntwein

Ein jugoslawischer Kirschlikör. Er wird unter Verwendung von Branntwein aus vergorenen Maraska-Sauerkirschen hergestellt. Maraschino wird häufig zum Aromatisieren verwendet.

Wer spielte die weibliche Hauptrolle in *Paris, Texas*?
- ❑ Isabelle Huppert
- ❑ Nastassja Kinski
- ❑ Jamie Lee Curtis
- ❑ Sally Field

Nastassja Kinski (*1961). Es war ihr bisher größter Erfolg. 1983 wurde sie mit dem Bundesfilmpreis für ihre Rolle als Clara Wieck in *Frühlingssinfonie* ausgezeichnet.

Was bezeichnet das IT-Kunstwort Netiquette?
- ❑ Adressierung von E-Mails
- ❑ „Stau“ beim Datentransfer im Internet
- ❑ Leeren des Papierkorbs
- ❑ Benimmregeln im Internet

Den respektvollen Umgang der Internet-User untereinander, etwa beim Chatten. Das Wort ist eine Verschmelzung von „Net“ (Internet) und „etiquette“ (Benimm).

Welcher Sportler gewann als erster Skispringer viermal die Vierschanzentournee?
- ❑ Georg Thoma
- ❑ Björn Dählie
- ❑ Matti Nykänen
- ❑ Jens Weißflog

Jens Weißflog (*1964). Der dreifache Olympiasieger und zweifache Weltmeister ist der erfolgreichste Skispringer aller Zeiten.

In welchem Geschäft machte Werner Otto Karriere?
- ❑ Schmuck
- ❑ Verlagswesen
- ❑ Versandhandel
- ❑ Modedesign

Im Versandhandel. 1949 gründete er den Otto-Versand; davor war er ein Schuhunternehmer. 1966 zog er sich aus dem Vorstand zurück. Otto (*1909) gründete 1972 auch den Hermes-Paketdienst.

Wie bezeichnet man eine Oper, deren Textvorlage der hohen Literatur entstammt?
- ❑ Musikdrama
- ❑ Große Oper
- ❑ Ernste Oper
- ❑ Literaturoper

Literaturoper. Einen besonderen Stellenwert in der Opernwelt nehmen Dramen von Goethe (z. B. *Faust*), Schiller (*Kabale und Liebe*, *Wilhelm Tell*) und Shakespeare (*Othello*, *Macbeth*, *König Lear*) ein.

Welcher französische Staatspräsident traf sich mit Helmut Kohl zu einer Freundschaftsgeste auf dem Schlachtfeld von Verdun?
- ❑ Georges Pompidou
- ❑ Charles de Gaulle
- ❑ François Mitterrand
- ❑ Jacques Chirac

François Mitterrand (1916–96). Gegen Ende seiner Amtszeit setzte er sich verstärkt für die Europäische Einigung und die Freundschaft mit Deutschland ein, obgleich er die deutsche Wiedervereinigung anfänglich ablehnte.

Wer führte in dem Film *Das Piano* Regie?
- ❑ Alain Resnais
- ❑ Agnès Varda
- ❑ Louis Malle
- ❑ Jane Campion

Jane Campion. Für diesen Film über eine stumme Frau, die sich mithilfe ihres Pianos artikuliert, erhielt sie 1993 die „Goldene Palme“, den Filmpreis von Cannes.

Was ist ein berühmter spanischer Schafskäse?

- ❑ Appenzeller
- ❑ Don Bernardo
- ❑ Manchego
- ❑ Pecorino

Der Manchego, ein würziger Hartkäse aus der Mancha, aus der Landschaft also, aus der Don Quixote kommt.

Wer bezaubert in *Pretty Woman* als das Straßenmädchen Vivian?

- ❑ Meg Ryan
- ❑ Julia Roberts
- ❑ Goldie Hawn
- ❑ Melanie Griffith

Julia Roberts (*1967). Sie lernt den Millionär Edward kennen und lieben und alles endet in einem Happyend.

Welches Ziel verfolgt die Internet-Einrichtung Adult Check?

- ❑ Identifizierung
- ❑ Jugendschutz
- ❑ kostenloses Surfen
- ❑ Einrichtung eines Cookies

Den Jugendschutz. Betreiber von Websites, die diesem System angehören, schützen ihre Seiten mit einem Passwort, das nur nach Eingabe der Kreditkartennummer erhältlich ist.

Wie bezeichnete man in England die festlichen Maskenspiele des 16. und 17. Jh.?

- ❑ Comédie-ballet
- ❑ Masque
- ❑ Karneval
- ❑ Commedia dell'Arte

Masque. Sie kamen aus Italien und Frankreich und bestanden aus dem Prolog (Vorrede), Auftritt der maskierten Darsteller, dem eigentlichen Spiel, der Demaskierung und abschließendem Tanz.

In welchem Land ist Hosni Mubarak seit 1981 Staatspräsident?

- ❑ Saudi-Arabien
- ❑ Libanon
- ❑ Marokko
- ❑ Ägypten

In Ägypten. Er trat 1981 die Nachfolge der ermordeten Präsidenten Anwar as-Sadat an. Mubarak (*1928) setzte die Friedenspolitik seines Vorgängers fort und führte Ägypten in die arabische Gemeinschaft zurück.

Welche makabre Komödie hat John Huston 1984 gedreht?

- ❑ *Auf der Jagd nach dem Juwel vom Nil*
- ❑ *Die Ehre der Prizzis*
- ❑ *Die Hexen von Eastwood*
- ❑ *Der Rosenkrieg*

Die Ehre der Prizzis. Jack Nicholson und Kathleen Turner haben die Hauptrollen inne. Ein satirischer und ironischer Film, der aber eine tiefere Bedeutung hat.

Welcher Enkel Ferdinand Porsches wurde Autokonstrukteur und ein Manager der Autoindustrie?

- ❑ José Ignacio López
- ❑ Jürgen Schrempp
- ❑ Bernd Pitschetsrieder
- ❑ Ferdinand Piëch

Ferdinand Piëch (*1937). 1973 begann seine steile Karriere bei der VW-Tochter AUDI. Seit 1993 ist er Vorstandsvorsitzender der Volkswagen AG.

Wer braucht im Ausland eine Akkreditierung?

- ❑ Staatsoberhaupt
- ❑ Sportler
- ❑ Unternehmen
- ❑ Diplomat

Ein Diplomat, der im Ausland in einer Botschaft oder einem Konsulat tätig ist. Er erhält dazu von dem Staatsoberhaupt des Heimatlandes eine Urkunde, das Akkreditiv.

Was ist ein Manhattan?

- ❑ Wurzelknollen
- ❑ Würzsauce
- ❑ Austernsalat
- ❑ Cocktail

Ein Cocktail, bestehend aus 1/2 Whisky, 1/2 trockenem Wermut und einem Spritzer Angostura Bitter. Garniert wird er meist mit einer schwarzen Olive.

Wer verkörperte in *Psycho* den Norman Bates?
❑ Jack Nickolson ❑ Anthony Perkins
❑ Robert Mitchum ❑ Klaus Kinski

Anthony Perkins (1932–92). Als psychopathischer Motel-Besitzer und Mörder hatte er 1960 Welterfolg. Den Darstellerpreis von Cannes erhielt er 1961 als jugendlicher Liebhaber in *Goodbye Again*.

Wie bezeichnet man die mittlere Frauenstimme in der Oper?
❑ Koloratur-Sopran ❑ Tenor
❑ Alt ❑ Mezzosopran

Mezzosopran, von italienisch mezzo „halb, mittel", zwischen Sopran und Alt. Stimmfächer des Mezzosopran sind: lyrischer, dramatischer und Koloratur-Mezzosopran.

Wie bezeichnet man im Fachjargon die herkömmlichen Medien im Gegensatz zum Internet?
❑ Outernet ❑ Supranet
❑ Stoneage ❑ Subkultur

Outernet. Hierher gehören also Fernsehen, Radio, Bücher, Zeitschriften und Zeitungen.

In welchem Staat regierte Resa Pahlawi von 1941–79?
❑ Israel ❑ Iran
❑ Afghanistan ❑ Indien

Im Iran. Der „König der Könige" verfügte über beinahe unumschränkte Vollmachten; er forcierte die an den Westen orientierte Modernisierung, die allerdings 1979 durch die islamische Revolution jäh unterbrochen wurde.

Wer spielte den Indiana Jones in *Jäger des verlorenen Schatzes*?
❑ Harrison Ford ❑ Michael Douglas
❑ Richard Chamberlain ❑ Nicolas Cage

Harrison Ford (*1942). Als unternehmungslustiger Archäologe hat er jede Menge Gefahren und Abenteuer zu bestehen.

Wer spielte in *Rain Main* neben Tom Cruise die männliche Hauptrolle?
❑ Richard Gere ❑ Dustin Hoffmann
❑ Gene Hackman ❑ John Travolta

Dustin Hoffman (*1937). Er erhielt für die beeindruckende Darstellung des Autisten 1988 einen Oscar.

Welcher Käse gilt als „König der Käse"?
❑ Stilton ❑ Roquefort
❑ Gorgonzola ❑ Blue Cheese

Der Roquefort, ein französischer Schafskäse mit blaugrünem Schimmel aus dem kleinen Ort Roquefort in den Cevennen. Der römische Gelehrte Plinius d. Ä. (†79 n. Chr.) schätzte ihn bereits.

Welche Bezeichnung wählt man für die Oper als „Einheit von Dichtkunst und Tonkunst"?
❑ Gesamtkunstwerk ❑ Grand opéra
❑ Musikdrama ❑ Festspiel

Musikdrama. Der Begriff wurde 1833 von Theodor Mundt geprägt; Musikdramen sind z. B. die Opern Richard Wagners.

Auf welchem Geschäft gründet Baron Guy de Rothschild seinen Reichtum?
❑ Telekommunikation ❑ Bankwesen
❑ Weinbau ❑ Schwerindustrie

Auf das Bankwesen. Rothschild (*1909) ist der Urenkel von Meyer Amschel Rothschild, dem Begründer der jüdischen Bankiersdynastie. Sein Bankhaus in Paris genoss bis zur Verstaatlichung 1982 hohes Ansehen.

Womit befasst sich die Kryptographie?
- ❑ Geschichte der Schriftzeichen
- ❑ Verschlüsselung von Daten
- ❑ Handlesekunst
- ❑ Fernmeldetechnik

Mit der Verschlüsselung von Daten. Informationen werden mithilfe von mathematischen Algorithmen in ein unlesbares Format (Cipher Text) gebracht.

Wem hält man am besten die lateinische Formel „Hic Rhodus, hic salta!“ entgegen?
- ❑ Ungerechte
- ❑ Prahler
- ❑ Zechgenosse
- ❑ Leichtsinnige

Dem Prahler. Denn mit „Hier ist Rhodos, hier spring!“ wurde einst ein wenig angesehener Sportler, der von seinen Leistungen auf Rhodos schwärmte aufgefordert, selbige auf der Stelle vorzuführen.

Welcher Staatsmann wurde 1986 von einem Unbekannten erschossen?
- ❑ Rajiv Gandhi
- ❑ Itzhak Rabin
- ❑ Anwar as-Sadat
- ❑ Olof Palme

Olof Palme (1927–86). Der schwedische Ministerpräsident war ein Verfechter des sozialen Wohlfahrtsstaates. Er engagierte sich außenpolitisch für Abrüstung, Frieden und Entwicklungshilfe.

Wer spielte in *... denn sie wissen nicht, was sie tun* den Jim Stark?
- ❑ Robert Redford
- ❑ Henry Fonda
- ❑ Humphrey Bogart
- ❑ James Dean

James Dean (1931–55). Durch drei Filmrollen wurde er zum Idol, die Verehrung steigerte sich noch nach seinem Unfalltod. Insgesamt wurde er zweimal für den Oscar nominiert.

Wer spielte den Rocky in dem gleichnamigen Film?
- ❑ John Travolta
- ❑ Sylvester Stallone
- ❑ Robert de Niro
- ❑ Bruce Willis

Sylvester Stallone (*1946). Der Film wurde mehrfach für den Oscar nominiert, u. a. für das Drehbuch, das Stallone geschrieben hat, und für die Darstellung des Rocky Balboa.

Welcher norditalienische Branntwein wird aus Trester gewonnen?
- ❑ Samos
- ❑ Armagnac
- ❑ Arrak
- ❑ Grappa

Der Grappa. Bei Verwendung eines Tresters edler Trauben, spezieller Destillation und einer Lagerung von mindestens fünf Jahren in Kirsch- und Apfelholzfässern kann es ein erlesener Tropfen werden.

Welches Fest wird in Skandinavien Julfest genannt?
- ❑ Weihnachten
- ❑ Ostern
- ❑ Erntedankfest
- ❑ Frühlingsanfang

Das Weihnachtsfest. Ins christliche Weihnachtsbrauchtum wurden auch heidnisch-germanische Jul-Bräuche (Wintersonnwendfest) übernommen.

Wie bezeichnet man eine Oper, die aus einzelnen, in sich abgeschlossenen Musikstücken besteht?
- ❑ Nummernoper
- ❑ Literaturoper
- ❑ Azione teatrale
- ❑ Versdrama

Nummernoper. Die Gegenkonzeption seit dem 19. Jh. ist die durchkomponierte Oper, die Rezitative, Arien, Ensembles und Chöre in einen Handlungszusammenhang bringt.

Welchem Papst wird das Schweigen zur Judenverfolgung zum Vorwurf gemacht?
- ❑ Paul VI.
- ❑ Pius XII.
- ❑ Johannes XXIII.
- ❑ Benedikt XV.

Pius XII. (1879–1958), seit 1939 Papst. Der autoritär herrschende Pontifex Maximus vermied öffentliche Stellungnahmen gegen die NS-Judenverfolgung, verurteilte aber den Nationalsozialismus und den Kommunismus als Übel des 20. Jahrhunderts.

Was ist in Spanien ein Hidalgo?
❑ Plantagenhain ❑ Adliger
❑ Stierzüchter ❑ maurischer Gelehrter

Ein Angehöriger des niederen Adels. Im 13. Jh. war er dem Caballero gleichgesetzt. Seit dem 15. Jh. bezeichnet er die unterste Stufe des Adels; und weil jeder Hidalgo sein wollte, fand eine Entwertung der Klasse statt.

Mit welchem Unternehmen ist der Name Grete Schickedanz verbunden?
❑ LTU ❑ Neckermann
❑ Quelle ❑ Hertie

Mit dem Versandhaus Quelle, das ihr Mann Gustav (1895–1977) 1927 gründete. Sie heirateten 1947. Grete (1911–94) leitete den Konzern nach dem Tod ihres Mannes bis 1987.

Wie heißt in der IT-Sprache ein Werbefenster, das sich beim Aufruf einer Internet-Seite ungefragt mitöffnet?
❑ Hyperlink ❑ Pop-up
❑ Banner ❑ Link

Pop-up-Fenster. Es bleibt auf dem Bildschirm, auch wenn der Benutzer längst weiter gesurft ist. Man kann es nur durch Wegklicken schließen.

Wer spielt den Berufskiller Jeff Costello in *Der eiskalte Engel*?
❑ Alain Delon ❑ Jean-Paul Belmondo
❑ Gerard Depardieu ❑ Pierre Richard

Alain Delon (*1935). Er spielt den Killer mit klassischer Stilsicherheit. 1985 Auszeichnung mit einem Cesar als alkoholabhängiger Tankwart in *Notre histoire*.

Welches Tier ist eine Grasmücke?
❑ Schmetterling ❑ Vogel
❑ Käfer ❑ Insekt

Ein kleiner, Insekten fressender Singvogel. Zu der Familie zählen 400 Arten wie das Goldhähnchen, der Laubsänger, Rohrsänger und die Schwirle.

Welcher Fußballtrainer erhielt von seiner Mannschaft den Namen „der Chef"?
❑ Udo Lattek ❑ Sepp Herberger
❑ Ernst Happel ❑ Dettmar Cramer

Sepp Herberger (1897–1977), von 1936 bis 1942 und von 1949 bis 1964 deutscher Fußballnationaltrainer. Herbergers Mannschaft holte 1954 den Weltmeistertitel.

In welchem Film spielt Götz George den Reporter Hermann Willié?
❑ *Schulz & Schulz* ❑ *Schtonk*
❑ *Der Sandmann* ❑ *Der Tunnel*

Schtonk. Die „Stern"-Affäre um die angeblichen Tagebücher Hitlers lieferte den Stoff für diesen Film.

Was ist eine After-Work-Party?
❑ Party im Büro ❑ Überstunden im Büro
❑ Discobesuch ❑ Chat-Party

Ein Discobesuch, der nach Dienstschluss beginnt. Dem Trend folgen seit den späten 90er-Jahren viele beschäftigte Jung-Angestellte, um nicht zu spät nach Hause zu kommen.

Welche prunkvollen Opern wurden im 17. und 18. Jh. auf die Bühne gebracht?
❑ Belcanto-Oper ❑ Commedia dell'Arte
❑ Oratorium ❑ französische Ballettoper

Die französische Ballettoper (Opéra-ballet). Davor herrschte die tragische Oper vor, in die Tanz- und Gesangseinlagen (Divertissements) eingeschaltet waren. Diese verselbstständigten sich nun.

Welche Fürstenfamilie herrscht seit 1454 in Monaco?

- ❑ Braganza
- ❑ Grimaldi
- ❑ Pahlawi
- ❑ Esterházy

Die Grimaldis. Fürst Rainier III. (*1923) ließ 1962 eine konstitutionelle Monarchie zu. Er heiratete 1956 die Schauspielerin Grace Kelly. Aus dieser Ehe ging der Thronfolger Prinz Albert hervor.

In welchem Film treibt Jack Nicholson als wahnsinnig gewordener Familienvater sein Unwesen?

- ❑ *Shining*
- ❑ *Wenn der Postmann zweimal klingelt*
- ❑ *Wolf*
- ❑ *Die Hexen von Eastwood*

Shining, 1979 von Stanley Kubrick gedreht. Vorlage ist ein Roman von Stephen King.

In welchem Film spielte Anthony Hopkins einen hemmungslosen Massenmörder?

- ❑ *Rambo*
- ❑ *Das Schweigen der Lämmer*
- ❑ *Psycho*
- ❑ *Stirb langsam*

Das Schweigen der Lämmer. Jonathan Demme führte in dem spektakulären Thriller Regie. Der Film erhielt alle fünf Haupt-Oscars.

Welcher Branntwein erhält sein Aroma durch den Zusatz von Wacholderbeeren?

- ❑ Slibovitz
- ❑ Brandy
- ❑ Ouzo
- ❑ Genever

Der holländische Genever, in England besser bekannt unter dem Namen Gin, was eine Ableitung daraus ist. Destilliert wird Gin aus Weizenkorn.

Wer baute im Ruhrgebiet nach dem I. Weltkrieg den größten deutschen Konzern auf?

- ❑ Rudolf A. Oetker
- ❑ Carl Friedrich von Siemens
- ❑ Hugo Stinnes
- ❑ Ferdinand Porsche

Hugo Stinnes (1870–1924). Die Stützen seines Wirtschaftsimperiums waren der Bergbau, die Schwerindustrie sowie die Binnen- und Seeschifffahrt. Er verfügte nach 1900 über die Mehrheit an den RWE.

Was bezweckt die rhetorische Figur des Euphemismus?

- ❑ Reim
- ❑ beschönigende Ausdrucksweise
- ❑ präziser Ausdruck
- ❑ Lautmalerei

Eine beschönigende Umschreibung für ein unangenehmes oder anstößiges Wort. Für „sterben" kann z. B. auch „dahingehen, einschlafen, verscheiden" u. Ä. verwendet werden.

Welcher italienische Fachausdruck bezeichnet eine komische Oper?

- ❑ Commedia dell'Arte
- ❑ Opera buffa
- ❑ Divertimento
- ❑ Musikdrama

Opera buffa. Sie entstand zu Beginn des 18. Jh. in Neapel als Gegensatz zur ernsten Oper. Ihre Stoffe sind meist dem Alltag entnommen; dazu nimmt sie Anleihen aus der Commedia dell'Arte.

Wer wurde als Simon Templar populär?

- ❑ Roger Moore
- ❑ Tony Curtis
- ❑ Dean Martin
- ❑ David Niven

Roger Moore (*1927). 1973 spielte er die Rolle des smarten Superagenten James Bond, den er siebenmal verkörperte.

Welcher Staatsmann begann seine Karriere als Schauspieler und Showmaster?
- ❑ Gerald Ford
- ❑ Franklin D. Roosevelt
- ❑ Ronald Reagan
- ❑ Daniel Ortega

Ronald Reagan (*1911), von 1981–89 US-Präsident. Reagans Außenpolitik war zunächst durch eine starke Militärrüstung geprägt; die Wende zur Friedenspolitik vollführte er mit Michael Gorbatschow.

Wer tanzt in *Singin in the rain* im Regen?
- ❑ Johannes Heesters
- ❑ Danny Kaye
- ❑ Bing Crosby
- ❑ Gene Kelly

Gene Kelly (1912–1996). Zusammen mit Stanley Donen übernahm er in dem Musical auch Choreografie und Regie.

Welchen Thriller drehte Robert Siodmak 1946 mit Dorothy McGuire und Ethel Barrymore in den Hauptrollen?
- ❑ *Der falsche Mann*
- ❑ *Die Wendeltreppe*
- ❑ *Der Mann aus dem Süden*
- ❑ *Das Haus der Lady Alquist*

Die Wendeltreppe. Die stumme Helen wird in letzter Minute vor ihrem Mörder gerettet, der Schock lässt sie ihre Sprache wieder finden.

Was ist ein Ginkgo?
- ❑ Laubbaum
- ❑ Insekt
- ❑ Reptil
- ❑ Wurm

Ein Laubbaum, der in China seit dem Altertum als heiliger Baum gilt und deshalb besonders gepflegt wird. Der 12–37 m hohe Baum hat als Einziger seiner Art seit dem Mesozoikum überlebt.

Wie bezeichnet man in der IT-Branche den Status des Rechners, während ein Programm ausgeführt oder eine Seite geladen wird?
- ❑ Offline
- ❑ Patch
- ❑ Schreibe-Modus
- ❑ Sanduhr-Modus

Sanduhr-Modus; man sitzt dann davor und wartet. Der Begriff kommt von dem kleinen Sanduhr-Symbol, das das Betriebssystem Windows einblendet, wenn der Computer arbeitet.

Welcher italienische Fachausdruck bezeichnet eine ernste Oper?
- ❑ Opéra-Comique
- ❑ Opera semiseria
- ❑ Opera seria
- ❑ Intermezzo

Opera seria, auch „Dramma per musica“ oder „Dramma in musica“. Gemeint sind heroisch-ernste Opern des Barock. Ihre Stoffe sind der Mythologie und der Historie entnommen.

Welche legendäre Karawanenstadt in Westafrika wurde zum Weltkulturerbe erklärt?
- ❑ Samarkand
- ❑ Saba
- ❑ Timbuktu
- ❑ Hadramaut

Timbuktu, die Hauptstadt des ehemaligen Malireiches, im 15. Jh. ein bedeutendes Handelszentrum. Die Moscheen und alten Bürgerhäuser zeugen von der einstigen Pracht.

Was bezeichnet man in der EDV mit Back Hacking?
- ❑ Offline-Betrieb
- ❑ Aufspüren eines Hackers
- ❑ Passwortvergabe
- ❑ Formatierung der Festplatte

Den Versuch, einen Hacker aufzuspüren, indem man seinen Weg durch das Computernetz zurückverfolgt. Hacker versuchen beim Eindringen in ein System, genau diese Spuren zu verwischen.

Wer wurde mit Kung-Fu-Filmen zum Superstar?
- ❑ Bruce Lee
- ❑ Brandon Lee
- ❑ Christopher Lee
- ❑ Lee Marvin

Bruce Lee (1940–73). Nach mehreren TV-Serien wie z. B. *Batman* begannen 1971 unter der Regie von Lo Wie die *Kung-Fu*-Filme.

Wie bezeichnet man Adjektive, die eine charakterisierende oder wertende Funktion haben?

- ❑ Epipher
- ❑ Epitheton
- ❑ Asyndeton
- ❑ Hyperbel

Epitheton. Epitheta sind Beifügungen, die dem Bezeichneten Anschaulichkeit verleihen („borstiges Fell“), es aufwerten („glänzendes Fell“) oder auch vernichten („schmutziges Fell“).

Wer spielte in dem Melodram *Ein neuer Star am Himmel* die weibliche Hauptrolle?

- ❑ Lilian Harvey
- ❑ Ava Gardner
- ❑ Judy Garland
- ❑ Rita Hayworth

Judy Garland (1922–1969). Sie feierte mit diesem Film ein triumphales, wenn auch nur kurzes Comeback und wurde für den Oscar nominiert.

Welchen Film drehte 1951 Alfred Hitchcock nach einem Roman von Patricia Highsmith?

- ❑ *Der kleine Flüchtling*
- ❑ *Der Fremde im Zug*
- ❑ *Rebecca*
- ❑ *Im Schatten des Zweifels*

Der Fremde im Zug. Während einer Bahnfahrt wird der Tennischampion Guy von einem Fremden mit einem makabren Vorschlag angesprochen: Mord auf Gegenseitigkeit.

Mit welchem Fachgebiet beschäftigt sich die Glaziologie?

- ❑ Festungsbau
- ❑ Gletscher und Eis
- ❑ Therapie von Haarausfall
- ❑ altslawische Sprache

Mit der Entstehung und Wirkung des Eises und der Gletscher. Sie spielt eine Rolle in der Geophysik, Geologie und Geographie.

Wie heißt im Gesang die Nachahmung des schnellen Sprechens durch die Singstimme?

- ❑ Kanzone
- ❑ Parlando
- ❑ Kavatine
- ❑ Rezitativ

Parlando, italienisch für „sprechend“. Diese Vortragsweise kennzeichnet vor allem komische Opern. Die Aria parlante des 18. Jahrhunderts z. B. charakterisiert ein schnelles Grundtempo.

Welcher arabische Staatsmann und Friedensnobelpreisträger erkannte als Erster den Staat Israel an?

- ❑ Gamal Abd el Nasser
- ❑ Shimon Peres
- ❑ Anwar as-Sadat
- ❑ Jawaharlal Nehru

Anwar as-Sadat (1918–81). Das Friedensabkommen von Camp David 1978 mit Israel führte zum Ausschluss Ägyptens aus der Arabischen Liga.

In welchem Krimi, der in den dreißiger Jahren spielt, sind Mark Stevens und Richard Widmark in den Hauptrollen zu sehen?

- ❑ *Der Todeskuss*
- ❑ *Die Straße ohne Namen*
- ❑ *Sturmflug*
- ❑ *Die Ratten von Soho*

Die Straße ohne Namen. Eine Bande in Chicago hinterlässt bei Überfällen Beweise gegen Unschuldige, um die Polizei auf eine falsche Spur zu lenken.

Welcher christliche Feiertag leitet die siebenwöchige Fastenzeit ein?

- ❑ Fronleichnam
- ❑ Allerheiligen
- ❑ Christi Himmelfahrt
- ❑ Aschermittwoch

Der Aschermittwoch. Den Gläubigen wird ein Aschekreuz auf die Stirn gezeichnet und dabei die Formel „Gedenke Mensch, dass du Staub warst und wieder zu Staub wirst“ gesprochen.

Wie nennt man Wörter, die gleich geschrieben und gleich ausgesprochen werden, aber unterschiedliche Bedeutung haben?
- ❑ Phoneme
- ❑ Homonyme
- ❑ Lexeme
- ❑ Hybride

Homonyme. Sie sind lexikalisch mehrdeutig wie z. B. „der Ton", „der/die Kiefer", „die/das Mark". Homonyme ergeben sich auch in satzwertiger Form: „Das Zimmer mit Bett, in dem ich gerne lese."

Wie bezeichnet man in der Fachsprache die männlichen und weiblichen Keimdrüsen?
- ❑ Gonagra
- ❑ Goliarden
- ❑ Genome
- ❑ Gonaden

Gonaden. Die männlichen Keimdrüsen sind die Hoden; in ihnen wachsen die Samenzellen heran; die weiblichen sind die Eierstöcke, in denen die Eizellen entstehen.

Welchen Film drehte Billy Wilder 1949 mit Gloria Swanson und William Holden in den Hauptrollen?
- ❑ *Boulevard der Dämmerung*
- ❑ *Liebesreigen*
- ❑ *Die pikanten Jahre einer Frau*
- ❑ *Die Intriganten*

Boulevard der Dämmerung. Eine vergessene Diva träumt von einem Comeback und zerbricht an der Wahrheit.

Wie bezeichnet man in der Dichtung und in Opern die komisch-spöttische Veränderung einer berühmten Vorlage?
- ❑ Farce
- ❑ Parodie
- ❑ Komödie
- ❑ Pasquill

Parodie, griechisch für „Gegengesang". Dabei soll die ernste Vorlage durch eine übertriebene Nachahmung verspottet werden. Die äußere Form wird beibehalten; der Inhalt verändert.

Welcher europäische Stadt verfolgte bis in die 60er-Jahre den Erhalt seines Kolonialreiches?
- ❑ Frankreich
- ❑ Spanien
- ❑ Portugal
- ❑ Großbritannien

Portugal. Der Ministerpräsident António de Oliveira Salazar (1889–1970) errichtete 1933 einen diktatorisch regierten Einparteienstaat und ließ Unabhängigkeitsbewegungen in den afrikanischen Kolonien niederschlagen.

Welchen Film drehte John Huston 1947 mit Humphrey Bogart und Tim Holt in den Hauptrollen?
- ❑ *Der Schatz im Silbersee*
- ❑ *Der Stern des Gesetzes*
- ❑ *Mein großer Freund Shane*
- ❑ *Der Schatz der Sierra Madre*

Der Schatz der Sierra Madre. Drei befreundete Goldsucher entfremden sich, je mehr Gold sie finden, immer mehr voneinander. Am Ende bleibt nur noch Hass.

Wie nennt man im IT-Slang das Versenden von Kurzmitteilungen beim Handy?
- ❑ Branding
- ❑ Simsen
- ❑ Puschen
- ❑ Spoofing

Simsen. Das Wort kommt von der Bezeichnung für diese Nachrichten: SMS (Short Message Service).

Worüber sagt die Maßeinheit Baud etwas aus?
- ❑ Unterwasserdruck
- ❑ Luftfeuchtigkeit
- ❑ Radiowellenlänge
- ❑ Datenübertragungskapazität

Über die Datenübertragungskapazität in der DFÜ, benannt nach dem französischen Ingenieur Jean Baudot (1845–1903). Dabei werden die Signale gezählt, die pro Sekunde durch einen Kanal fließen.

In welchem Film stürzen Michael Douglas und Kathleen Turner mit einem Kronleuchter zu Tode?

- ❑ *Peggy Sue hat geheiratet*
- ❑ *Auf der Jagd nach dem Juwel vom Nil*
- ❑ *Eine verhängnisvolle Affäre*
- ❑ *Der Rosenkrieg*

Der Rosenkrieg. Erzählt wird die Geschichte einer anfänglichen Bilderbuch-Ehe, bis hin zum tödlichen Chaos.

Welche Olympischen Spiele wurden von mehr als 30 Staaten boykottiert?

- ❑ Berlin 1936
- ❑ Tokio 1964
- ❑ Moskau 1980
- ❑ Los Angeles 1984

Moskau 1980. Grund des Boykotts, an dem u. a. die USA, Deutschland und Kanada beteiligt waren, war der Einmarsch sowjetischer Truppen in Afghanistan 1979.

Welcher Körperteil ist bei einer Gonnorhö erkrankt?

- ❑ Wirbelsäule
- ❑ Magen
- ❑ Geschlechtsorgane
- ❑ Darm

Die Geschlechtsorgane und Harnwege der infizierten weiblichen oder männlichen Person. Die Geschlechtskrankheit ist ansteckend, kann aber geheilt werden.

Wie heißt in der Oper die Sängerin mit der größten und anspruchsvollsten Partie?

- ❑ Soubrette
- ❑ Konkubine
- ❑ Kokotte
- ❑ Primadonna

Primadonna, italienisch „erste Dame"; in Italien seit dem 17. Jahrhundert üblich. Bei gleichzeitigem Engagement von zwei Primadonnen unterscheidet man in „Primadonna assoluta" und „Seconda donna".

Worauf sind Infektionskrankheiten begrenzt, wenn sie „endemisch" auftreten?

- ❑ Risikogruppe
- ❑ Region
- ❑ Altersgruppe
- ❑ Geschlecht

Auf eine bestimmte Region. Beispielsweise ist Cholera eine endemische (gr. „einheimisch") Infektionskrankheit, die fast nur in Indien und einigen tropischen Ländern vorkommt.

Welcher deutsche Bundeskanzler ging als „der Macher" in die Geschichte ein?

- ❑ Helmut Kohl
- ❑ Karl Schiller
- ❑ Helmut Schmidt
- ❑ Willy Brandt

Helmut Schmidt (*1918), einer der wichtigsten Vorkämpfer für die europäische Einigung. Schmidt trug wesentlich zum NATO-Doppelbeschluss bei, trat aber dennoch für eine Entspannungspolitik ein.

Wer spielte den lebenslangen Gefangenen in *Der Gefangene von Alcatraz*?

- ❑ Orson Welles
- ❑ Burt Lancaster
- ❑ George Scott
- ❑ Robert Mitchum

Burt Lancaster (1913–94). Er wurde für diese Darstellung für den Oscar nominiert. Zunächst war er hauptsächlich in athletischen Rollen, später auch als sensibler Charakterdarsteller eingesetzt.

Welcher Schauspieler hatte mit *Greystoke* internationalen Erfolg?

- ❑ Malcolm McDowell
- ❑ Gerard Depardieu
- ❑ Christopher Lambert
- ❑ Ryan O´Neal

Christopher Lambert (*1957). Großen Erfolg brachte ihm auch die Mysterie-Serie *Highlander* ein. Für seine Darstellung in *Subway* erhält er 1986 den César.

Wer erzielte mit *La boum* großen Erfolg?

- ❑ Sophie Marceau
- ❑ Julia Roberts
- ❑ Winona Ryder
- ❑ Nastassja Kinski

Sophie Marceau (*1966). Sie wurde unter Tausenden von Mitbewerberinnen für diese Rolle ausgewählt.

Welches magmatische Gestein kommt im Bayerischen Wald und im Schwarzwald vor?
- ❑ Basalt
- ❑ Granit
- ❑ Kalkstein
- ❑ Sandstein

Granit. Das Tiefengestein aus Feldspat, Quarz und Glimmer ist durch tektonische Hebungsvorgänge an die Erdoberfläche gelangt. Granit erstarrt in größeren Tiefen bei etwa 700 °C.

Wie bezeichnet man den solistischen Sprechgesang in der Oper?
- ❑ a cappella
- ❑ Parlando
- ❑ Rezitativ
- ❑ Deklamation

Rezitativ, von italienisch recitare „vorlesen, deklamieren“. Die Musik hat hier nur unterstützende Funktion. Meist begleiten die Basso-continuo-Instrumente das Rezitativ.

Welches Weltkulturerbe befindet sich in Tassili N’Ajjer?
- ❑ Oase
- ❑ Felsmalereien
- ❑ buddhistischer Tempel
- ❑ Megalithdenkmal

Prähistorische Felsmalereien, die vor rund 10.000 Jahren in der Sahara (Algerien) entstanden sind. Die 10.000 Felsbilder wurden Anfang der 50er-Jahre entdeckt.

Wer spielt in *Wenn der Postmann zweimal klingelt* die mörderische Ehebrecherin?
- ❑ Demi Moore
- ❑ Kathleen Turner
- ❑ Sharon Stone
- ❑ Jessica Lange

Jessica Lange (*1949). Filmdebüt in *King Kong* 1976. Ihre überzeugende Darstellungskraft bringt ihr in den nächsten Jahren mehrere Oscar-Nominierungen ein.

In welcher Wissenschaft leistete der Strukturalist Ferdinand de Saussure Grundlegendes?
- ❑ Kunstgeschichte
- ❑ Sprachwissenschaft
- ❑ Völkerkunde
- ❑ Literaturwissenschaft

In der Sprachwissenschaft. Elementar sind seine Unterscheidungen von „langue“ (Sprachsystem) und „parole“ (individuelle Sprachverwendung) sowie von Bezeichnetem (Objekt) und Bezeichnendem (Zeichen).

Was liefert eine Betaversion?
- ❑ Produkte außer Konkurrenz
- ❑ verbilligte Mängelexemplare
- ❑ Neue Software
- ❑ Fälschungen von Markenwaren

Neue Software, die erstmals an Konsumenten geliefert wird, obwohl sie noch unausgereift ist. Aus dem Feedback entsteht schließlich die „Final Version“.

Welche Nervenkrankheit führt zum sog. „Veitstanz“?
- ❑ Creutzfeldt-Jakob
- ❑ Bleivergiftung
- ❑ Epilepsie
- ❑ Chorea

Die Chorea. Der Erkrankte führt bedingt durch eine organische Schädigung im zentralen Nervensystem ungewollte spastische Bewegungen des ganzen Körpers aus.

Wie bezeichnet man in der IT-Branche den Computerexperten?
- ❑ Tekkie
- ❑ Master of Disaster
- ❑ Net Nanny
- ❑ Nerd

Tekkie. Diese liebevoll-spöttisch gebrauchte Bezeichnung für Technikexperten und Computerfreaks ist das positive Gegenstück zum Nerd.

Welche volkstümliche komische Oper enthält gesprochene Dialoge?
- ❑ Ballett
- ❑ Historienoper
- ❑ Singspiel
- ❑ Maskenspiel

Das Singspiel, die um 1750 entstandene deutsche Variante der komischen Oper. Bekanntestes Beispiel ist Mozarts *Die Entführung aus dem Serail* (1782).

Wer ist König von Kambodscha?

❑ Imre Nagy
❑ Haji Hassan al-Bolkiah
❑ Norodom Sihanouk
❑ Salahuddin Abdul Aziz Shah Alhaj

Norodom Sihanouk (*1922), der nach seinem Sturz 1970 zweimal für längere Zeit ins Exil ging und mit Pol Pot eine Exilregierung bildete. Nach Beendigung des Pol Pot-Regimes wurde er 1993 erneut König.

Wer verkörperte 1958 den Vampir in *Dracula*?

❑ Vincent Price
❑ Christopher Lee
❑ George Hamilton
❑ Tom Cruise

Christopher Lee (*1922). Mit stechendem Blick und idealer Haltung die perfekte Vampir-Besetzung; internationale Bekanntheit erlangte er 1957 als Graf Frankenstein in *Frankensteins Fluch*.

Wer spielte an der Seite von Humphrey Bogart in *Schach dem Teufel*?

❑ Gina Lollobrigida
❑ Sophia Loren
❑ Elsa Martinelli
❑ Lee Remick

Gina Lollobrigida (*1927). Internationale Popularität errang die italienische Schönheit neben Vittorio De Sica in *Liebe, Brot und Leidenschaft*.

Wie bezeichnet man in Oper und Operette ein Rollenfach für Sopranistinnen?

❑ Soubrette
❑ Colombina
❑ Primaballerina
❑ Heldentenor

Soubrette, französisch für „Zofe“. Sie verkörpert meist eine temperamentvolle, naive Frau einfachen Standes. Beispiele sind etwa Susanna in *Figaros Hochzeit* oder Rosina in Rossinis *Barbiere*.

Welches begehrte Konsumgut entsteht im Gebiet um den Lac de la Gruyère?

❑ Gorgonzola
❑ Mascarpone
❑ Provolone
❑ Greyerzer Käse

Der Greyerzer Käse. Das hügelige Land der Freiburger Voralpen gehört zum französischsprachigen Teil der Schweiz. Der Hartkäse hat bei Feinschmeckern einen Namen.

Welche sagenhafte Königin brachte ihrem Gatten ein seltenes Treueopfer?

❑ Phädra
❑ Klytämnestra
❑ Alkestis
❑ Almene

Alkestis. Ihr Gatte, der König von Thessalien, soll sterben, weil er vergaß der Artemis zu opfern. Alkestis geht für ihn ins Totenreich. Herakles holt sie aus der Unterwelt zurück.

Wer spielt die Witwe Jenny in Alfred Hitchcocks *Immer Ärger mit Harry*?

❑ Gena Rowlands
❑ Jane Russell
❑ Shirley MacLaine
❑ Doris Day

Shirley MacLaine (*1934). Mit dieser Rolle hatte sie ihr Filmdebüt. Sie wurde mehrfach für den Oscar nominiert und erhielt 1983 als Aurora in *Zeit der Zärtlichkeit* einen Oscar.

Welcher ethische Begriff beschreibt die Fremdbestimmtheit eines Menschen?

❑ Heteronomie
❑ Egoismus
❑ Solipsismus
❑ Altruismus

Heteronomie. Die Fremdbestimmung des eigenen Willens erfolgt durch Triebe, Neigungen und soziale Zwänge. In der kantischen Morallehre wird ihr die Autonomie entgegengestellt.

Wer wurde mit *Der ewige Bann* international bekannt?

❑ Phillipe Noiret
❑ David Niven
❑ Jean Marais
❑ Dick Powell

Jean Marais (*1913). Als Gegner von Louis de Funès zeigte er in *Fantômas* seine komische Seite.

Wie bezeichnet man in der Oper die hohe Männerstimme?

- ❑ Sopran
- ❑ sotto voce
- ❑ Tenor
- ❑ Bariton

Tenor. Man unterscheidet die Stimmfächer Spieltenor, lyrischer Tenor, Heldentenor, Charaktertenor.

Welche Kenntnisse vermittelt der Guide Michelin?

- ❑ Weinjahrgänge
- ❑ Reifendruck
- ❑ bedrohte Tierwelt
- ❑ Qualitätssterne von Hotels und Restaurants

Die Bewertungen von Hotels und Restaurants der Oberklasse. Alljährlich werden dafür Sterne verteilt, die über das internationale Renommee des Hauses entscheiden.

Was soll in Zukunft Passwörter und PIN-Ziffern ersetzen?

- ❑ Stimme
- ❑ Fingerabdrücke
- ❑ genetische Fingerabdrücke
- ❑ Telefonnummer

Fingerabdrücke oder die Augeniris. Diese biometrischen Verfahren dienen der eindeutigen Identifikation eines Benutzers und sind im Gegensatz zu PIN-Nummern fälschungssicher.

Wer spielte die Dallas in *Hatari*?

- ❑ Elsa Martinelli
- ❑ Mireille Dark
- ❑ Sophia Loren
- ❑ Kim Novak

Elsa Martinelli (*1932). Für ihre Leistung in *Donatella* erhielt sie 1956 den Darstellerpreis in Berlin. Sie verkörpert unterschiedlichste Charaktere in Komödien, Abenteuer- und Kriminalfilmen.

Welche Königin von Ithaka wartete auf die Rückkehr ihres Gemahls mehr als zwanzig Jahre?

- ❑ Niobe
- ❑ Hera
- ❑ Eris
- ❑ Penelope

Penelope. Die vielen Freier, die Odysseus' Nachfolge antreten möchten, hält sie mit ihrem Teppich hin. Erst wenn dieser fertig sei, wolle sie sich vermählen; des nachts trennt sie jedoch alles wieder auf.

Wie bezeichnet man in der italienischen Oper die naturalistische Darstellungsform?

- ❑ Cinquecento
- ❑ Koloratur
- ❑ Verismo
- ❑ Realimo

Verismo, von italienisch vero „wahr". Die veristische Oper von Mascagni, Leoncavallo oder Cilea versucht, ein lebensechtes Abbild der Wirklichkeit zu geben.

Wie werden im Internet daumennagelgroße Bilder bezeichnet?

- ❑ TIFF
- ❑ Thumbnail
- ❑ Clip
- ❑ JPEG

Thumbnail. Nicht viel größer als ein „Daumennagel" sind diese digitalen Bilder, die man durch Anklicken entweder vergrößern oder herunterladen kann.

Welche Sprinterin der 60er-Jahre wurde „Schwarze Gazelle" genannt?

- ❑ Heide Rosendahl
- ❑ Florence Griffith-Joyner
- ❑ Wilma Rudolph
- ❑ Gail Devers

Die US-Amerikanerin Wilma Rudolph (1940–94), die dreifache Olympiasiegerin, die in ihrer Kindheit an Kinderlähmung erkrankt war.

Wer spielt die Ehefrau von Woody Allen in *Ein ganz normaler Hochzeitstag*?

- ❑ Bette Midler
- ❑ Mia Farrow
- ❑ Goldie Hawn
- ❑ Diane Keaton

Bette Midler (*1945). 1979 erfolgte die Oscar-Nominierung für ihre Darstellung einer Rocksängerin in *The Rose*.

In welchem medizinischen Bereich wird z. B. die Akupunktur angewendet?
❑ Orthopädie ❑ Suchtbekämpfung
❑ Schwangerschaftstest ❑ Hormonbehandlung

In der Suchtbekämpfung. Die chinesische Heilmethode wird vor allem zur Bekämpfung von Schmerzzuständen angewendet. Ein ähnliches Verfahren ist die Akupressur (Shiatsu).

Wer spielte in *Die Nacht des Jägers* einen mörderischen Prediger?
❑ Burt Reynolds ❑ Robert Mitchum
❑ Richard Widmark ❑ Rock Hudson

Robert Mitchum (1917–1997). Der vielseitige Charakterdarsteller war v. a. in Western und Krimis zu sehen. Den Durchbruch hatte er 1945 mit *Schlachtgewitter am Monte Casino.*

Wer spielte in *Eine Frage der Ehre* die weibliche Hauptrolle?
❑ Susan Sarandon ❑ Demi Moore
❑ Jamie Lee Curtis ❑ Daryl Hannah

Demi Moore (*1963). Erster Erfolg in *Die Leidenschaft brennt tief* 1985. Auch als Produzentin war sie tätig, z. B. bei *Tödliche Gedanken* 1991.

Wer spielte den vorlauten Polizisten in *Beverly Hills Cop*?
❑ Sidney Poitier ❑ Eddie Murphy
❑ Nick Nolte ❑ Denzel Washington

Eddie Murphy (*1961). Mit dieser Darstellung wurde er zum weltbekannten Komödien-Darsteller.

Welche Königstochter erfreute sich so lange nachts der Liebe des Gottes Amor, wie sie sein Angesicht nicht sah?
❑ Psyche ❑ Euridike
❑ Galatea ❑ Iphigenie

Psyche. Das Märchen von Apuleius berichtet, dass sie ihren Geliebten dann verlor, als sie eines Nachts aus Neugier eine Öllampe entzündete um sein Angesicht zu erleuchten.

Mit welcher Wissenschaft befasst sich die Ethnologie?
❑ Brauwesen ❑ Völkerkunde
❑ Insektenkunde ❑ Forstwirtschaft

Mit der Völkerkunde. Sie versucht über vergleichende Studien an verschiedenen Völkern über die Entwicklung der menschlichen Kultur Auskunft zu geben.

Wer spielte die weibliche Hauptrolle neben Adriano Celentano in *Gib dem Affen Zucker*?
❑ Sophia Loren ❑ Elsa Martinelli
❑ Ornella Muti ❑ Gina Lollobrigida

Ornella Muti (*1955), in den 70er-Jahren populärste Schauspielerin Italiens; meist stellt sie leichtgläubige, naive Mädchen dar.

Wer spielte den Brandstifter Ben Quick in *Der lange heiße Sommer*?
❑ Paul Newman ❑ Robert Mitchum
❑ Anthony Quinn ❑ Kirk Douglas

Paul Newman (*1926). Für diese Rolle erhielt er den Darstellerpreis in Cannes 1958. Nach sechs Nominierungen erhielt er 1987 den Oscar für *Die Farbe des Geldes.*

Wer spielte den Major Pollock in *Getrennt von Tisch und Bett*?
❑ Peter Sellers ❑ Rock Hudson
❑ Phillipe Noiret ❑ David Niven

David Niven (1910–1983). Für diese Rolle erhielt er 1958 einen Oscar. Er verkörperte meist den smarten Gentleman mit fein gesprochenem Englisch, perfekten Manieren und aristokratischer Ausstrahlung.

Wer spielte den Tom Wingo in *Herr der Gezeiten*?

❑ Nick Nolte ❑ Kurt Russell
❑ Robert de Niro ❑ Nicolas Cage

Nick Nolte (*1939). Er wurde für diese Rolle Oscar-nominiert. Gerne spielt er den athletischen und harten Draufgänger.

Wer spielte die Geliebte von Frank Sinatra in *Der Mann mit dem goldenen Arm*?

❑ Kim Novak ❑ Angie Dickinson
❑ Bibi Andersson ❑ Grace Kelly

Kim Novak (*1933). Sein Filmdebüt feierte sie 1953 mit *Die lockende Venus*. 1961 gründete sie ihre eigene Firma Kimco.

Was entsteht aus Zucker, Stärke und Hefepilzen?

❑ Käse ❑ Kuchen
❑ Brot ❑ alkoholische Gärung

Das sind die Hauptbestandteile, die zur alkoholischen Gärung führen. Beim Bier wird Gerste vergoren, beim Wein Traubensaft und beim Met Honig.

Wer spielte in der deutschen Krimiserie *Der Kommissar* von 1968–76 den Kommissar?

❑ Erik Ode ❑ Gustav Knuth
❑ Horst Buchholz ❑ Rolf Hoppe

Erik Ode (1910–1983). 97-mal war er in dieser Rolle zu sehen. In den 50er-Jahren war er als Regisseur bei Revue und Schlagerfilmen beschäftigt.

Welchem thebanischen Feldherrn wurden durch Zeus Hörner aufgesetzt?

❑ Odysseus ❑ Amphitryon
❑ Ödipus ❑ Kreon

Amphitryon. Das Ergebnis zeigte sich neun Monate später, als Alkmene, die meinte, sie habe ihren zurückgekehrten Gatten Amphitryon in den Armen der Liebe empfangen, den Halbgott Herakles gebar.

Wie wird im IT-Slang die Tastenkombination Strg+Alt+Entf genannt?

❑ Reset ❑ Booten
❑ Vulkanier-Griff ❑ Backup

Vulkanier-Griff. Der Ausdruck bezieht sich auf den Griff, den der Vulkanier Mister Spock in der Fernsehserie *Raumschiff Enterprise* anwendete, um seine Gegner zu lähmen.

Wer spielte neben James Stewart die weibliche Hauptrolle in *Mr. Hobbs macht Ferien*?

❑ Maureen O'Hara ❑ Rita Hayworth
❑ Esther Williams ❑ Lana Turner

Maureen O'Hara (*1920). 1938 trat sie erstmals im Film auf. Mary in *Riff-Piraten* war ihre erste bedeutende Rolle.1951 gründete sie die Price Merman Productions.

Wer spielte den Grafen Maxim de Winter in *Rebecca*?

❑ Sean Connery ❑ Peter Ustinov
❑ Laurence Olivier ❑ David Niven

Laurence Olivier (1907–1989). Er war auch ein überzeugender Shakespeare-Darsteller. 1947 wurde er zum Ritter geschlagen und 1970 zum Baron Olivier of Brighton erklärt. 1978 erhielt er den Ehren-Oskar für sein Gesamtwerk.

Wer spielte den unglücklich liebenden Oliver in *Love Story*?

❑ Martin Sheen ❑ Peter O'Toole
❑ Ryan O'Neal ❑ Dean Martin

Ryan O'Neal (*1941). Durch diese Rolle erreichte er weltweite Popularität. Mit seiner Tochter Tatum stand er als allein stehender Vater und Bibelverkäufer in *Papermoon* vor der Kamera.

Welches Material hat im Flugzeugbau große Bedeutung?

- ❑ Aluminium
- ❑ Chrom
- ❑ Kupfer
- ❑ Nickel

Aluminium. Es ist korrosionsbeständig (rostet nicht) und wiegt auch nicht viel. Durch Legierungen werden seine Eigenschaften noch verbessert.

Welcher Automobilpionier konstruierte 1878 den Zweitaktgasmotor?

- ❑ Bruce Leslie McLaren
- ❑ Carl Friedrich Benz
- ❑ Ettore Bugatti
- ❑ Wilhelm Maybach

Carl Friedrich Benz (1844–1929). Bis 1900 war er der größte Automobilhersteller Deutschlands. 1926 fusionierten Benz & Cie. mit der Daimler Motorengesellschaft zur Daimler-Benz AG.

Wer spielte den Michael Corleone in *Der Pate*?

- ❑ Robert de Niro
- ❑ Michael Douglas
- ❑ Al Pacino
- ❑ Jeff Bridges

Al Pacino (*1940). 1973 erhielt er den Darstellerpreis von Cannes für die Rolle als Tramp in *Asphaltblüten*. Mehrmals für den Oscar nominiert, 1994 Goldener Löwe in Venedig für sein Gesamtwerk.

Wer spielte die Ehefrau Eve in Woody Allens *Innenleben*?

- ❑ Geraldine Page
- ❑ Anne Baxter
- ❑ Susan Sarandon
- ❑ Diane Keaton

Geraldine Page (1924–1987). Für diese Rolle wurde sie, wie schon mehrmals vorher, für den Oscar nominiert. 1985 erhielt sie den Oscar als mexikanische Witwe in *Die Reise ins Glück*.

Wer spielt die deutsche Widerstandskämpferin neben Cary Cooper in *Geheimdienst*?

- ❑ Lilli Palmer
- ❑ Ingrid Bergman
- ❑ Joan Bennett
- ❑ Senta Berger

Lilli Palmer (1914–1986). 1978 bekam sie das Filmband in Gold für ihr langjähriges und hervorragendes Wirken im deutschen Film umgehängt.

Welche mutige thebanische Königstochter wird lebendig eingemauert?

- ❑ Iokaste
- ❑ Antigone
- ❑ Ismene
- ❑ Nausikaa

Antigone, eine Tochter des Ödipus. Sie begräbt ihren Bruder Polyneikes, der als Landesverräter nicht bestattet werden sollte. Im Grabgewölbe erhängt sie sich.

Wer spielt den Anwalt Atticus Finch in *Wer die Nachtigall stört*?

- ❑ Cary Grant
- ❑ James Stewart
- ❑ Gregory Peck
- ❑ Rock Hudson

Gregory Peck (*1916). 1962 erhielt er für diese Darstellung einen Oscar. 1993 wurde er bei den Berliner Filmfestspielen für sein Lebenswerk mit dem Goldenen Bären ausgezeichnet.

Welche künstlichen Steroide sind bei Sportlern verboten?

- ❑ Reserpin
- ❑ Chinin
- ❑ Nikotin
- ❑ Anabolika

Anabolika. Die Dopingmittel fördern die Bildung der Muskulatur, weil sie den Aufbau von Eiweißen bewirken. Anabolika können im Harn festgestellt werden.

Wer spielte die Madame de Tourvel in *Gefährliche Liebschaften*?

- ❑ Michelle Pfeiffer
- ❑ Julia Roberts
- ❑ Glenn Close
- ❑ Cher

Michelle Pfeiffer (*1957). Für diese Rolle wurde sie 1988 für den Oscar nominiert, ebenso 1989 als Barsängerin Susie Diamond in *Die fabelhaften Baker Boys*.

Wer spielt den Homer Smith in *Lilien auf dem Felde*?

- ❑ Charles Bronson
- ❑ Sidney Poitier
- ❑ Michael Caine
- ❑ Gene Hackman

Sidney Poitier (*1924). Für diese Rolle erhielt er den Oscar und den Darstellerpreis in Berlin.

Auf welchem Fahrzeug wurde Mika Häkkinen 1998 Formel-1-Weltmeister?

- ❑ Bennetton-Ford
- ❑ McLaren-Mercedes
- ❑ Williams-Renault
- ❑ Jordan-Mugen-Honda

Mit McLaren-Mercedes, den neuen „Silberpfeilen". Schärfster Rivale war der Ferrari-Pilot Michael Schumacher.

Wer verkörpert das ungarische Schulmädchen in *Ich denke oft an Piroschka*?

- ❑ Liselotte Pulver
- ❑ Uschi Glas
- ❑ Senta Berger
- ❑ Christine Kaufmann

Liselotte Pulver (*1929). 1980 erhielt sie das Filmband in Gold für ihr langjähriges Wirken im deutschen Fernsehen. 1990 erschienen ihre Erinnerungen *… wenn man trotzdem lacht.*

Wer spielt den Schurken in *Der Tod eines Killers*?

- ❑ John Wayne
- ❑ Robert Mitchum
- ❑ Ronald Reagan
- ❑ Franco Nero

Ronald Reagan (*1911). Es war seine letzte wichtige Filmrolle. Von 1981–89 war er Präsident der Vereinigten Staaten.

Wer spielt den Paul Bratter in *Barfuß im Park*?

- ❑ Donald Sutherland
- ❑ Ryan O'Neal
- ❑ Robert Redford
- ❑ Jeff Bridges

Robert Redford (*1937). 1980 erhielt er einen Oscar für sein Regie-Debüt *Eine ganz normale Familie.*

Was bewirkt die Anästhesie?

- ❑ Erblindung
- ❑ Muskelbildung
- ❑ hohe Konzentration
- ❑ Schmerzunempfindlichkeit

Die Schmerzunempfindlichkeit. Man unterscheidet die örtliche Betäubung und die allgemeine Anästhesie, die eine vollständige Bewusstlosigkeit herbeiführt, etwa bei längeren operativen Eingriffen.

Welche Tochter des Königs Minos wird von Theseus verlassen?

- ❑ Verginia
- ❑ Phädra
- ❑ Ariadne
- ❑ Thisbe

Ariadne. Mit dem berühmten Ariadnefaden hatte sie ihrem Geliebten aus dem Labyrinth von Knossos herausgeholfen. Doch dieser dankt es ihr schlecht und lässt sie auf Naxos zurück.

Wer spielt die Tänzerin Isadora Duncan in *Isadora*?

- ❑ Vanessa Redgrave
- ❑ Anna Magnani
- ❑ Debbie Reynolds
- ❑ Elke Sommer

Vanessa Redgrave (*1937). Sie wurde hierfür wieder einmal für den Oscar nominiert. 1977 bekam sie einen Oscar als beste Nebendarstellerin in *Julia.*

Wer spielt neben Gregory Peck die weibliche Hauptrolle in *Das Omen*?

- ❑ Lauren Bacall
- ❑ Susan Hayward
- ❑ Lee Remick
- ❑ Katharine Hepburn

Lee Remick (1935–1991). Filmdebüt 1957 in *Ein Gesicht in der Menge.* Häufig kehrte sie zum Theater zurück. Ab 1972 machte sie vor allem TV-Arbeit.

Wer spielte den Lewis in *Beim Sterben ist jeder der Erste*?

❑ Burt Reynolds ❑ Anthony Hopkins
❑ Stacy Keach ❑ Kris Kristofferson

Burt Reynolds (*1936). Diese Rolle war sein erster großer Erfolg. 1976 Regie-Debüt mit *Mein Name ist Gator.*

Wer spielte die Hauptrolle in *Der große Blonde mit dem schwarzen Schuh*?

❑ Louis de Funès ❑ Gerard Depardieu
❑ Pierre Richard ❑ Claude Rich

Pierre Richard (*1934). Mit diesem Film gelang ihm ein internationaler Erfolg. Seit 1971 führt er auch in Komödien Regie.

Welche Wissenschaft befasst sich mit dem Körperbau von Lebewesen?

❑ Neurologie ❑ Anatomie
❑ innere Medizin ❑ Gynäkologie

Die Anatomie (griechisch, „das Zerschneiden"). Sie wird auch als Kunst der Leichenzergliederung bezeichnet. Sie gehört zu den Grundlagen der medizinischen Ausbildung.

Wer spielte neben Johannes Heesters in *Die Czardasfürstin*?

❑ Marlene Dietrich ❑ Zarah Leander
❑ Marika Rökk ❑ Brigitte Horney

Marika Rökk (*1913). 1981 erhält sie das Filmband in Gold für langjähriges und hervorragendes Wirken im deutschen Film.

Wer spielte den undurchsichtigen Gangster in *Wilde Orchidee*?

❑ Kurt Russel ❑ Sylvester Stallone
❑ Mickey Rourke ❑ Arnold Schwarzenegger

Mickey Rourke (*1954). Sein Film-Debüt war 1971 mit der Weltkriegs-Farce *1941*. Aufsehen erregten auch die erotischen Szenen mit Kim Basinger in *9 1/2 Wochen*.

Wie heißen die Geliebten in Tassos Epos *Das befreite Jerusalem* (1581)?

❑ Inkle und Yariko ❑ Romeo und Julia
❑ Floire und Blancheflur ❑ Armida und Rinaldo

Armida und Rinaldo. Die dämonische Verführerin will den Kreuzfahrer töten, verliebt sich jedoch in ihn und entrückt ihn auf ihre Zauberinsel. Von dieser kehrt er jedoch ins Kampfgetümmel zurück.

Wer verkörperte den Snake Plissken in *Die Klapperschlange*?

❑ Kurt Russell ❑ Mel Gibson
❑ Kevin Costner ❑ Richard Gere

Kurt Russell (*1951). Ab 1959 spielte er als Kinderstar in mehreren Kino- und TV-Produktionen. Einen Welterfolg hatte er mit dem Science-Fiction-Film *Star Gate* 1994.

Wer spielte die Rechtsanwältin in *Der Klient*?

❑ Susan Sarandon ❑ Julia Roberts
❑ Meg Ryan ❑ Glenn Close

Susan Sarandon (*1946). Sie wurde im Lauf ihrer Karriere mehrmals für den Oscar und den Golden Globe nominiert. Einen Oscar erhielt sie für ihre Rolle in *Dead Man Walking.*

Welche wichtige Drüse steuert das endokrine System?

❑ Tränendrüse ❑ Hirnanhangdrüse
❑ Talgdrüse ❑ Lymphdrüse

Die Hirnanhangdrüse (Hypophyse). Sie regelt andere Drüsen und scheidet Hormone aus, die z. B. den Stoffwechsel und die Nebennieren beeinflussen. Das endokrine System umfasst Drüsen der inneren Sekretion.

Wer spielt den Nathan Bridger in *SeaQuest*?

❑ Roy Scheider ❑ Jack Hawkins
❑ Warren Beatty ❑ Jeremy Irons

Roy Scheider (*1935). Filmdebüt 1964 in *The Curse of the Living Corpse.* Er wurde mehrmals für den Oscar nominiert, u.a. als Drogendealer Buddy in *French Connection.*

Wer spielte neben Michel Piccoli in *Die Spaziergängerin von Sans-Souci*?

❑ Mireille Dark ❑ Catherine Deneuve
❑ Romy Schneider ❑ Christine Kaufmann

Romy Schneider (*1938–1982). Es war ihr letzter Film. Für *Nachtblende* und *Die Bankiersfrau* erhielt sie den César. Den Bundesfilmpreis bekam sie für *Gruppenbild mit Dame* verliehen.

Wer verkörpert den Terminator?

❑ Bruce Willis ❑ Kevin Costner
❑ Arnold Schwarzenegger ❑ Mel Gibson

Arnold Schwarzenegger (*1947). Filmdebüt 1970 in *Hercules in New York*. Er ist nicht nur in Science-Fiction- und Fantasy-Filmen zu sehen, sondern auch in Komödien, z. B. mit Danny de Vito in *Twins*.

Wer spielt den Inspektor Clouseau in *Der rosarote Panther*?

❑ Peter Sellers ❑ David Niven
❑ Louis de Funès ❑ Pierre Richard

Peter Sellers (1925–1980). Als trotteliger Inspektor begann sein Aufstieg zum internationalen Star. In einer seiner letzten Rolle spielte er den naiven Gärtner Chance in *Willkommen, Mr. Chance.*

Welchem Geschlecht gehören Agamemnon, Menelaos und Atreus an?

❑ Nereiden ❑ Atriden
❑ Peliden ❑ Thantaliden

Den Atriden, benannt nach Atreus, dem Vater der beiden Brüder Agamemnon und Menelaos. Als Agamemnon aus dem Trojanischen Krieg heimkehrt, wird er durch den Geliebten seiner Gemahlin ermordet.

Welche Wissenschaft beschäftigt sich mit den Kohlenstoffverbindungen in Lebewesen?

❑ anorganische Chemie ❑ Mineralogie
❑ Alchemie ❑ organische Chemie

Die organische Chemie (Gegensatz: anorganische Chemie). Insgesamt sind ca. 8 Mio. organische Verbindungen bekannt; 90% davon bestehen aus Kohlenstoff, Wasserstoff und Sauerstoff.

Wer spielt den Sherif Ali in *Lawrence von Arabien*?

❑ Omar Sharif ❑ Stewart Granger
❑ Cary Grant ❑ Warren Oates

Omar Sharif (*1932). Es war sein erster internationaler Erfolg, wofür er den Oscar erhielt. Große Popularität erzielte er auch mit der Titelrolle in *Doktor Schiwago.*

Wer spielte die Elizabeth Proctor in *Die Hexen von Salem*?

❑ Simone Signoret ❑ Romy Schneider
❑ Glenda Jackson ❑ Catherine Deneuve

Simone Signoret (1921–1985). Sie wurde 1952, 1957 und 1959 als beste Schauspielerin durch die britische Filmakademie ausgezeichnet. Sie erhielt einen Oscar für ihre Rolle in *Der Weg nach oben.*

Wer spielt den Anwalt Charlie Malloy in *Die Faust im Nacken*?

❑ Rod Steiger ❑ James Cagney
❑ Humphrey Bogart ❑ Jean-Paul Belmondo

Rod Steiger (*1925). Mit dieser Rolle wurde er für den Oscar nominiert. Als Bill Gillespie in *In der Hitze der Nacht* erhielt er schließlich den Oscar.

Wer spielt die einsame Farmersfrau in *Die Brücken am Fluss*?

- ❑ Barbara Streisand
- ❑ Lee Remick
- ❑ Meryl Streep
- ❑ Jill Clayburgh

Meryl Streep (*1949). Die vielseitige und ausdrucksstarke Charakterdarstellerin wurde schon mehrmals mit dem Oscar ausgezeichnet.

Wie bezeichnet man die Komponistengruppe um Arnold Schönberg?

- ❑ Expressionisten
- ❑ Impressionisten
- ❑ zweite Wiener Schule
- ❑ Neoklassizisten

Die zweite Wiener Schule zu Beginn des 20. Jh. Sie schuf mit den Mitteln der Atonalität und Zwölftontechnik die Grundlagen der Neuen Musik.

Welche Wissenschaft beschäftigt sich mit der körperlichen und geistig-kulturellen Entwicklung des Menschen?

- ❑ Zoologie
- ❑ Anthropologie
- ❑ Psychologie
- ❑ Ethnologie

Die Anthropologie (von griechisch ánthropos „der Mensch“). Die biologische Anthropologie befasst sich z. B. mit der Anpassung des Menschen an seine Umwelt, die philosophische interessiert sich für die soziale Entwicklung.

Wer spielt die streitsüchtige Ehefrau in *Wer hat Angst vor Virginia Woolf*?

- ❑ Elizabeth Taylor
- ❑ Bette Davis
- ❑ Lauren Bacall
- ❑ Maureen O´Hara

Elizabeth Taylor (*1932). Diese Rolle brachte ihr einen Oscar ein. Sie war zum Kinderstar aufgebaut worden und hatte 1942 ihr Filmdebüt mit *There´s One Born Every Minute.*

Welches Lied stimmte ein Wiener Musikant auf einem Haufen Pestleichen liegend an?

- ❑ *Meine Ruh' ist hin*
- ❑ *O du lieber Augustin*
- ❑ *Gern verweil' ich noch im Thale*
- ❑ *Innsbruck, ich muss dich lassen*

O du lieber Augustin. Die Geschichte von dem Dudelsackpfeifer ist erstmals bei Abraham a Sancta Clara (1644–1709) überliefert. Das bekannte Lied lässt sich nicht vor 1800 nachweisen.

Wer spielt die dominante Mutter in *Liebe hat zwei Gesichter*?

- ❑ Lauren Bacall
- ❑ Anne Bancroft
- ❑ Shirley MacLaine
- ❑ Katharine Hepburn

Lauren Bacall (*1924). Wird für diese Rolle und der in *My Fellow Americans* für den Oscar und den Golden Globe nominiert. 1993 wird sie mit dem Cecil B. DeMille Award für ihr Lebenswerk ausgezeichnet.

Wer verführt den schüchternen Teenager in *Die Reifeprüfung*?

- ❑ Anne Bancroft
- ❑ Diane Keaton
- ❑ Sophia Loren
- ❑ Audrey Hepburn

Anne Bancroft (*1931). Filmdebüt 1952 als Cabaretsängerin in *Versuchung auf 809*. Mehrere Oscar-Nominierungen, so 1962 für ihre Rolle als Annie Sullivan in *Licht im Dunkel*.

Wer spielt die weibliche Hauptrolle in dem Taucherfilm *Die Tiefe*?

- ❑ Jane Fonda
- ❑ Jacqueline Bisset
- ❑ Meryl Streep
- ❑ Sally Field

Jacqueline Bisset (*1944). Das ehemalige Fotomodell beweist ihre Vielseitigkeit in amerikanischen, britischen und französischen Filmen.

Wie bezeichnet man den Zeitpunkt der Tagundnachtgleiche?

- ❑ Winteranfang
- ❑ Sommeranfang
- ❑ Halbmond
- ❑ Äquinoktium

Äquinoktium. Um den 21. März erreicht die Sonne auf dem gedachten Kreis an der Himmelskugel (Ekliptik) den Frühjahrspunkt und um den 23. September die Herbsttagundnachtgleiche.

Wer spielt den psychopathischen Mörder in *Augen der Angst*?

❑ Karlheinz Böhm ❑ Frank Horst
❑ Klaus Kinski ❑ Hark Bohm

Karlheinz Böhm (*1928). 1983 bekam er das Filmband in Gold für langjähriges und hervorragendes Wirken im deutschen Film. Seit 1981 engagiert in Äthopien mit der Stiftung „Menschen für Menschen".

Wer war der Bandenführer in *Die glorreichen Sieben*?

❑ Yul Brynner ❑ John Wayne
❑ James Caan ❑ Richard Widmark

Yul Brynner (1915–1985). Filmdebüt 1949 in *Rauschgiftbrigade*. 1956 erhält er den Oscar als König von Siam in *Der König und ich.*

Wer ist der Ehemann von Kathleen Turner in *Peggy Sue hat geheiratet*?

❑ Michael Douglas ❑ Richard Chamberlain
❑ Nicolas Cage ❑ Harrison Ford

Nicolas Cage (*1964). Für seine Darstellung des alkoholkranken Schriftstellers Ben in *Leaving Las Vegas* wird er 1995 mit einem Oscar und dem Golden Globe nominiert.

Womit befasste sich der Sozialwissenschafter Niklas Luhmann?

❑ Patriarchat ❑ soziale Systeme
❑ Kriminalität ❑ Prozess der Zivilisation

Mit sozialen Systemen. Seine Systemtheorie versucht die Wechselwirkung dieser sozialen Systeme mit dem Individuum und der Umwelt zu erklären. Zentral ist dabei die Kommunikation.

Wer war der Begründer der Demokratie in Portugal?

❑ José María Aznar ❑ Mario Alberto Soáres
❑ Augusto Pinochet ❑ Felipe González

Mario Alberto Soáres (*1924), der viele Jahre im Exil verbrachte. Der Sozialist Soáres war nach dem Sturz der autoritären Regierung von 1976 bis 1985 Ministerpräsident, danach bis 1996 Staatspräsident.

Welche Folge können Pollen, Hausstaubmilben oder Tierhaare auslösen?

❑ Keuchhusten ❑ Asthma
❑ Halluzinationen ❑ Anämie

Asthma. Ausgelöst durch eine Allergie auf diese Stoffe wird die Atmung durch Krämpfe, Verengungen der Luftwege oder Schleimhautschwellungen behindert.

Wer spielt die gefährliche Liebhaberin in *Verhängnisvolle Affäre*?

❑ Anjelica Huston ❑ Kathleen Turner
❑ Glenn Close ❑ Jodie Foster

Glenn Close (*1947). Mit dieser Darstellung wird sie für den Oscar nominiert, ebenso wie für die Marquise de Merteuil in *Gefährliche Liebschaften*.

Welches Unternehmen gründete Ted Turner?

❑ CNN ❑ AT&T
❑ EMI ❑ Apple

Den Nachrichtensender Cable News Network (CNN). Turner (*1938) erwarb 1980 die MGM/United-Artists-Filmstudios. 1995 erfolgte die Fusion mit Time Warner.

Wer spielte einen deutschen Feldwebel in *Steiner – Das eiserne Kreuz*?

❑ Yul Brynner ❑ Lee J. Cobb
❑ Warren Oates ❑ James Coburn

James Coburn (*1928). Er war meist in Western, Kriminal- und Gangsterfilmen zu sehen. Seine erste Kinorolle hatte er 1959 in dem Streifen *Auf eigene Faust.*

A

B

C

D

E

F

G

H

I

L

M

N

Q

R

S

T

U

V